Cláusula IRPH
Cómo efectuar una reclamación judicial

Análisis práctico y Formularios

Actualizada con toda la jurisprudencia menor dictada tras STJUE. Formularios adaptados a la nueva estrategia procesal

Eugenio Ribón Seisdedos

Abogado. Presidente de la Asociación Española de Derecho de Consumo

2.ª edición

sepin

C/ Mahón, 8
28290 Las Rozas (Madrid)
Tel.: 91 352 75 51
www.sepin.es
sac@sepin.es

Precio: 45 euros (4 % IVA no incluido)

ISBN: 978-84-18247-50-7
Depósito legal: M-15784-2020

Producción gráfica: **sepín**, S. L.

Impresión: Service Point, S. A.

Sumario

Formularios orientadores

1. Aproximación al estudio de la cláusula IRPH

En España, se calcula que existen aproximadamente un millón de préstamos hipotecarios referenciadas al IRPH[1], que supondrían entre un 10 % y un 20 % de las operaciones de financiación hipotecaria. Durante años se comercializaron estas hipotecas bajo el argumento de ofrecer un indicador más estable, menos volátil y, por tanto, más seguro que el EURIBOR. Sin embargo, ausente en el proceso de información, reinó nuevamente la opacidad y ello se tradujo en que las familias hipotecadas bajo el índice de IRPH soportaran una media de 20.000 euros más que lo que hubieran abonado bajo el EURIBOR para un préstamo medio de 180.000 euros a 20 años.

SUMARROCA HURTADO[2] cifra en 26.000 millones de euros favorables a la banca por los préstamos hipotecarios referenciados a IRPH en lugar de EURIBOR. Según informa CONFILEGAL[3], aunque prácticamente todas las entidades financieras han ofrecido y ofrecen hipotecas referenciadas al IRPH, cinco acaparan la mayoría de hipotecas de este tipo: CAIXABANK, SANTANDER, KUTXABANK, BBVA y CATALUNYA CAIXA. CAIXABANK sería la más expuesta a la posible anulación del IRPH, lo que le costaría entre 1.775 y 11.250 millones. Por otro lado, SANTANDER y BBVA tendrían que devolver ambos entre 1.014 y 6.428 millones; BANKIA, entre 406 y 2.571 millones; SABADELL, entre 355 y 2.250 millones, y UNICAJA, entre 51 y 321 millones, según las estimaciones de GOLDMAN SACHS.

Al referirnos a los denominados índices IRPH, conviene distinguir en un principio los tres tipos que han sido aplicados en los préstamos hipotecarios:

a) IRPH-Cajas, consistente en el valor porcentual que se obtiene del cálculo de la media de los tipos de interés ponderados aplicados por las Cajas de Ahorro a los préstamos hipotecaros para la adquisición de vivienda libre, a un plazo superior a los tres años, durante el mes.

b) IRPH-Bancos, referido al valor porcentual que se obtiene calculando la media de los tipos de interés ponderados aplicados por los bancos a los préstamos hipotecarios para la adquisición de vivienda libre, a un plazo superior a los tres años, durante el mes.

c) IRPH-Entidades, expresivo del valor porcentual que se obtiene calculando la media de los tipos de interés ponderados aplicados por las Cajas de Ahorros y los Bancos a los

---

[1] Fuente: El Confidencial, 22 de noviembre de 2017. Autor: E. Sanz.

[2] SUMARROCA HURTADO, I. "Sobre l'índex de referencia de préstecs hipotecaris o IRPH" en Món Jurídic n.º 309, Barcelona, diciembre 2016-enero 2017, p. 12.

[3] Fuente: CONFILEGAL, 5 de febrero de 2020.

préstamos hipotecarios para la adquisición de vivienda libre, a un plazo superior a los tres años, durante el mes, significando en suma una media de los dos índices anteriores (IRPH-Cajas e IRPH Bancos).

El IRPH, en sus tres variedades, es un índice oficial introducido en la Norma Sexta Bis de la Circular 8/1990, de 7 de septiembre, modificada por la Circular 5/1994, de 22 de julio, del Banco de España. El Anexo VIII de la Circular 8/1990 define el IRPH como *"la media simple de los tipos de interés medios ponderados por los principales de las operaciones de préstamo con garantía hipotecaria de plazo igual o superior a tres años para la adquisición de vivienda libre que hayan sido iniciadas o renovadas en el mes a que se refiere el índice por los bancos"*, las cajas de ahorro y las sociedades de crédito hipotecario. La norma segunda de la misma circular determina la información que ha de ser remitida al Banco de España para que este confeccione y publique los índices o tipos de referencia del Mercado Hipotecario. No obstante ser el Banco de España quien confeccione el índice, resulta obvio, como aprecia la Sentencia del Juzgado de 1.ª Instancia n.º 1 de Moguer de 28 de mayo de 2018, que si es determinado a partir de los datos que mensualmente entregan las entidades financieras a partir de su propio comportamiento en el otorgamiento de financiación, en su mano está variar, atendiendo a su conveniencia, los intereses que aplican, influyendo con ello en la determinación del IRPH que se aplicará al mes siguiente a los préstamos que tomen este propio índice como referencia.

Esta capacidad de influencia se explicita también en la Sentencia del Juzgado de 1.ª Instancia n.º 2 de Cornellá de Llobregat de 16 de marzo de 2020, cuando apunta:

"(...) no se considera acreditado que se informara al consumidor de las circunstancias concretas del modo de cálculo y de la posibilidad que tenían las Cajas o entidades financieras de influir sobre dicho cálculo. En concreto la documental aportada a autos no arroja información de que el IRPH se calculaba a partir de los datos facilitados por las mismas entidades financieras cada mes; de que el IRPH se calcula como media simple, con el mismo peso de todas las entidades (IRPH sectorial), con independencia del volumen de préstamos concedidos. Por ello, si una entidad por haber incrementado un mes los tipos de interés o comisiones, perdía cuota de mercado, no variaba su representatividad en el IRPH. Por lo tanto, a menos entidades financieras, más influencia en el IRPH de las que quedan y, por consiguiente, cualquiera podía influir en el resultado del IRPH incrementado los intereses o las comisiones que aplicaba en el mes en cuestión. Tampoco se considera acreditado que informara al consumidor que el dato que proporcionaba la entidad bancaria o caja de ahorros para obtener la media aritmética del IRPH lo era con el TAE con comisiones y gastos".

Tal y como resalta MARTÍNEZ ESPÍN[4], ya en el año 2011, la UE recomendó al Estado español que los tipos de IRPH-Cajas, IRPH-Bancos y CECA dejaran de ser publicados en el BOE debido a su poca transparencia, lo cual ya de por sí, resulta extraordinariamente significativo.

Tanto el IRPH-Cajas como el IRPH-Bancos son dos índices en desuso actualmente, siendo el único subsistente el denominado IRPH-Entidades que sustituyó a los dos precitados tras

---

[4] MARTÍNEZ ESPÍN, P. "Fracasado intento del Gobierno de fijar un nuevo índice hipotecario para sustituir al IRPH de las Cajas" en www.uclm.es/centro/cesco, en agosto de 2013.

la aprobación de la Ley 14/2013, de 27 de septiembre, de Apoyo a los Emprendedores, en virtud de cuya Disposición Adicional 15.ª, dejaron de aplicarse con efectos de 1 de noviembre de 2013. Así rezaba:

"1. Con efectos desde el 1 de noviembre de 2013 el Banco de España dejará de publicar en su sede electrónica y se producirá la desaparición completa de los siguientes índices oficiales aplicables a los préstamos o créditos hipotecarios de conformidad con la legislación vigente:

a) Tipo medio de los préstamos hipotecarios a más de tres años, para adquisición de vivienda libre, concedidos por los bancos.

b) Tipo medio de los préstamos hipotecarios a más de tres años, para adquisición de vivienda libre, concedidos por las cajas de ahorros.

c) Tipo activo de referencia de las cajas de ahorros.

2. Las referencias a los tipos previstos en el apartado anterior serán sustituidas, con efectos desde la siguiente revisión de los tipos aplicables, por el tipo o índice de referencia sustitutivo previsto en el contrato.

3. En defecto del tipo o índice de referencia previsto en el contrato o en caso de que este fuera alguno de los índices o tipos que desaparecen, la sustitución se realizará por el tipo de interés oficial denominado «tipo medio de los préstamos hipotecarios a más de tres años, para adquisición de vivienda libre, concedidos por las entidades de crédito en España», aplicándole un diferencial equivalente a la media aritmética de las diferencias entre el tipo que desaparece y el citado anteriormente, calculadas con los datos disponibles entre la fecha de otorgamiento del contrato y la fecha en la que efectivamente se produce la sustitución del tipo.

La sustitución de los tipos de conformidad con lo previsto en este apartado implicará la novación automática del contrato sin suponer una alteración o pérdida del rango de la hipoteca inscrita.

4. Las partes carecerán de acción para reclamar la modificación, alteración unilateral o extinción del préstamo o crédito como contrapartida de la aplicación de lo dispuesto en esta Disposición".

De este modo, las referencias a los tipos previstos de IRPH-Cajas e IRPH-Bancos deben haber sido mudadas por el tipo o índice de referencia sustitutivo previsto en el contrato. Y, de no existir la previsión de aplicación de un índice sustitutivo, la sustitución se realizará por imperativo legal por el tipo de interés oficial denominado "tipo medio de los préstamos hipotecarios a más de tres años, para adquisición de vivienda libre, concedidos por las entidades de crédito en España", aplicándole un diferencial equivalente a la media aritmética de las diferencias entre el tipo que desaparece y el citado anteriormente, calculadas con los datos disponibles entre la fecha de otorgamiento del contrato y la fecha en la que efectivamente se produce la sustitución del tipo. Como mantiene SABATER BAYLE[5], resulta cuanto menos difícil justificar que se mantenga a ultranza la operatividad de unos índices que han dejado de publicarse oficialmente, en los contratos suscritos en la época en que la autoridad financiera

[5] SABATER BAYLE, E. "Cláusulas IRPH y transparencia (STS núm. 669/2017, de 14 de diciembre)" en Revista Doctrinal Aranzadi Civil-Mercantil núm. 2/2018,

los determinaba e iba actualizando periódicamente. Especialmente, tras haberse revelado que otros índices como el EURIBOR han resultado ser más ventajosos para el consumidor.

SUÁREZ PUGA[6] razona que la solución legal aportada por la DA 15.ª de la referida Ley 14/2013, por bien intencionada que pudiera ser –si es que lo fue, añadimos–, fue inadecuada y comportó mayores problemas de los que pretendía resolver. Y es que este régimen afloró la aplicabilidad de las estipulaciones contractuales contenidas en los contratos de financiación bancaria que, en defecto del índice del IRPH preveía distintas soluciones, todas ellas desfavorables para el prestatario, cuales eran: i) la aplicación de tipos de interés fijo en cuantías alejadas del valor de mercado del dinero (ej. 10 %); ii) la perduración indefinida del último tipo de interés que hubiese podido ser determinado conforme al o los índices pactados; iii) la remisión o retorno a la norma que hubiese previsto la desaparición del índice.

Igualmente, por imposición de la citada DA 15.ª de la Ley 14/2013, se establece que las partes carecerán de acción para reclamar la modificación, alteración unilateral o extinción del préstamo o crédito como contrapartida de la aplicación de lo dispuesto en la misma.

El problema esencial de los préstamos vinculados al índice IRPH, radica tanto en los recelos que ha suscitado su posible manipulación por las entidades, como sobre todo en la falta de transparencia en su comercialización, habiendo quedado sometidos los prestatarios a un valor superior al que puede presentar el EURIBOR.

ORTIZ PÉREZ y ERAUSKIN VÁZQUEZ[7] explican con meridiana claridad como, en realidad, el tipo de IRPH no era un tipo medio de intereses, sino un indicador de costes medios, pues en realidad comprendía la media los costes totales de las operaciones que habían suscrito los prestatarios, lo que no solo comprendía los intereses como pudiera pensarse inicialmente, sino también las comisiones y gastos, esto es, eran tipos anuales equivalentes. Y efectivamente, la cuestión no es baladí, pues coincidimos con ellos en que en absoluto es lo mismo referir un préstamo a un índice simple, como acontece con el EURIBOR, al que se adiciona un diferencial para conformar el tipo de interés de la operación, que referir el préstamo a un indicador de costes medios totales. Por esta razón, necesariamente, el Tipo IRPH siempre operó irremediablemente por encima del Euribor, ya que el este constituía un simple índice de referencia y al computar los demás costes añadidos al préstamo ineludiblemente el resultado final sería superior. Y, a mayor desgracia para los prestatarios de este tipo, al haberse tomado en consideración para la conformación del IRPH la totalidad de los costes (comisiones y gastos incluidos), ello supondría una nueva duplicidad de aquellos cuando nuevamente se le vuelvan a aplicar estas comisiones y gastos, como si fuera algo consustancial y no tenido en cuenta a la hora de ofrecerle el interés al prestatario bajo la fórmula de IRPH.

[6] SUÁREZ PUGA, E. "Problemática contractual actual relativa a determinados índices financieros en contratos de financiación: el caso del IRPH" en Revista Doctrinal Aranzadi Civil-Mercantil n.º 5/2017.

[7] ORTIZ PÉREZ, M., y ERAUSKIN VÁZQUEZ, J. M.ª. *Índice de Referencia de Préstamos Hipotecarios (IRPH)*. Cizur Menor, 2017, pp. 13-32.

2. ¿Quién puede reclamar la nulidad de la cláusula IRPH?

2.1. La injusta exclusión del maltratado empresario

La regulación de las cláusulas abusivas contenidas en el TRLGDCU se refiere, por razón del ámbito de la propia norma, exclusivamente a consumidores. Al margen de que resulte cuestionable que no pocas empresas de modestas dimensiones, o incluso autónomos, no se encuentren frente a las poderosas entidades financieras en una situación similar de desequilibrio, lo cierto es que al no resultarles reconocida su condición jurídica como consumidores, habrán de quedar extramuros del ámbito tuitivo de la norma consumerista.

Sentado este principio, la siguiente pregunta que se formularán muchos compañeros es evidente: ¿No puede invocarse entonces por parte de un profesional o sociedad el carácter abusivo de la cláusula suelo? En nuestra opinión, tal y como se pronunció inicialmente el Tribunal Supremo, a través de la tan reiteradamente citada Sentencia de Pleno de 9 de mayo de 2013 y la posterior SAP de Madrid, Sección 28.ª, de 26 de julio de 2013, habiéndose decantado por sustentar el carácter abusivo de la condición en su falta de transparencia en lugar del desequilibrio, ello conducirá a permitir a los no consumidores a invocar igualmente su carácter abusivo. Así, mientras el desequilibrio entre las partes, por falta de reciprocidad, se fundamenta en el art. 87 TRLGDCU, la transparencia es un principio general exigido por la LCGC, que recordemos, tal y como enuncia su Exposición de Motivos "*la ley pretende proteger los legítimos intereses de los consumidores y usuarios, pero también de cualquiera que contrate con una persona que utilice condiciones generales en su actividad contractual*". Y, tal y como explicita el preámbulo de la LCGC "*se pueden dar tanto en las relaciones de profesionales entre sí como de estos con los consumidores*".

Según apunta el párrafo sexto de la Exposición de Motivos de la LCGC, "*Las condiciones generales de la contratación se pueden dar tanto en las relaciones de profesionales entre sí como de estos con los consumidores. En uno y otro caso, se exige que las condiciones generales formen parte del contrato, sean conocidas o –en ciertos casos de contratación no escrita– exista posibilidad real de ser conocidas, y que se redacten de forma transparente, con claridad, concreción y sencillez. Pero, además, se exige, cuando se contrata con un consumidor, que no sean abusivas*".

El ámbito subjetivo de la LCGC contenido en el art. 2.1 señala que la ley *será de aplicación a los contratos que contengan condiciones generales celebrados entre un profesional –predisponente– y cualquier persona física o jurídica –adherente–*. Y por si hubiere lugar a cualquier posible duda, el art. 2.3 LCGC reza que *el adherente podrá ser también un profesional, sin necesidad de que actúe en el marco de su actividad*". Ello implica que a diferencia de la Directiva 93/13/CEE, de 5 de abril de 1997, en la que tiene su origen, el legislador nacional ha extendido su aplicación en virtud del *principio de minimis* de la Directiva tanto a los contratos celebrados con consumidores como con cualquier otro contratante.

Como sintetiza, en suma, MATO PACÍN[8], la norma española contempla la protección a todo adherente de los riesgos que conlleva este proceso de formación contractual, carente de una verdadera negociación, aunque la técnica e intensidad de dicha protección sea distinta en consumidores que en empresarios.

En particular, el art. 5.5 LCGC exige que las condiciones generales impuestas en contratos de adhesión reúnan los criterios de *transparencia*, claridad, concreción y sencillez. Y en ello, no distingue tampoco entre consumidores y profesionales, quedando igualmente comprendido dicho precepto en el mismo Capítulo Primero, bajo la rúbrica de Disposiciones Generales, y por tanto aplicable a ambos. A su vez, si bien el art. 8.2 LCGC atañe exclusivamente a los supuestos en que el contrato se haya celebrado con un consumidor, el numeral 1 del mismo art. 8 se presenta de un modo más amplio en su redacción declarando que *serán nulas de pleno derecho las condiciones generales que contradigan en perjuicio del adherente lo dispuesto en esta Ley o en cualquier otra norma imperativa o prohibitiva, salvo que en ellas se establezca un efecto distinto para el caso de contravención.* De este modo, si resulta quebrantado el principio de transparencia del art. 5.5 LCGC, y con independencia de la prueba del proceso que eventualmente pudiera evidenciar un conocimiento de la condición por el adherente, no encuentro personalmente obstáculo en propugnar la nulidad por falta de transparencia sobre la base del art. 8.1 LCGC. Al fin y al cabo, una condición opaca o no transparente no es sino una condición contraria a la buena fe consagrada en los arts. 7.1, 1.258 CC y 57 CCom.

Este mismo razonamiento ha sido a también el sostenido por la SAP Córdoba, Sección 3.ª, de 18 de junio de 2013, al analizar precisamente la solicitud de nulidad de una cláusula suelo planteada por una sociedad mercantil:

"(...) las conclusiones a las que llega el Tribunal Supremo (fundamento jurídico 225) para considerar que la cláusula controvertida carece de transparencia –requisito del artículo 5 de la Ley de Condiciones Generales de la Contratación–, son aplicables con independencia de las cualidades personales del adherente, al decir: «En definitiva, las cláusulas analizadas, no son transparentes ya que: a) Falta información suficientemente clara de que se trate de un elemento definitorio de objeto principal del contrato; b) Se insertan de forma conjunta con las cláusulas techo y como aparente contraprestación de las mismas; c) No existen simulaciones de escenarios diversos relacionados con el comportamiento razonablemente previsible del tipo de interés en el momento de contratar; d) No hay información previa clara y comprensible sobre el coste comparativo con otras modalidades de préstamo de la propia entidad –caso de existir– o advertencias de que al concreto perfil del cliente no se le ofertan las mismas".

---

[8] MATO PACÍN, M.N. *Cláusulas abusivas y empresario adherente*, Madrid, 2017, p. 68.

(...) las conclusiones no pueden ser diferentes a las obtenidas por las resoluciones citadas, aunque la prestataria no sea consumidora: la información respecto de la cláusula suelo incluida en el contrato (...) es, a todas luces, insuficiente. En efecto, si la misma supera el control de inclusión, a efectos de su incorporación como condición general en el contrato, no lo hace en relación al de claridad exigible en las cláusulas, sean generales o particulares".

Añade también con acierto la Audiencia cordobesa, que "*en la normativa bancaria (Órdenes Ministeriales, Circulares del Banco de España) se utiliza un término más amplio que el de consumidor o usuario, que es de «clientela», como ámbito subjetivo merecedor de protección y que entronca con el concepto de adherente –consumidor o profesional que emplea la Ley de Condiciones Generales de la Contratación*". Y es que ciertamente, tanto el art. 48.2 de la Ley 26/1988, de 29 de junio, sobre Disciplina e Intervención de las Entidades de Crédito como la posterior Ley 10/2014, de 26 de junio, de ordenación, supervisión y solvencia de entidades de crédito en su art. 5 b) se refieren a clientela cuando exigen transparencia, sin distinguir entre sujetos consumidores y no consumidores.

Desarrollando esta idea, ahonda la misma Sentencia de la AP de Córdoba en su Fundamento de Derecho Noveno:

"Cierto es que, no tratándose la prestamista de consumidora, no sería aplicable el doble control de transparencia que se desarrolla en la Sentencia TS 241/13, pero ello no impide que puedan tomarse en consideración las normas sobre consentimiento contractual. La Exposición de Motivos de la Ley de Condiciones Generales de la Contratación indica claramente que el concepto de abusividad queda circunscrito a los contratos con consumidores, pero añade: Esto no quiere decir que en las condiciones generales entre profesionales no pueda existir abuso de una posición dominante. Pero tal concepto se sujetará a las normas generales de nulidad contractual. Es decir, nada impide que también judicialmente pueda declararse la nulidad de una condición general que sea abusiva cuando sea contraria a la buena fe y cause un desequilibrio importante entre los derechos y las obligaciones de las partes, incluso aunque se trate de contratos entre profesionales o empresarios (en similar orden de ideas, artículo 9 de la Ley de 29 de diciembre de 2004 sobre medidas de lucha contra la morosidad en las operaciones comerciales). En este caso, teniendo en cuenta la diferencia de posición entre una entidad de crédito de grandísima importancia en el mercado financiero de la provincia y una pequeña sociedad que explota un hostal de una estrella, las consideraciones que hace el Banco de España sobre la imposición de estas cláusulas a la clientela y la falta de prueba de que efectivamente la cláusula de limitación de intereses se negociara realmente y la prestataria fuera consciente de su alcance (insistimos, que no contrataba un préstamo a interés variable, sino uno a interés fijo variable al alza), no podemos sino confirmar, la sentencia de instancia, que califica como nula la cláusula suelo objeto de controversia."

Esta misma línea es reiterada por las SSAP de Córdoba, Sección 1.ª, de fechas 17 de julio, 21 de octubre y 14 de noviembre de 2014 y de 30 de marzo de 2015, entre otras.

Idéntica línea argumental es seguida por la SAP de Guipúzcoa, Sección 2.ª, de 19 de junio de 2015, en la que se analiza el caso de una sociedad limitada que pugna por la eliminación de la cláusula suelo por falta de transparencia. Así es acogida la pretensión por la Audiencia confirmando el fallo del juzgador de instancia:

"Segundo.- Constituye un hecho no controvertido que el contrato de préstamo que contiene la cláusula controvertida fue concertado por una mercantil, ARGIERREKA, S.L.P., beneficiaria del importe del préstamo.

El Juzgador de instancia no concluye como hecho probado que la citada mercantil tenga la consideración de consumidor, ni tampoco fundamenta su decisión en la normativa de consumidores, declarando en el fundamento jurídico segundo de la sentencia impugnada que "La condición de consumidor no es imprescindible, por tanto, para que operen los efectos protectores del adherente, profesional o no, persona física o jurídica, que garantiza la Ley de Condiciones Generales de la Contratación, por lo que el impedimento que esgrime la demandada tampoco puede acogerse, aunque no quepa aplicar el RDL 1/2007".

El Juzgador de instancia estima la demanda porque entiende que la cláusula controvertida es subsumible en el supuesto de nulidad previsto en el art. 8.1 LCGC, aplicable a quien no es consumidor, por tratarse de una condición general que contradice en perjuicio del adherente lo dispuesto en el art. 5.1 LCGC, esto es, se trata de una cláusula que se ha incorporado al contrato sin información expresa de su existencia y no le ha facilitado al contratante un ejemplar de la misma.

(...)

Tercero.- Como se ha expuesto, la parte actora ejercita una acción de nulidad, prevista en el art. 8 LCGC, e interesa la declaración de nulidad parcial de la cláusula tercera del contrato de préstamo hipotecario que contiene, en un préstamo con interés variable, la limitación de un interés remuneratorio mínimo (3,25 %) por tener el carácter de cláusula abusiva y por falta de transparencia (primer petitum del suplico de la demanda).

(...)

El Tribunal Supremo se ha pronunciado sobre los controles de inclusión (control de transparencia formal o documental) y de transparencia (control de transparencia real) y la validez de las denominadas cláusulas suelo en diversas resoluciones, entre ellas, las sentencias n.º 241 de 9 de mayo de 2013 y n.º 464 de 8 de septiembre de 2014, a la que se hace referencia en la sentencia de instancia.

En el control de inclusión, aplicable a las condiciones generales de contratación con independencia de que el adherente sea o no consumidor, se trata de observar las exigencias de los arts. 5 y 7 LCGC, de manera que las cláusulas generales del contrato se ajusten a los criterios de transparencia, claridad, concreción y sencillez, que el adherente haya tenido la oportunidad real de conocer de manera completa al tiempo de la celebración del contrato y que no sean ilegibles, ambiguas, oscuras, ni incomprensibles. En este sentido, el art. 5 LCGC dispone en su apartado 1 que no podrá entenderse que ha habido aceptación de la incorporación de las condiciones generales al contrato cuando el predisponente no haya informado expresamente al adherente acerca de su existencia y no le haya facilitado un ejemplar de las mismas y en su apartado 5 que la redacción de las mismas deberá ajustarse a los criterios de transparencia, claridad, concreción y sencillez. Por su parte, el art. 7 LCGC dispone que no quedarán incorporadas al contrato las condiciones generales que el adherente no haya tenido oportunidad real de conocer de manera completa al tiempo de celebración del contrato y las que sean ilegibles, ambiguas, oscuras e incomprensibles, lo que supone una concreción del principio de la buena fe que debe presidir la negociación contractual.

Y, en consecuencia, resulta totalmente ajustada a derecho la conclusión del Juzgador de instancia de que la incorporación de la cláusula controvertida al contrato de préstamo suscrito por los litigantes no resulta válida al amparo de lo dispuesto en el art. 8.1 LCGC por contravenir el art. 5.1 LCGC".

Otro supuesto más que resulta ilustrativo es el caso examinado por la SAP de Murcia, Sección 4.ª, de 4 de diciembre de 2014, en el que declara la nulidad de la cláusula suelo suscrita entre una mercantil y una entidad financiera, asumiendo sin quebranto la falta de consideración de consumidor de la actora y razonando que ello no impide en absoluto la declaración de nulidad de la cláusula controvertida por falta de transparencia:

"El hecho de que la mercantil Urioste Tecnología y Plásticos, S.L., no ostente la condición de consumidor, no constituye un obstáculo para declarar la nulidad de la cláusula suelo antes referida, en tanto que dicha cláusula reviste la naturaleza de condición general de contratación, en cuanto se considera impuesta por la entidad financiera y con la finalidad de ser incorporada a una pluralidad de contratos, por lo que resulta de aplicación lo establecido en la Ley 7/1998, de 13 de abril, sobre Condiciones Generales de Contratación, estableciéndose en artículo 5.5 "La redacción de las cláusulas generales deberá ajustarse a los criterios de transparencia, claridad, concreción y sencillez" y en el artículo 7 LCGC "No quedarán incorporadas al contrato las siguientes condiciones generales: a) Las que el adherente no haya tenido oportunidad real de conocer de manera completa al tiempo de la celebración del contrato o cuando no hayan sido firmadas, cuando sea necesario, en los términos resultantes del artículo 5. b) Las que sean ilegibles, ambiguas, oscuras e incomprensibles, salvo, en cuanto a estas últimas, que hubieren sido expresamente aceptadas por escrito por el adherente y se ajusten a la normativa específica que discipline en su ámbito la necesaria transparencia de las cláusulas contenidas en el contrato.

La cláusula suelo referida se considera que no cumple los criterios exigidos por el artículo 5.5 LCGC, por lo que no debió ser incorporada al contrato de préstamo hipotecario, por su carácter abusivo, por las razones antes referidas, por lo que la nulidad tiene cobertura legal en el artículo 8.1 LCGC".

En el mismo sentido, la Sentencia del Juzgado de lo Mercantil n.º 1 de Santander de 6 de octubre de 2015 razona:

"La eventual condición de consumidor que la actora pudiera tener sería relevante para la aplicación de la normativa protectora (TRLDCU), como base para la nulidad de la condición por la vía del art. 8.2, pero no para la acción de no incorporación derivada de los artículos 5 y 7 en relación con el 8.1 de la ley 7/98, al ser la incorporación requisito necesario y exigible en todo caso para las condiciones generales, ya fuera el adherente consumidor o profesional".

Por su parte, la SAP de Burgos, Sección 3.ª, de 14 de abril de 2015, desciende al análisis de la transparencia:

"El artículo 5.5 de la Ley 7/1998 dice que la redacción de las cláusulas generales deberá ajustarse a los criterios de transparencia, claridad, concreción y sencillez. No define la ley lo que haya que entenderse por transparencia o por redacción transparente. Ahora bien, poniendo la transparencia en relación con lo que el Tribunal Supremo ha entendido que es una falta de ella en el caso de las cláusulas suelo, podemos decir que la transparencia obliga a que las cláusulas suelo del contrato se redacten de acuerdo con lo que ha sido la voluntad de las partes, es decir, que sean transparentes porque son fiel reflejo de esa voluntad".

Como dice el profesor Pertíñez Vílchez (*Las cláusulas abusivas por un defecto de transparencia, Ed. Aranzadi, pg. 38*) la transparencia "*cumple una función de control procedimental que incide en la correcta formación de la voluntad contractual. Se trata de garantizar, a través de la redacción de las cláusulas y de su presentación externa en el contrato, el conocimiento de ciertos aspectos del mismo que son valorados en la decisión de contratar para asegurar la integridad del consentimiento*".

La Sentencia del Juzgado de 1.ª Instancia n.º 2 de Soria de 30 de diciembre de 2015 se suma a esta tesis con el siguiente razonamiento:

"Con independencia de la condición en la que actúen el empresario, profesional o autónomo que firmó un préstamo hipotecario, a interés variable, en el que se insertaba una cláusula suelo, que se convertía en aplicación de la cláusula suelo en un interés fijo mínimo y variable solo al alza, sin ser suficientemente informado de ello, ni en los actos previos ni en el momento de la firma del préstamo hipotecario, es evidente que la cláusula le perjudica en igual manera que a los consumidores, por cuanto sufre un grave perjuicio, al firmar un préstamo hipotecario, con una cláusula suelo, cuya trascendencia desconoce.

Las empresas, los profesionales y los autónomos están legitimados conforme a la normativa que les es aplicable a solicitar la anulación de la cláusula suelo de su préstamo hipotecario, si no recibieron clara y transparente información sobre la misma, acogiéndose a lo establecido en la Ley 7/1998 de 13 de abril, sobre Condiciones Generales de Contratación, que les es aplicable; en el artículo 7 del mencionado texto legal establece en su apartado a) que no quedarán incorporadas al contrato aquellas condiciones generales en las que el adherente no haya tenido la oportunidad real de conocer de manera completa al tiempo de la celebración del contrato . Por lo que si la información facilitada no ha sido completa la cláusula debe de ser anulada por abusiva con independencia de si el prestatario es un consumidor, o una empresa o autónomo.

La mayoría de los criterios y conclusiones de la Sentencia del Tribunal Supremo relativos a la falta de transparencia son plenamente aplicables con independencia de la cualidad personal del prestamista, solo que debe de ser analizada bajo la Ley de Condiciones Generales de Contratación, en lugar de la de Defensa de los Consumidores".

De este modo, la sentencia del Tribunal Supremo podía haber argumentado de forma idéntica tomando como base, como hizo la STS 402/2012, de 18 de junio, el art. 5 LCGC, porque a continuación, lo que hace es precisamente delimitar y fijar una auténtica concreción del control de transparencia (párrafos 210 y ss.), cuando señala que:

"conforme a la Directiva 93/13/CEE y a lo declarado por esta Sala en la sentencia 406/2012, de 18 de junio, el control de transparencia, como parámetro abstracto de validez de la

cláusula predispuesta, esto es, fuera del ámbito de interpretación general del Código Civil del «error propio» o «error vicio», cuando se proyecta sobre los elementos esenciales del contrato tiene por objeto que el adherente conozca o pueda conocer con sencillez tanto la «carga económica» que realmente supone para él el contrato celebrado, esto es, la onerosidad o sacrificio patrimonial realizada a cambio de la prestación económica que se quiere obtener, como la carga jurídica del mismo, es decir, la definición clara de su posición jurídica tanto en los presupuestos o elementos típicos que configuran el contrato celebrado, como en la asignación o distribución de los riesgos de la ejecución o desarrollo del mismo".

Con posterioridad, la STS de 30 de abril de 2015 indicó que la LCGC no establece un régimen uniforme para cláusulas de contratos con consumidores y de contratos en que las partes no son consumidores y ello reseñando que mientras que las normas relativas a la incorporación (arts. 5 y 7) y a la interpretación de las condiciones generales (art. 6) son aplicables a todo tipo de condiciones generales, el régimen de la nulidad de las condiciones generales es diferente según que el contrato en que se integren se haya celebrado o no con un consumidor. Mientras que en el caso de que el adherente no merezca la calificación legal de consumidor o usuario, solo es aplicable la regla contenida en el art. 8.1 LCGC, que se limita en la práctica a reproducir el régimen de la nulidad contractual por contrariedad a normas imperativas o prohibitivas del Código Civil, en el caso de que el contrato integrado por condiciones generales se haya concertado con un consumidor, es aplicable el régimen de nulidad por abusividad, establecido actualmente en el TRLGDCU que desarrolla la Directiva 93/13 CEE sobre cláusulas no negociadas en contratos concertados con consumidores. Continúa señalando dicha sentencia que *"varias conclusiones pueden extraerse de lo expuesto. La primera, que en nuestro ordenamiento jurídico la nulidad de las cláusulas abusivas no se concibe como una técnica de protección del adherente en general sino como una técnica de protección del adherente que tiene la condición legal de consumidor o usuario, esto es, cuando este se ha obligado con base en cláusulas no negociadas individualmente.*

Una segunda conclusión sería que, en este ordenamiento jurídico las condiciones generales insertas en contratos en los que el adherente no tiene la condición legal de consumidor o usuario, cuando reúnen los requisitos de incorporación, tienen en cuanto al control de contenido el mismo régimen legal que las cláusulas negociadas por lo que solo operan como limites externos de las condiciones generales los mismos que operan para las cláusulas negociadas, fundamentalmente los previstos en el art. 1.255 CC y en especial las normas imperativas como recuerda el art. 8.1 de la LCGC".

El Pleno de la Sala de lo Civil en la STS de 3 de junio de 2016 apreció que la Exposición de Motivos de la LCGC indicaba que el concepto de abusividad podía extenderse a no consumidores, al manifestar *"esto no quiere decir que en las condiciones generales entre profesionales no pueda existir abuso de una posición dominante. Pero tal concepto se sujetará a las normas generales de la nulidad contractual"*, argumentando que lo descrito en la Exposición de Motivos no tuvo traslado después a la normativa concreta que ha establecido la propia LCGC. En nuestra opinión es una interpretación restrictiva que no se ajusta a la filosofía con la que se gestó la norma y que no hace sino beneficiar el abuso de dominio del predisponente, pero lo cierto es que esta doctrina ha sido reiterada en las posteriores SSTS 30/2017, de 18 de enero; 41/2017, de 20 de enero; 57/2017, de 30 de enero; 587/2017, de 2 de noviembre; 639/2017, de 23 de noviembre; 8/2018, de 10 de enero; 414/2018, de 3 de julio; 707/2018 de 17 de diciembre; y 726/18, de 19 de diciembre; en las que se ratifica que el concepto de abusividad queda circunscrito a los contratos con consumidores, así como que el control de transparencia material únicamente es procedente en tales contratos. Por lo tanto, podemos hablar de un maltrato jurisprudencial a nuestros modestos empresarios que, con frecuencia han sido igualmente sometidos por los predisponentes financieros, pero en este contexto, sin un cambio jurisprudencial o un giro legislativo que corrija la cicatera mira del Alto Tribunal, no cabe al día de hoy sostener la aplicación de la falta de transparencia en el caso de empresarios. Y, a diferencia de lo que pueda acontecer por ejemplo en el caso de la cláusula suelo en la que, en determinados supuestos, podría invocarse la transgresión de la buena fe contractual, en el caso del IRPH, parece más complicado. La única vía de defensa que por el momento atisbamos es el supuesto de falta de incorporación que desarrollamos en el capítulo 3.4.1.

2.2. Personas físicas consumidoras

2.2.1. El usuario como destinatario final o la evolución del concepto de consumidor. Posición actual de la jurisprudencia y fisuras en la interpretación del concepto de consumidor

En España, desde el punto de vista jurídico, la noción de consumidor o usuario pudiera parecer en principio clara según la definición que recogía, en su redacción originaria, el art. 3 del Real Decreto Legislativo 1/2007, de 16 de noviembre, por el que se aprueba el Texto Refundido de la Ley General para la Defensa de los Consumidores y Usuarios y otras normas complementarias: "*A efectos de esta Norma y sin perjuicio de lo dispuesto expresamente en sus libros tercero y cuarto, son consumidores o usuarios las personas físicas o jurídicas que actúan en un ámbito ajeno a una actividad empresarial o profesional*".

La nueva definición pretendía simplificar el tradicional concepto que ofrecía el anterior art. 1.2 de la Ley 26/1984, de 19 de julio, criticado como recuerda BERCOVITZ RODRÍGUEZ CANO[9] por su complejidad y falta de técnica jurídica, cuyo tenor litoral disponía: "*A los efectos de esta Ley, son consumidores o usuarios las personas físicas o jurídicas que adquieren, utilizan o disfrutan como destinatarios finales, bienes muebles o inmuebles, productos, servicios, actividades o funciones, cualquiera que sea la naturaleza pública o privada, individual o colectiva de quienes los producen, facilitan, suministran o expiden*".

A sensu contrario, disponía el art. 1.3 de la Ley del 84 que "*No tendrán la consideración de consumidores o usuarios quienes, sin constituirse en destinatarios finales, adquieran, almacenen, utilicen o consuman bienes o servicios, con el fin de integrarlos en procesos de producción, transformación, comercialización o prestación a terceros*".

Hoy, tras la reforma operada por el RD Legislativo 1/2007, se ha optado por la formulación en positivo de la definición de empresario, entendiéndose por tal a los efectos de esta norma en su art. 4 "*a toda persona física o jurídica que actúa en el marco de su actividad*

---

[9] BERCOVITZ RODRÍGUEZ-CANO, A. "El concepto de consumidor" en *Hacia un Código del Consumidor*, Manuales de formación continuada del CGPJ n.º 34, Madrid, 2005, p. 29.

empresarial o profesional, ya sea pública o privada". En el caso de la predisposición de condiciones generales de la contratación, el término "profesional", conforme recuerda la Guía publicada por la Comisión Europea sobre la interpretación y aplicación de la Directiva 93/13/CEE del Consejo, de 5 de abril de 1993, sobre las cláusulas abusivas en los contratos celebrados con consumidores, deberá interpretarse de la misma manera que el término "comerciante" en otras directivas de protección de los consumidores, y la jurisprudencia en relación con los términos "comerciante" y "consumidor" en otras directivas es, en principio, también pertinente para la Directiva 93/13. La definición de profesional debe interpretarse en sentido amplio tal y como ha propugnado el TJUE en los asuntos C-147/16 *Karel de Grote* y C-488/11 *Asbeek Brusse.*

E insiste la Comisión al recordar que toda persona física o jurídica es un profesional cuando el contrato tiene como objeto su actividad profesional, incluso cuando la actividad es de naturaleza pública o de interés general (Asunto C-47/16 *Karel de Grote*, apartados 49 a 51) o se rige por el Derecho público (Asunto C-59/12, *Zentrale zur Bekämpfung des unlauterem Wettbewerbs*, apartado 32). Las organizaciones u organismos que realicen una tarea de interés general o tengan un objetivo caritativo o ético se clasificarán como profesionales en relación con los contratos de venta de productos o servicios de cualquier tipo a los consumidores. En este sentido, es insignificante que la actividad se lleva a cabo sin ánimo de lucro, tal y como razonaba la STJUE de 17 de mayo de 2018:

"De ello resulta que el artículo 2, letra c), de la Directiva 93/13 no excluye de su ámbito de aplicación ni a las entidades que cumplen una misión de interés general ni a las que están sujetas a un régimen de Derecho público [...] 39. Además, [...], habida cuenta de que las funciones de carácter público e interés general se ejercen a menudo sin ánimo de lucro, el carácter lucrativo de la actividad o el hecho de que la ejerza sin ánimo de lucro la entidad no resulta pertinente por lo que respecta a la definición del concepto de «profesional», en el sentido de esta disposición".

De la mano de la Ley 3/2014, de 27 de marzo, se produce una modificación sutil, pero nada despreciable y se ofrece una nueva definición:

"A efectos de esta norma y sin perjuicio de lo dispuesto expresamente en sus libros tercero y cuarto, son consumidores o usuarios las personas físicas que actúen con un propósito ajeno a su actividad comercial, empresarial, oficio o profesión.

Son también consumidores a efectos de esta norma las personas jurídicas y las entidades sin personalidad jurídica que actúen sin ánimo de lucro en un ámbito ajeno a una actividad comercial o empresarial".

Según apunta el Magistrado RODRÍGUEZ ACHÚTEGUI[10] el cambio es sustancial. Lo que caracteriza al consumidor es que interviene en un ámbito profesional o empresarial ajeno al propio. Por ello se altera la definición de consumidor en el vigente art. 3 TRLGDCU.

Según se pone de manifiesto en la SAP de Álava, Sección 1.ª, de 1 de septiembre de 2016, *"la norma enfatizaba, entonces, en la condición de destinatario final, de manera incoherente con las directivas que pretendía incorporar a nuestro ordenamiento jurídico. En efecto, el*

---

[10] RODRÍGUEZ ACHÚTEGUI, E. "La posición de los tribunales españoles respecto al concepto de consumidor amparado frente a cláusulas abusivas" en Revista Aranzadi Doctrina n.º 5/2016.

art. 2 de la Directiva 85/577/CEE, de 20 diciembre, referente a la protección de los consumidores en el caso de contratos negociados fuera de los establecimientos comerciales, considera consumidor a «toda persona física que, para las transacciones amparadas por la presente Directiva, actúe para un uso que pueda considerarse como ajeno a su actividad profesional». En el mismo sentido el art. 2 b) de la Directiva 93/13 sobre cláusulas abusivas que define como consumidor a «toda persona física que, en los contratos regulados por la presente Directiva, actúe con un propósito ajeno a su actividad profesional». También el art. 2.2. de la Directiva 97/7 sobre contratos a distancia y el art. 1.2 a) de la Directiva 99/44, sobre garantías en las ventas de consumo coinciden, como las anteriores, en considerar consumidor a la persona física que actúe con un propósito ajeno a su actividad profesional. Esa diferencia entre la nota que caracterizaba el art. 1 LGDCU de 1984, ser destinatario final, y las exigencias del derecho de la Unión Europea que debían haber sido transpuestas, que partían de una actuación ajena la actividad profesional, motivaron que nuestro Tribunal Supremo, cuando tuvo que decidir qué concepto aplicar, optara por el más conforme al acervo de la Unión Europea. En la STS 18 abril 2013, rec. 1979/2011, se explica que «esta Sala ha utilizado Directivas cuyo plazo de transposición no había finalizado, y que no habían sido efectivamente transpuestas a nuestro Derecho interno, como criterios de interpretación del mismo». Así ocurrió en la sentencia de la Sala 1.ª del Tribunal Supremo de 8 de noviembre de 1996, que utilizó la Directiva 93/13/CEE, sobre cláusulas abusivas en contratos concertados con consumidores, para interpretar la normativa de la Ley General para la Defensa de los Consumidores y Usuarios". Esta desarmonía o falta de claridad, conduce a la "aclaración o armonización" del concepto de consumidor contenido en el actual art. 3 del Texto Refundido aprobado por Real Decreto Legislativo 1/2007.

Aunque no puede negarse que la cuestión es polémica, bajo nuestra óptica, tomando como base los dos postulados elementales que justifican la necesidad de una protección reforzada de los consumidores mal se compadece una interpretación restrictiva del concepto de usuario y con ello de la protección que dimana de la normativa consumerista al adherente. De una parte, un primer postulado se basa en cierta inexperiencia del consumidor y desequilibrio frente al empresario, que conlleva una especial fragilidad del primero en la relación jurídica y económica. De otra, el momento y circunstancias de la contratación desde una óptica puramente objetiva, esto es, que, en el momento de la concertación del contrato, no se esté ejerciendo —en presente— la actividad económica sobre la que se proyecta el negocio jurídico (su actividad). De este modo, será distinto si el préstamo es concertado por un prestatario que ejerce la actividad económica que si es suscrito por un padre de familia que perdió su trabajo a los 50 años de edad y ante el negro escenario que se le avecinaba optó por una financiación para poder emprender en un futuro una actividad con la que sustentar a su familia. ¿Qué diferencia de experiencia, conocimiento, fragilidad o desequilibrio existe entre un adherente, desempleado y con una familia que sustentar que solicita un préstamo de 180.000 euros para cubrir sus deudas y poder emprender un nueva profesión mediante la futura compra de una licencia de taxi o la apertura de un taller y el acomodado usuario, gerente de una gran empresa dotado de un abanico de asesores, que concierta otro préstamo para la compra de un ático en Castellana por 3 millones de euros? ¿Quién se haya necesitado de mayor tutela? Ambos cuando concierta el préstamo son consumidores en tanto que el adherente no haya emprendido esa actividad con carácter previo a su solicitud. Y desde luego el futuro emprendedor que no se ha dedicado aún a la actividad comercial o empresarial que puede proyectar, no merece menor tutela, sino la interpretación amplia y flexible de la noción de consumidor que postulamos. Nótese que, en caso de impago del préstamo, el modesto adherente persona física, arrastrará con ello su vivienda, el hogar de sus hijos, su responsabilidad futura universal, no la de una empresa con responsabilidad limitada que expone su local de negocio sobre el que ejerce ya la actividad. Si no ha de alcanzar los beneficios de un empresario ante una futura insolvencia, no ha de penar tampoco con los perjuicios que le depara la denegación de su condición de consumidor.

Sobre este particular, y precisamente con relación al análisis de una cláusula suelo, resulta de gran interés el examen de la SAP de Álava, Sección 1.ª, de 1 de setiembre de 2016, en la que, con revocación de la Sentencia de instancia, la Sala no duda en atribuir la condición de consumidora, con independencia de que el destino fuera para la reforma de un bar o taberna:

"*(...) la sentencia niega la consideración de consumidora a la prestataria puesto que dedicó el préstamo a un negocio y había arrendado su local y esporádicamente incluso su vivienda. Habrá que partir del hecho incontestado, por incontrovertido, como dispone el art. 281.3 de la Ley 1/2000, de 7 de enero, de Enjuiciamiento Civil (LEC), de que la prestataria era traductora, de modo que cualquier contrato en el que actúe con un propósito ajeno a esa condición interviene en calidad de consumidora.*

La prueba permite concluir la finalidad del préstamo era financiar el arrendamiento de un bar. Así lo afirma Kutxabank, aparece en la oferta vinculante aportada como doc. n.º 11 de la contestación a la demanda (folio 190) en el que aparece la expresión «proyecto taberna», y lo ratifica al declarar en juicio la avalista, D.ª Vicenta, hermana de la apelante.

Encuadrada jurídicamente la cuestión y expresada su base fáctica, la cuestión es si quien se ha convenido se dedicaba profesionalmente a la traducción, puede ser considerada consumidora si toma un préstamo con un propósito ajeno, que sin duda es un negocio. Antes de continuar se apartarán las objeciones que hacen sentencia y apelada respecto a que se alquilaba también un local comercial o incluso su propia vivienda en alguna ocasión, porque estos datos no convierten a quien tiene como profesión la traducción en un empresario inmobiliario, que vive de las rentas. Se trata simplemente de una persona que, en un ámbito ajeno a su profesión, rentabiliza su propiedad mediante el arrendamiento, dato que no la convierte en empresaria del sector inmobiliaria, como no lo es quien compra un inmueble como inversión (SAP Pontevedra, Secc. 1.ª, 14 octubre 2014, rec. 377/2014), o para rehabilitarlo (SAP León, Secc. 1.ª, 20 julio 2015, rec. 245/2015), para irse de vacaciones y arrendarlo en verano (SAP Álava, Secc. 1.ª, 9 diciembre 2015, rec. 618/2015), o lo arrienda para obtener un complemento a su salario como funcionario público (SAP Albacete, Secc. 1.ª, 20 junio 2014, rec. 53/2014).

Apartada la objeción se considera que la profesión de traductora no impide que como particular se realicen inversiones. Dice Kutxabank que se quería financiar el arrendamiento de un bar en el marco de un programa de asistencia financiera a trabajadores desempleados como revela la cláusula adicional de la escritura (reverso folio 52 y ss). Sin embargo, no consta que D.ª Catalina hubiera abordado las exigencias administrativas precisas para actuar como empresaria de hostelería, que se diera de alta en licencia fiscal, que tributase por ese concepto, que constituyera una sociedad o cualquier otro dato que permita vislumbrar que iba a cambiar de profesión y constituirse en el comerciante que define el art. 1 del Código de Comercio (CCom).

No parece, por ello, que nos encontramos ante una zona intermedia, en la que al tiempo se pueda considerar profesional y consumidor como la referida por la STJCE 20 enero 2005, C-464/01, asunto Gruber. Por el contrario, se tomó el préstamo, era para un propósito ajeno para su actividad profesional de traductora, y no hay prueba respecto a que finalmente se iniciara un negocio que cambiara aquella, convirtiéndola en profesional de la hostelería.

Esto supone que el préstamo que se discute fue tomado por D.ª Catalina con la cualidad de consumidora, de modo que debe acogerse este motivo del recurso y resolver la controversia aplicando las disposiciones legales que les amparan".

Sin embargo, en el caso de nuestra traductora que concierta un préstamo para iniciar una nueva actividad distinta a la que ejercía (una taberna), la STS de 11 de abril de 2019, casa y anula la resolución dictada por la SAP de Álava, Sección 1.ª, de 1 de setiembre de 2016 –que hemos de reconocer que se nos antojaba bien razonada conforme a la normativa nacional pues de lo contrario no se entiende bien qué sentido tuvo la modificación legal tan precisa del art. 3 TRLGDCU al sustituir el artículo indeterminado "una" por el posesivo "su"–. Y tampoco podemos obviar que cada Estado es soberano para ampliar o reforzar el concepto de consumidor. Pese a ello, el TS parece cerrar esta vía interpretativa, y aun sin un derroche de esfuerzo argumental, concluye:

"Aunque la Sra. Camila se dedicara preferentemente a su actividad profesional como traductora, resulta claro que el préstamo no se solicitó para satisfacer sus necesidades de consumo privado, sino para el ejercicio de una actividad profesional, aunque fuera para el futuro.

En consecuencia, el préstamo litigioso no fue una operación acogida a la legislación de consumidores, sino un negocio jurídico de carácter profesional y empresarial".

Este razonamiento de la STS de 11 de abril de 2019, no parece muy armónico con el expresado en la STS de 10 de enero de 2018, en la que precisamente se razonaba la evolución del concepto de consumidor hace una concepción más abierta y flexible. Y, sobre todo, poniendo el acento, no en la idea de "destinatario final" sino que en el momento de la contratación no se ejercitara una actividad empresarial. Bajo esta premisa, aquel que concierta un préstamo en un momento en el que aún no se ha dado de alta como empresario ni ha desarrollado actividad profesional alguna, y por lo tanto carente de la experiencia y conocimientos que puede presumirse a un empresario –que ya es mucho presumir cuando no es su contratación habitual– bien pudiera haberse desplegado una interpretación más tuitiva próxima al concepto actual de consumidor, que recordemos habla ya de *su* actividad profesional –que implica habitualidad– y no de *una* actividad profesional. De lo contrario poco sentido tiene la modificación legislativa operada en el art. 3 TRLGDCU por la Ley 3/2014, cuando precisamente lo que modifica es este artículo indeterminado –*una*– por el posesivo –*su*–. Por esta razón y teniendo en cuenta la soberanía legislativa nacional para ampliar el concepto de consumidor respecto del europeo –al igual por ejemplo que en la noción europea convencional no se contempla la persona jurídica como consumidora–, nos cuesta compartir la interpretación restrictiva que se proyecta en esta última línea jurisprudencial. En el caso de la STS de 10 de enero de 2018, parecía sin embargo poderse intuir una cierta evolución más próxima a la línea que postulamos. Así se razonaba:

"1. En la fecha que se firmó el contrato todavía estaba vigente el art. 1 de la Ley 26/1984, de 19 de julio, General para la Defensa de los Consumidores y Usuarios, que establecía en su art. 1, apartados 1 y 2:

«2. A los efectos de esta Ley, son consumidores o usuarios las personas físicas o jurídicas que adquieren, utilizan o disfrutan como destinatarios finales, bienes muebles o inmuebles, productos, servicios, actividades o funciones, cualquiera que sea la naturaleza pública o privada, individual o colectiva de quienes los producen, facilitan, suministran o expiden».

3. No tendrán la consideración de consumidores o usuarios quienes, sin constituirse en destinatarios finales, adquieran, almacenen, utilicen o consuman bienes o servicios, con el fin de integrarlos en procesos de producción, transformación, comercialización o prestación a terceros".

2. Posteriormente, conforme al art. 3 del TRLGCU, «son consumidores o usuarios las personas físicas o jurídicas que actúan en un ámbito ajeno a una actividad empresarial o profesional». Como hemos dicho en diversas resoluciones (por ejemplo, sentencias 16/2017, de 16 de enero, 224/2017, de 5 de abril, o 594/2017, de 7 de noviembre, por citar solo algunas de las más recientes) este concepto de consumidor procede de las definiciones contenidas en las Directivas cuyas leyes de transposición se refunden en el TRLGCU, aprobado por el Real Decreto Legislativo 1/2007, de 16 de noviembre, y también en algunas otras Directivas cuyas leyes de transposición no han quedado incluidas en el texto de 2007.

Fruto de esta regulación comunitaria, el TRLGCU abandonó el criterio del destino final de los bienes o servicios que se recogía en la Ley General para la Defensa de los Consumidores y Usuarios de 1984, para adoptar el de la celebración del contrato en un ámbito ajeno a una actividad empresarial o profesional.

3. La jurisprudencia del TJUE (anteriormente, TJCE) sobre el concepto de consumidor ha evolucionado desde una concepción restrictiva hasta una posición más reciente que tiende a ampliar el concepto de consumidor, o por lo menos a contextualizarlo de una manera más abierta. En la fase inicial, la jurisprudencia comunitaria interpretó el concepto de consumidor de forma limitada, por ejemplo en las SSTJCE de 14 de marzo de 1991 (asunto di Pinto), o de 17 de marzo de 1998 (asunto Dietzinger, sobre un contrato de fianza concluido por un particular para garantizar la devolución de un préstamo para una finalidad empresarial ajena), en las que distinguía según el destino final de los bienes o servicios fuera el consumo privado o su aplicación a actividades profesionales o comerciales. Y así, en la STJCE de 3 de julio de 1997, asunto Benincasa, se indicó expresamente que el concepto de consumidor «debe interpretarse de forma restrictiva (...) pues cuando una persona celebra un contrato para usos relacionados con su actividad profesional debe considerarse que aquella se encuentra en igualdad de condiciones con su co-contratante». Doctrina reiterada en la STJCE de 20 de enero de 2005, asunto Gruber.

No obstante, en los últimos tiempos el TJUE ha hecho una interpretación más flexible del concepto de consumidor, sobre todo cuando se trata de aplicar la Directiva 93/13/CEE, de 5 de abril 1993, sobre las cláusulas abusivas en los contratos celebrados con consumidores.

Así, la STJUE de 3 de septiembre de 2015, asunto C-110/14 (caso Costea) objetiva el concepto de consumidor, al poner el foco en el ámbito no profesional de la operación. Posición reiterada en los autos de 19 de noviembre de 2015 (asunto C-74/15, Tarcău), 14 de septiembre de 2016 (asunto C-534/15, Dimitras) y 27 de abril de 2017 (asunto C-535/16, Bachman).

4. Este mismo concepto de consumidor que utiliza el TJUE, referido al ámbito objetivo de la operación y no a la personalidad del contratante, es también el que ha tomado en consideración esta sala en sus últimas resoluciones, como por ejemplo las sentencias 149/2014, de 10 de marzo; 166/2014, de 7 de abril; 688/2015, de 15 de diciembre; 367/2016, de 3 de junio; 16/2017, de 16 de enero; 224/2017, de 5 de abril; y 594/2017, de 7 de noviembre.

5. En aplicación de lo expuesto, la sentencia recurrida declara probado que el prestatario/recurrente no tenía la condición legal de consumidor cuando concertó el préstamo, porque lo solicitó para financiar la adquisición de un local para su explotación comercial, bien por sí mismo o mediante su cesión a terceros. Ante dicha afirmación fáctica, que en esta sede casacional debe quedar incólume, resulta evidente que el recurrente no tenía la cualidad de consumidor y que no puede aplicársele la legislación protectora de los actos de consumo.

A tal efecto, son irrelevantes los avatares posteriores a la suscripción del préstamo, pues lo importante es que se tenga la condición de consumidor cuando se celebra el contrato. Como hemos dicho en la sentencia 639/2017, de 23 de noviembre, en materia de protección de consumidores los controles de transparencia y abusividad tienen que realizarse en el momento en que se celebra el contrato con condiciones generales (art. 4.1 de la Directiva 93/13/CEE, de 5 de abril, sobre las cláusulas abusivas en los contratos celebrados con los consumidores), ya que afectan a la prestación del consentimiento (arts. 1.261 y 1.262 CC y 5 LCGC). Máxime si, respecto del control de transparencia, que es el que se postula en la demanda para que se declare la ilicitud de la cláusula suelo litigiosa, hemos insistido en la importancia de la información precontractual (sentencias 367/2017, de 8 de junio; o 593/2017, de 7 de noviembre), porque es en esa fase cuando se adopta la decisión de contratar.

Esta resolución que comentamos —STS de 10 de enero de 2018— parte de la SAP de Granada, Sección 3.ª, de 20 de marzo de 2015, y en ella precisamente se desestimaba la condición de consumidor por el mero hecho de destinarse el préstamo a la compra de un local "*sea para explotar por si el local, sea para su arrendamiento o su explotación por terceros*". Bajo nuestro particular criterio ello tampoco es correcto, pues la compra de un local no es por si determinante de la ausencia de la condición de consumidor, pues tanto lo es quien alquila una vivienda para complementar su nómina como quien lo que mantiene arrendado es un local. Esto es, si el adquirente del inmueble —sea local, vivienda o plaza de garaje— lo adquiere para su arrendamiento y con ello obtener un complemento a sus ingresos, sin que ello constituya su actividad profesional o empresarial no pierde la condición de consumidor.

Cuando la STS de 10 de enero de 2018, señala que "*son irrelevantes los avatares posteriores a la suscripción del préstamo, pues lo importante es que se tenga la condición de consumidor cuando se celebra el contrato*", cabe colegir entonces bajo este criterio que no tendría la condición de consumidor ni quien al tiempo de celebrar el contrato no ejerza actividad profesional alguna ni se haya dado de alta como empresario –aunque lo proyecte en un futuro con el fruto de la financiación obtenida como pudiera ser para iniciarse como taxista– ni quien ni siquiera hubiera llegado a materializar ese proyecto empresarial sin haber ejercicio nunca esa profesión o actividad (pensemos en el futuro taxista aún no dado de alta y que tampoco ha llegado a poder adquirir la licencia pero que en ese período intermedio ha sufrido un accidente que le impide cumplir su proyecto empresarial). Esta persona ni ha sido nunca autónomo, ni jamás ejercerá actividad empresarial alguna (ni *su* actividad, ni *una* actividad). Por lo tanto, si resulta irrelevante los avatares posteriores a la suscripción del préstamo y hemos abandonado el criterio del *destinatario final* como sostiene la tan citada STS de 10 de enero de 2018, el análisis conforme a la normativa nacional tras la modificación operada por la Ley 3/2014, debiera realizarse bajo nuestra óptica, efectivamente *en el momento de celebrarse el contrato.* Y de esta suerte, si a tal fecha el contrato es ajeno a *su actividad profesional o empresarial*, abogamos por una interpretación extensa del concepto de consumidor y dispensarle idéntica protección a la persona física que se encuentra en tales circunstancias conforme interpretamos el art. 3 TRLGDCU tras la reiterada Ley 3/2014.

Y este razonamiento de Álava, tenía también puntos coincidentes con el que nos muestra la SAP de Asturias, Sección 3.ª de 29 de junio de 2015, con relación a la adquisición de una licencia de taxi:

"La escritura de hipoteca evidencia que el préstamo fue concedido para la adquisición de una licencia de taxi. Ahora bien, el actor declaró que su esposa no es taxista y no consta que sea empresaria, comerciante o profesional, o ejerza un oficio retribuido, dándose la circunstancia de que el inmueble hipotecado es el piso en que viven los dos demandantes. De modo que es imposible que doña Crescencia haya adquirido el préstamo con un propósito vinculado a una actividad comercial o empresarial, o a un oficio o profesión, porque ella no ejerce tales actividades ni las ejercía entonces. Por este esencial motivo, visto lo conceptuado en el art. 3 del Real Decreto Legislativo 1/07, no se le puede negar la condición de consumidora. Mayores dudas suscita el caso de don Fermín, que actualmente sí es taxista. Ahora bien, a fecha 30.9.05, lo que este hipotecó no fue una oficina o un local de negocio, ni constituyó tampoco hipoteca mobiliaria sobre un vehículo-taxi. Lo que hipotecó fue su modesta vivienda habitual en un momento en que, hasta entonces, había trabajado en la mina, en el reparto de butano y en la construcción. Esto significa que cuando obtuvo el préstamo no era taxista y lo que pretendía era emplear ese dinero para adquirir una licencia de taxi con la que poder iniciarse en la profesión en el futuro, como así fue. Siendo esto así, hay que estar a lo que dice el citado art. 3 del Real Decreto Legislativo 1/07, que expresa: «Son consumidores o usuarios las personas físicas que actúen con un propósito ajeno a su actividad comercial, empresarial, oficio o profesión». Por tanto, lo que excluye la condición de consumidor es actuar con una intención vinculada a la profesión actual, a la que ya se tiene y se ejerce, pero no cuando esa intención se une a una actividad laboral que se planea iniciar, ex novo, en el futuro. Por otra parte, cuando dos personas adquirentes conjuntamente un producto financiero, teniendo una la condición de consumidora y la otra no, no perece que exista una especie de vis atractiva de la segunda sobre la primera, para privar a esta

de su condición de consumidora y de los derechos que le asisten en consideración a tal condición. Por todos los motivos expresados, y por la necesidad de resolver las dudas interpretativas aplicando el principio pro-consumidor, consagrado en el art. 80.2 del Real Decreto Legislativo 1/07, hemos de concluir que los dos prestatarios tienen la condición de particulares consumidores y han de quedar amparados por la normativa especial de protección de los consumidores y usuarios, ya aludida".

La Sentencia del Juzgado de lo Mercantil de San Sebastián n.º 1 de 8 de marzo de 2016 examina el caso de un jubilado que promueve la construcción de unos trasteros para su venta a unos vecinos. Sin embargo, el juzgador, atendiendo al carácter de pensionista del prestatario y que por tanto no ejerce de modo habitual esta profesión de promotor, le otorga la protección de la normativa de consumo:

"Lo cierto es que siguiendo los criterios del TJUE, concretamente el criterio de que la finalidad del contrato no aparezca ligado a la actividad profesional del demandante, en el presente caso el Sr. Vidal ha de ser considerado un consumidor a los efectos de la Directiva 93/13/CEE y la normativa interna de transposición.

Si bien es cierto que el préstamo se dirigió a una actividad de promoción, lo hizo hallándose jubilado según consta en la documental referida, de forma que no puede considerarse que actuara en el ámbito de la que fuera su actividad profesional".

Finalmente, el TS, en Sentencia de 3 de julio de 2018, da también respuesta al caso planteado por otro prestamista en Asturias al que se le impuso una cláusula suelo en el préstamo concertado para la compra de una licencia de taxi. Tras la desestimación inicial de la demanda por el Juzgado de 1.ª Instancia n.º 11 de Oviedo al apreciar que los demandantes no tenían la consideración de consumidor y que la demanda había sido planteada exclusivamente en clave consumerista bajo la fundamentación de vicio del consentimiento, falta de transparencia y abusividad —sin invocar la eventual concurrencia de ausencia de superación del control de incorporación—, la SAP de Asturias, Sección 5.ª, de 22 de septiembre de 2015 revocó la resolución de instancia estimando la demanda. Elevada la cuestión litigiosa a casación, la STS de 3 de julio de 2018 aborda el caso desde la perspectiva de la eventual incongruencia de la Sentencia de la Audiencia Provincial, por cuanto que sin haber sido invocada la falta de superación del principio de incorporación, declara la nulidad de la condición cimentada en aquel fundamento. Ante el razonamiento de la actora que sostenía la posibilidad de control de oficio por parte del juzgador, el TS casa la SAP de Asturias acogiendo la incongruencia *extra petita* denunciada y confirmando la necesaria aplicación del principio de justicia rogada, no considerándose consumidores a los actores:

"(...) en ningún momento se postuló en la demanda que la cláusula suelo no superase el control de incorporación, ni que hubiera que realizar un control de tal naturaleza.

4. Desde ese punto de vista, la sentencia recurrida altera la causa de pedir y, como consecuencia de ello, resulta incongruente e infringe el art. 218.1 LEC. Por lo que debe estimarse el recurso de infracción procesal y de conformidad con lo previsto en la regla 7.ª de la Disposición Final Decimosexta de la LEC, debe anularse la sentencia recurrida y dictarse nueva sentencia, para resolver el recurso de apelación, teniendo también en cuenta lo que se hubiere alegado como fundamento en el recurso de casación".

La STJUE de 25 de enero de 2018, C-498/16 (asunto Schrems), resume la jurisprudencia comunitaria sobre el concepto de consumidor y establece las siguientes pautas:

"(I) El concepto de «consumidor» debe interpretarse en relación con la posición de esta persona en un contrato determinado y con la naturaleza y la finalidad de este, y no con la situación subjetiva de dicha persona, dado que una misma persona puede ser considerada consumidor respecto de ciertas operaciones y operador económico respecto de otras.

(II) Solo a los contratos celebrados fuera e independientemente de cualquier actividad o finalidad profesional, con el único objetivo de satisfacer las propias necesidades de consumo privado de un individuo, les es de aplicación el régimen específico establecido para la protección del consumidor como parte considerada económicamente más débil, mientras que esta protección no se justifica en el caso de contratos cuyo objeto consiste en una actividad profesional.

(III) Dado que el concepto de consumidor se define por oposición al de operador económico y que es independiente de los conocimientos y de la información de que la persona de que se trate dispone realmente, ni la especialización que esa persona pueda alcanzar en el ámbito del que forman parte dichos servicios ni su implicación activa en la representación de los derechos e intereses de los usuarios de estos, le privan de la condición de consumidor

(IV) Por lo que respecta, más concretamente, a una persona que celebra un contrato para un uso que está relacionado parcialmente con su actividad profesional y que, por tanto, tan solo es parcialmente ajeno a esta, el Tribunal de Justicia ha considerado que podría ampararse en dichas disposiciones únicamente en el supuesto de que el vínculo de dicho contrato con la actividad profesional del interesado fuera tan tenue que pudiera considerarse marginal y, por tanto, solo tuviera un papel insignificante en el contexto de la operación, considerada globalmente, respecto de la cual se hubiera celebrado el contrato".

Estos criterios que han sido reiterados por la STJUE de 14 de febrero de 2019, C-630/17 (asunto *Anica Milivojevic v. Raiffeisenbank St. Stefan-Jagerberg-Wolfsberg eGen*), en la que se concluye:

"El concepto de «consumidor» [...] debe interpretarse de forma restrictiva, en relación con la posición de esta persona en un contrato determinado y con la naturaleza y la finalidad de este, y no con la situación subjetiva de dicha persona, dado que una misma persona puede ser considerada consumidor respecto de ciertas operaciones y operador económico respecto de otras (véase, en este sentido, la sentencia de 25 de enero de 2018, Schrems, C-498/16, EU:C:2018:37, apartado 29 y jurisprudencia citada).

Por consiguiente, solo a los contratos celebrados fuera e independientemente de cualquier actividad o finalidad profesional, con el único objetivo de satisfacer las propias necesidades de consumo privado de un individuo, les es de aplicación el régimen específico establecido por dicho Reglamento para la protección del consumidor como parte considerada más débil, mientras que esta protección no se justifica en el caso de contratos cuyo objeto consiste en una actividad profesional (sentencia de 25 de enero de 2018, Schrems, C-498/16, EU:C:2018:37, apartado 30 y jurisprudencia citada).

Esta protección particular tampoco se justifica en el caso de contratos cuyo objeto es una actividad profesional, aunque esta se prevea para un momento posterior, dado que el carácter futuro de una actividad no afecta en nada a su naturaleza profesional (sentencia de 3 de julio de 1997, Benincasa, C-269/95, EU:C:1997:337, apartado 17)".

Señala la Sentencia del Tribunal Supremo de 13 de junio de 2018 referida que ese mismo concepto de consumidor que utiliza el TJUE, referido al ámbito objetivo de la operación y no a la personalidad del contratante, es también el que ha tomado en consideración esta sala en sus últimas resoluciones, como por ejemplo las sentencias 149/2014, de 10 de marzo; 166/2014, de 7 de abril; 688/2015, de 15 de diciembre; 367/2016, de 3 de junio; 16/2017, de 16 de enero; 224/2017, de 5 de abril; y 594/2017, de 7 de noviembre. Sin embargo, el error bajo nuestro punto de vista es que el Tribunal Supremo en este caso acoge el concepto comunitario de consumidor obviando la reforma normativa interna, que tiene capacidad para ampliar el ámbito de protección dispensado por la normativa europea. Por tanto, de no existir la actual redacción del art. 3 TRLGDCU la posición del TS sería correcta ajustándose al concepto comunitario –que como veremos tampoco contempla por ejemplo a las personas jurídicas como consumidoras en el marco de la Directiva 93/13/CEE–, pero precisamente al haber extendido el legislador nacional este concepto tanto a determinadas personas jurídicas, como a entidades sin personalidad jurídica y poniendo el acento de la reforma en "*su actividad*", consideramos que debiera aplicarse una interpretación más favorable a la extensión del concepto de consumidor.

Por otra parte, la habitualidad, o al menos cierta continuidad, es evidente que es consustancial al ejercicio de la actividad empresarial o profesional. Por esta razón, resulta interesante la reflexión que realiza las SSAP de Pontevedra, Sección 1.ª, de 14 de octubre de 2014 y 9 de julio de 2015, en reconocer la condición de "*consumidor-inversor*", con aplicación de la normativa tuitiva de consumidores y usuarios, a quien, sin dedicarse profesionalmente a la actividad inmobiliaria, adquiere un inmueble para su reventa. Idéntico parecer es alcanzado por la SAP de Alicante, Sección 8.ª, de 31 de marzo de 2017: "*En definitiva (...) lo que, como venimos diciendo, ha sucedido en el caso que nos ocupa: dos particulares (uno de los cuales ejercía una actividad empresarial del ámbito de la hostelería) compraron un local comercial, sin que conste que tuvieran intención o propósito de vincularlo a dicha actividad, ni que lo hayan hecho con posterioridad, ni que compren habitualmente locales comerciales. Que los compradores tuvieran la intención de hacer una inversión con la compra, o posteriormente hayan arrendado el inmueble, son opciones absolutamente frecuentes cuando se adquiere un local comercial, y no elimina la condición de consumidor cuando dichos actos son ajenos a la actividad profesional o empresarial del comprador, lo que sucede en el caso de autos*". Este mismo criterio se colige de la lectura de las SSTS de 16 de enero de 2017 y 13 de junio de 2018.

Sin embargo, no obstante, lo apuntado, al referir el dato de la habitualidad como consustancial al ejercicio de una actividad empresarial, ha de traerse a colación la STJUE de 3 de octubre de 2019, en la que como apuntan el Magistrado ROMERO GARCÍA-MORA[11]

[11] ROMERO GARCÍA-MORA, G. "La condición de consumidor en los casos de actividad inversora" en Diario La Ley n.º 9528, Sección Doctrina, de 28 de noviembre de 2019.

o el Letrado de la Administración de Justicia PEREA GONZÁLEZ[12], parece contradecirse la postura que hasta la fecha mantenía nuestro TS. En efecto, la precitada STJUE de 3 de octubre de 2019 (Asunto C-208/18, Petruchova), resolviendo la cuestión prejudicial planteada por el Tribunal Supremo Checo, mantiene la condición de consumidor a quien de forma habitual y regular realiza inversiones, en concreto en el mercado de divisas mediante órdenes de compra y venta. En el caso examinado, una estudiante checa que trabajaba a tiempo parcial, había suscrito previamente un contrato para operar en el mercado internacional de divisas FOREX (Foreing Exchange) reclamaba a una empresa de corretaje la diferencia de 9.000 dólares americanos que podía haber obtenido como mayor beneficio por la demora de 16 segundos en cerrar una operación de venta de divisas. El TJUE desestima las alegaciones invocadas sobre la importancia de los riesgos de pérdidas económicas que implican este tipo de contratos, el valor de las operaciones, el conocimiento o experiencia que pudiera tener la persona en el sector de los instrumentos financieros, centrándose en que el contrato no se celebró en el marco de una actividad empresarial y por ello mantiene su condición de consumidor. Esta interpretación parece oponerse a la mantenida de modo más restrictivo hasta el momento por el TS y expresada en su Sentencia de 16 de enero de 2017, en la que razonaba: "*cabría considerar que el ánimo de lucro del consumidor persona física debe referirse a la operación concreta en que tenga lugar, puesto que si el consumidor puede actuar con afán de enriquecerse, el límite estará en aquellos supuestos en que realice estas actividades con regularidad (comprar para inmediatamente revender sucesivamente inmuebles, acciones, etc.), ya que de realizar varias de esas operaciones asiduamente en un período corto de tiempo, podría considerarse que, con tales actos, realiza una actividad empresarial o profesional, dado que la habitualidad es una de las características de la cualidad legal de empresario, conforme establece el art. 1.1.º CCO*".

Este caso, evoca también la anterior resolución del TJUE de 4 de octubre de 2018, en el que se da respuesta a la cuestión prejudicial elevada por el Tribunal de lo Contencioso Administrativo de Varna —Bulgaria—, en que se plantea si una persona que había publicado, en un sitio web, bajo un pseudónimo, ocho anuncios de venta de productos diversos, podía ser considerada comerciante, tal y como presumía el Estado búlgaro al imponerle diversas sanciones. La Sentencia dictada por el TJUE concluye, que *solo debe calificarse de comerciante, y tal actividad constituye una práctica comercial, si dicha persona actúa con un propósito relacionado con su actividad económica, negocio, oficio o profesión.*

El razonamiento dado por nuestro Tribunal Supremo, en este caso concreto, nos parece lógico, en tanto que en definitiva lo que persigue es desenmascarar a auténticos comerciantes que, con frecuencia en un ámbito de opacidad fiscal, intervienen en el mercado, eludiendo las obligaciones que les son propias como empresarios. De cualquier modo, apuntada la jurisprudencia comunitaria, el juzgador español habrá de acomodarse a ella o esforzarse más en sus resoluciones para desvelar las razones por las que entiende que quien actúa con habitualidad y cierto volumen es un comerciante "no declarado" en lugar de un usuario.

[12] PEREA GONZÁLEZ, A. "El concepto de consumidor en el alambre: alcance y futuro de la "Doctrina Petruchová" en Diario La Ley n.º 9544, Sección Opinión, de 27 de diciembre de 2019.

2.2.2. Cualificación del consumidor

A partir del concepto del denominado "*consumidor medio*" se ha invocado en ocasiones por parte de las entidades financieras la existencia de determinado tipo de formación del usuario adherente para sostener una suerte de menor reproche al empresario predisponente. Paradigmático resultan los supuestos referidos a licenciados en derecho, asesores, abogados o magistrados. En nuestra opinión, no es aceptable dicha tesis en cuanto que de una parte pretende trasladar al adherente lo que es un ejercicio desleal del empresario que establece sus modelos de contratación generando un desequilibrio entre las partes que precisamente por su carácter adhesivo no puede evitarse por el usuario. De otra, porque el art. 3 TRLGDCU no distingue entre distintas tipologías de consumidores para rebajar la protección que estos merecen, que recordemos resulta irrenunciable merced a lo dispuesto en el art. 10 TRGDCU. Y en el mismo sentido, el art. 3 de la Ley 5/2019, de 15 de marzo, reguladora de los contratos de crédito inmobiliario E incluso, el hecho de haber cursado estudios generales de derecho —con la amplísima extensión de disciplinas que encierra— en nada capacita de un modo extraordinario al adherente que sigue manteniendo la condición de consumidor y nulo margen de actuación ante condiciones impuestas.

La noción de consumidor en el ámbito de las condiciones generales de la contratación es una noción universal. Así, la profesión ejercida por una persona física no tiene incidencia para apreciar si una persona puede ser considerada como un consumidor, en el sentido del art. 2, letra b) de la Directiva 93/13/CEE. Sobre este particular, resulta ilustrativa la reciente STJUE de 3 de septiembre de 2015, que viene a arrojar nuevamente luz sobre la interpretación del art. 2, letra b) de la Directiva 93/13/CEE. En ella se analiza el pleito seguido contra Volksbank por un abogado que contrato un crédito cuya devolución garantizó mediante hipoteca constituida sobre inmueble de su bufete, no arrojando dudas sobre su condición de "consumidor". De este modo, el TJUE ha declarado (Sala Cuarta, Sentencia de 3 de septiembre de 2015, rec. C-110/14) que la definición de consumidor conforme al art. 2, letra b), de la Directiva 93/13/CEE, presenta un carácter objetivo y es independiente de los conocimientos concretos que pueda tener la persona de que se trata, o de la información de que dicha persona realmente disponga. En este sentido, una persona física que ejerce la abogacía puede considerarse "consumidor" cuando dicho contrato no esté vinculado a su actividad profesional, con independencia de sus conocimientos especializados, pues ello no permite presumir que, en relación con un profesional, no es una parte débil.

La Guía publicada por la Comisión Europea sobre la interpretación y aplicación de la Directiva 93/13/CEE del Consejo, de 5 de abril de 1993, sobre las cláusulas abusivas en los contratos celebrados con consumidores, insiste en este principio cuando señala: "*la noción de «consumidor» es objetiva y refleja una posición típicamente más débil como contraparte del profesional, entendiendo que el conocimiento y la experiencia superiores de un determinado consumidor no impiden a dicha persona considerarla un «consumidor» a los efectos de la Directiva 93/13*".

En efecto, el elemento central de la noción de consumidor tal y como queda definida en esta norma se refiere a un elemento claramente delimitable: la posición que ocupa el contratante en el negocio jurídico en cuestión. En este sentido, tal y como ha sido puesto de relieve en la sentencia del Tribunal de Justicia en el asunto (C-488/11) "*Asbeek Brusse y de Man Garabito*", es preciso tomar en consideración el hecho de que la Directiva 93/13/CEE "*define los contratos a los que se aplica por referencia a la condición de los contratantes, según actúen o no en el marco de su actividad profesional*".

El énfasis en el ámbito de actividad en el cual se enmarca la operación en cuestión como elemento determinante de la cualidad de consumidor encuentra, además, confirmación en la jurisprudencia del Tribunal de Justicia en relación con otros instrumentos en materia de protección de consumidores que contienen definiciones de la noción de consumidor semejantes a la del art. 2, letra b), de la Directiva. Así, en la sentencia "*Di Pinto*", (asunto C-361/89) al interpretar el concepto de consumidor en el marco de la Directiva 85/577/CEE, (actualmente derogada por la Directiva 2011/83/UE) el Tribunal de Justicia enfatizó que el criterio de aplicación de la protección residía precisamente en el vínculo que unía las transacciones que eran objeto de las visitas a domicilio —que tenían el objeto de instar a la celebración de un contrato de publicidad relativo a la venta de los fondos de comercio— recibidas por los comerciantes, a la actividad profesional del comerciante, de manera que este solo podía pretender que se aplicase la Directiva si la operación por la cual había sido visitado rebasaba el marco de sus actividades profesionales.

Así, el tenor literal de la Directiva y la jurisprudencia que interpreta tanto este instrumento como la Directiva 85/577/CEE, parecen decantarse por una noción a la vez objetiva y funcional del consumidor: no se trata, por lo tanto, respecto de una determinada persona, de una categoría consustancial e inmutable, sino, por el contrario, de una cualidad apreciable en función de la condición en la que se sitúa una persona en relación con un negocio jurídico u operación particular, entre los muchos que puede desarrollar en su vida diaria.

Tal y como puso de relieve el Abogado general Mischo en el asunto Di Pinto (C-361/89) refiriéndose a la noción de consumidor en el ámbito del art. 2 de la Directiva 85/577/CEE, las personas contempladas en esta disposición «*no se definen in abstracto, sino según lo que hacen in concreto*», de tal forma que una misma persona en diferentes situaciones, puede ostentar unas veces la condición de consumidor y otras, la de profesional.

Esta concepción del consumidor en tanto que actor en un determinado negocio jurídico, que reúne a la vez y según los casos tanto elementos objetivos como funcionales, se confirma también en el ámbito del Reglamento n.º 44/2001, ámbito este en el cual la noción de consumidor ha sido también objeto de interpretación por parte del Tribunal de Justicia, si bien, la analogía habría de matizarse al interpretar la Directiva 93/13/CEE, teniendo en cuenta los distintos objetos de las dos normas. Así, en la sentencia del Tribunal de Justicia "Benincasa" (asunto C-269/95) declaró que, para determinar si una persona actúa en calidad de consumidor, "*hay que referirse a la posición de esta persona en un contrato determinado, en relación con la naturaleza y la finalidad de este, y no a la situación subjetiva de dicha persona. [...] Una misma persona puede ser considerada consumidor respecto a ciertas operaciones y operador económico respecto a otras*".

Sobre este particular, resulta ilustrativa la SAP de Vizcaya, Sección 4.ª, de 2 de septiembre de 2014 que rechaza el argumento esgrimido por la entidad por el hecho de que la prestataria fuera una letrada concluyendo que "*en nada alteran la doctrina que viene mante-*

niendo la Sala en línea con el TS porque dicha condición de Letrada no le confiere una especial capacitación en el ámbito económico".

En esta misma línea se pronuncia la Sentencia del Juzgado de lo Mercantil n.º 1 de Bilbao de 3 de noviembre de 2014, cuando apunta: *"En el presente caso, en el que no es discutida la condición de la parte actora (el resto de circunstancias personales son irrelevantes puesto que se trata de examinar la inserción de forma transparente de la cláusula en el contrato y no el vicio del consentimiento)".*

E idéntico razonamiento es compartido por la SAP de Cáceres, Sección 1.ª, de 7 de julio de 2014: *"el hecho de que el hoy actor apelado, sea licenciado en Derecho y abogado en ejercicio no empeña en absoluto la estimación de la acción ejercitada en la demanda por dos motivos; de un lado, porque suscribió el contrato en su condición de consumidor, no de abogado; y de otro, porque la condición profesional que pudiera tener el consumidor no excluye los estándares de transparencia e información que deben presidir este tipo de cláusulas ni el que puedan entenderse viciadas de abusividad determinadas estipulaciones de los referidos negocios jurídicos".*

Y así también es concluido por la SAP de Cáceres, Sección 1.ª, de 8 de abril de 2014 al examinar el caso de una cláusula suelo impuesta a un economista ejerciente: *"No hay constancia de simulación previa con relación a la evolución del EURIBOR. La mera lectura notarial no suponía efectivo conocimiento por el consumidor respecto de este tipo de cláusulas que exige un notable control. La cláusula aparece entre otras sin destacar. Y se concluye, que el nivel formativo del demandante (Licenciado ejerciente en económicas), nada impide su carácter de consumidor, y por tanto está amparado por las leyes de protección al respecto; añadiendo el juzgador a quo que no basta que una persona tenga estudios o desarrolle una profesión intelectual y por muy culta que sea puede ser completamente desconocedora de las evoluciones del EURIBOR y que en un futuro le perjudiquen las cláusulas".*

En el caso resuelto por la Sentencia del Juzgado de lo Mercantil n.º 1 de Cádiz de 20 de diciembre de 2018, se decreta la nulidad de la cláusula suelo de un registrador y oficial del registro, bajo idénticos parámetros que lógicamente concluyen la plena aplicabilidad de los principios tuitivos de consumidores a los prestatarios adherentes en el marco de un contrato con condiciones generales de la contratación cuya finalidad es el consumo propio: *"habiéndose significado por la demandada la falta de legitimación activa sobre la base del carácter cualificado de ambos prestatarios al alegar que la Sra. es Registradora de la Propiedad y el Sr. oficial de Registro, debe concluirse que el hecho de que los prestatarios sean juristas o Licenciados en Derecho no impide el ejercicio de la acción judicial entablada ni exonera a la demandada de cumplir con su deber de explicar e informar sobre las concretas condiciones financieras del préstamo a sus clientes, toda vez que los accionantes no intervinieron en la contratación del préstamo en el marco de su actividad profesional, sino como particulares".*

La SAP Málaga, Sección 6.ª, de 21 de abril de 2020, en la resolución de un caso de nulidad de cláusula IRPH, da respuesta también a la alegación de una entidad financiera que invocaba en su defensa la condición del prestatario de abogado en ejercicio y administrador de una sociedad dedicada a la promoción inmobiliaria, concluyendo la procedencia de la aplicación de la normativa protectora de consumidores:

"En esta alzada, la parte recurrente no viene ya a cuestionar la intervención del demandante en la financiación hipotecaria en condición de consumidor, afirmando tan solo que debe ser considerado como un consumidor cualificado, ello en orden al eventual análisis del control de transparencia relativo a la comprensibilidad real, por lo que, necesariamente hemos de partir en la resolución del recurso de la condición de consumidor de la que goza el demandante, siéndole por tanto, de oportuna aplicación la legislación tuitiva de consumidores y usuarios. Pues bien, respecto de la alegación relativa a la profesión de abogado del demandante, lo que en criterio de la entidad recurrente la convierte en un consumidor cualificado, a estos efectos, forzoso es recordar que esta Sala ya tiene abordada la cuestión, pronunciándose sobre los criterios aplicables, y así, en Sentencia de 28 de enero de 2020, nos referíamos a la Sentencia del Tribunal Supremo de 12 de noviembre de 2019, en cuya Resolución el Alto Tribunal vino a establecer como criterio que la intervención de un profesional conlleva que la cuestión deba ser resuelta entendiendo la comprensión real o material. Por otra parte, también hacíamos referencia a la Sentencia del TJUE de 15 de enero de 2015 (C-537/13), que expresaba que «(...) el tribunal nacional ha de realizar esa apreciación teniendo en cuenta dicha naturaleza y todas las circunstancias que concurran en el momento de la celebración del contrato (véase, en ese sentido, la sentencia Aziz, C-415/11, EU:C:2013:164, apartado 71, y el auto Sebestyén, C-342/13, EU:C:2014:1857, apartado 29)». E igualmente hacíamos cita de la Sentencia del TJUE de 3 de septiembre de 2015 (C-110/14), que matizó que un abogado podía considerarse como consumidor cuando actúa con un propósito ajeno a su actividad, y además que «...aunque se considere que un abogado dispone de un alto nivel de competencias técnicas (véase la sentencia C-537/13, EU:C:2015:14, apartado 23), ello no permite presumir que, en relación con un profesional, no es una parte débil. En efecto, tal como se ha recordado en el apartado 18 de la presente sentencia, la situación de inferioridad del consumidor respecto del profesional, a la que pretende poner remedio el sistema de protección establecido por la Directiva 93/13, afecta tanto al nivel de información del consumidor como a su poder de negociación ante condiciones contractuales redactadas de antemano por el profesional y en cuyo contenido no puede influir dicho consumidor». Y es el caso, que la entidad recurrente, en puridad no cuestiona que la cláusula controvertida no sea condición general de la contratación, sino que el prestatario contratante en un consumidor cualificado por ser abogado de profesión, con conocimientos de derecho hipotecario y administrador de un Sociedad dedicada al mundo inmobiliario, y que por ello, tiene un perfil cualificado, pero a juicio de esta Sala, aunque esa dedicación profesional del cliente prestatario, interviniente en la contratación como consumidor, facilitaría la comprensión del compromiso que asumía, ello lo sería siempre y cuando se hubieses probado y acreditado que la entidad crediticia le proporcionó la información necesaria, y con el tiempo legalmente exigible, para que el prestatario estuviese en condicionales de valorar las consecuencias económicas potencialmente significativas de la cláusula litigiosa sobre sus obligaciones financieras, lo que en el caso, como razonaremos no consta acreditado, como tampoco consta probado que por mucho que el demandante sea abogado, tenga conocimientos específicos y cualificados en materia financiera, lo cual, a mayor abundamiento, no pude ser presumido por la mera circunstancia de que sea administrador de una Sociedad dedicada al mundo inmobiliario".

E idénticas conclusiones son alcanzadas de modo reiterado para el supuesto de otros contratos financieros refiriéndose a todo tipo de profesionales del derecho, licenciados en económicas, gestores administrativos o graduados sociales, como evidencian la SAP de Granada, Sección 4.ª, de 21 de marzo de 2014; SA de Madrid, Sección 19.ª de 13 de diciembre de 2013; SAP de Oviedo, Sección 4.ª, de 13 de noviembre de 2013; SAP de Salamanca, Sección 1.ª, de 24 de septiembre de 2013; SAP de Bizkaia, Sección 3.ª, de 16 de julio de 2013; SAP de Huelva, Sección 1.ª, de 26 de diciembre de 2012.

2.2.3. Ánimo de lucro y personas físicas consumidoras

Ha de tenerse presente, que el ánimo de lucro, no puede ser un criterio de exclusión de la normativa protectora consumerista como ya constatasen las SSTS de 22 de diciembre de 2009, 17 de junio de 2010 y 11 de junio de 2011, al reconocer la condición de consumidores a pequeños inversores en el ámbito de una actividad privada. Con posterioridad a ello, la Sentencia del Pleno 16/2017, de 16 de enero, ratificada también en la de STS de 17 de julio de 2017, recuerda nuevamente que *"el ánimo de lucro, no excluye necesariamente la condición de consumidor de una persona física"*. Así, razona el Alto Tribunal:

"1. En relación con la controversia litigiosa, partiendo del expuesto concepto de consumidor o usuario como persona que actúa en un ámbito ajeno a una actividad empresarial o profesional, y dado que en el contrato se prevé la posibilidad de reventa, cabe preguntarse si es posible una actuación, en un ámbito ajeno a una actividad empresarial o profesional, que se realice con ánimo de lucro. La jurisprudencia comunitaria ha considerado que esta intención lucrativa no debe ser un criterio de exclusión para la aplicación de la noción de consumidor, por ejemplo, en la STJCE 10 de abril de 2008 (asunto Hamilton), que resolvió sobre los requisitos del derecho de desistimiento en un caso de contrato de crédito para financiar la adquisición de participaciones en un fondo de inversión inmobiliaria; o en la STJCE de 25 octubre (asunto Schulte), sobre un contrato de inversión.

Además, la redacción del art. 3 TRLGDCU se refiere a la actuación en un ámbito ajeno a una actividad empresarial en la que se enmarque la operación, no a la actividad empresarial específica del cliente o adquirente (interpretación reforzada por la STJUE de 3 de septiembre de 2015 asunto C-110/14).

2. A su vez, la reforma del mencionado art. 3 TRLGCU por la Ley 3/2014, de 27 de marzo, aunque no sea directamente aplicable al caso por la fecha en que se celebró el contrato, puede arrojar luz sobre la cuestión. En efecto, a diferencia de lo que ocurre con las directivas comunitarias que solo se refieren a personas físicas, tras dicha reforma se sigue distinguiendo entre consumidor persona física y consumidor persona jurídica, pero se añade que el ánimo de lucro es una circunstancia excluyente solo en el segundo de los casos. Es decir, se introduce un requisito negativo únicamente respecto de las personas jurídicas, de donde cabe deducir que la persona física que actúa al margen de una actividad empresarial es consumidora, aunque tenga ánimo de lucro.

No obstante, sin apartarse de dicha regulación, cabría considerar que el ánimo de lucro del consumidor persona física debe referirse a la operación concreta en que tenga lugar, puesto que si el consumidor puede actuar con afán de enriquecerse, el límite estará en aquellos supuestos en que realice estas actividades con regularidad (comprar para inmediatamente revender sucesivamente inmuebles, acciones, etc.), ya que de realizar varias de esas operaciones asiduamente en un período corto de tiempo, podría considerarse que, con tales actos, realiza una actividad empresarial o profesional, dado que la habitualidad es una de las características de la cualidad legal de empresario, conforme establece el art. 1.1.º CCom.

Con la doctrina sentada por la sala, aquí recogida, no se entiende necesario plantear cuestión prejudicial al TJUE".

Esta doctrina jurisprudencial de nuestro Tribunal Supremo es también coherente con los pronunciamientos previos del TJUE, que tanto en el caso de la STJUE de 25 de octubre de 2005 (asunto Schulte) como en la STJUE de 10 de abril de 2008 (asunto Hamilton) no vacilaron en aplicar la noción de consumidor en dos casos de inversionistas.

La SAP de Ciudad Real, Sección 1.ª, de 13 de octubre de 2014, otorga la condición de consumidores a cuatro prestatarios que adquieren una nave como inversión, al concertar el préstamo como personas físicas e integrarla en su patrimonio, rechazando una interpretación restrictiva del carácter de consumidor:

"Pretende la recurrente destacar la nota del posible destino, al menos reconocido por uno de los demandantes en su declaración, del inmueble que habían adquirido para almacén de magdalenas.

Sin embargo, en el presente caso, no procede en una interpretación restrictiva del ámbito de la norma tuitiva de consumo, extraer aquellas adquisiciones realizadas a título particular y para su patrimonio particular, porque puedan utilizarse para una actividad empresarial. En definitiva, no adquiere el bien una empresa o una persona jurídica empresaria para su fin empresarial. Contrariamente los demandantes no están concertando un préstamo hipotecario como empresarios, es decir como señala adecuadamente la Sentencia de Instancia contratando los prestatarios en relación con su actividad societaria o empresarial.

Cierto que en la escritura de préstamo se consigna préstamo a la inversión, pero ello no supone una delimitación suficiente que excluya el ámbito de consumo. Dicho préstamo no consta lo están suscribiendo los cuatro prestatarios en relación con su actividad societaria, ni lo está realizando una persona jurídica, sino lo hacen a título particular o individual.

Por ello, como señala la Sentencia impugnada, actuando en su propio nombre y derecho, siendo propietarios de la nave hipotecada, no implica se reste su carácter de consumidor, independientemente, pues, del destino concreto del dinero, ya que ni siquiera consta que el bien a adquirir fuera siquiera para aportación social– propósito propio de la actividad empresarial– sino que ellos serían los destinatarios y propietarios del inmueble.

Por lo que la afirmación de que la nave propiedad de los demandantes y adquirida es usada para almacén de magdalenas no justifica se excluya esta contratación del ámbito de aplicación del texto refundido de la ley general para la defensa de consumidores y usuarios (art. 3). Ello, en su caso, pudiera ser el móvil o propósito indirecto, y la dedicación ocasional, definitiva o temporal, pero el propósito directo es la adquisición para la integración en el patrimonio de los hoy demandantes.

Menos resta tal condición de consumidor el hecho de que se incida que alguno de los contratantes tiene como actividad profesional la inmobiliaria, pues el dedicarse a una profesión inmobiliaria no es óbice para contratar como consumidor".

La Sentencia n.º 336 dictada por la Audiencia Provincial de Pontevedra, el 14 de octubre de 2014 en el recurso de apelación n.º 377/14, que traía su causa en la demanda presentada por cuatro personas físicas, adquirentes por título de compraventa de un bajo comercial, habiéndose financiado la adquisición por un préstamo hipotecario del que pretenden la declaración de nulidad de varias cláusulas, quedando centrado el debate en las consideración de los actores como consumidores y en las consecuencias que dicha cualidad habría de suponer para la validez o nulidad de la cláusula impugnada. En dicha Sentencia, en sus Fundamentos Jurídicos, se hace la consideración siguiente:

"Así, la adquisición de un inmueble para introducirlo en el mercado, ya sea para revenderlo, ya para obtener un lucro mediante cualquier forma de explotación realizada por un particular, al margen de su «actividad empresarial o profesional» (la norma comunitaria es más genérica, cuando el lugar del pronombre utiliza el indeterminado «una actividad»), resultaría incluida en el concepto comunitario de consumidor, mientras que, en la medida en que ese bien se adquiere para una finalidad diversa del destino o consumo puramente privado, excluiría la aplicación de la normativa de consumo si se exigiera que el consumidor ostentaría la condición de destinatario final".

Continúa dicha resolución considerando que el arrendamiento de un bien a terceros, si esta actividad no forma parte del conjunto de actividades comerciales o empresariales de quien lo realiza, este podrá seguir siendo considerado como consumidores con arreglo a la normativa vigente. Es decir, considera que si una persona física, al margen de su actividad empresarial o profesional, adquiere un bien para arrendarlo, y esta actividad no se realiza de forma habitual, formando parte de su profesión u oficio, tal actuación puede entenderse incluida en el ámbito de aplicación de la normativa de protección de los consumidores.

Y la misma acogida positiva de la inclusión en la noción de consumidor, merece quien adquiere un apartamento en un hotel ("apartahotel") aun cuando ello le redunde un beneficio y pueda hacer un uso ocasional del mismo. La SAP de Valencia, Sección 11.ª, de 10 de enero de 2018, también citada por la SAP de Valencia, Sección 8.ª, de 15 de mayo de 2018:

"En el presente caso las entidades demandadas no han practicado prueba alguna para acreditar el carácter inversor de la demandante remitiéndose al contenido del contrato. En el contrato de compraventa constaba en el exponendo VI que la compradora está interesada en la adquisición del apartamento debidamente amueblado e interesado en su cesión a una gestora especializada para que sea explotado por la misma o por otro operador especializado junto con el resto del complejo. Más adelante en la estipulación 9.ª consta que el apartamento objeto de la presente compraventa formará parte de una unidad empresarial de explotación, por lo que en este acto la compradora se obliga a ceder en el momento del otorgamiento de la escritura pública de compraventa, a favor de la gestora del complejo el apartamento objeto de compraventa para su explotación, en régimen de Hotel Apartamento Residencia por cuenta de la propiedad... sin perjuicio del derecho de uso del apartamento. Más adelante en el Anexo número II modelo orientativo de contrato de cesión constaba en su estipulación cuarta que «la gestora pondrá el apartamento en explotación hotelera salvo los períodos en que la propiedad... lo use como cliente» y a continuación que «alternativamente la propiedad podrá optar por acogerse a un derecho de uso preferente del apartamento en calidad de cliente del

mismo a través del sistema de reservas de la sociedad de gestión sin perjuicio de la obligación legal de destino del mismo a ocupación por motivos vacacionales o turísticos».

Por tanto del propio tenor literal del contrato se reconoce el derecho de uso del apartamento de la demandante y que alternativamente podrá optar por acogerse a un derecho de uso preferente, es decir como una segunda vivienda o en períodos de vacaciones y descanso y ello sin perjuicio que en los períodos que no lo utilizara obtuviera algún beneficio económico mediante la cesión para ser gestionado en explotación hotelera pues como se ha indicado anteriormente no pierde la condición de consumidor la persona física que actúa al margen de una actividad empresarial, aunque tenga ánimo de lucro. En autos no consta en autos que la demandante se dedicara profesionalmente a invertir en inmuebles o que hubiera realizado compras de inmuebles con finalidad especuladora. Se aportó su informe de vida laboral del que se desprende que ha desempeñado diversos empleos que nada tienen que ver con la intermediación inmobiliaria. Tampoco hay prueba que acredite que en el momento de la adquisición fuera titular de más inmuebles. En base a lo expuesto se estima este motivo de apelación por entender que la demandante tiene la condición de consumidora".

En suma, no adquiere la condición de profesional o empresario, y correlativamente a ello, no pierde la protección de la normativa de consumo, quien rentabiliza su propiedad mediante el arrendamiento, quien compra un inmueble como inversión (SAP de Pontevedra, Secc. 1.ª, 14 octubre 2014; SAP Las Palmas, Sección 4.ª, de 26 de noviembre de 2014; o SAP de Albacete, Sección 1.ª, de 29 de enero de 2016), o para rehabilitarlo (SAP de León, Sección 1.ª, de 20 julio de 2015), para irse de vacaciones y arrendarlo en verano (SAP de Álava, Sección 1.ª, de 9 diciembre 2015), o lo arrienda para obtener un complemento a su salario como funcionario público (SAP Albacete, Sección 1.ª, de 20 junio de 2014).

Con relación a la financiación para la compra de una vivienda destinada a alquiler se pronuncia la STS de 13 de junio de 2018, en la que con revocación de la dictada por la AP Vizcaya, Sección 4.ª, se confirma que mantiene la condición de consumidor quien, sin dedicarse a una actividad profesional o empresarial, concierta el préstamo con el objetivo de obtener un lucro en su esfera particular.

"**5.** *La sentencia recurrida considera que el prestatario/recurrente no tenía la condición legal de consumidor cuando concertó el préstamo, porque lo solicitó para financiar la adquisición de una vivienda que iba a destinar, no a la satisfacción de sus propias necesidades habitacionales, sino al mercado de alquiler. Por lo que concluye que el prestatario es un inversor y no puede acogerse a la legislación protectora de los consumidores.*

6. *Sin embargo, lo relevante no es que invirtiera con ánimo de lucro, sino que la operación la realizara como operador económico, en un ámbito profesional.*

A diferencia de lo que sucede con las personas jurídicas o los entes sin personalidad, en el caso de las personas físicas el ánimo de lucro no es incompatible con la cualidad legal de consumidor, puesto que cuando el art. 3 TRLGCU se refiere a personas físicas no hace mención a dicha intencionalidad lucrativa, sino que únicamente atiende al carácter empresarial o profesional de la actividad. Es decir, introduce un requisito negativo únicamente respecto de las personas jurídicas, de donde cabe deducir que la persona física que actúa al margen de una actividad empresarial es consumidora, aunque pueda tener un ánimo de lucro. Idea que subyace, por ejemplo, en la Ley de Contratos de Crédito al Consumo, o en la regulación de la compraventa mercantil –art. 326 CCom.–.

Y más específicamente, en la Ley 43/2007, de 13 de diciembre, de protección de los consumidores en la contratación de bienes con oferta de restitución del precio, cuyo art. 1.3 dice:

«3. A los efectos de esta Ley, son consumidores o usuarios las personas físicas o jurídicas que adquieren, utilizan o disfrutan como destinatarios finales, bienes muebles o inmuebles, productos, servicios, actividades o funciones, cualquiera que sea la naturaleza pública o privada, individual o colectiva de quienes los producen, facilitan, suministran o expiden.

No tendrán la consideración de consumidores o usuarios quienes sin constituirse en destinatarios finales, adquieran, almacenen, utilicen o consuman bienes o servicios, con el fin de integrarlos en procesos de producción, transformación, comercialización o prestación a terceros».

La jurisprudencia comunitaria considera que la actividad inversora con intención lucrativa no debe ser necesariamente un criterio de exclusión para la aplicación de la noción de consumidor. Por ejemplo, en la STJUE de 10 de abril de 2008 (asunto Hamilton), que resolvió sobre los requisitos del derecho de desistimiento en un caso de un contrato de crédito para financiar la adquisición de participaciones en un fondo de inversión inmobiliaria; o en la STJCE de 25 de octubre de 2005 (asunto Schulte), sobre un contrato de inversión.

7. *Solamente cabría considerar que el ánimo de lucro del consumidor persona física debe referirse a la operación concreta en que tenga lugar, puesto que si el consumidor puede actuar con afán de enriquecerse, el límite estará en aquellos supuestos en que realice estas actividades con regularidad, ya que, de realizar varias de esas operaciones asiduamente en un período corto de tiempo, podría considerarse que, con tales actos, realiza una actividad empresarial o profesional, dado que la habitualidad es una de las características de la cualidad legal de empresario, conforme establece el art. 1.1 CCom. (Sentencia del Pleno de la Sala 16/2017, de 16 de enero). Circunstancia que no concurre en el supuesto que nos ocupa.*

8. *En consecuencia, lo relevante en este caso no es tanto que el Sr. Carlos Alberto tuviera un ánimo lucrativo al comprar la vivienda, no para habitarla, sino para arrendarla a terceros, como que esa actividad supusiera una actuación empresarial o profesional.*

Es evidente que la adquisición de un inmueble para su arrendamiento a terceros implica la intención de obtener un beneficio económico, pero si esa actuación no forma parte del conjunto de las actividades comerciales o empresariales de quien lo realiza, no deja de ser un acto de consumo.

9. *La Audiencia Provincial no afirma que el préstamo se solicitara para la satisfacción de actividades empresariales o profesionales. Al contrario, asume expresamente que el demandante no se dedica a la actividad de arrendamiento de inmuebles. Pese a lo cual, le niega la cualidad de consumidor, porque tiene «perfil inversor en tanto en cuanto está destinando la vivienda adquirida al alquiler y obteniendo unos rendimientos económicos por su actividad arrendaticia».*

Al pronunciarse así, se opone a la jurisprudencia comunitaria y nacional expuesta, por lo que estimamos el recurso de casación, anulamos la sentencia recurrida y asumimos la instancia para resolver el recurso de apelación interpuesto por la entidad prestamista".

2.2.4. Avalistas, fiadores y autopromotores. Posibilidades de intervención

En la contratación de préstamos hipotecarios es también frecuente el caso de los padres que otorgan fianza para la empresa de su hijo, con la que nada tienen que ver. Como advierte AGÜERO ORTIZ[13] la situación en la que se encontraban y encuentran los fiadores que por vínculos familiares o afectuosos avalaron deudas de autónomos, pymes, sociedades unipersonales, etc., era, pues, de desamparo, habida cuenta que quedarían obligados a asumir cargas mayores a las que como prestatarios principales habrían podido ser obligados a asumir. Tras la reticencia clásica de nuestros tribunales (SAP de Madrid, Sección 12.ª, de 8 de mayo de 2014; AAP Barcelona, Sección 16.ª de 5 de diciembre de 2014; AAP de Valencia, Sección 6.º, de 17 de abril de 2015, entre otros), que venían negando la condición de consumidores de estos avalistas o fiadores, por considerar que si el préstamo era mercantil, tal naturaleza debían tener estos terceros que actuaban como garantes, por más que lo hicieran sin ejercer actividad empresarial alguna, nuevamente la solución ha tenido que venir de la mano del TJUE. Los AATJUE de 19 de noviembre de 2015, de 14 de septiembre de 2016; y de 27 de abril de 2017 (C-535/16) reconocen al fin como consumidores a los garantes que han avalado un préstamo ajeno a su actividad profesional. El ATJUE 19 noviembre 2015, C-74/2015, destaca § 30 que "*la Directiva 93/13 debe interpretarse en el sentido de que dicha Directiva puede aplicarse a un contrato de garantía inmobiliaria o de fianza celebrado entre una persona física y una entidad de crédito para garantizar las obligaciones que una sociedad mercantil ha asumido contractualmente frente a la referida entidad en el marco de un contrato de crédito, cuando esa persona física actúe con un propósito ajeno a su actividad profesional y carezca de vínculos funcionales con la citada sociedad*". Idéntica conclusión era alcanzada pocas semanas antes por la SAP de Álava, Sección 1.ª, de 10 de septiembre de 2015, y con posterioridad continúan esta senda el AAP de Álava, Sección 1.ª, de 2 de junio de 2016; la SAP de Pontevedra, Sección 1.ª, de 6 de abril de 2016[14]; o la SAP A Coruña, Sección 6.ª, de 14 de diciembre de 2016, reconociendo la condición de consumidores a los terceros que avalan o afianzan a familiares para garantizar las deudas de un negocio, al ser esa operación ajena a su actividad empresarial.

Ligada a esta cuestión y al denominado "vínculo funcional", nos encontramos también con el supuesto del cónyuge garante o codeudor no comerciante. Esto es, los supuestos en que es llamado para garantizar el préstamo ya sea como fiador, avalista o codeudor, quien se halla ligado al comerciante por razones de afectividad sin que ejerza en tal actividad comercial o empresarial ninguna actuación concreta. Tal y como advierte con acierto AGÜERO ORTIZ[15] nuestros tribunales mantienen una posición poco uniforme, resultando preocupante la exclusión de la condición de consumidores de estos supuestos, que precisamente encuentran su amparo en la doctrina citada del TJUE que pone su acento en la existencia de un vínculo personal y no funcional para defender la condición de consumidor en circunstancias como la referida.

---

[13] AGÜERO ORTIZ, A. "La protección de los Fiadores-Consumidores de préstamos mercantiles" en Top Jurídico Consumidores y Usuarios **sepín**, abril 2018.

[14] Aunque no es la primera que abre la brecha, sobre ella, vid. MARTÍN FABRA, J. "La doctrina de la extrapolación de la condición de consumidor o empresario del obligado principal al garante y el oasis gestado de la Audiencia Provincial de Pontevedra" en www.uclm.es/centro/cesco.

[15] AGÜERO ORTIZ, A. "La protección de los Fiadores-Consumidores..." ob. cit. supra.

Tanto el AAP de Pontevedra, Sección 6.ª, de 7 de julio de 2017, como el posterior AAP de Cádiz, Sección 8.ª, de 11 de octubre de 2017, que sigue su línea, son exponentes de la aplicación errada de esta tesis. La Audiencia pontevedresa, a través de su Sección con sede en Vigo, al analizar el caso de la financiación por leasing de un vehículo industrial, concluye que la esposa, en situación de desempleo, "*vive de los ingresos de su marido*" por lo que a su entender "*no puede decirse que esté desvinculada de la actividad empresarial del marido, ni puede predicarse de ella una ajenidad absoluta; antes, al contrario, de lo que se dice en el propio escrito de recurso se desprende la estrecha vinculación vital con aquella, su plena implicación con la empresa de su marido. Esta tan plena implicación de intereses propios en aquella, vale tanto o más que la vinculación funcional con la sociedad a que se refiere la jurisprudencia del TJUE*". En el caso de la Audiencia gaditana, en este caso a través de su Sección con sede en Jerez de la Frontera, aunque igualmente poco afortunada contiene un matiz, y es que apunta a que la esposa del Administrador de la sociedad avalada se limitó a negar que ostentase ningún cargo o tuviera relación laboral con dicha sociedad, infiriéndose del desarrollo argumental del Auto la necesidad de un mayor esfuerzo probatorio para acreditar su ausencia de vinculación funcional.

Más atinada es la respuesta ofrecida por la SAP de Salamanca, Sección 1.ª, de 1 de diciembre de 2017 al considerar como consumidora a la cónyuge no comerciante que afianzó el préstamo solicitado por su marido: "*está atribuyendo la participación importante en la sociedad única y exclusivamente por razón del matrimonio contraído, olvidando que ninguno de los cónyuges ostenten la representación del otro sino le hubiese sido conferida expresamente y que cada uno de los contrayentes conserva su propia individualidad, sin perjuicio de la posibilidad de poner en común sus bienes y patrimonio adoptando alguno de los regímenes económico patrimoniales previstos legalmente. Incluso aun en el supuesto de que el régimen vigente en este matrimonio fuera el de la sociedad legal de gananciales, la ganancialidad no implica necesariamente la participación de uno de los cónyuges en una sociedad limitada de la que es administrador único el otro, o bien dicha participación puede ser mínima, pues la S. L., tiene personalidad jurídica propia al margen de la de los socios que la constituyan. El hecho de que el préstamo en origen tuviera como finalidad la financiación de la actividad de una sociedad mercantil no significa, conforme a la doctrina del Tribunal de Justicia de la Unión Europea, que necesariamente la fiadora solidaria pierda su condición de consumidora o usuaria salvo que se acredite que actuó en el marco de su actividad profesional o por razón de los vínculos funcionales que mantiene con dicha sociedad, como la gerencia de la misma o una participación significativa en su capital social*".

Coincidimos con AGÜERO cuando apunta que esta vinculación vital es precisamente el caso al que se refiere el TJUE cuando habla de vínculos personales y no profesionales, resultando profundamente desacertado que pueda utilizarse la situación de desempleo de uno de los cónyuges para equipararle a un socio capitalista, pues en estas circunstancias prima el vínculo afectivo para asistir en socorro del cónyuge. Y acierta en el planteamiento del interrogante cuando se pregunta si la respuesta del tribunal hubiera sido la misma si los garantes hubieran sido los padres del comerciante y este no tuviera ni cónyuge ni hijos, pues de esta suerte serían sus herederos legitimarios si el hijo les premuriese. Como apunta la referida SAP de Salamanca, Sección 1.ª, de 1 de diciembre de 2018, "*Dicha protección es especialmente importante en el caso de un contrato de garantía o de fianza celebrado entre una entidad financiera y un consumidor. Tal contrato se basa, en efecto, en un compromiso personal del garante o del fiador de pagar la deuda asumida contractualmente por un tercero. Ese compromiso comporta para quien lo asume obligaciones onerosas, que tienen como efecto gravar su propio patrimonio con un riesgo financiero a menudo difícil de calibrar".*

La STS de 28 de mayo de 2018, cuya tesis es reiterada nuevamente en la STS de 20 de diciembre de 2018, profundiza en esta cuestión apuntando importantes claves para clarificar la respuesta:

"2. En este caso no puede hacerse una afirmación unívoca sobre si el contrato se celebró o no con consumidores, porque hay dos relaciones jurídicas diferentes (préstamo y fianza) y porque hay pluralidad de contratantes, lo que impone un análisis diferenciado.

Respecto del contrato de préstamo, no cabe duda alguna de que no es una relación de consumo, porque la prestataria fue una sociedad mercantil que, per se tiene ánimo de lucro (art. 116 CCom), y se concertó en el marco de su actividad empresarial (para obtener financiación del circulante de la empresa), por lo que no encaja en los supuestos previstos en el art. 3 TRLGCU.

Más complejo resulta el contrato de fianza. En un supuesto como este, el ATJUE de 19 de noviembre de 2015 (asunto C-74/15, Tarcău), estableció que la Directiva 93/13/CEE define los contratos a los que se aplica atendiendo a la condición de los contratantes, según actúen o no en el marco de su actividad profesional, como mecanismo para garantizar el sistema de protección establecido por la Directiva. Señala el TJUE que dicha «protección es especialmente importante en el caso de un contrato de garantía o de fianza celebrado entre una entidad financiera y un consumidor ya que tal contrato se basa, en efecto, en un compromiso personal del garante o del fiador de pagar la deuda asumida contractualmente por un tercero, comportando para quien lo asume obligaciones onerosas, que tienen como efecto gravar su propio patrimonio con un riesgo financiero a menudo difícil de calibrar» (apartado 25).

A continuación, el TJUE explica, con cita de la sentencia Dietzinger (STJCE de 17 de marzo de 1998), que, si bien el contrato de garantía o de fianza puede calificarse, en cuanto a su objeto, de contrato accesorio con respecto al contrato de crédito principal del que emana la deuda que garantiza, lo cierto es que, desde el punto de vista de las partes contratantes, se presenta como un contrato diferente «ya que se celebra entre personas distintas de las partes en el contrato principal». En consecuencia, concluye el Tribunal que la condición de consumidor debe apreciarse, no en el contrato principal, sino en el contrato de garantía o fianza (apartado 26).

Con lo cual resuelve el ATJUE que «los artículos 1, apartado 1, y 2, letra b), de la Directiva 93/13 deben interpretarse en el sentido de que dicha Directiva puede aplicarse a un contrato de garantía inmobiliaria o de fianza celebrado entre una persona física y una entidad de crédito para garantizar las obligaciones que una sociedad mercantil ha asumido contractualmente frente a la referida entidad en el marco de un contrato de crédito, cuando esa persona física actúe con un propósito ajeno a su actividad profesional y carezca de vínculos funcionales con la citada sociedad» .

La doctrina del ATJUE de 19 de noviembre de 2015 fue reiterada por el ATJUE de 14 de septiembre de 2016 (asunto C-534/15, Dumitras), en un supuesto de garantía inmobiliaria (hipoteca), al decir en su fallo: «Los artículos 1, apartado 1, y 2, letra b), de la Directiva 93/13/ CEE del Consejo, de 5 de abril de 1993, sobre las cláusulas abusivas en los contratos celebrados con consumidores, deben interpretarse en el sentido de que dicha Directiva se aplica a un contrato de garantía inmobiliaria celebrado entre personas físicas y una entidad de crédito para garantizar las obligaciones que una sociedad mercantil ha asumido contractualmente frente a la referida entidad en virtud de un contrato de crédito, cuando esas personas físicas actúen con un propósito ajeno a su actividad profesional y carezcan de vínculos funcionales con la citada sociedad, lo que corresponde determinar al tribunal remitente».

3. En estas resoluciones, el TJUE excluye la condición de consumidor cuando, aun actuando al margen de una actividad empresarial o profesional, se tiene un «vínculo funcional» con el contratante profesional; es decir, no se es del todo ajeno al aspecto profesional o empresarial de la operación.

La cuestión radica, pues, en concretar, respecto de cada uno de los fiadores intervinientes en el contrato litigioso, si tenían vinculación funcional o no con la sociedad deudora principal.

Sobre la caracterización de ese vínculo funcional, el ATJUE de 19 de noviembre de 2015, ya citado, ofrece una primera aproximación, al decir en su apartado 29 (reproducido posteriormente en el ATJUE de 14 de septiembre de 2006, § 34):

«De este modo, en el caso de una persona física que se constituyó en garante de la ejecución de las obligaciones de una sociedad mercantil, corresponde al juez nacional determinar si dicha persona actuó en el marco de su actividad profesional o por razón de los vínculos funcionales que mantiene con dicha sociedad, como la gerencia de la misma o una participación significativa en su capital social, o bien si actuó con fines de carácter privado».

4. Con el término «gerencia» que utiliza el TJUE debemos entender cualquier modalidad de administración de la sociedad, por lo que, en cualquier modalidad de sistema de administración, quien participa directamente en la toma de decisiones de la empresa tiene vínculo funcional con ella. Es decir, a estos efectos, todos los administradores, sean del tipo que sean, han de considerarse empresarios y no consumidores. Así se deduce del propio ATJUE de 14 de septiembre de 2006, caso Dumitras, que, además, hace extensiva la vinculación funcional del administrador social al socio único.

En consecuencia, D. Gaspar y D. Elías, en su condición de administradores sociales de la prestataria, tienen vínculo funcional con ella y no pueden ser tratados como consumidores.

5. Más problemática es la cuestión cuando no se trata de administradores, sino de socios con «participación significativa en el capital social».

Más allá de engorrosas magnitudes puramente numéricas o porcentuales que, además, en nuestro Derecho interno son divergentes según recurramos al Texto Refundido de la Ley de Sociedades de Capital (por ejemplo, art. 151), al Texto Refundido de la Ley del Mercado de Valores (arts. 174 y 175), o a la Ley Concursal (art. 93.2.1.º), lo determinante a estos efectos será, o bien que el socio tenga una preeminencia tal en la sociedad que influya decisivamente en su toma de decisiones y suponga que, de facto, su voluntad y la del ente social coincidan, o bien que el socio en cuestión tenga un interés profesional o empresarial en la operación que garantiza, puesto que el TJUE utiliza el concepto de actividad profesional o vinculación funcional con la empresa en contraposición con las actividades meramente privadas (por todas, STJUE de 25 enero de 2018, asunto C-498/16).

Y en el caso que nos ocupa, aparte de que los fiadores Sres. Gaspar Elías Cesar tenían un porcentaje relevante del capital social de la sociedad prestataria (un 25 % cada uno), debe tenerse en cuenta la finalidad del préstamo, que fue la financiación del activo circulante de la empresa, por lo que los socios que tenían esa participación también tenían responsabilidad en su infra-capitalización. Así como que la prestataria es una sociedad cerrada, mediante la que parte de los socios desempeñaban su propia actividad profesional.

Como consecuencia de lo cual, debe concluirse que los socios fiadores también tenían vinculación funcional con la empresa prestataria.

6. Por último, la fiadora Sra. Rosaura no consta que fuera socia ni administradora, por lo que no cabe apreciar el tan citado vínculo. En consecuencia, únicamente en cuanto a ella deben confirmarse las sentencias de instancia, en el sentido de declarar la ineficacia de la cláusula suelo respecto de esta fiadora. Mientras que, respecto del resto de fiadores, debe estimarse también este motivo de casación.

Sin que proceda hacer pronunciamiento alguno sobre devolución o restitución de cantidades, porque no consta que la fiadora exonerada de la cláusula haya abonado nada por su aplicación".

Siguiendo a FERNÁNDEZ DE LA VEGA[16], qué debemos entender por participación significativa en el capital social. En este sentido, es de evidente utilidad el artículo 45 de la Ley 35/2003, de 4 de noviembre, de Instituciones de Inversión Colectiva, que se refiere a las participaciones significativas en este tipo de sociedades, porque: a) a los efectos de esta Ley, se entenderá por participación significativa en una sociedad gestora aquella que alcance, de forma directa o indirecta, al menos el 10 % del capital o de los derechos de voto de la sociedad, b) también tendrá la consideración de participación significativa, en los términos que se determinen reglamentariamente aquella que, sin llegar al porcentaje señalado, permita ejercer una influencia notable en la Sociedad, y c) además, en el apartado 2.º dice que toda persona física o jurídica que, por sí sola o actuando de forma concertada con otras, haya adquirido, directa o indirectamente, una participación en una sociedad gestora, de tal forma que su porcentaje de derechos de voto o de capital poseído resulte igual o superior al cinco por ciento, lo comunicará inmediatamente por escrito a la Comisión Nacional del Mercado de Valores y a la sociedad gestora correspondiente, indicando la cuantía de la participación alcanzada.

En cuanto a las demás sociedades, continúa exponiendo desde Cantabria FERNÁNDEZ DE LA VEGA, Real Decreto Legislativo 1/2010, de 2 de julio, por el que se aprueba el Texto Refundido de la Ley de Sociedades de Capital, vemos que respecto a ciertos derechos de los accionistas se siguen criterios porcentuales de participación en el capital social para su ejercicio, que pueden servirnos de orientación. Por ejemplo, se puede privar del derecho de asistencia a las accionistas a la junta general, pero no a quien tenga al menos el uno por mil del capital social, según el artículo 179. Si bien es evidente que un uno por mil en

[16] FERNÁNDEZ VEGA, P. "La aplicación al avalista persona física de una sociedad mercantil de la norma protectora de consumidores y usuarios" en Publicación Digital Asociación Profesional de la Magistratura 3.9, abril 2020, p. 4.

la mayoría de los casos será una participación insignificante. Más útil es lo que se establece el artículo 265.2 respecto al nombramiento de auditor de cuentas para la revisión de las cuentas de un determinado ejercicio relativas a sociedades que no están obligadas a someter las cuentas anuales a verificación por un auditor, pues esta facultad se concede a los socios que representen al menos un cinco por ciento del capital social. Este mismo porcentaje se establece en el artículo 168 para solicitar la convocatoria de la junta general. Y de mayor utilidad nos sirve lo que se regula respecto al quórum de constitución de la junta general de las sociedades anónimas en el artículo 193.1, que requiere la presencia del 25 % del capital suscrito con derecho de voto. Siendo el mismo porcentaje el que se requiere para el ejercicio al derecho de información de los accionistas en caso de convocatoria a junta general sin que pueda ser denegado, ya que de acuerdo con el artículo 197.4 todo socio puede solicitar por escrito los informes o aclaraciones que crea necesarios y sean relativos a los asuntos previstos en el orden del día, y que la información solicitada no podrá denegarse cuando la solicitud esté apoyada por accionistas que representen, al menos, el veinticinco por ciento del capital social.

De esta normativa puede concluirse que quien tiene el veinticinco por ciento del capital de una sociedad tiene una participación significativa en el mismo, y que quien tiene una participación entre el 10 % y el 25 % podrá considerarse que también la tiene en función del número de partícipes y cómo está repartido el capital social y la influencia que tiene el socio en la junta general a la hora de adoptar acuerdos.

2.2.5. Socios cooperativistas de viviendas y autopromotores

Vinculada a esta cuestión también suele suscitarse dudas u objeciones por la invocación de la condición de socios cooperativistas —especialmente en el ámbito de las cooperativas de vivienda—, pretendiendo las empresas denegarles la tutela reconocida a los consumidores bajo la alegación de estar desarrollando una actividad empresarial. No podemos compartir en absoluto dicha tesis en aquellos casos en que el cooperativista no persigue sino la satisfacción de sus propias necesidades personales. De hecho, tanto el art. 23.2 TRLGDCU como la Ley 57/68 considera consumidores a los cooperativistas. Una cuestión es que en el ámbito interno en las relaciones entre cooperativistas no resulte procedente la aplicación de la normativa de consumo y otra que en sus relaciones con terceros no merezcan dicha protección.

El carácter de consumidor del cooperativista en sus relaciones con terceros, ha sido reconocido por la SAP de Madrid, Sección 14.ª, de 23 de marzo de 2015, cuando apunta "*aunque no se repute consumidor en esa propia condición de cooperativista, sí tiene la cualidad de consumidor en cuanto beneficiario de la póliza de seguro celebrada y por tanto en las relaciones internas habidas con la aseguradora apelante*". En el mismo sentido, SAP de Madrid, Sección 19.ª, de 23 de enero de 2012, o la SAP de Madrid, Sección 10.ª, de 11 de julio de 2012.

Sobre este particular, resulta interesante la lectura de la SAP de Cádiz, Sección 5.ª, de 22 de julio y 8 de septiembre de 2016, cuando resuelven otorgando el amparo de la normativa de consumo a los socios de una cooperativa de vivienda, ofreciendo idéntico argumento:

"En el presente supuesto, se alega por la apelante que al ser los actores socios de una cooperativa y haber adquirido a través de la cooperativa el inmueble (vivienda) en cuestión, no puede aplicárseles la calificación de consumidores, cuestión que no puede prosperar, ya que en las cooperativas los socios no son por sí mismos profesionales o empresarios, sino consumidores, pues el propio concepto de cooperativa de viviendas indica que se trata de una entidad sin ánimo de lucro, formada por un grupo de personas que comparten básicamente la necesidad de una vivienda y se unen para acceder a ella en las mejores condiciones de calidad y coste posible, por lo que las viviendas se adquieren a un precio menor que el que permite otro tipo de promoción. Es por tanto la adquisición propia como destinatario final, lo que determina la constitución de la cooperativa, sin perjuicio de que posteriormente pueda venderse a terceros la vivienda. En definitiva, no se trata de empresarios, sino de consumidores y como tales se les debe aplicar la normativa protectora de los mismos".

Tampoco ha sido cuestión extraña en nuestros tribunales el cuestionamiento de la aplicación de la normativa consumerista en los casos del denominado "préstamo autopromotor". Esta cuestión quedó definitivamente solventada con la STS de 23 de noviembre de 2017, en la que se distingue entre la figura del promotor y del autopromotor concluyendo que, así como en el primer caso no cabe desplegar el manto protector del TRLGDCU, en el segundo (autopromotor) sí que debe ser considerado como consumidor, declarando el TS:

"(...) no ofrece duda que, a efectos del préstamo para la financiación de la construcción, el autopromotor es consumidor, puesto que, aunque aborde tareas que, en principio, se encomiendan a profesionales, como la gestión de la construcción de un edificio, no lo hace en el marco de una actividad empresarial, sino para la satisfacción de necesidades personales, en este caso las de acceso a una vivienda".

2.2.6. Préstamos con uso mixto: profesional y privado

Supueso aparte sería el del profesional que adquiere un bien o contrata un servicio, pero lo realiza en su condición de destinatario final o para un uso compartido profesional y privado. Ni el art. 1 de la Ley de Consumidores de 1984 ni el actual art. 3 TRLGDCU contemplan específicamente este supuesto, por lo que la doctrina y la denominada jurisprudencia menor han considerado que son posibles varias soluciones: a) que el contratante es siempre consumidor (pues a veces usa el bien o servicio para fines personales); b) que nunca lo es (ya que lo usa para fines profesionales); o c) que será o no consumidor al uso preponderante principal.

La Directiva 2011/83/UE, de 25 de octubre de 2011, sobre los derechos de los consumidores, que modificó las Directivas 93/13/CEE y 1999/44/CE, tampoco aborda expresamente este problema en su articulado. Pero en su considerando 17 aclara que, en el caso de los contratos con doble finalidad, si el contrato se celebra con un objeto en parte relacionado y en parte no relacionado con la actividad comercial de la persona y el objeto comercial es tan limitado que no predomina en el contexto general del contrato, dicha persona debe ser considerada como consumidor.

En este sentido resulta interesante el razonamiento aportado por la Sentencia del Tribunal de Justicia de las Comunidades Europeas de 20 de enero de 2005 (asunto C-464/01) al analizar la compra por un agricultor de material de construcción para el tejado de su granja, en la que además de mantener su actividad comercial, albergaba su vivienda. En esta resolución el tribunal comunitario solo reconoce la aplicación de la privilegiada condición de consumidor si el uso profesional tiene un carácter residual respecto de la satisfacción del interés privado. Así se expresa: "*Una persona que ha concluido un contrato referente a un bien destinado a un uso en parte profesional y en parte ajeno a su actividad profesional no puede prevalerse del beneficio de las reglas de competencia específicas previstas en el los artículos 13 a 15 del mencionado Convenio –Convenio de Bruselas–, salvo si el uso profesional es marginal hasta el punto de tener un papel despreciable en el contexto global de la operación de que se trate, de tal forma que el aspecto extra profesional que predomine no tendrá incidencia a estos efectos*".

La Directiva 2014/17/UE, sobre los contratos de crédito celebrados con los consumidores para bienes inmuebles de uso residencial y por la que se modifican las Directivas 2008/48/CE y 2013/36/UE y el Reglamento UE n.º 1093/2010 señala en su Considerando 12: "*En los contratos con doble finalidad, si el contrato se celebra con un objeto en parte relacionado y en parte no relacionado con las actividades comerciales o empresariales o con la profesión de la persona en cuestión y dichas actividades comerciales o empresariales, o dicha profesión son tan limitadas que no predominan en el contexto general del contrato, dicha persona debe ser considerada consumidor*".

Con posterioridad la STJUE de 25 de enero de 2018, C-498/16, *Schrems*, ha reiterado la doctrina de la sentencia del caso Gruber:

"*32. Por lo que respecta, más concretamente, a una persona que celebra un contrato para un uso que está relacionado parcialmente con su actividad profesional y que, por tanto, tan solo es parcialmente ajeno a esta, el Tribunal de Justicia ha considerado que podría ampararse en dichas disposiciones únicamente en el supuesto de que el vínculo de dicho contrato con la actividad profesional del interesado fuera tan tenue que pudiera considerarse marginal y, por tanto, solo tuviera un papel insignificante en el contexto de la operación, considerada globalmente, respecto de la cual se hubiera celebrado el contrato (véase, en este sentido, la sentencia de 20 de enero de 2005, Gruber, C-464/01, EU:C:2005:32, apartado 39)*".

En España, la SAP de Zamora, Sección 1.ª, de 30 de marzo de 2017, con motivo de la resolución de un procedimiento de nulidad de condiciones generales de la contratación, realiza un detallado examen del préstamo otorgado a unos prestatarios en los que se advierte un uso profesional y privado –al no haberse acreditado por completo esta finalidad por la entidad financiera a quien atribuye sin dudar la carga de la prueba–. Ante el carácter minoritario del importe acreditado con finalidad empresarial, la Audiencia de la capital bien cercada, reconoce la protección de la normativa de consumo a los demandantes:

"*Partiendo de cuanto ha sido expuesto mantiene la sentencia recurrida que los demandantes no ostenta la condición de consumidores, pues habiendo declarado que el préstamo concedió lo fue para reformas de la vivienda no han probado las obras realizadas. Y, pese a que en la escritura figura que el destino lo fue para financiar atenciones personales, de los documentos números 4, 5, 7 y 8 se infiere que el importe del préstamo concedido fue destinado a la actividad empresarial o profesional de los prestatarios.*

Pues bien, del examen de las pruebas practicadas no puede concluirse, al no existir prueba al efecto, cuya carga probatoria recae sobre la demandada que es quien alega el hecho negativo, que los demandantes hayan destinado el importe total del préstamo concedido a la actividad empresarial o profesional:

En la escritura pública de préstamo hipotecario, en la cual intervienen como prestatarios la madre y sus tres hijos, viuda ella, y solteros los hijos, uno de ellos menor de edad, no se menciona la profesión y mucho menos que tenga constituida una sociedad mercantil o empresa para explotar algún tipo de negocio, y que fin del importe del préstamo sea financiar la actividad empresarial, por lo que si figura en la escritura que el préstamo era para atenciones personales desde luego no puede identificar como destino a actividades empresariales o profesionales.

Cierto es que a los folios 171 y 172 obran dos documentos, firmados exclusivamente por los Directores de la oficina de la entidad bancaria donde se concedió el préstamo, uno de ellos de fecha 10 de noviembre de 2014, en el cual la Directora certificó que el importe del préstamo concedido fue destinado a satisfacer deudas con proveedores (combustible, reparación de camiones pienso) cancelación de préstamo y seguridad social y amortizaciones de préstamos, etc. Es obvio que dicho documento, al figurar firmado solo por el prestamista, sin especificar el origen, fecha e importe de cada uno de los conceptos no puede servir para acreditar que el importe total del préstamo concedido fue destinado a la actividad empresarial o profesional de los prestatarios, pues entre otras cosas todavía queda por saber cuál era la actividad de la empresa explotada por la madre y sus tres hijos.

El segundo de los documentos (folio 176), que está firmado solo por el Director de la Oficina de Manganeses, fechado el día 30 de marzo de 2006, 18 días antes de la firma de la escritura pública de préstamo hipotecario, bajo el título de Informe detallado de la inversión del préstamo hipotecario núm. 000, concedido a Leonor, cuando en la escritura figuran como prestatarios ella y sus tres hijos, detalla el destino del préstamo diferenciando deudas a proveedores, por importe total de 37.400 €, que detalla los siguientes proveedores: Solred, Fuelruta, Camionsa, Neumáticos, Iveco Madrid, Isatel Benavente, Financiera Leasing, Piensos Calporc y Piensos Pascual Villarrín; Cuotas pendientes y descubiertos por importe total de 8.000 €, indicando préstamos, tarjetas y cuentas descubiertos a fecha 30 de marzo de 2006; Cancelación de préstamos indicado el número de dos préstamos y el importe total de 14.750 €; por último, la diferencia hasta el total de 82.000 €, por importe de 21.000 € se emplearía para la unidad familiar pata tener liquidez y hacer frente a pagos futuros en inversión y mantenimiento lógicos y normales de los negocios (recibos domiciliados a fecha diferidas, facturas a proveedores, cuotas de Seguridad Social: propias y empleados, pago de nóminas, amortizaciones e interés de préstamo.

Pues bien, del anterior documento, que ya hemos dicho que solo figura firmado por el director de la oficina bancaría, resultaría que del importe total del préstamo concedido, 100.000 €, ya 18.000 € se desconoce el destino, por lo que de acuerdo con la escritura sería para atenciones personales, que desde luego no pueden identificarse con la actividad empresarial de uno o alguno de los prestatarios, pues desconocemos la actividad empresarial a que se dedicaban y si todos los prestatarios se dedicaban a la misa actividad empresarial. Hay otras dos cantidades por importe total de 22,750 €, destinadas a cancelación de préstamos cuotas pendientes y descubiertos de cuentas y tarjetas, que tampoco es posible conocer si se destinaron a la cancelación de préstamos, tarjetas o cuentas concedidos o abiertas para financiar actividades empresariales o profesionales, pues no se ha aportado documentación sobre los contratos de formalización de dichas operaciones bancarias. En tercer lugar, otro importe de 21.000 € concedidos para atención de liquidez, pagos futuros en inversión y mantenimiento de negocios, al margen de que desconocemos el negocio o negociosa que se refiere y si en efecto se destinaron a los fines que figura en la certificación unilateral, tampoco se puede concluir que se hubiera probado que fueron destinado a la actividad empresarial. Por último, nos quedaría de un total de 100.000 €, la cantidad de 37.000 €, que con un criterio amplio favorable a la tesis del banco podría llegarse al convencimiento de que fue destinado a la actividad empresarial, pues son facturas —si bien no se aportan los soportes documentales de las compras o servicios prestados— por gastos de combustible, reparación de camiones, pago de leasing, compra de piensos.

En definitiva, llegamos al convencimiento de que la entidad bancaría no ha llegado a probar la condición de no consumidor de los prestatarios, pues ya en la propia escritura de préstamo hipotecario se afirma que el destino del préstamo es para financiar atenciones personales de la unidad familiar. Mientras que de la documentación aportada solo un importe del 30 % del capital prestado, con las reservas que ya hemos apuntado, podría concluirse que fue destinado a una actividad empresarial del/los prestatarios. Por todo lo cual, debemos considerar a los prestatarios como no consumidores".

Pareja línea argumental desarrolla la SAP de Jaén, Sección 1.ª, de 7 de marzo de 2016, en las que tras recordar que compete la carga probatoria de la ausencia de la condición de consumidor a la entidad que la niega, al apreciar un posible uso mixto (profesional y de consumo) sin delimitar su extensión, aplica la normativa de consumo a los prestatarios:

"Es cierto igualmente como admitió el actor, que el dinero prestado iba destinado a la refinanciación de toda la deuda que el matrimonio tenía pendiente a fin de pagar una mensualidad menor y que además de la hipoteca referida, se canceló también una póliza de crédito que al mismo le había vencido en Banesto, ante la exigencia de esta de formalizar un préstamo con unas condiciones más onerosas, es igualmente cierto además que el Sr. Pio afirmó que en aquella época era titular de un negocio de agencia de viajes y que según Don Marcos, aquel le manifestó que la póliza de crédito se concedió para dicho negocio, pero al margen de dichas manifestaciones no existe prueba alguna ni se justifica, a qué cantidad ascendía la deuda por la póliza de crédito, ni si toda ella lo era para financiar el negocio o también para deudas personales, ni tampoco si el resto del dinero prestado no destinado a cancelar la deuda personal que constituía la hipoteca, se destinó íntegramente a la cancelación de la tan citada póliza, entre otras cosas porque ni tan siquiera se preguntaron tales extremos al apelado, de modo que en parte o más bien en una parte significativa se habrá de concluir, lo prestado era ajeno a la actividad profesional de los prestatarios y en consecuencia se habría de apreciar en los mismos su condición de consumidores, pues efectivamente no parece lógico apreciar al mismo tiempo su condición de profesional, máxime cuando la otra prestataria Sra. Zaira está jubilada según la información

de la demandada y además se desconoce la deuda profesional refinanciada con el préstamo, que desde luego lo hubo de ser en un porcentaje muy inferior a la personal.

En resumen y por más que se insista, no se prueba por la demandada como le competía en contra de lo que alega, al ser la misma realmente opone la falta de legitimación activa como razonábamos en reciente sentencia de 7-1-16, que el propósito o cuando menos el propósito fundamental de la concertación del préstamo fuese el profesional".

2.3. Personas jurídicas consumidoras

Según recopila CÁMARA LAPUENTE[17] existen al menos otros ocho países comunitarios (Austrias, Bélgica, Dinamarca, Francia, Grecia, Hungría, República Checa y Eslovaquia) que protegen en sus legislaciones o jurisprudencia como consumidores a ciertas personas jurídicas. VATTIER[18] o CLAVERÍA GOSÁLBEZ[19], como los más prestigiosos autores de la doctrina francesa cual representan CALAIS-AULOY y STEINMETZ[20], ya habían planteado hace años la posibilidad de ampliar la consideración de consumidor a aquellas personas jurídicas que realizan una contratación fuera de su ámbito de competencia o actuación ordinaria. En la misma línea, el propio Parlamento Europeo ha sugerido recientemente a la Comisión que examine la necesidad de proteger a las PYME de las prácticas comerciales agresivas[21]. CABANILLAS SÁNCHEZ[22] ha destacado también que en el ámbito del Derecho comunitario se afirma, cada vez con más intensidad, el parentesco entre el consumidor y el pequeño empresario. Ello explica a título ilustrativo la nueva redacción de la Ley 22/2010, de 20 de julio, del Código de Consumo de Cataluña, cuando señala en su art. 111.1 una interpretación amplia de la noción de consumidor. A pesar de que en nuestro vecino galo ha tenido mayor acogida esta idea, desde un principio en España se ha rechazado la ampliación de la privilegiada consideración de consumidor por nuestro Tribunal Supremo, como evidencian sus Sentencias de 12 diciembre de 1991; 16 de diciembre de 1998; 16 de octubre de 2000 o 31 de octubre de 2000. No nos cabe duda, que esta interpretación jurisprudencial añeja, evolucionará.

En España, el art. 3 TRLGDCU, en su inciso segundo indica que son también consumidores a efectos de esta norma las personas jurídicas y las entidades sin personalidad jurídica que actúen sin ánimo de lucro en un ámbito ajeno a una actividad comercial o empresarial.

Del análisis del precepto, y con las cautelas que requiere el estudio pormenorizado de cada caso, podríamos concluir que encontrarán también cobertura en el elenco legislativo

[17] CÁMARA LAPUENTE, S. "El concepto legal de consumidor en el derecho privado europeo y el derecho español: aspectos controvertidos o no resueltos" en Cuadernos de Derecho Trasnacional, marzo 2011, p. 97.

[18] Vid. VATTIER FUENZALIDA, C. Introducción y noción jurídica del consumidor, en las *Jornadas sobre la problemática jurídica de consumo*, Valladolid, 1992, pp. 19-21.

[19] CLAVERÍA GOSÁLBEZ, L. H. "La progresiva degradación de nuestro ordenamiento en materia de cláusulas abusivas contractuales" en Revista Aranzadi Doctrinal n.º 2/2014.

[20] CALAIS-AULOY, J., y STEINMETZ, F. *Droit de la consommation*, Paris, 2003, pp. 10 y ss.

[21] Vid. Transposición, aplicación y ejecución de las Directivas 2005/29/CE sobre las prácticas comerciales desleales y 2006/114/CE sobre publicidad engañosa comparativa (DOUE C46 de 24 de febrero de 2010).

[22] CABANILLAS SÁNCHEZ, A. en VVAA *Estudios jurídicos en homenaje a Vicente L. Montés Penadés*, Valencia, 2011, pp. 377-340.

consumerista, aquellas personas jurídicas que sin finalidad de lucro[23] ni destinarlos al tráfico mercantil adquieren bienes o contratan cualquier suerte de servicios, encontrándose en una situación de desequilibrio respecto del empresario. Obviamente ello lleva a la exclusión de cualquier sociedad mercantil, con independencia de su objeto social, que tiene *per se* ánimo de lucro conforme a la previsión del art. 116 CCom y 1 de la Ley de Sociedades de Capital. Sin embargo, un caso excepcional y realmente interesante lo encontramos en la peculiar SAP de Madrid, Sección 28.ª, de 27 de diciembre de 2017 en el que se analiza la pretensión de la nulidad de una cláusula suelo suscrita por una S. L. para financiar la compra de una vivienda que constituía el domicilio del administrador único, sosteniéndose en el recurso interpuesto que en su día y en nombre propio se hizo socio de la Sociedad Magerit con el propósito de ser propietario de una de las viviendas que dicha Sociedad pretendía construir para posteriormente adjudicarse cada socio, y con posterioridad creó la empresa Madrid Norte Consultoría y Proyectos, como una Sociedad unipersonal en la que figura como administrador único, y en enero de 2011 como representante de dicha Sociedad se adjudicó la vivienda que pretendía y se subrogó en el préstamo hipotecario en cuanto a su vivienda. Al tomar la posesión de esta se instaló en ella y se empadronó en la misma. Por lo expuesto, aun cuando la firma de la escritura de préstamo la realizara como representante de persona jurídica, la finalidad con la que suscribió el préstamo no era el ejercicio de su actividad empresarial, sino que su finalidad era la adquisición de una vivienda para habitarla. La referida SAP de Madrid, Sección 28.ª, de 27 de diciembre de 2017, revoca la sentencia desestimatoria de instancia apreciando la aplicación de la normativa consumerista, bajo la siguiente motivación:

"(...) ha de apreciarse como, aun habiéndose firmado cada préstamo hipotecario por los mismos, como Administradores cada uno de ellos de su respectiva sociedad, la adquisición de cada una de las viviendas, no iba dirigida como fin a su actividad empresarial o societaria, sino al mero fin de constituir su vivienda y domicilio. Debiéndose resaltar, que en modo alguno se ha acreditado en autos, la afección de cualquiera de las tres viviendas de cada uno de los recurrentes, a cualesquiera actividad profesional de estos. Siendo así, resulta determinante el contenido del artículo 3 del Real Decreto Legislativo de 2007 por el que se aprueba el texto refundido de la Ley General para la Defensa de los Consumidores y Usuarios, que ya disponía que a efectos de dicha norma eran consumidores las personas físicas que actuaran con un propósito ajeno a su actividad comercial empresarial oficio o profesión. Y en la reforma de dicho artículo operada en 2014, se incluyó en su ámbito a las personas jurídicas cuando actuaran sin ánimo de lucro en un ámbito ajeno a una actividad comercial o empresarial. Por ello, lo determinante para apreciar la condición de consumidor en el caso de los tres recurrentes, a los efectos de la normativa protectora, es la finalidad con la que se suscribió el contrato de préstamo hipotecario, y en los tres casos de los apelantes, y a tenor de las pruebas aportados a autos, no puede deducirse que el préstamo hipotecario se suscribiera para la financiación o actividad empresarial de los actores y ahora recurrentes. De las escrituras públicas no puede desprenderse

---

[23] Nótese que autores como PAZ-ARES y ALFARO ÁGUILA REAL (Cfr. PAZ-ARES, C., y ALFARO ÁGUILA REAL, J. en CASAS BAHAMONDE, M.ª. E; RODRÍGUEZ PIÑERO, M. y BRAVO FERRER –Dirs.– *Comentarios a la Constitución Española*, Madrid, 2009, p. 982), sostienen que el ánimo de lucro no es un requisito del concepto de empresa.

tal finalidad mercantil, y no consta como se ha explicitado que los recurrentes intervinieran como profesionales en la suscripción de las mismas. Reiterándose en este punto, que, muy al contrario, las viviendas adquiridas, en los tres casos de los apelantes, constituyen su domicilio habitual, y por ello, nada tiene que ver su adquisición, con la actividad que mediante sus respectivas Sociedades llevan a cabo los apelantes como profesionales. Con ello, y reiterándose que a tenor entre muchas otras de la Sentencia del Tribunal Supremo de fecha 22 de abril de 2015, la finalidad del préstamo es lo que determina la condición de consumidor o de empresario, siendo el destino del objeto del contrato a su actividad comercial, empresarial o profesional, lo que determinará la no inclusión en el ámbito tuitivo de la normativa de protección de consumidores, ha de concluirse la condición de consumidores de los recurrentes, dado que las viviendas por los mismos adquiridas, como administradores de sus propias sociedades, no iban destinadas a su actividad empresarial sino a constituir su vivienda familiar y domicilio habitual. Procediendo en consecuencia la estimación del motivo de recurso así articulado.

Establecido el derecho a la protección de los apelantes en el ámbito de la normativa de consumidores, es claro que los hoy apelantes, se encuentran en idéntica situación que el resto de los actores, respecto de los cuales la parte demandada BANKIA, S. A., se allanó a la demanda, no discutiendo que las cláusulas impugnadas fueran nulas por haberse infringido los deberes de transparencia en su negociación con los consumidores y usuarios. Por ello, y máxime cuando en la oposición al recurso presentado, no se discute por la entidad bancaria, dicha nulidad, sino que meramente se discute y se mantiene la consideración de no ser consumidores los recurrentes, resulta procedente el estimar el recurso interpuesto en su integridad, y con ello condenar a la entidad demandada respecto de los tres apelantes, en los mismos términos que ya figura en la Sentencia de instancia respecto de los demás actores".

2.3.1. El ánimo de lucro de las personas jurídicas

La solución en todo caso no es sencilla pues admite múltiples posibilidades susceptibles de interpretaciones diversas que requerirán un estudio pormenorizado de cada caso (colegio público, asociación, fundación, congregaciones e institutos religiosos, sindicato...), incluso aun cuando el sujeto protegido carezca de personalidad jurídica (v. gr. comunidad de propietarios) o se haya forzado su interpretación extensiva. Un ejemplo de las reticencias existentes en amplios sectores empresariales para la asunción de la consideración de consumidor o usuario a determinadas personas jurídicas nos lo ofrece la Sentencia de la Audiencia Provincial de Guipúzcoa, Sección 3.ª, de 12 de junio de 2000, en la que una operadora de telefonía pretendía la anulación del laudo dictado por la Junta Arbitral de Consumo del Ayuntamiento de Irún, acogiendo la reclamación de Cruz Roja por no estar conforme con la facturación de determinadas llamadas a servicios de tarificación adicional. La Audiencia Guipuzcoana, sin embargo, otorga a Cruz Roja la protección invocada considerándola consumidora. En el mismo sentido la SAP de Teruel, Sección 1.ª, de 31 de octubre de 2002, reconoce a un sindicato el carácter de consumidor:

"(...) la cuestión debatida en el presente recurso se concreta en determinar si la entidad demandante, un sindicato, tiene, a los efectos del artículo 1.3 de la Ley General para la

Defensa de los Consumidores y Usuarios la cualidad de consumidor final; cualidad que sostiene la parte recurrente y que le es negada por la demandada recurrente, que entiende que no puede ser objeto de la especial protección que tanto esta Ley como la citada Ley de Contratos Celebrados Fuera de Establecimientos Mercantiles le otorgan. Pues bien, así las cosas entiende la Sala que el sindicato demandante, tiene, a efecto de ambas normas, la condición de consumidor final, en primer lugar, porque se trata de un ente de carácter asociativo, con personalidad jurídica propia, cuya función primordial es servir de cauce al ejercicio de la libertad sindical mediante la promoción y defensa de los intereses sociales y económicos de los trabajadores (artículo 1 de la Ley Orgánica 11/1985, de Libertad Sindical), lo que en modo alguno puede equipararse a las actividades profesionales o empresariales de producción, transformación, comercialización o prestación de servicios a terceros que la Ley 26/1984 excluye de su ámbito de protección; Y en segundo lugar porque, como señala la Sentencia de la Audiencia Provincial de Burgos de 15 febrero de 2001 «para que se lleve a cabo la exclusión del concepto de consumidor no basta con el hecho de que el bien o servicio se integre sin más en un proceso de producción, transformación, comercialización o prestación a terceros, pues en ese caso, y sobre todo si se lleva al extremo la idea, realmente será difícil encontrar supuestos en los que se aplique la legislación de defensa de los consumidores, sino que lo realmente importante y que excluye la aplicación de la legislación especial es que ese bien o servicio que se adquiere, tenga por finalidad directa llevar a cabo labores de producción, transformación, comercialización o prestación a terceros, de tal manera que esos bienes o servicios se integren de manera relevante en el ámbito comercial que desarrolla la adquirente», lo que evidentemente, en el presente caso no ha ocurrido, ya que ni la adquirente realiza labores de aquella índole, ni la publicidad contratada se integra de manera relevante en el ámbito propio de su actividad; Lo que conduce necesariamente a la desestimación del recurso y a la confirmación de la resolución recurrida".

La Sentencia del Juzgado de 1.ª Instancia n.º 1 de Cuenca de 2 de mayo de 2019, resuelve la acción de nulidad de condiciones generales de la contratación, en la que se insta la nulidad de la cláusula suelo impuesta por una entidad bancaria a la Junta de Cofradías de la Semana Santa de Cuenca, apreciando igualmente su condición de consumidora:

"Y siendo cierta dicha afirmación al ser una finalidad religiosa la que tiene la parte actora debe concluirse que la misma ostenta la condición de consumidora en el sentido empleado en la Sentencia de la Sala Primera del Tribunal Supremo de diciembre de 2010 que así lo establece (...)".

La SAP de Burgos, Sección 2.ª, de 15 de febrero de 2001, admite la consideración de consumidor a un Centro Policlínico. Sin embargo, cuando nos encontramos ante un centro educativo que desarrolla una actividad por la que obtiene un lucro a través de la formación de alumnos, ello la convierte en profesional tal y como resuelve la STJUE de 17 de mayo de 2018 (Asunto C-147/16) al resolver el examen de la aplicación de la Directiva 93/13 a una estudiante Belga a la que la entidad KdG studievoorzieningsdienst le reclamaba 1.546 euros en concepto de tasas de matrícula y gatos correspondientes a un viaje de estudios.

2.4. Entidades sin personalidad jurídica

Una de las novedades más llamativas de la modificación del concepto de consumidor y usuario, operada por la modificación de la Ley 3/2014, de 27 de marzo, que ha supuesto el reconocimiento legal de lo que ya venía admitiéndose a nivel jurisprudencial es el de las *"entidades sin personalidad jurídica"*, teniendo en mente el legislador con ello la singular tutela de las comunidades de propietarios. Ha de entenderse, no obstante, que se está refiriendo no a cualquier comunidad de propietarios, sino aquellas que están constituidas por a su vez por usuarios, lo que como llamaba la atención CARRASCO PERERA[24], ha de conllevar la exclusión de aquellas que por ejemplo estén compuestas exclusivamente por locales comerciales u oficinas, esto es, cuyos propietarios tengan la consideración de empresarios y no de consumidores. En caso de composición mixta, habrá de atenderse al carácter prevalente de sus integrantes, conforme a la doctrina del uso mixto o uso compartido anteriormente expuesta.

Como ha advertido NAVARRO ROSADO[25], al insistirse en la carencia de personalidad jurídica de las Comunidades de Propietarios, podría hacer pensar en su inhabilidad para ser titular de derechos y obligaciones; sin embargo, nuestro ordenamiento jurídico, viene otorgándoles la capacidad de ser titular de ciertos derechos y obligaciones, aun cuando carezcan de personalidad jurídica. Según expone CARRERAS MARAÑA[26], las Comunidades de Propietarios son titulares de infinidad de derechos y obligaciones [art. 13 LPH; Ley 8/2013; arts. 6, 7, 544 LEC; art. 22.5 LPH; RD 828/2013 en materia fiscal; art. 9.1 e) LPH sobre créditos o el art. 17.3 LPH sobre arrendamiento], que pueden y deben ejercer por medio de sus órganos de gobierno adoptando el oportuno acuerdo con las mayorías establecidas [arts. 14 e) y 17 LPH] y ejecutándolo por medio del Presidente de la Comunidad (art. 13 LPH). Desde el punto de vista registral, como también alude DÍAZ MARTÍNEZ[27], se ha percibido un progresivo reconocimiento de sus facultades, buscando fórmulas más flexibles para la satisfacción de sus legítimos intereses[28]. Existe una amplia cobertura legal, como veremos, sobre los actos jurídicos que pueden realizar las Comunidades de Propietarios, y la jurisprudencia admite actuaciones de estas en el **ámbito procesal**, sobre todo dándole capacidad para litigar y para realizar

---

[24] CARRASCO PERERA, A. "Texto refundido de la Ley General para la defensa de los consumidores y usuarios (Real Decreto Legislativo 1/2007). Ámbito de aplicación y refundición" en Revista Aranzadi Doctrinal Aranzadi Civil-Mercantil n.º 5/2008.

[25] NAVARRO ROSADO, J. L. "La protección de las Comunidades de Propietarios conforme a la normativa sobre consumidores y usuarios", disponible en la base de datos de **sepín** (www.sepin.es) con la referencia SP/DOCT/22988, de septiembre de 2017.

[26] CARRERAS MARAÑA, J. M. "La capacidad de actuación de las Comunidades de Propietarios en el tráfico jurídico inmobiliario", disponible en la base de datos de **sepín** (www.sepin.es) con la referencia SP/DOCT/22091, enero de 2017.

[27] DÍAZ MARTÍNEZ, A. "Algunas cuestiones de interés en la reciente doctrina de la Dirección General de Registros y Notariado en materia de propiedad horizontal" en Revista Doctrinal Aranzadi Civil-Mercantil n.º 1/2014.

[28] Ejemplo de ello es la RDGRN de 3 de julio de 2013, en la que se analiza si podía inscribirse a nombre de la comunidad el local comercial embargado por deudas de gastos comunes que la ejecutante se había adjudicado en el correspondiente procedimiento judicial. Aunque se sostiene que el hecho del reconocimiento de la capacidad procesal no le permite proyectar una personalidad jurídica, y por lo tanto no pueda ser titular de un derecho de propiedad, practicando el asiento a su nombre, ello no impide que el Decreto judicial de adjudicación se haga a favor de todos los propietarios de unidades privativas, en atención a sus cuotas, accediendo al Registro de este modo.

actuaciones ejecutivas mediante la obtención de algunos asientos como la anotación preventiva. Todas estas son materias en las que la Comunidad tiene esa reconocida capacidad procesal y en el ámbito del **tráfico inmobiliario** (vender, arrendar, desafectar o realizar actuaciones urbanísticas de la Ley 8/2013 y del art. 10 LPH).

Nuestros Tribunales ya habían venido reconociendo a las Comunidades de Propietarios como sujetos dignos de tutela como consumidores y usuarios. En la STS de 3 de octubre de 1996, se desestima la excepción de falta de personalidad de la Comunidad para el ejercicio de una acción por vicios constructivos. Y el mismo año, en la Sentencia del Tribunal Supremo de 8 de noviembre de 1996, reconoce la plena aplicación de la normativa consumerista a una Comunidad de Propietarios de Ceuta ante la falta de entrega de las instalaciones publicitadas por la promotora con expresa cita *del art. 51 de la Constitución, art. 8 de la Ley General para la Protección de Consumidores y Usuarios, de 26 de julio de 1984, posterior Real Decreto 515/89, de 21 de abril, en su art. 3,2, principio de la buena fe, y resoluciones del Consejo de la Comunidad Europea de 14 de abril de 1975 que aprueba el anexo del programa preliminar de la CEE para la protección e información de los consumidores, con la de 19 de mayo de 1981 que aprueba el anexo 2.º al mismo programa, al proclamar que la presentación y promoción de bienes o servicios no debe ofrecerse de forma que engañen, directa o indirectamente a quienes se los ofrecen, sin que ninguna forma de publicidad deba inducir a error.* La STS de 13 de mayo de 1997 que declaró la nulidad por abusiva de la cláusula inserta en un contrato de una Comunidad de Propietarios por la que se sometía expresamente a los Juzgados de Madrid.

En el caso resuelto por la SAP de Murcia, Sección 1.ª, de 23 de enero de 2001, se aborda expresamente la condición de consumidor de la Comunidad de Propietarios, no dudando en su reconocimiento:

"(...) se sostiene que la Comunidad de Propietarios no puede ser considerada consumidor, por cuanto que no es destinataria final, en los términos del artículo 1.2 de la Ley; olvidando de este modo que, como recuerda la sentencia de la Audiencia Provincial de A Coruña (Sección 2.ª) de 25 de octubre de 1996 es reiterada la jurisprudencia que consideró, a raíz de la Ley de Propiedad Horizontal, que la comunidad de propietarios carece de personalidad jurídica, la cual y los demás órganos, y destacadamente el presidente de la misma, lo son de gestión y representación de un particularizado régimen de propiedad (STS 12 de febrero y 24 de diciembre de 1986, 8 de marzo de 1991 y 19 de noviembre de 1993), y es precisamente esta falta de personalidad la que ha llevado al Tribunal Constitucional a declarar en sentencia 14 junio 1999 que «aunque en la práctica y como licencia del lenguaje, las Comunidades de Propietarios de un edificio constituido bajo el régimen de la propiedad horizontal dicen actuar como demandantes y como demandados a través de su Presidente, en virtud de la llamada 'representación orgánica' que le reconoce el actual art. 13.3 LPH (antiguo art. 12 LPH), en rigor son los propietarios del edificio, en cuanto propietarios constituidos bajo el régimen de la propiedad horizontal, los que actúan a través de la figura del Presidente de la Junta de Propietarios que ostenta ex lege la representación de dichos propietarios en los asuntos que afectan a la Comunidad». Y no cabe la menor duda de que entre los propietarios adquirentes de un inmueble en el complejo residencial los hay destinatarios finales. Es de destacar sobre este particular la sentencia del Tribunal Supremo de 8 de noviembre de 1996 que, en

un supuesto similar al que nos ocupa, en el que la cuestión litigiosa la plantea el presidente de una Comunidad de Propietarios y el propietario de uno de los pisos, no duda en aplicar la Ley General para la Protección de Consumidores y Usuarios".

Aunque con un resultado poco afortunado y unos razonamientos censurables, la SAP de Castellón, Sección 1.ª, de 10 de julio de 2002, en la acción ejercitada por una Comunidad de Propietarios de Burriana frente a una empresa, mantiene clara la aplicación de la normativa de consumo a la Comunidad de Propietarios como sujeto de derechos:

"Por otro lado, resulta aplicable la normativa defensora de los consumidores y usuarios nacida del art. 51 de la Constitución, y, en particular, los arts. 10 y 10 bis de la Ley General para la Defensa de los Consumidores y Usuarios que, entre otros extremos, disponen que «serán nulas de pleno derecho y se tendrán por no puestas las cláusulas, condiciones y estipulaciones en las que se aprecie el carácter abusivo», el art. 8 de la Ley sobre Condiciones Generales de la Contratación y la Directiva de la CEE 93/13, de 5 de abril".

La SAP de Barcelona, Sección 13.ª, de 13 de septiembre de 2006, desestima la acción promovida por una mercantil frente a la Comunidad de Propietarios por entender que la condición sobre la que pretendía ejercitarse una reclamación de cantidad ha de considerarse abusiva a tenor de la Ley General para la Defensa de los Consumidores y Usuarios:

"Sentado lo anterior, hay que partir de que la ley establece los requisitos de las cláusulas contractuales de los contratos de adhesión y, así el artículo 10 de la Ley para la defensa de los consumidores y usuarios, redactado por la Ley sobre Condiciones Generales de la Contratación establece entre otros requisitos la necesidad de la buena fe y justo equilibrio entre los derechos y obligaciones de las partes, lo que en todo caso excluye la utilización de cláusulas abusivas. Añade el artículo 10 bis que se consideran cláusulas abusivas todas aquellas estipulaciones no negociadas individualmente que en contra de las exigencias de la buena fe causen, en perjuicio del consumidor, un desequilibrio importante de los derechos y obligaciones de las partes que se deriven del contrato y a continuación se remite a la disposición adicional para determinar aquellos supuestos de estipulaciones que «en todo caso» se consideraran abusivas".

El mismo parecer con pleno reconocimiento de la Comunidad de Propietarios como consumidor y usuario es declarado por la SAP de Cantabria, Sección 2.ª, de 2 de julio de 2007:

"La ley de Defensa de Consumidores y Usuarios, Ley 26/1984 –aplicable al presente caso–, en su artículo 10.1 a) concreta que las cláusulas, condiciones o estipulaciones que, con carácter general, se apliquen a la oferta, promoción o venta de productos o servicios, incluidos los que faciliten las Administraciones Públicas y las entidades o empresas de las dependientes, deberán cumplir, entre otros, el requisito de concreción, claridad y sencillez, con posibilidad de comprensión directa; disponiendo el apartado c) b 4.° del propio artículo 10 que son contrarias a la buena fe y al justo equilibrio que debe presidir las prestaciones las cláusulas abusivas, entendiendo por tales las que perjudiquen de manera desproporcionada o no equitativa al consumidor, estableciendo por último el art. 10.2 «que a los efectos de esta ley se entiende por cláusulas, condiciones o estipulaciones de carácter general, el conjunto de las redactadas previa y unilateralmente por una empresa para aplicarlas a todos los contratos

que celebre, y cuya obligación no puede evitar el consumidor o usuario, siempre que quiera obtener el bien o servicio de que se trate»".

La SAP de Ciudad Real, Sección 2.ª, de 30 de abril de 2008, desestima otra demanda de una empresa de mantenimiento de ascensores frente a la Comunidad de Propietarios al entenderla amparada por la LGDCU:

"A mayor abundamiento, se ha de incidir en el mantenimiento del criterio expresado en las anteriores resoluciones, a la vista de la modificación que introduce en la Ley 26/1984, de 19 de julio, General para la Defensa de los Consumidores y Usuarios...".

El caso abordado por la STSJ de Galicia, Sala de lo Civil y Penal, Sección 1.ª de 24 de junio de 2017, al resolver la demanda de anulación del laudo arbitral dictado por la Xunta Arbitral de Consumo de Galicia frente a la TELEFÓNICA DE ESPAÑA, S. A., en el arbitraje formulado por una Comunidad de Propietarios de A Coruña, el Tribunal Superior de Justicia, responde con contundencia a la compañía telefónica la plena condición de consumidora de la Comunidad de Propietarios:

"(...) no resulta rigurosamente discutible el carácter de consumidor de la reclamante Comunidad de Propietarios en tanto en cuanto se trata de una entidad «sin personalidad jurídica» que actúa –como es el caso– sin ánimo de lucro «en un ámbito ajeno a una actividad comercial o empresaria», según se sigue del párrafo segundo del artículo 3 TRLGDCU; precepto este que en el extremo destacado no hace más que incorporar al texto refundido, mediante la modificación llevaba a cabo por la Ley 3/2014, de 27 de marzo, la jurisprudencia que ya con anterioridad aplicaba a las Comunidades de Propietarios la normativa protectora de los consumidores en la medida en que efectivamente actúen en un ámbito ajeno a una actividad comercial y sin ánimo de lucro, v.gr., cuando acuerdan con una empresa de telefonía la instalación y reparación de cables y equipos de distribución de fibra óptica para la propia Comunidad".

Y así también es reconocida la condición de consumidor de una Comunidad de Propietarios, entre muchas otras por la SAP de Málaga, Sección 6.ª, de 25 de marzo de 2014 y 28 de enero de 2015; SAP de Córdoba, Sección 1.ª, de 2 de febrero de 2015 y 2 de noviembre de 2016; SAP Las Palmas, Sección 5.ª, de 15 de junio de 2015; SSAP de Burgos, Sección 3.ª, de 24 de junio de 2016 y 30 de junio de 2017; SAP Valencia, Sección 6.ª, de 28 de febrero y 7 de marzo de 2017; SAP de Soria, Sección 1.ª, de 19 de julio de 2017; SAP de Barcelona, Sección 13.ª, de 28 de diciembre de 2017; SAP de Madrid, Sección 25.ª, de 13 de abril de 2018.

Como recuerda la SAP Asturias, Sección 6.ª, de 25 de enero de 2016, al resolver el interesante caso del conflicto surgido entre una Comunidad de Propietarios ovetense frente a AQUALIA UTE OVIEDO SERVICIO MUNICIPAL DE AGUAS DE OVIEDO, en el que otorga la razón a la Comunidad de Propietarios demandante, *el hecho de que la administración de la Comunidad, sea llevado por una empresa de administración de fincas, en nada empece esa cualidad de consumidora de la misma.* Añade también la sentencia en este caso la esencialidad y excusabilidad que concurre tanto en la Comunidad de Propietarios como en el administrador que la gestionó, toda vez que no puede exigirse a quien no es técnico en la materia, referido a la instalación de una nueva acometida de agua, conocer y comprobar las necesidades técnicas de la solución impuesta por la empresa recurrente.

Finalmente cabe reseñar que en la STJUE de 2 de abril de 2020 (Asunto C-329/19), en respuesta a la cuestión prejudicial elevada por un Tribunal Ordinario de Milán, la justicia comunitaria ha manifestado que, si bien la normativa comunitaria no ha previsto la consideración de la Comunidad de Propietarios como consumidora, ello no impide que si la jurisprudencia o el legislador nacional le han reconocido tal condición, le resulten aplicables los derechos propios del consumidor:

"28. En consecuencia, y mientras el legislador de la Unión no intervenga al respecto, los Estados miembros mantienen su libertad de regular el régimen jurídico de la comunidad de propietarios en sus ordenamientos jurídicos nacionales respectivos, calificándola o no como «persona jurídica».

29. Por tanto, una comunidad de propietarios, como la demandante en el litigio principal, no cumple el primero de los requisitos enunciados en el artículo 2, letra b), de la Directiva 93/13, por lo que no está comprendida en el concepto de «consumidor», en el sentido de esa disposición, de modo que el contrato celebrado entre esa comunidad de propietarios y un profesional queda excluido del ámbito de aplicación de la citada Directiva.

(...)

34. Por otro lado, según el considerando 13 de la Directiva 2011/83, la aplicación de las disposiciones de esta Directiva a aspectos no incluidos en su ámbito de aplicación ha de seguir siendo competencia de los Estados miembros, con arreglo al Derecho de la Unión. Los Estados miembros podrán decidir extender la aplicación de lo dispuesto en la citada Directiva a las personas jurídicas o físicas que no sean consumidores en el sentido de esta.

35. En el presente asunto, de la petición de decisión prejudicial se desprende que la Corte suprema di cassazione *(Tribunal Supremo de Casación) ha desarrollado una línea jurisprudencial que pretende incrementar la protección del consumidor ampliando el ámbito de aplicación de la protección prevista por la Directiva 93/13 a un sujeto de Derecho, como el condominio en Derecho italiano, que no es una persona física, con arreglo al Derecho nacional.*

36. Pues bien, esa línea jurisprudencial responde al objetivo de protección de los consumidores que persigue esa Directiva (véase, en ese sentido, la sentencia de 7 de agosto de 2018, Banco Santander y Escobedo Cortés, C-96/16 y C-94/17, EU:C:2018:643, apartado 69).

37. De ello se desprende que, aunque un sujeto de Derecho como el condominio en Derecho italiano no está comprendido en el concepto de «consumidor» en el sentido del artículo 2, letra b), de la Directiva 93/13, los Estados miembros pueden aplicar disposiciones de esa Directiva a sectores no incluidos en su ámbito de aplicación (véase, por analogía, la sentencia de 12 de julio de 2012, SC Volksbank România, CĐ602/10, EU:C:2012:443, apartado 40), siempre que esa interpretación por parte de los órganos jurisdiccionales nacionales garantice un nivel de protección más elevado a los consumidores y no contravenga las disposiciones de los Tratados".

3. La inserción de IRPH en el marco de las condiciones generales de la contratación

Tal y como recopila DURÁN RIVACOBA[29], con una variada denominación como la de *contratación uniforme*[30], *típica*[31], *seriada*[32], *estándar*[33], *contratos en masa*[34], *tipo*[35], *normados*[36], *en serie*[37], o la más popularizada por SALEILLES[38] como *contratos de adhesión*[39], hoy orientada merced a la doctrina alemana hacia la terminología de *condiciones generales de la contratación*[40], resulta notorio en nuestros días la imposición de un sistema de contratación por el empresario con un clausulado general a cuyo sometimiento se ve abocado el consumidor.

---

29 DURÁN RIVACOBA, R., en AZPARREN LUCAS, A. (Dir). *Hacia un Código del Consumidor*, Madrid, 2006, p. 164 y ss.

30 PAGADOR LÓPEZ, J. *Condiciones generales y cláusulas contractuales predispuestas: la Ley de condiciones generales de la contratación de 1998*, Madrid, 1999, p. 15.

31 POLO SÁNCHEZ, E. *Protección del contratante débil y condiciones generales de los contratos*, Madrid, 1990, p. 31.; ORDUÑA MORENO, F. J. en VVAA, *Contratación y comercio electrónico*, Valencia, 2002.

32 ORDUÑA MORENO, F. J. "Derecho de la contratación y condiciones generales (I)" en Revista de Derecho Patrimonial n.º 4, 2000, p. 21.

33 BERNITZ, U. "Consumer Protection and Standard Contracts" en Scandinavian Studies in Law, 1977, p. 11 y ss; ROPPO, E. *Contrati Standard,* Milán, 1989, p. 16 y ss;

34 DÍEZ-PICAZO PONCE DE LEÓN, L., en VVAA, *Las Condiciones Generales de la Contratación y Cláusulas Abusivas*, Madrid 1996, p. 29; MARTÍNEZ DE AGUIRRE Y ALDAZ, C., en VVAA, *Curso de Derecho Civil II, Derecho de obligaciones*, Madrid, 2000, p. 389 y ss.; ALBALADEJO GARCÍA, M. *Derecho Civil II, Derecho de obligaciones,* Barcelona 2002, p. 389 y ss.

35 CLAVERÍA GOSÁLBEZ, L. H. "La predisposición del contenido contractual" en Revista de Derecho Privado, 1979, p. 671.

36 GARCÍA AMIGO, M. *Condiciones generales de los contratos*, Madrid, 1969, p. 13.

37 URÍA GONZÁLEZ, R. "Reflexiones sobre el contrato mercantil en serie" en Revista de Derecho Mercantil, 1956, p. 221 y ss.

38 SALEILLES, R. *La déclaration de volonté*, Paris, 1902, p. 299 y ss.

39 KESSLER, F. "Contracts of Adhesion -Some Thoughts About Freedom of Contract", 43 Columbia Law Review n.º 629, 1943; RADOFF TODD, D. "Contracts of adhesión: An essay in reconstruction" Harvard Law Review n.º 6, Vol. 6, 1983; VIGURI PEREA, A. *La protección del consumidor y usuario en el marco de los contratos de adhesión*, Granada, 1995, p.6; ROYO MARTÍNEZ, M. "Contratos de adhesión" en Anuario de Derecho Civil, 1949, p. 54 y ss; OSORIO GALLARDO, A. "Crisis en la dogmática del contrato" en Anuario de Derecho Civil, 1952, p. 1175; LLODRÀ GRIMALT, F. *El contrato celebrado bajo condiciones generales: un estudio sobre sus controles de incorporación y contenido*, Valencia, 2002, p. 29; DE LA MAZA GAZMURI, I. "Contratos por adhesión y cláusulas abusivas ¿Por qué el Estado y no solamente el mercado?" en Revista Chilena de Derecho Privado Fernando Fueyo Laneri. n.º 1, 2003.

40 GARCÍA AMIGO, M. *op. cit.*, p. 138 y ss.; DE CASTRO Y BRAVO, F. *Las condiciones generales de los contratos y la eficacia de las leyes*, Madrid, 1975, p. 54; OTERO LASTRES, J. M. "La protección de los consumidores y las condiciones generales de la contratación" en Revista Jurídica de Cataluña, 1977, p. 759 y ss.

El celebérrimo jurista FEDERICO DE CASTRO desgranó en su discurso de ingreso en la Real Academia de Jurisprudencia y Legislación en 1960, en tiempos en que aún no existía sensibilidad sobre este particular, la esencia de las condiciones generales de la contratación, por lo que cualquier ensayo posterior quedará abocado a seguir la sombra del maestro, motivo por la cual optamos directamente por transcribir su pensamiento al razonar que *"se designan como tales condiciones a los conjuntos de reglas que un particular (empresario, grupo o rama de industriales y comerciantes) ha establecido para fijar el contenido (derechos y obligaciones) de los contratos que sobre un determinado tipo de prestaciones se propone celebrar (...) mediante tales condiciones se eliminan a priori los tratos previos entre las partes; una de estas (el empresario) se ha atribuido el papel de predisponer o dictar conforme a su interés y a su gusto, la regulación de los contratos".*

Las notas esenciales configuradoras de las condiciones generales de la contratación, siguiendo la clásica enunciación ofrecida por SCHMITTHOFF[41] serían las siguientes:

a) Unilateralidad.

b) Predisposición.

c) Carácter definitivo y abstracción.

Estas notas como veremos, se han trasladado a la normativa sobre condiciones generales de la contratación, ofreciéndose en el art. 1 de la Ley 7/1998, de 13 de abril, sobre Condiciones Generales de la Contratación (LCGC)[42], la siguiente definición:

"Son condiciones generales de la contratación las cláusulas predispuestas cuya incorporación al contrato sea impuesta por una de las partes, con independencia de la autoría material de las mismas, de su apariencia externa, de su extensión y de cualesquiera otras circunstancias, habiendo sido redactadas con la finalidad de ser incorporadas a una pluralidad de contratos".

Resulta irrelevante pues la forma de presentación de las cláusulas, ya sea en un documento impreso, en formato electrónico, manuscritas u orales, siendo lo determinante ese objetivo de predisposición a una pluralidad de contratos. Asimismo, ha de recordarse que de conformidad con lo dispuesto en el art. 3.2 de la Directiva 93/13/CEE, el hecho de que ciertos elementos de una cláusula o que una concreta estipulación aislada haya podido ser negociada individualmente no significa que el resto de las cláusulas hayan sido negociadas individualmente.

3.1. Autonomía de las partes *versus* justo equilibrio

Desde los tiempos de DOMINICIO ULPIANO[43], se ha aceptado como uno de los principios generales del derecho la obligación del mantenimiento de los pactos acordados *(pacta sunt servanda).*

---

[41] SCHMITTHOFF, C. M. "The Unification or Harmonisation of Law by Jeans of Standard Contracts and General Conditions" en International &Comparative Law Quarterly, 1968, p. 551.

[42] BOE n.º 89, de 14 de abril de 1998.

[43] ULPIANO aborda el mantenimiento de los pactos en su comentario al título edictal *De pactis conventis*, en el que transcribe el tenor literal del edicto: "pacta conventa serbabo" (conservaré los pactos convenidos).

La validez de los pactos entre privados ha sido algo en principio no cuestionado por el legislador, que los entendía inatacables con carácter general[44]. La expansión de esta idea del codificador francés[45] hacia el resto de los ordenamientos de nuestro entorno, incluido por supuesto el español a través del art. 1.091 CC (*Las obligaciones que nacen de los contratos tienen fuerza de ley entre las partes, y deben cumplirse a tenor de los mismos*) ha perdurado hasta nuestros días como una máxima.

Este blindaje contractual se presentaba sobre una construcción basada en la autonomía de la voluntad de las partes. De este principio, como es sabido es tributario el art. 1.255 CC (*Los contratantes pueden establecer los pactos, cláusulas y condiciones que tengan por conveniente, siempre que no sean contrarios a las leyes, a la moral, ni al orden público*). Sin embargo, tal y como advirtiera NEUHAUS[46], la autonomía de las partes pierde su significado cuando se convierte en dominio del fuerte sobre el débil. Nos enfrentamos en suma a un nuevo escenario para el que no resultan ya adecuados algunos de los que parecían principios inmutables del Código napoleónico. Como ha reflexionado ORDUÑA MORENO[47], sin demérito de la valía general de nuestro Código Civil decimonónico, es preciso enfrentarnos hoy a la nueva realidad social del siglo XXI y comenzar a construir una nueva doctrina normativa que acoja los llamados derechos fundamentales de cuarta generación, reflejo de las aspiraciones vitales de la ciudadanía, y particularmente de los más vulnerables.

Cuando quiebra pues la autonomía de la voluntad de las partes y el contrato viene impuesto por quien ostenta la posición de fuerza sobre el débil, este se presenta de modo desigual, favorable a sus intereses, sin trasladar a la contraparte prestaciones equivalente a las irrogadas en beneficio propio. Nos hallamos pues ante una manifiesta situación de desequilibrio. En la contratación en masa impuesta en la actualidad para la gran generalidad de los bienes y servicios adquiridos por los consumidores, este desequilibrio agudizaba la degradación de la posición del consumidor hasta límites intolerables que hacían necesaria una intervención normativa externa al contrato capaz de paliar los manifiestos abusos que padecía el usuario. FERNÁNDEZ DE LA GÁNDARA[48] se refería con razón a la situación que estamos contemplando como una preocupante *degradación de la posición del consumidor*. Como acertadamente razonaba GINER PARREÑO[49], la tarea del legislador estriba hoy en día en decidir el grado de función distributiva que deben cumplir las normas en materia de contratos.

---

44 Decimos con carácter general porque existe alguna posibilidad en ocasiones de moderación judicial, como es ante de responsabilidad por negligencia del art. 1.103 CC, el de establecimiento de cláusulas penales previsto en el art. 1.154 CC , la responsabilidad exigida al mandatario *ex* art. 1.726 CC o incluso la facultad otorgada al juez de reducir las deudas de juego en lo que excediere de los usos de un buen padre de familia.

45 El art. 1.134 CC francés mantiene: "*Los pactos celebrados legalmente tienen fuerza de ley entre los que los pactaron. Los mismos no pueden revocarse sino es por el consentimiento mutuo, o por las causas que la ley autorice*".

46 NEUHAUS, P. H. *Die Grundbegriffe des internationalen Privatrechts*, Tubinga, 1976, p. 257.

47 ORDUÑA MORENO, F. J. "Hacia un necesario nuevo Código Civil como instrumento de progreso y cambio social en el siglo XXI" en Diario La Ley n.º 9542, Sección Tribuna, de 23 de diciembre de 2019.

48 FERNÁNDEZ DE LA GÁNDARA, en FERNÁNDEZ DE LA GÁNDARA y GALLEDO FERNÁNDEZ, *Fundamentos de Derecho Mercantil I*, Valencia, 1999, p. 28.

49 GINER PARREÑO, C. "Condiciones generales de la contratación. Autonomía privada y competencia" en Estudios sobre Consumo n.º 32, 1995, p. 18.

Según nos enseña OROZCO PARDO[50], esta cuestión cobró nueva vitalidad merced a la influencia directa de la Constitución de 1978 sobre el Derecho civil y, en concreto, sobre las materias relativas a la teoría general del contrato. Si partimos del análisis del art. 14 CE que consagra el principio/derecho a la igualdad y lo conectamos con el art. 9.2 del mismo Texto, según el cual *"corresponde a los poderes públicos promover las condiciones para que la libertad y la igualdad del individuo y de los grupos en que se integra sean reales y efectivas; remover los obstáculos que impidan o dificulten su plenitud y facilitar la participación de todos los ciudadanos en la vida política, económica, cultural y social"*, obtendremos un principio fundamental del sistema contractual, que impone el equilibrio de las prestaciones y la igualdad de las partes como exigencia irrenunciable en el seno del contrato.

SUÁREZ PERTIERRA[51] ha señalado que este precepto pretende del Estado una actitud específica para la correcta realización de la libertad y la igualdad, de tal suerte que ese Estado se convierte en social en la medida en que dota a la igualdad de un contenido de redistribución y de compensación para enriquecer los derechos de los menos dotados y se limitan los de aquellos que poseen una superioridad social o económica para compensar las discriminaciones reales que proceden del modelo social imperante. Esto supone aplicar este principio/mandato constitucional a los diversos órdenes de la vida social, pues no se trata simplemente de una igualdad formal ante la Ley, sino de una efectiva igualdad entre los ciudadanos en el seno de las relaciones sociales que cristaliza en un derecho subjetivo a la igualdad constitucionalmente consagrado, según ha afirmado el Tribunal Constitucional, en su Sentencia 311/2000, de 18 de diciembre.

Como reflexiona el Magistrado JUARROS GARCÍA, titular del Juzgado de 1.ª Instancia n.º 6 de Burgos, en su Sentencia de 20 de mayo de 2016, hoy, el estado liberal ha sido sustituido por el estado social en los textos políticos. Y recordando las palabras del jurista veneciano CESARE VIVANTE el legislador mercantil llamó para compilar el nuevo Código (de Comercio), a los hombres que estaban habituados a defender los intereses de la clase mercantil, y después dijo a los consumidores: de aquí en adelante, el Código que ha de aplicarse también a vosotros. Hoy, bajo el paradigma rector del art. 51 de nuestra Constitución, ya no es concebible hacer girar todo el sistema mercantil alrededor del acto objetivo de comercio, debiendo caminar hacia la construcción del denominado nuevo derecho del tráfico económico masificado, un derecho de consumo.

Ya nuestro Tribunal Supremo, a través de su Sentencia de 5 de julio de 1997, adelantándose a lo que sería la regulación española sobre condiciones generales de la contratación, advertía del importante desequilibrio que suponía la aceptación de toda condición general impuesta: *"La calificación de este contrato es de un contrato de adhesión entendiendo por tal aquel en que la esencia del mismo y sus cláusulas han sido predispuestas por una parte impuestas a la otra, sin que esta tenga posibilidad de negociarla, hacer contraofertas ni modificarlas, sino simplemente aceptar o no; se mantiene la libertad de contratar (libertad de celebrar o no el contrato) pero no la libertad contractual (libertad de ambas partes, pero*

[50] OROZCO PARDO, G. "Protección de consumidores, consumidores, condiciones generales y cláusulas abusivas..." Ob. cit. p. 17.

[51] SUÁREZ PERTIERRA, G. en ALZAGA, O. *Comentarios a las Leyes Políticas: Constitución Española de 1978*, Tomo II. Madrid, 1985, p. 291.

no de una sola, de establecer las cláusulas que acepten mutuamente). No se discute la validez del contrato de adhesión, inherente a la realidad actual, pero si es indudable su control legal y judicial para que una de las partes sufra perjuicios que no deben tolerarse en Derecho".

Como recuerda la STS, de 22 de abril de 2015, "*La jurisprudencia de esta Sala (Sentencias núm. 406/2012, de 18 de junio, núm. 241/2013, de 9 de mayo, 166/2014, de 7 de abril, 246/2014, de 28 de mayo, 464/2014, de 8 de septiembre, 677/2014, de 2 de diciembre ha considerado que la contratación bajo condiciones generales constituye un auténtico modo de contratar, claramente diferenciado del paradigma del contrato por negociación regulado en el Código Civil. Su eficacia exige que, además de la prestación del consentimiento del adherente a la inclusión de unas cláusulas redactadas de un modo claro y comprensible, y transparentes en sus consecuencias económicas y jurídicas, el profesional o empresario cumpla unos especiales deberes de configuración del contrato predispuesto en el caso de cláusulas no negociadas en los contratos celebrados con consumidores, que supongan el respeto, de acuerdo con las exigencias de la buena fe, al justo equilibrio entre los derechos y obligaciones de las partes, lo que en todo caso excluye la utilización de cláusulas abusivas*".

3.2. Normativa sobre condiciones generales de la contratación

Una vez firme el propósito de todas las instituciones europeas en paliar el desequilibrio existente en los contratos de adhesión y tras intensos debates con todos los sectores implicados, veía finalmente la luz la Directiva 93/13/CEE, de 5 de abril de 1993, sobre cláusulas abusivas en los contratos celebrados con consumidores[52], auténtico hito normativo para la protección del consumidor. La filosofía pues de esta Directiva, tal y como matiza O'CALLAGHAN[53] es la protección del consumidor, no respecto a las condiciones generales de los contratos, sino, concretamente, respecto a las cláusulas abusivas.

Lamentablemente, en España hubimos de esperar merced a la haraganería de nuestro legislador a 1998 para ver transpuesta la Directiva Comunitaria, a través de la Ley 7/1998, de 13 de abril, sobre Condiciones Generales de la Contratación (LCGC). Pese a la parsimonia legisladora en la transposición de la norma, que por otra parte parece inexplicable en tanto que es reiterada en materia de consumo (Ley de Regulación de Viajes Combinados, Ley de Responsabilidad Civil por los daños causados por productos defectuosos, Ley sobre contratos celebrados fuera de establecimientos mercantiles, Ley de Crédito al Consumo, Ley de Garantías en la Venta de Bienes de Consumo...), ha de reconocerse el indiscutible mérito de la misma, que no obstante sus carencias técnicas como evidencia la Sentencia del Tribunal de Justicia de las Comunidades Europeas de 9 de septiembre de 2004[54], supone un valioso instrumento para la erradicación de las cláusulas abusivas. Actualmente, sin perjuicio de la pervivencia de la LCGC, ha de tenerse presente la incorporación de las disposiciones relativas a cláusulas abusivas al Título II, del Libro II (arts. 80 y ss.) del

---

52 D.O.L. n.º 95 de 21 abril 1993.

53 O'CALLAGHAN, X. "Condiciones generales de los contratos y las cláusulas abusivas (a la luz de la Ley 7/1998, de 13 de abril)" en Estudios sobre Consumo n.º 54, 2000, p. 84.

54 Recurso de incumplimiento. Asunto C-70/2003.

Real Decreto Legislativo 1/2007, de 16 de noviembre, por el que se aprueba el Texto Refundido de la Ley General para la Defensa de los Consumidores y Usuarios y otras normas complementarias (TRLGDCU en los sucesivo).

3.3. Ámbito de aplicación

Los primeros artículos de la LCGC se orientan a delimitar el ámbito de aplicación de la norma, lo que al margen de la oportunidad que ofrece a los docentes universitarios para la discusión y censura, no deja de ser muy agradecido por los juristas que nos dedicamos a su aplicación práctica.

El ámbito objetivo de la norma viene dado por la propia definición de condiciones generales de la contratación ya avanzada anteriormente y recogido en su art. 1: "*Son condiciones generales de la contratación las cláusulas predispuestas cuya incorporación al contrato sea impuesta por una de las partes, con independencia de la autoría material de las mismas, de su apariencia externa, de su extensión y de cualesquiera otras circunstancias, habiendo sido redactadas con la finalidad de ser incorporadas a una pluralidad de contratos*".

FUENTE NORIEGA[55] extrae de esta definición en la línea de lo que ya concluyera SCHMITTHOFF, anteriormente citado, los requisitos que deben cumplir las condiciones generales de la contratación para ser consideradas como tales:

a) Contractualidad.

b) Predisposición.

c) Imposición.

d) Generalidad.

El ámbito subjetivo de la norma, determinado por el art. 2.1 LCGC establece que resultará de aplicación a los contratos celebrados *entre un profesional –predisponente– y cualquier persona física o jurídica –adherente–*. Ello implica que a diferencia de la Directiva 93/13/CEE, de 5 de abril de 1997, en la que tiene su origen, el legislador nacional ha extendido su aplicación en virtud del *principio de minimis* de la Directiva tanto a los contratos celebrados con consumidores como con cualquier otro contratante[56].

Por lo que respecta al ámbito territorial, el art. 3 de la Ley dispone que *se aplicará a las cláusulas de condiciones generales que formen parte de contratos sujetos a la legislación española*, y que *también se aplicará a los contratos sometidos a la legislación extranjera cuando el adherente haya emitido su declaración negocial en territorio español y tenga en este su residencia habitual, sin perjuicio de lo establecido en Tratados o Convenios internacionales.*

Finalmente, la ley manifiesta de modo expreso que no resultará de aplicación a *los contratos administrativos, a los contratos de trabajo, a los de constitución de sociedades,*

---

[55] FUENTE NORIEGA, M. en LEÓN ARCE, A. *Derechos de los consumidores y usuarios, Tomo I*, Valencia, 2007, p. 272.

[56] Cfr. Guía sobre la interpretación y aplicación de la Directiva 93/13/CEE del Consejo, de 5 de abril de 1993, sobre las cláusulas abusivas en los contratos celebrados con consumidores, 2019, p. 8.

a los que regulan relaciones familiares y a los contratos sucesorios. La Exposición de Motivos de la norma justifica esta exclusión en las características específicas, por la materia que tratan y por la alienidad de la idea de predisposición contractual. Igualmente quedarán excluidos del ámbito de aplicación de la norma ex art. 4.2 *"las condiciones generales que reflejen las disposiciones o los principios de los Convenios internacionales en que el Reino de España sea parte, ni las que vengan reguladas específicamente por una disposición legal o administrativa de carácter general y que sean de aplicación obligatoria para los contratantes".*

Como recuerda la Comisión Europea en su Guía sobre la interpretación y aplicación de la Directiva 93/13, el TJUE ha dictaminado sobre un número limitado de asuntos específicos en los que los órganos jurisdiccionales nacionales tenían dudas sobre la clasificación de un contrato dado y ha aclarado que la Directiva 93/13 cubre los siguientes tipos de contratos:

– Contratos de arrendamiento de vivienda celebrados entre, un individuo que actúa sin ánimo mercantil y un profesional inmobiliario (Asunto C-488/11, *Asbeek Brusse*, apdos. 32 a 34).

– Contratos de prestación de servicios jurídicos (Asunto C 537/13, *Siba*, apdos. 23 y 24).

– Contratos de crédito hipotecario celebrado por un abogado para fines privados (Asunto C-110/14, *Costea*).

– Contratos celebrados por un centro educativo público por el que se concede a uno de sus estudiantes facilidades de pago por importes que los estudiantes adeudan con respecto a las tasas de inscripción y los gastos relacionados con un viaje de estudios (Asunto C-247/16, *Karel de Grote*).

– Contrato de garantía o un contrato que proporcione una garantía entre una persona física y una entidad de crédito para garantizar las obligaciones contractuales que una sociedad mercantil tiene con la entidad de crédito en virtud de un contrato de crédito, donde el garante actuó con fines ajenos a su actividad comercial, empresarial o profesional y no tiene ningún vínculo de carácter funcional con esa empresa (Asuntos C-74/15, *Dumitru Tarcău*, y C-534/15, *Dumitras*).

– Contrato de préstamo hipotecario que un empleado y su cónyuge con fines privados (Asunto C-590/17, *Pouvin Dijoux).*

3.4. Requisitos de incorporación de las condiciones generales de la contratación

Con objeto de asegurar la debida transparencia y garantizar el conocimiento por el adherente de las condiciones generales de la contratación, la LCGC, a través de sus arts. 5 y 7 establece el denominado *control de incorporación*.

El art. 5 LCGC parece distinguir tres grandes supuestos: a) contratos celebrados por escrito; b) contratos no formalizados por escrito; y c) contratos celebrados de modo telefónico o electrónico. En todos los casos, advierte que las cláusulas generales habrán de ajustarse a los criterios de transparencia, claridad, concreción y sencillez.

En cuanto a los contratos celebrados por escrito, para entender aceptadas las condiciones generales de la contratación el adherente deberá haber sido informado previamente de estas con la facilitación de un ejemplar, suscribiendo este hecho en el contrato. Se establecen pues tres requisitos:

a) Referencia expresa contractual a la existencia de condiciones generales de la contratación.

b) Facilitación de un ejemplar al adherente. Ello podrá cumplirse tanto por inserción íntegra de las condiciones en el propio contrato, como por entrega previa o coetánea[57] en un documento adjunto, más no por mera remisión.

c) Aceptación por el adherente. Se discute sin embargo la necesidad de que las condiciones generales deban ser firmadas de modo específico o baste la suscripción del contrato en el que se refiera su existencia, por observarse una discordancia[58] entre lo dispuesto en el art. 5.1 ("*Las condiciones generales pasarán a formar parte del contrato cuando se acepte por el adherente su incorporación al mismo y sea firmado por todos los contratantes. Todo contrato deberá hacer referencia a las condiciones generales incorporadas*"), y la letra a) del art. 7 ("*No quedarán incorporadas al contrato las siguientes condiciones generales: a) Las que el adherente no haya tenido oportunidad real de conocer de manera completa al tiempo de la celebración del contrato o cuando no hayan sido firmadas, cuando sea necesario, en los términos resultantes del artículo 5*").

Una particularidad interesante en los contratos formalizados por escrito con condiciones generales de la contratación y elevados a escritura pública es la posibilidad prevista en el art. 5.2 LCGC que dispensa a las partes de transcribir las condiciones generales al documento público, siempre que se deje constancia de ellas en la matriz e incorporen como anexo. Sin embargo, para este particular la LCGC exige al notario que compruebe tanto el conocimiento de estas condiciones generales por los adherentes como su aceptación. En este punto debe reclamarse una intervención más activa de los fedatarios públicos como garantes también de la legalidad, con una mayor diligencia efectiva de su labor de información a los otorgantes No en vano ha de recordarse que el art. 147 del Reglamento Notarial[59] impone al notario del de prestar *asistencia especial al otorgante necesitado de ella.* Así como asesorar *con imparcialidad a las partes* y *velar por el respeto de los derechos básicos de los consumidores y usuarios.* Resulta lamentable para el prestigioso cuerpo de notarios la generalización en la relajación del cumplimiento de estos deberes. Resulta ilustrativa la Resolución de la Dirección General de los Registros y del Notariado de 27 de octubre de 1994 que se expresaba del modo siguiente: "*cabe recordar que en cumplimiento de su función de control de legalidad, deberá el Notario denegar la autorización del instrumento público cuando el*

---

[57] La SAP de Madrid de 11 de julio de 1995 rechaza en el contrato de abono telefónico la remisión a las normas del *Reglamento de Servicio*, aprobado por la Delegación de Gobierno, obrante en las páginas de la guía telefónica.

[58] Aunque la redacción inicial de ambos preceptos preveía la firma de las condiciones generales, en el desarrollo del *iter* parlamentario, la introducción de la enmienda n.º 79 en el Congreso a instancia de CIU y su aceptación con modificación de uno solo de los preceptos provocó el asimétrico resultado puesto de manifiesto (BOCG, Serie A, n.º 78-6, de 23 de octubre de 1997, p. 40).

[59] BOE n.º 189, de 7 de julio de 1944. La redacción dada al art. 147 responde a la modificación introducida por RD 45/2007, de 19 de enero (BOE n.º 25, de 29 de enero de 2007).

contrato sea en todo o en parte contrario a las leyes (en especial, por lo que se refiere al caso que nos ocupa, las disposiciones de la Ley 26/1984, de 19 julio, General para la Defensa de los Consumidores y Usuarios) o se prescinda por los interesados de requisitos necesarios para la plena validez de los mismos". También en este punto insiste nuevamente el TRLGDCU, que a través de su art. 84 y trasladando la redacción original del 10.6 LGDCU ordena a los notarios y registradores, *"en el ejercicio profesional de sus respectivas funciones públicas, no autorizar ni inscribir aquellos contratos o negocios jurídicos en los que se pretenda la inclusión de cláusulas declaradas nulas por abusivas en sentencia inscrita en el Registro de Condiciones Generales*, así como *informar a los consumidores en los asuntos de especialidad y competencia".*

El 13 de junio de 2013, el Consejo General del Notariado anunciaba la creación del Órgano de Control de Cláusulas Abusivas (OCCA), con el propósito de impedir la introducción de cláusulas abusivas en los contratos con consumidores. Para ello anunciaba la elaboración de un archivo informático con todas las sentencias firmes que declarasen abusiva una cláusula. Así mismo se destacaba en el acto de su presentación que podrían advertir a los consumidores de que alguna cláusula del contrato podría ser abusiva[60]. Este propósito conecta a su vez con la previsión establecida en el art. 129 de la Ley Hipotecaria –relativo a la venta extrajudicial–, tras la modificación introducida por la Ley 1/2013, de 14 de mayo, de medidas para reforzar la protección a los deudores hipotecarios, reestructuración de deuda y alquiler social, que permitía al notario encargado del expediente, si considera que existen indicios de cláusulas abusivas notificarlo a los efectos oportunos al deudor y acreedor. La puesta en funcionamiento despertó ciertamente fundadas expectativas, pues el notario es una pieza clave en la protección de los consumidores. Y el hecho de que un notario pudiera advertir al OCCA del posible carácter abusivo de una cláusula aún no inscrita en el Registro de Condiciones Generales de la Contratación podría resultar un instrumento verdaderamente útil. Como expone GOMÁ LANZÓN[61], la información que se ha de ofrecer desde la notaría no es necesariamente sinónimo de abundante, que a veces puede ser contraproducente, sino más bien precisa, útil y efectiva para su destinatario. El resultado como puede colegirse de la experiencia cosechada no ha sido el esperado, salvado honrosas excepciones. Y el prestigioso cuerpo notarial no ha sabido aprovechar esta oportunidad y excelente iniciativa para recuperar esa confianza social seriamente dañada con la silente intervención notarial en la contratación en masa.

La nueva Ley 5/2019, de 15 de marzo, reguladora de los contratos de crédito inmobiliario, pretende en cierta medida reforzar aquella confianza del usuario al tiempo que no deja de ser una llamada de atención al fedatario a un mayor celo en el ejercicio de su función. Así la Exposición de Motivos al abordar la fase precontractual advierte que las medidas que contempla están destinadas *a reforzar el equilibrio que debe existir entre las partes en toda relación jurídica contractual [y] se complementa atribuyendo al notario la función de asesorar imparcialmente al prestatario, aclarando todas aquellas dudas que le pudiera*

---

[60] Cfr. "Los notarios crean un Órgano de Control de Cláusulas Abusivas" en Diario La Ley n.º 8105, Sección Hoy es Noticia, del 14 al 16 de junio de 2013.

[61] GOMÁ LANZÓN, F. "Reflexiones a propósito del órgano notarial de control de cláusulas abusivas (OCCA)" en El Notario del Siglo XXI, n.º 51, septiembre-octubre 2013.

suscitar el contrato, y de comprobar que tanto los plazos como los demás requisitos que permiten considerar cumplido el citado principio de transparencia material, especialmente los relacionados con las cláusulas contractuales de mayor complejidad o relevancia en el contrato, concurren al tiempo de autorizar en escritura pública el contrato de préstamo o crédito hipotecario.

Resulta también significativo que la Disposición Final Sexta de la LCCI modifica la Ley 14/2000, de 29 de diciembre, de medidas fiscales, administrativas y de orden social, en materia de régimen disciplinario de los notarios. A tal efecto, se añade un nuevo apartado al catálogo de infracciones muy graves previsto en su art. 43, considerando tales "*el incumplimiento del período de información precontractual obligatorio previo a la autorización de la escritura en los préstamos y créditos hipotecarios sobre vivienda residencial y de levantar el acta previa a su formalización en los términos previstos en la Ley*".

El segundo de los supuestos previstos por el art. 5 ya anunciábamos se refería a los contratos no formalizados por escrito. En su ordinal tercero dispone: "*Cuando el contrato no deba formalizarse por escrito y el predisponente entregue un resguardo justificativo de la contraprestación recibida, bastará con que el predisponente anuncie las condiciones generales en un lugar visible dentro del lugar en el que se celebra el negocio, que las inserte en la documentación del contrato que acompaña su celebración; o que, de cualquier otra forma, garantice al adherente una posibilidad efectiva de conocer su existencia y contenido en el momento de la celebración*". Se pretende en suma asegurar el conocimiento por parte del usuario de todas aquellas condiciones (en particular las limitativas) que aun en supuestos de dinámico tráfico comercial forman parte del contrato. Resulta evidente que gran parte de nuestras actividades cotidianas, por fortuna, no requieren la formalización de un contrato escrito y en estos supuestos se busca no obstante reforzar el derecho de información del usuario.

Finalmente, el derogado art. 5.4 LCGC[62] referido a la contratación electrónica y telefónica, introducía como importantísima novedad que en estos supuestos *será necesario que conste en los términos que reglamentariamente se establezcan la aceptación de todas y cada una de las cláusulas del contrato, sin necesidad de firma convencional. En este supuesto, se enviará inmediatamente al consumidor justificación escrita de la contratación efectuada, donde constarán todos los términos de la misma.* Este precepto fuer derogado por la Ley 3/2014, de 27 de marzo, encontrando su regulación actual en el TRLGDU.

Tras la STS de 9 de mayo de 2013, el nudo gordiano de los denominados requisitos de incorporación de las condiciones generales de la contratación se ha centrado en el principio de transparencia, valorando en este, si la inclusión de la condición litigiosa ha pasado de modo inadvertida para el consumidor por su forma de presentación. A esta cuestión dedicaremos por tanto un capítulo específico al analizar el caso concreto de la cláusula suelo.

Finalmente, no debe olvidarse, en particular por la importancia que pretende hacerse valer en ocasiones de la denominada oferta vinculante por las entidades financieras, la necesidad de una sencilla legibilidad.

---

[62] Primigenio art. 5.3 hasta la nueva enumeración operada por el art. 99 de la Ley 24/2001, de 27 de diciembre, de Medidas Fiscales, Administrativas y del Orden Social (BOE n.º 313, de 31 de diciembre de 2001).

La legibilidad es exigida como un requisito esencial de la presentación de las condiciones generales de la contratación. La modificación del TRLGDCU operada por Ley 3/2014, de 27 de marzo, introduce en el art. 80.1 b) un nuevo elemento que trata de objetivar en cierto modo, el repudio de los contratos redactados en letra minúscula, señalando que "*en ningún caso se entenderá cumplido este requisito si el tamaño de la letra del contrato fuese inferior al milímetro y medio o el insuficiente contraste con el fondo hiciese dificultosa la lectura*". A su vez, dentro de los requisitos formales de los contratos a distancia, se abunda en la necesidad de la legibilidad del texto, tal y como prevé el art. 98 TRLGDCU.

En realidad, si bien la introducción de parámetros objetivos evidentemente tiende a otorgar seguridad jurídica a las partes, también es cierto que puede suponer una limitación indeseada para los derechos de los consumidores, pues habrá no pocas ocasiones en que el tamaño de letra de un milímetro y medio con un espacio interlineal mínimo, en contratos de vasta extensión, resulten igualmente imperceptibles para el usuario medio y con esta alusión legal pretendan escudarse las empresas proponentes en el cumplimiento de la norma. Habrá de recordarse, que la referencia al tamaño señalado por el legislador constituye un mínimo cuya transgresión hará en todo caso que el contrato merezca el repudio jurídico, sin que por el contario su formal cumplimiento equivalga de modo automático a su bendición legal.

El Tribunal Supremo español ya ha tenido ocasión de pronunciarse sobre este particular, mereciendo recordarse su Sentencia de 13 de noviembre de 1998 en la que censuraba la falta de transparencia "*cuando la letra es tan diminuta que el comprador difícilmente puede leerlo y comprenderlo*".

Así lo entendió también, la SAP Baleares, Secc. 5.ª, de 17 de marzo de 2003, cuando sobre este particular expone: "*Por el requisito de formulación, que las condiciones generales estén redactadas de forma legible y comprensible. Lo que significa que su texto sea legible, físicamente, es decir, no esté en letra tan pequeña o en lugar tan subrepticio que sea muy difícil leerlos; y que sea comprensible implica que pueda ser entendido por el tipo medio de persona a que va normalmente destinado el tipo concreto de contrato*". Y en la misma línea, se pronuncia también esta Sección en Sentencia de 25 de mayo de 2009.

En el mismo sentido se pronuncia la SAP Zaragoza, Sección 5.ª, de 18 de febrero de 2008: "*Se exige tanto la claridad visual (elementos tipográficos de lectura normal) como la sencillez y concreción expositiva. Se trata de una exigencia de forma, y no de contenido. Ciertamente que la lectura del reverso del documento en que se imprime el contrato es harto difícil. El papel, su coloración y la tinta del reverso hacen que sea ciertamente incomodo leer con normalidad unas cláusulas que se confunden con lo impreso en el anverso. Lo que supone también violación de la citada Ley*".

Dura censura a esta actuación es impuesta por la SAP de Córdoba, Sección 3.ª, de 23 de abril de 2009: "*En modo alguno es de apreciar la concurrencia al caso de autos, y respecto del asegurado, de los requisitos legal y respectivamente exigidos por el art. 3 de la L.C.S y el art. 106 del Reglamento de Ordenación y Supervisión de los Seguros Privados para acreditar, no ya la específica aceptación del asegurado de la misma, sino el mero traslado al asegurado, al tratarse de un seguro colectivo, de la oportuna información sobre su existencia, contenido y alcance de la cláusula en cuestión (la alegación que en sentido contrario hace la aseguradora, a la vista del sustancialmente ilegible condensado de las condiciones del seguro contenido en el reverso del citado contrato de préstamo, raya la calificación de auténtico despropósito, pues basta el simple examen de dicho documento para apreciar cómo se omiten los más elementales requisitos de incorporación (legibilidad) exigidos por el art. 5 de la Ley sobre Condiciones Generales de la Contratación; la consecuencia mal puede ser distinta a la que con todo detalle y detallada motivación viene ofrecida en la sentencia apelada, cuyas precisas explicitaciones al respecto es innecesario repetir".*

Idéntico rechazo es manifestado por la SAP de Las Palmas, Sección 4.ª, de 13 de octubre de 2009: "*En relación al contrato de préstamo, cabe señalar que se trata de un contrato de adhesión, por lo que presenta condiciones generales y particulares impuestas por la entidad bancaria a las que se adhiere la otra parte contratante. Es sabido que la Ley 26/1984, para la defensa de consumidores y usuarios y la Ley 7/1998, de condiciones generales de la contratación han establecido ciertos requisitos formales relativos a las cláusulas o estipulaciones no negociadas que el predisponente debe cumplir para que estas pasen a formar parte del contrato. La finalidad de estas previsiones normativas es la de conseguir que quien se adhiere a una cláusula contractual predispuesta por la otra parte tenga conocimiento de su contenido. En el caso que nos ocupa, se aporta una copia del contrato de préstamo donde figuran como prestatarios los demandados, y consta su firma en el dorso del referido documento donde se establecen las condiciones generales (la mayor parte ilegibles)*".

La SAP de Barcelona, Sección 16.ª, de 19 de octubre de 2010, invoca igualmente el carácter ilegible del contrato para decretar la nulidad: "*Como ya se avanzó, la sentencia del Juzgado, con invocación de reglas diversas contenidas en las leyes de represión de la usura, de defensa de los consumidores y usuarios, de crédito al consumo y de condiciones generales de la contratación (Leyes de 7 de julio de 1908, 19 de julio de 1984, 23 de marzo de 1995 y 13 de abril de 1998, respectivamente), entiende que dicha cláusula séptima contiene unos intereses moratorios nulos por usurarios, no aceptados expresamente, ilegibles y abusivos, por cuya razón los considera inválidos*".

También reprueba la SAP de Madrid, Sección 13, de 31 de mayo de 2013, la conducta de la predisponente en establecer el clausulado en caracteres diminutos que en la práctica ha de traducirse en su rechazo por el ordenamiento jurídico: "*Es más en la cláusula sexta de las Condiciones generales del contrato (por cierto casi ilegible) referida la «Conservación del equipo» (...) claramente nulo por abusiva al contravenir la misma esencia del contrato y los arts. 8 y ss. de la Ley de 7/1998, de 13 de abril, sobre Condiciones Generales de la Contratación*".

3.4.1. Falta de incorporación o primer control de transparencia

Un primer examen elemental que ha de realizarse en el marco de los contratos con condiciones generales de la contratación es la valoración del denominado control de incorporación de los artículos 5 y 7 LCGC. Recordemos, que el artículo 7 LCGC determina que no quedarán incorporadas al contrato las siguientes condiciones generales:

a) Las que el adherente no haya tenido oportunidad real de conocer de manera completa al tiempo de la celebración del contrato o cuando no hayan sido firmadas, cuando sea necesario, en los términos resultantes del artículo 5.

b) Las que sean ilegibles, ambiguas, oscuras e incomprensibles, salvo, en cuanto a estas últimas, que hubieren sido expresamente aceptadas por escrito por el adherente y se ajusten a la normativa específica que discipline en su ámbito la necesaria transparencia de las cláusulas contenidas en el contrato.

Este análisis puede cobrar mayor importancia en los casos específicos de contratos celebrados por "no consumidores" o en los supuestos comunes de subrogaciones en que ni tan siquiera se transcriben las condiciones financieras del préstamo originario. De esto modo, junto a la transgresión de la buena fe contractual, habremos de analizar la efectiva superación del control de incorporación o primer control de transparencia.

La STS de 25 de enero de 2019, resuelve el caso del préstamo hipotecario concertado por dos prestatarios, casados en régimen navarro de conquistas que concertaron con CAJA LABORAL un préstamo hipotecario con la finalidad de adquirir un local comercial para la instalación de un negocio de peluquería. La Audiencia Provincial de Navarra constató la falta de posibilidad real de los prestatarios de conocer la inclusión de la cláusula suelo apreciada por el Juzgado de 1.ª Instancia n.º 5 de Pamplona, que fue introducida en la hipoteca sin información previa. Y el Tribunal Supremo, ratifica la nulidad de la cláusula suelo impugnada al no superar el control de incorporación que requiere unas mínimas garantías de cognoscibilidad por parte del adherente de las cláusulas que se integran en el contrato con el siguiente razonamiento:

"Decisión de la Sala:

1. Como hemos dicho, entre otras, en la sentencia 314/2018, de 28 de mayo, el control de inclusión o de incorporación supone el cumplimiento por parte del predisponente de una serie de requisitos para que las condiciones generales queden incorporadas al contrato. Mediante el control de incorporación se intenta comprobar que la adhesión se ha realizado con unas mínimas garantías de cognoscibilidad por parte del adherente de las cláusulas que se integran en el contrato.

2. La LCGC se refiere a la incorporación de las condiciones generales al contrato en los dos preceptos cuya infracción denuncia la entidad recurrente: en el art. 5 para establecer los requisitos de incorporación; y en el art. 7 para establecer cuándo las condiciones generales no quedan incorporadas al contrato.

Conforme al art. 5, en lo que ahora importa:

a) Las condiciones generales pasarán a formar parte del contrato cuando se acepte por el adherente su incorporación al mismo y sea firmado por todos los contratantes.

b) Todo contrato deberá hacer referencia a las condiciones generales incorporadas.

c) No podrá entenderse que ha habido aceptación de la incorporación de las condiciones generales al contrato cuando el predisponente no haya informado expresamente al adherente acerca de su existencia y no le haya facilitado un ejemplar de las mismas.

d) La redacción de las cláusulas generales deberá ajustarse a los criterios de transparencia, claridad, concreción y sencillez.

A su vez, a tenor del art. 7, no quedarán incorporadas al contrato las condiciones generales que:

a) El adherente no haya tenido oportunidad real de conocer de manera completa al tiempo de la celebración del contrato o cuando no hayan sido firmadas, si ello fuera necesario conforme al art. 5.

b) Sean ilegibles, ambiguas, oscuras e incomprensibles, salvo, en cuanto a estas últimas, que hubieren sido expresamente aceptadas por escrito por el adherente y se ajusten a la normativa específica que discipline en su ámbito la necesaria transparencia de las cláusulas contenidas en el contrato.

3. En la práctica, se aplica en primer lugar el filtro negativo del art. 7 LCGC; y si se supera, es necesario pasar una segunda criba, ahora positiva, que es la prevista en los arts. 5.5 y 7 de la misma Ley: la redacción de las cláusulas generales deberá ajustarse a los criterios de transparencia, claridad, concreción y sencillez, de modo que no quedarán incorporadas al contrato las que sean ilegibles, ambiguas, oscuras e incomprensibles.

El primero de los filtros mencionados, el del art. 7, consiste, pues, en acreditar que el adherente tuvo ocasión real de conocer las condiciones generales al tiempo de la celebración del contrato.

El segundo de los filtros del control de incorporación, previsto en los arts. 5 y 7 LCGC, hace referencia a la comprensibilidad gramatical y semántica de la cláusula.

En suma, para superar el control de incorporación, debe tratarse de una cláusula con una redacción clara, concreta y sencilla, que permita una comprensión gramatical normal y que el adherente haya tenido oportunidad real de conocer al tiempo de la celebración del contrato.

4. Pues bien, si nos atenemos a los hechos declarados probados por la sentencia recurrida, que han de ser respetados en casación, la cláusula litigiosa no cumple los umbrales a que hemos hecho referencia y, por ello, no supera el control de incorporación, porque los adherentes no tuvieron la posibilidad de conocer siquiera la propia existencia de la cláusula litigiosa en el momento de prestar su consentimiento contractual.

5. En cuanto a los efectos de la declaración de no incorporación, que también se discuten en el motivo, se hace el planteamiento de una manera irregular, puesto que dicha alegación debería haberse articulado mediante un motivo de casación específico. Ello sería suficiente para la desestimación de esta alegación, ya que ni siquiera se citan como infringidos los arts. 9 y 10 LCGC, que son los aplicables.

En todo caso, de los arts. 9.2 y 10.1 LCGC se desprende inequívocamente que cuando una condición general de la contratación no supera el control de inclusión, debe declararse su nulidad, con la consecuencia de que se restituyan sus efectos desde que se aplicó, conforme al art. 1.303 CC.

6. Por las razones expuestas, el recurso de casación debe ser desestimado".

De modo similar, la STS de 11 de marzo de 2020, confirma la nulidad de la cláusula de limitación del tipo de interés en el caso planteado por un matrimonio al concertar un préstamo hipotecario para la adquisición de una licencia de auto taxi. Tras la denegación de la aplicación de la normativa de consumo, tanto el Juzgado de 1.ª Instancia n.º 1 de Fuenlabrada, como la Sección 18.ª de la Audiencia Provincial de Madrid, declararon su nulidad al apreciar la falta de superación del control de incorporación al no haber tenido oportunidad real los prestatarios de conocer su inclusión en el contrato:

"Aunque es cierto que, conforme a la jurisprudencia reiterada de esta sala, en los contratos celebrados bajo condiciones generales de la contratación en los que los adherentes no son consumidores no resultan procedentes los controles de transparencia y abusividad, sino únicamente el control de incorporación, la Audiencia Provincial no ha realizado un control de transparencia, puesto que es consciente de que los demandantes no son consumidores (el prestatario por ser un empresario individual y la prestataria por la vinculación funcional que supone la responsabilidad patrimonial del cónyuge del citado empresario).

La Audiencia Provincial, confirmando el criterio de la sentencia de primera instancia, considera que la cláusula no supera el control de incorporación porque los prestatarios no tuvieron oportunidad real de conocer su inclusión en el contrato y, por tanto, su mera existencia. Lo que no supone hacer un control de transparencia, sino un control de incorporación, que es pertinente respecto de cualquier adherente, sea consumidor o profesional. Como declaramos en la sentencia 241/2013, de 9 de mayo: «En el Derecho nacional, tanto si el contrato se suscribe entre empresarios y profesionales como si se celebra con consumidores, las condiciones generales pueden ser objeto de control por la vía de su incorporación a tenor de lo dispuesto en los artículos 5.5 LCGC –'[l]a redacción de las cláusulas generales deberá ajustarse a los criterios de transparencia, claridad, concreción y sencillez'–, 7 LCGC –'[n]o quedarán incorporadas al contrato las siguientes condiciones generales: a) Las que el adherente no haya tenido oportunidad real de conocer de manera completa al tiempo de la celebración del contrato [...]'–»".

En el caso resuelto por la SAP de Valladolid, Sección 1.ª, de 14 de diciembre de 2016, se alude a la absoluta falta de información previa al actor (empresario) como motivo de nulidad, determinando con ello que la cláusula impuesta no fue hábil para superar el primer control de incorporación, toda vez que el prestatario se percató de su existencia tras recibir la copia una vez firmada en notaría, sin que hasta entonces se hubiera realizado la menor mención a la inclusión de la cláusula suelo:

"(...) la propia prueba aportada por la parte apelante en el acto del juicio consistente en la declaración del empleado bancario que negoció con la parte actora las condiciones del préstamo en que se incluyó la cláusula suelo evidencia que la base fáctica del supuesto enjuiciado no es la de la sentencia de 3 de junio de 2016 pues no hubo negociaciones entre las partes y la prestataria no tuvo conciencia de la existencia y funcionalidad de la cláusula de limitación a la variabilidad del tipo de interés remuneratorio por la falta de información de la entidad financiera. Así el referido testigo, especialmente cualificado por ser el empleado bancario que llevó las negociaciones y que por tal circunstancia fue propuesto por la propia entidad bancaria para desmontar la alegación de la actora de la abusividad de la cláusula, declara de manera incontestable que la cláusula suelo ni se la mencionó a los representantes de la entidad actora pues «debía ir sí o sí», que la actora no recibió

ninguna documentación escrita del préstamo y que únicamente se le entregó una copia de la escritura después de su firma en la notaría. Como bien se concluye en la sentencia apelada en el caso examinado no es que faltara transparencia en la información sino que se produjo una falta absoluta de información".

Con relación al IRPH, la Sentencia del Juzgado de 1.ª Instancia n.º 2 bis de Jaén, de 13 de marzo, no solo se achaca la falta de transparencia en el sentido de no haber ofrecido información que permitiera un conocimiento de las consecuencias económicas de la imposición de la cláusula, sino que también se declara su nulidad por falta de incorporación al no haber acreditado la entidad la puesta a disposición previa de la documentación elemental —oferta vinculante—:

"Así, si le hubiera proporcionado la entidad bancaria dicha información al prestatario este hubiera podido concluir que el índice IRPH Entidades e IRPH Cajas se trataba de un índice que siempre se había encontrado por encima del Euribor.

SEXTO. En el presente caso, partiendo de los requisitos antes expuestos, no ha quedado acreditado que la entidad bancaria entregara al cliente un folleto informativo, estando el certificado de concesión protocolizado en la escritura, sin embargo no hay acreditación alguna de que la parte demandada entregara al cliente con tres días de antelación una oferta vinculante

No se puede tener cumplido el deber de información por la entidad bancaria al no existir prueba alguna del tipo de información que se le facilitó, por qué empleado de la entidad bancaria, en cuantas visitas se materializó el acuerdo y los términos del contrato, si hubo algún tipo de negociación de alguna de sus cláusulas, si se le realizaron ejercicios de simulación comparativos con distintos índices de referencia de tipos de interés, de tal manera que los clientes pudieran conocer las consecuencias económicas que iba a tener.

Sin que la intervención notarial en el otorgamiento de la escritura pública suple la falta de negociación individual, siendo un hecho notorio que las escrituras de préstamos se redactan conforme a las minutas que facilitan las entidades de crédito, haciéndolo así constar expresamente en la escritura.

De la prueba practicada, no ha quedado acreditado que la parte actora, previamente a la celebración del contrato de préstamo hipotecario hubiera podido tener un cumplido conocimiento de las cláusulas incorporadas al préstamo hipotecario por lo que no superan el control de incorporación siendo el comportamiento de la entidad financiera contrario a lo previsto en los artículos 1.256 y 1.258 CC y 57 CCom., lo que ha provocado error en el consentimiento siendo evidente que su actuación contraria a las reglas de buena fe y lealtad contractual que deben inspirar y presidir la negociación contractual, por lo que procede la declaración de nulidad de las cláusula tercera bis, en cuanto al tipo de interés de referencia.

En resumen, debe concluirse que no se le suministró al prestatario toda información que le permitiera conocer de forma objetiva las consecuencias económicas que se derivaban de la aplicación de dicho índice y que constituían un término útil de comparación entre el cálculo del tipo de interés variable basado en el IRPH entidades y otras fórmulas de cálculo del tipo de interés. Por lo expuesto, procede declarar que la cláusula impugnada no supera el doble control exigido por la jurisprudencia".

Por lo que refiere a la segunda cuestión atinente a la necesidad de presentación de la oferta vinculante, en aquellos préstamos concertados con carácter previo a la LCCI, habrá de atenderse al momento concreto de otorgamiento del préstamo hipotecario. Recayendo el préstamo hipotecario sobre la vivienda del adherente, ha de destacarse que, con independencia de que la cuantía fuera inferior o superior a 150.000 euros, la facilitación de la oferta vinculante resulta ineludible de acuerdo con lo establecido en el art. 1 de la Ley 41/2007, de 7 de diciembre, por la que se modifica la Ley 2/1981, de 25 de marzo, del Mercado Hipotecario (y en particular sobre este punto el artículo 48, apartado 2, letra a) de la Ley 26/1988, de 29 de julio, sobre disciplina e intervención de las entidades de crédito). De este modo, no constando que se hubiera cumplimentado por la entidad bancaria demandada la referida oferta vinculante con quebrantamiento de la normativa imperativa, la consecuencia legal obligada, por aplicación del artículo 7 b) y 9 LCGC, es la de considerar ineficaz, por falta de incorporación, la cláusula suelo en cuestión.

3.5. Reglas interpretativas

La LCGC introduce con mejor voluntad probablemente que necesidad técnica unas reglas interpretativas ante una posible contradicción entre las condiciones generales y las condiciones particulares. En primer lugar, otorga prevalencia a las condiciones particulares sobre las generales, pues como con razón ha apuntado ALFARO ÁGUILA-REAL[63], las condiciones particulares reflejan mejor la voluntad de las partes que las generales. Sin embargo, a renglón seguido introduce una excepción fallando a favor del adherente en función de las que resultaren para este más beneficiosas, así como en caso de oscuridad, ambigüedad o dificultad interpretativa de las condiciones (interpretación *contra proferentem o contra estipulatorem)*.

Decimos que la redacción obedece más a una expresión de buena voluntad, aunque cierto es que lo que abunda no daña, que a una necesidad técnica, toda vez que el precepto no viene a introducir ninguna novedad que no albergara ya el Código Civil en sus arts. 1.281 a 1.289, y en especial el art. 1.288: "*La interpretación de las cláusulas oscuras de un contrato no deberá favorecer a la parte que hubiese ocasionado la oscuridad*", o que no previera la LGDCU (vid. art. 10.2 "*En caso de duda sobre el sentido de una cláusula prevalecerá la interpretación más favorable para el consumidor*").

Mayor interés cobra el análisis de la técnica depurativa de la abusividad de una cláusula que en su contenido presenta distintos apartados entre los que se entremezclan tintes de desequilibrio y otros inocuos. La Sentencia del Juzgado de 1.ª Instancia n.º 2 Bis de Santander de 26 de julio de 2017, apunta que no hay problema en pronunciarse merced al uso de la técnica conocida como *blue pencil rule, blue pencil test* o *teilbarkeit der klausel*[64].

Conforme a la técnica expuesta, de origen anglosajón, sería perfectamente posible separar, al momento de enjuiciar la abusividad de una cláusula, el inciso abusivo de otros válidos y mantener la vinculación y eficacia de estos, pese a declarar la nulidad de aquel. Este

[63] ALFARO ÁGUILA-REAL, J. *Las condiciones generales de la contratación*, Madrid, 1991, p. 299.

[64] Sobre la técnica blue pencil, vid. SANJUÁN Y MUÑOZ "Blue pencil rule y cláusulas de vencimiento anticipado" en Diario La Ley, N.º 9171, Sección Doctrina, 5 de abril de 2018.

criterio, parte de la consideración "divisible" del contrato, y por ello susceptible de ser "*enforced in part*" si se halla formulado de tal manera que la parte cuya nulidad se predica puede ser enmendada o suprimida con un bolígrafo de "*tinta azul*" si el resto de la oración resulta de tal forma que mantiene un sentido y coherencia lógica.

El Tribunal Supremo Federal Alemán (BGH) en su Sentencia de 10 de octubre de 2013 (BGH III ZR 325/12 - NJW 2014, 141) ya promovió la aplicación de esta técnica de depuración, que requiere que la parte conservada resulte cuando menos gramaticalmente comprensible, tenga sentido jurídico y no suponga incorporar una regulación nueva o distinta de la inicialmente comprendida.

Sobre este particular, hay que advertir las dudas que ha suscitado en nuestro Tribunal Supremo, que por Auto de 8 de febrero de 2017, ha decidido elevar cuestión prejudicial al TJUE con la siguiente cuestión: *Si, en las cláusulas que permiten el vencimiento anticipado por cualquier impago de capital o intereses, resulta conforme al artículo 6 de la Directiva 93/13/CEE apreciar la abusividad solo del inciso o pacto relativo al impago de una cuota (como acordó la sentencia recurrida) manteniéndose la validez del pacto en los casos restantes. Es decir, sobre la posibilidad de separabilidad de los distintos elementos autónomos de una cláusula con varios enunciados.*

La STJUE de 26 de marzo de 2019, que resuelve la espinosa cuestión del vencimiento anticipado da respuesta a esta duda rechazando la aplicación de esta teoría en este caso al razonar que *la mera supresión del motivo de vencimiento que convierte en abusivas las cláusulas controvertidas en los litigios principales equivaldría, en definitiva, a modificar el contenido de dichas cláusulas afectando a su esencia. Por lo tanto, no cabe admitir el mantenimiento parcial de dichas cláusulas pues, de otro modo, se menoscabaría directamente el efecto disuasorio.*

Como razona ADÁN DOMÈNECH[65] el TJUE argumenta que si la cláusula es declarada abusiva, la misma es nula en su globalidad, la nulidad no solo es predicable de una parte de la estipulación sino de la totalidad, pues, de lo contrario, se estaría reintegrando, y subsanando la nulidad, actuación vetada por el TJUE —auto de 11 de junio de 2015—, y, a su vez, eliminando el efecto penalizador, —sentencia de 30 de mayo de 2013—, establecido por el Tribunal comunitario, respecto de las estipulaciones abusivas, consistente en vetar su virtualidad frente a los consumidores.

La STS de 12 de diciembre de 2019, se pronuncia en este mismo sentido al rechazar el recurso promovido por ABANCA en el que pretendía que caso de apreciarse la nulidad de la estipulación de vencimiento anticipado, ella se constriñera únicamente al inciso concreto que se refería al impago de cualquiera de los vencimientos de intereses o cuotas de amortización.

3.6. El control de las condiciones generales de la contratación

El art. 7.1 de la Directiva imponía a los Estados miembros el deber de establecer *medios adecuados y eficaces para el cese de cláusulas abusivas en los contratos celebrados entre*

[65] ADÁN DOMÈNECH, F. "¿Ejecuciones hipotecarias por tres impagos? STJUE de 26 de marzo de 2019, sobre el vencimiento anticipado" en Diario La Ley n.º 9395, de 11 de abril de 2019.

los profesionales y los consumidores. Esta indeterminación de la Directiva en cuanto a los medios para conseguirlo permite, como acierta BUSTO LAGO[66] al valorar, que los diversos legisladores nacionales puedan optar por el establecimiento tanto de vías administrativas como judiciales. Nuestra LCGC, sin perjuicio de la posible tutela administrativa, opta por el establecimiento de acciones colectivas de cesación, retracción y declarativa.

Según explica la SAP de Barcelona, Sección 15.ª, de 29 de septiembre de 2016, es preciso distinguir entre dos técnicas de protección del consumidor netamente diferenciadas entre sí, aunque no necesariamente incompatibles, como son (i) las normas prohibitivas o imperativas y (ii) la del control de contenido o control de abusividad (ya sea por transparencia o por desequilibrio). Aunque en algunos casos sea posible utilizar ambas respecto de una misma situación de hecho, se trata de técnicas muy distintas entre sí. No podemos negar que la irrupción de una norma imperativa o prohibitiva que resulte de aplicación a una disposición contractual privándola de eficacia pueda hacer inútil el examen del control de abusividad. No obstante, ello no siempre tiene por qué ocurrir, atendido que el control de contenido opera desde la firma del contrato y determina la nulidad de las cláusulas desde su origen, mientras que la violación de una norma prohibitiva opera desde que la misma entra en vigor. Y a ello es preciso añadir que, aunque las normas prohibitivas puedan constituir un parámetro para enjuiciar el carácter abusivo, el control de contenido es mucho más exigente, va mucho más allá, de forma que sin incurrir en la infracción de una norma prohibitiva puede que la cláusula cuestionada sea abusiva.

Desde el punto de vista del control de contenido, nuestro sistema optó por una dualidad de parámetros: de una parte, una lista negra de estipulaciones sospechosas de abusividad; de otra, una cláusula general, que a su vez cumple una doble función: (i) de una parte, trata de establecer un principio general que sirva como criterio informador de cuándo una concreta estipulación debe ser incluido en la lista negra; y (ii) de otro, trata de mantener abierta la lista negra.

Esa distinción estaba presente ya en el texto originario de la Ley General de Defensa de los Consumidores y Usuarios (LGDCU) y, tras la reforma operada por Ley 44/2006, de la Ley General de Defensa de los Consumidores y Usuarios, posteriormente integrada en su Texto Refundido actualmente vigente, lo que sucedió es que se incrementaron de forma muy importante los supuestos de prohibiciones legales, en casos en los que en paralelo la estipulación también se incorporaba a la "lista negra" de cláusulas abusivas. Pero ello no significa que cada una de esas técnicas (normas prohibitivas y control de abusividad) sean equiparables. Se trata de técnicas de tutela de los derechos de los consumidores que responden a principios muy distintos entre sí.

Desde la óptica del control judicial, se trata de que el juez analice si una estipulación en principio válida puede no serlo por no resultar equitativa o bien por su falta de transparencia. Y este control es algo excepcional desde la perspectiva del derecho clásico de los contratos, en el sentido de que el ordenamiento jurídico impone un límite al principio de la autonomía de la voluntad que solo está justificado por el hecho de que una de las partes se encuentra

---

[66] BUSTO LAGO, J. M. "El control abstracto de las condiciones generales de los contratos" en Actualidad Jurídica Aranzadi n.º 360, Pamplona, 1998, p. 1.

en situación de inferioridad y no ha tenido intervención relevante en la definición del objeto normativo del contrato, sino que se ha visto forzada a aceptar condiciones predispuestas.

Finalmente ha de reseñarse que el control judicial no está reñido, como hemos señalado anteriormente, con la tutela administrativa. Tras una larga polémica sobre la facultad administrativa para sancionar la predisposición de cláusulas abusivas en supuestos en que aún no existe un pronunciamiento judicial al respecto, la STS, Sala de lo Contencioso, Sección 4.ª, de 16 de octubre de 2017, ha venido a confirmar la plenitud de la potestad sancionadora de las Administraciones de Consumo, descartando esa suerte de prejudicialidad civil. De este modo, la previsión del art. 49.1 i) del TRLGDCU ha de ser interpretado en el sentido de que la introducción de cláusulas abusivas en los contratos puede ser sancionada, si a criterio de la Administración, dichas estipulaciones deben ser reputadas abusivas sin necesidad de la existencia de un pronunciamiento judicial previo en tal sentido. Y ello como es lógico, sin perjuicio de que la sanción impuesta sea luego impugnada ante el orden jurisdiccional contencioso administrativo, que será el que se pronuncie sobre la legalidad de la sanción impuesta, y por ello sobre el carácter abusivo de la cláusula, exclusivamente a esos efectos sancionadores. Esta postura, ha sido confirmada por la STS, Sala de lo Contencioso, Sección 4.ª, de 21 de mayo de 2019, con motivo de la resolución del recurso interpuesto por la entidad KUTXABANK, S. A., contra la sanción impuesta por la Junta de Andalucía. En ella, el TS, recuerda su doctrina en la que fija las siguientes conclusiones:

"*1.º) Que la Administración pública competente puede sancionar la utilización de cláusulas abusivas en los contratos con consumidores y usuarios en aplicación de los tipos infractores previstos en Texto Refundido de la Ley General para la Defensa de los Consumidores y Usuarios y otras leyes complementarias, aprobado por Real Decreto Legislativo 1/2007, de 16 de noviembre, en relación con los artículos 82 y 85 a 90, sin necesidad de previa declaración judicial del orden civil.*

2.º) Que la Administración de la Comunidad Autónoma de Andalucía, en aplicación de esa normativa y de la propia, integrada por la Ley 13/2003, de 17 de diciembre, de Defensa y Protección de los Consumidores y Usuarios de Andalucía, puede sancionar la utilización de cláusulas abusivas en los contratos con consumidores y usuarios sin necesidad de previa declaración judicial del orden civil".

Y en la línea apuntada por nuestro Tribunal Supremo parece también caminar la proyectada modificación de la Directiva 93/13/CEE, en la que se pretende la introducción de un nuevo apartado b) en el art. 8, para que de modo imperativo, aquellos estados que no hayan establecido disposiciones sancionadoras específicas por la imposición de cláusulas abusivas, apliquen este mecanismo adicional para lograr efecto disuasorio, que a la vista de su persistente aplicación parece no lograrse en los términos deseados[67].

Como ha razonado REQUERO IBÁÑEZ[68], el ordenamiento jurídico referido a la tutela de consumidores y usuarios se caracteriza, entre otros aspectos, por su transversalidad,

---

[67] ZABALLOS ZURRILLA, M. "Modificación de la Directiva 93/13/CEE, por la Directiva... ¿Refuerza la potestad sancionadora y la protección de los consumidores frente a cláusulas abusivas? En Publicaciones Jurídicas http://centrodeestudiosdeconsumo.com.

[68] REQUERO IBÁÑEZ, J. L. "Cláusulas abusivas: potestad sancionadora y su relación con la jurisdicción civil (Comentario a la Sentencia de la Sala Tercera del TS, Sección 4.ª, de 16-9-17) en El Derecho, de 8 de junio de 2018.

así como por la idea trascender a la regulación de las relaciones jurídico contractuales entre particulares. De esta manera en esa rama de nuestro ordenamiento convive una vertiente estrictamente contractual con un haz de potestades administrativas mediante las que se ejerce una suerte de *"policía de consumo"* que puede incidir –y el que se comenta es un ejemplo– en las relaciones entre particulares. Tras la legislación sobre consumidores y usuarios y el criterio asentado por la citada STS, Sala 3.ª, de 16 de septiembre de 2017, late una concreta concepción de la función que se atribuye a las administraciones: evitar desapoderarlas para intervenir en cierta actividad mercantil, evitar que se ejerza un poder inútil y, dando un paso más, evitar que ejerza un poder vicario, esto es, dependiente de los pronunciamientos jurisdiccionales creando una suerte de prejudicialidad civil parangonable a la penal.

3.7. El Registro de Condiciones Generales

Con la voluntad de ahondar en la publicidad y transparencia de las distintas condiciones generales de la contratación, la transposición de la Directiva impuso la creación de un registro público, bajo la batuta de un Registrador de la Propiedad y Mercantil. Como advierte el dictamen del Consejo de Estado sobre el Proyecto de Real Decreto por el que se aprueba el Reglamento para el Registro de Condiciones Generales de la Contratación, es un Registro de cláusulas contractuales y sentencias cuya finalidad primordial es proteger al consumidor frente a las cláusulas abusivas y evitar que se incluyan en los contratos celebrados con los consumidores, sobre todo como medio para hacer efectivo el ejercicio de acciones contra las condiciones generales no ajustadas a la ley. Cumple el mandato de su desarrollo reglamentario el Real Decreto 1828/1999, de 3 de diciembre, por el que se aprueba el Reglamento del Registro de Condiciones Generales de la Contratación[69], si bien tuvo que padecer una seria modificación con motivo de sendos recursos contencioso administrativo interpuestos por el Colegio Notarial de Cataluña, estimado parcialmente por la STS de 12 de febrero de 2002 y por el Colegio de Abogados de Barcelona, también estimado parcialmente por STS de 19 de febrero de 2002.

El principio general que ha regido en cuanto a la inscripción de condiciones generales de contratación es que esta es facultativa por parte del predisponente. Así se preveía: *"En dicho Registro podrán inscribirse las cláusulas contractuales que tengan el carácter de condiciones generales de la contratación con arreglo a lo dispuesto en la presente Ley"*, apunta el art. 11.2 LCGC. Únicamente como excepción, *"el Gobierno, a propuesta conjunta del Ministerio de Justicia y del Departamento ministerial correspondiente, podrá imponer la inscripción obligatoria en el Registro de las condiciones generales en determinados sectores específicos de la contratación"*. Hoy, tras la entrada en vigor de la Ley 5/2019, de 15 de marzo, reguladora de los contratos de crédito inmobiliario su art. 7.1 se establece la obligación de la inscripción al disponer: *"Los prestamistas inscribirán en el Registro de Condiciones Generales de la Contratación, previsto en el artículo 11 de la Ley 7/1998, de 13 de abril, sobre condiciones generales de la contratación, las cláusulas contractuales utilizadas en los contratos de préstamo inmobiliario que tengan el carácter de condiciones generales de la contratación con arreglo a lo dispuesto en dicha Ley"*.

---

[69] BOE n.º 306, de 23 de diciembre de 1999.

Habida cuenta de las dudas suscitadas, la Dirección General de los Registros y del Notario, ha publicado la Instrucción de 13 de junio de 2019[70], sobre el depósito de condiciones generales de la contratación, y el reflejo del mismo en las escrituras de préstamo y en el Registro de la Propiedad, desde la entrada en vigor de la Ley 5/2019, de 15 de marzo, reguladora de los contratos de crédito inmobiliario. La Instrucción, entre otras cuestiones, trata de dar respuesta a las dudas que se han suscitado sobre el efecto que esta obligación de depositar las condiciones generales de la contratación antes de su comercialización tendría. De acuerdo con una de ellas, el depósito es una obligación del prestamista cuyo incumplimiento, dado que en la normativa reguladora antes transcrita no se ha establecido otra cosa, tendría como único alcance el sancionador, por aplicación de la normativa bancaria vigente. La otra interpretación sostiene que la ausencia del depósito afecta a la transparencia del contrato de préstamo, y por tanto daría lugar a su nulidad; por ello, en la escritura el notario debe controlar, y hacer constar, que las cláusulas de la misma han sido objeto del depósito previo en el Registro, y por otro lado en Registrador de la Propiedad debe calificar si efectivamente ese depósito se ha producido. Todo ello, incluso, con la eventual la consecuencia de que en el supuesto de que la cláusula contenida en el contrato se apartara del contenido depositado, el contrato resultaría nulo, y por tanto no inscribible. Las conclusiones que parece ofrecernos la Instrucción lejos de no aportar la tutela ansiada por los consumidores, puede producir el efecto justamente adverso, al entender que el hecho de que las condiciones no figuren depositadas no habrá sino de interpretarse como que aquellas tienen el carácter de condición particular, negociadas individualmente, lo cual paradójicamente provocaría un efecto aún más perverso como es la ausencia de sometimiento a la propia Ley de Condiciones Generales de la Contratación. Esto es justamente lo contrario del fin pretendido. Parece que caminamos en la dirección ya preconizada por CLAVERÍA GOSÁLBEZ[71] cuando advertía de la progresiva degradación de nuestro ordenamiento en materia de cláusulas contractuales abusivas señalando que bajo la apariencia de una protección jurídica a los consumidores se encubría una amortiguación casi total de dicha protección y una maquiavélica dilución de los instrumentos que aparentemente sirven para activarla, cristalizando la creación de figuras innecesarias y perturbadoras y la falta de correspondencia entre lo proclamado por las normas y lo efectivamente provocado por ellas.

Del Registro de Condiciones Generales de la Contratación dimanan los siguientes efectos:

a) El profesional que realiza el depósito tendrá a su favor de hecho la legitimación en el tráfico comercial derivada de la publicidad registral en tanto no se contravenga por una declaración judicial.

b) Prescribirán las acciones colectivas de cesación y retractación por el transcurso de dos años computados a partir del día en que se hubiera practicado dicho depósito y siempre y cuando dichas condiciones generales hayan sido objeto de utilización efectiva.

c) Los notarios y registradores de la Propiedad no autorizarán ni inscribirán contratos o negocios jurídicos en los que se pretenda la inclusión de cláusulas declaradas nulas por abusivas en sentencias inscritas.

---

70 BOE n.º 142, de 14 de junio de 2019.

71 CLAVERÍA GOSÁLBEZ, L. H. "La progresiva degradación de nuestro ordenamiento en materia de cláusulas abusivas contractuales" en Revista Aranzadi Doctrinal n.º 2/2014, p. 1.

d) Pueden llegar a tener una eficacia prejudicial cuando constituyan doctrina legal, de manera que las sentencias firmes obtenidas en el ejercicio de las acciones colectivas vincularán a todos los jueces en ulteriores procesos en que se inste la nulidad de cláusulas idénticas a las que hubieran sido objeto de la sentencia, y siempre que se trate del mismo predisponente.

e) Finalmente, existe la posibilidad de someter la cuestión a dictamen de conciliación por parte del registrador de Condiciones Generales de la Contratación.

Ante la futura inscripción generalizada de los contratos de préstamos inmobiliarios las entidades legitimadas para el ejercicio de acciones de cesación habrán de prestar especial atención a su depósito para evitar por tanto la prescripción establecida en el art. 17.1 del Reglamento del Registro, sin perjuicio de la pervivencia de las acciones individuales por su carácter imprescriptible. Esto será un arma de doble filo, pues si bien potencia la transparencia, debe también valorarse con los limitados medios que disponen estas entidades para su supervisión.

Resulta conveniente tener en cuenta, tal y como advierte la SAP de Álava, Sección 1.ª, de 30 de diciembre de 2016, en el proceso de cesación seguido a instancia de la Asociación Uribe Kosta de Consumidores y Usuarios "Urkoa", que una vez dictada sentencia, aunque no se solicite por el demandante, existe el imperativo legal de inscripción en el Registro de Condiciones Generales de la Contratación que previene el art. 11 LCGC. Así, ordena la Audiencia alavesa el complemento del fallo, de oficio, ordenando la inscripción en el Registro y dando con ello también cumplimiento a las exigencias impuestas por la jurisprudencia (STJUE de 30 de mayo de 2013, C-488/11, caso Asbeek Brusse, como ordena la STC 235/2015, de 5 de noviembre).

La cuestión de la inscripción ha sido también resuelta por la STS de 12 de noviembre de 2019, en la que se resuelve el recurso formulado por ABANCA CORPORACIÓN BANCARIA, S. A., frente a la decisión de la Audiencia Provincial de Pontevedra de ordenar la inscripción de la sentencia dictada en el Registro de Condiciones Generales de la Contratación, pese a no haberse solicitado por las partes:

"1. Un motivo de infracción procesal idéntico al presente ha sido resuelto en la sentencia de pleno 463/2019, de 11 de septiembre. Declaramos en dicha resolución que, conforme al art. 22 de la Ley de Condiciones Generales de la Contratación (en adelante, LCGC), en su redacción vigente a la fecha en que se dictó la sentencia recurrida:

«En todo caso en que hubiere prosperado una acción colectiva o una acción individual de nulidad o no incorporación relativa a condiciones generales, el Secretario Judicial dirigirá mandamiento al titular del Registro de Condiciones Generales de la Contratación para la inscripción de la sentencia en el mismo».

De la literalidad de dicho precepto parecería deducirse que habrá de ser en ejecución de la sentencia firme recaída en un procedimiento sobre nulidad o no incorporación de condiciones generales, cuando el letrado de la administración de justicia habrá de procurar la inscripción registral del pronunciamiento acordado. Sin embargo, nada impide que el tribunal incluya dicha orden en su resolución, ni que lo haga en segunda instancia, pues ello ni mejora ni empeora la situación jurídica de la parte condenada (predisponente de la condición general afectada), puesto que, en todo caso, lo hubiera acordado o no el tribunal en la sentencia de apelación, el pronunciamiento judicial debería tener acceso al Registro de Condiciones Generales de la Contratación, por mandato legal, una vez que la sentencia hubiera quedado firme.

En todo caso, lo que supondría una infracción legal sería que no se inscribiese la sentencia en el mencionado Registro.

2. Por lo que el recurso extraordinario por infracción procesal debe ser desestimado".

Con la aprobación de la Ley 5/2019, de 15 de marzo, reguladora de los contratos de crédito inmobiliario, su Disposición Final Cuarta modifica los apartados 2 y 4 de la Ley 7/1998, de 13 de abril, sobre condiciones generales de la contratación, y entre otras medidas, se aclara definitivamente cualquier duda al establecer la obligación de remitir las sentencias firmes dictadas en acciones colectivas o individuales por las que se declare la nulidad, cesación o retractación en la utilización de condiciones generales abusivas, al Registro de Condiciones Generales. Así se dispone actualmente en la nueva redacción:

"2. En dicho Registro podrán inscribirse las cláusulas contractuales que tengan el carácter de condiciones generales de la contratación con arreglo a lo dispuesto en la presente Ley, a cuyo efecto se presentarán para su depósito, por duplicado, los ejemplares, tipo o modelos en que se contengan, a instancia de cualquier interesado, conforme a lo establecido en el apartado 8 del presente artículo. Los formularios de los préstamos y créditos hipotecarios comprendidos en el ámbito de aplicación de la Ley 5/2019, reguladora de los contratos de crédito inmobiliario, deberán depositarse obligatoriamente por el prestamista en el Registro antes de empezar su comercialización. Adicionalmente, el Gobierno, a propuesta conjunta del Ministerio de Justicia y del Departamento ministerial correspondiente, podrá imponer la inscripción obligatoria en el Registro de las condiciones generales en determinados sectores específicos de la contratación".

"4. Serán objeto de inscripción las ejecutorias en que se recojan sentencias firmes estimatorias de cualquiera de las acciones a que se refiere el apartado anterior. Obligatoriamente se remitirán al Registro de Condiciones Generales las sentencias firmes dictadas en acciones colectivas o individuales por las que se declare la nulidad, cesación o retractación en la utilización de condiciones generales abusivas".

La inscripción de las sentencias, como ha destacado nuestro apreciado BALLUGERA GÓMEZ[72] es un instrumento extraordinariamente útil también para el adherente no litigante, pues gracias a la publicidad que ofrece permite poder aprovecharse de las sentenciad firmes recaídas en litigios de otros adherentes con los mismos intereses económicos.

Pese a los buenos propósitos que albergaba la creación del Registro de Condiciones Generales de la Contratación, coincidimos sin embargo con BALLUGERA GÓMEZ[73] cuando expresaba su pesar por el fracaso que en la práctica ha supuesto el mismo durante muchos

---

[72] BALLUGERA GÓMEZ, C. "Registro de cláusulas abusivas" en Revista de Derecho VLex n.º 176, enero 2019.

[73] BALLUGERA GÓMEZ, C. "Registro fracasado, juzgados colapsados" en Confilegal de 30 de mayo de 2018.

años, pues ciertamente como indica el prestigioso Registrador, las empresas no depositan sus formularios en él, las personas adherentes y consumidoras, ni sus asociaciones, piden la inscripción de las sentencias de nulidad o no incorporación de condiciones generales, los jueces, salvo honrosas excepciones, no la ordenan de oficio, los letrados de la Administración de Justicia no expiden los correspondientes mandamientos, las sentencias de nulidad o no incorporación de condiciones generales, en acciones ya sean individuales o colectivas, no se inscriben. Nadie diría que hace veinte años hubo una ley que creó un Registro de condiciones generales y que esa ley sigue vigente. El cambio parece haber llegado con la aprobación de la LCCI y se despiertan nuevas expectativas que parecen revitalizar su importancia. Además de la inscripción obligatoria de las condiciones generales de los contratos de préstamo inmobiliario que hemos comentado, prevista en el art. 7.1 LCCI, la Disposición Final Primera de la misma norma, ha modificado el art. 258.2 de la Ley Hipotecaria, estableciendo la denegación de la inscripción de las cláusulas declaradas nulas por abusivas por Sentencia del Tribunal Supremo con valor de jurisprudencia o por sentencia firme inscrita en el Registro de Condiciones Generales de la Contratación.

4. Fundamento jurídico para la nulidad de la cláusula de IRPH: transparencia

4.1. Principio general de transparencia

Como cuestión previa no está demás, aclarar, como apunta DE LARA JIMÉNEZ[74], que aun siendo los índices IRPH manifiestamente mejorables desde el punto de vista de su método de cálculo, no se cuestiona su nulidad intrínseca, sino el modo en que fueron incorporados en los contratos de préstamo hipotecario. En el mismo sentido ORDUÑA MORENO[75], al analizar la STJUE de 3 de marzo de 2020, comentaba, que las disposiciones legales o administrativas (art. 4 LCGC y art. 1 punto 2 de la Directiva 1993/13) no son, ni fueron, el verdadero objeto del control de transparencia, pues el objeto de dicho control no es el índice como tal, esto es, como reflejo de una disposición legal o administrativa que lo oficializa, sino su empleo o utilización en una contratación bajo condiciones generales a tenor de los especiales deberes de información que incumben al profesional o predisponente. Por lo que el control de legalidad que deriva de la transparencia no se proyecta, por tanto, de una forma "superpuesta" al plano administrativo que configura tanto la fórmula o el método de cálculo del índice de referencia, como al procedimiento tendente a garantizar su integridad, fiabilidad e independencia, sino que se proyecta de un modo autónomo y diferenciado en el "plano sustantivo" del enjuiciamiento de la validez de la cláusula predispuesta, conforme a los citados deberes de información que incumben al predisponente.

Descendiendo al análisis de las transparencia, y, prescindiendo de otros antecedentes (Ley 26/1988, de 29 de julio, sobre disciplina e intervención de las entidades de crédito; OM de 12 de diciembre de 1989 sobre tipos de interés y comisiones, normas de actuación, información a clientes y publicidad de las Entidades de crédito; Ley 2/1994, de 30 de marzo, sobre subrogación y modificación de préstamos hipotecarios; Orden Ministerial de 5 de mayo de 1994 sobre transparencia de las condiciones financieras de los préstamos hipotecarios), la obligación de transparencia en la predisposición de condiciones generales de la contratación es una exigencia consagrada en el art. 5.5 LCGC y 80.1 a) y b) TRLGDCU –antiguo art. 10.1 de la Ley 26/1984–, que en síntesis vienen a exigir los contratos con condiciones generales se ajusten a los requisitos de concreción, claridad y sencillez.

---

[74] DE LARA JIMÉNEZ, J. M. "¿Qué pasos se deberán seguir para la reclamación de la cláusula IRPH?" en Tribuna Eldereho.com de 20 de marzo de 2020.

[75] ORDUÑA MORENO, J. en "Dossier Francisco Javier Orduña..." Ob. cit. supra. p. 9.

La eclosión sin embargo del principio de transparencia en España se debe a la STS de 9 de mayo de 2013 y sin duda a la influencia doctrinal de ORDUÑA MORENO[76] en su paso por la Sala de lo Civil del Tribunal Supremo. La STS de 9 de mayo de 2013, archiconocida a raíz de los miles de procedimientos desarrollados frente a la cláusula suelo, parte de la base del cumplimiento de la normativa estatal sobre concesión de préstamos hipotecarios contenida en OM de 5 de mayo de 1994 que "*comienza por la entrega al solicitante de un folleto informativo, sigue con una oferta vinculante que incluya las condiciones financieras (entre ellas, en su caso, tipo de interés), posible examen de la escritura pública por el prestatario durante los tres días anteriores al otorgamiento y, por último, se formaliza el préstamo en escritura pública, estando obligado el notario a informar a las partes y a advertir sobre las circunstancias del interés variable*". A ningún jurista con los pies en el suelo, se le escapa que esa presuposición de la que parte nuestro Alto Tribunal resulta quimérica cuando se desciende a la realidad. Ni en la gran mayoría de las ocasiones se comienza por la entrega al solicitante de un folleto informativo, ni muchísimo menos se acompaña en otros tantos casos con la oferta vinculante facilitando el examen de la escritura pública durante los tres días anteriores al otorgamiento. Y desde luego, no he conocido en mi modesta experiencia notario alguno, de los que gentilmente trasladaban su despacho a las propias oficinas de la entidad financiera, que advirtiera sobre las circunstancias del interés variable o las bondades de poder seleccionar otro tipo de índice. En fin, prescindiendo de esta irrefrenable reflexión, lo cierto es que el Tribunal Supremo llega a la conclusión de que "*Las condiciones generales sobre tipos de interés variable impugnadas, examinadas de forma aislada, cumplen las exigencias legales para su incorporación a los contratos, tanto si se suscriben entre empresarios y profesionales como si se suscriben entre estos y consumidores, a tenor del artículo 7 LCGC*".

Pero superado este primer filtro, considera la STS que ello no impide eludir el control de abusividad de una cláusula en contratos con consumidores en los que la transparencia de las cláusulas no negociadas incluye el control de la comprensibilidad real de su importancia en el desarrollo razonable del contrato, de conformidad con el 80.1 TRLGDCU cuando dispone que "*en los contratos con consumidores y usuarios que utilicen cláusulas no negociadas individualmente [...], aquellas deberán cumplir los siguientes requisitos: a) Concreción, claridad y sencillez en la redacción, con posibilidad de comprensión directa [...]–; b) Accesibilidad y legibilidad, de forma que permita al consumidor y usuario el conocimiento previo a la celebración del contrato sobre su existencia y contenido*". Y con relación a ello considera que las concretas cláusulas que se analizaban en aquella sentencia no superan este segundo control de transparencia por las siguientes razones:

a) Falta información suficientemente clara de que se trata de un elemento definitorio del objeto principal del contrato.

b) Se insertan de forma conjunta con las cláusulas techo y como aparente contraprestación de las mismas.

---

[76] Vid. ORDUÑA MORENO, F. J. *Control de transparencia y contratación bancaria*, Valencia, 2016; ORDUÑA MORENO, F. J. *La transparencia como valor del cambio social: su alcance constitucional y normativo*. Cizur Menor, 2018.

c) No existen simulaciones de escenarios diversos relacionados con el comportamiento razonablemente previsible del tipo de interés en el momento de contratar.

d) No hay información previa clara y comprensible sobre el coste comparativo con otras modalidades de préstamo de la propia entidad –caso de existir– o advertencia de que al concreto perfil de cliente no se le ofertan las mismas.

e) Se ubican entre una abrumadora cantidad de datos entre los que quedan enmascaradas y que diluyen la atención del consumidor.

La sentencia en este sentido en concreto resulta sin duda meritoria y todo un acierto al expulsar del contrato una condición que introducida *sibilinamente* pasaba desapercibida para el usuario. Rompe así con la línea imaginaria que mantenía una parte significativa de la doctrina más positivista que cuasi equiparaba transparencia a incorporación al contrato desde un punto de vista meramente formal. Como destaca PERTÍÑEZ VÍLCHEZ[77] uno de los aspectos más relevantes de la STS de 9 de mayo de 2013 es la consideración de que la obligación de transparencia, en relación allí a la cláusula suelo, no se agota en el cumplimiento de las obligaciones formales contenidas en la Orden Ministerial de 5 de mayo de 1994. No se reprocha solo a las entidades financieras que la cláusula no pueda ser comprensible en su redacción, sino que se incorpora al contrato sin informar con la suficiente claridad al usuario y por lo tanto sin que su efecto se haya percibido por este.

En la tan citada STS de 9 de mayo de 2013, se desgrana la esencia del principio de transparencia con los siguientes fundamentos:

"2.1. La transparencia a efectos de incorporación al contrato.

201. En el Derecho nacional, tanto si el contrato se suscribe entre empresarios y profesionales como si se celebra con consumidores, las condiciones generales pueden ser objeto de control por la vía de su incorporación a tenor de lo dispuesto en los artículos 5.5 LCGC –«[l]a redacción de las cláusulas generales deberá ajustarse a los criterios de transparencia, claridad, concreción y sencillez»–, 7 LCGC –«[n]o quedarán incorporadas al contrato las siguientes condiciones generales: a) Las que el adherente no haya tenido oportunidad real de conocer de manera completa al tiempo de la celebración del contrato [...]; b) Las que sean ilegibles, ambiguas, oscuras e incomprensibles [...]»–.

2.2. Conclusiones.

202. Coincidimos con la sentencia recurrida en que la detallada regulación del proceso de concesión de préstamos hipotecarios a los consumidores contenida en la OM de 5 de mayo de 1994, garantiza razonablemente la observancia de los requisitos exigidos por la LCGC para la incorporación de las cláusulas de determinación de los intereses y sus oscilaciones en función de las variaciones del Euribor.

203. Las condiciones generales sobre tipos de interés variable impugnadas, examinadas de forma aislada, cumplen las exigencias legales para su incorporación a los contratos, tanto

---

[77] PERTÍÑEZ VÍLCHEZ, F. "Falta de transparencia y carácter abusivo de la cláusula suelo en los contratos de préstamo hipotecario" en Indret Revista para el análisis del derecho n.º 3/2013, Barcelona, julio 2013.

si se suscriben entre empresarios y profesionales como si se suscriben entre estos y consumidores, a tenor del artículo 7 LCGC.

DUODÉCIMO

EL CONTROL DE TRANSPARENCIA DE CONDICIONES INCORPORADAS A CONTRATOS CON CONSUMIDORES

1. Planteamiento de la cuestión

204. Admitido que las condiciones superen el filtro de inclusión en el contrato, es preciso examinar si además superan el control de transparencia cuando están incorporados a contratos con consumidores.

2. Valoración de la Sala

2.1. El control de transparencia.

205. El vigésimo considerando de la Directiva 93/13 en el indica que «[...] los contratos deben redactarse en términos claros y comprensibles, que el consumidor debe contar con la posibilidad real de tener conocimiento de todas las cláusulas [...]», y el artículo 5 dispone que «[e]n los casos de contratos en que todas las cláusulas propuestas al consumidor o algunas de ellas consten por escrito, estas cláusulas deberán estar redactadas siempre de forma clara y comprensible».

206. El artículo 4.2 de la Directiva 93/13/CEE dispone que «[l]a apreciación del carácter abusivo de las cláusulas no se referirá a la definición del objeto principal del contrato [...] siempre que dichas cláusulas se redacten de manera clara y comprensible».

207. La interpretación a contrario sensu de la norma transcrita es determinante de que las cláusulas referidas a la definición del objeto principal del contrato se sometan a control de abusividad si no están redactadas de manera clara y comprensible.

208. En este sentido apunta el IC 2000, según el cual «[...] el principio de transparencia puede aparecer como un medio para controlar la inserción de condiciones contractuales en el momento de la conclusión del contrato (si se analiza en función del considerando n.º 20) o el contenido de las condiciones contractuales (si se lee en función del criterio general establecido en el artículo 3)».

2.2. El doble filtro de transparencia en contratos con consumidores.

209. Como hemos indicado, las condiciones generales impugnadas, examinadas de forma aislada, cumplen las exigencias de transparencia requeridas por el artículo 7 LCGC para su incorporación a los contratos.

210. Ahora bien, el artículo 80.1 TRLCU dispone que «[e]n los contratos con consumidores y usuarios que utilicen cláusulas no negociadas individualmente [...], aquellas deberán cumplir los siguientes requisitos: a) Concreción, claridad y sencillez en la redacción, con posibilidad de comprensión directa [...]–; b) Accesibilidad y legibilidad, de forma que permita al consumidor y usuario el conocimiento previo a la celebración del contrato sobre su existencia y contenido». Lo que permite concluir que, además del filtro de incorporación, conforme a la Directiva 93/13/CEE y a lo declarado por esta Sala en la Sentencia 406/2012, de 18 de junio, «el control de transparencia, como parámetro abstracto de validez de la cláusula predispuesta, esto es, fuera del ámbito de interpretación general del Código Civil del 'error propio' o 'error vicio', cuando se proyecta sobre los elementos esenciales del contrato tiene por objeto que el adherente conozca o pueda conocer con sencillez tanto la 'carga económica' que realmente supone para él el contrato celebrado, esto es, la onerosidad o sacrificio patrimonial realizada a cambio de la prestación económica que se quiere obtener, como la carga jurídica del mismo, es decir, la definición clara de su posición jurídica tanto en los presupuestos o elementos típicos que configuran el contrato celebrado, como en la asignación o distribución de los riesgos de la ejecución o desarrollo del mismo».

211. En este segundo examen, la transparencia documental de la cláusula, suficiente a efectos de incorporación a un contrato suscrito entre profesionales y empresarios, es insuficiente para impedir el examen de su contenido y, en concreto, para impedir que se analice si se trata de condiciones abusivas. Es preciso que la información suministrada permita al consumidor percibir que se trata de una cláusula que define el objeto principal del contrato, que incide o puede incidir en el contenido de su obligación de pago y tener un conocimiento real y razonablemente completo de cómo juega o puede jugar en la economía del contrato.

212. No pueden estar enmascaradas entre informaciones abrumadoramente exhaustivas que, en definitiva, dificultan su identificación y proyectan sombras sobre lo que considerado aisladamente sería claro. Máxime en aquellos casos en los que los matices que introducen en el objeto percibido por el consumidor como principal puede verse alterado de forma relevante.

213. En definitiva, como afirma el IC 2000, «[e]l principio de transparencia debe garantizar asimismo que el consumidor está en condiciones de obtener, antes de la conclusión del contrato, la información necesaria para poder tomar su decisión con pleno conocimiento de causa».

214. En este sentido la STJUE de 21 de marzo de, RWE Vertrieb AG, ya citada, apartado 49, con referencia a una cláusula que permitía al profesional modificar unilateralmente el coste del servicio contratado, destacaba que el contrato debía exponerse de manera transparente «[...] de forma que el consumidor pueda prever, sobre la base de criterios claros y comprensibles, las eventuales modificaciones del coste [...]».

2.3. Conclusiones.

215. Sentado lo anterior cabe concluir:

a) Que el cumplimiento de los requisitos de transparencia de la cláusula aisladamente considerada, exigidos por la LCGC para la incorporación a los contratos de condiciones generales, es insuficiente para eludir el control de abusividad de una cláusula no negociada individualmente, aunque describa o se refiera a la definición del objeto principal del contrato, si no es transparente.

b) Que la transparencia de las cláusulas no negociadas, en contratos suscritos con consumidores, incluye el control de comprensibilidad real de su importancia en el desarrollo razonable del contrato".

El concepto de transparencia se encuentra estrechamente vinculado así al de información y presupone una situación contractual en la que existe una asimetría informativa entre las partes, cual sucede típicamente en los contratos de adhesión. Para MINERVINI[78] el término "transparencia" es un modo *rissuntivo (resumido)* para expresar el concepto de información completa y adecuada y debe entenderse como plena *cognoscibilidad* de las condiciones contractuales y su trascendencia jurídica y económica. Según advierte NIETO CAROL[79] cuando hablamos de transparencia nos referimos a la posibilidad de conocer y comprender fácilmente el contenido contractual por la parte más débil, que es el cliente bancario.

Esta idea de "transparencia" como máxima información es también un concepto económico. En microeconomía se habla de "transparencia" como uno de los requisitos para poder definir un mercado de competencia perfecta y se asimila el término a "información perfecta" o "conocimiento perfecto". MIQUEL GONZÁLEZ[80] señala que la transparencia exige que el consumidor conozca la carga económica que en su conjunto el contrato supone, así como la prestación que va a obtener. Como concluye, en suma, ORDUÑA MORENO[81] el control de transparencia se proyecta sobre la comprensión real de la carga jurídica y económica que asume el adherente tomando en consideración todo el curso negocial de la contratación seriada, es decir, desde la publicidad de la oferta del producto o servicio hasta la reglamentación predispuesta, propiamente dicha, todo ello como un fenómeno unitario sujeto a la valoración de este control. Esto implica que el control de transparencia real ni queda limitado a la mera comprobación de la transparencia documental que desarrolle la normativa sectorial aplicable, ni reconducido a un mero contraste de la inteligencia gramatical de la cláusula en cuestión. ORDUÑA MORENO[82], se ha hecho sin duda digno merecedor de significarse como el padre doctrinal de la transparencia en España. Para a este jurista —que ha sido Catedrático y Magistrado del TS— la transparencia ha de contemplarse también como un valor del cambio social en toda su extensión, un nuevo valor constitucional.

La STS de 8 de junio de 2017, recuerda que la aplicación del control de transparencia se inicia en la sentencia 241/2013 y continúa en las sentencias 464/2014, de 8 de septiembre, 138/2015, de 24 de marzo, 139/2015, de 25 de marzo, 222/2015, de 29 de abril, 705/2015, de 23 de diciembre, 367/2016, de 3 de junio, 41/2017, de 20 de enero, 57/2017, de 30 de enero, y 171/2017, de 9 de marzo. Así dispone:

"En estas sentencias se ha establecido la doctrina consistente en que, además del filtro de incorporación previsto en los arts. 5 y 7 LCGC, a las condiciones generales en contratos concertados con consumidores debe aplicarse un control de transparencia, como parámetro abstracto de validez de la cláusula predispuesta, cuando la condición general se refiere a elementos esenciales del contrato. Este control de transparencia tiene por objeto que el

[78] MINERVINI, E. *La trasparenza delle condizioni contrattuali,* en BBTC, 1997, p. 96.

[79] NIETO CAROL, U. *Transparencia y protección de la clientela bancaria,* Navarra, 2016, p. 65.

[80] MIQUEL GONZÁLEZ, J. M. en MENÉNDEZ MENÉNDEZ, J. M. y DÍEZ PICAZO, L. —Dirs— *Comentarios a la Ley sobre condiciones generales de la contratación.* Madrid, 2002, p. 914.

[81] ORDUÑA MORENO, F. J. *Control de transparencia y contratación bancaria,* Valencia, 2016, p. 62.

[82] ORDUÑA MORENO, F. J. *La transparencia como valor del cambio social: su alcance constitucional y normativo.* Cizur Menor, 2018.

adherente pueda conocer con sencillez tanto la carga económica que realmente le supone el contrato celebrado, esto es, el sacrificio patrimonial realizado a cambio de la prestación económica que quiere obtener, como la carga jurídica del mismo, es decir, la definición clara de su posición jurídica tanto en los elementos típicos que configuran el contrato celebrado, como en la asignación de los riesgos del desarrollo del mismo.

5. A las condiciones generales que versan sobre elementos esenciales del contrato se les exige un plus de información que permita que el consumidor pueda adoptar su decisión de contratar con pleno conocimiento de la carga económica y jurídica que le supondrá concertar el contrato, sin necesidad de realizar un análisis minucioso y pormenorizado del contrato.

Esto excluye que pueda agravarse la carga económica que el contrato supone para el consumidor, tal y como este la había percibido, mediante la inclusión de una condición general que supere los requisitos de incorporación, pero cuya trascendencia jurídica o económica pasó inadvertida al consumidor porque se le dio un inapropiado tratamiento secundario y no se facilitó al consumidor la información clara y adecuada sobre las consecuencias jurídicas y económicas de dicha cláusula".

Tal y como recuerda la STJUE de 30 de abril de 2014, asunto C-26/13, la exigencia de transparencia (claridad y comprensibilidad, en términos del art. 4.2) de las cláusulas contractuales no puede reducirse solo al carácter comprensible de estas en un plano formal y gramatical (apdo. 71), porque el sistema de protección establecido por la Directiva 93/13 se basa en la idea de que el consumidor se halla en situación de inferioridad respecto al profesional en lo referido, en particular, al nivel de información y, en consecuencia, esa exigencia de transparencia debe entenderse de manera extensiva.

En relación con lo anterior debe recordarse que la claridad gramatical no es determinante de su conformidad a derecho, como expresamente declara la STS, Sala Primera, de 23 de diciembre de 2015, sino que debe primar el análisis de la información precontractual facilitada al prestatario, de manera que pueda comprobarse que se ha facilitado una idea fiel y accesible del significado del pacto (idea reiterada en la citada STS, Sala Primera, de 9 de marzo de 2017). La STS, Sala Primera, de 8 de junio de 2017 ha reiterado que no basta con que las cláusulas estén redactadas de forma clara y comprensible, sino que es necesario que el adherente pueda tener un conocimiento real de las mismas, de forma que un consumidor informado pueda prever sus consecuencias económicas.

Con posterioridad, como es sabido, la STS de 8 de septiembre de 2014, manteniendo la tesis precedente avanza en dos consideraciones relevantes. De una parte, en coherencia con lo advertido en la STJUE de 30 de abril de 2014, sostiene que "*el control de transparencia no puede quedar reconducido o asimilado a un mero criterio o contraste interpretativo acerca de la claridad o inteligencia gramatical de la formulación empleada, ya sea en la consideración general o sectorial de la misma, sino que requiere de un propio enjuiciamiento interno de la reglamentación predispuesta a los efectos de contrastar la inclusión de criterios precisos y comprensibles en orden a que el consumidor y usuario pueda evaluar, directamente, las consecuencias económicas y jurídicas que principalmente se deriven a su cargo de la reglamentación contractual ofertada.* De otra, se apunta que, *conforme a la caracterización y alcance del control de transparencia expuesto, la lectura de la escritura pública y, en su caso, el contraste de las condiciones financieras de la oferta vinculante con la del respectivo préstamo hipotecario, no suplen, por ellos solos, sin protocolo o actuación específica al respecto, el cumplimiento de este especial deber de transparencia".*

Tal y como recuerda VÁZQUEZ GARCÍA[83] no debe olvidarse que el control de transparencia de las condiciones generales de la contratación y el examen de la concurrencia del error como vicio del consentimiento operan en planos distintos y sus parámetros de examen difieren notablemente, aunque a veces se confundan y se solicite su examen conjuntamente. Nótese que en el examen de la transparencia realizamos un control objetivo, con independencia del perfil del adherente, en tanto que en el examen del error o vicio del consentimiento resulta determinante el elemento subjetivo del contratante, ponderando su esencialidad y excusabilidad por lo que perfil del consumidor adquiere una relevancia indiscutible.

Tras la hecatombe acontecida por el reproche judicial a la falta de transparencia en la actuación de las entidades financieras, el legislador ha reforzado esta exigencia –ya prevista con suficiente claridad en multitud de normas, aunque todas ellas fueran ignoradas– en el art. 7 de la nueva Ley 5/2019, de 15 de marzo, reguladora de los contratos de crédito inmobiliario, en el que se establecen las siguientes obligaciones:

"1. Los prestamistas inscribirán en el Registro de Condiciones Generales de la Contratación, previsto en el artículo 11 de la Ley 7/1998, de 13 de abril, sobre condiciones generales de la contratación, las cláusulas contractuales utilizadas en los contratos de préstamo inmobiliario que tengan el carácter de condiciones generales de la contratación con arreglo a lo dispuesto en dicha Ley.

2. Las condiciones generales de la contratación a las que se refiere el apartado 1 estarán además disponibles en la página web de los prestamistas, si disponen de ella. En caso de no disponer de dicha página web, las tendrán gratuitamente a disposición de los prestatarios y potenciales prestatarios en sus establecimientos abiertos al público.

3. La accesibilidad de las personas con discapacidad a la información prevista en el apartado anterior, deberá garantizarse en los términos exigidos legal o reglamentariamente".

Y ahondando en la puesta en práctica de esta transparencia, el art. 14 LCCI establece las siguientes normas de transparencia:

"1. El prestamista, intermediario de crédito o su representante designado, en su caso, deberá entregar al prestatario o potencial prestatario, con una antelación mínima de diez días naturales respecto al momento de la firma del contrato, la siguiente documentación:

a) La Ficha Europea de Información Normalizada (FEIN), contenida en el Anexo I de esta Ley, que tendrá la consideración de oferta vinculante para la entidad durante el plazo pactado hasta la firma del contrato que, como mínimo, deberá de ser de diez días.

b) Una Ficha de Advertencias Estandarizadas (FiAE) en la que se informará al prestatario o potencial prestatario de la existencia de las cláusulas o elementos relevantes, debiendo

---

[83] VÁZQUEZ GARCÍA, D. "Cláusulas suelo en préstamos hipotecarios concertados con consumidores. La reciente jurisprudencia del Tribunal Supremo declara la nulidad derivada de la no superación del doble control de transparencia es nulidad radical" en Revista Jurídica sobre consumidores n.º 1, marzo 2018.

incluir, al menos, una referencia, en su caso, a los índices oficiales de referencia utilizados para fijar el tipo de interés aplicable, a la existencia de límites mínimos en el tipo de interés aplicable como consecuencia de la variación a la baja de los índices o tipos de interés a los que aquel esté referenciado, a la posibilidad de que se produzca el vencimiento anticipado del préstamo como consecuencia del impago y los gastos derivados de ello, a la distribución de los gastos asociados a la concesión del préstamo y que se trata de un préstamo en moneda extranjera.

c) En caso de tratarse de un préstamo a tipo de interés variable, de un documento separado con una referencia especial a las cuotas periódicas a satisfacer por el prestatario en diferentes escenarios de evolución de los tipos de interés.

d) Una copia del proyecto de contrato, cuyo contenido deberá ajustarse al contenido de los documentos referidos en las letras anteriores e incluirá, de forma desglosada, la totalidad de los gastos asociados a la firma del contrato.

e) Información clara y veraz de los gastos que corresponden al prestamista y los que corresponden al prestatario. Los siguientes gastos se distribuirán del siguiente modo:

i. Los gastos de tasación del inmueble corresponderán a prestatario y los de gestoría al prestamista.

ii. El prestamista asumirá el coste de los aranceles notariales de la escritura de préstamo hipotecario y los de las copias los asumirá quien las solicite.

iii Los gastos de inscripción de las garantías en el registro de la propiedad corresponderán al prestamista.

iv. El pago del impuesto de transmisiones patrimoniales y actos jurídicos documentados se realizará de conformidad con lo establecido en la normativa tributaria aplicable.

No obstante, lo dispuesto en los párrafos anteriores, si durante el período de duración del préstamo se produjesen una o varias subrogaciones de acuerdo con la Ley 2/1994, de 30 de marzo, sobre subrogación y modificación de préstamos hipotecarios, el prestamista subrogado deberá ser reintegrado por el prestamista subrogante en la parte proporcional del impuesto y los gastos que le correspondieron en el momento de la constitución del préstamo al subrogado conforme a los apartados anteriores.

Para calcular el importe que corresponde como compensación, se aplicarán las siguientes reglas:

i) En el caso del impuesto pagado por la cuota de actos jurídicos documentados, documentos notariales, se deberá efectuar la liquidación del impuesto que correspondería a una base imponible integrada por la cantidad total garantizada entendiendo por tal la constituida por el importe del préstamo pendiente de amortización en la fecha de la subrogación y los correspondientes intereses, indemnizaciones, penas por incumplimiento y otros conceptos análogos, que se hubieran establecido. La entidad subrogante deberá reintegrar a la subrogada el importe resultante de dicha liquidación.

ii) En el caso del resto de gastos, se deberá prorratear la liquidación de dichos gastos entre la suma del importe del préstamo y los correspondientes intereses, indemnizaciones, penas por incumplimiento y otros conceptos análogos, que se hubieran establecido. La entidad subrogante deberá reintegrar a la subrogada la parte de dicha suma que corresponda al préstamo pendiente de amortización.

f) Cuando el prestamista, intermediario de crédito o su representante, en su caso, requiera al prestatario la suscripción de una póliza de seguro en garantía del cumplimiento de las obligaciones del contrato de préstamo, así como la suscripción de un seguro de daños respecto del inmueble objeto de hipoteca y del resto de seguros previstos en la normativa del mercado hipotecario, deberá entregar al prestatario por escrito las condiciones de las garantías del seguro que exige.

g) Cuando esté previsto que el préstamo se formalice en escritura pública, la advertencia al prestatario de la obligación de recibir asesoramiento personalizado y gratuito del notario que elija el prestatario para la autorización de la escritura pública del contrato de préstamo, sobre el contenido y las consecuencias de la información contenida en la documentación que se entrega conforme a este apartado.

Esta documentación junto a la manifestación firmada por el prestatario, en la que declare que ha recibido la documentación y que le ha sido explicado su contenido, deberá remitirse también al notario elegido por el prestatario a los efectos de lo dispuesto en el artículo siguiente. La remisión de la documentación se realizará por medios telemáticos seguros cuyas especificaciones se determinarán reglamentariamente, que deberán cumplir las siguientes exigencias mínimas: el sistema deberá permitir al Notario una comprobación fehaciente de la fecha en que se incorporaron a la aplicación, para su puesta a disposición del mismo Notario, los citados documentos firmados por el prestatario; deberá garantizar que no se ocasione ningún coste, directo o indirecto, para el cliente; y deberá quedar organizado de modo que el cliente pueda dirigirse a cualquier notario de su libre elección para que este, con carácter previo a la firma del préstamo, extraiga la documentación para preparar y autorizar el acta y la escritura, siendo debidamente informado del derecho de elección que tiene y puede ejercitar por este medio.

2. Además de lo dispuesto en el apartado anterior, el prestamista suministrará al prestatario toda la información que fuera necesaria. En particular, el prestamista responderá a las consultas que le formule el prestatario acerca del contenido, significado y trascendencia práctica de los documentos entregados. Las explicaciones deberán contener ejemplos de aplicación práctica de las cláusulas financieras, en diversos escenarios de coyuntura económica, en especial de las relativas a tipos de interés y, en su caso, de los instrumentos de cobertura de riesgos financieros que se vayan a suscribir con ocasión del préstamo.

3. Solo podrán repercutirse gastos o percibirse comisiones por servicios relacionados con los préstamos que hayan sido solicitados en firme o aceptados expresamente por un prestatario o prestatario potencial y siempre que respondan a servicios efectivamente prestados o gastos habidos que puedan acreditarse.

4. Si se pactase una comisión de apertura, la misma se devengará una sola vez y englobará la totalidad de los gastos de estudio, tramitación o concesión del préstamo u otros similares inherentes a la actividad del prestamista ocasionada por la concesión del préstamo. En el caso de préstamos denominados en divisas, la comisión de apertura incluirá, asimismo, cualquier comisión por cambio de moneda correspondiente al desembolso inicial del préstamo.

5. Sin perjuicio de la libertad contractual, podrán ser aplicados por los prestamistas los índices o tipos de interés de referencia que publique el Ministerio de Economía y Empresa por sí o a través del Banco de España, conforme a lo establecido en el artículo 5 de la Ley 10/2014, de 26 de junio, de ordenación, supervisión y solvencia de entidades de crédito.

6. Las empresas prestamistas deberán tener a disposición de las personas prestatarias los formularios de las condiciones generales de la contratación que utilicen, conforme a lo establecido en el artículo 7".

También el art. 15 LCCI, establece nuevos requisitos para asegurar la comprobación del cumplimiento del principio de transparencia material:

"1. Sin perjuicio de las explicaciones adecuadas que el prestamista, el intermediario de crédito o su representante, en su caso, deben facilitar al prestatario, durante el plazo previsto en el artículo 14.1, el prestatario habrá de comparecer ante el notario por él elegido a efectos de obtener presencialmente el asesoramiento descrito en los siguientes apartados.

2. El notario verificará la documentación acreditativa del cumplimiento de los requisitos previstos en el artículo 14.1. En caso de que quede acreditado su cumplimiento hará constar en un acta notarial previa a la formalización del préstamo hipotecario:

a) El cumplimiento de los plazos legalmente previstos de puesta a disposición del prestatario de los documentos descritos en el artículo 14.1.

b) Las cuestiones planteadas por el prestatario y el asesoramiento prestado por el notario.

c) En todo caso, el notario deberá informar individualizadamente haciéndolo constar en el acta, que ha prestado asesoramiento relativo a las cláusulas específicas recogidas en la Ficha Europea de Información Normalizada (FEIN) y en la Ficha de Advertencias Estandarizadas (FiAE), de manera individualizada y con referencia expresa a cada una, sin que sea suficiente una afirmación genérica. Igualmente, y en presencia del notario, el prestatario responderá a un test que tendrá por objeto concretar la documentación entregada y la información suministrada.

3. El prestatario, o quien le represente a estos efectos, deberá comparecer ante el notario, para que este pueda extender el acta, como tarde el día anterior al de la autorización de la escritura pública del contrato de préstamo.

4. La obligación de comparecencia y las normas de protección al prestatario previstas en la presente Ley se extenderán a toda persona física que sea fiadora o garante del préstamo.

5. Si no quedara acreditado documentalmente el cumplimiento en tiempo y forma de las obligaciones previstas en el artículo 14.1. o si no se compareciese para recibir el asesoramiento en el plazo señalado en el apartado 3, el notario expresará en el acta esta circunstancia. En este caso, no podrá autorizarse la escritura pública de préstamo.

6. Conforme al artículo 17 bis apartado 2 b) de la Ley del Notariado y el artículo 319 de la Ley 1/2000, de 7 de enero, de Enjuiciamiento Civil, el contenido del acta se presumirá veraz e íntegro, y hará prueba del asesoramiento prestado por el notario y de la manifestación de que el prestatario comprende y acepta el contenido de los documentos descritos, a efectos de cumplir con el principio de transparencia en su vertiente material.

7. En la escritura pública del préstamo el notario autorizante insertará una reseña identificativa del acta a la que se refieren los apartados anteriores.

En dicha reseña se expresará el número de protocolo, notario autorizante y su fecha de autorización, así como la afirmación del notario bajo su responsabilidad, de acuerdo con el acta, de que el prestatario ha recibido en plazo la documentación y el asesoramiento previsto en este artículo.

8. El acta donde conste la entrega y asesoramiento imparcial al prestatario no generará coste arancelario alguno.

9. La actuación notarial regulada en este artículo en ningún caso eximirá al prestamista de dar al prestatario las oportunas explicaciones y aclaraciones sobre los efectos y cargas derivadas del préstamo, conforme a lo previsto en el artículo 14.2".

4.2. Aplicación del principio de transparencia a la cláusula IRPH. *Tragicomedia en tres actos*

PLAUTO, a través de su personaje Mercurio, definió a la *tragicomedia* en el prólogo de su obra *Amphitryon* como un género híbrido de comedia y tragedia. En el Siglo XVII, MOLIÈRE y otros grandes del teatro francés, recuperaban las reglas del teatro clásico desarrollando sus obras de modo trágico con un desenlace feliz. Así la historia de la quijotesca historia lucha de los consumidores frente al IRPH no ha sido tampoco una tarea sencilla y nos evoca aquellas tragicomedias en tres actos, al más puro estilo también de la maestra británica del suspense. Trágica sin duda alguna, porque en el camino hacia el éxito final han sido miles los afectados que se han visto derrotados por el camino, que han perdido sus hogares por no poder hacer frente a la subida ce cuotas, que han sido ignorados en sus súplicas de apreciación de su abusividad. Cómico, obviando la crudeza de tantos sufrimientos baldíos, por el sin sentido del periplo judicial de ida y vuelta a Europa al que ya empezamos a estar acostumbrados. Y, sobre todo, porque el final de este proceso, como en las mejores novelas, merece un desenlace dichoso para el consumidor.

4.2.1. Primer acto: negación del control de abusividad por el Tribunal Supremo

Las Audiencias Provinciales han venido desestimando de modo mayoritario el carácter manipulable del IRPH como evidencian la SAP de Guipúzcoa, Sección 2.ª, de 29 de octubre de 2015; SAP de Pontevedra, Sección 1.ª, de 22 de enero de 2016; SAP de Zaragoza, Sección 5.ª, de 10 de febrero de 2016; SAP de Segovia, Sección 1.ª, de 19 de mayo de 2016; SAP de Oviedo, Sección 1.ª, de 11 de julio de 2016; SAP de Baleares, Sección 5.ª, de 28 de julio de 2016; SAP de Barcelona, Sección 15.ª, de 4 de octubre de 2016. Todas estas resoluciones se han basado tradicionalmente en el carácter oficial del índice IRPH y su supervisión por el Banco de España. Siendo estas dos premisas ciertas, tras los escándalos padecidos en Reino Unido con el LIBOR, que llevaron a constatar por la mismísima Autoridad de Servicios Financieros Británica (FSA) sus manipulaciones a favor de los intereses de las entidades o la inanidad del Banco de España en la comercialización de productos complejos en España, sobreendeudamiento del consumidor, salidas irregulares a Bolsa de entidades financieras como Bankia o ampliaciones de capital de otras que han acabado en la venta del Banco Popular por un euro, no es extraño que subsistan las razones para poner en tela de juicio estos argumentos. Y es que a ningún jurista o ciudadano se le escapa hoy en día, que aquellos dogmas de fe inefables por los que pensábamos que una entidad financiera no podía haber elevado un contrato a público con millones de consumidores plagado de cláusulas abusivas o que la salida a bolsa de una entidad financiera o su ampliación de capital contaba con una férrea supervisión de la autoridad bancaria o bursátil, son ya papel mojado. Aquellos tiempos en los que invocar judicialmente que un contrato otorgado ante notario por un usuario con una entidad financiera de renombre se pensaba casi imposible, son ya un recuerdo de una época pasada. Ahora, más que nunca, sabemos, que cuando una entidad financiera o aseguradora, una fabricante internacional de vehículos o una aerolínea ofrece un producto, es perfectamente posible –y contrastado por la experiencia con el aval judicial de nuestros tribunales– que la información ofrecida al usuario sea premeditadamente falaz. En el caso del IRPH son las propias entidades las que facilitan los datos para su elaboración. Y visto lo vivido en el ámbito financiero, admitir como verdad indubitada la realidad de estos datos, es de una inocencia pueril manifiesta. De hecho, no debe olvidarse que tras la investigación abierta por la Comisión Europea el 19 de octubre de 2011 se concluyó en 2013 con la imposición de multas por 1710 millones de euros a seis grandes por la manipulación de los índices interbancarios Euribor, Libor y Tibor[84]. Ello no quiere decir tampoco que el IRPH ha sido sin lugar a duda objeto de continua manipulación, pero desde luego no puede aceptarse el argumento de que por su carácter oficial y sometimiento a la disciplina supervisora del Banco de España es inmune.

La línea de defensa que ha tenido mejor acogida en nuestros tribunales ha sido la falta de transparencia en el proceso de contratación. Las Sentencias del Juzgado de lo Mercantil n.º 2 de Bilbao, de 17 de marzo de 2015 o 15 de enero de 2016, concluyen su imposición unilateral por la entidad, sin haber explicado previamente al prestatario sus consecuencias económicas. La Sentencia del Juzgado de lo Mercantil n.º 3 de Valencia, de 18 de noviembre de 2015, apunta también a su falta de transparencia. Y a nivel de Audiencias Provinciales, ha acogido esta senda con firmeza para decretar la nulidad por falta de transparencia las SSAP de Álava, Sección 1.ª, de 10 de marzo, 31 de mayo, 20 de octubre, o 2 y 17 de noviembre de 2016.

Ciertamente, como reflexiona la Magistrada del Juzgado de 1.ª instancia n.º 6 de Reus, la propia normativa bancaria y la Directiva 2014/17, ponen de relieve, que aun tratándose de índices oficiales, conocer que se utilizan diferentes sistemas de cálculo del interés variable,

[84] Sobre este tema resulta interesante la lectura de VALLES PERELLÓ, A. "Apuntes sobre la integridad y fiabilidad del Euribor: propuestas de mejora ante sus vulnerabilidades" en Diario La Ley n.º 9386, Sección Doctrina, de 28 de marzo de 2019. Y también POCH, A. "Desmontando el IRPH: una aproximación a las prácticas bancarias abusivas a partir de la Sentencia del Tribunal Supremo de 14 de diciembre de 2017" en Revista de Derecho Vlex n.º 173, de octubre de 2018.

y que en el caso del IRPH, este se componía de tal índice, más un diferencial, no bastaba para que el consumidor pudiera adoptar su decisión de contratar con pleno conocimiento de la carga económica y jurídica que le supondrá concertar el contrato, sin tener que realizar un análisis minucioso y pormenorizado del mismo y de las propias disposiciones reglamentarias que definían los índices, pues en tal caso, –además de que estaríamos mudando la noción de un consumidor medio y normalmente informado, por la de un consumidor formado en conocimientos bancarios, cuando el contenido de las Ordenes y Circulares que disciplinan la materia, resulta complejo para profanos e normativa bancaria–, las previsiones normativas que imponen al profesional la obligación de informar sobre la evolución de los índices, e incluso su concreta repercusión cuantitativa en cada cuota, resultarían superfluas e innecesarias.

Los escenarios evolutivos del índice resultan esenciales, y en mayor medida en el caso del IRPH, más inusual en su utilización que otros, y dada su especial configuración, de la que el consumidor debió ser advertido, a través de la información sobre el contenido de las disposiciones que lo regulaban, cual es el caso de la Circular 5/1994, de 22 de julio, a Entidades de Crédito, Sobre Modificación de la Circular 8/1990, Sobre Transparencia de Las Operaciones y Protección de la Clientela. La citada Circular, tras señalar que la Orden de 5 de mayo de 1994 delegaba en el Banco de España la definición y difusión de los tipos de referencia oficiales aplicables a los préstamos hipotecarios concertados a tipo variable, añadía, "*Los tipos de referencia escogidos son, en último análisis, tasas anuales equivalentes. Los tipos medios de préstamos hipotecarios para adquisición de vivienda libre de los bancos y del conjunto de entidades, lo son de forma rigurosa, pues incorporan además el efecto de las comisiones. Por tanto, su simple utilización directa como tipos contractuales implicaría situar la tasa anual equivalente de la operación hipotecaria por encima del tipo practicado por el mercado. Para igualar la TAE de esta última con la del mercado sería necesario aplicar un diferencial negativo, cuyo valor variaría según las comisiones de la operación y la frecuencia de las cuotas. A título orientativo, la Circular adjunta (Anexo IX) una tabla de diferenciales para los tipos, comisiones y frecuencia de las cuotas, más usuales en la actualidad. En rigor, esta tabla no es útil para decodificar el tipo activo de las cajas de ahorros, por las peculiaridades de su confección*". Sin embargo, la práctica habitual ha sido que los diferenciales utilizados por las entidades bancarias que referenciaban los préstamos a IRRH, fueran positivos, aislando al consumidor de cualquier clase de información sobre las disposiciones que lo regulaban, pese a que jurisprudencia reiterada del Tribunal de Justicia señala que reviste una importancia fundamental para el consumidor disponer, antes de la celebración de un contrato, de información sobre las condiciones contractuales y las consecuencias de dicha celebración.

Por tanto, compartimos con FALERO SÁNCHEZ, que con tal déficit informativo por parte del prestamista en el contexto de la negociación del contrato, un consumidor medio, no podía conocer por la mera lectura de la cláusula y la sola publicación del índice de referencia elegido por el prestamista, al que se adicionaba un margen positivo, las consecuencias económicas potencialmente importantes para él de la aplicación de la cláusula controvertida para el cálculo de las cuotas de devolución a cuyo pago estaría obligado en definitiva, y por tanto el coste total de su préstamo, ni estaba tampoco en condiciones de comparar ofertas y adoptar la decisión de contratar; pues como advierte la sentencia del STS de 7 de noviembre de 2017, "*No se puede realizar una comparación fundada entre las distintas ofertas si al tiempo de realizar la comparación el consumidor no puede tener un conocimiento real de la trascendencia económica y jurídica de alguno de los contratos objeto de comparación porque no ha podido llegar a comprender lo que significa en él una concreta cláusula, que afecta a un elemento esencial del contrato, en relación con las demás, y las repercusiones que tal cláusula puede conllevar en el desarrollo del contrato*".

La falta de transparencia concurre también por la ausencia de facilitación de información útil al consumidor que le permita comparar la oferta del préstamo presentado con el índice de referencia IRPH respecto de otros, al menos con el mayoritario Euribor. El control de transparencia viene ligado a la idea de información al consumidor, de tal suerte que la oscuridad generada por la omisión informativa ya le ha impedido per se tomar una decisión libre y formada en el contrato. En este mismo sentido se ha pronunciado también el padre de la transparencia ORDUÑA[85], señalando cómo precisamente la reforma del artículo 83 TRLGDCU operada por la Ley 5/2019, de 15 de marzo, incorpora la nulidad de pleno derecho como "*consecuencia directa*" de la cláusula no transparente.

Cabe recordar que ya el propio TS en anteriores resoluciones había hecho precisamente referencia a la importancia de los elementos informativos que permitieran al usuario esa comparación de la oferta del préstamo hipotecario. Así, en el caso de la hipoteca multidivisa –que recordemos también que tuvo que ser sometida al reexamen del TJUE–, la STS de 15 de noviembre de 2017 y 31 de octubre de 2018, señalaban:

"*la falta de transparencia de las cláusulas relativas a la denominación en divisa del préstamo y la equivalencia en euros de las cuotas de reembolso y del capital pendiente de amortizar, no es inocua para el consumidor sino que provoca un grave desequilibrio, en contra de las exigencias de la buena fe, puesto que, al ignorar los graves riesgos que entrañaba la contratación del préstamo,* ***no pudo comparar la oferta del préstamo hipotecario*** *multidivisa con las de otros préstamos (...)*".

Esta misma idea, pese a que el TS trata de romper o negar las ideas de falta de transparencia con abusividad, subyace en la STS de 4 de febrero de 2000, en la que finalmente acaba admitiendo que ese déficit de transparencia por no permitir al consumidor hacerse una representación fiel del impacto económico, le previa de la posibilidad de comparar entre las diferentes ofertas existentes en el mercado:

"*En cuando a las consecuencias de la falta de transparencia, hemos dicho en diversas resoluciones que es posible que una condición general inserta en un contrato celebrado con un consumidor, pese a no ser transparente, no sea abusiva, pues la falta de transparencia no supone necesariamente que las condiciones generales sean desequilibradas. Pero como también hemos afirmado, no es el caso de las llamadas cláusulas suelo, cuya falta de transparencia provoca un desequilibrio sustancial en perjuicio del consumidor, objetivamente incompatible con las exigencias de la buena fe, consistente en la imposibilidad de hacerse una representación fiel del impacto económico que le supondrá obtener el préstamo con*

---

[85] ORDUÑA MORENO, J. "El IRPH entorno a la Sentencia de la Sección 15.ª de la AP de Barcelona" en Revista de Derecho VLex n.º 192, mayo 2020.

cláusula suelo en el caso de bajada del índice de referencia, ***lo que priva también al consumidor de la posibilidad de comparar correctamente entre las diferentes ofertas existentes en el mercado*** *(por todas, sentencia 367/2017, de 8 de junio, y las que en ella se citan)".*

En el voto particular expresado por el Magistrado DE VICENTE BOBADILLA, en la SAP de Madrid, Sección 28.ª, de 22 de mayo de 2020, trae con acierto a colación estas resoluciones y las refuerza con el razonamiento expresado en la STJUE de 3 de marzo de 2020 que alude a la importancia del "*elemento útil de comparación*".

"*Tal información* (evolución pasada del IRPH-CAJAS) *también puede dar al consumidor una indicación objetiva sobre las consecuencias económicas que se derivan de la aplicación de dicho índice* ***y constituyen un término útil de comparación*** *entre el cálculo del tipo de interés variable basado en el IRPH-CAJAS de las cajas de ahorros y otras fórmulas de cálculo del tipo de interés*".

Como reflexiona DE VICENTE BOBADILLA, no debemos buscar el desequilibrio en acontecimientos futuros que no podían conocerse en el momento de suscribir la operación, sino en informaciones que debieron facilitarse al consumidor al tiempo de contratar para que pudiera evaluar las ofertas y, en particular, la evolución pasada del IRPH-Cajas.

El Tribunal Supremo, en su conocida Sentencia de 14 de diciembre de 2017, concluye la validez de la aplicación de un índice IRPH Entidades más un diferencial del 0,5 % predispuesto por KUTXABANK, al entender que es el resultado de un índice legal y ser transparente. En síntesis, el Tribunal Supremo entiende en esta resolución que, aun reconociendo el carácter de condición general de la condición y por ende su predisposición por la entidad, la cláusula es válida por tratarse de un índice legal en virtud de la habilitación al Banco de España para definir un conjunto de índices o tipos de referencia oficiales y susceptibles de aplicación a los préstamos hipotecarios a más de 3 años destinados a la adquisición de vivienda libre, conforme a la Orden de 5 de mayo de 1994 –hoy derogada–. Por ello, excluye esta condición del control de transparencia en aplicación del art. 1.2 de la Directiva 93/13/CEE, concordante con el art. 4.2 LCGC. Y a ello añade, que la cláusula está redactada de forma gramaticalmente clara y es comprensible. Así es razonado por el Tribunal Supremo:

"*SEXTO. Control de transparencia de la cláusula de interés variable que lo referencia al IRPH*

1. Como hemos visto, el IRPH-Entidades utilizado en el contrato litigioso es un índice definido y regulado legalmente, que se incorpora a un contrato de préstamo a interés variable mediante la predisposición por la entidad financiera prestamista de una condición general de la contratación. No obstante, la parte predisponente no define contractualmente el índice de referencia, sino que se remite a uno de los índices oficiales regulados mediante disposiciones legales para este tipo de contratos. Por ello, es a la Administración Pública a quien corresponde controlar que esos índices se ajusten a la normativa, lo que hace que ese control quede fuera del ámbito de conocimiento de los tribunales del orden civil.

La administración tiene mecanismos de sanción respecto de aquellas conductas de las entidades financieras que contravengan las normas sobre transparencia bancaria.

2. En consecuencia, el índice como tal no puede ser objeto del control de transparencia desde el punto de vista de la Directiva 93/13/CEE, sobre contratos celebrados con consumidores, ni de la legislación nacional protectora de consumidores. El art. 4 LCGC excluye de su ámbito de aplicación las condiciones generales que reflejen disposiciones legales o administrativas, al igual que hace el art. 1.2 de la Directiva 93/13. Así lo indica también el preámbulo de la Directiva, cuando dice que: «(c)onsiderando que se supone que las disposiciones legales o reglamentarias de los Estados miembros por las que se fijan, directa o indirectamente, las cláusulas de los contratos celebrados con los consumidores no contienen cláusulas abusivas; que por consiguiente, no resulta necesario someter a las disposiciones de la presente Directiva las cláusulas que reflejan las disposiciones legales o reglamentarias imperativas ni las disposiciones de convenios internacionales de los que los Estados miembros o a Comunidad sean parte; que a este respecto, la expresión 'disposiciones legales o reglamentarias imperativas' que aparece en el apartado 2 del artículo 1 incluye también las normas que, con arreglo a derecho, se aplican entre las partes contratantes cuando no exista ningún otro acuerdo».

3. Como reconoce la propia sentencia recurrida, no puede controlarse judicialmente el carácter abusivo de una condición general de la contratación cuando la misma responda a una disposición administrativa supletoria, ya que en estos casos el control sobre el equilibrio entre las obligaciones y derechos de las partes viene garantizado por la intervención de la administración pública, siempre y cuando su contenido no haya sido modificado contractualmente. Lo que tiene como consecuencia que, en el marco de una acción individual de nulidad de condiciones generales de la contratación, no pueda valorarse el modo en el que se ha fijado un índice de referencia legalmente predeterminado, ni quepa analizar si ese índice puede ser manipulado por las entidades financieras, o si en la configuración del índice se han podido tener en cuenta elementos, datos o factores no adecuados. Tampoco cabe ponderar el grado de incidencia o influencia de las entidades financieras en la concreta determinación del índice. Todos estos factores los fiscalizan los órganos reguladores de la administración pública.

4. En suma, ni a tenor de la Directiva 93/13/CEE, ni de la LCGC ni del TRLGCU puede controlarse un índice de referencia, como el IRPH-Entidades, que ha sido fijado conforme a disposiciones legales.

Solamente puede controlarse que la condición general de la contratación por la que se incluye en un contrato con consumidores esa disposición o previsión legal esté redactada de un modo claro y comprensible y sea transparente. Para lo cual, ha de tenerse en cuenta, como ya se ha dicho, que el interés remuneratorio es el precio del contrato de préstamo. En consecuencia, las cláusulas que se refieren al modo de determinación del interés remuneratorio afectan a los elementos esenciales del contrato que determinan su objeto principal (sentencia 367/2017, de 8 de junio)".

Siendo estos argumentos de hondo calado y sujetos a un intenso debate doctrinal como evidencian la abundancia de resoluciones proclives a su nulidad y las posteriores cuestiones prejudiciales planteadas, lo que resulta difícil de admitir es el segundo de sus razonamientos cuando sostiene que el índice IRPH es claro y comprensible, distanciando nuevamente al Alto Tribunal del común de los consumidores y en otra realidad paralela. Sostener que el usuario conocía las consecuencias jurídicas y económicas de este índice y que por ello supera también el principio de transparencia, resulta extraordinariamente desafortunado, pues a la luz de la propia desaparición posterior de los índices es poco sostenible defender que se podía tener un conocimiento jurídico de sus implicaciones y desde luego por el modo de conformar el propio IRPH, resulta inverosímil que el usuario conociera sus consecuencias económicas. Pese a todo así es concluido por el Tribunal Supremo en esta Sentencia de 14 de diciembre de 2017, cuando manifiesta:

"*5. Analizada bajo este prisma la cláusula tercera bis del contrato objeto de litigio, se aprecia que el interés remuneratorio variable se determina conforme a la aplicación de uno de los tipos legales de referencia, en concreto el IRPH-Entidades. Gramaticalmente, la cláusula es clara y comprensible y permite al prestatario conocer, comprender y aceptar que el interés variable de su préstamo hipotecario se calcula con referencia a un tipo fijado y controlado por el Banco de España. De forma que, desde esta perspectiva, la cláusula en cuestión supera el control de inclusión, como también afirma la sentencia recurrida.*

(...)

8. En consecuencia, para determinar la transparencia de la cláusula que incorpora el índice de referencia (IRPH-Entidades) habrá que ver si el consumidor era consciente, porque había sido informado, de que esa cláusula configuraba un elemento esencial, así como la manera en que se calculaba el interés variable. Dado el carácter esencial de la propia cláusula, no cabe considerar que el consumidor no se apercibiera de su importancia económica y jurídica y que pudiera conocer que el interés resultante en dicho período se calculaba mediante la aplicación de un índice oficial consistente en una media de los índices hipotecarios de todas las entidades que actuaban en España al que se sumaba un margen o diferencial.

Al tratarse de índices oficiales utilizados por las diversas entidades financieras en sus ofertas comerciales, resulta fácilmente accesible para un consumidor medio, normalmente informado y razonablemente atento y perspicaz, conocer que se utilizan diferentes sistemas de cálculo del interés variable y comparar las condiciones utilizadas por los distintos prestamistas en un elemento tan esencial como el propio precepto del préstamo".

A este argumento dan respuesta los magistrados disidentes ORDUÑA MORENO y ARROYO FIESTAS, a través de su voto particular, con el siguiente razonamiento:

"*(...) en primer lugar, hay que precisar que el voto particular, de forma concurrente con la sentencia, fundamento sexto, apartado 1, no cuestiona la competencia del Banco de España para elaborar estos índices oficiales y establecer los procedimientos adecuados para su aplicación y control. Por lo que la validez de este plano normativo, esto es, de las disposiciones legales y reglamentarias que lo desarrollan administrativamente, no es objeto del control de transparencia a tenor de la Directiva 93/13/CEE. Por el contrario, como expresamente reconoce la propia sentencia, fundamento sexto, apartado 4, lo que sí constituye un claro objeto del control de transparencia es la condición general de la contratación por la que el profesional incluye un índice de referencia oficial, de forma que la cláusula, así predispuesta, resulte redactada, tal y como dice la sentencia: «de un modo claro y comprensible y sea transparente».*

Esta declaración o conclusión de la sentencia, sin perjuicio de lo que se aduzca más adelante, alcanza necesariamente a la interpretación de la normativa sobre consumidores y condiciones generales que excluyen de su ámbito de aplicación el control de transparencia que se proyecte «directamente» sobre disposiciones legales o administrativas, art. 4 LCGC y art. 1.2 de la Directiva 93/13/CEE, pues como se ha señalado, y expresamente reconoce la sentencia, el objeto de dicho control no es el índice como tal, esto es, como reflejo de una disposición legal o administrativa que lo oficializa, si no su empleo o utilización en una contratación bajo condiciones generales a tenor de los especiales deberes de información que incumben al profesional o predisponente.

El control de legalidad que deriva de la transparencia no se proyecta, por tanto, de una forma «superpuesta» al plano administrativo que configura tanto la fórmula o el método de cálculo del índice de referencia, como al procedimiento tendente a garantizar su integridad, fiabilidad e independencia, sino que se proyecta de un modo autónomo y diferenciado en el «plano sustantivo» del enjuiciamiento de la validez de la cláusula predispuesta, conforme a los citados deberes de información que incumben al predisponente.

(...) se ha descartado que resulte aplicable al presente caso la excepción que contempla la Directiva en su art. 1, apartado 2. La razón de fondo, al margen de que la propia sentencia no la aplica, pues entra en la valoración del control de transparencia del índice de referencia, radica en la «distinta función» del control de transparencia que no tiene por objeto, como se ha señalado, reiterar un control de legalidad superpuesto al que ya viene implícito en la disposición legal o administrativa que lo autoriza como índice oficial y regula su aplicación, sino contrastar la «exigencia de transparencia» sobre la comprensibilidad del mismo que incumbe al profesional cuando lo utiliza o lo emplea en la configuración de la cláusula predispuesta; pues la disposición legal que lo autoriza no tiene como función explicar su alcance y funcionamiento concreto en la contratación bajo condiciones generales que lleve a cabo el profesional, ni suplir sus especiales deberes de información en este modo de la contratación. Esta conclusión queda reafirmada si se atiende a la propia interpretación que el TJUE realiza sobre la referida excepción del art. 1.2 de la Directiva. En efecto, el Tribunal expresamente ha resaltado que dicha excepción debe ser objeto de una interpretación «restrictiva» (STJUE de 10 de septiembre de 2014, Kusionová, C-34/13), de forma que el elemento de la cláusula predispuesta no solo debe reflejar directamente una disposición legal o reglamentaria, sino que esta además debe ser imperativa. Requisito que tampoco concurre en el presente caso, en donde el profesional emplea uno de los posibles índices de referencia de entre los siete autorizados en su momento (entre otros, el Mibor, Ceca y Euríbor), por lo que el IRPH-Entidades no constituía el único índice como valor de referencia y su aplicación no resultaba imperativa para el profesional. En esta línea, por lo demás, el Tribunal también ha resaltado que, en todo caso, resulta esencial para el consumidor que el profesional le informe adecuadamente sobre las disposiciones legales o reglamentarias imperativas que resulten de aplicación (STJUE de 26 de abril de 2012, Invitel, C-472/10), del mismo modo que, con carácter general, el hecho de que el contenido de los contratos predispuestos esté determinado por disposiciones reglamentarias imperativas (contratos regulados) no comporta la exención del deber de información que incumbe al profesional sobre aquellos aspectos o cuestiones

de interés o relevancia para el consumidor (SSTJU de 21 de marzo de 2013, RWE Vertrieb AG, C-92/11 y de 23 de octubre de 2014, asunto Alexandre SCHUL C-359/11 y C-400/11).

Como explica ORDUÑA MORENO[86], la cuestión relativa a la posible exclusión del control de transparencia al IRPH-Entidades, asimilable al supuesto de la STJUE de IRPH-Cajas, por tratarse de un índice de referencia oficial (o legal), fue la principal discrepancia que motivó su voto particular, por tratarse de una interpretación restrictiva, que era contraria a la naturaleza y alcance del control de transparencia.

Sin embargo, la misma cláusula del mismo banco había sido declarada nula por abusiva en una Sentencia anterior dictada por el Juzgado de lo Mercantil n.º 1 de Vitoria-Gasteiz de 11 de marzo de 2016, confirmada por la SAP Vitoria-Gasteiz, de 19 de octubre de 2016 y firme por ATS de 10 de mayo de 2017, que determinaba el carácter gratuito del préstamo por la imposibilidad de integrar la cláusula en beneficio del predisponente con el EURIBOR o ningún otro índice. BALLUGERA GÓMEZ[87], al tiempo que reconoce el carácter gravoso que supone para la entidad el mantener un préstamo gratuito, concluye, acertadamente a nuestro juicio, que ello es la consecuencia necesaria de la aplicación del efecto disuasorio que impone la Directiva 93/13/CEE. Y ello unido a la censura de la STS de 14 de diciembre de 2017, por no haber declarado la nulidad de la cláusula de referencia al índice IRPH, por la fuerza de la cosa juzgada material en su aspecto positivo derivado de la anterior resolución citada conforme a lo establecido en los arts. 1.1 y 22 LCGC en concordancia con los arts. 11 y 222.3 LEC.

4.2.2. Segundo acto: los infatigables defensores frente al dogma. Peregrinando al Tribunal de Justicia de la Unión Europea

En este contexto, y tras haberse planteado el Tribunal Supremo dudas en cuanto a la aplicación del Derecho de la Unión Europea, como evidencia la existencia de dos votos particulares —ORDUÑA MORENO y ARROYO FIESTAS—, el Tribunal Supremo tenía la obligación de haber planteado cuestión prejudicial al TJUE. Como aprecia PÉREZ DAUDÍ[88], esta omisión implica una infracción del art. 24 CE. Y en este sentido, recuerda como la STC 232/2015, de 5 de noviembre apuntó que es contrario al derecho a un proceso con todas las garantías *"dejar de aplicar una ley interna, sin plantear cuestión de inconstitucionalidad, por entender un órgano jurisdiccional que esa ley ces contraria al Derecho de la Unión Europea, sin plantear tampoco cuestión prejudicial ante el Tribunal de Justicia de la Unión Europea, es contrario al derecho a un proceso con todas las garantías (art. 24.2 CE) si existe una duda objetiva, clara y terminante, sobre esta supuesta contradicción (STC 58/2004)"*.

Tras esta Sentencia de 14 de diciembre de 2017, disconformes con el razonamiento del Alto Tribunal se han elevado distintas cuestiones prejudiciales al TJUE, como las planteadas por el Juzgado de 1.ª Instancia n.º 38 de Barcelona por Auto de 16 de febrero de 2018, el

---

86 ORDUÑA MORENO, J. en "Dossier Francisco Javier Orduña analiza la sentencia del TJUE sobre el IRPH" por Thomnson Reuters, en marzo de 2020, p. 8.

87 BALLUGERA GÓMEZ, C. "Luces y sombras del IRPH: análisis de la STS de 14 de diciembre de 2017" en Vlex n.º 165, febrero 2018.

88 PÉREZ DAUDÍ, V. "El IRPH ¿Otro conflicto entre el Tribunal Supremo y el Tribunal de Justicia de la Unión Europea? Reflexiones procesales a propósito de la Sentencia del Tribunal Supremo 669/2017, de 14 de diciembre" en Diario La Ley n.º 1 9171, Sección Tribuna, de 5 de abril de 2018.

Juzgado de 1.ª Instancia n.º 6 de Reus por Auto de 15 de mayo de 2018 o la AP de Almería, Sección 1.ª, por Auto de 20 de marzo de 2018. El TJUE, aunque ha acordado la tramitación de las cuestiones prejudiciales planteadas (Asuntos C-125/18 en el caso de la de Barcelona al que se acumularán las sucesivas.

Y es que hoy en día, el Tribunal Supremo ya ni goza de la infalibilidad a la que hemos vivido acostumbrado, ni tampoco son recibidas sus resoluciones como un dogma de fe jurídico. Y ello, acentuado con las sucesivas rectificaciones que se ha visto forzado a admitir tras las correcciones emanadas del TJUE, especialmente en materia de protección de consumidores y usuarios. Como reflexiona TAPIA HERMIDA[89], nos encontramos ante una desestructuración de la jerarquía judicial nacional, desde el momento en que todo juez nacional –cualquiera que sea su posición jerárquica y amparado por la independencia esencial de su función– puede plantear al TJUE cuestiones prejudiciales que contradigan la jurisprudencia de los tribunales posibilitando que se produzca una especie de "bypass" judicial en el que la Sentencia del Tribunal Supremo de cualquier Estado miembro deba ser revisada a la vista de una sentencia del TJUE que nace de una cuestión prejudicial instada por un juez o tribunal inferior.

El Tribunal de Justicia de la Unión Europea, en virtud de Auto de 10 de abril de 2018, denegaba la solicitud de tramitación de la cuestión prejudicial formulada por el Juzgado de 1.ª Instancia n.º 38 de Barcelona por los cauces del procedimiento acelerado. A diferencia de lo acontecido en otros precedentes (ATJUE de 5 de junio de 2014, Sánchez Morcillo y Abril García, C-169/14, EU:C:2014:1388, apdos. 11 y 12), el Tribunal de la Unión rechazaba la especial celeridad impetrada valorando que en esta ocasión no nos hallábamos ante un procedimiento de ejecución en el que el usuario corriera el riesgo de perder su vivienda. La incertidumbre, se prolongaba.

Entre tanto, la SAP de Salamanca, Sección 1.ª, de 19 de marzo de 2018, en contra del criterio sostenido por el Alto Tribunal, se aventuraba ya con valentía a apreciar la nulidad de índice IRPH por falta de transparencia, confirmando la resolución dictada por la Juez sustituta del Juzgado de 1.ª Instancia e Instrucción de Peñaranda de Bracamonte. Así es motivado por la Audiencia salmantina, que sustenta la nulidad en la falta de transparencia:

"Dejando a un lado las explicaciones que esta misma Sala dio en dicha sentencia (fundamento jurídico segundo), en lo relativo a los pronunciamientos jurisprudenciales que avalan la licitud del citado índice de referencia de préstamos hipotecarios (por su carácter oficial, y dificultades para su manipulación por las entidades financieras), y reiterando una vez más que ha de concordarse con el Banco recurrente en la no viabilidad de realizar un control de abusividad del tipo de interés remuneratorio que nos ocupa (por ser elemento integrante del objeto principal del contrato), sin embargo, nuevamente, debe confirmarse que sí es factible la aplicabilidad de la LCGC y el sometimiento de la cuestionada cláusula 3.2 del contrato litigioso al doble control de transparencia en el ámbito de la contratación con consumidores, que es lo que se realiza en la sentencia de instancia; es decir, como cláusula

---

[89] TAPIA HERMIDA, A. J. "El índice de referencia de préstamos hipotecarios (IRPH): conclusiones del abogado general del TJUE de 10 de septiembre de 2019" en La Ley Unión Europea n.º 74, de 31 de octubre de 2019.

que define el objeto principal del contrato, no cabe el control del precio, pero sí el análisis del control de transparencia que comprende el control de inclusión, –la información que se le dio al cliente–, y el control de comprensibilidad, –si llegó a entender este el contenido de la cláusula y lo que significaba...– (así se establece en el parágrafo 191 y siguientes de la conocida STS de 9-5-2013; y en la STS, Pleno, de 8 de septiembre de 2014 y SSTS posteriores de 25-3-2015, 29-4-2015, 23-12-2015, etc.).

TERCERO. De principio, el apartado 3.º de la escritura litigiosa, referido a «intereses», se vertebra o desarrolla hasta en cinco subapartado («tipo de interés inicial», «variación del tipo de interés inicial con tasa de bonificación», «límite a la variación del tipo de interés aplicable», «revisión de interés pactado» y «fecha de inicio de devengo de intereses», que consumen casi 10 hojas o folios, y resulta que en tan extenso apartado se contienen las dos cláusulas litigiosas objeto de la pretensión de nulidad en esta litis.

Con tal marasmo de datos y conceptos, no puede aceptarse que resultó debidamente destacado y diferenciado específicamente en el marco de la cláusula el carácter esencial de la misma, dado que, por su amplio contenido no resulta fácil desprender el esencial carácter que para el desenvolvimiento del contrato presentaba, en cuanto que no se íntegra de modo diferenciado dentro de las estipulaciones que se realizan para determinar el tipo de interés, lo cual no aboga en pro de su trascendencia, al no existir simulaciones de escenarios relativos al posible comportamiento de los tipos de interés en el momento de realizar la contratación acreditados, ni información comprensible y clara sobre el coste comparativo con otras modalidades de préstamo de la propia entidad en caso de existir, con el fin de que los actores llegasen a conocer y comprender la repercusión económica que suponía en la vida del contrato.

Incluso, si se hubiera dado la opción de elegir entre unos u otros índices, lo importante es que se hubiera acompañado prueba acreditativa de que se informó de la diferencia y repercusión entre optar entre unos y otros...; y de todo ello la orfandad probatoria es manifiesta.

Insistimos: salvo la escritura litigiosa, el Banco demandado no ha presentado ninguna otra clase de prueba en pro de sus pretensiones. Por tanto, no se puede acoger el argumento, como mantiene la parte apelante, de que la cláusula analizada supera el control de transparencia, por insertarse en un contrato firmado por los prestatarios o por haber optado por su aplicación, al fallar la base de tal afirmación, cual es la no acreditación del cumplimiento de la debida información a los actores de sus verdaderas repercusiones económicas en la vida del contrato...

Lo que no se suple con el alegato de que el Notario hizo mención en la escritura al hecho de que tuvo a la vista el documento que contiene la oferta vinculante, pues, sorprende, sin embargo, que no conste documento alguno de su entrega a los consumidores demandantes, aun se reseñe que el texto proyectado de la escritura estuvo a disposición de la parte prestataria en su despacho para su examen durante los tres días hábiles anteriores al de su otorgamiento...

Está ausente la acreditación de la entrega de la oferta vinculante a los clientes, como herramienta fundamental de la exigible información precontractual..., y, en estas circunstancias, existe un déficit en la escritura pública acerca de las condiciones necesarias para superar el control de trasparencia, que encuentra su punto de partida en la no entrega de la oferta vinculante acerca de las condiciones del préstamo, en cumplimiento del art. 5 de la OM de 5 de mayo de 1994,

Si se detecta una falta de información suficientemente clara de que se trataba de un elemento definitorio del objeto principal del contrato, ni se demuestra decisivamente que hubo simulaciones de escenarios diversos relacionados con el comportamiento razonablemente previsible del tipo de interés IRPH en el momento de contratar, y por ello información previa, clara y comprensible, sobre el coste comparativo con otras modalidades de préstamo de la propia entidad –caso de existir– o advertencia de que al concreto perfil de clientes no se les ofertaban las mismas, no pueden aceptarse las tesis de la recurrente, a quien, ex art. 217 LEC, compete probar que explicó a los clientes la cláusula que contiene el interés variable en tales condiciones y que les ofreció otras alternativas, o sea, que el índice IRPH no fue la única propuesta y que dentro del posible abanico pudieron elegir...

Decíamos en aquella sentencia que (...) el que la cláusula venga redactada de manera clara y comprensible no implica solamente que deba posibilitar el conocimiento de su contenido mediante la utilización de caracteres tipográficos legibles y una redacción comprensible, objeto del control de inclusión o incorporación (arts. 5.5 y 7 b de la LCG), supone, además, que no se pueden utilizarse cláusulas que, pese a que gramaticalmente sean comprensibles y estén redactadas en caracteres legibles, impliquen subrepticiamente una alteración del objeto del contrato o del equilibrio económico sobre el precio y la prestación, que pueda pasar inadvertida al adherente medio.

Repite la jurisprudencia que no basta, por tanto, con que las condiciones generales puedan considerarse incorporadas al contrato por cumplir los requisitos previstos en el citado art. 5.5, al resultar preciso, también, que sean transparentes, en el sentido de que el consumidor pueda hacerse una idea cabal de las consecuencias económicas y jurídicas que la inclusión de tal cláusula le supondrá; esto es, conocimiento real y razonablemente completo de cómo juegan o podían jugar la cláusula en cuestión en la economía del contrato, en concreto, sobre cómo se determinaban los tipos de referencia en cuestión, su evolución, las diferencias sobre ello con otros, etc.

Y al no constar nada de ello, ha de partirse de que se produjo un desequilibrio sustancial en perjuicio de los demandantes-apelados, consistente en la privación de la posibilidad de comparar entre las diferentes ofertas existentes en el mercado y de hacerse una representación fiel del impacto económico que les suponía obtener la prestación objeto del contrato según contratasen con una u otra entidad financiera, o una u otra modalidad de préstamo...

Tampoco, en el supuesto enjuiciado, la cláusula controvertida puede pasar el filtro de la transparencia, porque se incorporó al contrato sin que la entidad bancaria se asegurase de que los clientes comprendían su contenido, sin explicarles la forma de determinar este índice por el Banco de España, ni las diferencias entre el IRPH y el resto de los índices y su comportamiento en los últimos años, no pudiendo desconocerse que el "IRPH Entidades" ha encontrado valores superiores al "Euribor".

En definitiva, no puede estimarse superado el control de transparencia, como se significa en la sentencia de instancia, pues si bien podría justificarse la superación del control de inclusión con la documental aportada, en ningún caso, de la misma puede inferirse que la entidad demandada proporcionara información clara, comprensible y detallada sobre los extremos antes mencionados. Esto es, podría admitirse que el control de inclusión o de transparencia formal o documental quedó salvado, pero no cabe admitir que haya prueba de que ha venido superado el segundo control de transparencia, —el de comprensibilidad real de la cláusula litigiosa—, porque no es suficiente con que los actores tuvieran noticia de la existencia de la misma en el contrato, sino que se requiere la acreditación de que se les brindó toda la información necesaria para que conocieran su funcionamiento concreto y su relación con el resto del clausulado, información referida a destacar que se trataba de una cláusula que incide en el precio del préstamo, es decir, en el objeto principal del contrato y permitirles conocer la carga económica de la misma —onerosidad y sacrificio patrimonial que representaba— y la carga jurídica que asumían con ello, tanto en relación a los elementos típicos del contrato, como en relación al reparto de riesgos, etc.

Es por lo que también aquí, las conclusiones a las que llega la juzgadora a quo, al respecto de dicho cualificado control de transparencia respecto del caso concreto que examinamos, son de aceptar por este órgano de alzada, pues, se asientan en una valoración conjunta de la prueba que pueda reputarse ilógica, arbitraria, contraria a las máximas de experiencia o a las normas de la sana crítica, antes, al contrario, es la procedente por su adecuación a los resultados obtenidos en el proceso".

Llegados pues a este punto, nos situamos nuevamente varados ante la resolución por el TJUE de las cuestiones prejudiciales planteadas por distintos Juzgados, que, por fortuna, no han comulgado con la tesis sostenida en la STS de 14 de diciembre de 2017.

La Comisión Europea, en fecha de 31 de mayo de 2019, ha emitido sus conclusiones en el Asunto C-125/18 con relación a la cuestión prejudicial planteada por el Juzgado de 1.ª Instancia 38 de Barcelona, abriendo la vía a una posible declaración de abusividad, con las siguientes indicaciones:

A la primera cuestión:

El artículo 1, apartado 2 de la Directiva 93/13 debe interpretarse en el sentido de que esta Directiva se aplica a una cláusula como la controvertida en el asunto principal, que establece un tipo de interés variable basado en un índice que está regulado por disposiciones reglamentarias o administrativas, dado que dichas disposiciones no son imperativas, sino que el tipo de interés variable y remuneratorio se incorpora al contrato de forma opcional por el profesional.

A la segunda cuestión:

El artículo 4, apartado 2, en concordancia con el artículo 5 de la Directiva 93/13, no se oponen a que un órgano jurisdiccional nacional examine si las cláusulas incorporadas por un profesional en un contrato con consumidores, incluidas las que afectan al objeto principal del contrato, están redactadas de manera clara y comprensible, aunque el legislador no haya incorporado dicho precepto a su ordenamiento jurídico nacional, siempre y cuando, en este último caso, dicho examen abarque también la abusividad de dichas cláusulas, de conformidad con el artículo 3, apartado 1, de la Directiva".

El deber de transparencia consagrado en los artículos 4, apartado 2 y 5 de la Directiva 93/13 en relación con una cláusula esencial del contrato como es la cláusula controvertida, que fija el tipo de interés de un préstamo hipotecario con base en el índice IRPH-Cajas, comprende, en particular, la obligación para el profesional de explicar al consumidor, antes de la firma del contrato, cómo se configura el tipo de referencia, cuál ha sido la evolución de dicho tipo en el pasado así como su posible evolución futura, comparado con otros tipos empleados en el mercado.

Una práctica comercial consistente en omitir información sobre cómo se configura el tipo de referencia, cuál ha sido la evolución de dicho tipo en el pasado, así como su posible evolución futura, comparado con otros tipos empleados en el mercado, debe calificarse de engañosa en el sentido del artículo 7, apartado 1, de la Directiva 2005/29/CE, siempre que haga o pueda hacer tomar al consumidor una decisión sobre una transacción que de otro modo no hubiera tomado. Corresponde al juez nacional comprobar si tal es el caso en el asunto principal. La comprobación del carácter desleal de una práctica comercial constituye un elemento entre otros en los que el juez nacional puede basar, conforme al artículo 4, apartado 1, de la Directiva 93/13, su apreciación del carácter abusivo de las cláusulas del contrato relativas al coste del crédito concedido al consumidor. Ahora bien, dicha comprobación no incide directamente en la apreciación, con arreglo al artículo 6, apartado 1, de la Directiva 93/13, de la validez del contrato de crédito celebrado.

A la tercera cuestión:

El artículo 6, apartado 1, de la Directiva 93/13 debe interpretarse en el sentido de que incumbe al juez nacional, pura y simplemente, dejar sin aplicación una cláusula contractual como la controvertida, caso de estimarla abusiva, manteniendo el resto del contrato si el mismo puede subsistir sin dicha cláusula. Corresponde en todo caso a dicho juez nacional valorar de forma objetiva y a la luz del Derecho nacional si el contrato en cuestión puede subsistir tras la supresión de una cláusula abusiva.

En el caso de que el contrato no pueda subsistir tras la supresión de la cláusula abusiva, si la nulidad del contrato en su conjunto es perjudicial para los intereses del consumidor, y si en el Derecho nacional aplicable no existe una disposición supletoria aplicable que pudiera permitir la subsistencia del contrato, el juez competente debe dar al consumidor la posibilidad de declarar su intención de que el contrato se mantenga. En ese caso, dicho juez dará un plazo razonable al profesional y al consumidor para que se pongan de acuerdo de buena fe sobre un índice sustitutivo, respetando el principio de transparencia, y con la plena restitución, en su caso de las cantidades indebidamente

A falta de acuerdo en el plazo concedido, el juez podrá proceder a integrar el contrato con un índice de su elección, entre los usuales en el mercado".

El Reino Unido, presentó observaciones en fecha de 1 de junio de 2018, en la que de modo resumido se remitía a la normativa nacional planteando la inadmisibilidad de las cuestiones prejudiciales formuladas. Y el Gobierno de España hacía lo propio el 7 de junio de 2018, hacía lo propio alineándose con la posición del TS en lo referido a la ausencia de sometimiento de la cláusula IRPH al control de la Directiva 93/13 y destacando nuevamente como ya hiciera con la cláusula suelo, el *"riesgo de repercusiones económicas muy graves"* para disuadir al TJUE de su eventual nulidad, al tiempo que en todo caso propugnaba que caso de declararse la nulidad, esta debería tener como efecto la aplicación del índice sustitutivo o del interés legal del dinero.

Y en la misma línea, el Abogado General Sr. Maciej Szpunar, hacía lo propio el 10 de septiembre de 2019, manifestándose en contra del criterio del TS tanto en lo atinente al sometimiento a la Directiva 93/13 de la cuestión litigiosa como en lo referido a la falta de transparencia, considerando que la fórmula matemática de cálculo resulta compleja y poco transparente para el consumidor medio. Las conclusiones del Abogado General sonrojan nuevamente a nuestro Tribunal Supremo, y lo que es peor, al propio Gobierno español que una vez más, al igual que en los precedentes de la cláusula suelo, la hipoteca multidivisa, el vencimiento anticipado y tantas otras, se posicionaba junto a la banca. En las conclusiones del Abogado General, con un minucioso análisis del contexto jurídico nacional y comunitario, se trata de dar respuesta a las tres cuestiones nucleares formuladas.

En primer término, se concluye que efectivamente, la cláusula de IRPH está sometida a la Directiva 93/13 y no cabe alegar la excepción prevista en el art. 1.2 de la misma. En las conclusiones, se desliza un inusitado reproche al Gobierno español, recordándole el principio superior que representa el efecto útil de la Directiva 93/13 respecto de cualquier eventual disposición imperativa. Así se responde por el Abogado General:

"82. Habida cuenta de que la excepción prevista en el artículo 1, apartado 2, de la Directiva 93/13 debe ser interpretada estrictamente y sin perjuicio de las ulteriores comprobaciones que pueda efectuar el órgano jurisdiccional remitente, de las anteriores consideraciones se desprende que la cláusula controvertida está comprendida en el ámbito de aplicación de la Directiva 93/13 y que el carácter potencialmente abusivo de esta cláusula contractual puede ser objeto de un control jurisdiccional.

83. En cualquier caso, como ya he señalado en el punto 72 de las presentes conclusiones, aun cuando el órgano jurisdiccional remitente considerara que las disposiciones aplicables en el litigio principal eran obligatorias para las entidades bancarias, soy de la opinión de que la cláusula controvertida está comprendida en el ámbito de aplicación de la Directiva 93/13. En efecto, el mero hecho de que una disposición nacional permita a una entidad bancaria incluir opcionalmente en las condiciones generales de un contrato de préstamo hipotecario un índice tras haberlo elegido entre los distintos índices de referencias oficiales previstos en esta disposición es suficiente, desde mi punto de vista, para considerar que dicha disposición no es imperativa en el sentido del artículo 1, apartado 2, de la Directiva 93/13 y, por lo tanto, que esta Directiva resulta aplicable. En efecto, queda fuera de toda duda, a mi parecer, que la excepción prevista en esta disposición no puede aplicarse a una cláusula contractual que refleja una disposición legal o reglamentaria que restringe o limita la autonomía de la voluntad de las partes sin por ello eliminarla84. Además, no veo cómo un Estado miembro podría afirmar que una cláusula contractual no es abusiva en la medida en que esta cláusula refleja una disposición imperativa cuyo contenido es contrario al efecto útil de la Directiva 93/13.

85. Por lo tanto, habida cuenta de cuanto expuesto, considero que la Directiva 93/13 debe interpretarse en el sentido de que una cláusula contractual pactada entre un consumidor y un profesional, como la controvertida en el litigio principal, que fija un tipo de interés tomando como valor de referencia uno de los seis índices de referencia oficiales legales que pueden ser aplicados por las entidades de crédito a los préstamos hipotecarios con tipo de interés variable, no está excluida de su ámbito de aplicación".

La segunda cuestión prejudicial es una carga de profundidad contra todo el sistema español de control de cláusulas abusivas. En ella se atesoran cuestiones trascendentales para la protección del consumidor aún no resueltas con la suficiente claridad como son la debatida falta de transposición del art. 4.2 de la Directiva 93/13 a nuestro ordenamiento, la información que el profesional ha de facilitar para considerar la cláusula transparente, los efectos de la eventual nulidad a efectos de remuneración del préstamo en caso de apreciarse el carácter abusivo y si la ausencia de información puede considerarse desleal.

El Abogado General, con expreso tono reiterativo, vuelve a insistir en que ya el TJUE advirtió en la STJUE de 3 de junio de 2010 de la imposibilidad de abstenerse de apreciar el carácter abusivo de una cláusula contractual, redactada de manera clara y comprensible, referida al objeto principal del contrato, cuando esta disposición no ha sido transpuesta en el ordenamiento jurídico por el legislador nacional, explicitando que *"tal como se desprende de los autos remitidos al Tribunal de Justicia, la Ley 7/1998, no ha incorporado el artículo 4, apartado 2, al ordenamiento interno"*. En el epígrafe 91 de las referidas Conclusiones del Abogado General Maciej Szpunar de 10 de septiembre de 2019 da respuesta también a la consideración expuesta por el TS en su Sentencia de 18 de junio de 2012 y el Gobierno español en las que se trataba de defender la voluntad del legislador español había sido la de trasponer el art. 4.2 de la Directiva. Maciej Szpunar advierte que dichos razonamientos son contrarios a la jurisprudencia de del TJUE relativa a la trasposición de las Directivas, y en particular, a los principios de seguridad jurídica, de transparencia y de cooperación leal. En consecuencia, el órgano judicial nacional, no puede invocar el art. 4.2 de la Directiva para abstenerse de apreciar el carácter eventualmente abusivo de una cláusula redactada de clara y comprensible y referida al objeto principal del contrato. Esto reabre nuevamente este espinoso debate, y como al día de hoy a quien favorece es a los consumidores, no es de extrañar que el Gobierno de turno insuflado por los lobbies de costumbre, se apresure a una rápida reforma para parchear la Ley en ese sentido.

La cuestión más compleja a dilucidar pivota sobre la valoración de la transparencia ligada a la cláusula IRPH. El Abogado General ha determinado que no cabe exigir al banco que ofrezca diferentes índices de referencia a los consumidores, entendiendo que la obligación de información a que se refiere la jurisprudencia del Tribunal de Justicia no es una obligación de asesoramiento y, por lo tanto, no implica en absoluto que la entidad bancaria deba emplear u ofrecer al consumidor diferentes índices oficiales. En las conclusiones presentadas se determina que la entidad bancaria cumplió la exigencia de transparencia impuesta por la Directiva 93/13. Ahora bien, habrá de descenderse al análisis de información y negociación presentada al usuario para valorar si la entidad financiera cumplió las obligaciones de información previstas en la normativa entonces vigente 8/1990. Sobre este particular añade el Abogado General:

"125. En estas circunstancias, con objeto de orientar al órgano jurisdiccional remitente en estas comprobaciones, es preciso considerar que la información que el profesional debe facilitar para cumplir, con arreglo al artículo 4, apartado 2, y al artículo 5 de la Directiva 93/13, la exigencia de transparencia de una cláusula contractual que fija un tipo de interés tomando como valor de referencia un índice de referencia legal como el IRPH Cajas, cuya fórmula matemática de cálculo resulta compleja y poco transparente para un consumidor medio, debe, por una parte, ser suficiente para que este pueda tomar una decisión prudente y con pleno conocimiento de causa en lo que se refiere al método de cálculo del tipo de interés aplicable al contrato de préstamo hipotecario y a los elementos que lo componen, especificando no solo la definición completa del índice de referencia empleado por este método de cálculo, sino también las disposiciones de la normativa nacional pertinentes que determinan dicho índice y, por otra parte, referirse a la evolución en el pasado del índice de referencia escogido".

A tenor de estas precisiones, habrá de descenderse al análisis del concreto clausulado contractual para valorar su trascendencia, prestando especial atención a la inclusión de las disposiciones normativas aplicables y la evolución en el pasado del índice, lo que nos vuelve a aproximar, aunque sea en otro contexto, a la idea de los "escenarios". No es que se pueda predecir lógicamente la evolución futura, pero si desde luego ofrecer al menos unas pautas de lo que hasta el momento ha acontecido.

Mantiene el Abogado General la incógnita sobre su parecer en lo concerniente a otras dos cuestiones extraordinariamente interesantes: los efectos de la eventual nulidad a efectos de remuneración del préstamo en caso de apreciarse el carácter abusivo, ya sea por la aplicación del índice sustitutorio habitual o por dejar de aplicar el interés con la única obligación de devolver el capital prestado en los plazos estipulados por parte del prestatario y si la ausencia de información puede considerarse desleal. Esta duda referida a la consecuencia de la eventual nulidad del IRPH ya permiten avecinar la articulación de peticiones subsidiarias en las demandas, señalando como es lógico la ausencia de devengo interés como petición principal y la aplicación del índice sustitutivo con carácter subsidiario. Y tras estas cuestiones, se vislumbran también nuevas posibles cuestiones prejudiciales sobre aquellas consecuencias.

Y en síntesis de las consideraciones precedentes, el Abogado General Szpunar traslada finalmente al TJUE las siguientes conclusiones:

"1) La Directiva 93/13/CEE del Consejo, de 5 de abril de 1993, sobre las cláusulas abusivas en los contratos celebrados con consumidores, debe interpretarse en el sentido de que una cláusula contractual pactada entre un consumidor y un profesional, como la controvertida en el litigio principal, que fija un tipo de interés tomando como valor de referencia uno de los seis índices de referencia oficiales legales que pueden ser aplicados por las entidades de crédito a los préstamos hipotecarios con tipo de interés variable, no está excluida del ámbito de aplicación de esta Directiva.

2) El art. 8 de la Directiva 93/13 se opone a que un órgano jurisdiccional nacional pueda aplicar el art. 4, apartado 2, de dicha Directiva para abstenerse de apreciar el carácter eventualmente abusivo de una cláusula, como la controvertida en el litigio principal, redactada de manera clara y comprensible y referida al objeto principal del contrato, cuando esta última disposición no ha sido transpuesta en su ordenamiento jurídico por el legislador nacional.

La información que el profesional debe facilitar al consumidor para cumplir, con arreglo al art. 4, apartado 2, y al art. 5 de la Directiva 93/13, la exigencia de transparencia de una cláusula contractual que fija un tipo de interés tomando como valor de referencia un índice de referencia legal como el índice de referencia de préstamos hipotecarios de las cajas de ahorro (IRPH Cajas), cuya fórmula matemática de cálculo resulta compleja y poco transparente para un consumidor medio debe:

– por una parte, ser suficiente para que el consumidor pueda tomar una decisión prudente y con pleno conocimiento de causa en lo que se refiere al método de cálculo del tipo de interés aplicable al contrato de préstamo hipotecario y a los elementos que lo componen, especificando no solo la definición completa del índice de referencia empleado por este método de cálculo, sino también las disposiciones de la normativa nacional pertinentes que determinan dicho índice, y,

– por otra parte, referirse a la evolución en el pasado del índice de referencia escogido.

Corresponde al juez nacional, al efectuar el control de la transparencia de la cláusula controvertida verificar, teniendo en cuenta el conjunto de circunstancias que rodearon la celebración del contrato, por una parte, si el contrato expone de manera transparente el método de cálculo del tipo de interés, de manera que el consumidor estuviera en condiciones de valorar, basándose en criterios precisos e inteligibles, las consecuencias económicas que del mismo se derivaban para él y, por otra parte, si este contrato cumple con todas las obligaciones de información previstas en la normativa nacional".

Pese a todo, tras el completo análisis realizado por el Abogado General, el lector se queda con una importante dosis de incertidumbre que ya advertía MARTÍNEZ ESPÍN[90], pues los argumentos que parece encerrar –a favor y en contra– no son reveladores de un criterio claro para juzgar la legalidad o falta de transparencia del IPRH, por más que nos inclinamos a una solución que apunta de modo parejo a lo que ya vivimos con la cláusula suelo hacia la "licitud per se" de la cláusula IRPH pero a la nulidad examinándose el caso concreto por falta de transparencia cuando no se ha ofrecido al prestatario un escenario de evolución que incluyera la evolución del índice de referencia del IRPH.

4.2.3. Tercer acto: resolución del Tribunal de Justicia de la Unión Europea y traslación de su doctrina. Procedencia del control de abusividad

El Tribunal de Justicia de la Unión Europea, en la Sentencia dictada en fecha de 3 de marzo de 2020, ha fallado esencialmente en la línea ya apuntada por el Abogado General, acordando las siguientes declaraciones:

"1) El artículo 1, apartado 2, de la Directiva 93/13/CEE del Consejo, de 5 de abril de 1993, sobre las cláusulas abusivas en los contratos celebrados con consumidores, debe interpretarse en el sentido de que sí está comprendida en el ámbito de aplicación de esa misma

[90] MARTÍNEZ ESPÍN, P. "Conclusiones del Abogado General sobre el IRPH: ¿Supondrá un cambio del criterio del TS" en www.centrodeestudiosdeconsumo.com, en septiembre de 2019.

Directiva la cláusula de un contrato de préstamo hipotecario celebrado entre un consumidor y un profesional que estipule que el tipo de interés aplicable al préstamo se base en uno de los índices de referencia oficiales establecidos por la normativa nacional y que las entidades de crédito pueden aplicar a los préstamos hipotecarios, cuando esa normativa no establezca ni la aplicación imperativa del índice en cuestión con independencia de la elección de las partes en el contrato ni su aplicación supletoria en el supuesto de que las partes no hayan pactado otra cosa.

2) La Directiva 93/13, y en particular sus artículos 4, apartado 2, y 8, debe interpretarse en el sentido de que los tribunales de un Estado miembro están obligados a examinar el carácter claro y comprensible de una cláusula contractual que se refiere al objeto principal del contrato, con independencia de la transposición del artículo 4, apartado 2, de dicha Directiva al ordenamiento jurídico de ese Estado miembro.

3) La Directiva 93/13, y en particular sus artículos 4, apartado 2, y 5, debe interpretarse en el sentido de que, para cumplir con la exigencia de transparencia de una cláusula contractual que fija un tipo de interés variable en un contrato de préstamo hipotecario, dicha cláusula no solo debe ser comprensible en un plano formal y gramatical, sino también permitir que el consumidor medio, normalmente informado y razonablemente atento y perspicaz, esté en condiciones de comprender el funcionamiento concreto del modo de cálculo del referido tipo de interés y de valorar así, basándose en criterios precisos y comprensibles, las consecuencias económicas, potencialmente significativas, de dicha cláusula sobre sus obligaciones financieras. Constituyen elementos especialmente pertinentes para la valoración que el juez nacional debe efectuar a este respecto, por un lado, la circunstancia de que los elementos principales relativos al cálculo del mencionado tipo de interés resulten fácilmente asequibles a cualquier persona que tenga intención de contratar un préstamo hipotecario, dada la publicación del modo de cálculo de dicho tipo de interés, y, por otro lado, el suministro de información sobre la evolución en el pasado del índice en que se basa el cálculo de ese mismo tipo de interés.

4) Los artículos 6, apartado 1, y 7, apartado 1, de la Directiva 93/13 deben interpretarse en el sentido de que no se oponen a que, en caso de declaración de nulidad de una cláusula contractual abusiva que fija un índice de referencia para el cálculo de los intereses variables de un préstamo, el juez nacional lo sustituya por un índice legal aplicable a falta de acuerdo en contrario de las partes del contrato, siempre que el contrato de préstamo hipotecario no pudiera subsistir tras la supresión de la cláusula abusiva y que la anulación del contrato en su totalidad dejara al consumidor expuesto a consecuencias especialmente perjudiciales".

De las declaraciones expuestas cabe concluir en primer lugar que, en contra de lo sostenido por las entidades bancarias españolas que defendían la ausencia de posible control de abusividad del IRPH por estar previsto en una norma administrativa, el TJUE determina que la imposición del IRPH no es el resultado de una disposición legal imperativa, por lo que no existe óbice al análisis de su eventual abusividad, eliminándose por tanto esa traba inicial. Esta tesis de las entidades financieras pretendía la activación del principio de exclusión del art. 1, apartado 2 de la Directiva 93/13, que es de interpretación estricta (vid. STJUE de 20 de septiembre de 2017, Andriciuc y otros, C-186/16)

Para entender correctamente esta primera conclusión conviene partir de la lectura norma sexta bis de la Circular 8/1990, de 7 de septiembre, sobre transparencia de las operaciones y protección con la clientela. En su apartado tercero, se enuncian los índices o tipos de referencia que se consideran oficiales, cuya definición y forma de cálculo se recoge en el anexo VIII. Estos índices, tras las modificaciones introducidas por la Circular 7/1999, de 29 de junio y la Circular 1/2000, de 28 de enero son los siguientes:

a) Tipo medio de los préstamos hipotecarios a más de tres años, para adquisición de vivienda libre concedidos por los bancos.

b) Tipo medio de los préstamos hipotecarios a más de tres años para adquisición de vivienda libre concedidos por las cajas de ahorro.

c) Tipo medio de los préstamos hipotecarios a más de tres años para adquisición de vivienda libre concedidos por el conjunto de entidades de crédito.

d) Tipo activo de referencia de las cajas de ahorro.

e) Tipo de rendimiento interno en el mercado secundario de la deuda pública de plazo entre 2 y 6 años.

f) Tipo interbancario a un año (MIBOR), exclusivamente para los préstamos hipotecarios formalizados con anterioridad al 1 de enero del año 2000.

g) Referencia interbancaria a un año.

El TJUE recuerda que la normativa nacional no imponía la obligación de establecer uno de los índices oficiales establecidos en la Circular 8/1990. Por ello, no puede sostenerse, como pretendían hacer creer las entidades financieras, que la referencia al IRPH fuera el resultado de una disposición legal o reglamentaria de carácter imperativo. Y ello es lo que determina su sometimiento al ámbito de la aplicación de la Directiva 93/13. De este modo, en los apartados 36 y 37 de la STJUE de 3 de marzo, razona:

"*36. En consecuencia, la referencia al IRPH de las cajas de ahorros en la cláusula controvertida para el cálculo de los intereses adeudados en el marco del contrato sobre el que versa el litigio principal no es el resultado de una disposición legal o reglamentaria imperativa, en el sentido de la jurisprudencia que se ha recordado en los apartados 31 y 32 de la presente sentencia. Por ello, sin perjuicio de que el juzgado remitente compruebe este extremo, la cláusula sí está comprendida en el ámbito de aplicación de la Directiva 93/13.*

37. De ello se deduce que procede responder a la primera cuestión prejudicial que el artículo 1, apartado 2, de la Directiva 93/13 debe interpretarse en el sentido de que sí está comprendida en el ámbito de aplicación de esa misma Directiva la cláusula de un contrato de préstamo hipotecario celebrado entre un consumidor y un profesional que estipule que el tipo de interés aplicable al préstamo se base en uno de los índices de referencia oficiales establecidos por la normativa nacional y que las entidades de crédito pueden aplicar a los préstamos hipotecarios, cuando esa normativa no establezca ni la aplicación imperativa del índice en cuestión con independencia de la elección de las partes en el contrato ni su aplicación supletoria en el supuesto de que las partes no hayan pactado otra cosa".

En segundo término, el TJUE determina la obligación de los tribunales españoles de examinar la claridad y comprensibilidad la cláusula, por más que la cláusula contractual se refiera incluso al objeto principal del contrato. Y ello, con independencia de que el Estado miembro no hubiera transpuesto el art. 4.2 de la Directiva a su ordenamiento interno. Ello supone, sin duda, un aviso claro sobre dicha omisión de nuestro legislador que el TS trató de subsanar en sus consideraciones. La cuestión no es baladí, y no se halla exenta de polémica en el caso español, pues como razona BALLUGERA GÓMEZ[91], según la STJUE de 3 de junio de 2010, España no ha transpuesto la disposición excluyente del control de contenido del art. 4.2 de la Directiva 93/13/CE, luego en España debiera haber control del contenido sobre las cláusulas definitorias del objeto principal del contrato o relativas a la relación calidad/precio, aunque sean claras y transparentes. Y no le falta razón a BALLUGERA, pues si bien la previsión del art. 4.2 de la Directiva 93/13/CE, había sido recogida en el Proyecto original de transposición de 1997, mediante la adición de un párrafo quinto al art. 10 bis LGDCU, fue finalmente suprimida por la aprobación parlamentaria de la enmienda n.º 71. Y lo cierto, es que esta Directiva comunitaria, permite a los Estado la ampliación de la esfera de protección al usuario en el proceso de transposición de la norma comunitaria, mediante la aplicación del conocido *principio de minimis* en virtud del art. 153.5 del Tratado. Sobre esta misma cuestión la Comisión Europea, en sus observaciones escritas a la Cuestión Prejudicial planteada por el Juzgado de Primera Instancia n.º 38 de Barcelona (sobre la nulidad del IRPH), apuntaba *"la elección del Reino de España de no incorporar al Derecho español el artículo 4, apartado 2, de la Directiva 93/13 es conforme con el artículo 8 de la misma, que autoriza a los Estados miembros a adoptar o mantener disposiciones más estrictas que garanticen un mayor nivel de protección a los consumidores"*. El Abogado General, pese a las críticas de algunos autores como SEGISMUNDO ÁLVAREZ[92], en sus conclusiones presentadas el 10 de septiembre de 2019 con motivo de la cuestión prejudicial del IPRH (Asunto C-125/18), con expreso tono reiterativo, vuelve a insistir en que ya el TJUE advirtió en la STJUE de 3 de junio de 2010 de la imposibilidad de abstenerse de apreciar el carácter abusivo de una cláusula contractual, redactada de manera clara y comprensible, referida al objeto principal del contrato, cuando esta disposición no ha sido transpuesta en el ordenamiento jurídico por el legislador nacional, explicitando que *"tal como se desprende de los autos remitidos al Tribunal de Justicia, la Ley 7/1998, no ha incorporado el artículo 4, apartado 2, al ordenamiento interno"*. En el epígrafe 91 de las referidas Conclusiones del Abogado General MACIEJ SZPUNAR de 10 de septiembre de 2019 da respuesta también a la consideración expuesta por el TS en su Sentencia de 18 de junio de 2012 y el Gobierno español en las que se trataba de defender la voluntad del legislador español había sido la de trasponer el art. 4.2 de la Directiva. MACIEJ SZPUNAR advierte que dichos razonamientos son contrarios a la jurisprudencia de del TJUE relativa a la trasposición de las Directivas, y en particular, a los principios de seguridad jurídica, de transparencia y de cooperación leal. Esto reabre nuevamente este espinoso debate, y como al día de hoy a quien favorece es a los consumidores, no es de extrañar que

---

[91] BALLUGERA GÓMEZ, C. "Luces y sombras del IRPH: análisis de la STS de 14 de diciembre de 2017" en Vlex n.º 165, febrero 2018.

[92] ÁLVAREZ, S. "Las dudas sobre la transparencia del índice IRPH y el discutible informe del Abogado General" en Diario La Ley n.º 9516, de 12 de noviembre de 2019.

el Gobierno de turno insuflado por los lobbies de costumbre, se apresure a una rápida reforma para parchear la Ley en ese sentido.

La tercera de las declaraciones de la STJUE de 3 de marzo de 2020 desciende a introducir el control de transparencia, advirtiendo que la cláusula IRPH no solo ha de satisfacer la comprensibilidad formal y gramatical, sino que ha de permitir a un consumidor medio, normalmente informado y razonablemente atento y perspicaz poder comprender el funcionamiento del modo de cálculo y valorar sus consecuencias económicas. El juzgador proponente de la cuestión prejudicial demandaba al TJUE su respuesta sobre si la entidad financiera debía informar al consumidor sobre el método de cálculo del índice, sobre su evolución en el pasado y su posible evolución futura. A esta cuestión el TJUE recuerda su doctrina relativa a la exigencia de transparencia, destacando que tiene una importancia fundamental para el consumidor disponer, antes de la celebración de un contrato, de información sobre las condiciones contractuales y las consecuencias de la celebración del contrato. En función, principalmente, de esa información el consumidor decide si desea quedar vinculado contractualmente adhiriéndose a las condiciones redactadas de antemano por el profesional (Sentencias de 21 de marzo de 2013, RWE Vertrieb, C-92/11, EU:C:2013:180, apdo. 44; de 30 de abril de 2014, Kásler y Káslerné Rábai, C-26/13, EU:C:2014:282, apdo. 70; de 21 de diciembre de 2016, Gutiérrez Naranjo y otros, C-154/15, C-307/15 y C-308/15, EU:C:2016:980, apdo. 50, y de 20 de septiembre de 2017, Andriciuc y otros, C-186/16, EU:C:2017:703, apdo. 48).

Y aquí, en esta tercera cuestión, está una de las claves para abordar en un futuro, en nuestros órganos judiciales nacionales, el carácter abusivo de la cláusula IRPH. De una parte, de acuerdo con la STJUE de 3 de marzo de 2020, el juez nacional deberá considerar si los elementos principales para el cálculo del tipo de interés son fácilmente asequibles a cualquier persona y si se proporcionó información sobre la evolución en el pasado en el pasado del índice en que se basa el cálculo de ese mismo tipo de interés.

En lo referido a la accesibilidad del consumidor para permitirle conocer los elementos principales relativos al cálculo del IRPH, el TJUE se alinea con las conclusiones expresadas por el Abogado General en los puntos 122 y 123 cuando señalaba que al figurar en la Circular 8/1990, publicada en el Boletín Oficial del Estado, ello posibilitaba a un consumidor razonablemente atento y perspicaz comprender que el referido índice se calculaba según el tipo medio de los préstamos hipotecarios a más de tres años para adquisición de vivienda, incluyendo así los diferenciales y gastos aplicados por tales entidades, y que, en el contrato de préstamo hipotecario en cuestión, ese índice se redondeaba por exceso a un cuarto de punto porcentual, incrementado en el 0,25 %. Sobre este particular, no nos refrenamos a compartir alguna reflexión. Por más que es cierto que este índice, al igual que los restantes de referencia oficial del mercado hipotecario anteriormente referidos, están publicados en el Anexo VIIII de la Circular 8/1990, de 7 de septiembre, —con sus sucesivas modificaciones— y que efectivamente consta publicado en el BOE n.º 226, de 20 de septiembre de 1990 —al margen de sus modificaciones operadas por la Circular 5/1994, de 22 de julio (BOE de 3 de agosto de 1994); Circular 7/1999, de 29 de junio (BOE de 10 de julio de 1999); Circular 1/2000 de 28 de enero (BOE de 10 de febrero de 2000)—, obviando espejismos alejados de la realidad social, lo cierto es que ni ningún consumidor medio hace un seguimiento del BOE a tal nivel, ni tampoco que por más que lo hubiera podido consultar hubiera sido capaz de interpretarlo. Basta transcribir el contenido del Anexo VIII, para que el lector –de formación jurídica y por tanto más cualificado que el consumidor medio para enfrentarse a la norma– perciba su dificultad interpretativa para un consumidor medio. Lo transcribimos a continuación.

Tipos de referencia oficiales del mercado hipotecario:

Definición y fórmula de cálculo

1. Tipo medio de los préstamos hipotecarios a más de tres años de bancos:

Se define como la media simple de los tipos de interés medios ponderados por los principales de las operaciones de préstamo con garantía hipotecaria de plazo igual o superior a tres años para adquisición de vivienda libre que hayan sido iniciadas o renovadas en el mes al que se refiere el índice por el conjunto de bancos.

Dichos tipos de interés medios ponderados serán los tipos anuales equivalentes declarados al Banco de España para esos plazos por el colectivo de bancos, de acuerdo con la norma segunda.

La fórmula de cálculo de dicho tipo será:

$$I_b = \frac{\sum i_b}{n_b}$$

Siendo:

I_b = La media de tipos de interés medios ponderados del conjunto de bancos.

i_b = El tipo medio ponderado de los préstamos de cada banco.

n_b = El número de bancos declarantes.

2. Tipo medio de los préstamos hipotecarios a más de tres años de cajas de ahorro:

Se define como la media simple de los tipos de interés medios ponderados por los principales de las operaciones de préstamo con garantía hipotecaria de plazo igual o superior a tres años para adquisición de vivienda libre que hayan sido iniciadas o renovadas en el mes al que se refiere el índice por el conjunto de cajas de ahorro.

Dichos tipos de interés medios ponderados serán los tipos anuales equivalentes declarados al Banco de España para esos plazos por el colectivo de cajas, de acuerdo con la norma segunda.

La fórmula de cálculo de dicho tipo será:

$$I_{ca} = \frac{\sum i_{ca}}{n_{ca}}$$

Siendo:

I_{ca} = La media de tipos de interés medios ponderados del conjunto de cajas de ahorro.

i_{ca} = El tipo medio ponderado de los préstamos de cada caja.

n_{ca} = El número de cajas declarantes.

3. Tipo medio de los préstamos hipotecarios a más de tres años del conjunto de entidades:

Se define como la media simple de los tipos de interés medios ponderados por los principales de las operaciones de préstamo con garantía hipotecaria de plazo igual o superior a tres años para adquisición de vivienda libre, que hayan sido iniciadas o renovadas en el mes a que se refiere el índice por los bancos, las cajas de ahorros y las sociedades de crédito hipotecario.

Dichos tipos de interés medios ponderados serán los tipos anuales equivalentes declarados al Banco de España para esos plazos por el colectivo de bancos y cajas de ahorro, de acuerdo con la norma segunda.

La fórmula de cálculo de dicho tipo será:

$$I_c = \frac{\sum i_b + \sum i_{ca}}{n_b + n_{ca}}$$

Siendo:

I_c = La media de los tipos de interés del conjunto de entidades.

i_b e i_{ca} = Los tipos de interés medios ponderados de cada banco y caja de ahorros, respectivamente.

n_b y n_{ca} = El número de bancos y cajas de ahorros declarantes.

4. Tipo activo de referencia de las cajas de ahorro.

(También conocido como "Indicador CECA, tipo activo".) Se define como el noventa por ciento, redondeado a octavos de punto, de la media simple correspondiente a la media aritmética eliminando los valores extremos de los préstamos personales formalizados mensualmente por plazos de un año a menos de tres años y a la media aritmética eliminando los valores extremos de los préstamos con garantía hipotecaria para adquisición de vivienda libre formalizados mensualmente por plazos de tres años o más.

Los tipos utilizados en el cálculo de las medias serán los tipos anuales equivalentes, ponderados por sus respectivos principales, comunicados por las cajas de ahorro confederadas al Banco de España, para cada una de esas modalidades de préstamo y esos plazos, en virtud de lo previsto en la norma segunda.

De no recibirse las comunicaciones de alguna caja confederada antes del día 20 de cada mes, respecto de las operaciones efectuadas en el mes anterior, se tomarán los datos del mes precedente de los que se disponga en relación con la misma, pero si no se contara con información dos meses consecutivos dicha caja se eliminará a efectos de los cálculos que deban realizarse, si bien será necesario para determinar el índice que exista información de un mínimo de cuarenta cajas de las que se haya recibido puntualmente información, o bien de un número de ellas que suponga, al menos, el cincuenta por ciento del sector en función del volumen de la rúbrica de débitos a clientes.

Las series de datos obtenidas se depurarán eliminando los valores extremos que se aparten de la media aritmética de la serie completa dos o más veces su desviación estándar (SD).

La fórmula de cálculo será:

$$X = \frac{\sum_{i=1}^{i=n} X_i}{n}$$

Siendo:

· X = La media aritmética.

· X_i = El dato correspondiente a cada entidad.

· n = Número de cajas de la muestra.

$$SD = \sqrt{\frac{\sum_{i=1}^{i=n} (X_i - \overline{X})^2}{n}}$$

Para el cálculo de la media aritmética depurada se excluirán aquellos datos para los que se verifique cualquiera de las dos condiciones siguientes:

$$X_i > \overline{X} + 2SD$$

$$X_i < \overline{X} - 2SD$$

5. Tipo de rendimiento interno en el mercado secundario de la deuda pública de plazo entre dos y seis años.

Se define como la media móvil semestral centrada en el último mes de los rendimientos internos medios ponderados diarios de los valores remitidos por el Estado materializados en anotaciones en cuenta y negociados en operaciones simples al contado del mercado secundario entre titulares de cuentas, con vencimiento residual entre dos y seis años.

El índice se calculará aplicando las fórmulas siguientes:

a) Para calcular el rendimiento interno electivo de cada operación realizada:

$$P_i = (1 + R_i)^{-1} \left[C \frac{1-(1+R_i)^{-N/M}}{1-(1+R_i)^{-1/M}} + A_i (1 + R_i)^{-(N-1)/M}\right]$$

b) El rendimiento interno medio ponderado diario se obtiene ponderando los rendimientos internos de cada operación por sus respectivos volúmenes nominales de negociación:

$$R = \frac{\sum_{i=1}^{i=M} R_i P_i}{\sum_{i=1}^{i=M} P_i}$$

c) El índice electivo se define como la media simple de los rendimientos internos medios ponderados diarios registrados en los seis meses precedentes al de la publicación:

$$I_e = \frac{\sum R}{t}$$

Siendo:

I_e = Índice electivo.

R = La media ponderada diaria, en tanto por ciento, de las tasas de rendimiento interno de las operaciones realizadas con todos aquellos valores que reúnan los siguientes requisitos:

a) Que sean valores emitidos por el Estado y materializados en anotaciones en cuenta, negociados en operaciones simples al contado en el mercado entre titulares de cuentas en la Central de Anotaciones.

b) Que sean valores con tipo de interés fijo.

c) Que sean valores contratados a tipos de mercado, eliminando aquellos que, por cualquier motivo, se cruzan a tipos muy diferentes.

d) Que el plazo residual del valor negociado esté comprendido entre dos y seis años. Si existe cláusula de amortización anticipada se tomará la primera fecha de vencimiento.

P_i = Precio total de la operación.

R_i = Tipo de rendimiento interno de cada operación.

C = Importe bruto de un cupón.

T = Tiempo en años (365 días) entre la fecha de liquidación y el primer cupón.

N = Número de cupones a pagar hasta la amortización.

M = Número de pagos de cupón por año.

A = Valor de amortización.

t = Número de días con negociación en el período considerado.

6. Tipo interbancario a un año (también conocido como tipo MIBOR a un año):

Se define como la media simple de los tipos de interés diarios a los que se han cruzado operaciones a plazo de un año en el mercado de depósitos interbancario, durante los días hábiles del mes natural correspondiente. No obstante, en los días hábiles en los que no se hayan cruzado operaciones a un año en el mercado de depósitos interbancario español se tomará como dato para calcular la media mensual el tipo de contado publicado por la Federación Bancaria Europea para las operaciones de depósitos en euros a plazo de un año, calculado a partir del ofertado por una muestra de Bancos para operaciones entre entidades de similar calificación (Euribor).

Para el cálculo del tipo de interés diario en el mercado interbancario español se tendrán en cuenta las siguientes reglas:

(i) De las operaciones cruzadas se excluyen las realizadas a tipos claramente alejados de la tónica general del mercado.

(ii) Los tipos diarios son, a su vez, los tipos medios ponderados por el importe de las operaciones realizadas a ese plazo durante el día.

(iii) El plazo de un año se define como el intervalo de trescientos cincuenta y cuatro a trescientos setenta y seis días.

(iv) La fórmula de cálculo es la siguiente:

a) Para el cálculo del tipo de interés diario ponderado en el mercado interbancario español:

$$R_d = \frac{\sum_{i=1}^{n} R_i \, . \, E_i}{\sum_{i=1}^{i=n} E_i}$$

b) Para el cálculo del tipo de depósitos interbancarios:

$$I_{DI} = \frac{\sum R_d}{t}$$

Siendo:

R_d = La media ponderada de los tipos de interés diarios, o la «Referencia interbancaria a un año», tal y como se define en el número 7 de este anexo, los días que no se hayan cruzado operaciones en el mercado español.

R_i = Los tipos de interés de cada una de las operaciones cruzadas.

E_i = El importe efectivo de cada operación.

n = Número de operaciones cruzadas en el día.

I_{DI} = El tipo MIBOR a un año.

t = El número de días hábiles en el mercado interbancario.

Siendo:

R_d = La media ponderada de los tipos de interés diarios, o la «Referencia interbancaria a un año», tal y como se define en el número 7 de este anexo, los días que no se hayan cruzado operaciones en el mercado español.

R_i = Los tipos de interés de cada una de las operaciones cruzadas.

E_i = El importe efectivo de cada operación.

n = Número de operaciones cruzadas en el día.

I_{DI} = El tipo MIBOR a un año.

t = El número de días hábiles en el mercado interbancario.

7. Referencia interbancaria a un año

Se define como la media aritmética simple de los valores diarios de los días con mercado de cada mes, del tipo de contado publicado por la Federación Bancaria Europea para las operaciones de depósito en euros a plazo de un año calculado a partir del ofertado por una muestra de bancos para operaciones entre entidades de similar calificación (EURIBOR).

Tras la lo observación de algunas de esta fórmulas no está de más recordar que la STJUE de 30 de abril de 2014, asunto Kásler, C-26/17, señala que la exigencia de transparencia también alcanza a la formulación aritmética de la cláusula en cuestión, esto es, que el profesional articule los criterios precisos y comprensibles que sean necesarios para que el consumidor medio pueda comprender los mecanismos aritméticos de la determinación de su tipo de interés y valorar sus consecuencias económicas sobre el contrato ofertado.

La mera inserción de la referencia a la Circular 8/1990 o la facilitación de la fórmula del índice, tal y como recoge el Abogado General en el apartado 129 de sus conclusiones –y que no es práctica extraña en muchos contratos de préstamo hipotecario–, no sería suficiente en absoluto para superar el principio de transparencia. Pero es que, en nuestra opinión –aunque subrayamos que este no parece ser el criterio que vaya a aplicarse–, la transcripción de su definición, tampoco permite por si misma superar el déficit de transparencia.

No obstante, más allá de la referencia o no a la Circular 8/1990, la cuestión nuclear para evaluar la transparencia versará sobre si se informó o no a los usuarios de cual había sido la evolución del IPRH durante los dos años anteriores a la celebración del contrato y el último valor disponible. Así se destaca tanto en el referido apartado 129 de las Conclusiones del Abogado General como en el apartado 54 de la STJUE de 3 de marzo de 2020 y en el propio apartado tercero del fallo. Trasladando estas exigencias a nuestro derecho interno, ha de recordarse que el art. 3 de la Orden Ministerial de 5 de mayo de 1994 sobre transparencia de las condiciones financieras de los préstamos hipotecarios al establecer el contenido mínimo del folleto informativo desarrollado en el Anexo I de la misma Orden exigía facilitar al consumidor la "*identificación del índice o tipo, indicándose su evolución durante, al menos, los dos últimos años naturales, así como el último valor disponible*". Nuestra experiencia hasta la fecha es no haber encontrado el cumplimiento de este último requisito elemental de transparencia en ninguno de los préstamos que nos han sido presentados.

Y ahondando en estos parámetros de valoración de la trasparencia, a ello, cabría añadir, como resalta MARTÍNEZ ESPÍN[93], si se ofreció su comparación con el Euribor, pues solo así el consumidor podrá conocer lo que supone elegir uno u otro índice. Desde luego, hay una obviedad incuestionable y es que ningún consumidor bien informado entre los distintos

[93] MARTÍNEZ ESPÍN, P. "La justicia europea deja en mano de los tribunales nacionales la declaración de nulidad del IRPH en aso de falta de transparencia" en http://centrodestudiosdecosumo.com, en marzo 2020.

índices aplicables hubiera optado por un índice que le va a encarecer su préstamo hipotecario durante los próximos treinta años de su vida. Esta idea subyace igualmente en el apartado 54 de la STJUE de 3 de marzo de 2020, cuando apunta:

"También resulta pertinente para evaluar la transparencia de la cláusula controvertida la circunstancia de que, según la normativa nacional vigente en la fecha de celebración del contrato sobre el que versa el litigio principal, las entidades de crédito estuvieran obligadas a informar a los consumidores de cuál había sido la evolución del IRPH de las cajas de ahorros durante los dos años naturales anteriores a la celebración de los contratos de préstamo y del último valor disponible. Tal información también puede dar al consumidor una indicación objetiva sobre las consecuencias económicas que se derivan de la aplicación de dicho índice y constituyen un término útil de comparación entre el cálculo del tipo de interés variable basado en el IRPH de las cajas de ahorros y otras fórmulas de cálculo del tipo de interés".

La introducción de elementos de comparación con otros índices, evoca sin lugar a dudas los razonamientos ya contenidos en la STS de 9 de mayo de 2013, cuando en su apdo. 296 f) apuntaba la *"inexistencia de advertencia previa clara y comprensible sobre el coste comparativo con otros productos de la propia entidad"*.

Este criterio ligado a los escenarios de simulación del índice IRPH con relación con el Euribor, ya era esbozado por la SAP de Salamanca, Sección 3.ª, de 31 de marzo de 2017:

"(...) este punto razona bien el Juzgador a quo cuando al referirse a la falta de información suficientemente clara de que se trataba de un elemento definitorio del objeto principal del contrato, hace alusión a que no hubo simulaciones de escenarios diversos relacionados con el comportamiento razonablemente previsible del tipo de interés IRPH en el momento de contratar, ni por ello información previa clara y comprensible sobre el coste comparativo con otras modalidades de préstamo de la propia entidad –caso de existir– o advertencia de que al concreto perfil de clientes no se les ofertaban las mismas.

Si, por ejemplo, Banco Popular Español, S. A., hubiese explicado a Marcelino y Luisa la diferencia entre varios índices, y hubiese mostrado gráficos sobre la forma de comportamiento del IRPH y del Euribor, pudiendo elegir aquellos entre uno y otro con las explicaciones oportunas, acaso habrían optado por el Euribor más un diferencial. Y, no se olvide, corresponde al Banco apelante acreditar que explicó a los clientes la cláusula que contiene el interés variable en tales condiciones y que les ofreció otras alternativas, o sea, que el índice IRPH no fue la única propuesta y que dentro del posible abanico pudieron elegir (...)".

El que la cláusula venga redactada de manera clara y comprensible no implica solamente que deba posibilitar el conocimiento de su contenido mediante la utilización de caracteres tipográficos legibles y una redacción comprensible, objeto del control de inclusión o incorporación [arts. 5.5 y 7 b) LCGC], supone, además, que no pueden utilizarse cláusulas que, pese a que gramaticalmente sean comprensibles y estén redactadas en caracteres legibles, impliquen subrepticiamente una alteración del objeto del contrato o del equilibrio económico sobre el precio y la prestación, que pueda pasar inadvertida al adherente medio.

Como se razonaba en el voto particular de la STS de 14 de diciembre de 2017, posteriormente corroborado por la STJUE de 3 de marzo de 2020, el consumidor medio puede conocer que, al igual que el interés variable, los índices de referencia pueden fluctuar. Pero no necesariamente puede conocer, sin la información adecuada, que no todos los índices fluctúan de igual forma a tenor de su configuración, ni tampoco su previsible comportamiento sin los escenarios de variación que se hayan producido. Información, junto a otra posible, que el profesional no suministró al consumidor pese a disponer de la misma. En particular, que, desde su aplicación, el IRPH-Entidades se ha mantenido en valores superiores a otros índices más usuales y conocidos por el consumidor medio, caso del Euribor.

No puede obviarse, en suma, que el IRPH de modo histórico ha venido presentando unos valores muy superiores al Euribor, como índice mayoritariamente empleado en los préstamos hipotecarios. Por tanto, esa superior retribución de intereses, requiere una especial acreditación por parte de las entidades financieras de cuáles fueron las razones que justificaron su predisposición.

Así las cosas, cabe colegir que el TJUE, sin bien concluye que la cláusula IRPH, no es abusiva per se, tal y como sucediera con la cláusula suelo, sí que puede llegar a serlo por falta de transparencia. Y esa falta de transparencia, acontecerá cuando la entidad financiera —a quien recordemos incumbe la carga de la prueba— no pueda probar que aportó los elementos básicos que conforman la composición del índice y que también facilitó al consumidor esa comparativa o gráficas de evolución de los escenarios pasados. Si no se han cumplido ambas exigencias, la cláusula deberá devenir nula por falta de transparencia. Sobre la valoración de la prueba, nos remitiremos, para un análisis más profundo al capítulo 7.7 de esta obra.

4.2.4. Epílogo. Sísifo y el IRPH: vuelta a Europa

La tragicomedia, debería haber finalizado con el tercer acto: el desenlace de la STJUE. A partir de ahí los tribunales nacionales ya deberían tener las pautas necesarias para el enjuiciamiento de los casos sometidos a su consideración. Cierto es que la STJUE de 3 de marzo de 2020, no fue todo lo explícita y contundente que hubiera sido deseable, pero no lo es menos que lo que no podría imaginar el jurisconsulto comunitario es la jaula de grillos en la que ha desembocado su fallo. Apenas dos meses después de conocerla, y con un estado de alarma de por medio que ha atenuado muy notablemente la práctica judicial, ya disponemos de una amplia gama de resoluciones abiertamente contradictorias. E incluso del anuncio de una nueva cuestión prejudicial —formulada con toda lógica y coherencia— por el mismo juzgador que la elevó primigeniamente a Luxemburgo.

La incertidumbre y falta de seguridad jurídica para los afectados, ya abatidos por la interminable pugna, no puede ser mayor. En esta fase inicial, de modo mayoritario se posicionan proclives a la nulidad por falta de transparencia los juzgados de instancia y algunas Audiencias Provinciales. En contra, la mayoría de las Audiencias Provinciales. Y de modo sorprendente, no ya porque entiendan que la cláusula es transparente, sino porque pese a los dictados del TJUE cuestionan aún la aplicación del propio principio de transparencia. En la anormalidad que vivimos, ha llegado al extremo de anunciarse por algún despacho, sin agotamiento de las vías de recurso procedentes, el inicio de actuaciones penales frente a los magistrados que componen las Salas de las Audiencias que han fallado favorablemente a la banca por entender aquellos que el dictado de estas sentencias, desoyendo la jurisprudencia del TJUE, pudiera incurrir en un presunto delito de prevaricación[94].

Con relación a esta querella, el ICAB ha manifestado el inicio de actuaciones informativas de oficio[95]. Desde luego, la situación actual ni es buena para los consumidores ni para la propia imagen de la Administración de Justicia, a quien estos episodios no hacen sino mellar aún más la maltrecha percepción que ya tiene ante la ciudadanía, incapaz de comprender su errático deambular y su parsimoniosa danza –trabada en sus pasos por la histórica carencia de medios materiales y humanos y las erróneas decisiones que han apuntado hacia la especialización de los juzgados para el conocimiento de las acciones referidas a condiciones generales incluidas en contratos de financiación con garantías reales inmobiliarias cuyo prestatario sea una persona física–.

Resoluciones Nulidad cláusula IRPH	**Resoluciones Validez cláusulas IRPH**
AAP Barcelona, S. 4.ª, 5-03-20	SAP Cáceres, S. 1.ª, 11-03-20
SAP Tarragona, S. 1.ª, 11-03-20	SAP Barcelona, S. 15.ª, 21-04-20; 24-04-20; 04-05-20
SSAP Málaga, S. 6.ª, 18-03-20; 21-04-20	SAP Sevilla, S. 5.ª, 23-04-20
SAP Álava, S. 1.ª, 14-05-20	SAP Alicante, S. 8.ª, 30-04-20
AAP Barcelona, S. 17.ª, 17-05-20	SAP Huelva, S. 2.ª, 4-05-20
S. J. 1.ª Instancia n.º 4 Burgos 4-03-20	SAP Granada, S. 3.ª, 11-05-20
SS. J. 1.ª Instancia n.º 6 Lleida 9-03-20	SAP Madrid, S. 28, 22-05-20 (Voto particular)
S. J. 1.ª Instancia n.º 6 Orihuela 13-03-20	
S. J. 1.ª Instancia n.º 2 Bis Jaén 13-03-20	
S. J. 1.ª Instancia n.º 2 Cornellá de Llobregat 16-03-20	
S. J. 1.ª Instancia n.º 4 Sanlúcar la Mayor 04-04-20	

[94] https://www.europapress.es/catalunya/noticia-icab-ve-inaceptable-querella-arriaga-asociados-contra-magistrados-estudia-caso-20200524120141.html.

[95] https://www.icab.es/?go=eaf9d1a0ec5f1dc58757ad6cffdacedb1a58854a600312cccabe27fca69cf fc36c5209235d8ca6dc6105e8d336765ee120654fe881e5a2fc55a2bd2743c2ec706848b7b190a03102.

S. J. 1.ª Instancia n.º 4 Guadalajara 08-04-20	
S. J. 1.ª Instancia n.º 4 Orense 16-04-20	
S. J. 1.ª Instancia n.º 17 Palma de Mallorca 20-04-20	
S. J. 1.ª Instancia n.º 4 Vigo 27-04-20	
S. J. 1.ª Instancia n.º 5 Zamora 19-05-20	
S. J. 1.ª Instancia n.º 1 San Cristóbal de la Laguna 20-05-20	

Nos enfrentamos, pues, a un epílogo de esta tragicomedia, en la que cual parece embarcarse nuevamente a los afectados al retorno a Europa. Así como Sísifo, el hijo de Eolo fuera condenado por los dioses al estéril y perpetuo trabajo de hacer rodar una piedra hasta la cima de la montaña para ver como después de su esfuerzo, rodaba hacia el otro lado de la cumbre anulando su tesón, así los usuarios desde hace años arrastran la condena del clamor y lamento perpetuo por la falta de transparencia ligada a la imposición del IRPH.

Al día siguiente de la STJUE de 3 de marzo de 2020, el Juzgado especializado de 1.ª Instancia n.º 4 de Buros, se pronunciaba a través de su Sentencia de 4 de marzo, de modo favorable a la estimación de la nulidad de la cláusula IRPH, aplicando a nuestro entender, con plena coherencia, los parámetros de transparencia expuestos por el TJUE y determinando la sustitución de dicho índice por el Euribor más el diferencial pactado. Tras la transcripción parcial de la STJUE de 3 de marzo, trasladando la doctrina del Tribunal Europeo al caso analizado, el juzgador concluye:

"*En el caso de autos, la cláusula 3 bis. 3 de la Escritura de Préstamo Hipotecario, evidencia ausencia de información detallada y pormenorizada, que no permite que un consumidor pueda llegar a comprender la forma de cálculo del índice de referencia adoptado ni del sustitutivo, aunque tales tipos de referencia estén legalmente permitidos; pues de la prueba practicada, no se acredita, correspondiendo la carga de la prueba a la entidad demandada, que ésta suministrara a la parte actora información específica relativa al alcance o funcionamiento de este tipo de referencia en virtud de la cual la actora pudieran valorar si le interesaba el préstamo con este tipo de referencia o un préstamo referenciado a Euribor, que era lo habitual en el momento de la constitución del préstamo con garantía hipotecaria, ni tampoco figura información sobre la evolución histórica del tipo de referencia, en comparación con el Euribor. En consecuencia, la entidad bancaria demandada no suministró información suficiente a los actores para que éstos pudieran comprende el alcance económico y jurídico de la cláusula. No se cuenta con la declaración de la actora, habiendo declarado el testigo que no recuerda la operación, ni si el IRPH en el momento de la formalización del préstamo era superior o inferior al Euribor. Y en la propia Oferta Vinculante, que no ha sido firmada por la demandante, figura el índice de referencia IRPH enmarañado en la cláusula Tercera.*

Por ello, procede declarar la nulidad por falta de transparencia de la cláusula pacto 3.º bis de la Escritura de Préstamo Hipotecario de fecha 2 de agosto de 2005".

También contrarias a la validez de la cláusula IRPH se pronuncian las Sentencias del Juzgado de 1.ª Instancia n.º 6 de Lleida, de 9 de marzo de 2020 (Sentencias números 214 y 227 dictadas por la Magistrada Laura Bueso Hernández). Con expresa invocación de la STJUE de 3 de marzo de 2020, aplica los parámetros de transparencia enunciados por el TJUE, concluyendo en su exégesis la necesaria nulidad de la estipulación. A ello, añade, como efecto de la nulidad, la sustitución por Euribor. Así es razonado:

"La Jurisprudencia europea, como ya se ha indicado, exige que para dar cumplimiento a las exigencias de buena fe y equilibrio amparadas en la Directiva 93/13/CEE en los contratos celebrados entre consumidor y profesional, el Bando o entidad financiera correspondiente debe facilitar información que facilite a un consumidor medio la comprensión de las consecuencias jurídicas y económicas que supone referenciar el interés variable de su préstamo hipotecario al índice de referencia IRPH. Y esta información, específicamente, alude a una explicación completa sobre el método de cálculo empleada para obtener tal índice de referencia, así como un estudio de la evolución que tal índice había tenido con anterioridad a la firma del contrato.

La testigo Sra. Costa —empleada de la entidad bancaria— depuso en Sala que conoce a los actores y recuerda que explicó la diferencia entre Euribor e IRPH, siendo decisión de los demandantes escoger uno u otro índice. Explica que en el momento de la firma ante notario se les volvió a explicar, y además, que se les entregó la oferta vinculante.

De la prueba practicada, no se ha probado si se explicó o no el método de cálculo y las consecuencias jurídicas de escoger como índice de referencia el IRPH. Si bien es cierto que la testigo manifestó que se explicó el producto, no aporta más detalle sobre la información facilitada. Por otro lado, no se solicitó por la demanda el interrogatorio de la actora, para poder valorar si la información facilitada permitió comprender la carga económica y jurídica del IRPH.

La demandada arma su defensa a la legalidad del IRPH por tratarse de un índice de referencia oficial, recogido en legislación nacional y controlado por el Banco de España. Sin embargo, y a pesar de lo anterior, como ha señalado el TJUE, debe de superar un control de transparencia material, el cual en el caso presente no se ha probado por el empresario.

Lo anteriormente expuesto, conduce a declarar la nulidad del pacto tercero bis de la escritura de préstamo litigiosa, en el cual se pactó que el índice de referencia aplicado para el cálculo de los intereses fuera el IRPH".

En Jaén, el Juzgado de 1.ª Instancia n.º 2 Bis, en Sentencia de 13 de marzo, tras un exhaustivo análisis de la cláusula IRPH, su forma de incorporación al contrato y el devenir de su periplo jurisprudencial hasta el TJUE determina su nulidad por la falta de información adecuada al prestatario. En este caso particular no solo se achaca la falta de transparencia en el sentido de no haber ofrecido información que permitiera un conocimiento de las consecuencias económicas de la imposición de la cláusula, sino que también se declara su nulidad por falta de incorporación al no haber acreditado la entidad la puesta a disposición previa de la documentación elemental –oferta vinculante–:

"Así, si le hubiera proporcionado la entidad bancaria dicha información al prestatario este hubiera podido concluir que el índice IRPH Entidades e IRPH Cajas se trataba de un índice que siempre se había encontrado por encima del Euribor.

SEXTO. En el presente caso, partiendo de los requisitos antes expuestos, no ha quedado acreditado que la entidad bancaria entregara al cliente un folleto informativo, estando el certificado de concesión protocolizado en la escritura, sin embargo no hay acreditación alguna de que la parte demandada entregara al cliente con tres días de antelación una oferta vinculante.

No se puede tener cumplido el deber de información por la entidad bancaria al no existir prueba alguna del tipo de información que se le facilitó, por qué empleado de la entidad bancaria, en cuantas visitas se materializó el acuerdo y los términos del contrato, si hubo algún tipo de negociación de alguna de sus cláusulas, si se le realizaron ejercicios de simulación comparativos con distintos índices de referencia de tipos de interés, de tal manera que los clientes pudieran conocer las consecuencias económicas que iba a tener.

Sin que la intervención notarial en el otorgamiento de la escritura pública suple la falta de negociación individual, siendo un hecho notorio que las escrituras de préstamos se redactan conforme a las minutas que facilitan las entidades de crédito, haciéndolo así constar expresamente en la escritura.

De la prueba practicada, no ha quedado acreditado que la parte actora, previamente a la celebración del contrato de préstamo hipotecario hubiera podido tener un cumplido conocimiento de las cláusulas incorporadas al préstamo hipotecario por lo que no superan el control de incorporación siendo el comportamiento de la entidad financiera contrario a lo previsto en los artículos 1.256 y 1.258 CC y 57 CCom., lo que ha provocado error en el consentimiento siendo evidente que su actuación contraria a las reglas de buena fe y lealtad contractual que deben inspirar y presidir la negociación contractual, por lo que procede la declaración de nulidad de las cláusula tercera bis, en cuanto al tipo de interés de referencia.

En resumen, debe concluirse que no se le suministró al prestatario toda información que le permitiera conocer de forma objetiva las consecuencias económicas que se derivaban de la aplicación de dicho índice y que constituían un término útil de comparación entre el cálculo del tipo de interés variable basado en el IRPH entidades y otras fórmulas de cálculo del tipo de interés. Por lo expuesto, procede declarar que la cláusula impugnada no supera el doble control exigido por la jurisprudencia".

Con motivo de la ejecución hipotecaria instada por BBVA y la reconvención formulada por el demandado, el Juzgado de 1.ª Instancia n.º 2 de Cornellá de Llobregat, a través de su Sentencia de 16 de marzo de 2020, resuelve sobre el carácter abusivo de media docena de condiciones entre las que se encontraba la cláusula IRPH, siguiendo los dictados de la STJUE de 3 de marzo de 2020:

"No parece que haya sido una cláusula negociada individualmente y por tanto, debe considerarse que tiene tal cualidad de condición general, en tanto que reúne todos y cada uno de los requisitos necesarios para su calificación como tal.

Cabe destacar, asimismo, la especial complejidad y dificultad que presenta este índice IRPH tanto al tenor de su fórmula matemática de cálculo, como por su peculiar configuración (incluye comisiones y además gasto del cliente, y se calcula por una media no ponderada) presenta una complejidad de compresión para el consumidor medio que lo hace idóneo como elemento o componente susceptible del control de transparencia y, por tanto, de las exigencias derivadas para el profesional de facilitar, activamente, una información adecuada y comprensible de su aplicación y funcionamiento en el contrato de préstamo ofertado.

El profesional que configura condiciones generales que inciden sobre elementos esenciales se le exige un plus de información, o de exigencia de transparencia, que permita al consumidor adoptar su decisión de contratar con pleno conocimiento de la carga jurídica y económica que les supondrá concertar el contrato, sin necesidad, desde la asimetría de información existente, de realizar por el mismo un análisis minucioso y pormenorizado del contrato. De ahí que esta exigencia comporte que el elemento que presenta cierta complejidad sea objeto de una información principal y comprensible en la formación y perfección del contrato.

En el caso de autos no se considera acreditado que la entidad financiera demandada facilitara información específica o adicional al consumidor relativa al alcance y funcionamiento concreto de este índice de referencia en el marco del contrato de préstamo ofertado, tanto en la fase precontractual, como en las fases de perfección y ejecución del contrato.

(...)

Tal y como considera razonable la STJUE de 3 de marzo de 2020, en el supuesto que nos ocupa, de la documental aportada a las actuaciones no se desprende que la entidad financiera demandada haya informado a los consumidores de cuál había sido la evolución del IRPH durante los dos años naturales anteriores a la celebración de los contratos de préstamo y del último valor disponible. Tal información hubiera podido dar al consumidor una indicación objetiva sobre las consecuencias económicas que se derivan de la aplicación de dicho índice y constituye un término útil de comparación entre el cálculo del tipo de interés variable basado en el IRPH y otras fórmulas de cálculo del tipo de interés.

Así pues, y en el caso de autos, no se considera que para cumplir con la exigencia de transparencia de una cláusula contractual que fija un tipo de interés variable en un contrato de préstamo hipotecario, dicha cláusula no solo debe ser comprensible en un plano formal y gramatical, sino también permitir que el consumidor medio, normalmente informado y razonablemente atento y perspicaz, esté en condiciones de comprender el funcionamiento concreto del modo de cálculo del referido tipo de interés y de valorar así, basándose en criterios precisos y comprensibles, las consecuencias económicas, potencialmente significativas, de dicha cláusula sobre sus obligaciones financieras.

En atención a lo expuesto procede declarar la nulidad de la cláusula de IRPH adoptado en el préstamo de litis y de su sustitutivo, por incumplimiento de la normativa comunitaria sobre transparencia en los términos expuestos, de conformidad con la STUJE de 3 de marzo de 2020".

Asume igualmente la doctrina del TJUE la Sentencia del Juzgado de 1.ª Instancia n.º 4 de Sanlúcar La Mayor de 14 de abril de 2020, con declaración de la nulidad de la cláusula IRPH:

"Esta cuestión ha resultado muy discutida en los últimos años, dadas las particularidades de la Cláusula IRPH. Sin embargo, la STJUE de 3 de marzo de 2020, dictada en el caso Gómez del Moral Guasch (C-125/18), ha venido a zanjar esta discusión. El TJUE declara en dicha Sentencia que la cláusula de un contrato de préstamo hipotecario celebrado entre un consumidor y un profesional, en virtud de la que el tipo de interés que pagará el consumidor varía en función del índice de referencia basado en los préstamos hipotecarios de las cajas de ahorros, índice que está previsto en la normativa nacional, está comprendido en el ámbito de aplicación de la Directiva 93/13/CEE, «cuando esa normativa no establezca ni la aplicación imperativa del índice en cuestión con independencia de la elección de las partes en el contrato ni su aplicación supletoria en el supuesto de que las partes no hayan pactado otra cosa».

Esto se explica porque esa cláusula no refleja disposiciones legales o reglamentarias de carácter imperativo, a efectos del artículo 1, apartado 2, de la Directiva 93/13/CEE.

Procede, por tanto, efectuar los controles de transparencia. La Sentencia del TS de 9 de mayo de 2013, desarrolla una serie de parámetros orientativos. Se trata de unos indicios que, de concurrir, pueden permitir apreciar esa compresión real del consumidor de que la cláusula controvertida forma parte del precio (elemento esencial del contrato) y su trascendencia económica. Y es que en definitiva, debe verificarse si el consumidor comprende la cláusula incluida en el contrato en cuestión.

Los criterios que señala el TS pueden resumirse, entre otros, en aspectos tales como que 1) La transparencia material en contratos de consumo se refiere al control de la existencia de un información suficientemente clara que permita la comprensibilidad real de la importancia de la cláusula en el desarrollo razonable del contrato; que el adherente conozca o pueda conocer con sencillez tanto la «carga económica» que realmente supone para él el contrato celebrado, esto es, la onerosidad o sacrificio patrimonial realizado a cambio de la prestación económica que se quiere obtener. 2) Que la información suministrada permita al consumidor percibir que se trata de una cláusula que define el objeto principal del contrato, que incide o puede incidir en el contenido de su obligación de pago y tener un conocimiento real y razonablemente completo de cómo juega o puede jugar en la economía del contrato. 3) Que no esté enmascarada entre informaciones abrumadoramente exhaustivas que, en definitiva, dificultan su identificación y proyectan sombras sobre lo que considerado aisladamente sería claro. 4) Si existen simulaciones de escenarios diversos relacionados con el comportamiento razonablemente previsible del tipo de interés en el momento de contratar. 5) Si hay información previa clara y comprensible sobre el coste comparativo con otras modalidades de préstamo de la propia entidad -caso de existir- o advertencia de que al concreto perfil de cliente no se le ofertan las mismas. 6) Que se haya informado perfectamente del comportamiento previsible del índice de referencia cuando menos a corto plazo. 7) Si, pese a tratarse de una cláusula definitoria del objeto principal del contrato, se le da un tratamiento impropiamente secundario, en el sentido de no llegar a afectar de manera directa a las preocupaciones inmediatas del prestatario, lo que incide en falta de claridad de la cláusula, al no ser percibida por el consumidor como relevante al objeto principal del contrato.

En la Sentencia de 3 de marzo de 2020, el TJUE aborda de nuevo la cuestión de las facultades de los jueces nacionales a la hora de comprobar la transparencia de una cláusula que se refiera al objeto principal del contrato. El artículo 4, apartado 2, de la Directiva 93/13/CEE establece que la apreciación del carácter abusivo de las cláusulas no se referirá entre otros, a la definición del objeto principal del contrato, siempre que dichas cláusulas se redacten de manera clara y comprensible. El TJUE ha destacado a ese respecto que las cláusulas contractuales deben siempre cumplir el requisito de la redacción clara y comprensible, insistiendo en que «la referida exigencia se ha de entender como la obligación no solo de que la cláusula considerada sea comprensible para el consumidor en un plano formal y gramatical, sino también de que posibilite que el consumidor medio, normalmente informado y razonablemente atento y perspicaz, esté en condiciones de comprender el funcionamiento concreto del modo de cálculo de dicho tipo de interés y de valorar así, basándose en criterios precisos y comprensibles, las consecuencias económicas, potencialmente significativas, de tal cláusula sobre sus obligaciones financieras».

Es preciso, en definitiva, realizar el ya clásico doble control de transparencia, formal, y material.

En el presente caso, la simple lectura de la Cláusula IRPH permite concluir que su redacción es concreta, sencilla y comprensible. Se da, por tanto, transparencia formal en su incorporación.

A la hora de analizar si se da transparencia material, es preciso analizar los aspectos controvertidos planteados por la entidad demandada.

(...)

Dicho lo cual, analizando específicamente si se da transparencia material en la cláusula controvertida, se llega a la conclusión de que concurren algunos de los parámetros fijados por el TS para determinar la falta de transparencia. Así:

1) La Cláusula se sitúa junto a otras informaciones o condiciones contractuales que dificultan su identificación y la conciencia de su trascendencia;

2) Ello conduce a afirmar que la parte demandante puede tener dificultades para percibir que se trataba de una cláusula que define el objeto principal del contrato y que incide directamente en la obligación de pago;

3) La documentación que consta en autos no permite acreditar que la entidad demandada informara de forma bastante y clara al consumidor al suscribirse el contrato sobre el contenido y finalidad de la cláusula IRPH;

4) Tampoco consta en la escritura mención al hecho de que se llevara a cabo la práctica de simulaciones de escenarios diversos, relacionados con el comportamiento razonablemente previsible del tipo de interés en fase precontractual, ni la práctica de advertencias claras, precisas y comprensibles sobre el coste comparativo con otros productos de la propia entidad.

Tal y como considera razonable la STJUE de 3 de marzo de 2020, de la documental aportada a las actuaciones no se desprende que la entidad financiera demandada haya informado a los consumidores de cuál había sido la evolución del IRPH durante los dos años naturales anteriores a la celebración de los contratos de préstamo y del último valor disponible.

Tal información hubiera podido dar al consumidor una indicación objetiva sobre las consecuencias económicas que se derivan de la aplicación de dicho índice y constituye un término útil de comparación entre el cálculo del tipo de interés variable basado en el IRPH y otras fórmulas de cálculo del tipo de interés.

5) No se utiliza la expresión abreviada IRPH, siglas que más allá de su reciente popularidad, distaban de ser conocidas para el ciudadano medio en este país; 6) Tampoco se define con precisión dicho índice de referencia, sino que nos encontramos ante una cláusula que establece que la definición de ese índice está en una Circular, es decir, es una cláusula con remisión normativa. La remisión normativa no es considerada válida como información precontractual o contractual por la jurisprudencia, puesto que el contrato ha de contener perfectamente definidos los elementos del mismo y las fórmulas de cálculo, especialmente los elementos esenciales;

7) Además, no consta prueba que acredite que la entidad demandada cumplió debida y suficientemente con su obligación de información sobre la cláusula en cuestión a la parte demandante. Así resultó de la prueba practicada, en particular, de las manifestaciones de Armando, el profesional que trabajaba en la entidad bancaria, y que asistió a la parte demandante para la suscripción del préstamo. El testigo reconoció no haber explicado a los clientes cómo funcionaba la referida clausula, y afirmó no recordar si explicó o no las características del IRPH.

Así pues, no se considera que la Cláusula IRPH supere en el presente caso el doble control de transparencia. Ello conlleva que los demandantes, como consumidor medios, «normalmente informado y razonablemente atento y perspicaz», no estaban en condiciones de comprender el funcionamiento concreto del modo de cálculo del referido tipo de interés y de valorar así, basándose en criterios precisos y comprensibles, las consecuencias económicas, potencialmente significativas, de dicha cláusula sobre sus obligaciones financieras.

En conclusión, la valoración conjunta de todas las circunstancias expuestas impone apreciar la falta de transparencia y consecuente nulidad la Cláusula IRPH contenida en el contrato. Ello de conformidad con lo dispuesto en los artículos 5, 7 y 8 de la Ley de Condiciones Generales de la Contratación".

A favor de la tesis de la nulidad de la cláusula IRPH por falta de transparencia, se decanta también el Juzgado de 1.ª Instancia n.º 17 de Palma de Mallorca, en Sentencia de 20 de abril de 2020. La juzgadora de instancia, realiza un examen profundo y detallado de la evolución del conflicto del IRPH desde su inicio en Álava hasta la resolución del TJUE —llama positivamente una vez más la atención el estudio y motivación de los juzgadores de instancia frente a la mayor *ligereza* de algunas resoluciones de Audiencias–. Tras esa completa exposición, concluye:

"No se utilizó la expresión abreviada IRPH, siglas que más allá de su reciente popularidad a través de la difusión en los medios de comunicación de la cuestión prejudicial elevada ante el TJUE, distaban de ser conocidas para el ciudadano medio en este país, no obstante tampoco se define con precisión dicho índice de referencia, sino que nos hallamos ante una cláusula que establece que la definición de ese índice está en una Circular, es decir, es una cláusula con remisión normativa, no considerada válida como información precontractual o contractual por pacífica jurisprudencia, ya que se obliga a que el contrato contenga perfectamente definidos los elementos del mismo y las fórmulas de cálculo, especialmente los elementos esenciales y las cláusulas complejas u oscuras, sin que sea válida la remisión normativa para que sea el consumidor el que se informe del funcionamiento de dicha cláusula mediante su propia búsqueda de información, fuera del contrato.

Cabe destacar asimismo, la especial complejidad y dificultad que presenta este índice IRPH tanto al tenor de su fórmula matemática de cálculo, como por su peculiar configuración (incluye comisiones y además gasto del cliente, y se calcula por una media no ponderada) presenta una complejidad de compresión para el consumidor medio que lo hace idóneo como elemento o componente susceptible del control de transparencia y, por tanto, de las exigencias derivadas para el profesional de facilitar, activamente, una información adecuada y comprensible de su aplicación y funcionamiento en el contrato de préstamo ofertado.

El profesional que configura condiciones generales que inciden sobre elementos esenciales se le exige un plus de información, o de exigencia de transparencia, que permita al consumidor adoptar su decisión de contratar con pleno conocimiento de la carga jurídica y económica que les supondrá concertar el contrato, sin necesidad, desde la asimetría de información existente, de realizar por el mismo un análisis minucioso y pormenorizado del contrato. De ahí que esta exigencia comporte que el elemento que presenta cierta complejidad sea objeto de una información principal y comprensible en la formación y perfección del contrato.

Para cumplir con esta exigencia de información el profesional puede recurrir a diversos parámetros de compresibilidad del elemento en cuestión, sin que, en principio, haya un listado taxativo o jerárquico de los mismos. Sin embargo la STJUE de 20 de septiembre de 2017 (en un supuesto de hipoteca multidivisa), con relación a la compresión de estos mecanismos que versan sobre una operativa financiera, caso de la variación en el tipo de cambio de una divisa, pero también de la aplicación de un índice de referencia, resalta el deber del profesional de proporcionar los posibles escenarios que comporte la aplicación de dichos mecanismos.

En el caso de autos no se considera acreditado que la entidad financiera demandada facilitara información específica o adicional al consumidor relativa al alcance y funcionamiento concreto de este índice de referencia en el marco del contrato de préstamo ofertado, tanto en la fase precontractual, como en las fases de perfección y ejecución del contrato.

Este parámetro resulta relevante en el presente caso, en donde el profesional, sin duda, conocía la peculiar configuración de este índice, así como el carácter residual de su utilización, pues más del 80 % de los préstamos hipotecarios ya venían en el año en el que se concertó el préstamo, referenciados al Euríbor como índice aplicable. Con lo que el plus o exigencia de transparencia era mayor en estos casos, pues debe recordarse que las variaciones del Euríbor, desde el año 2000, fueron objeto de difusión periódica por los canales televisivos y la prensa en general, por lo que el consumidor medio tenía mejor acceso y estaba más familiarizado con el alcance de este índice de referencia que con el IRPH.

El consumidor medio puede conocer que, al igual que el interés variable, los índices de referencia pueden fluctuar. Pero no necesariamente puede conocer, sin la información adecuada, que no todos los índices fluctúan de igual forma a tenor de su configuración, ni tampoco su previsible comportamiento sin los escenarios de variación que se hayan producido. Información, junto a otra posible, que el profesional no suministró al consumidor pese a disponer de la misma. En particular, cabe destacar que desde su aplicación, el IRPH se ha mantenido en valores superiores a otros índices más usuales y conocidos por el consumidor medio, como el EURIBOR.

Además se constata que en el caso de litis no se considera acreditado que se informara al consumidor de las circunstancias concretas del modo de cálculo y de la posibilidad que tenían las Cajas o entidades financieras de influir sobre dicho cálculo. En concreto la documental aportada a autos no arroja información de que el IRPH se calculaba a partir de los datos facilitados por las mismas entidades financieras cada mes; de que el IRPH se calcula como media simple, con el mismo peso de todas las entidades (IRPH sectorial), con independencia del volumen de préstamos concedidos. Por ello, si una entidad por haber incrementado un mes los tipos de interés o comisiones, perdía cuota de mercado, no variaba su representatividad en el IRPH. Por lo tanto, a menos entidades financieras, más influencia en el IRPH de las que quedan y, por consiguiente, cualquiera podía influir en el resultado del IRPH incrementado los intereses o las comisiones que aplicaba en el mes en cuestión. Tampoco se considera acreditado que informara al consumidor que el dato que proporcionaba la entidad bancaria o caja de ahorros para obtener la media aritmética del IRPH lo era con el TAE con comisiones y gastos.

Asimismo, y desde el punto de vista de la publicidad que solía acompañar la utilización de este índice de referencia, cabe destacar que era habitual publicitar el IRPH al cliente como un índice menos volátil, más seguro y más estable que el euríbor, por lo que también parece razonable, en opinión de esta Juzgadora que debe exigirse a la entidad financiera, haber facilitado con carácter precontractual la exhibición de las diferentes gráficas, extraídas con datos del Banco de España y conocidas entonces por la entidad profesional, a las efectos de dar a conocer la evolución de uno (IRPH) y otro tipo (EURÍBOR) al consumidor, así como la realización de simulaciones en diferentes contextos alcistas y bajistas de cada uno de los índices de referencia, a los efectos de que el consumidor pudiera tener una exacta información del coste jurídico y económico que conllevaba acogerse a uno u otro índice de referencia.

Todos estos datos, además de su fórmula de cálculo matemático, que también es parte de su comprensibilidad, abocan a que pudiera tratarse de un índice complejo en su conjunto, lo que debería determinar por parte de la entidad financiera un plus de información y publicidad, justamente por afectar a un elemento esencial del contrato.

Añadiéndose un plus en la transparencia para nuestro derecho al no transponer el art. 4.2 de la Directiva. Es decir, el nivel de protección debe ser más elevado que el de la propia Directiva 93/13/CEE.

No comparte este Juzgadora la opinión del TS en su mencionada sentencia de 14 de diciembre de 2017 de que esta información del coste comparativo en una evolución de tiempo razonable (dos años antes de la celebración del contrato, tal y como señala la STJUE de 3 de marzo de 2020), mediante exhibición de gráficos y realización de simulaciones que evidenciaran y cuantificaran que si el IRPH evolucionaba más desfavorablemente que el EURIBOR, tal circunstancia perjudicaría y en qué medida concreta al prestatario, si pese a los distintos márgenes, el resultado era superior, sea «una obviedad», «ya que resulta evidente que siempre que existen varios índices oficiales, los prestatarios cuyos préstamos estén referenciados al índice que en el futuro se comporte mejor (en el sentido de que baje más o suba menos) saldrán ganando, y los que lo estén al índice que evolucione peor, saldrán perdiendo. Como ocurre con los préstamos fijos: si el índice al que está referenciado el préstamo a interés variable más el diferencial baja por debajo del tipo fijo, los prestatarios que hayan optado por éste saldrán perdiendo; si ocurre lo contrario, saldrán ganando».

No parece que esta simplista comparación realizada por el TS en la citada sentencia sea acertada ni afortunada, ya que resulta evidente que no nos encontramos ante supuestos de similar complejidad y facilidad de entendimiento para el «consumidor medio, normalmente informado y razonablemente atento y perspicaz». Máxime si tenemos en cuenta que era habitual que el diferencial del IRPH fuera inferior al del EURIBOR, elemento que, en opinión de esta Juzgadora, contribuía más a generar en el consumidor la expectativa de que el IRPH no solo era un índice de referencia más «seguro y estable» sino más «barato» por tanto con menor coste económico en su préstamo hipotecario.

Tal y como considera razonable la STJUE de 3 de marzo de 2020, en el supuesto de litis, de la documental aportada a las actuaciones no se desprende que la entidad financiera demandada haya informado a los consumidores de cuál había sido la evolución del IRPH durante los dos años naturales anteriores a la celebración de los contratos de préstamo y del último valor disponible. Tal información hubiera podido dar al consumidor una indicación objetiva sobre las consecuencias económicas que se derivan de la aplicación de dicho índice y constituye un término útil de comparación entre el cálculo del tipo de interés variable basado en el IRPH y otras fórmulas de cálculo del tipo de interés.

Así pues, y en el caso de autos, no se considera que para cumplir con la exigencia de transparencia de una cláusula contractual que fija un tipo de interés variable en un contrato de préstamo hipotecario, dicha cláusula no solo debe ser comprensible en un plano formal y gramatical, sino también permitir que el consumidor medio, normalmente informado y razonablemente atento y perspicaz, esté en condiciones de comprender el funcionamiento concreto del modo de cálculo del referido tipo de interés y de valorar así, basándose en criterios precisos y comprensibles, las consecuencias económicas, potencialmente significativas, de dicha cláusula sobre sus obligaciones financieras.

En atención a lo expuesto procede declarar la nulidad de la cláusula de IRPH adoptado en el préstamo de litis y de su sustitutivo, por incumplimiento de la normativa comunitaria sobre transparencia en los términos expuestos, de conformidad con la STUJE de 3 de marzo de 2020".

La Sentencia del Juzgado de 1.ª Instancia n.º 1 de San Cristóbal de la Laguna de 20 de mayo de 2020, reprocha la ausencia de explicaciones previas a la entidad y sanciona con ello por falta de transparencia con la nulidad de la cláusula IRPH:

"En el presente caso, no se ha probado por la demandada, que la parte actora hubiera realizado negociaciones previas con el banco, ni que se le explicara la diferencia entre el índice de referencia Euribor ni IROH, así como la evolución anterior de este. Si tenemos en cuenta la inversión de la carga de la prueba del artículo 82.2 del texto refundido de la Ley General para la Defensa de los Consumidores y Usuarios, por la que se impone la carga de la prueba sobre una posible negociación e información al empresario, nada se ha aprobado sobre la información previa facilitada al prestatario.

La jurisprudencia europea, como ya se ha indicado, exige que para dar cumplimiento a las exigencias de buena fe y equilibrio amparadas en la Directiva 93/13 en los contratos celebrados entre consumidor y profesional, el Banco o entidad financiera correspondiente debe facilitar información que facilite a un consumidor medio la comprensión de las consecuencias jurídicas y económicas que supone referenciar el interés variable de su préstamo hipotecario al índice de referencia IRPH. Y esta información, específicamente, alude a una explicación completa sobre el método de cálculo empleado para obtener tal índice de referencia, así como un estudio o evolución que tal índice había tenido con anterioridad a la firma del contrato.

La demandada arma su defensa a la legalidad del IRPH por tratarse de un índice de referencia oficial, recogido en la legislación nacional y controlado por el Banco de España. Sin embargo, y a pesar de lo anterior, como ha señalado el TJUE, debe superar un control de transparencia material, el cual en el presente caso no se ha probado por la entidad bancaria.

Lo anteriormente expuesto, conduce a declarar la nulidad del pacto tercero bis de la escritura litigiosa, en el cual se pactó que el índice de referencia aplicado para el cálculo de los intereses fuera el IRPH en conjunción con el redondeo".

Y en suma, así se han ido sucediendo los pronunciamientos de los Juzgados de Instancia tras la STJUE de 3 de marzo de 2020, como también expresan las Sentencias dictadas por el Juzgado de 1.ª Instancia n.º 4 de Guadalajara de 8 abril de 2020; Juzgado de 1.ª Instancia n.º 4 de Orense de 16 de abril de 2020; Sentencia del Juzgado de 1.ª Instancia n.º 4 de Vigo de 27 de abril de 2020; Sentencia del Juzgado de 1.ª Instancia n.º 5 de Zamora de 19 de mayo de 2020; o la Sentencia del Juzgado de 1.ª Instancia n.º 1 de San Cristóbal de la Laguna de 20 de mayo de 2020, entre tantas otras.

A nivel de Audiencias Provinciales, hasta el momento, se han manifestado proclives a la nulidad de la cláusula IRPH, las Audiencias Provinciales de Barcelona, Sección 4.ª Y 17.ª; Tarragona, Sección 1.ª; Málaga, Sección 6.ª; y Álava, Sección 1.ª.

La Audiencia Provincial de Barcelona, a través de su Sección 4.ª, en Auto datado el 5 de marzo de 2020, en el proceso de ejecución hipotecaria instado por BBVA, atendiendo también a los parámetros apuntados por el Abogado General que se vieron posteriormente plasmados en la STUE, declara la nulidad de la cláusula IRPH, ordenando su sustitución por Euribor más el diferencial de 1 punto pactado en el contrato, por falta de transparencia. Así se expresaba la Sala:

"(...) no hemos de perder de vista que el índice IRPH es de utilización absolutamente minoritaria (en comparación con el Euribor), según se pone de relieve en la propia sentencia del Tribunal Supremo y, además, es notorio. Pues bien, siendo así, una mínima exigencia de lealtad obligaba al Banco a exponer al cliente en qué consistía el índice de implantación abrumadoramente mayoritaria y el que proponía para el contrato (sin perjuicio de que no ofreciera el Euribor, si no quería) y cuál era la evolución de los mismos en los últimos años (especialmente cuando es tan notorio que sus caminos han sido muy diversos).

El no actuar en esa forma ha permitido al Banco disimular la imposición de un interés mucho más elevado (por lo menos a tiempo presente, pues a largo plazo se desconoce la evolución de ambos índices) bajo la apariencia de un primer interés nominal fijo para el primer período del préstamo.

Es posible que el diferencial compense la diferente evolución de los índices, pero, como decimos, en este momento no estamos efectuando un análisis del contenido de la cláusula, sino de la forma en que se introdujo en el contrato, con ocultación de las características más importantes que interesaban al cliente.

4. Por todo ello, entendemos que la cláusula resulta nula por la omisión de la necesaria y mínima información a facilitar por el Banco para que el cliente se formara, sin necesidad de un análisis pormenorizado y profundo del contrato, una imagen fidedigna de la carga económica que asumía.

Como cláusula nula, debe excluirse del contrato, y en su lugar debe aplicarse el índice del Euribor con el diferencial pactado en el contrato".

En la misma AP de Barcelona, su Sección 17.ª, con motivo de otra ejecución hipotecaria, ha concluido en Auto de 18 de mayo de 2020 el carácter abusivo de la cláusula IRPH por falta de transparencia. La Sala, tras recopilar la doctrina del TS y la posterior del TJUE determina:

"Por tanto, no tratándose de una norma imperativa la que faculta a las entidades bancarias a estipular dicho tipo de interés, es dable el examen del control de transparencia de dicha cláusula y no consta acreditado que se suministrara a la parte prestamista, entre otros extremos, información sobre la evolución en el pasado del índice en el que se basa el cálculo de este tipo de interés.

Por consiguiente, dicha cláusula adicional que estipula el IRPH a los efectos de revisión del tipo pactado debe reputase abusiva y, de suyo, nula".

El 11 de marzo de 2020, se pronunciaban dos Audiencias Provinciales con resoluciones contrapuestas: Cáceres, que se mantiene sosteniendo la validez de la aplicación del IRPH —que abordaremos más adelante— y Tarragona, que se replantea su doctrina a la luz de la STJUE de 3 de marzo y declara su nulidad. La Audiencia Provincial de Tarragona, a través de su Sección 1.ª, en su referida Sentencia de 11 de marzo de 2020, toma sin embargo nota de las directrices apuntadas por el TJUE y vira en su doctrina anterior, apartándose del anterior criterio del TS para adecuar su fallo a las pautas del TJUE. El esfuerzo motivador es indudablemente muy superior:

"Esta Sala venía manteniendo de manera reiterada, en sintonía con la STS 669/2017, de 14 de diciembre, la validez de los intereses variables de los préstamos y créditos hipotecarios referenciados al IRPH, pero a la vista de la respuesta que ha ofrecido el TJUE a la cuestión prejudicial que le fue planteada por un Juzgado de 1.ª Instancia de Barcelona en su sentencia de 3 marzo 2020, Marc Gómez y Bankia (Asunto C-125/18), debemos replantearnos la cuestión para verificar, de acuerdo con los criterios de transparencia extensiva a que se refiere el Punto 50, si se hubieren comunicado, en el caso de utilización de estos índices, al consumidor todos los elementos esenciales que pueden incidir en el alcance de su compromiso, permitiéndole evaluar, en particular el coste total de su préstamo.

A tal fin, de manera expresa señala esta resolución como circunstancias pertinentes que el juez nacional debe tener en cuenta (55) para evaluar la transparencia de la cláusula controvertida, en el momento de la celebración del contrato, aparte de su comprensibilidad en un plano formal y gramatical (incorporación), que posibilite a un consumidor medio, normalmente informado y razonablemente atento y perspicaz (51), comprender el funcionamiento concreto del modo de cálculo de dicho tipo de interés y de valorar así, basándose en criterios precisos y comprensibles, las consecuencias económicas, potencialmente significativas, de tal cláusula sobre sus obligaciones financieras, además de constituir un término útil de comparación entre ese índice y otras formas de cálculo del tipo de interés (transparencia), para añadir como obligación concreta de la entidad financiera: la de informar a los consumidores de cual había sido la evolución del IRPH de las cajas de ahorros durante los dos años naturales anteriores a la celebración de los contratos de préstamo con ese índice y del último valor disponible (54), lo que viene recogido de manera expresa por la Orden 5 mayo 1994 (Anexo I, Punto 3), sea cual sea la cuantía del préstamo o crédito, y con mayor amplitud en la posterior Orden EHA/2899/2011, de 28 de octubre.

A la vista de que en nuestro caso no se acredita el cumplimiento de este presupuesto concreto y esencial procede declarar la nulidad de la cláusula que contiene los índices de referencia principal (IRPH Cajas) y sustitutorio (IRPH CECA), con lo que debemos entrar en el examen del segundo tipo sustitutivo.

3. Cláusula de interés sustitutivo del IRPH (Tipo Fijo).

Hemos declarado (por ejemplo en la SAP 365/2018, de 13 septiembre, entre otras) que lo crucial en estos casos, en que se establece como índice de referencia el ultimo vigente, al suprimir el principal y primer sustitutivo, llamado a operar durante el resto de la vida del contrato, es que a través de este segundo índice sustitutorio, se convierte un préstamo a interés variable, que es el realmente querido por los contratantes y sobre el que han prestado su consentimiento dando su voto en el mercado (art. 1261 CC), en uno fijo: el ultimo tipo de interés nominal vigente en el momento de la supresión que operaria como interés fijo, incidiendo de manera patente en las consecuencias económicas y jurídicas de su posición contractual (art. 8-2 LCCG).

El efecto no puede ser otro -decíamos- que la nulidad de la cláusula en este punto relativo al segundo índice sustitutivo (art. 10-1 LCGC), con la aplicación de la disposición legal que suprime los índices (Ley 14/2013), en la alternativa que prevé para los casos en que el contrato no tuviere tipo o índice sustitutivo de referencia acordado o fuera alguno de los que desaparecen, es decir, la sustitución se realizará por el tipo de interés oficial denominado "tipo medio de los préstamos hipotecarios a más de tres años, para adquisición de vivienda libre, concedidos por las entidades de crédito en España"(IRPH Entidades), aplicándole un diferencial equivalente a la media aritmética de las diferencias entre el tipo que desaparece y el citado anteriormente, calculadas con los datos disponibles entre la fecha de otorgamiento del contrato y la fecha en la que efectivamente se produce la sustitución del tipo, con condena a la entidad financiera demandada a la devolución del exceso de lo pagado por la prestataria desde la fecha en que se comenzó a aplicar el índice sustitutivo que se declara nulo, lo que se determinara en ejecución de sentencia.

Con la nueva STJUE 3 marzo 2020 (C-125/18) procede realizar un reexamen de la cuestión a la luz de la respuesta que ha dado a la cuestión prejudicial planteada.

4. Nueva doctrina establecida en la STJUE 3 marzo 2020 (C-125/18). Aplicación a nuestro caso.

El punto de partida de la sentencia –primera cuestión prejudicial– es que una cláusula contractual que estipule como tipo de interés aplicable a un préstamo hipotecario uno de los índices de referencia oficiales establecidos por la normativa nacional, en el caso el IRPH Cajas, es susceptible de declaración de abusividad, porque el mismo no es el resultado de una disposición legal o reglamentaria imperativa en el sentido de la jurisprudencia del TJUE ni su aplicación supletoria se ha establecido por una norma de esa naturaleza en el supuesto de que las partes no hayan pactado otra cosa (Sentencia de 21 marzo 2013, RWE Vertrieb, C92/11; de 10 septiembre de 2014, Kusionova, C34/13; y de 20 septiembre 2017, Andriciuc y otros, C186/16).

Una vez constatado el carácter abusivo de la cláusula, conforme hemos explicado en apartado 2, en base a los criterios que el propio TJUE señala como cardinales para su apreciación –segunda cuestión prejudicial–, el juez nacional debe dilucidar si el contrato de préstamo hipotecario no podría sobrevivir sin tal cláusula por las consecuencias eventualmente perjudiciales para el consumidor derivadas de su anulación, y por último su posible integración por una disposición nacional o contractual –tercera cuestión prejudicial–.

Se ha sostenido que el contrato de préstamo puede subsistir sin interés, en el sentido previsto por el art. 1.755 CC y art. 314 C comercio que contemplan ese interés remuneratorio como un elemento natural del contrato, requiriendo de pacto expreso para su exigencia. Sin embargo, no podemos dejar de constatar que el préstamo o crédito bancario es mercantil por razón del sujeto financiador que interviene en el mismo y porque se inserta y con él se desarrolla la actividad típica y especifica de intermediación crediticia, esencialmente onerosa, siendo poco probable que el prestamista lo hubiere aceptado sin retribución alguna del capital por lo que el consumidor puede exponerse al riesgo y eventual perjuicio de que la entidad financiera solicite y obtenga su nulidad por faltar un elemento que altera radicalmente el equilibrio de prestaciones y se vea obligado a la restitución integra del capital pendiente (arts. 1.261 y 1.258 CC).

En consecuencia, es posible la integración reconstructiva del contrato, tras la supresión de la cláusula abusiva, conforme al art. 10.2 LCGC, pues resulta necesaria para que el contrato subsista, en beneficio del consumidor, conforme a reiterada jurisprudencia, abriéndose diversas posibilidades y como más significativas: la aplicación del índice sustitutivo de la Ley 14/2013 y el Euribor.

El propio TJUE en la respuesta a la cuestión prejudicial nos da pistas sobre la forma y manera en que debe producirse esa integración, pues admite que constatadas estas circunstancias el juez nacional podría reemplazar la cláusula controvertida por el índice sustitutivo contemplado en la Ley 14/2013, siempre que pueda considerarse que con arreglo al Derecho nacional el referido índice tiene carácter supletorio (65 y 66), en defecto de otro acuerdo diferente (65 a 70). En suma, como regla la previsión contractual que puede referirse a cualquier índice legal y, a falta de esta, el IRPH Entidades previsto en la Ley 14/2013 y su Disposición Adicional 15.ª.

Veamos cómo se desarrollan estas opciones. Una primera, es la aplicación del índice sustitutivo previsto en el propio contrato –IRPH Entidades, Euribor, etc.–. En el supuesto de que se hubiere convenido el Euribor, como sucede en algunos casos, no parece que plantee mayores problemas porque es el índice más extendido y ha sido recientemente modificado para implementar una nueva metodología y garantizar su máxima transparencia, con entrada en vigor en 2020. Tampoco en el caso de que se hubiere convenido el IRPH Entidades, aunque este índice tendría el problema de que eventualmente sometido, en el momento de la celebración del contrato, al control de transparencia en los términos señalados en la propia STJUE 3 marzo 2020, es decir, por comparación entre el cálculo del tipo de interés variable basado en el IRPH entidades y otras fórmulas de cálculo del tipo de interés (54), desconocemos cual sería la opción del consumidor de habérsele ofrecido todos los elementos para decidir, aunque puede presumirse un juicio negativo. En todo caso el Euribor fue creado por la Circular Banco España 7/1999, de 29 junio, mientras el IRPH Entidades lo fue por la Circular 8/1990, de 7 septiembre, con lo que la aplicación del Euribor dejaría fuera los préstamos hipotecarios referenciados al IRPH anteriores a aquella fecha (1999), lo que representa un importante inconveniente para ofrecer una solución uniforme.

En cuanto a la segunda, el IRPH previsto en la Ley 14/2013 plantea como primera cuestión su naturaleza supletoria. Según el RAE Jurídico (CGPJ) "supletorio" es aquel Derecho cuya aplicación este previsto para los casos en que el ordenamiento jurídico no regule el supuesto contemplado. Y no cabe duda que ese índice tiene esa naturaleza a partir de la Ley 14/2013, de 27 septiembre, que expresamente lo prevé como de aplicación sustitutiva de los índices IRPH Bancos, IRPH Cajas e IRPH CECA que suprime, a falta de otro previsto contractualmente, disponiendo el punto 4.º que las partes carecerán de acción para reclamar la modificación, alteración unilateral o extinción del préstamo o crédito como contrapartida de la aplicación de lo dispuesto en esta Disposición, lo que da idea de su taxatividad. Y a la misma conclusión podemos llegar cuando el índice sustitutivo contractualmente pactado sea nulo por falta de transparencia o sea uno de los que desaparecen, pues ambos casos tienen identidad de razón.

En lo demás, hay quienes defienden la supresión del índice pero manteniendo el diferencial establecido en el préstamo. De este modo, dicen, el préstamo no quedaría sin remuneración, sino que se convertiría de facto en un préstamo a interés fijo, siendo el interés el diferencial subsistente. Así permanecería incólume la naturaleza onerosa del contrato, a la vez que se prescinde solo de aquella parte de la cláusula que, referida al índice IRPH, se considera abusiva.

Y también las que postulan de plano la aplicabilidad del Euribor con fundamento en la integración favorable al consumidor por el efecto disuasorio para el profesional del art. 83 TRCU, la interpretación contra proferentem (art. 6.2 LCGC y 1.288 CC) y un argumento de autoridad: el voto particular de la sentencia TS 669/2017, de 14 diciembre.

No creemos aceptable ninguna de ambas posturas y ello por las siguientes razones:

a) La primera porque el diferencial va asociado indisolublemente al índice, de hecho suelen variar en función del que se elija, y suprimido el índice debe claudicar el diferencial, y además por una razón principal: convertiríamos un préstamo a interés variable en uno fijo, que no es lo querido por ninguna de las partes.

b) La segunda, por bien que admitamos el argumento del efecto disuasorio y la interpretación contra proferentem, nos encontramos con el obstáculo insalvable de una norma supletoria e imperativa, esta vez sí, la Ley 13/2014, que integra el contrato y, además, el argumento del Euribor solo tiene apoyo en la idea de su generalizada utilización porque el voto particular citado no razona otra cosa en su favor, se remite a la STS 608/2017, de 15 diciembre, referida a la nulidad de un préstamo multidivisa, que contiene una cláusula contractual para el caso de que el prestatario opte por la divisa Euro que conlleva la referencia al índice Euribor; por tanto, existe un previsión contractual.

En definitiva, y por todo lo expuesto, la Sala estima que el sistema a partir de la sentencia que resuelve la cuestión prejudicial sería el siguiente:

a) Aplicación supletoria del índice pactado por las partes en el contrato, incluso el Euribor si así se hubiere convenido.

b) A falta de pacto o si este hubiere sido declarado nulo, la aplicación de la Disp. Adicional 3.ª de la Ley 14/2013, es decir, el IRPH Entidades.

En el caso enjuiciado, declarada legalmente la nulidad del índice principal y primer sustitutivo, y la judicial del segundo por ser abusivo, procede optar por la segunda de estas opciones".

Las SAP de Málaga, Sección 6.ª, de 18 de marzo y 21 de abril de 2020, confirmando las resoluciones dictadas por el Juzgado de 1.ª Instancia n.º 3 de Marbella, se suman a las declaratorias de la nulidad de la cláusula IRPH. Las resoluciones bien pertrechadas jurídicamente y con extenso desarrollo argumental. En este caso, se desestima el recurso de la entidad financiera en un supuesto en que pretendía cimentar la validez de la cláusula IRPH en la circunstancia de tratarse de una escritura novatoria, de contar con una hoja a modo de anexo en el que se sintetizaban las condiciones, en las advertencias del notario y en la condición de abogado en ejercicio y administrador de una sociedad dedicada a la promoción inmobiliaria del prestatario –que adelantamos nosotros, como recoge el Fundamento Tercero de la SAP, actuó no obstante en su condición de consumidor–. La resolución, de abigarrada redacción, expresa así su parecer:

"Pues bien, aplicadas al concreto caso que nos ocupa las anteriores consideraciones, y una vez examinada la actividad probatoria desplegada en la litis, en función propia de esta alzada, hemos de convenir que la cláusula controvertida no supera los umbrales de transparencia en los términos expresados, y por tanto, resulta procedente la declaración de nulidad de la misma pretendida por el demandante, ahora apelado, y estimada en la Sentencia recurrida, nulidad que si bien no puede ser declarada por el mero hecho de la diferente evolución que experimentó el IRPH en relación con el Euríbor, no obstante, sí ha de serlo por adolecer de la necesaria transparencia en la contratación, tanto en la inicial subrogación-novación, como en la novación que trae causa de aquella, recordemos, limitada a un período de carencia de capital de dos años, y a la ampliación de duración del préstamo. En efecto, las cláusulas litigiosas son perfectamente comprensibles en un plano formal y gramatical, pues, están ubicadas allí donde la lógica impone, CLÁUSULA CUARTA. INTERESES ORDINARIOS. (...). B 2) ÍNDICE DE REFERENCIA ADOPTADO (Tipo medio de Cajas de Ahorros de los préstamos hipotecarios a más de tres años para adquisición de vivienda libre, IRPH CAJAS), y CLÁUSULA CUARTA. INTERESES ORDINARIOS (...) B. 3) ÍNDICE DE REFERENCIA SUSTITUTIVO (Tipo Activo de referencia de las Cajas de Ahorro, elaborado por la Confederación Española de Cajas de Ahorro, TAR), y son de redacción gramaticalmente clara, dado que vienen a concretar que una vez transcurrido el período inicial a tipo fijo, Cláusula Cuarta A, el tipo de interés se convertirá en variable, como también concretan cuál es el tipo de interés nominal que se tomará como referencia, Tipo medio de Cajas de Ahorros de los préstamos hipotecarios a más de tres años para adquisición de vivienda libre, IRPH CAJAS, y el sustitutivo, Tipo Activo de referencia de las Cajas de Ahorro, elaborado por la Confederación Española de Cajas de Ahorro, TAR, índices oficiales, que se publican en el BOE, por lo que estaban a disposición del cliente si quería consultarlos, lo que implica que los elementos principales para el cálculo del mencionado tipo de interés era asequibles para la parte demandante que tenía intención de contratar el préstamo hipotecario; por lo que, a nuestro juicio, las cláusulas litigiosas, superarían, a priori, el primer nivel de transparencia, comprensibilidad en plano formal y gramatical, en los términos a que se refiere el TJUE en la Sentencia de 20 de marzo de 2020, y del artículo 80.1 TRLGDCU, conforme al cual «En los contratos con consumidores y usuarios que utilicen cláusulas no negociadas individualmente [...], aquellas deberán cumplir los siguientes requisitos: a) Concreción, claridad y sencillez en la redacción, con posibilidad de comprensión directa [...]; b) Accesibilidad y legibilidad, de forma que permita al consumidor y usuario el conocimiento previo a la celebración del contrato sobre su existencia y contenido», lo que no implica que no lleguen a superarlo en la práctica en el siguiente parámetro, ya que, como seguidamente expondremos, dada la ausencia de información alguna por parte de la entidad, tanto en la inicial subrogación-novación, como en la posterior novación, por mucho que el prestatario consumidor, fuese abogado de profesión, estuviera interesado en la modificación del préstamo que venía concertado con anterioridad, por mucho que las cláusulas sean comprensibles en un plano formal y gramatical, por mucho que la parte prestataria consumidora estuviera atenta y fuese perspicaz, y por mucho que los índices fuesen objeto de

publicación, y por tanto de asequible consulta para el consumidor, carecía la parte prestataria de la información necesaria sobre los elementos que podían incidir en el alcance del compromiso, para permitirle evaluar, en particular, el coste de su préstamo. Ello así, seguidamente se hace exigible, en orden al examen de la transparencia, analizar, como dice el TJUE, «el conjunto de circunstancias que rodearon la celebración el contrato», «verificar que, en el asunto de que se trate, se hubieren comunicado al consumidor todos los elementos que pueden incidir en el alcance del compromiso, permitiéndole evaluar, en particular, el coste de su préstamo»; en definitiva, como ya hemos expresado anteriormente, comprobar si en el contexto de la celebración del contrato, la entidad prestamista cumplió efectivamente con todas las obligaciones de información establecidas por la normativa nacional. Y en el caso que nos ocupa, esta Sala, de la actividad probatoria desplegada colige que, ciertamente, la entidad crediticia demandada, no cumplió con la diligencia que legalmente le era exigible, ni en la inicial subrogación en la cual no estaba eximida del cumplimiento del deber de informar al prestatario de las condiciones financieras del préstamo en el que se subrogaba, particularmente de las que tendrían incidencia en la comprensión por parte del mismo, de las consecuencias económicas potencialmente significativas de las cláusulas litigiosas sobre sus obligaciones financieras, respecto de lo cual nada se acredita, como tampoco en la posterior novación que trae causa de aquella, es decir, ni en una ni en otra, la entidad crediticia, en el contexto de la celebración del contrato cumplió con las obligaciones informativas que le venía legalmente impuestas; nada se prueba al respecto más la existencia de un mero Anexo que se limita a hacer referencia al IRPH, pero sin mayor especificación e información concreta sobre la evolución del índice en los dos años anteriores a la inicial subrogación y posterior novación, y menos aún que ese deber informativo se cumpliese con la antelación exigible, para que el prestatario pudiese suscribir, con pleno conocimiento, la contratación a la que quedó vinculado, no obrando prueba alguna al respecto; no consta entrega de oferta vinculante, con la debida antelación, sí habría constituido un indicio relevante para poder inferir la existencia de información a la parte prestataria; tampoco se ha acreditado, reiteramos, que la parte prestataria fuese informada de cuál había sido la evolución del IRPH Cajas (tampoco del TAR-CECA), en los dos años naturales anteriores a la celebración del contrato, ni al tiempo de la inicial subrogación, ni en la posterior novación, como tampoco del último valor disponible, particularmente no se ha probado que le fue suministrada información sobre la evolución en el pasado no solo del IRPH Cajas (tampoco del TAR-CECA), tampoco del Euríbor, ni de otros índices oficiales que la entidades crediticias podían ofertar, entre los cuales estaba el citado Euríbor, por lo que no existe constancia probatoria alguna de información sobre los datos necesarios para que un consumidor medio, atento y perspicaz, como dice el TJUE, contase con la información necesaria para que estuviese en condiciones de conocer su forma de cálculo, y fuese consciente así, y valorase, las consecuencias económicas, potencialmente significativas de dichas cláusulas, sobre sus obligaciones financieras. No se ha probado la existencia de información clara y comprensible sobre el coste comparativo con otras modalidades de préstamo de la propia entidad, todo lo cual fue negado por el prestatario en su interrogatorio, y la entidad demanda excusa la no acreditación de haber suministrado al cliente la información que afirma prestada, en la alegación de que una vez tramitado el expediente, no se guardaba para no acumular archivos, argumento este que se nos antoja pueril, vana escusa, y contrario a toda lógica y a una buena praxis bancaria, y ello evidencia que la entidad prestamista, realmente no advirtió al prestatario del verdadero alcance de las cláusulas, no habiendo aportado la entidad demandada prueba alguna al respecto, y teniendo en cuenta que el prestatario es una persona física que tiene la condición de consumidor, la entidad bancaria debió cumplir con su obligación legal de información, de modo tal que éste, consumidor atento y perspicaz, pudiera tener conocimiento real y posibilidad de evaluar las consecuencias económicas del préstamo; falta de transparencia que sitúa al consumidor, en cuanto su compresibilidad real, en una situación de perjuicio comparativo, y de desequilibrio respecto de la posición mantenida por la prestamista, debiéndose concluir así que las cláusulas IRPH Cajas y TAR-CECA no superan los umbrales de transparencia. No consta que se proporcionase al prestatario información alguna sobre la posibilidad de referenciar el préstamo a otros índices, ni consta prestada información alguna sobre las comisiones aplicables, con las tarifas de comisiones, condiciones de valoración y gastos repercutibles a clientes según O.M de 12 de diciembre de 1.989 y Circular del Banco de España 8/1.990, de 7 de septiembre, ni simulación informativa del cuadro de amortización teórico del préstamo hipotecario, con la debida antelación a la firma de escritura pública, todo lo cual permite inferir que la parte demandante no fue informado debidamente por la entidad, y con la antelación exigible, de las características del préstamo, en particular de que tratándose de un préstamo a interés variable, la determinación del importe de las cuotas mensuales se haría, de conformidad con lo pactado en la escritura, en función del tipo de interés de referencia, IRHP Cajas, vigente en cada período, todo lo cual determina la falta de transparencia exigible en la contratación, que finalmente culminó con el otorgamiento de las escrituras públicas, que se suscribieron sin haber recibido la parte prestataria la información necesaria como para conocer realmente lo que estaba contratando. En definitiva, en atención a los razonamientos expuestos, insistimos, aún a fuer de resultar reiterativos, no podemos sino concluir que, en el caso concreto que enjuiciamos, la cláusula relativa IRPH Cajas, y la referida al sustitutivo y TAR-CECA, controvertidas, son cláusulas abusivas por fata de la transparencia exigible, y como tales nulas; insistimos, en el caso concreto examinado, y en atención a las circunstancias expuestas sobre la ausencia de información por parte de la entidad a la parte prestataria en el marco de la concertación del préstamo hipotecario. Procede, a la postre, y sin necesidad de mayores consideraciones, desestimar esta primera cuestión litigiosa planteada en el recurso de apelación y, consecuentemente, confirmar la Sentencia en cuanto a la estimación de la pretensión de declaración de nulidad de las cláusulas litigiosas, por las razones expuestas en la presente Resolución".

La SAP de Álava, Sección 1.ª, de 14 de mayo de 2020, es otra más de las que ha se posicionado de modo favorable al consumidor. La Sala expone un razonamiento bien hilado, anudando su resolución en los principios comunitarios que conforman la transparencia. Ahonda en el significado de la comprensión de las consecuencias económicas de la imposición del índice por el prestatario, bien centrado en lo que verdaderamente es el consumidor medio. En sus fundamentos octavo y noveno da una respuesta exhaustiva a los argumentos de aquellas otras resoluciones que se han pronunciado proclives a la validez de esta controvertida estipulación. Esta acertada motivación justifica su extensa transcripción:

"El IRPH se forma a partir de la TAE y este no es un valor cuya composición sea de fácil y general conocimiento. Consideramos que esta afirmación queda plenamente justificada si acudimos al anexo V de la Circular 8/1990 del Banco de España o el anexo V de la Orden EHA/2899/2011, de 28 de octubre. Todo ello nos lleva a la conclusión de que el IRPH es un índice de referencia complejo y ello debe tener implicaciones en materia de control de transparencia.

También debemos traer a colación un hecho que consideramos notorio: en el mercado hipotecario español, la inmensa mayoría de préstamos hipotecarios se viene concertando en referencia Euribor. La STS 669/2017, cifraba que el 15 % de préstamos se referenciaba al IRPH. Por lo tanto, los supuestos de préstamos en los que la indexación se ha efectuado al IRPH han tenido carácter excepcional, de lo que se infiere que el consumidor medio no estaba familiarizado con este índice. Por esta excepcionalidad, entendemos que el plus de información exigible para la transparencia de esta cláusula debía ser incisivo en las características que lo diferencia de otro índice con el que el público en general, el consumidor normalmente informado, atento y perspicaz, está acostumbrado. En este sentido, recordamos que la jurisprudencia comunitaria ha declarado que el nivel de información y transparencia en las cláusulas que se refieren al objeto del contrato debe interpretarse de manera extensiva (STJUE de 3 de marzo de 2020 citando las SSTJUE de 30 de abril de 2014, Kásler y Kálerné Rabai, C-26/13, EU:C:2014:282, apartados 71 y 72; y de 20 de septiembre de 2017, Andriciuc y otros, C-186-16, EU:C:2017:703, apartado 44). Entendemos que esta exigencia es plenamente aplicable en supuestos de cláusulas que acuden a índices que son minoritarios dentro del mercado concurrencial.

De su método de cálculo y la evolución experimentada por el IRPH en relación con el Euribor, inferimos otra consecuencia relevante adicional. El hecho de que en el cálculo del IRPH también computen los diferenciales aplicados por las entidades en los prestamos concertados en el período de cálculo y las comisiones produce el efecto de que este índice quede afectado, de un modo limitado, por escenarios de bajada de los índices de referencia que se tienen en cuenta para su cálculo. Esto sucederá porque las entidades que ofrezcan préstamos hipotecarios en estos escenarios a la baja impondrán diferenciales más elevados para asegurar el mantenimiento de su rentabilidad y evitar los efectos de la bajada de tipos. Como estos diferenciales también se tienen en cuenta para el cálculo del IRPH, su aumento compensará los efectos de la bajada de los otros índices de referencia. Ello supone una notable limitación de los efectos propios de un contrato de préstamo con interés variable que es, precisamente, el tipo de contrato pretendido por el consumidor.

Esta conclusión responde al análisis del modo por el que se calcula el IRPH, pero viene corroborada por el comportamiento experimentado por ambos índices con posterioridad a la celebración del contrato. No se trata de alcanzar una conclusión ex post facto, sino de verificar que la tesis obtenida mediante el análisis del método de cálculo del IRPH se confirma con la experiencia de lo acontecido con posterioridad a la celebración del contrato.

No se puede negar que, en ocasiones, los dos índices pueden llegar a presentar valores muy próximos. Ello sucederá especialmente en épocas de inestabilidad del mercado hipotecario, con cambios repentinos en la evolución al alza o a la baja de los índices de referencia y el desfase inherente al método de cálculo del IRPH.

Todo lo anteriormente expuesto nos lleva a concluir que el IRPH constituye un índice excepcional. Su formulación por media aritmética no es simple, porque las variables que concurren a su formación son complejas. Sus implicaciones económicas, en cuanto a índice más elevado que el mayoritariamente empleado en el mercado y su afectación limitada en escenarios de bajada de tipos de interés, no puede advertirse por a mera lectura de la cláusula, ni siquiera, del método de cálculo contenido en la normativa sectorial, sino que precisa de un estudio más profundo de varios conceptos de carácter financiero. Implicaciones que, concluimos, no se encuentran al alcance del consumidor normalmente informado, atento y perspicaz.

OCTAVO. Actual estado jurisprudencial de la cláusula que fija el IRPH como índice de referencia para la determinación del tipo de interés remuneratorio.

La cláusula analizada define el objeto principal del contrato, los intereses que constituyen la retribución que percibe la entidad prestamista a cambio de entregar el capital del préstamo. La declaración de nulidad por su carácter abusivo requiere que la cláusula no sea transparente, artículos 4.2 y 5 Directiva 93/13/CEE y 60.1 y 80.1 TRLGDCU.

Debemos efectuar una precisión previa. No examinamos el carácter abusivo del índice IRPH, cuya incorporación al contrato puede ser lícita si se cumplen los requisitos que impone el control de transparencia. El objeto de nuestro análisis es la cláusula que indexa el préstamo a este índice de referencia.

La STS 669/2017, de 14 de diciembre descartó la posibilidad de declarar la nulidad de este tipo de cláusulas al considerar que las mismas son transparentes. El juicio positivo de transparencia se basó en el hecho de que el IRPH es un índice oficial cuyo valor periódico y cuya fórmula de cálculo era accesible para cualquier consumidor por ser objeto de publicación oficial. Desde la perspectiva de esta sentencia, la cláusula superaba el control de transparencia porque el consumidor podía conocer de manera sencilla que tenía que pagar ala cantidad que resultara d sumar el índice de referencia, cualquiera que fuera el modo por el que se calculara este, y el diferencial pactado en el contrato.

Con posterioridad a dicha resolución, el TJUE ha dictado la Sentencia de 3 de marzo de 2020, asunto C-125/2018 (Gómez del Moral), circunstancia que motiva que la petición de suspensión formulada por la parte demandante, apelante en este recurso, haya quedado vacía de contenido. En dicha sentencia se analiza una cuestión prejudicial planteada por el Juzgado de Primera Instancia n.º 38 de Barcelona en relación con la cláusula de IRPH y su control de transparencia.

De dicha resolución se extraen una serie de conclusiones que afectan al ámbito del control de transparencia, en términos generales, y a los criterios que se deben tener en cuenta para determinar si la cláusula de IRPH se introdujo de forma transparente en un contrato celebrado con consumidores. Las exponemos a continuación:

– El control de transparencia del artículo 4.2 de la Directiva es el mismo que el del artículo 5 de la misma norma.

Así se indica por el TJUE en los párrafos 44, 45 y 46 de su sentencia, donde indica que la exigencia de redacción clara y comprensible del artículo 4.2 de la Directiva es la misma que la prevista en el artículo 5.

La cuestión relativa al eventual control del carácter abusivo de una cláusula que definiera o delimitara el objeto del contrato había sido resuelta por la jurisprudencia, especialmente a partir de la STS 241/2013, de 9 de mayo, por medio del denominado control de transparencia material. Se trata de un control que el Tribunal Supremo ha fundamentado normativamente en los artículos 4.2 de la Directiva 93/13/CEE y en los artículos 60.1 y 80.1 TRLGDCU; y se había delimitado como una institución diferente del control de transparencia formal o de incorporación (SSTS 322/2018, de 30 de mayo, 414/2018, de 3 de julio o STS 168/2020, 11 de marzo).

También es preciso tomar en consideración que el control de transparencia constituye el presupuesto previo para el control del carácter abusivo de una cláusula que defina o delimite el objeto del contrato, pero no implica, per se, dicho carácter salvo en el caso de la cláusula suelo. Así lo refleja la STS 71/2020, de 4 de febrero, apartado 7 del fundamento de derecho cuarto y su remisión a SSTJUE de 30 de abril de 2014, asunto Kásler y 26 de febrero de 2014, C-143/13, asunto Matei. A la doctrina comunitaria citada, consideramos que debe añadirse la STJUE de 5 de junio de 2019, C38/2017, tanto en el fallo de dicha resolución como en su párrafo 37.

Todo ello teniendo en cuenta que a este litigio no le resulta de aplicación la nueva redacción del artículo 83 TRLGDCU por la Ley 5/2019, de 15 de marzo, reguladora de los contratos de crédito inmobiliario y la problemática que se puede derivar de la interpretación de este precepto.

En virtud de la sentencia del TJUE de 3 de marzo de 2020 ya no cabe apreciar la existencia de dos controles diferenciados, sino que el control de transparencia es único, pero en el caso de las cláusulas que se refieren al objeto del contrato debe abarcar dos dimensiones: el aspecto formal y material. Esta doble dimensión del control de transparencia explica, a nuestro juicio, que el TJUE incluyese a su resolución dos supuestos en los que la cláusula IRPH debe ser considerada transparente: la publicación oficial del índice, como medio de transparencia foral, de mera comprensión gramatical; y la información sobre la evolución de los dos años anteriores del índice de referencia, como medio para alcanzar una comprensión de las consecuencias económicas de dicho índice, siendo este último el que cumple más claramente con el pus de información propio del aspecto material del control de transparencia de cláusulas que se refieren al objeto del contrato.

Debemos precisar que el control de transparencia como presupuesto del examen del carácter abusivo de una cláusula se limita a aquellas que se refieran al objeto del contrato, por las particularidades que concurren en ellas en cuanto a la prestación del consentimiento contractual. Pero en los supuestos de cláusulas que ni definan ni delimiten el objeto del contrato, como la de interés de demora o gastos de formalización del contrato de préstamo hipotecario a la que nos hemos referido en esta resolución, aun siendo claras y transparentes, son susceptibles de ser controladas en cuanto a su carácter abusivo. Ello justifica que el artículo 4.2 de la Directiva precisará el control de contenido de la cláusula como subordinado a su claridad y transparencia solo en los casos de aquellas que se refieran al objeto del contrato.

En relación a la dualidad que representa el aspecto formal y material del control de transparencia, consideramos de especial transcendencia el párrafo 51 de la STJUE de 3 de marzo de 2020:

"Así pues, por lo que se refiere a una cláusula que, en el marco de un contrato de préstamo hipotecario, estipule la retribución del correspondiente préstamo mediante intereses que se calculan según un tipo variable, la referida exigencia se ha de entender como la obligación no solo de que la cláusula considerada sea comprensible para el consumidor en un plano formal y gramatical, sino también de que posibilite que el consumidor medio, normalmente informado y razonablemente atento y perspicaz, esté en condiciones de comprender el funcionamiento concreto del modo de cálculo de dicho tipo de interés y de valorar así, basándose en criterios precisos y comprensibles, las consecuencias económicas, potencialmente significativas, de tal cláusula sobre sus obligaciones financieras (véanse en este sentido, por analogía, las sentencias de 30 de abril de 2014, Kásler y Káslerné Rábai, C-26/13, EU:C:2014:282, apartado 75, y de 20 de septiembre de 2017, Andriciuc y otros, C-186/16, EU:C:2017:703, apartado 51)".

Nivel de información y transparencia que, en el párrafo 50 y con cita de abundante jurisprudencia del TJUE, se considera que debe interpretarse de forma excesiva.

Por lo tanto, el control de transparencia exigido a este tipo de cláusulas no es solamente gramatical, sino que debe alcanzar a las consecuencias económicas de la misma; exige que se proporcionen al consumidor criterios precisos y se impone un nivel de transparencia que debe interpretarse de forma extensiva. La conjunción de todas estas características del control de transparencia de las cláusulas IRPH revela que este debe aplicarse de forma rigurosa, exigente y extensiva hasta alcanzar un resultado concreto: que el consumidor medio esté en condiciones de tener un conocimiento completo de las características económicas de este índice de referencia.

No podemos considerar que existe un conocimiento completo cuando un consumidor solamente comprende que el índice de referencia se calcula por una media aritmética si no se le proporciona información suficiente para que advierta que será más elevado que otros índices y no quedará afectado por la bajada de otros índices de referencia en el mismo modo que estos.

– Cánones de control de transparencia de la cláusulas de IRPH.

La disociación de los aspectos formal y material de control de transparencia, lleva al TJUE a diferencia dos supuestos en los que se supera el control de transparencia: la publicidad y oficialidad del IRPH; y, además, el deber que imponía la normativa entonces vigente a las entidades financieras de informar al consumidor sobre cuál había sido la evolución del IRPH durante los dos años anteriores a la celebración del contrato de préstamo y del último valor disponible.

La referencia a la publicación de la norma en el BOE se hace en dicha sentencia como ejemplo de superación del aspecto formal del control de transparencia, pues así se desprende del hecho de que el párrafo 53 se refiera exclusivamente a los aspectos de comprensión del método de cálculo del tipo de interés remuneratorio.

Por el contrario, el párrafo 54 pone en conexión la información sobre la evolución del IRPH con la comprensión de las consecuencias económicas que se derivan de la aplicación de este índice, lo que en definitiva constituye el aspecto material del control de transparencia. Debe notarse la identidad entre este modo de configurar el aspecto material del control de transparencia con el concepto establecido por el Tribunal Supremo, STS 654/2017, 1 de diciembre.

Consideramos que este conocimiento no tiene por qué obtenerse exclusivamente mediante la evolución del índice en los dos anteriores, sino que también será admisible cualquier otro tipo de información que permita que el consumidor alcance un grado equivalente de conocimiento sobre la naturaleza del IRPH. Creemos que cuando el TJUE se refiere a esta evolución bianual, no lo hace tanto por ser un aspecto exigido por la normativa sectorial; sino más bien por su valor como información eficaz para la comprensión de las consecuencias que se derivan de un determinado índice.

La interacción de la STS 669/2017 y la STJUE de 3 de marzo de 2020 sitúa la problemática de las cláusulas IRPH en torno a la cuestión del nivel de transparencia exigible. Desde esta perspectiva, valoramos que el TJUE ha determinado que dicha transparencia debe ir más allá de conocer que el interés remuneratorio del préstamo se forma por la adición del IRPH más el diferencial pactado y saber que el IRPH es un índice oficial cuya formación es objeto de control en sede administrativa.

Es cierto que la orden ministerial de 5 de mayo de 1994 establecía el deber de informar de la evolución del índice en los dos años anteriores, si bien ello se aplicaba solo a los contratos de préstamo por un capital inferior a 150.253 €; la posterior orden EHA/2899/2011, de 28 de octubre y la actual Ley 5/2019, de 15 de marzo, reguladora de los contratos de crédito inmobiliario, ya no recogen esta obligación. Pero la desaparición de esta exigencia de la normativa sectorial no debe llevar a la conclusión de que el aspecto material del control de transparencia se supere si no se proporciona dicha información, o cualquier otra que tenga el mismo valor cualitativo, pues ello supondría eliminar el aspecto material del control de transparencia en la cláusula IRPH. Lo relevante es que, por medio de informaciones de esta naturaleza, el consumidor debe comprender las consecuencias económicas que implica el uso del IRPH, cuestión que, en cualquier caso va más allá de saber que el interés remuneratorio es el resultado de del valor del índice de referencia más el diferencial.

En el caso de la indexación al IRPH, ya hemos indicado que estas consecuencias consisten en ser un índice más elevado que el Euribor; su cálculo se efectúa a partir de variables complejas; su aplicación es excepcional, en las condiciones y por los motivos que ya hemos explicado, por lo que el público en general no estaba familiarizado con el mismo; y es ajeno a los escenarios de bajadas de tipos de interés. Conociendo estas circunstancias, la atención del consumidor debería dirigirse, por tanto a la interacción entre el índice de referencia y el diferencial, en orden a su comparación con otras ofertas indexadas al Euribor, que es el índice habitual. Consideramos que el consumidor medio no podía conocer todas estas implicaciones económicas sin una información específica por parte de la entidad, que es quien imponía dicho índice y tenía conocimientos específicos del mercado de préstamos hipotecarios. El conocimiento de estas circunstancias, si no se suministraba por la entidad financiera, requería del consumidor una labor de estudio sobre una cuestión muy especializada. Atendiendo el nivel de transparencia al que se refiere el TJUE, entendemos exigible que la entidad proporcionara este plus de información, comparativamente superior a la indexación con el Euribor, pues es lo excepcional, la indexación a un índice minoritario, lo que requiere de una especial información.

NOVENO. Aplicación del control de transparencia al caso objeto de enjuiciamiento. Aspecto material del control de transparencia.

En el caso examinado, no disponemos de ningún tipo de prueba sobre la información precontractual que dispensó la entidad a la parte consumidora. No constan realizadas simulaciones ni aportada información sobre el comportamiento de este índice de referencia en el pasado ni ninguna otra prueba sobre las características económicas del IRPH.

Dado que los deberes de información corresponden al empresario o profesional, por causa de la relación asimétrica que existe entre estos y los consumidores, correspondía a la entidad prestamista la carga de la prueba de acreditar qué información precontractual dispensó a los prestatarios para que tuvieran conocimiento de las consecuencias económicas de la indexación de su préstamo al IRPH.

En atención a esta falta de prueba, artículo 217 LEC, debemos concluir que los prestatarios no recibieron una información que permitiera a un consumidor normalmente informado, atento y perspicaz, conocer las consecuencias económicas de fijar el IRPH como índice de referencia para el cálculo de los intereses remuneratorios y, por tanto, la cláusula no supera el control de transparencia.

Constatado el presupuesto de la falta de transparencia de la cláusula, procede efectuar un control de su carácter abusivo.

Consideramos probada la falta de negociación individual de la cláusula, pues nada se ha alegado ni probado en contrario por parte de la entidad prestamista, artículo 82.2 TRLGDCU.

Según los parámetros de enjuiciamiento que proporciona la STJUE de 26 de enero de 2017, C-421/14, asunto Banco Primus, para verificar si la cláusula es contraria a las exigencias de buena fe debemos representarnos si la entidad prestamista podía estimar que, tratando de manera leal y equitativa con el consumidor, este aceptaría una cláusula de indexación al IRPH en el marco de una negociación individual. Entendemos que la respuesta habría sido negativa. Creemos que el consumidor no habría aceptado un índice más elevado que el normal y con limitada afectación a la bajada de los tipos de interés; por el contrario estamos seguros de que habría solicitado el índice mayoritariamente aplicado a los préstamos hipotecarios y, entonces, el análisis de la oferta contractual se habría centrado en el importe del diferencial; o, al menos, habría estado en condiciones de decidir no formalizar la contratación.

El último de los requisitos que nos resta por examinar, para finalizar el control del carácter abusivo de la cláusula, se refiere a la existencia de un desequilibrio importante, en perjuicio del consumidor, entre los derechos y obligaciones de las partes. Requisito que también consideramos concurrente puesto que, desconociendo los aspectos que eran negativos para el prestatario, se privó al consumidor de la posibilidad de efectuar una correcta comparación de la oferta con respecto a un préstamo que estuviera referenciado al índice habitual, el Euribor; y, en especial, al modo de interacción del índice con su respectivo diferencial. Todo ello incidía en una parte importante del precio del préstamo como es el importe de los intereses remuneratorios que, por efecto del índice de referencia aplicado, serían más elevados que de haberse aplicado el índice más frecuente.

Aun cuando en el caso examinado no se fijaba un margen que se sumara al IRPH, la diferencia existente entre índices al tiempo de la contratación y en los dos años anteriores, según consta en las publicaciones al efecto en el BOE provocaba que el préstamo referenciado a IRPH fuera más elevado que el que hubiera resultado de la aplicación del Euribor más los diferenciales que eran competitivos a la fecha de suscripción del contrato.

En definitiva, se limitó la facultad de la parte consumidora de analizar comparativamente la oferta de la entidad prestamista, en la que se imponía un índice con las características ya descritas y que no era conocido por el público en general. Además, el índice elegido por la entidad financiera permitía a esta protegerse de las consecuencias propias de un escenario de bajada de tipos y, en consecuencia, impedía a la parte consumidora beneficiarse de dicha eventualidad, limitando notablemente los efectos de un contrato de préstamo a tipo de interés variable, que era el tipo de contrato que la parte consumidora percibió realizar. Este nivel de exigencia en el control de transparencia e equiparable al reflejado en el párrafo 43 del fundamento octavo de la STS 608/2017, de 15 de noviembre. La imposición de esta cláusula limitó que el consumidor se beneficiara del buen funcionamiento de la competencia en el mercado y la parte consumidora se vio expuesta al pago de cuotas más elevadas de las que correspondían a un préstamo referenciado al índice mayoritario del mercado.

En relación con este aspecto del contrato, el interés remuneratorio del préstamo, la TAE constituye un elemento interpretativo incompleto pues en su cálculo intervienen otros gastos que habrá de desembolsar la parte prestataria y no permite conocer las consecuencias que podría tener el índice de referencia en el futuro. Si bien la TAE permite comparar el coste del préstamo en términos globales, la inclusión de estos otros conceptos desenfoca la cuestión aquí analizada, cual es la relativa a la evaluación del consumidor sobre la remuneración de la parte prestamista como elemento del control de transparencia de una cláusula determinada. Por cuanto el juicio del carácter abusivo recae sobre una cláusula, y no sobre el contrato en su conjunto, una referencia al coste global del contrato no es determinante para la transparencia material de una cláusula concreta.

Por todo ello procede la declaración de nulidad de la cláusula. En la medida en que dicha declaración de nulidad afecta al objeto del contrato, podría producir la inexistencia del mismo y, en definitiva, un perjuicio para el consumidor, que habría de devolver el capital del préstamo. Por ello, procede la integración de la cláusula conforme a la jurisprudencia del TJUE (sentencia de 30 de abril de 2014, C-26/13, Kásler)".

Contrarias a la nulidad de la cláusula IRPH, se han pronunciado las Audiencias Provinciales de Cáceres, Sección 1.ª; Barcelona, Sección 15.ª; Sevilla, Sección 5.ª; Alicante, Sección 8.ª; y Granada, Sección 3.ª; Madrid, Sección 28.ª (con voto particular).

La primera en hacerlo fue la SAP de Cáceres, Sección 1.ª, de 11 de marzo de 2020, que se mantiene firme en la línea marcada por el TS en su Sentencia de 14 de diciembre de 2017, reproduciéndola con generosidad en su fundamentación. Tras ello, aborda el criterio fijado por el TJUE en la Sentencia de 3 de marzo de 2020, concluyendo la validez de la cláusula. El razonamiento de la Sala, tan simple en su raciocinio como inmovilista, a nuestro modo de ver, refleja la desconexión de los juzgadores con la realidad social del común de los prestatarios, justificando la transparencia en el hecho de la publicación del índice en el BOE y de la reseña en las escrituras de las advertencias notariales –rituarias donde las haya–, al tiempo de la previsión legal de estar la escritura a disposición de los prestatarios los tres días previos al otorgamiento conforme impera la Orden Ministerial de 5 de mayo de 1994. La Audiencia sigue lo que a nuestro juicio es el sofisma ya comentado por el que basta la publicación en BOE de la Circular del Banco de España para que el consumidor medio pueda tener conocimiento de ello. Por la misma razón podríamos conocer la fórmula de cálculo de los gases licuados del petróleo, aprobados por Resolución de 9 de octubre de 2019, de la Dirección General de Política Energética y Minas, y publicados en el BOE n.º 247 de 14 de octubre de 2019. Es absurdo y supone ignorar la realidad social. Poco o nada parece asumido la doctrina el TJUE en la Audiencia norbiense, incapaz de percibir los nuevos vientos de transparencia del siglo XXI que dejaron atrás los principios dieciochescos. La fundamentación ofrecida resulta desoladora puesta en contraste con la doctrina y enseñanza del Tribunal de Luxemburgo:

"*Una vez fijado el criterio establecido por el Tribunal de Justicia de la Unión de Europea en respuesta a la Cuestión Prejudicial planteada, no procede, en el supuesto que se somete a nuestra consideración como consecuencia de la Impugnación deducida frente a la Sentencia recurrida, abandonar el criterio que mantiene el Tribunal Supremo y que, con anterioridad (en el Fundamento de Derecho Octavo de esta Resolución), hemos reproducido. En la Escritura Pública de Préstamo Hipotecario de fecha 9 de Noviembre de 2.006 (documento señalado con el número 1 de los presentados con la Demanda) se fija el tipo de interés ordinario en el pacto Tercero y en el pacto Tercero Bis (que es la estipulación que la parte impugnante considera nula por abusiva) se establece la determinación del tipo de interés variable, con un diferencial (que es válido) de 0,75 puntos que incrementa el tipo de referencia que es el «tipo medio de los préstamos hipotecarios a más de tres años de cajas de ahorro». Asimismo, se establece un índice sustitutivo, si el anterior dejara de aplicarse, bajo la denominación «tipo activo de referencia de las cajas de ahorro-indicador CECA tipo activo».*

A criterio de este Tribunal, el índice de referencia que se cuestiona («tipo medio de los préstamos hipotecarios a más de tres años de cajas de ahorro») no es abusivo ni, por tanto, nulo, en la medida en que supera el estándar de transparencia y, por supuesto, el de incorporación, no solo porque se trata de un índice oficial, sino porque es claro y de sencilla comprensión para el prestatario así como de fácil conocimiento. En el propio Pacto Tercero Bis, se indica que se publica en el Boletín Oficial del Estado, «sin realizar ningún tipo de ajuste o conversión, tomándose el publicado como nominal», de tal modo que para la determinación del índice de referencia no es necesaria ningún tipo de operación matemática ni financiera al objeto de conocer el tipo de interés en cada momento, y siempre es público. Finalmente, la transparencia del Pacto se torna patente con las indicaciones puestas de manifiesto por el Notario actuante en el otorgamiento del instrumento público conforme a la Orden de 5 de Mayo de 1994, especialmente las siguientes: la advertencia expresa al prestatario de que el tipo de interés aplicable durante el período inicial es inferior al que resultaría teóricamente de aplicar en dicho período inicial el tipo de interés variable pactado para períodos posteriores; en segundo lugar, la advertencia a ambas partes de que no se han establecido límites a la variación del tipo de interés, y, finalmente, que el proyecto de esa Escritura Pública había estado a disposición de la parte prestataria, en su despacho, durante los tres días hábiles anteriores al del otorgamiento.

En consecuencia, como corolario y, en la medida en que el Pacto Tercero Bis de la Escritura Pública de Préstamo Hipotecario supera los controles de incorporación y, sobre todo, de transparencia, claridad y comprensión, sin que se puedan suscitar dudas racionales sobre el conocimiento por el prestatario del tipo de interés variable aplicable en cada momento, dicha Estipulación no se considera abusiva ni, por ende, nula,

Por tanto, la Impugnación deducida frente a la Sentencia recurrida no puede tener favorable acogida".

En fecha de 21 y 24 de abril y 4 de mayo de 2020, la Sección 15.ª de la AP de Barcelona sorprendía, con sendas resoluciones miméticas que parecen oponerse abiertamente a la doctrina del TJUE, sin otorgar tampoco el tiempo necesario al Juzgado de Barcelona promotor de la cuestión prejudicial de emitir su veredicto. Sin duda, estas han sido unas de las resoluciones que mayor desesperanza han generado entre los afectados y que bajo nuestro punto de vista resulta harto criticable, pese a la calidad de los magistrados que la integran, lo cual no hace sino ahondar en su carácter insólito. La Sala, tras referir en primer lugar que el IRPH no debe en modo alguno considerarse condición general de la contratación, concluye que su control corresponde pues a la Administración Pública y no a los Tribuales, rechazando con ello tanto en su vertiente de control de incorporación, como de control de contenido o control de transparencia.

En estas polémicas resoluciones, la Sección 15.ª de la AP de Barcelona, en respuesta a la consideración expuesta por el TJUE sobre la obligación de informar a los consumidores de cuál había sido la evolución del IRPH de las cajas de ahorros durante los dos años naturales anteriores a la celebración del contrato de préstamo y del último valor disponible, viene a sostener que el banco no incumplió obligación alguna de información. De una parte, por considerar que la obligación referida de informar sobre la evolución de los dos años anteriores a la celebración del contrato y el último valor disponible únicamente debía aplicarse a préstamos inferiores a 150.253 euros y concertados hasta el 29 de abril de 2012 (fecha de entrada en vigor de la OEH 2899/20011, de 28 de octubre, derogadora de la OM de 1994). Y de otra, por el paralogismo clásico de la posibilidad de los usuarios de acceder a las publicaciones en BOE como medio de información habitual y eficaz para la toma de decisiones de consumo. Así expresa su razonamiento:

"Sobre esta obligación hay que hacer dos precisiones. Primera, respecto del alcance de la obligación del banco de información sobre la evolución pasada de los índices de referencia. La Circular 5/1994, de 22 de julio, a entidades de crédito, sobre modificación de la circular 8/1990, sobre transparencia de las operaciones y protección de la clientela, hoy derogada,

establecía en su Anexo VII los elementos mínimos que contendrán los folletos sobre los préstamos hipotecarios a que se refiere el artículo 1 de la Orden del Ministerio de la Presidencia de 5 de mayo de 1994 (sobre transparencia de préstamos hipotecarios). Entre estos elementos mínimos, concretamente sobre el tipo de interés, la Circular disponía que el folleto debía contener el "índice o tipo de referencia, en préstamos a interés variable (identificación del índice o tipo, especificando si se trata o no de un índice de referencia oficial; último valor disponible y evolución durante, al menos, los dos últimos años naturales)". La mencionada Orden 5 de mayo de 1994 (redacción dada por orden de Orden de 27 de octubre de 1995) no se aplicaba a todos los tipos de préstamos, sino a los que reunían las condiciones establecidas en el art. 1, entre las que se encuentra que fuera de importe igual o inferior a 25.000.000 ptas. (lo que es equivalente a 150.253 euros). Por encima de esa cifra no era obligatoria la entrega del folleto informativo. Esta norma estuvo vigente hasta que fue derogada por la Orden EHA/2899/2011, de 28 de octubre. Por lo tanto, después del 29 de abril de 2011, la regla no sería exigible.

28. En este mismo sentido conviene precisar que la citada Orden EHA/2899/2011, de 28 de octubre (entra en vigor el 29 de abril de 2012), de transparencia y protección del cliente de servicios bancarios, en sus arts. 21 y 22, incluye la obligación de ofrecer información precontractual a través de lo que se llama Ficha de Información Precontractual (FIPRE) y, una vez obtenida información del cliente, a través de la Ficha de Información Personalizada (FIPER). Pues bien, entre aquellos requisitos, curiosamente, ha desparecido el relativo a la evolución del tipo de interés de referencia ofrecido por el banco, requisito que tampoco aparece en el art. 14 de la Ley 5/2019, de 15 de marzo, reguladora de los contratos de crédito inmobiliario.

29. En resumen, según la normativa citada, la obligación de incluir en el folleto informativo la evolución del tipo de referencia ofrecido solo era exigible en préstamos inferiores a 150.253 euros; pero después del 29 de abril de 2012, fecha de derogación de la citada Orden de 1994, sencillamente no sería exigible.

30. En segundo lugar, un dato que creemos especialmente relevante es que la Circular 5/1994, de 22 de julio (norma sexta bis), obligaba al Banco de España a dar una difusión adecuada a estos índices que, en todo caso, se publicaban mensualmente, en el Boletín Oficial del Estado". Este dato es especialmente importante, ya que cualquier consumidor medio tendría un fácil acceso a la evolución de los diferentes índices, bien mediante la información difundida por el Banco de España, bien mediante la publicación mensual de esos índices en el BOE, aun en aquellos casos en los que no haya prueba sobre la entrega del folleto cuando procediera.

31. Además, al margen de la publicación en los distintos diarios oficiales, impuesta por la normativa Bancaria, es notorio que, en el momento en que se suscribió el préstamo, los distintos índices de referencia se difundían, confrontados entre sí, en buena parte de medios de comunicación, generalistas y especializados, a los que podía acceder con facilidad el consumidor medio, normalmente informado y razonablemente atento y perspicaz. Se trata de información pública y accesible a cualquiera, en la medida que el consumidor medio dispone de múltiples canales para conocer el índice de referencia y su evolución.

32. La Sentencia del TJUE de 3 de marzo de 2020 es clara. No es necesario que el método de cálculo del IRPH, o de cualquier índice que sirva como referencia para el cálculo del interés variable, conste en el contrato. Es suficiente, a los efectos de la transparencia, que el contrato incluya la disposición legal en la que se recoge ese índice y su fórmula de cálculo, así lo indica el ordinal 53 de la mencionada sentencia, ya reproducido.

Y con mayor claridad aún lo destacaba el Abogado General en sus Conclusiones de 10 de septiembre de 2019 – ECLI: EU:C:2019:695 – (ordinal 120): «aunque el demandante en el litigio principal no estaba en condiciones de comprender el modo concreto de funcionamiento de uno de los elementos del método de cálculo del tipo de interés variable aplicable a su préstamo, a saber, el IRPH Cajas, cuyo modo de funcionamiento no se desprende del tenor de la cláusula controvertida, estaba en condiciones de entender, sobre la base del contrato de préstamo, que, en cada cuota de devolución, debía pagar un precio determinado, más o menos estable, a saber, el resultado de la suma del IRPH Cajas más un diferencial».

33. Ni la normativa bancaria vigente a la fecha de suscribir el contrato, ni el Tribunal de la Unión exigen que se facilite información comparativa de la evolución de los distintos índices vigentes según la normativa del regulador.

El Propio TJUE, en Sentencia de 6 de junio de 2019 (ECLI:EU:C:2019:467), respecto de la Directiva de préstamos de crédito al consumo (2008/48), había considerado que atendiendo a que «la información previa y simultánea a la celebración del contrato sobre las condiciones contractuales y las consecuencias de tal celebración reviste para el consumidor una importancia fundamental. En particular, el consumidor decide, basándose principalmente en esa información, si desea quedar vinculado por las condiciones redactadas de antemano por el profesional (sentencia de 21 de abril de 2016, Radlinger y Radlingerová, C-377/14, EU:C:2016:283, apartado 64). Por otra parte, la identificación del crédito que mejor se adapta a las necesidades del consumidor pretende mejorar la información de este para permitirle adoptar la decisión final con pleno conocimiento de causa. Por último, la obligación de proporcionar tal información no puede poner en cuestión el principio de que el consumidor es responsable de la decisión final de celebrar el contrato de crédito que elija entre los que le presenta el prestamista en la fase precontractual», podía concluirse que «una normativa nacional que impone a los prestamistas o a los intermediarios de crédito la obligación de buscar y de presentar al consumidor el crédito que mejor se adapte a sus necesidades no excede del margen de maniobra concedido a los Estados miembros por la Directiva 2008/48 respetando las disposiciones armonizadas de la misma».

34. En las Conclusiones que realiza el Abogado General, previas a la Sentencia del TJUE de 3 de marzo de 2020, que pueden servir como pautas interpretativas del alcance de la misma, atendido que el Tribunal no se aparta sustancialmente de su opinión, se indica con claridad, en el ordinal 104, cuando se refiere al alcance de la Directiva 93/13: «es importante no confundir la exigencia de transparencia de cláusulas contractuales impuesta por dicha Directiva, cuya finalidad es permitir al consumidor medio evaluar las consecuencias económicas de su préstamo, con la obligación de asesoramiento, que no recoge la citada Directiva».

Y lo reitera en el ordinal 123, cuando afirma que: «no cabe exigir al banco que ofrezca diferentes índices de referencia a los consumidores. En efecto, la obligación de información a que se refiere la jurisprudencia del Tribunal de Justicia no es una obligación de asesoramiento y, por lo tanto, no implica en absoluto que la entidad bancaria deba emplear u ofrecer al consumidor diferentes índices oficiales».

Por lo tanto, no puede considerarse que el deber de informar al interesado de distintas fórmulas de crédito sea exigible para considerar correctamente informado el consumidor".

En otro orden la referida SAP Barcelona, Sección 15.ª, de 21 de abril de 2020 cuestiona también que, aún en el caso de que se apreciara falta de transparencia la cláusula puede no ser abusiva al entender que no entraña desequilibrio entre las partes. Tampoco podemos estar de acuerdo con esta afirmación, pues como se ha apuntado anteriormente, el IRPH ya de por sí, nacía ligado a una mayor onerosidad para el prestatario. Pese a ello, así lo justifica la Sección 15.ª de AP de Barcelona en esta Sentencia:

"La falta de trasparencia de la cláusula no implica de por sí su nulidad, sino únicamente que el juez pueda comprobar si la misma es abusiva. Si, una vez analizadas las circunstancias del caso, el juez nacional estima que la cláusula no es trasparente, ha de comprobar si la misma es abusiva. Se trata de dos juicios diferentes, ya que la cláusula puede no ser transparente, pero no ser abusiva, tal y como el TJUE tiene afirmado de forma reiterada (por todas puede verse la Sentencia del Tribunal de Justicia de la Unión Europea de 20 de septiembre de 2017 (–ECLI:EU:C:2017:703– asunto Andriciuc).

(...) es realmente difícil decir que la elección de uno de los tipos de referencia en ese momento es contraria a la buena fe, ya que se trataba de uno de los seis tipos de referencia elaborados por el Banco de España, en cumplimiento de un encargo del legislador. Para ello, lo único que tendría que probarse es que en ese momento el banco o la caja de ahorros tenía una información relevante sobre la inminente evolución de los tipos de interés, que maliciosamente ocultó al consumidor-prestatario, y cuyos efectos se mostraron en la ejecución del contrato. En tal supuesto, la cláusula hubiera sido introducida en contra de las exigencias de la buena fe, ya que, de haber compartido esa información relevante con el consumidor, se podría presumir que éste, en una situación de equilibrio (esto es, con el mismo nivel de información) no la hubiera aceptado.

42. En definitiva y con carácter general, la opción por uno de los índices de referencia oficiales no puede ser contraria a la buena fe. Además, el precio se configura con el índice de referencia y el diferencial. Referido el control de abusividad al momento en que se suscribió el préstamo, aplicado el diferencial pactado (0,25 %) al IRPH, resulta un interés equiparable al que resultaría de haber optado por otro índice de referencia, como el Euribor, con un diferencial mayor. Todo ello excluye por completo tanto la mala fe del banco como el desequilibrio entre los derechos y obligaciones de las partes".

Esta última consideración merece una reflexión adicional. No podemos compartir la interpretación que realiza la Sección 15.ª de la consecuencia sobre la falta de transparencia sometiéndola a un segundo enjuiciamiento de desequilibrio. Entendemos por el contrario que siendo efectivamente distintos los controles de transparencia y de contenido, cuando se incurre en falta de transparencia, no es preciso ahondar más allá para determinar la nulidad de la cláusula. En tanto que el control de contenido pretende evitar la imposición de un desequilibrio en detrimento del consumidor como parte débil de la contratación, el control de transparencia viene ligado a la idea de información al consumidor, de tal suerte que la oscuridad generada ya le ha impedido per se tomar una decisión libre y formada en el contrato. En este mismo sentido, ya hemos apuntado, se ha expresado también el padre de la transparencia ORDUÑA[96], señalando como precisamente la reforma del artículo 83 TRLGDCU operada por la Ley 5/2019, de 15 de marzo, incorpora la nulidad de pleno derecho como *consecuencia directa* de la cláusula no transparente.

La resolución de la Sección 15.ª, viene en suma a vaciar de contenido el control de transparencia impuesto por el TJUE intentando reconducirlo al cumplimiento de formalidades ajenas a la verdadera teleología de la doctrina de la transparencia, que no es sino asegurar la comprensión real del cliente. Y desde luego, como desliza brillantemente MUÑOZ-SABATÉ[97], concluir que la información asequible a la que se refiere el TJUE equivale a la posibilidad del eventual prestatario de consultar el Boletín Oficial del Estado, dista muchas millas de lo que parece que pretendía el TJUE para colmar el principio de transparencia.

Como no podía ser de otra manera, con acertadísimo criterio, el magistrado González Audicana, ya ha anunciado por Providencia de 11 de mayo de 2020, que habida cuenta de las dudas que se siguen suscitando, resulta adecuado el replanteamiento de nuevas cuestiones al TJUE sobre este particular. Volvemos a Luxemburgo.

La SAP de Sevilla, Sección 5.ª, de 23 de abril de 2020, mantiene también la validez de la cláusula IRPH con una leve reseña en la que justifica que toda vez que la STJUE de 3 de marzo de 2020 deja en manos del juez nacional la decisión, se mantiene en la línea apuntada por la STS de 14 de diciembre de 2017:

"(...) teniendo en cuenta que dicha sentencia deja en manos del juez nacional la decisión acerca del carácter, imperativo o dispositivo, de la normativa reguladora de los índices de referencia de que se trata para considerar aplicable o no a estos el control de transparencia, consideramos que debemos continuar manteniendo el mismo criterio que hasta ahora hemos seguido, de acuerdo con la Sentencia del Tribunal Supremo de 14 de diciembre de 2017, estimando que no es aplicable ese control hasta tanto que este no vuelva a pronunciarse sobre la cuestión.

A la espera de ello y teniendo en cuenta que, en la práctica no se conoce en el mercado hipotecario el uso de otros índices de referencia que los que, en cumplimiento de la disposición adicional segunda de la Orden Ministerial de 5 de mayo de 1994, sobre transparencia de las condiciones financieras de los préstamos hipotecarios, desarrolló la Circular del Banco de España 5/1994, de 22 de julio, y que, si bien cabe optar entre ellos, una vez elegido uno, no cabe introducir modificaciones en los ismos, y hay que ajustarse a la definición y sistema de cálculo que esa normativa establece, debemos seguir estimando que la cláusula IRPH no es sino reflejo de una normativa imperativa u obligatoria, que garantiza o deber

---

[96] ORDUÑA MORENO, J. "El IRPH entorno a la Sentencia de la Sección 15.ª de la AP de Barcelona" en Revista de Derecho VLex n.º 192, mayo 2020.

[97] MUÑOZ SÁBATE, J. "La cláusula IRPH y el asno de buridán. A propósito de la Sentencia de la Audiencia Provincial de Barcelona de 24 de abril de 2020 (Sec. 15) en Revista de Derecho VLEX n.º 192, mayo 2020.

garantizar su idoneidad y, por lo tanto, no puede hablarse de falta de transparencia de la misma".

La Audiencia sevillana permanece así inane frente a la STJUE de 3 de marzo de 2020, tal y como si no hubiera existido pronunciamiento del intérprete comunitario. Parece que no acaba de distinguir entre la existencia del índice propiamente dicho y su imposición por la entidad. Si ello fuera poco, impone nuevamente las costas al consumidor cual si fuera una cuestión de claridad meridiana que no admite duda en derecho. Compartimos la reflexión de BALLUGERA[98] cuando advierte de la sentencia refleja la ignorancia de aspectos normativos de vigencia evidente.

En Alicante, la Sentencia dictada por la Sección 8.ª de su Audiencia Provincial el 30 de abril de 2020, confirma la desestimación de la nulidad apreciada por la Sentencia del Juzgado de 1.ª Instancia n.º 5 Bis de Alicante el 10 de julio de 2019. Aunque reconoce la ausencia de transparencia por no constar la información previa a los usuarios de la evolución del IRPH, concluye que la falta de transparencia no genera abusividad. Argumento que ya empleó también la AP de Barcelona y sobre el que anteriormente manifestamos nuestra discrepancia. Esta es su justificación:

"(...) el que afirmemos que no es transparente no supone desde luego una imperiosa declaración de nulidad de la cláusula pero tampoco su declaración de abusividad y consiguiente nulidad, sino la procedencia del juicio de abusividad.

(...)

Entendemos por ello que no hay razones que justifiquen que en el año 2000 la fijación como índice de referencia del tipo IRPH Cajas provocara un desequilibrio sustancial en perjuicio del consumidor, objetivamente incompatible con las exigencias de la buena fe consistente en la imposibilidad de hacerse una representación fiel del impacto económico que le supondría obtener el préstamo, tanto menos cuando no cabe considerar que pueda inducir a error a un consumidor medio como el que ya hemos descrito, que difícilmente puede atribuir al préstamo con garantía hipotecaria características que no le son propias, como sería la propia inclusión de un índice referencial que es el elemento sobre el que pivota la naturaleza variable del contrato. Pero es que incluso en el caso de que hubiera un eventual error sobre sus características entendemos que no podría tener incidencia en su economía porque respondería en todo caso a la naturaleza del contrato celebrado, no constando desde luego la existencia al tiempo de la celebración del contrato de un riesgo real de error en los prestatarios que influyera en su comportamiento económico a salvo que se tenga en cuenta la información posterior a la fecha del contrato que ni se tenía ni era exigible aún como hipótesis informativa a prestar por la entidad.

Además debemos tener en cuenta otros dos factores que desde nuestro punto de vista contrarían la realidad de las razones del perjuicio que afirman haber padecido por los prestatarios, a saber, que exactamente las mismas carencias que se denuncian respecto al IRPH pueden predicarse de cualquier otro índice oficial de los existentes a la fecha del

---

98 BALLUGERA GÓMEZ, C. en https://confilegal.com/20200510-no-comparto-la-sentencia-de-la-seccion-quinta-de-la-ap-de-sevilla-sobre-el-irph/.

contrato y, en segundo lugar, la difícil compatibilidad del reproche que se hace al IRPH con la Ley 14/2013, de Emprendedores, de 27 de septiembre, cuya Disposición adicional decimoquinta establece que los índices que suprime (IRPH Bancos y Cajas) «serán sustituidas, con efectos desde la siguiente revisión de los tipos aplicables, por el tipo o índice de referencia sustitutivo previsto en el contrato» añadiendo que «En defecto del tipo o índice de referencia previsto en el contrato o en caso de que este fuera alguno de los índices o tipos que desaparecen, la sustitución se realizará por el tipo de interés oficial denominado 'tipo medio de los préstamos hipotecarios a más de tres años, para adquisición de vivienda libre, concedidos por las entidades de crédito en España', disposición que si bien es cierto que en el caso que nos ocupa no es especialmente relevante dado que a la fecha de esta Sentencia el préstamo estaría amortizado y por tanto sería dable declarar la nulidad del contrato sin perjuicio para la parte prestataria, lo que nos indica es que en casos en los que, por el contrario, la nulidad del contrato derivada de la nulidad de una cláusula relativa a su objeto si pudiera perjudicar al prestatario, una pretensión de nulidad de un índice sustitutivo cuando este es el IRPH Conjunto de Entidades —como es el previsto en el contrato que nos ocupa—, resultaría imposible al carecer de todo efecto útil atendida la respuesta dada por el Tribunal de Justicia al contestar en la Sentencia IPRH a la cuestión sobre si puede sustituir el juez una cláusula nula IRPH por un índice legal, dado que afirma que 'los artículos 6, apartado 1 y 7, de la Directiva 93/13 deben interpretarse en el sentido de que no se oponen a que, en caso de declaración de nulidad de una cláusula contractual abusiva que fija un índice de referencia para el cálculo de los intereses variables de un préstamo, el juez nacional lo sustituya por un índice legal aplicable a falta de acuerdo en contrario de las partes del contrato, siempre que el contrato de préstamo hipotecario no pudiera subsistir tras la supresión de la cláusula abusiva y que la anulación del contrato en su totalidad dejara al consumidor expuesto a consecuencias especialmente perjudiciales' añadiendo que en efecto, se 'podría reemplazar la cláusulas controvertida por el índice sustitutivo contemplado en la Ley 14/2013, siempre que pueda considerarse que con arreglo al Derecho nacional el referido índice tiene carácter supletorio', lo que entendemos queda evidenciado del propio texto de la Disposición Adicional referenciada».

Procede por todo lo expuesto, al considerar que no hay abusividad al no haber perjuicio para el consumidor, desestimar la pretensión de nulidad de la cláusula tercera bis del contrato de préstamo que nos ocupa".

La SAP de Granada, Sección 3.ª, de 11 de mayo de 2020, bebe sin dudas en las aguas de las SSAP de Barcelona, Sección 15.ª, de 21 y 24 de abril y 4 de mayo de 2020, por lo que merece idénticas reflexiones que las ya expuestas al respecto. Vuelve la Audiencia granadina a dar por hecho que el consumidor medio suele acudir a la lectura del BOE y bucea en la normativa del Banco de España para contratar sus productos bancarios. En fin, algo que dudamos hicieran los mismos juristas al suscribir sus propios préstamos hipotecarios. A ello, añade también, en línea con Barcelona, que la falta de transparencia no es determinante de la abusividad —algo que igualmente rechazamos como hemos expuesto con anterioridad—. Así se motiva:

"El acceso, a los elementos esenciales de cálculo del IRPH, para un consumidor medio, normalmente informado, razonablemente atento y perspicaz, existió, ya que estaba

proporcionado mediante la Circular 8/1990 y el Boletín Oficial del Estado, pudiendo conocer y acceder, también de este modo, a través de la información pública proporcionada, fácilmente, al conocimiento en el pasado del índice de referencia y por tanto a su evolución.

Con estos medios públicos de acceso al desenvolvimiento pasado del referente, la falta de indicación sobre su evolución en los dos últimos naturales, establecida en la OM 5 de mayo de 1994, no exigible para todos los préstamos, sin ser de aplicación a los de más de 25.000.000 de pesetas o 150.253 euros, y desaparecida tras la entrada en vigor de la OM de 28 de octubre de 2011, sin ser requerida tampoco en el artículo 14 de la Ley 5/2019, no puede entenderse determinante, en el contexto de la información precontractual que debía suministrarse al celebrarse el contrato, para establecer la falta de transparencia.

El cumplimiento de las exigencias de transparencia previstas en la normativa sectorial constituye un estándar que permite concluir que las cláusulas del contrato han sido correctamente incorporadas al mismo, pero ello, no supone que la ausencia o falta de un requisito de tal normativa, determine, como contraposición, que no se cumple con tales exigencias.

(...)

La falta de transparencia, en todo caso, no determina que sin más la abusividad, tal y como hemos establecido en diferentes ocasiones al enjuiciar esta cuestión, entre otras, en nuestra Sentencia de 22 de abril de 2019".

La última en pronunciarse, a fecha de cierre de esta edición, ha sido la SAP de Madrid, Sección 28.ª, de 22 de mayo de 2020, en la que se niega la falta de transparencia y que cuenta con el voto particular en contra del Magistrado DON JOSÉ MANUEL DE VICENTE BOBADILLA. La Sala concluye en síntesis que la STJUE de 3 de marzo no altera en lo sustancial el criterio seguido por el TS en su Sentencia de 14 de diciembre de 2017, siendo innecesario informar sobre otros índices para superar la transparencia exigible:

"En definitiva, en modo alguno se responde al juzgado español consultante que, tal y como este preguntaba, sea necesario informar al consumidor sobre la evolución del Euribor ni de ningún otro índice distinto del IRPH al que se referenció el interés variable del contrato (incluso respecto del Euribor, no se considera exigible el estudio prospectivo que sugería el juzgado consultante). Lo que significa, en definitiva, que la referida sentencia del TJUE no altera un ápice el criterio jurisprudencial fijado en la S.T.S. de Pleno de 14 de diciembre de 2017, criterio con arreglo al cual —ya lo hemos dicho— el deber de información propio del control de transparencia material no incluye la necesidad de informar sobre otros índices oficiales distintos de índice contractual".

La referida SAP de Madrid, Sección 28, de 22 de mayo de 2020 se alinea con la postura puesta de manifiesto también por el TS que sostiene que la falta de transparencia en todo caso no implica abusividad y que solo puede apreciarse de cualquier modo tras la modificación del art. 83 TRLGDCU operada por la Ley 5/2019, de 15 de marzo, reguladora de los contratos de crédito inmobiliario:

"(...) la S.T.S. de 24 de febrero de 2020, en un supuesto en que aprecia la falta de transparencia de la cláusula litigiosa reguladora del objeto principal del contrato (precio del servicio

contratado por el adherente), nos indica que «(...) teniendo en cuenta que cuando se celebró el contrato no estaba en vigor la actual redacción del párrafo segundo del art. 83 TRLCU, que parece equiparar la falta de transparencia a la abusividad, resulta aplicable la jurisprudencia del TJUE que establece que, respecto de los elementos esenciales del contrato (precio y prestación) una vez apreciada la falta de transparencia es cuando debe hacerse el juicio de abusividad (por todas, SSTJUE de 30 de abril de 2014, C-26/13, Kásler; y de 26 febrero de 2015, C-143/13, Matei)» (énfasis añadido). En relación con la salvedad que dicha resolución efectúa, hay que tener en cuenta que la Ley 5/2019, de 15 de marzo reguladora de los contratos de crédito inmobiliario, que entró en vigor el 16 de junio de 2019, introdujo en el Art. 83 TRLGDCU un segundo párrafo con arreglo al cual «Las condiciones incorporadas de modo no transparente en los contratos en perjuicio de los consumidores serán nulas de pleno derecho» (idéntico texto incorporó al Art. 5-5 de la L.C.G.C.). Por lo que parece que, en relación con los contratos celebrados con posterioridad al 16 de junio de 2019 (y en relación con las novaciones o subrogaciones posteriores operadas respecto de contratos anteriores; D.T. 1.ª), cabrá abrir debate sobre si la falta de transparencia determinará o no, en todo caso, un juicio positivo de abusividad y consiguiente nulidad sin necesidad de ulterior análisis relativo al contenido de la cláusula. No así en el caso de los contratos anteriores a la entrada en vigor de dicha ley.

En nuestra opinión se trata de la aplicación de dos tipos de solución diferentes (equivalencia «intransparencia-abusividad» o mera licencia para el examen de la «abusividad» justificada por la «intransparencia») para dos clases de supuestos que presentan características también distintas y aún divergentes. Así, en una comparativa entre la cláusula suelo y la cláusula IRPH advertimos las siguientes diferencias:

1. En el caso de la ***cláusula suelo****, la falta de transparencia material se identifica, sin más, con el desequilibrio entre precio y prestación sin necesidad de una constatación adicional de ese desequilibrio. El déficit de información hace que el usuario, persuadido de que concertó un préstamo a interés variable, vea defraudada su expectativa al respecto al comprobar que, en función del comportamiento de una variable que se encuentra plenamente imbricada en el contrato (descenso del índice contractual, usualmente el Euribor, por debajo de cierto umbral), el interés va a comportarse como interés fijo. En definitiva, el usuario no capta adecuadamente la carga económica de la cláusula al no percatarse de que el régimen de interés variable bajo el que concertó el préstamo puede dejar de operar. Pero, en definitiva, la desinformación se proyecta sobre un efecto (paso a un régimen de interés fijo) que se encuentra implícitamente contenido en la cláusula, y todo ello en función de las fluctuaciones que experimente un elemento (ordinariamente el Euribor) que está explícitamente contemplado en el contrato. Por lo tanto, en estos casos ni siquiera se puede afirmar que exista un vínculo causal entre intransparencia y desequilibrio: lo que hay más bien es identidad plena entre uno y otro fenómeno.*

2. Por el contrario, en el caso de la ***cláusula IRPH*** *no solo no existe identidad entre la falta de transparencia y el desequilibrio precio/prestación sino que ni siquiera concurre vínculo causal entre aquella y este. En estos casos la frustración de expectativas que se denuncia por el prestatario no se genera por un comportamiento indeseable y no previsto del índice elegido (IRPH) sino por la correlación apreciable entre el comportamiento de dicho índice* *y el de otro índice que es por completo ajeno al contrato (el Euribor). Ya hemos razonado anteriormente que en estos casos la obligación de transparencia que incumbe a la entidad bancaria no consiste en un servicio de asesoramiento que informe al consumidor acerca de la evolución o comportamiento pretérito de otros índices que no sean el propio índice contractual (IRPH). Y si ello es así, podemos contemplar dos tipos de supuestos:*

a) En una hipótesis ideal en la que la entidad bancaria hubiera informado al cliente no ya de la evolución del IRPH en los dos años anteriores sino de su evolución durante un período incluso mucho más prologando, y en la que, además, se le hubiera facilitado un estudio probabilístico sobre el comportamiento futuro del índice a partir de los datos pretéritos disponibles, la frustración de las expectativas así creadas merced a un incremento no previsto de dicho indicador oficial no originaría el tipo de desequilibrio que se denuncia en el litigio si el comportamiento del Euribor hubiera sido parejo: solamente el hecho de que el Euribor haya experimentado una evolución más benigna hace, de acuerdo con los planteamientos contenidos en la demanda, que esa frustración de la expectativa generada en torno al IRPH se experimente como agravio.

b) Inversamente, si la entidad bancaria hubiera desatendido por completo la obligación de informar adecuadamente al usuario sobre la evolución pretérita del IRPH, la opacidad o falta de transparencia material así creada tampoco sería causalmente determinante del tipo de desequilibrio precio/prestación que se denuncia, porque la expectativa del prestatario acerca del comportamiento futuro del índice pactado, aunque acaso deficientemente elaborada a causa de la falta de información, no se frustra por un incremento inusual del mismo sino por la correlación existente entre su comportamiento y el comportamiento de otro índice (el Euribor) que –se insiste– constituye una variable completamente ajena al contrato y sobre la que no pesaba obligación de información alguna.

En definitiva, en el caso de la cláusula IRPH ni el exquisito cumplimiento del deber de información evitaría la clase de desequilibrio que se denuncia ni su total incumplimiento sería capaz de provocarlo, por lo que, como se ha señalado, opacidad y desequilibrio no solo no se identifican sino que se nos presentan como cualidades causalmente desvinculadas.

De ahí que parezca razonable exigir, una vez constatada la opacidad o falta de trasparencia material, un ulterior examen de contenido que nos permita verificar la presencia o ausencia de desequilibrio propiamente dicho entre precio y prestación".

A esta postura, se opone el voto particular concurrente elaborado por el Magistrado DON JOSÉ MANUEL DE VICENTE BOBADILLA. En el advierte el Magistrado disidente de su discrepancia y que el hecho de no reiterarlo en cada futura resolución obedecerá a mantener un criterio de seguridad jurídica y permitir una aplicación uniforme. El voto particular se construye sobre la tesis de la falta de transparencia por no haber ofrecido al consumidor elementos útiles de comparación que le hubieran podido conducir a optar por un préstamo con un índice de referencia distinto o más beneficioso, lo que en suma se traduce a la postre en un perjuicio. Así es razonado:

"En el caso del IRPH-Cajas, si partimos de la hipótesis de falta de transparencia porque no se hubiera facilitado al consumidor información sobre la evolución del índice en los dos

años anteriores a la operación, según mi criterio, sería procedente aplicar también la teoría sobre la abusividad inherente que hasta ahora se viene aplicando a las cláusulas suelo y multidivisa.

12. Recordemos que el TJUE ha declarado que el conocimiento, al tiempo de contratar, de la evolución pasada del IRPH-Cajas, permite al consumidor efectuar de forma informada un juicio comparativo con otras ofertas. No se trata de exigir al banco que haga esa comparativa, ni menos que haga futuribles sobre la evolución de distintos índices, pues su obligación no es de asesoramiento general. Lo que se trata de exigir a la entidad que facilite la información necesaria para que sea el propio consumidor quien pueda hacer una comparación realista contando con los datos disponibles. Cabe mencionar el siguiente párrafo de la STJUE de 3 de marzo de 2020 (el resaltado es nuestro):

«Tal información (evolución pasada del IRPH-CAJAS) también puede dar al consumidor una indicación objetiva sobre las consecuencias económicas que se derivan de la aplicación de dicho índice ***y constituyen un término útil de comparación*** *entre el cálculo del tipo de interés variable basado en el IRPH-CAJAS de las cajas de ahorros y otras fórmulas de cálculo del tipo de interés.*

14. No debemos buscar el desequilibrio en acontecimientos futuros que no podían conocerse en el momento de suscribir la operación, sino en informaciones que debieron facilitarse al consumidor al tiempo de contratar para que pudiera evaluar las ofertas, y en particular, la evolución pasada del IRPH-Cajas. Cabe recordar, tal y como indica la STS núm. 669/2017, que el TJUE ha insistido en que el momento al que debe referirse el control de abusividad es el de la celebración del contrato. Así, en la STJUE de 20 de septiembre de 2017, C-186/16 (caso Andriciuc) dijo:

«53. A este respecto, el Tribunal de Justicia ya ha declarado que, para apreciar si una cláusula contractual debe considerarse abusiva, el juez nacional deberá tener en cuenta, como indica el artículo 4 de la Directiva 93/13, la naturaleza de los bienes o servicios que sean objeto del contrato, considerando 'en el momento de la celebración del mismo' todas las circunstancias que concurran en su celebración» (véase, en este sentido, la sentencia de 9 de julio de 2015, Bucura, C-348/14, no publicada, EU:C:2015:447, apartado 48 y jurisprudencia citada).

15. Por todo ello, considero que si hubiéramos declarado la falta de transparencia por un hipotético desconocimiento del consumidor sobre la evolución pasada del IRPH-Cajas, la conclusión necesaria sería que ello habría producido el desequilibrio sustancial a que se refiere la jurisprudencia, por haberse privado al consumidor de la posibilidad de valorar adecuadamente las ofertas existentes en el mercado. En consecuencia, hubiera procedido la declaración de abusividad de la cláusula IRPH-Cajas".

5. Tempestividad de la acción

5.1. Imprescriptibilidad de la acción

Cuando la acción ejercitada por el afectado es una acción individual de nulidad de condiciones generales de la contratación, no una acción de anulabilidad por vicio en el consentimiento como intentan soslayar en ocasiones algunas entidades financieras, invocándose la nulidad absoluta y radical de la cláusula suelo litigiosa, debemos considerar que nos hallamos ante una acción imprescriptible. Desde los tiempos de PAULO[99], un principio general que está radicalmente viciado de origen no puede convalidarse por el transcurso del tiempo. Así apuntaba también ALBALADEJO[100], que la acción de nulidad no se extingue por el paso del tiempo. En idéntico sentido LÓPEZ BELTRÁN DE HEREDIA[101] señala que la acción de nulidad es una acción declarativa imprescriptible, pues la invalidez y consiguiente ineficacia son absolutas e insubsanables. Y con la misma rotundidad es expresado por GONZÁLEZ GARCÍA[102].

Según tiene declarado el Tribunal Supremo, en su Sentencia de 14 de marzo de 2002, "*Los vicios de inexistencia y nulidad radical de los actos o negocios jurídicos no son susceptibles de sanación por el transcurso del tiempo, de conformidad con el principio «quod ad initium vitiosum est non potest tractu temporis convalescere», por lo que las acciones correspondientes son imprescriptibles*". Esto es, como manifestó también en la STS de 21 de enero de 2000, "*las relaciones afectadas de nulidad absoluta, al resultar inexistentes en derecho, no pueden convalidarse con el transcurso del tiempo, al ser imprescriptible la acción de nulidad*".

Como ha sostenido la Sentencia del Juzgado de lo Mercantil n.º 1 de A Coruña en Sentencia de 20 de enero de 2015 en procedimiento de nulidad individual de condiciones generales de la contratación, es insubsanable e imprescriptible. O, en la misma ciudad, la Sentencia del Juzgado de 1.ª Instancia n.º 8 de 13 de junio de 2017 que vuelve repetir la ausencia de caducidad o prescripción de la acción ejercitada: "*Y lo propio cabe decir de la alusión en*

---

99 PAULO, J. *Libro octavo del comentario a Sabino (Quod initio vitiosum est, non postest tractu temporis convalescere -lo que está viciado radicalmente desde su origen no puede convalidarse con el transcurso del tiempo-).*

100 ALBALADEJO, M. *Curso de Derecho Civil español*, Barcelona, 1983, p. 542.

101 LÓPEZ BELTRÁN DE HEREDIA, C., La Nulidad de los contratos, http://www.tirantonline.com/tol/documento/show/1642743?general=nulidad+de+pleno+derecho&searchtype=substring&index=.

102 GONZÁLEZ GARCÍA, S. "La prescripción de las acciones de nulidad de las cláusulas abusivas" en Diario La Ley n.º 9048, de 25 de septiembre de 2017.

la contestación a la caducidad del art. 1.301 del C.C. y de la doctrina de los actos propios. Recordemos que estamos ante un supuesto de nulidad absoluta y no de anulabilidad".

La declaración de nulidad de la cláusula litigiosa, se funda en su falta de claridad y transparencia, ora por el desequilibrio que comporta, por lo que a tenor del art. 8 LCGC sería nula de pleno derecho. Obviamente tal declaración de nulidad es imprescriptible según dispone el art. 19.4 LCGC.

Esta cuestión es igualmente abordada por la Sentencia del Juzgado de lo Mercantil n.º 1 de Valladolid de 19 de enero de 2016, en la que se razona:

"Con carácter previo se invoca la caducidad ex *art. 1.301 CC por haber transcurrido el plazo de cuatro años desde que los demandantes, dice la contestación, acuden en enero de 2011 a solicitar la rebaja de la cláusula suelo.*

Pues bien, al margen de que lo que aquí se ventila es la nulidad por infracción de la Ley de Condiciones Generales de la Contratación para lo que sería de aplicación el art. 19.4 de aquella, en cuanto al carácter imprescriptible de la acción declarativa de nulidad, aun tomando en consideración el error en el consentimiento (lo que, insistimos, no nos ocupa en esta litis) el cómputo se iniciaría desde la consumación del contrato y no desde su perfección (art. 1.301 CC). No nos hallamos, además, ante una operación de cumplimiento instantáneo sino de tracto sucesivo y por tanto la consumación no se produce sino hasta el transcurso del plazo por el que se concertó (30 años), de manera que la suscripción del contrato no era más que la perfección del mismo. Pero es que además el doc. 3 de la contestación no plasma que los demandantes solicitaran la rebaja de la cláusula suelo (aunque según el doc. 4 es lo que se concedió) sino «una bonificación sobre el tipo de interés nominal actual revisado...», sin mencionar el tipo mínimo en ningún momento".

Idéntica respuesta desestimatoria de la pretendida caducidad de la acción es emitida por la Sentencia del Juzgado de lo Mercantil n.º 1 de Palma de Mallorca de 17 de marzo de 2015:

"La parte demandada, en su escrito de contestación a la demanda, opuso como excepción procesal la relativa a la caducidad de la acción. La excepción procesal expuesta la fundamenta la parte demandada en que la acción ejercitada es la de nulidad relativa o anulabilidad, por concurrir supuestamente en el contrato suscrito, de conformidad con el artículo 1.261 del CC, un vicio del consentimiento, consistente en el error por defecto de información. De esta forma, estando sujeta la acción de anulabilidad del artículo 1.301 del CC al plazo de 4 años de caducidad, la acción habría prescrito por cuanto que desde la firma de la escritura de préstamo hipotecario (día 18 de febrero de 2008) hasta el ejercicio de la acción individual de nulidad (día 16 de junio de 2013) habrían pasado más de 4 años. La parte demandante se opuso a esta excepción procesal por las razones o argumentos que expuso en el acto de la audiencia previa.

La excepción procesal alegada no puede prosperar por los siguientes motivos:

a) Porque la acción ejercitada por la parte demandante, en contra de lo manifestado y defendido por la parte demandada, no es la acción de anulabilidad por vicio del consentimiento, sino la acción individual de nulidad con fundamento en los artículos 8 y 9 LCCG que se remite, tratándose de un consumidor y de la nulidad de una cláusula contractual por abusividad, al Texto Refundido de la Ley General para la Defensa de los Consumidores y Usuarios (en adelante, TRGLDCU). Así resulta de la causa petendi, entendida por el TS (entre otras, la STS de 28 de octubre de 2013) como el conjunto de hechos esenciales o relevantes para el éxito de la consecuencia jurídica pretendida por la parte demandante. En efecto, si atendemos al conjunto de hechos relatados en la demanda, veremos que la declaración de nulidad pretendida lo es de una cláusula concreta (la denominada cláusula suelo) y no del contrato entero. Dicho de otro modo, la parte demandante no pretende una declaración de anulabilidad, sino la declaración de nulidad de pleno derecho de una cláusula contractual, subsistiendo la validez del contrato de préstamo con garantía hipotecaria, si bien, como veremos a continuación, en el caso de contratos celebrados con consumidores, el ámbito de esta nulidad de pleno derecho queda reducido, no estando ante un supuesto de nulidad total, sino de nulidad parcial (conforme al principio utile per inutile non vitiatur). De esta forma, la ineficacia contractual pretendida por la parte demandante no es, utilizando las categorías elaboradas por De Castro, la ineficacia esencial o estructural propia de los vicios del consentimiento, en el que el contrato nace viciado por error y que por tanto, produce sus efectos hasta que se declare la nulidad; sino la ineficacia funcional propia de la normativa del derecho de consumo, en el que el contrato subsiste en lo no afectado por la declaración de nulidad, siempre que el contrato pueda subsistir sin la cláusula declarada nula. Es decir, la ineficacia contractual pretendida por la parte demandante es la funcional, por sobrevenir al nacimiento del contrato como consecuencia de la normativa protectora del consumidor. En cambio, en la ineficacia esencial o estructural, propia de los vicios del consentimiento, el contrato no es válido desde su nacimiento, si bien sus efectos subsisten hasta la declaración de nulidad. Es decir, la ineficacia nace con el negocio.

En consecuencia, procede desestimar la excepción procesal de caducidad por los argumentos esgrimidos.

Y esta misma tesis es nuevamente desplegada en la Sentencia dictada por el Juzgado de lo Mercantil n.º 6 de Madrid de 2 de marzo de 2015:

"Sin entrar a examinar la clásica distinción entre prescripción y caducidad, así como sin profundizar en la tradicional calificación del plazo invocado como de caducidad, baste indicar que ejercitada acción de nulidad por infracción de la normativa de condiciones generales de la contratación, no resulta de aplicación el invocado art. 1.301 C. Civil, sino el art. 19 de la Ley de Condiciones Generales de la Contratación, que declara la acción ejercitada por los demandantes como imprescriptible, lo que obliga a desestimar dicha cuestión procesal".

Por parte del Juzgado de lo Mercantil n.º 8 de Barcelona, se apunta en su Sentencia de 9 de febrero de 2017:

"El art. 9 de la LCG remite para el ejercicio de la acción de no incorporación o de nulidad de una cláusula a lo dispuesto en sede de nulidad contractual, es decir, al art. 1.301 del CC, pero debemos destacar que el plazo previsto en la norma citada, ya que estamos ante una nulidad absoluta o radical, cuya acción es imprescriptible. Dicho plazo está referido a los supuestos de anulabilidad. El caso que nos ocupa la acción de nulidad contra la cláusula suelo es de nulidad absoluta.

Tal art. 1.301 CC ha sido interpretado por la Sala Primera del Tribunal Supremo, entre otras, en sentencias de 28 de abril de 2011, 23 de septiembre de 2010, 22 de febrero de 2007, 4 de octubre de 2006, señalando esta última que la ambigüedad terminológica del artículo 1.301 CC al referirse a la «acción de nulidad», ha sido precisada doctrinal y jurisprudencialmente en el sentido de distinguir lo que son supuestos de nulidad radical o absoluta y lo que constituyen supuestos de nulidad relativa o anulabilidad; resultando asimismo de la expresada Sentencia que el plazo fijado en el precepto para el ejercicio de la acción de nulidad es aplicable a las ejercitadas para solicitar la declaración de nulidad de los contratos y, por extensión, de los demás negocios jurídicos que «adolezcan de algunos de los vicios que los invalidan con arreglo a la Ley», siempre que en ellos, según se desprende del artículo 1.300 CC, al cual se remite implícitamente el artículo 1.301 CC, «concurran los requisitos que expresa el artículo 1261», es decir, consentimiento, objeto y causa, sin los cuales «no hay contrato». Cuando no concurren los requisitos establecidos en el artículo 1.261 CC se está en presencia de un supuesto de nulidad absoluta o de pleno Derecho, equivalente a la inexistencia, cuya característica radica en la imposibilidad de producir efecto jurídico alguno, en la retroacción al momento del nacimiento del acto de los efectos de la declaración de nulidad y en la inexistencia de plazo alguno de caducidad o prescripción para el ejercicio de la acción correspondiente. Por su parte, en la Sentencia de 21 de enero de 2000 se declara que «...resulta inaplicable el artículo 1.301 ... ya que el plazo de los cuatro años procede respecto a los contratos en los que concurren los requisitos del artículo 1.261, y las relaciones afectadas de nulidad absoluta, como la que nos ocupa, al resultar inexistentes en derecho, no pueden convalidarse con el transcurso del tiempo, al ser imprescriptible la acción de nulidad» (Y en los mismos términos las Sentencias de 22 de noviembre de 1983, 25 de julio de 1991, 31 de octubre de 1992, 8 de marzo de 1994, 27 de febrero de 1997 y 20 de octubre de 1999).

Pero aun en el caso que entendiéramos aplicable el art. 1.301 CC en relación con el cómputo del plazo la doctrina entiende que el momento inicial no es nunca anterior al cumplimiento del contrato, por lo que la acción no puede caducar sino desde la consumación y el litigioso no puede entenderse cumplido ni consumado hasta la realización de todas las obligaciones. Y tal momento de la «consumación» no puede confundirse con el de la perfección del contrato, sino que solo tiene lugar, cuando están completamente cumplidas las prestaciones de ambas partes, hecho que no se ha producido en el caso de autos".

Vuelve a rechazar la caducidad o prescripción la SAP de Las Palmas de Gran Canaria, Sección 5.ª, de 15 de marzo de 2017, la SAP de Madrid, Sección 8.ª, de 30 de enero de 2017 o la SAP de Madrid, Sección 11.ª, de 28 de abril de 2017, cuando nuevamente apunta: "*el plazo cuatrienal del artículo 1.301 del Código Civil no resulta de aplicación respecto a la acción aquí ejercitada, que es imprescriptible, por lo que la excepción planteada por la entidad bancaria no puede prosperar*".

Así también la SAP de Pontevedra, Sección 1.ª de 7 de abril de 2017: "*La recurrente alega que la acción de nulidad habría caducado en relación al contrato de préstamo concertado individualizadamente el 26 de febrero de 2004, por el transcurso del plazo de cuatro años contados desde que se canceló en fecha 1 de octubre de 2008, de acuerdo con la previsión del art. 1.301 del Código Civil. El motivo no puede ser acogido porque el art. 1.301 CC se refiere a la acción de anulabilidad de los contratos y no a la acción de nulidad radical y absoluta, que no prescribe ni caduca. Obsérvese que, en el supuesto enjuiciado, se ejercita una acción de nulidad de la condición general de la contratación, al amparo de los arts. 7 y 8 de la Ley 7/1998, de 13 de abril, el art. 82 del texto refundido de la Ley General para la defensa de los Consumidores y usuarios, y el art. 6 de la Directiva 93/13/CEE, de 5 de abril, sobre cláusulas abusivas en los contratos celebrados con los consumidores, normas que imponen la sanción de nulidad de pleno derecho a las cláusulas que no superen el control de inclusión o que, superándolo, no permitan al consumidor conocer la carga económica y real que asume con la aceptación de la estipulación".*

En el caso de la AP de Bizkaia, son reiterados también sus pronunciamientos en lo atinente al carácter imprescriptible de la acción, con independencia de que hubieran podido ya haberse abonado la totalidad de las cuotas hipotecarias. Y ello con independencia de que la nulidad se refiera a la cláusula suelo o la de gastos hipotecarios, tal y como se resuelve en la SAP de Bizkaia, Sección 4.ª de 26 de abril de 2018:

"Sobre este particular hemos descartado que, satisfecha la totalidad del préstamo con garantía hipotecaria, la acción para declarar la nulidad de algunas de sus cláusulas por abusiva haya desaparecido por caducidad o prescripción de la acción en la SAP Bizkaia, Secc. 4.ª, 22 marzo 2018, rec. 796/2017, donde decíamos que, encontrándonos ante un supuesto de nulidad absoluta, las relaciones afectadas por la misma, al resultar inexistentes en derecho, no pueden convalidarse con el transcurso del tiempo, al ser imprescriptible la acción de nulidad. Otro tanto se aprecia en la SAP Bizkaia, Secc. 4.ª, 26 abril 2018, rec. 847/2017, al explicar «sobre este respecto se ha pronunciado reiteradamente nuestro Tribunal Supremo, en el siguiente sentido: 'Los vicios de inexistencia y nulidad radical de los actos o negocios jurídicos no son susceptibles de sanación por el transcurso del tiempo, de conformidad con el principio 'quod ad initium vitiosum est non potest tractu temporis convalescere', por lo que las acciones correspondientes son imprescriptibles' (STS 14 de marzo 2002, entre tantísimas otras). Y también: 'las relaciones afectadas de nulidad absoluta, al resultar inexistentes en derecho, no pueden convalidarse con el transcurso del tiempo, al ser imprescriptible la acción de nulidad' (STS 21 de enero de 2000). Tanto la imprescriptibilidad de la acción para destruir los efectos del contrato nulo como la prohibición de confirmación, están basadas en la norma de que lo que inicialmente es inexistente no puede convalidarse a lo largo del tiempo, por lo que el contrato que nació nulo seguirá siendo siempre nulo y, en consecuencia, nunca tendría fundamento protegible el mantenimiento de una situación jurídica o producida por ese contrato vicioso».

15. En general la jurisprudencia no ha dudado considerar imprescriptible la acción si concurre nulidad (STS 21 enero 2003, rec. 1381/1997, 24 abril 2013, rec. 2108/2010, 6 octubre 2016, rec. 2304/2014). Explica la STS 19 noviembre 2015, rec. 1329/2014, que «La nulidad se define como una ineficacia que es estructural, radical y automática. Estructural, porque deriva de una irregularidad en la formación del contrato; y radical y automática, porque se produce 'ipso iure' y sin necesidad de que sea ejercitada ninguna acción por parte de los interesados, sin perjuicio de que por razones de orden práctico pueda pretenderse un pronunciamiento de los tribunales al respecto. En consecuencia, ante la absoluta falta de consentimiento por parte del cliente, debe declararse radicalmente nulo el contrato de comercialización o adquisición de obligaciones subordinadas. Sin que tampoco sea atendible el argumento de la parte demandada relativo a la caducidad de la acción, puesto que, tratándose de nulidad absoluta, la acción es imprescriptible».

16. Como dijimos en la citada SAP Bizkaia, Secc. 4.ª, 22 marzo 2018, rec. 796/2017, el art. 83.1 TRLGDCU establece que la consecuencia de la declaración de abusividad es que la cláusula afectada es nula y no produce efectos. La nulidad absoluta, ex lege, supone según la jurisprudencia antes citada que la acción es imprescriptible. Y si la indemnización que persigue el consumidor perjudicado tuviera plazo, la única forma de garantizar el principio de no vinculación de las cláusulas abusivas que establece el art. 6.1 de la Directiva 93/13/CEE del Consejo, de 5 de abril de 1993, sobre las cláusulas abusivas en los contratos celebrados con consumidores, es considerar que el plazo comienza una vez obtenida ante los tribunales la declaración de nulidad, pues hasta entonces no podría haber formulado su reclamación por mantener apariencia de eficacia la cláusula nula. El motivo, por ello, se desestimará, lo que permite abordar la cuestión de fondo.

Con relación también a los gastos hipotecarios, se ha pronunciado en este mismo sentido la SAP de Asturias, Sección 5.ª, de 8 de mayo de 2017:

"En cuanto a la excepción de prescripción, la misma no resulta aplicable habida cuenta que la acción ejercitada ha sido la de nulidad y por ende imprescriptible, siendo la cuantía postulada el efecto derivado de dicha declaración, pero no una reclamación de cantidad en sí misma".

La SAP de Pontevedra, Sección 6.ª de 3 de noviembre de 2017, dando respuesta también a la prescripción o caducidad invocada por el banco, la rechaza con firmeza:

"Por de pronto, debe quedar ya excluido todo argumento que tienda a hacer del paso del tiempo —donde no hay ni prescripción ni caducidad— un efecto sanador del abuso bancario. El silencio y quietud del consumidor no responden sino a actitud basada en el desconocimiento del ilícito proceder del banco. No tiene sentido que el mero lapso del tiempo haga que la buena fe con que los prestatarios acatan la cláusula haya de volverse en su contra, de tal modo que aniquile su derecho, con beneficio y recompensa de quien abusó de su confianza. Sin duda los clientes asumieron los términos de una cláusula en el desconocimiento de que los gastos a que la misma se refieren no tenían que ser soportados por ellos. O incluso, aun conociendo quien era el verdadero obligado al pago se vieron forzados y empujados a la aceptación de la cláusula por su desigual y asimétrica posición en el contrato, desde la que tenían obstaculizada, cuando no virtualmente vedada, toda negociación, dada su evidente inferioridad frente a la preeminencia de la entidad financiera. El cliente reacciona cuando los tribunales declaran abusiva tal práctica bancaria. De seguro que, si los prestatarios tuvieran capacidad de negociación en plano de igualdad, no hubiesen asumido voluntariamente un quebranto económico tan improcedente como indeseado".

E igual suerte desestimatoria de la alegada prescripción o caducidad es despachada por el Juzgado de 1.ª Instancia n.º 12 Bis de Zaragoza en Sentencia de 21 de julio de 2017:

"De igual modo, siendo tales cláusulas nulas de pleno derecho, no habrán producido efecto alguno —quod nullum est, nullum producit effectum—, debiendo reponer al demandante en la situación de hecho y de Derecho en la que se encontrase de no haber existido nunca tal

cláusula –como se analizará en el FD siguiente–, siendo la acción ejercitada imprescriptible –tal y como establece el art. 19.4 LCGC– por cuanto que el paso del tiempo no puede subsanar los actos nulos de origen –quod initio vitiosum est non potest tractu temporis convalecere–.

Por los mismos motivos, se ha de desestimar la excepción planteada por la parte de prescripción de la acción de reclamación de cantidad, por cuanto constituye un efecto legal inherente e inescindiblemente unido a la declaración de nulidad –ex art. 1.303 del CC– no siendo aplicables los arts. 1.967 y 1.968 del Código Civil".

La SAP de Lleida, Sección 2.ª, de 14 de febrero de 2019, rechaza también la prescripción de la acción señalando:

"(...) olvida la recurrente que la prestataria no ha podido ejercitar la acción de reembolso o reintegro de las cantidades que pagó por gastos notariales, registrales, de gestoría, de tasación e impuestos hasta que ha sido declarada la nulidad de la cláusula correspondiente de la escritura de préstamo con garantía hipotecaria, lo cual no ha sucedido hasta este procedimiento. Hasta su declaración de nulidad nada podía reclamar la prestataria precisamente por los propios efectos de la citada disposición contractual, de forma que el plazo de prescripción para poder reclamar su reintegro, que constituye una acción personal, no puede empezar a contar hasta que se produce su declaración de nulidad pues es cuando nace para el acreedor la posibilidad de ejercitar la acción en virtud del principio de la «actio nata» (art. 1.969 del C.c) (En relación con la Sentencia del Tribunal Supremo de 22-5-08, citada por la de 25-3-09)".

En suma, si partimos, tal y como entendemos, que la acción de nulidad comporta la no vinculación de efecto alguno para el consumidor, parece lógico colegir que, hallándonos ante una consecuencia inherente a la nulidad, no tenemos que temer por el plazo de prescripción de la acción. Lo contrario sería tanto como admitir el vencimiento del contrato radicalmente nulo por el transcurso del tiempo.

Así es sostenido con tino por RODRÍGUEZ ACHÚTEGUI[103] cuando explica que, al pretenderse la nulidad absoluta y plena, no hay término para el ejercicio de la acción y que la jurisprudencia no ha dudado al considerar que, denunciada la nulidad, si concurre, la acción es imprescriptible (SSTS 25 marzo 2013 y 6 de octubre de 2016).

Según dicta la STS de 19 de noviembre de 2015 "*La nulidad se define como una ineficacia que es estructural, radical y automática. Estructural, porque deriva de una irregularidad en la formación del contrato; y radical y automática, porque se produce "ipso iure" y sin necesidad de que sea ejercitada ninguna acción por parte de los interesados, sin perjuicio de que por razones de orden práctico pueda pretenderse un pronunciamiento de los tribunales al respecto. En consecuencia, ante la absoluta falta de consentimiento por parte del cliente, debe declararse radicalmente nulo el contrato de comercialización o adquisición de obligaciones subordinadas. Sin que tampoco sea atendible el argumento de la parte demandada relativo a la caducidad de la acción, puesto que, tratándose de nulidad absoluta, la acción es imprescriptible*".

---

[103] RODRÍGUEZ ACHÚTEGUI, E. "Gastos de documentación, inscripción y gestión de hipoteca y obligaciones tributarias", en Revista Aranzadi Doctrinal n.º 6/2017, p. 3.

Como concluye por tanto RODRÍGUEZ ACHÚTEGUI, no hay, por tanto, plazo alguno que computar, ni desde la STS 23 diciembre 2015, que propicia reclamaciones con su doctrina, ni, aunque el contrato de préstamo con garantía hipotecaria esté consumado y agotado, por haber finalizado todas las prestaciones recíprocas de las partes. Es irrelevante escindir el momento de la perfección del contrato, o el de su formalización, inscripción o pago de los tributos, de los pagos a que está obligado el prestatario. Ni siquiera cabe oponer el en la reclamación, por el transcurso de muchos años desde que se aplicó la cláusula, en tanto se reclama a partir de la posibilidad que abre la nueva jurisprudencia que inicia la STS 23 de diciembre de 2015. La acción es imprescriptible, y, en consecuencia, no se somete a plazo.

5.2. Inaplicación de la doctrina de los actos propios

Con frecuencia se invoca por las entidades financieras la conocida doctrina de los actos propios, en un vano intento de pretender la convalidación de la cláusula por lo que se intenta presentar como aquiescencia continuada del adherente. Dicho argumento ha de periclitar sin la menor duda, tanto por la imposibilidad de saneamiento de lo que es radicalmente nulo —*quod initio vitiosum est non potest tractu temporis convalecere*—, como porque el hecho de que el prestatario hubiera pagado la cuota no puede entenderse que constituya un acto propio de aceptación de la estipulación.

No puede decirse que esos sean actos propios en el sentido expresado por la jurisprudencia. La sentencia del Tribunal Supremo 124/2012, de 6 marzo, señala, con cita de las sentencias 661/2011, de 4 de octubre, y 691/2011, de 18 de octubre, que para que resulte aplicable la clásica regla *venire contra factum proprium non valet* —manifestación del principio de buena fe que, como límite al ejercicio de los derechos subjetivos, impone el art. 7 del Código Civil—, es precisa la concurrencia los siguientes requisitos:

1) Existencia de una conducta jurídicamente relevante.

2) Que tal conducta tenga una significación inequívoca y sea susceptible de generar en terceros, expectativas razonables.

3) Que la conducta posterior sea incompatible con la anterior y defraude las legítimas expectativas creadas.

Y, tal y como apunta la Sentencia del Juzgado de lo Mercantil n.º 1 de Sevilla, de 26 de julio de 2017, *es evidente que el cumplimiento de un contrato no excluye ni impide la posterior invocación de su nulidad, pues no es una conducta que signifique inequívocamente la renuncia al ejercicio de dicha acción, al admitir explicaciones alternativas, como la ignorancia sobre la existencia de la cláusula o de su significación en el caso de la de autos. Además, tampoco esos actos de cumplimiento, puede decirse que crearan ninguna expectativa a favor de la acreedora pues las que tenía o podía tener derivaban directamente de la cláusula cuestionada, es decir del contrato vinculante y no de la conducta del prestatario.*

Según razona con acierto el mismo juzgador, tampoco puede entenderse ratificada la cláusula por aplicación de los arts. 1.309 y siguientes del Código Civil. Siguiendo a CLAVERÍA GOSÁLBEZ[104], puede definirse la confirmación de los negocios anulables como el acto

[104] CLAVERÍA GOSÁLBEZ, L. H. *La confirmación del contrato anulable*, Bolonia, 1977

jurídico en virtud del cual la persona legitimada para solicitar del poder judicial anulación de un contrato o de un negocio jurídico suprime, en favor de la otra parte, la incertidumbre acerca de los efectos de su contrato, fijando definitivamente el valor vinculante de sus cláusulas y destruyendo así la anulabilidad. A través de la confirmación, su autor confiere carácter definitivo a la eficacia, hasta entonces claudicante y precaria, del contrato o del negocio anulable.

Como apunta también COLÁS ESCANDÓN[105], los requisitos que se exigen para poder considerar la confirmación como válidamente realizada, algunos de los cuales se encuentran expresamente recogidos en el art. 1.311 del Código Civil para la confirmación tácita, son los siguientes:

1.º Que el negocio a confirmar adolezca de un vicio de nulidad, esto es, que sea anulable y no nulo, y que reúna, en todo caso, los requisitos del art. 1.261 del Código Civil (así lo exige el art. 1.310 del Código Civil).

2.º Que, en el momento de realizar la declaración comprensiva de la confirmación, el vicio causante de la anulabilidad del negocio haya cesado.

3.º Que el vicio originador de la anulabilidad y la posibilidad de confirmar el negocio o impugnarlo sean conocidos por el confirmante (basta con que conozca la existencia del vicio, pero no se le exige que sepa la calificación técnico jurídica del mismo).

4.º Que el confirmante sea la persona legitimada para impugnar el negocio (tal y como indica el art. 1.311 del Código Civil, ha de tener el derecho a invocarla).

5.º Que el cofirmante goce no solo de capacidad de obrar sino también de la capacidad requerida para celebrar el negocio que es objeto de la confirmación.

A su vez, el art. 1.311 del Código Civil tiene el siguiente tenor literal: *"La confirmación puede hacerse expresa o tácitamente. Se entenderá que hay confirmación tácita cuando, con conocimiento de la causa de nulidad y habiendo esta cesado, el que tuviese derecho invocar la ejecutasen un acto que implique necesariamente la voluntad de renunciar"*. Sobre la confirmación tácita del negocio jurídico anulable se han pronunciado numerosas Sentencias del Tribunal Supremo. Entre otras cabe destacar las SSTS, Sala Primera, de 27 de octubre de 1980, de 4 de julio de 1991, de 15 de febrero de 1995, de 12 de noviembre de 1996, de 21 de julio de 1997. La confirmación tácita tiene lugar cuando, cesada la causa de nulidad, la persona legitimada para impugnar el negocio, conociendo que dicha causa de anulabilidad había existido, realiza actos que implican necesariamente que está renunciando a la impugnación del negocio, como puede ser el cumplimiento voluntario del contrato, la constitución de garantías, la recepción o la reclamación de la prestación de la otra parte, etc.

Pero en el caso de autos la estipulación cuestionada no es anulable, y no es una cláusula que produzca efectos claudicantes. Es una cláusula radicalmente nula, y no puede ser objeto de sanación, por lo que no es de aplicación el régimen jurídico contenido en los arts. 1.309 y siguientes CC. En este sentido se pronuncia la SAP de Cáceres, Sección 1.ª, n.º 416/16:

---

[105] COLÁS ESCANDÓN, A. en RODRIGO BÉRCOVITZ RODRÍGUEZ-CANO (Coord.) *Comentarios al Código Civil*, Cizur Menor, 2009, pp. 1552 y ss.

"Ha de señalarse, finalmente, que, con fundamento en los razonamientos jurídicos expuestos, no cabe duda de que, en términos estrictamente jurídico-sustantivos, no es posible confirmación alguna de las cláusulas por novación, ni, por tanto, pueden haber resultado infringidos los artículos 1.309 y 1.310 del Código Civil. Adviértase, además, que este último precepto establece que «solo son confirmables los contratos que reúnan los requisitos expresados en el artículo 1.261»; es decir, solo pueden ser objeto de confirmación los contratos anulables, no los afectados de nulidad radical, que es el supuesto que se somete a la consideración de esta Sala respecto de las cláusulas controvertidas, en relación con las cuales no se declara (ni se postuló en la Demanda) su anulabilidad, sino su nulidad radical, en los términos expuestos en los Fundamentos Jurídicos precedentes y en los desarrollado en la propia Sentencia recurrida (Fundamentos de Derecho Primero a Quinto)".

Con relación a la aplicación del IRPH durante un extenso período sin que el prestatario hubiera manifestado su disconformidad, se pronuncia la Sentencia del Juzgado de 1.ª Instancia n.º 4 de Sanlúcar la Mayor de 14 de abril, negando con rotundidad cualquier interpretación que pudiera interpretarse como una posible conformidad del mismo:

"Por una parte, ha de analizarse si el hecho de que la parte demandante haya cumplido durante un largo período con su obligación de pago supone un reconocimiento de la validez y eficacia de las cláusulas en cuestión.

Nada más lejos de la realidad. Es cierto que la parte demandante ha ido pagando las cuotas hipotecarias. Sin embargo ha de recordarse que el TS en Sentencia de fecha 23 de noviembre de 2004 estableció que «Para aplicar el efecto vinculante, de modo que no sea admisible una conducta posterior contraria a la que se le atribuye a aquel, es preciso que los actos considerados, además de válidos, probados, producto de una determinación espontánea y libre de la voluntad, exteriorizados de forma expresa o tácita, pero de modo indubitado y concluyente, además de todo ello, es preciso que tengan una significación jurídica inequívoca, de tal modo que entre dicha conducta y la pretensión ejercitada exista una incompatibilidad o contradicción. Por ello, la jurisprudencia exige una significación y eficacia jurídica contraria a la acción ejercitada (SS., entre otras, de 9 de mayo, 13 de junio y 31 de octubre de 2000, 26 de julio de 2002, 13 de marzo de 2003), es decir, una eficacia jurídica bastante para producir una situación de derecho contraria a la sostenida por quien lo realiza; y ello implica, como reiteran infinidad de sentencias, la finalidad o conciencia de crear, modificar o extinguir algún derecho causando estado y definiendo o esclareciendo de modo inalterable la situación jurídica de que se trata. Y como consecuencia, el principio general del derecho —fundado en la confianza y la buena fe que debe presidir las relaciones privadas— no es aplicable cuando los actos tomados en consideración tienen carácter ambiguo o inconcreto (Sentencias 9 mayo 2000, 23 julio y 21 diciembre 2001, 25 enero y 26 julio 2002, 23 mayo 2003), o carecen de la trascendencia que se pretende para producir el cambio jurídico (SS. 9 mayo 2000, 15 marzo y 26 julio 2002, 23 mayo 2003)».

En el presente caso, no puede concluirse en modo alguno que el pago de las cuotas hipotecarias, que son automáticamente cargadas por la entidad demandada, revele de manera inequívoca la conformidad de la parte demandante con la validez de la Cláusula IRPH, y mucho menos la comprensión de su alcance. Ninguna prueba adicional, más allá de la documental, se aporta sobre este extremo".

5.3. Inaplicación de la doctrina del retraso desleal

La interdicción del retraso desleal (*Verwirkung)*, según nos recuerda ACHÓN BRUÑÉN[106], con cita de la SAP de la Palmas de Gran Canaria, Sección 5.ª, de 3 de diciembre de 2014 y SAP de Murcia, Sección 4.º de 20 de enero de 2011, significa que un derecho no puede ejercitarse cuando el titular no se ha preocupado durante mucho tiempo de hacerlo valer, dando lugar con su actitud omisiva a que la parte contraria pudiera esperar objetivamente que el derecho ya no se ejercitaría. Para su apreciación, por tanto, es necesario además del factor tiempo, la concurrencia del requisito subjetivo de dejación en el ejercicio del derecho que genera en la contraparte la confianza legítima de que la acción ya no sería formulada. Ahora bien, la doctrina del retraso desleal no puede suponer un decaimiento de los plazos legales de prescripción o caducidad para el ejercicio de las acciones.

Trasladando estos principios al caso de las acciones derivadas de la imposición de cláusulas abusivas en préstamos hipotecarios, al margen de que la acción de nulidad de condiciones generales de la contratación es imprescriptible por tratarse de una nulidad radical y absoluta y no una mera anulabilidad, lo cierto es que en este caso no es que se haya abandonado el derecho a reclamar por parte de los prestatarios ni que las entidades hayan adquirido la confianza legítima de no ser demandadas por la pasividad de los prestatarios, sino es que los usuarios no eran siquiera conscientes de la abusividad a la que se les había sometido. No es sino hasta las SSTS de 9 de mayo de 2013 y 23 de diciembre de 2015 cuando comienza a despertarse la conciencia de los adherentes que habían sido presa del desequilibrio o falta de transparencia de las entidades predisponentes.

A esta alegación concreta del retraso desleal, con relación a la reclamación del prestatario por los gastos hipotecarios soportados, da respuesta de modo certero y minucioso la Sentencia del Juzgado de 1.ª Instancia n.º 8 de Donostia de 3 de octubre de 2018, desestimando con contundencia su apreciación:

"La parte demandada invoca que la acción ejercitada no puede prosperar por lo que considera como retraso desleal en su ejercicio, dado el tiempo transcurrido desde que la parte actora, ha podido realizar esta reclamación.

Lo primero reseñable de la teoría del retraso desleal es que es una construcción jurisprudencial, que acoge la figura de Verwirkung que si viene recogida expresamente en el Derecho Alemán. También en la doctrina angloamericana del estopell by lache que exige que el ejercicio del derecho se adecue a los valores éticos y sociales de honorabilidad y lealtad que constituyen el arquetipo o estándar de conducta en las relaciones humanas. No existe en nuestro ordenamiento jurídico preceptos que la definan o delimiten más allá del artículo 7 del Código Civil, que determina la obligatoriedad de ejercer nuestros derechos conforme a la buena fe, al tiempo que prohíbe el abuso de derecho o el ejercicio antisocial del mismo. Debiendo acudir por tanto a la Jurisprudencia para la valoración de las características de esta teoría y su aplicación al caso que nos ocupa.

---

[106] ACHÓN BRUÑÉN, M.ª J. "Cómo reclamar con éxito los gastos de la hipoteca tras las Sentencias del Tribunal Supremo de 23 de enero de 2019: problemas con los que se puede encontrar el prestatario" en Diario La Ley n.º 9356 de 12 de febrero de 2019.

Para concretar los requisitos de esta doctrina, podemos servirnos de las STS de 3 de diciembre de 2010, 12 de diciembre de 2011 y 1 de abril, que señalan los siguientes: 1.º Que haya transcurrido un período de tiempo sin ejercitar el derecho. 2.º Que durante el mismo se haya omitido el ejercicio del derecho. 3.º Que se haya creado una confianza legítima de que el derecho no se iba a ejercitar. Debe existir una objetiva deslealtad respecto de la razonable confianza suscitada en la parte frente a la que se ejercita la acción. Confianza que debe surgir, necesariamente, de actos propios del titular del derecho a tal efecto, siendo fundamental en este punto la aplicación de la doctrina de los actos propios, ya que en el caso de no existir una conducta activa que provoque esta confianza en la parte contraria, no se aplicaría. 4.º Es indiferente que la conducta desleal sea o no realizada para buscar el daño del perjudicado, simplemente se requiere que se haya actuado en contra de las reglas objetivas de la buena fe, de acuerdo con las normas del tráfico y con lo que el perjudicado puede esperar de la propia conducta de quien ha producido.

Como conclusión a estas sentencias, debe indicarse no obstante que, ciertamente, la Jurisprudencia exige no solo el mero transcurso del tiempo para aplicar esta doctrina, sino que deberán concurrir otros elementos añadidos que apoyen la generación en la parte deudora de aquella «legítima confianza» en la conducta permisiva de la parte acreedora; pues se considera que el mero transcurso del tiempo, vigente la acción (lo que es indudable en este caso, por la imprescriptibilidad de la acción de nulidad), no es suficiente per se para deducir una conformidad que entrañe una renuncia o aquiescencia del acreedor, que no cabe presumir.

Aplicando estos criterios al caso que nos ocupa, se puede admitir la concurrencia de los dos primero, habiendo existido un amplio período de tiempo sin que se haya ejercito la acción que ahora plantea la parte actora. Sin embargo, no puede entender concurrente el tercero de ellos, ya que en base a la prueba practicada difícilmente puede determinarse que el simple paso del tiempo sin reclamación alguna haya ocasionado la confianza legítima en la entidad bancaria, sobre la que la misma no se produciría. En primer lugar, es difícil argumentar la propia postura de la demandada, sobre la formación por su parte, una entidad bancaria de grandes dimensiones, una confianza legítima, sobre que, en este caso concreto, y en relación a este negocio y actores, no se iba a ejercitar por ellos la acción, dada su inactividad anterior. Pretender, que la persona jurídica que es el Banco, o sus órganos directivos, han valorado en algún momento, con carácter previo a la reclamación, la situación específica e individualizada de este préstamo y la inactividad en la reclamación, para conformarse la expectativa individual y concreta sobre que por parte de estos actores no se iba a ejercer acción, es difícilmente sostenible, teniendo en cuenta la multiplicidad de negocios jurídicos idénticos o similares que gestiona la entidad bancaria y la escasa, por no decir nula trascendencia, que tiene esta operación en si misma considerada, dentro del volumen global de negocio de la entidad bancaria. Es más fácil entender, que en realidad, no ha existido una valoración previa sobre esta situación por la entidad bancaria, que pueda haber constituido una legítima expectativa que pudiera ahora verse defraudada y que no ha sido hasta la reclamación judicial, o al menos extrajudicial, cuando la entidad ha tenido conocimiento y tomado conciencia de la posibilidad concreta en este caso de reclamación, respondiendo la argumentación de esta doctrina del retraso desleal, más a un planteamiento teórico, legítimo, dentro de la estrategia de defensa, que a la existencia real de una confianza previa y existente en el Banco, sobre que la inactividad de los actores, en este caso, respondía a una intención definitiva de no ejercer acciones.

En todo, caso, como se ha indicado, no es suficiente el simple transcurso del tiempo, sino que es necesario una actuación por la parte actora, que pudiera crear dicha expectativa. No se ha acreditado, ni se ha realizado alegación por la demandada, sobre la existencia de ningún acto propio del actor, por el que pudiera entender o pensar que había existido una renuncia al ejercicio de esta acción o la decisión de no ejercerla, habiendo indicado ya que el simple transcurso del tiempo no es suficiente para la doctrina pretendida.

Como indica la SAP Salamanca, de 17 de enero de 2013, en un supuesto de permuta financiera; «La argumentación no es suficiente para permitir aceptar que por el hecho de interponer la demanda de impugnación seis años después de la suscripción del primer contrato, esta deviene contraria a la teoría de los actos propios o incurre en retraso desleal, cuando en absoluto puede decirse que se sorprenda al banco recurrente con la reclamación, o que hubiera una confianza razonable en que no se cuestionaría la eficacia del contrato».

Se reitera la idea que el simple transcurso del tiempo, no puede argüirse como creación de la confianza legítima en la entidad, debiendo ser necesario actos activos del reclamante que pudieran conformar esta expectativa, como puede ser nuevas operaciones de financiación con la misma entidad, pactos entre partes referentes a la modulación de los efectos aquí pretendidos, la contratación de otros productos con la misma a la par que continuase manteniendo un trato amable y aparentemente de confianza con el personal de la entidad financiera... Ninguna de estas circunstancias, cuya carga de la prueba corresponde a la entidad financiera han sido acreditadas y ni siquiera alegadas como fundamento del retraso desleal pretendido por la entidad bancaria.

Por lo que la alegación del simple transcurso del tiempo en el ejercicio del derecho, no puede constituirse por sí solo, como manifestación del retraso desleal en su ejercicio como indica la Sentencia del TSJ de Catalunya de 12 de septiembre de 2011 en la parte que a continuación se transcribe: «La tardanza en el ejercicio de la acción, en cuanto supone una falta de actuación, no puede, si no es con otros elementos que lo apoyen, convertirse en aquiescencia. Esta sala tiene declarado que quien puede ejercitar una pretensión es dueño de hacerlo o no mientras la acción se mantenga viva, así como escoger para ello el momento que estime oportuno (SSTS de 17 de febrero y 11 de marzo de 1999, 23 de octubre de 2009) y el ejercicio de la acción poco antes de que concluya el plazo de prescripción no tiene, por sí mismo, idoneidad como acto propio, ni es suficiente para deducir el retraso en el ejercicio del derecho (STS de 22/10/2002, RC n.º 901/1997), pues el derecho pierde la acción para ser reclamado cuando se produce la prescripción, pero mientras no haya prescripción, el derecho permanece sin que pueda atribuirse deslealtad a un mero retraso (STS de 18/10/2004, RC n.º 2472/1998)».

Es por todo ello, que no pueden prosperar las alegaciones del demandado, dado que las acciones ejercitadas por la demandante tienen plena vigencia, sin que el simple transcurso del tiempo afecte a su ejercicio, rechazando la pretensión del demandado".

También es rechazada la invocación del retraso desleal por parte de la Sentencia del Juzgado de 1.ª Instancia n.º 4 de Valladolid, de 17 de diciembre de 2018:

"Es por ello que la acción ejercitada no estaría sometida a plazo de prescripción o caducidad alguno, razón por la que la excepción referida deberá ser desestimada.

No habiendo caducado la acción ni prescrito el derecho del consumidor, no se aprecia ningún retraso desleal por parte del actor en el ejercido de su acción, máxime en el supuesto que nos ocupa, referido a una cuestión compleja, sobre la cual el Tribunal Supremo, estableció una novedosa doctrina en su sentencia de 9 de mayo de 2013, habiendo sufrido esta experimentado alguna variación, a lo largo de estos años, sobre todo en lo que en los efectos de declaración de nulidad se refiere".

La SAP de León, Sección 1.ª, de 10 de abril de 2018, ha destacado igualmente la inaplicación de esta doctrina al supuesto de reclamación por cláusulas abusivas por razón del superior principio de no vinculación del consumidor reflejado en la jurisprudencia comunitaria:

"26. En esta materia es preciso respetar el principio de no vinculación del consumidor a las cláusulas abusivas, en concreto la sentencia del TJUE de 21 de diciembre de 2016, concluye que «la declaración judicial del carácter abusivo de tal cláusula debe tener como consecuencia, en principio, el restablecimiento de la situación de hecho y de Derecho en la que se encontraría el consumidor de no haber existido dicha cláusula». Sería contrario a dicho principio y al de efectividad del Derecho de la Unión calificar como abusiva o desleal la conducta del consumidor que aplica reciente jurisprudencia para revisar los gastos que abonó en la fecha de la contratación.

27. Por otro lado, la imprescriptibilidad de la acción para declarar la nulidad de pleno derecho es una cuestión pacífica en nuestra jurisprudencia. En consecuencia, no puede ser considerado el transcurso del tiempo al margen de la aplicación del plazo de prescripción de las acciones. El paso del tiempo tiene efectos en el ejercicio de las acciones que está regulado y determinado en su duración concreta. No puede ser utilizado como argumento de una especie de prueba del consentimiento prestado por el contratante que dejó pasar el tiempo sin reclamar los gastos abonados".

Y también la SAP de Cáceres, Sección 1.ª, de 22 de mayo de 2017, ha rechazado la apreciación de la existencia de retraso desleal por el hecho de que se ejercitara en distintos momentos la acción de nulidad y una posterior de reclamación de cantidad derivada de la nulidad de la condición previamente apreciada:

"Como Cuarto motivo del Recurso de Apelación, la parte demandada apelante hace referencia al Retraso Desleal en el ejercicio de la Acción de Reintegración, con infracción del artículo 7 del Código Civil respecto al Principio de la Buena fe, y como ejercicio abusivo del derecho, al encontrarse la entidad demandada —según se alega— en la creencia de que, después del primer Proceso, la parte demandante no volvería a ejercitar otro Juicio en el que se reclamara una reintegración económica que entendía fue objeto del primer Proceso.

En este sentido, el Tribunal Supremo, Sala 1.ª, en Sentencia de fecha 22 de marzo de 2013, ha significado que: «Para responder al motivo así planteado debe tenerse en cuenta que, según la Jurisprudencia, el retraso desleal, como contrario a la buena fe, es apreciable cuando el derecho se ejercita tan tardíamente que se torna inadmisible porque la otra parte pudo pensar razonablemente que ya no se iba a ejercitar (...), exigiéndose para poder apreciar tal retraso que la conducta de la parte a quien se reprocha puede ser valorada como permisiva de la actuación de la otra parte, o clara e inequívoca de la renuncia del derecho, pues el mero transcurso del tiempo, vigente la acción, no es suficiente para deducir una conformidad que entrañe una renuncia, nunca presumible (...); y la doctrina de los actos propios, con fundamento en la protección de la confianza y la regla de la buena fe, se formula en el sentido de que 'quien crea en una persona una confianza en una determinada situación aparente y la induce por ello a obrar en un determinado sentido, sobre la base en la que ha confiado, no puede además pretender que aquella situación era ficticia y que lo que debe prevalecer es la situación real' (...), exigiéndose que tales actos sean expresión inequívoca del consentimiento (...) o que resulten inequívocos, no procediendo su alegación cuando los actos están viciados por error o conocimiento equivocado (...), de modo que debe constatarse la incompatibilidad o contradicción entre la conducta precedente y la actual (...) y no ha de existir ningún margen de error por haber actuado el sujeto con plena conciencia para producir o modificar un derecho (...)».

A criterio de este Tribunal, la Teoría del Retraso Desleal (con las consecuencias que contempla la Jurisprudencia del Tribunal Supremo) no es aplicable al supuesto que, por mor del Recurso de Apelación interpuesto, se somete a nuestra consideración, por dos motivos: en primer término, porque no resulta irracional estimar que la acción tendente a obtener la reintegración de las cantidades percibidas de más como consecuencia de la aplicación de la cláusula «suelo» declarada nula se ejercitaría, sobre todo cuando –se insiste, la propia Sentencia de 21 de abril de 2015 indicó que no se pronunciaba sobre este extremo porque entendía que no había sido ejercitada en la Demanda; y, en segundo lugar, porque la parte actora no ha realizado un ejercicio del derecho dable de calificarse de tardío, cuando la Sentencia se dictó el día 21 de abril de 2015 y la Demanda origen del presente Juicio Ordinario se presentó el día 27 de julio de 2016".

El Tribunal Supremo, Sala 1.ª, en la Sentencia de fecha 13 de septiembre de 2016, reitera la doctrina siguiente "*El retraso desleal, que opera necesariamente antes del término del plazo prescriptivo de la acción, encuentra su específico fundamento de aplicación como una de las formas típicas de los actos de ejercicio extralimitado de los derechos que suponen una contravención del principio de la buena fe (artículo 7.1 del CC) De forma que para su aplicación se requiere, aparte de la natural omisión del ejercicio del derecho y un transcurso dilatado de un período de tiempo, de una objetiva deslealtad respecto de la razonable confianza suscitada en el deudor acerca de la no reclamación del crédito. Confianza que debe surgir, necesariamente, de actos propios del acreedor al efecto*". Y analizando esta doctrina, a la luz de la reclamación de las cláusulas abusivas por parte de consumidores, ha dictaminado la Sentencia del Juzgado de 1.ª Instancia n.º 9 de Salamanca, de 26 de junio de 2019: "*Las pretensiones aquí ejercitadas no implican un retraso desleal, pues no hay un hecho exteriorizado al margen del amera pasividad para inducir la creencia de la renuncia del acreedor a su reclamación. Lo sucedido es que, a raíz de una jurisprudencia novedosa, los consumidores han tomado consciencia de haber sido sometidos a una situación injusta, sin que la falta de ejercicio de la acción pueda interpretarse como un acto propio revelador del conocimiento y asunción de la validez de la cláusula. Téngase en cuenta que nos encontramos ante un caso de nulidad radical, no susceptible de convalidación ni de renuncia, por lo que en ningún caso resulta de aplicación el artículo 1.309 del CC relativo a la confirmación".*

La STS de 24 de abril de 2019, da respuesta al recurso interpuesto por BBVA en un caso en el que el actor pretende la devolución de unas cantidades indebidamente cobradas en un supuesto de arrendamiento financiero como consecuencia de la discrepancia en la interpretación de una cláusula contractual:

"La regla es que el titular del derecho puede ejercitarlo hasta el último momento hábil del plazo de prescripción, pues es el legislador quien debe valorar en qué plazo se puede ejercitar cada acción. No se puede afirmar que ejercita sus derechos de mala fe quien lo hace dentro del plazo legal, sin que previamente existan hechos, actos o conductas suyos que engendren, rectamente entendidos, en el obligado la confianza de que aquellos no se actuarán (sentencia de 16 de diciembre de 1991, rc. 143/1990).

Para que el ejercicio de un derecho por su titular resulte inadmisible es preciso que resulte intolerable conforme a los criterios de la buena fe (art. 7 CC) porque, en atención a las circunstancias, y por algún hecho del titular, se haya generado en el sujeto pasivo una confianza legítima de que el derecho ya no se ejercería, de modo que su ejercicio retrasado comporta para él algún tipo de perjuicio en su posición jurídica (sentencias 352/2010, de 7 de junio, 299/2012, de 15 de junio, 163/2015, de 1 de abril, y 148/2017, de 2 de marzo).

Nada de eso sucede en este caso.

El hecho de que el actor haya apurado el plazo de prescripción no es un acto de inequívoca significación que por sí solo pudiera generar la confianza fundada de que el derecho no iba a ser actuado. El hecho de que el Servicio de Reclamaciones del Banco de España sugiriera al actor que acudiera a los tribunales solo pondría de relieve la desatención de que fue objeto la reclamación que dirigió a la entidad, lo que dio lugar a una resolución que concluyó que la misma no había actuado conforme a las buenas prácticas bancarias. El hecho de que el actor dirigiera una reclamación extrajudicial a la entidad solo sería jurídicamente relevante para valorar, si hubiera sido preciso, la interrupción de la prescripción.

Por otra parte, las continuas alegaciones efectuadas por la entidad demandada a lo largo del proceso acerca de que, dado el tiempo transcurrido, no conservaba documentación referida a la operación contractual litigiosa tampoco pueden ser valoradas como indiciarias de una actuación del Banco coherente con la confianza suscitada de que el cliente no iba a reclamar. De acuerdo con la doctrina de esta sala, es carga de la entidad conservar (tanto en beneficio de sus clientes como en su propio interés) toda aquella documentación relativa al nacimiento, modificación y extinción de los derechos y de las obligaciones que les incumben, al menos durante el período en que, a tenor de las normas sobre prescripción, pueda resultarles conveniente promover el ejercicio de sus derechos o sea posible que les llegue a ser exigido el cumplimiento de sus obligaciones (sentencias 1046/2001, de 14 de noviembre, y 277/2006, de 24 de marzo). De esta carga se han venido haciendo eco durante años las propias Memorias de Reclamaciones del Banco de España, reiterando el criterio sentado con anterioridad en las memorias del Servicio de Reclamaciones del Banco de España (...).

Finalmente, sería paradójico favorecer mediante la aplicación de una doctrina construida sobre la buena fe a la demandada, cuyo comportamiento en el asunto litigioso fue calificado por el Servicio Jurídico del Servicio de Reclamaciones del Banco de España como contrario a las buenas prácticas y usos bancarios.

Al no entenderlo así la sentencia recurrida es contraria a la doctrina de la sala contenida en las sentencias citadas. Procede, en consecuencia, estimar el recurso de casación, casar la sentencia recurrida y asumir la instancia partiendo, por las razones expuestas, de que no cabe apreciar retraso desleal en el ejercicio de la acción".

6. Consecuencias de la nulidad del IRPH

La declaración del carácter abusivo de una cláusula contractual, y, por tanto, su nulidad, exige, siempre y cuando sea posible la subsistencia del contrato y ello no perjudique al consumidor, expulsar del marco contractual impuesto aquella condición cuya lesividad para el adherente se ha concluido. Con esta declaración de nulidad, se han de eliminar también, de acuerdo con la máxima clásica *quod nullum est nullum effectum producit,* por lo que, todos los efectos derivados de su aplicación.

Este principio es el que rige en materia de condiciones generales de la contratación que son declaradas abusivas, tal y como recuerda la STJUE de 21 de marzo de 2013. De este modo, la estimación de la demanda, debe conllevar, en virtud de lo dispuesto en el art. 8 de la Ley 7/1998, de 13 de abril, sobre Condiciones Generales de la Contratación, la eliminación de la cláusula declarada abusiva y sus efectos, sin que ello implique la ineficacia del contrato, el cual puede subsistir sin la misma, con arreglo al art. 10 del mismo texto legal.

A partir de este sencillo esquema se planteó un problema por la deficiente regulación que encerraba el art. 83.2 TRLGDCU. Este precepto indicaba: que *"la parte del contrato afectada por la nulidad se integrará con arreglo a lo dispuesto por el artículo 1.258 del Código Civil y al principio de buena fe objetiva. A estos efectos, el Juez que declare la nulidad de dichas cláusulas integrará el contrato y dispondrá de facultades moderadoras respecto de los derechos y obligaciones de las partes, cuando subsista el contrato, y de las consecuencias de su ineficacia en caso de perjuicio apreciable para el consumidor y usuario. Solo cuando las cláusulas subsistentes determinen una situación no equitativa en la posición de las partes que no pueda ser subsanada podrá el Juez declarar la ineficacia del contrato"*.

Esto es, a tenor de lo previsto en el art. 83.2 TRLGDCU, se concedía al juzgador la facultad moderadora respecto de los derechos y obligaciones de las partes. Sin embargo, frente a esta previsión del legislador español, se pronuncia la Sentencia del Tribunal de Justicia de la Unión Europea de fecha 14 de junio de 2.012 (Asunto C-618/2010), respondiendo a una petición de decisión prejudicial planteada por la Audiencia Provincial de Barcelona con relación con un proceso monitorio y el examen de oficio del carácter abusivo de una cláusula sobre intereses de demora. Dicha resolución sostiene que el juez nacional debe apreciar de oficio el carácter abusivo de una cláusula contractual incluida en el ámbito de aplicación de la Directiva 93/13 y, de este modo, subsanar el desequilibrio que existe entre el consumidor y el profesional. Es decir, el juez nacional no tiene una facultad, sino una obligación de pronunciarse sobre el carácter abusivo de una cláusula contractual tan pronto como disponga de los elementos de hecho y de Derecho necesarios para ello, Asimismo, manifiesta que no puede modificar ni integrar el contenido del contrato tras declararla nula por abusiva.

El TJUE razona que el art. 83 TRLGDCU se opone a la Directiva comunitaria al atribuir al juez la facultad de integrar el contrato una vez que declara la nulidad de una cláusula abusiva, pues de este modo se pondría en peligro la consecución del objetivo disuasorio que persigue el art. 7 de la Directiva. Y tiene razón sin duda el TJUE, pues de integrarse en el contrato, los responsables de la imposición de las cláusulas abusivas estarían tentados a persistir en su empleo, conscientes de que, en el peor de los casos, de declararse la nulidad de la cláusula, el contrato podría ser integrado por el juez nacional en lo que fuera necesario, garantizando de este modo el interés de dichos profesionales. Por ello, la respuesta legislativa y judicial ha de ser limitarse a dejarla sin efecto frente al consumidor sin que haya de permitirse su moderación judicial[107]. Este mismo posicionamiento ha sido consolidado en la STJUE de 30 de mayo de 2013 (Asunto C-488/2011).

En consecuencia, según apunta la Sentencia del Juzgado de lo Mercantil n.º 2 de Málaga de 23 de mayo de 2013, la cláusula nula por abusiva no puede ser ni modificada ni reparada, y se elimina del contrato, conservando el resto; sin contradicción con el artículo 83.2 del citado Texto Refundido de la Ley General para la Defensa de los Consumidores y Usuarios y otras leyes Complementarias; el cual no puede permitir una integración en beneficio del predisponente (a quien se le ha atribuido mala fe para definir aquella como abusiva), dado que precisamente, tal integración debe operarse sobre el principio de la buena fe objetiva.

El art. 83 TRLGDCU fue modificado en virtud de la Ley 3/2014, para adecuarse a la jurisprudencia comunitaria, siendo su redacción actual del siguiente tenor: *"Las cláusulas abusivas serán nulas de pleno derecho y se tendrán por no puestas. A estos efectos, el Juez, previa audiencia de las partes, declarará la nulidad de las cláusulas abusivas incluidas en el contrato, el cual, no obstante, seguirá siendo obligatorio para las partes en los mismos términos, siempre que pueda subsistir sin dichas cláusulas"*–.

6.1. Principio de efectividad

Tal y como enuncia SANJUÁN Y MUÑOZ[108], armonizar las Directivas europeas en los diferentes derechos de la Unión, supone establecer un régimen que reconozca, real y efectivamente, que cualquier aplicación de dicha normativa, en cualquier país, se aplique bajo iguales criterios y desde iguales condiciones sean quienes sean los ciudadanos a los que se vaya a aplicar. Las cláusulas contractuales forman parte del ordenamiento jurídico interno de cada Estado miembro en virtud del principio de autonomía procesal de los Estados, a condición, sin embargo, de que no sean menos favorables que las que rigen

[107] En este sentido se pronuncia también a raíz del fallo del TJUE la SAP Islas Baleares, Sección 3.ª, de 28 de noviembre de 2012.

[108] SANJUÁN Y MUÑOZ, E. "La abusividad en el TJUE: Introducción principios de equivalencia y efectividad" en Artículo Monográfico. Febrero 2020. Disponible en la base de datos de **sepín** (www.sepin.es) con la referencia SP/DOCT/97917.

situaciones similares de carácter interno (principio de equivalencia) y de que no hagan imposible en la práctica o excesivamente difícil el ejercicio de los derechos que confiere a los consumidores el ordenamiento jurídico de la Unión (principio de efectividad).

Como infiere FERRERES COMELLA[109], el principio de efectividad y equivalencia es objeto de una protección cada vez más enérgica por parte del TJUE. En primer lugar, el principio de equivalencia, nos recuerda el TJUE, debe ser respetado por las leyes procesales de los Estados miembros. El Tribunal ha tratado de maximizar la operatividad de este principio. Así, cuando en el caso Asturcom Telecomunicaciones el Tribunal califica la infracción de las normas sobre cláusulas abusivas contenidas en la Directiva como un atentado al "orden público", a efectos de la ley española de arbitraje, está empleando el principio de equivalencia con importantes consecuencias. En segundo lugar, el Tribunal se muestra rotundo cuando la revisión de resoluciones firmes viene directamente impuesta por el Derecho comunitario. Aquí las leyes nacionales no son libres para decidir si cabe o no revisión, sino solo para arbitrar los procedimientos para llevarla a cabo. Pero incluso cuando son los Estados quienes, en principio, deben decidir acerca de las posibilidades de revisar resoluciones firmes, el TJUE se muestra cada vez más sensible al principio de efectividad del Derecho comunitario: no acepta que los Estados dañen este principio como consecuencia de una protección desmesurada de la seguridad jurídica (como sucede en el caso italiano, relativo a la cosa juzgada en materia tributaria: Olimpiclub). Sucede además en el supuesto presente, evocando el precedente Kühne & Heitz (C-453/00, de 13 de enero de 2004) o el caso aso Köbler (C-224/01, de 30 de septiembre de 2003), citados anteriormente, que el Tribunal Supremo que resolvió definitivamente el asunto fue un tribunal de última instancia que no planteó cuestión prejudicial al TJUE, como era su obligación.

Y la más reciente STJUE de 17 de febrero de 2016 (Asunto C-49/14, caso Finnanmadrid) ha establecido en §48 que la regulación interna de la cosa juzgada en cualquier caso debe respetar los principios de equivalencia y efectividad que caracterizan el derecho de la Unión.

En sentencia de Pleno n.º 419/2017, de 4 de julio, el Tribunal Supremo ha declarado que en los casos de estimación del recurso de casación por aplicación por el Tribunal Supremo de un criterio acorde con la doctrina del TJUE sobre los efectos de la nulidad de las cláusulas abusivas, procede la imposición de costas de las instancias, dada la concurrencia de los principios de vencimiento, no vinculación del consumidor a las cláusulas abusivas y efectividad del derecho comunitario.

Y es que en el derecho comunitario los principios generales del derecho, como es el principio de efectividad, no son fuente subsidiaria e inferior al derecho originario o derivado, sino que han sido reconocidos al máximo rango, esto es, han sido equiparados a las normas de derecho ordinario, como enseña HERNANDO SANTIAGO[110]. Un ejemplo de este importante papel lo encontramos en el principio comunitario de efectividad, en virtud del cual los derechos subjetivos deben ser ejercidos en condiciones que garanticen su plena realización ante los

[109] FERRERES COMELLA, V. "La posibilidad de revisar sentencias firmes por infracción del derecho de la Unión Europea" en Actualidad Jurídica Uría Menéndez n.º 25, 2010, pp. 75-80.

[110] HERNANDO SANTIAGO, F. J. "Principios generales del derecho nacionales y derecho comunitario" en curia.europa.eu/common/dpi/col_stantiago.pdf.

tribunales. Así, este principio ha forzado a los tribunales nacionales a no aplicar plazos procesales excesivamente breves, e incluso a crear, *ex novo*, cauces jurisdiccionales para dar sentido a los derechos de los ciudadanos, tal como sucedió en el conocido asunto Grunding Italiana, del año 2002. En dicho asunto, el Tribunal de Justicia consideró que el plazo previsto en la legislación italiana para ejercer el cobro de lo indebido era breve en exceso. Sin embargo, el Tribunal de Luxemburgo no tuvo reparo en establecer positivamente cuál era el plazo adecuado para el caso concreto, llegando a incorporar en su fallo un plazo de seis meses que sustituiría el plazo originalmente contemplado por el legislador italiano. Por ello podemos afirmar que el principio de efectividad ha sido una herramienta de construcción, cuya infracción desemboca en la declaración de incompatibilidad de una norma nacional con aquel, y, ulteriormente, en la inaplicación de dicha norma en el caso concreto.

De este modo SÁNCHEZ FREIRE[111] razona que la naturaleza directamente aplicable de buena parte de las disposiciones del derecho comunitario constituye una de las especificidades de su función normativa, dada la coexistencia del ordenamiento jurídico europeo con los de los diversos Estados. Así, bajo los principios de primacía y efecto directo, se pretende garantizar una aplicación uniforme del derecho comunitario y garantizar su efecto útil, lo que se completa con el principio de responsabilidad patrimonial del Estado, que permite exigir a cualquier ciudadano perjudicado la indemnización de los daños y perjuicios que le pueda causar la inaplicación del derecho europeo, de los que debe responder directamente el Estado nacional del que forma parte.

Como recuerda SÁNCHEZ GARCÍA[112], el TJUE ha venido reiterando de forma constante que a falta de una normativa de la Unión en materia procesal, corresponde al ordenamiento jurídico de cada Estado miembro su regulación, en virtud del principio de autonomía procesal, a condición, sin embargo, de que las normas que los regulen no sean menos favorables que las que rigen en situaciones similares de carácter interno (principio de equivalencia) y de que no hagan imposible en la práctica o excesivamente difícil el ejercicio de los derechos conferidos por el ordenamiento jurídico de la Unión (principio de efectividad) (Sentencias del TJUE de 8 de marzo 2017, asunto C-14/16; 26 de enero de 2017, asunto C-421/14; 26 de octubre de 2016, asuntos acumulados C-568/14 a 570/14; 9 de noviembre de 2016, asunto C-212/15; 15 de octubre de 2015, asunto C-310/14 y 14 de junio de 2012, C-618/10, entre otras muchas).

Según ha apuntado el Magistrado SANCHO GARGALLO[113], la cuestión de la efectiva protección de los intereses de los consumidores obliga a replantear el rol del juez en su relación con la norma procesal cuando está en juego la tutela de los consumidores.

Trasladado este principio a nuestro caso, ello implica que la eventual nulidad de la cláusula IRPH debe conllevar la ausencia de efectos adversos para los consumidores, eliminando

---

[111] SÁNCHEZ FREIRE, J. M. "La prueba de oficio y defensa de los consumidores: ¿quiebra del derecho del juez imparcial? En Diario La Ley n.º 905.2, de 2 de octubre de 2017.

[112] SÁNCHEZ GARCÍA, J. "El principio de efectividad en la jurisprudencia del TJUE en materia de consumidores y su repercusión sobre los efectos de la cosa juzgada regulada en la LEC" en Revista Jurídica de Cataluña n.º 1, 2017, p. 19.

[113] SANCHO GARGALLO, I. "Control judicial de oficio de las cláusulas abusivas en contratos celebrados con consumidores" en Revista Jurídica de Cataluña n.º 4, 2013, pp. 972-986.

la vinculación negativa que su aplicación pudiera haber conllevado. La cuestión, pues, será determinar una vez apreciada esa abusividad por falta de transparencia, de qué modo se aplica el principio de efectividad. Y, en su caso, si cabe la aplicación supletoria en defecto del IRPH.

6.2. Aplicación supletoria al índice IRPH

Ante la declaración de abusividad de una condición general, se ha planteado en ocasiones la posibilidad de aplicación, en su caso, del derecho supletorio nacional, o en el caso del IRPH del índice sustitutorio comúnmente previsto en el propio préstamo hipotecario.

La posición reiterada del TJUE es que no es posible acudir al derecho supletorio salvo que, merced a la nulidad de la condición, pueda abocarse al consumidor a afrontar la nulidad íntegra del contrato, provocando con ello un efecto aún más perverso para sus intereses. Y, esta doctrina, aunque parece ignorarse en otros casos como es el de la nulidad de la estipulación de gastos hipotecarios, es la asumida por el propio Tribunal Supremo, que en su STS de 22 de abril de 2015 manifestaba:

"En cuanto a la posibilidad de aplicar de modo supletorio una disposición de Derecho dispositivo de Derecho nacional, una vez declarada la nulidad de la cláusula abusiva y la no vinculación a la misma del consumidor, el TJUE solo ha admitido esta posibilidad cuando sea necesario para que el contrato subsista, en beneficio del consumidor, para evitar que el juez se viera obligado a anular el contrato en su totalidad, y el consumidor quedara expuesto a consecuencias que representarían para él una penalización. Así resulta de lo declarado en sus sentencias de 30 de abril de 2014, asunto C-26/13, caso Árpád Kásler y Hajnalka Káslerné Rábai, párrafos 80 y siguientes y de 21 de enero de 2015, asuntos acumulados C 482/13, C 484/13, C 485/13 y C 487/13, caso Unicaja y Caixabank, párrafo 33.

(...)

4. La conclusión que se extrae de las sentencias del TJUE que interpretan los preceptos de la Directiva sobre cláusulas abusivas en contratos concertados con consumidores es que la consecuencia de la apreciación de la abusividad de una cláusula abusiva es la supresión de tal cláusula, sin que el juez pueda aplicar la norma supletoria que el Derecho nacional prevea a falta de estipulación contractual, y sin que pueda integrarse el contrato mediante los criterios establecidos, en el Derecho español, en el art. 1.258 del Código Civil, salvo que se trate de una cláusula necesaria para la subsistencia del contrato, en beneficio del consumidor, lo que no es el caso de las cláusulas que establecen el interés de demora, cuya supresión solo conlleva la minoración de la cantidad a pagar por el consumidor al profesional o empresario.

5. El recurrente alega que esta solución es contraria a lo previsto en el art. 10.2 de la Ley de Condiciones Generales de la Contratación y 10.bis.2 de la Ley General para la Defensa de los Consumidores y Usuarios, vigentes cuando se celebró el contrato, que establecían la integración judicial del contrato cuando se apreciara la abusividad de una cláusula y su consiguiente nulidad de pleno Derecho.

El TJUE ha declarado que, en un litigio entre particulares, una Directiva comunitaria que no haya sido adecuadamente transpuesta no permite al juez adoptar una decisión que sea contraria al Derecho interno. Pero que el juez está obligado, al aplicar las normas del Derecho interno, a tomar en consideración todas las normas del Derecho nacional y a interpretarlas, en la medida de lo posible, a la luz de la letra y de la finalidad de la Directiva aplicable en la materia para llegar a una solución conforme con el objetivo perseguido por esta.

En este caso, es posible realizar esta interpretación del Derecho nacional conforme a la Directiva comunitaria, de modo que la previsión de integración de la parte del contrato afectada por la nulidad que se contiene en el art. 10.2 de la Ley de Condiciones Generales de la Contratación, cuando se esté en el caso de un contrato concertado con consumidores, y la que en el mismo sentido contenían los arts. 10.bis.2 de la Ley General para la Defensa de los Consumidores y Usuarios y 83.2 del Texto Refundido de la Ley General para la Defensa de los Consumidores y Usuarios, antes de la reforma operada por la Ley 3/2014, de 27 de marzo, son aplicables cuando la integración reconstructiva del contrato, tras la supresión de la cláusula abusiva, fuera necesaria para que el contrato subsistiera, en beneficio del consumidor. En los casos en que no fuera así, cuando el contrato puede subsistir simplemente con la supresión de la cláusula abusiva, sin causar perjuicio al consumidor, una interpretación del Derecho interno conforme con la Directiva exige que la cláusula abusiva sea suprimida y el contrato no sea integrado".

En la STS de 7 de septiembre de 2015, reproduce miméticamente esta misma tesis: "*el TJUE ha sido tajante en excluir la aplicación de la norma nacional de Derecho dispositivo para integrar el contrato una vez que la cláusula ha sido declarada abusiva*", añadiendo que "*tratándose de una cuestión, la abusividad de las cláusulas no negociadas en contratos concertados con consumidores, en la que el ejercicio de la soberanía ha sido cedido a la Unión Europea, los tribunales nacionales han de seguir la jurisprudencia del TJUE (FJ 6.º)*".

Y en la STS de 23 de diciembre de 2015, vuelve a negar la posibilidad de aplicación del derecho supletorio cuando analiza la nulidad de la condición del interés de demora: "*(...) el art. 114.3 Ley Hipotecaria no puede servir como derecho supletorio tras la declaración de abusividad de la cláusula de intereses moratorios conforme a la normativa sobre protección de consumidores*". E idéntica idea es reiterada en la STS de 3 de junio de 2016, con cita de su anterior resolución de 22 de abril de 2015: "*la consecuencia de la apreciación de la abusividad del interés de demora no debe ser [...] la moderación de dicho interés hasta un porcentaje que se considere aceptable (que sería lo que se ha dado en llamar «reducción conservadora de la validez»), pero tampoco el cese en el devengo de cualquier interés, ni la aplicación de la norma de Derecho supletorio que prevé el devengo del interés legal. Es, simplemente, la supresión del incremento del tipo de interés que supone el interés de demora pactado, y la continuación del devengo del interés remuneratorio hasta que se produzca el reintegro de la suma prestada*".

Y también en la STS de 28 de diciembre de 2018, cuando vuelve a recodar:

"*(...) la consecuencia de la apreciación de la abusividad de una cláusula que fija el interés de demora es su supresión, sin que el juez pueda aplicar la norma supletoria del Derecho nacional, y sin que pueda integrarse el contrato, pues no se trata de una cláusula necesaria para la subsistencia del contrato en beneficio del consumidor.*

(...)

Por tal razón, declarada la abusividad de una cláusula, tampoco es posible aplicar de modo supletorio una disposición de carácter dispositivo de Derecho nacional. El TJUE, en sus sentencias de 30 de abril de 2014, asunto C-26/13, caso Árpád Kásler y Hajnalka Káslerné Rábai, y de 21 de enero de 2015, asuntos acumulados C 482/13, C 484/13, C 485/13 y C 487/13, caso Unicaja y Caixabank, solo ha admitido esta posibilidad cuando sea necesario para que el contrato subsista, en beneficio del consumidor, para evitar que el juez se vea obligado a anular el contrato en su totalidad, y el consumidor quede expuesto a consecuencias que representarían para él una penalización".

En la STJUE de 3 de marzo de 2020, por la que se resuelve la cuestión prejudicial elevada por el Juzgado de 1.ª Instancia n.º 38 de Barcelona, sobre el IRPH, tal y como recopila DEL OLMO[114], se vuelve a advertir que, a pesar de la prohibición general de integración de los contratos, cuando un contrato entre profesional y consumidor no puede subsistir, el art. 6, apdo. 1, de la Directiva 93/13 no se opone a que el juez nacional, suprima la cláusula abusiva sustituyéndola por una disposición supletoria de Derecho nacional cuando la declaración de nulidad obligue al juez a anular el contrato en su totalidad y deje expuesto al consumidor a consecuencias especialmente perjudiciales.

Si no se permitiera sustituir una cláusula abusiva y se obligara al juez a anular el contrato, el consumidor podría quedar expuesto a consecuencias especialmente perjudiciales, de modo que el carácter disuasorio derivado de la anulación del contrato podría frustrarse. En el caso de préstamos, la anulación conllevaría hacer inmediatamente exigible el pago del importe del préstamo pendiente de devolución, en una cuantía que puede exceder de la capacidad económica del consumidor, y, por esa razón, penalizaría a este más que al prestamista, a quien, como consecuencia, no se disuadiría de insertar cláusulas de ese tipo en los contratos que ofrezca.

En este contexto, en el supuesto de que el juzgado remitente constatara, en primer lugar, el carácter abusivo de la cláusula controvertida; en segundo lugar, que el contrato de préstamo hipotecario sobre el que versa el litigio principal no podría sobrevivir sin tal cláusula, y, en tercer lugar, que debido a la anulación del contrato el demandante en el litigio principal quedaría expuesto a consecuencias especialmente perjudiciales, podría reemplazar la cláusula controvertida por el índice sustitutivo contemplado en la Ley 14/2013, siempre que pueda considerarse que con arreglo al Derecho nacional el referido índice tiene carácter supletorio y no resulta lesivo para el consumidor en términos del principio de efectividad y equivalencia.

Tanto el IRPH-Cajas como el IRPH-Bancos son dos índices en desuso actualmente, siendo el único subsistente el denominado IRPH-Entidades que sustituyó a los dos precitados tras la aprobación de la Ley 14/2013, de 27 de septiembre, de Apoyo a los Emprendedores, en virtud de cuya Disposición Adicional 15.ª, dejaron de aplicarse con efectos de 1 de noviembre de 2013.

---

[114] DEL OLMO, A. "La Sentencia del Tribunal de Justicia de 3 de marzo de 2020 sobre la cláusula IRPH" en Jurisprudencia comentada. Marzo 2020. Disponible en la base de datos de **sepín** (www.sepin.es) con la referencia SP/DOCT/98076.

Existen, pues, varias posibilidades que la doctrina y el desarrollo de la denominada *jurisprudencia menor* han venido esbozando y pueden resumirse en seis posiciones:

a) Supresión de la cláusula índice IRPH. Préstamo sin interés.

b) Supresión de la cláusula índice IRPH, manteniendo el diferencial.

c) Supresión de la cláusula índice IRPH, aplicando el sustitutivo previsto en el contrato, previa valoración, en su caso, de la contaminación de nulidad de aquel por idéntica falta de transparencia.

d) Supresión de la cláusula índice IRPH aplicando el sustitutivo legal IRPH Entidades.

e) Supresión de la cláusula índice IRPH y aplicación por el juzgador del EURIBOR como índice sustitutivo legal.

f) Sustitución del IRPH por Euribor hasta la fecha de activación del índice sustitutivo de Entidades el 1 de noviembre de 2013. Y, a partir de entonces, aplicar aquel como índice sustitutivo.

Una primera es considerar que el contrato de préstamo puede subsistir sin interés, en el sentido previsto por el art. 1.755 CC o 314 CCom, que parecía ser el mayor temor del ejecutivo nacional. Aunque suscitada la duda en la cuestión prejudicial, y desde luego ello supondría la plena aplicación del efecto disuasorio perseguido por la Directiva, esta opción parece poco plausible en la práctica. Pese a ello, esta ha sido la aplicada, a título ilustrativo, por la Sentencia del Juzgado de lo Mercantil n.º 7 de Madrid de 16 de mazo 2015, cuando determina la nulidad del índice IRPH, ordenando su eliminación y, con ello, dejando el préstamo sin interés, al tiempo que ordena el reintegro de los intereses abonados por el prestatario:

"En cuanto a los efectos que supone tal declaración, dispone el art. 9.2 LCGC que la sentencia que declare la nulidad debe aclarar su eficacia conforme al artículo siguiente. Dicho art. 10 LCGC establece que la nulidad no determina la ineficacia total del contrato. Procede, exclusivamente la nulidad de la cláusula que merezca tal sanción, lo que visto el art. 1.303 CC, obliga a la restitución recíproca de las prestaciones.

El art. 1.303 establece, para el caso de nulidad, la obligación de que las partes recíprocamente se restituyan el precio con sus intereses, salvo lo dispuesto en los preceptos sucesivos que no son de aplicación. Eso supone que al no poder aplicar el índice IRPH entidades y siendo el préstamo contrato naturalmente gratuito conforme el art. 1.755 CC, habrá de reintegrarse a los demandantes la totalidad de lo percibido por interés desde la firma del contrato, junto con su interés legal desde la fecha de presentación de la demanda vistos los arts. 1.100 y 1.007 CC, y la cifra que resulte de lo anterior, interés legal elevado en dos puntos desde hoy hasta la completa satisfacción de los demandantes conforme al art. 576.1 LEC".

Este mismo criterio es el aplicado por la Sentencia del Juzgado de 1.ª Instancia n.º 5 de Torremolinos de 24 de junio de 2016:

"En cuanto a los efectos que supone tal declaración de nulidad, dispone el art. 9.2 LCGC que la sentencia que declare nulidad debe aclarar su eficacia conforme al artículo siguiente. Dicho art. 10 LCGC establece que la nulidad no determina la ineficacia total del contrato. Procede,

por tanto, exclusivamente la nulidad de la cláusula que merezca tal sanción. Por su parte, el art. 1.303 establece, para el caso de nulidad, la obligación de que las partes recíprocamente se restituyan el precio con sus intereses. Eso supone que, al no poderse aplicar el índice supletorio IRPH Entidades, y siendo el préstamo contrato naturalmente gratuito conforme al art. 1.755 CC, habrá de reintegrarse a los demandantes la totalidad de lo percibido por interés desde la firma del contrato, junto con el interés legal desde la fecha de sus respectivos abonos, interés legal elevado en dos puntos desde el dictado de la presente sentencia hasta la completa satisfacción de los demandantes conforme al art. 576.1 LEC".

Esta primera postura, entendemos, de acuerdo también con lo expuesto por ALONSO ISA, P.[115] "Sobre la devolución de cantidades por la declaración de la nulidad de la cláusulas IRPH" en Diario La Ley n.º 9460, Sección Doctrina, de 26 de mayo de 2002., que decae tras el pronunciamiento de la STJUE de 3 de marzo de 2020, en cuyo apartado 61 viene a deslizar que la declaración de nulidad de la cláusula abusiva obligaría al juez a anular el contrato en su totalidad, quedando expuesto así el consumidor a consecuencias especialmente perjudiciales. Ello se completa con la lectura del apartado 64 de la referida STJUE que apunta a la sustitución por un índice establecido como supletorio.

Una segunda opción, que sugiere con buen criterio DE LARA JIMÉNEZ[116], puede ser la supresión del índice manteniendo el diferencial establecido en el préstamo. Lo cierto es que, de este modo, el préstamo no quedaría sin remuneración, sino que se convertiría de facto en un préstamo a interés fijo, siendo el interés el diferencial subsistente. De esta misma opinión es también POCH[117], quien sostiene que con ello se permite que permanezca incólume la naturaleza onerosa del contrato, a la vez que se prescinde solo de aquella parte de la cláusula, referida al índice IRPH, que se considera abusiva.

Otra tercera, es la aplicación del índice sustitutivo previsto en el propio contrato —vgr. IRPH Entidades, Euribor...—. El problema en este caso es que entramos con frecuencia en un bucle al prever índices extintos —ej. IRPH Bancos— y abocados en ese supuesto a la aplicación supletoria del IRPH Entidades. Algunas entidades como es el caso de KUTXABANK preveían como índice sustitutivo el Euribor, resolviendo los juzgadores en tal sentido su aplicación (Vid. Sentencia del Juzgado de 1.ª Instancia n.º 4 de Guadalajara de 2 de diciembre de 2014; Sentencia del Juzgado 1.ª Instancia n.º 5 de Valladolid de 18 de febrero de 2015; SAP de Guipúzcoa, Sección 2.ª, de 31 de marzo de 2015).

Esta opción se manifiesta en la motivación ofrecida por la SAP de Tarragona, Sección 1.ª, de 11 de marzo de 2020, que considera así adaptada su doctrina a los postulados marcados por la STJUE de 3 de marzo de 2020:

"El propio TJUE en la respuesta a la cuestión prejudicial nos da pistas sobre la forma y manera en que debe producirse esa integración, pues admite que constatadas estas circunstancias el juez nacional podría reemplazar la cláusula controvertida por el índice sustitutivo

[115] ALONSO ISA, P. "Sobre la devolución de cantidades por la declaración de la nulidad de la cláusulas IRPH" en Diario La Ley n.º 9460, Sección Doctrina, de 26 de mayo de 2002.

[116] DE LARA JIMÉNEZ, J. M. "IRPH a la luz de la sentencia europea: ¿Tocado y hundido por el C-125/18?" en Tribuna de Elderecho.com de 6 de marzo de 2020.

[117] POCH, A. "Desmontando el IRPH: una aproximación a las prácticas bancarias..." Ob.cit. supra.

contemplado en la Ley 14/2013, siempre que pueda considerarse que con arreglo al Derecho nacional el referido índice tiene carácter supletorio (65 y 66), en defecto de otro acuerdo diferente (65 a 70). En suma, como regla la previsión contractual que puede referirse a cualquier índice legal y, a falta de esta, el IRPH Entidades previsto en la Ley 14/2013 y su Disposición Adicional 15.ª.

Veamos cómo se desarrollan estas opciones. Una primera, es la aplicación del índice sustitutivo previsto en el propio contrato –IRPH Entidades, Euribor, etc.–. En el supuesto de que se hubiere convenido el Euribor, como sucede en algunos casos, no parece que plantee mayores problemas porque es el índice más extendido y ha sido recientemente modificado para implementar una nueva metodología y garantizar su máxima transparencia, con entrada en vigor en 2020. Tampoco en el caso de que se hubiere convenido el IRPH Entidades, aunque este índice tendría el problema de que eventualmente sometido, en el momento de la celebración del contrato, al control de transparencia en los términos señalados en la propia STJUE 3 marzo 2020, es decir, por comparación entre el cálculo del tipo de interés variable basado en el IRPH entidades y otras fórmulas de cálculo del tipo de interés (54), desconocemos cual sería la opción del consumidor de habérsele ofrecido todos los elementos para decidir, aunque puede presumirse un juicio negativo. En todo caso el Euribor fue creado por la Circular Banco España 7/1999, de 29 junio, mientras el IRPH Entidades lo fue por la Circular 8/1990, de 7 septiembre, con lo que la aplicación del Euribor dejaría fuera los préstamos hipotecarios referenciados al IRPH anteriores a aquella fecha (1999), lo que representa un importante inconveniente para ofrecer una solución uniforme.

En cuanto a la segunda, el IRPH previsto en la Ley 14/2013 plantea como primera cuestión su naturaleza supletoria. Según el RAE Jurídico (CGPJ) «supletorio» es aquel Derecho cuya aplicación este previsto para los casos en que el ordenamiento jurídico no regule el supuesto contemplado. Y no cabe duda que ese índice tiene esa naturaleza a partir de la Ley 14/2013, de 27 septiembre, que expresamente lo prevé como de aplicación sustitutiva de los índices IRPH Bancos, IRPH Cajas e IRPH CECA que suprime, a falta de otro previsto contractualmente, disponiendo el punto 4.º que las partes carecerán de acción para reclamar la modificación, alteración unilateral o extinción del préstamo o crédito como contrapartida de la aplicación de lo dispuesto en esta Disposición, lo que da idea de su taxatividad. Y a la misma conclusión podemos llegar cuando el índice sustitutivo contractualmente pactado sea nulo por falta de transparencia o sea uno de los que desaparecen, pues ambos casos tienen identidad de razón.

En lo demás, hay quienes defienden la supresión del índice pero manteniendo el diferencial establecido en el préstamo. De este modo, dicen, el préstamo no quedaría sin remuneración, sino que se convertiría de facto en un préstamo a interés fijo, siendo el interés el diferencial subsistente. Así permanecería incólume la naturaleza onerosa del contrato, a la vez que se prescinde solo de aquella parte de la cláusula que, referida al índice IRPH, se considera abusiva.

Y también las que postulan de plano la aplicabilidad del Euribor con fundamento en la integración favorable al consumidor por el efecto disuasorio para el profesional del art. 83 TRCU, la interpretación contra proferentem *(art. 6.2 LCGC y 1.288 CC) y un argumento de autoridad: el voto particular de la sentencia TS 669/2017, de 14 diciembre.*

No creemos aceptable ninguna de ambas posturas y ello por las siguientes razones:

a) La primera porque el diferencial va asociado indisolublemente al índice, de hecho suelen variar en función del que se elija, y suprimido el índice debe claudicar el diferencial, y además por una razón principal: convertiríamos un préstamo a interés variable en uno fijo, que no es lo querido por ninguna de las partes.

b) La segunda, por bien que admitamos el argumento del efecto disuasorio y la interpretación contra proferentem, *nos encontramos con el obstáculo insalvable de una norma supletoria e imperativa, esta vez sí, la Ley 13/2014, que integra el contrato y, además, el argumento del Euribor solo tiene apoyo en la idea de su generalizada utilización porque el voto particular citado no razona otra cosa en su favor, se remite a la STS 608/2017, de 15 diciembre, referida a la nulidad de un préstamo multidivisa, que contiene una cláusula contractual para el caso de que el prestatario opte por la divisa Euro que conlleva la referencia al índice Euribor; por tanto, existe un previsión contractual.*

En definitiva, y por todo lo expuesto, la Sala estima que el sistema a partir de la sentencia que resuelve la cuestión prejudicial sería el siguiente:

a) Aplicación supletoria del índice pactado por las partes en el contrato, incluso el Euribor si así se hubiere convenido.

b) A falta de pacto o si este hubiere sido declarado nulo, la aplicación de la Disp. Adicional 3.ª de la Ley 14/2013, es decir, el IRPH Entidades".

La SAP Álava, Sección 1.ª, de 14 de mayo de 2020, establece la aplicación supletoria del Euribor como índice previsto en el contrato y que además coincide con la petición del afectado, recordando al mismo tiempo como efecto *ex lege* para la consecución del pleno objetivo de no vinculación del consumidor la devolución de la diferencia existente entre los intereses pagados por la parte prestataria como consecuencia de la cláusula relativa al IRPH y los que hubiera debido pagar en caso de referenciarse el préstamo, desde su inicio, al Euribor incrementado por un diferencial del 1 %:

"Siguiendo con las pautas previstas en las STS 608/2017, de 15 de noviembre, la nulidad del tipo de interés principal debe conducir a la aplicación del tipo de interés supletorio pactado en el contrato, Euribor + 1 %, para el caso de imposible determinación del tipo de interés de referencia principal. También se responde de modo analógico a la regulación que estableció la DA 15.ª Ley 14/2013, de 27 de septiembre, para el caso de la eliminación de los índices de referencia contenidos en la norma, aunque somos conscientes que dicho precepto no es aplicable al IRPH entidades. La aplicación de esta norma se contempla en la STJUE de 3 de marzo de 2020. Es, además, el índice de referencia que solicita la parte consumidora.

En realidad, la integración del objeto del contrato con una cláusula supletoria constituye un estadio previo a la doctrina del TJUE sobre la integración del contrato con una norma supletoria de derecho nacional, pues la existencia de tal previsión contractual supletoria hace que no legue a existir la eventualidad de la desaparición del objeto del contrato y, por tanto, su inexistencia, siendo este el presupuesto necesario para aplicar dicha doctrina comunitaria.

Dado que el efecto de la declaración de nulidad de una cláusula abusiva es la nulidad de pleno derecho, además de la eliminación de la cláusula, debe acordarse su efecto restitutorio.

Este efecto es propio de la acción de nulidad de pleno derecho, cuyo éxito determina la aplicación del artículo 1.303 CC, según la jurisprudencia (STS 424/2011, de 21 de junio). Este efecto restitutorio se produce ex lege, sin necesidad de expresa petición de parte, STS 934/2005 de 22 de noviembre. En el mismo sentido se pronuncia la jurisprudencia del TJUE, en relación con el principio de no vinculación contenido en el artículo 6.1 de la Directiva 93/13/CEE y cuya interpretación jurisprudencial se recopila en la STJUE de 3 de marzo de 2020. También el principio de no vinculación requiere que la parte consumidora no quede afectada por el uso de la cláusula abusiva en el pasado.

Por todo ello, procede la condena de la entidad demandada a la devolución de la diferencia existente entre los intereses pagados por la parte prestataria como consecuencia de la cláusula relativa al IRPH y los que hubiera debido pagar en caso de referenciarse el préstamo, desde su inicio, al Euribor incrementado por un diferencial del 1 %".

En cuarto lugar, como opción menos gravosa para la banca por ser un valor similar, de no existir dicho índice supletorio, resultaría de aplicación el índice sustitutivo introducido por la Disposición Adicional 15.ª, tal y como parece sugerirse en los apartados 65 a 70 de la STJUE de 3 de marzo de 2020:

"65. En el caso de autos la cláusula controvertida establece que el cálculo del tipo de interés variable se basará en el IRPH de las cajas de ahorros. No obstante, de la documentación de que dispone el Tribunal de Justicia resulta que este índice legal, previsto por la Circular 8/1990, fue reemplazado, en virtud de la disposición adicional decimoquinta de la Ley 14/2013, de 27 de septiembre de 2013, por un índice sustitutivo que el Gobierno español califica de «supletorio». En efecto, sin perjuicio de la comprobación que lleve a cabo el juzgado remitente, la disposición adicional citada establece que se aplicará dicho índice sustitutorio en defecto de otro acuerdo diferente entre las partes del contrato.

66. En este contexto, en el supuesto de que el juzgado remitente constatara, en primer lugar, el carácter abusivo de la cláusula controvertida; en segundo lugar, que el contrato de préstamo hipotecario sobre el que versa el litigio principal no podría sobrevivir sin tal cláusula, y, en tercer lugar, que debido a la anulación del contrato el demandante en el litigio principal quedaría expuesto a consecuencias especialmente perjudiciales, podría reemplazar la cláusula controvertida por el índice sustitutivo contemplado en la Ley 14/2013, siempre que pueda considerarse que con arreglo al Derecho nacional el referido índice tiene carácter supletorio.

67. Por consiguiente, procede responder a la tercera cuestión prejudicial que los artículos 6, apartado 1, y 7, apartado 1, de la Directiva 93/13 deben interpretarse en el sentido de que no se oponen a que, en caso de declaración de nulidad de una cláusula contractual abusiva que fija un índice de referencia para el cálculo de los intereses variables de un préstamo, el juez nacional lo sustituya por un índice legal aplicable a falta de acuerdo en contrario de las partes del contrato, siempre que el contrato de préstamo hipotecario no pudiera subsistir tras la supresión de la cláusula abusiva y que la anulación del contrato en su totalidad dejara al consumidor expuesto a consecuencias especialmente perjudiciales.

68. Dado que la tercera cuestión prejudicial se formulaba para el supuesto de que se declarara la «nulidad del IRPH de las cajas de ahorros», el Gobierno español solicitó al Tribunal de Justicia en sus observaciones escritas y orales que limitara los efectos temporales de la sentencia. Ha de precisarse que la petición del Gobierno español se basa en la premisa de que, en caso de declaración de nulidad de cláusulas contractuales como la controvertida, el contrato de préstamo subsistiría sin el abono de intereses.

69. Tal como se ha recordado en el apartado 52 de la presente sentencia, la competencia del Tribunal de Justicia comprende exclusivamente la interpretación de las disposiciones del Derecho de la Unión, en este caso la Directiva 93/13.

70. Pues bien, de la respuesta a la tercera cuestión prejudicial resulta que, en caso de declaración de nulidad de cláusulas como la controvertida, el juez nacional quedará facultado, en las condiciones que se han recordado en el apartado 67 de la presente sentencia, para sustituir el índice adoptado en la cláusula en cuestión por un índice legal que sea aplicable a falta de acuerdo en contrario de las partes del contrato".

Siguiendo este cuarto criterio de sustitución por el IRPH-Entidades, se pronuncia la SAP Las Palmas de Gran Canaria, Sección 3.ª, de 8 de marzo de 2018:

"«a) La disposición adicional decimoquinta de la Ley 14/2013 de apoyo a los emprendedores hace referencia, toda ella, a un supuesto, cual es el de 'la desaparición completa de los índices oficiales aplicables a los préstamos o créditos hipotecarios', según reza su apartado primero. El supuesto de hecho previsto en el pacto sustitutivo es la interrupción, sustantivo que procede del verbo interrumpir que, a su vez, quiere decir, según el Diccionario de la Real Academia de la Lengua, en su primera acepción 'Cortar la continuidad de una cosa en el lugar o en el tiempo'. Lo que hace la disposición adicional decimoquinta de la Ley 14/2013 de apoyo a los emprendedores, es 'hacer desaparecer' los índices de referencia pactados en el contrato. Más que de un término general –que según la apelante sería la interrupción, comprensiva de la cesación tanto temporal como definitiva– y otro específico–que sería según la parte recurrente, interrupción definitiva equivalente a la desaparición de los tipos–, de lo que se trata es de conceptos e ideas distintas. La interrupción se refiere a algo que existe, pero cuyos efectos cesan, y la desaparición o abolición de algo por disposición legal, equivale a su inexistencia en el mundo del derecho. Así , sería diferente la interrupción de un plazo, que presupone que el plazo existe, pero, de momento, no corre; y la supresión de un plazo, que equivale a su inexistencia.

Por su propia redacción el pacto sustitutivo parece referirse a cambios producidos en el mercado hipotecario, o en la situación económica, que pudieran haber llevado a modificaciones o vaivenes en el catálogo de índices de referencia disponibles para los préstamos o créditos hipotecarios, pero no a lo relevante para el caso de autos, como es la supresión legal de ciertos índices de referencia.

b) La previsión en el pacto tercero, intereses tercera fase e) de la escritura de 28 de julio de 2009 que 'se reemprendiese la publicación del índice de Referencia Adoptado o del Sustitutivo' puede ser interpretada, como lo hace el apelante, en el sentido de que, si cabía la reanudación, de ello se deduce que cabía también la no reanudación y, por ende, que la interrupción fuese definitiva.

Sin embargo, también cabe otra interpretación: La interrupción, siendo por definición temporal, podía siempre reanudarse. Si el índice en cuestión volvía a publicarse durante la vigencia del contrato, se producirían los efectos previstos en ese párrafo segundo de la cláusula de autos. En consecuencia, la previsión de una posible reanudación lo que supone es admitir que cabía también la no reanudación, pero esta no necesariamente había de obedecer a una supresión definitiva del índice, sino que cabía también que la reanudación fuese irrelevante para el contrato por producirse cuando este ya se había cumplido o había extinguido sus efectos.

c) En cualquier caso, este tribunal comparte el parecer del juez 'a quo' de que la oscuridad o confusión en la cláusula habrá de perjudicar a la entidad financiera, por aplicación del principio contra proferente del artículo 1.288 del Código Civil.

d) La apelación a la integración del contrato constituye, en cierta manera, una contradicción en la que incurre el recurrente, dado que su posición en este proceso ha sido la de interpretar la cláusula de índice de referencia sustitutivo en un cierto sentido, dando a la palabra interrupción un significado equivalente al de supresión o desaparición legal. La integración supone, por el contrario, considerar como parte del contrato un pacto que inicialmente no está comprendido en él. Interpretar consiste en determinar el sentido y alcance de la reglamentación intersubjetiva que nace de la concorde voluntad de las partes sobre un objeto y un concreto fin económico-social. En cambio, integrar consiste en considerar como parte del contrato lo que los PECL llama 'implied terms' a los que se refiere su artículo 6:102 cuando dispone que, además, de los pactos explícitos, el contrato podría contener acuerdos implícitos derivados de: a) La voluntad de las partes; b) la naturaleza y el fin del contrato; c) la buena fe y la honestidad en las transacciones.

Para algunos autores, ha de distinguirse entre efectos autónomos y efectos heterónomos del contrato. Mientras que la determinación de los efectos autónomos del contrato se denomina interpretación, la determinación de efectos heterónomos es, directamente, integración. Y una de las más importantes fuentes de determinación de los efectos heterónomos del contrato es, precisamente, la buena fe, recogida en el artículo 1.258 de nuestro Código Civil en el que se basa la demandada al formular este motivo de su recurso.

Ahora bien, la integración solo procede si mediante la interpretación no ha podido llegarse a dilucidar el sentido de las cláusulas contractuales y sus efectos, tal como los quisieron las partes y ello, como se ha dicho, no es lo que ha ocurrido en el supuesto enjuiciado en el que mediante la hermenéutica ha podido establecerse que el tipo sustitutivo se pactó para el caso de interrupción de la publicación de los índices, no para el supuesto de su supresión o desaparición legal, por lo que resulta de aplicación el índice sustitutivo previsto en la disposición adicional decimoquinta de la Ley 14/2013 de apoyo a los emprendedores, y no el contractualmente pactado».

TERCERO. Estando esta Sala totalmente de acuerdo con la doctrina que se acaba de expresar, procede estimar el recurso y revocar la sentencia de instancia en el sentido siguiente:

Debe estimarse la demanda interpuesta por XXX, S. L., contra CAIXABANK, S. A., y, en consecuencia, se condena a la demandada a aplicar al préstamo hipotecario solemnizado en escritura pública autorizada con fecha de 28 de marzo de 2006, por el Notario que fue de Puerto del Rosario, el tipo de interés denominado «tipo medio de los préstamos hipotecarios a más de tres años, para la adquisición de vivienda libre, concedidos por las entidades de crédito de España», con un diferencial del 0,0 % con efectos desde el 29 de septiembre de 2013, así como devolver a la actora las cantidades indebidamente percibidas, desde dicha fecha, las cuales serán calculadas en fase de ejecución de sentencia mediante la comprobación de la diferencia entre el tipo de interés aplicable (2,436 %), y el tipo de interés aplicado (4,351 %), por la demandada desde la entrada en vigor de la ley 14/2013, hasta la firmeza de dicha resolución, con imposición de costas a la parte demandada.

Sin declaración sobre costas en esta alzada".

Esta postura benigna para la banca se ofrece también en la SAP de Madrid, Sección 28.ª, de 22 de mayo, en la que, a pesar de sostener la transparencia y licitud de la cláusula IRPH –y por lo tanto ser innecesario–, se pronuncia sobre la eventual aplicación del IRPH como índice sustitutivo, lo que viene a denotar en cierta medida su falta de convicción en la robustez de su racionamiento en lo atinente a la falta de transparencia (sentencia sobre la que existe un voto particular). De este modo, adelanta, que de mudarse la interpretación futura sobre la cláusula IRPH y concluirse su nulidad por falta de transparencia, de cualquier modo aplicaría como índice sustitutivo el IRPH Entidades:

"Para finalizar, no podemos dejar de señalar, a mayor abundamiento, que una eventual apreciación de la acción de nulidad en razón al carácter abusivo de la cláusula nunca habría determinado, como los apelantes pretenden, la sustitución de los índices, principal y subsidiario, pactados en el contrato por el Euribor. En efecto, la Disposición Adicional 15.ª de la Ley 14/2013, de 27 de septiembre, de apoyo a los emprendedores y su internacionalización, dispone que las referencias a los tipos previstos en el apartado 1 de dicha disposición y que desaparecen (entre ellos se encuentra el IRPH-Cajas pactado de modo principal en préstamo que nos ocupa) serán sustituidas por el tipo o índice de referencia sustitutivo previsto en el contrato o, en su defecto, por el denominado IRPH-Conjunto de Entidades.

Pues bien, en nuestro caso este último índice, sin perjuicio de ser el pactado en el contrato como sustitutivo del IRPH-Cajas para el caso de que este desapareciese, es en todo caso el llamado a sustituir legalmente al desaparecido. Y, siendo ello así, debemos tener presente que, en respuesta a la tercera cuestión prejudicial planteada (se preguntaba si, en el caso de que la cláusula controvertida no sea conforme con el Derecho de la Unión, la sustitución del IRPH de las cajas de ahorros por el euríbor o la devolución del capital prestado sin el abono de intereses serían conformes con la Directiva 93/13), lo que nos dice la tan citada STJUE de 3 de marzo de 2020 es que «Los artículos 6, apartado 1, y 7, apartado 1, de la Directiva 93/13 deben interpretarse en el sentido de que no se oponen a que, en caso de declaración de nulidad de una cláusula contractual abusiva que fija un índice de referencia para el cálculo de los intereses variables de un préstamo, el juez nacional lo sustituya por un índice legal aplicable a falta de acuerdo en contrario de las partes del contrato, siempre que el contrato de préstamo hipotecario no pudiera subsistir tras la supresión de la cláusula abusiva y que la anulación del contrato en su totalidad dejara al consumidor expuesto a consecuencias especialmente perjudiciales».

Lo que significa, en definitiva, que en nuestro caso la virtual declaración de nulidad de la cláusula litigiosa únicamente implicaría la necesidad de sustituir el IRPH-Cajas por el IRPH-Conjunto de Entidades, índice este que, al igual que el sustituido, no es susceptible de fiscalización en cuanto tal por el tribunal del orden civil de acuerdo con lo ya razonado en el primer ordinal de la presente resolución".

Como quinta posibilidad, cabe sopesar la aplicación del Euribor. Sobre este punto, lamentablemente, la STJUE de 3 de marzo de 2020 no es del todo lo clara que fuera deseable. Pues, de una parte, en su apdo. 67 apunta que el juez nacional *"podría reemplazar la cláusula controvertida por el índice sustitutivo contemplado en la Ley 14/2013"*. Y, de otra, en el apdo. 68 permite que *"el juez nacional lo sustituya por un índice legal aplicable a falta de acuerdo en contrario de las partes del contrato"*. Esto es, en el apdo. 68 se facultaría al juzgador a elegir el índice aplicable entre los oficiales, entre los que mayoritariamente se encuentra el Euribor. Esta opción –obviando la de préstamo sin interés o el mero diferencial– además de ser más tuitiva para el consumidor, parece que casaría mejor con el principio de efectividad comunitario. En este mismo sentido, también ORDUÑA MORENO[118], apunta la posibilidad de la integración favorable al consumidor con relación al índice de referencia Euribor.

Desde luego, no cabe sostener que el índice acordado por las partes es el sustitutivo de otro IRPH, si precisamente la nulidad de la cláusula deviene por la falta de transparencia de aquel, ya fuera en cualquiera de sus modalidades, de tal suerte que de haberse expuesto al usuario la opción del Euribor de un modo comparado, poca duda existe que hubiera optado por este último. En consecuencia, siendo predispuesto el índice principal y el índice de referencia, no cabe apelar a "pacto" alguno a efectos sustitutorios sino, igualmente, a índice sustitutorio predispuesto. El Euribor, por el contrario, reúne la condición de índice oficial exigido en el apdo. 68 de la STJUE de 3 de marzo de 2020, es el extendido con carácter generalizado y el que permite un mejor conocimiento de sus efectos al consumidor. Además, el Euribor tiene la ventaja añadida de su longevidad al encontrar su origen en la Circular del Banco de España 7/1999, de 29 de junio. El problema pues, se reduciría a los préstamos concertados con anterioridad a esta fecha, esto es, desde 1994 en que comenzó a aplicarse el IRPH y el nacimiento del Euribor en 1999. Pero ello, tampoco obstaría la aplicación del índice legal que el juzgador considerara para ese supuesto durante ese concreto período, máxime teniendo en cuenta que serían casos realmente reducidos e incluso anteriores a la vigencia de la propia Ley de Condiciones Generales de la Contratación. Por ello, en defecto de acuerdo entre las partes, nos inclinamos porque el juzgador opte por la aplicación de este índice, conjugando así la aplicación del principio disuasorio de la Directiva y el de efectividad.

A favor de la aplicación del índice Euribor como índice sustitutivo, ya se manifestó, desde tiempos tempranos de este conflicto, la Sentencia del Juzgado de 1.ª Instancia n.º 1 de Donostia de 29 de abril de 2014, la Sentencia del Juzgado de 1.ª Instancia n.º 3 de Castellón de 23 de mayo de 2016 o la Sentencia del Juzgado de 1.ª Instancia n.º 71 de Madrid, de 24 de junio de 2016, que concluye:

"(...) declarada la nulidad de esa cláusula y su no incorporación, procede determinar qué índice de referencia se aplica.

Habiendo pactado las partes que el préstamo fuera oneroso, debe aplicarse como índice de referencia el Euribor, más el diferencial pactado del 0,50 %".

---

[118] ORDUÑA MORENO, J. en "Dossier Francisco Javier Orduña...". Ob. cit. supra, p. 11.

Esta última resolución del Juzgado de 1.ª Instancia n.º 71 de Madrid, ha sido confirmada por la SAP de Madrid, Sección 13.ª, de 4 de mayo de 2017:

"(...) la referencia del tipo de interés variable al IRPH, puede inducir a error al cliente sobre un aspecto fundamental del contrato y llevarle a adoptar una decisión irracional, esto es, elegir una oferta cuyo tipo variable lo sea a un tipo superior que si lo hubiera hecho al Euribor. Por todo ello esta Sala entiende que es correcto el razonamiento de la sentencia recurrida cuando declara la nulidad de la cláusula de interés variable referenciada al IRPH, y condena a la demandada a eliminarla y sustituirla por la de interés variable referida al Euribor más el diferencial pactado".

La Sentencia del Juzgado de 1.ª Instancia n.º 6 de Lleida de 9 de marzo de 2020, siguiendo las pautas ofrecidas por la STJUE de 3 de marzo, opta también por la aplicación supletoria del Euribor:

"Cuarto.- Efectos de la nulidad del IRPH

Sobre esta cuestión, la sentencia C-125/2018 del TJUE establece que:

"67. Por consiguiente, procede responder a la tercera cuestión prejudicial que los artículos 6, apartado 1, y 7, apartado 1, de la Directiva 93/13 (LA LEY 4573/1993) deben interpretarse en el sentido de que no se oponen a que, en caso de declaración de nulidad de una cláusula contractual abusiva que fija un índice de referencia para el cálculo de los intereses variables de un préstamo, el juez nacional lo sustituya por un índice legal aplicable a falta de acuerdo en contrario de las partes del contrato, siempre que el contrato de préstamo hipotecario no pudiera subsistir tras la supresión de la cláusula abusiva y que la anulación del contrato en su totalidad dejara al consumidor expuesto a consecuencias especialmente perjudiciales."

En este orden de cosas, será procedente, en consecuencia, que las partes se restituyan recíprocamente cuantas obligaciones hayan satisfecho como consecuencia de la escritura pública litigiosa, y en tanto aquélla no supone la desaparición de la obligación inicial, lo procedente será la sustitución del índice IRPH por el índice de referencia EURIBOR, con la restitución de los intereses indebidamente cobrados por la entidad bancaria al no haberse aplicado el índice Euribor, más los intereses devengados desde cada uno de los cobros indebidos, que se determinará en ejecución de sentencia".

Atendiendo también las pautas ofrecidas por la STJUE de 3 de marzo de 2020, el Juzgado de 1.ª Instancia n.º 2 de Cornellá de Llobregat en Sentencia de 16 de marzo, impone el Euribor como índice sustitutivo:

"En lo referente a las consecuencias de esa declaración de nulidad cabe indicar que, con base en la citada resolución del TJUE, la opción de que el préstamo siga desplegando su eficacia, suprimiendo el citado índice de referencia y dejando el préstamo sin intereses no es una opción viable en nuestro ordenamiento jurídico ya que desnaturaliza el contrato de préstamo mercantil que por definición debe ser oneroso. Por lo que, en atención a lo expuesto procede declarar aplicable al préstamo hipotecario de litis el EURIBOR, condenando a la entidad financiera demandada al recálculo de todos los intereses devengados durante toda la vida del préstamo hipotecario, utilizando como índice de referencia el EURIBOR, más sus

intereses legales desde la fecha de cada uno de los pagos, debiendo proceder a su deducción del importe total reclamado en la demanda principal por la entidad bancaria".

La sustitución del IRPH por Euribor es también la opción alcanzada por la Sentencia del Juzgado de 1.ª Instancia n.º 4 de Sanlúcar La Mayor de 14 de abril de 2020:

"Sobre las consecuencias de la declaración de nulidad de la Cláusula IRPH, el TJUE recuerda en la Sentencia de 3 de marzo de 2.020 que la Directiva 93/13/CEE no se opone "a que, en caso de declaración de nulidad de una cláusula contractual abusiva que fija un índice de referencia para el cálculo de los intereses variables de un préstamo, el juez nacional lo sustituya por un índice legal aplicable a falta de acuerdo en contrario de las partes del contrato, siempre que el contrato de préstamo hipotecario no pudiera subsistir tras la supresión de la cláusula abusiva y que la anulación del contrato en su totalidad dejara al consumidor expuesto a consecuencias especialmente perjudiciales." Ello puesto que tal anulación del contrato podría en principio tener el efecto de hacer inmediatamente exigible el pago del importe del préstamo pendiente de devolución, en una cuantía que llegue incluso a exceder de la capacidad económica del consumidor en cuestión, y, por esa razón, penalizaría a este más que al prestamista, a quien, como consecuencia, no se disuadiría de insertar cláusulas de ese tipo en los contratos que ofrezca.

En base en la citada resolución del TJUE, han de tenerse en cuenta dos premisas fundamentales. Por una parte, la opción de que el préstamo siga desplegando su eficacia, suprimiendo el IRPH, y dejando el préstamo sin intereses no es una opción viable en nuestro ordenamiento jurídico ya que desnaturaliza el contrato de préstamo mercantil que por definición debe ser oneroso. Por otra parte, la nulidad total del contrato de préstamo, declarando su vencimiento anticipado, sería gravemente perjudicial para el consumidor, en los términos desarrollados en el Sentencia del TJUE.

En atención a lo expuesto procede declarar aplicable al préstamo hipotecario de 24 de diciembre de 2.004, el EURIBOR. Y procede condenar a la entidad financiera demandada al recálculo de todos los intereses devengados durante toda la vida del préstamo hipotecario, utilizando como índice de referencia el EURIBOR y a restituir a la parte actora la diferencia resultante en relación a las cantidades percibidas utilizando el IRPH cuya nulidad se ha declarado.

Por tanto, la cantidad a reintegrar se calculará determinando la diferencia que resulte entre estos dos concepto: los intereses remuneratorios abonados desde el inicio del contrato y hasta la última que efectivamente se abone hasta sentencia con aplicación del tipo remuneratorio impuesto; los intereses que hubiera correspondido abonar en tal período, si se hubiera aplicado el EURIBOR a un año más el diferencial previsto de 0,15 puntos".

Aplica también el Euribor como índice sustitutivo la Sentencia del Juzgado de 1.ª Instancia n.º 17 de Palma de Mallorca, de 20 de abril de 2020, manteniendo con ello la naturaleza mercantil y onerosa del préstamo e imponiendo el recálculo procedente:

"En lo referente a las consecuencias de esa declaración de nulidad cebe indicar que, en opinión de esta Juzgadora, y con base en la citada resolución del TJUE, por un lado, la opción de que el préstamo siga desplegando su eficacia, suprimiendo el citado índice de referencia

y dejando el préstamo sin intereses no es una opción viable en nuestro ordenamiento jurídico ya que desnaturaliza el contrato de préstamo mercantil que por definición debe ser oneroso. Por otra parte, la nulidad total del contrato de préstamo, declarando su vencimiento anticipado, sería gravemente perjudicial para el consumidor en los términos antes analizados.

En atención a lo expuesto procede declarar aplicable al préstamo hipotecario de litis el EURIBOR, condenando a la entidad financiera demandada al recálculo de todos los intereses devengados durante toda la vida del préstamo hipotecario, utilizando como índice de referencia el EURIBOR y a restituir a la parte actora la diferencia resultante en relación a las cantidades percibidas utilizando el IRPH cuya nulidad se ha declarado. Cantidad a la que habrá que añadir los intereses legales desde la fecha de cada uno de los pagos y hasta su efectiva satisfacción".

El Euribor también es impuesto como índice sustitutivo por la Sentencia del Juzgado de 1.ª Instancia n.º 1 de San Cristóbal de la Laguna de 20 de mayo de 2020:

"SEXTO. Efectos de la nulidad del IRPH.

Sobre esta cuestión, la Sentencia C-125/2917, del TJUE establece que: «67. *Por consiguiente, procede responder a la tercera cuestión prejudicial que los artículos 6, apartado 1, y 7, apartado 1, de la Directiva 93/13 deben interpretarse en el sentido de que no se oponen a que, en caso de declaración de nulidad de una cláusula contractual abusiva que fija un índice de referencia para el cálculo de los intereses variables de un préstamo, el juez nacional lo sustituya por un índice legal aplicable a falta de acuerdo en contrario de las partes del contrato, siempre que el contrato de préstamo hipotecario no pudiera subsistir tras la supresión de la cláusula abusiva y que la anulación del contrato en su totalidad dejara al consumidor expuesto a consecuencias especialmente perjudiciales».*

En este orden de cosas, será procedente, en consecuencia, que las partes se restituyan cuantas obligaciones hayan satisfecho como consecuencia de la escritura pública litigiosa, y en tanto aquélla no supone la desaparición de la obligación inicial, lo procedente será la sustitución del índice IRPH por el índice de referencia EURIBOR, con la restitución de los intereses indebidamente cobrados por la entidad bancaria al no haberse aplicado el índice Euribor, más los intereses devengados desde cada uno de los cobros indebidos que se determinará en ejecución de sentencia".

Las SSAP de Málaga, Sección 6.ª, de 18 de marzo y 21 de abril de 2020, abordan con detalle las razones por las que considera que debe aplicarse el Euribor como índice sustitutivo al IRPH, si bien sumando no el diferencial que las partes tenían en el contrato sino el diferencial calculado conforme señala la Disposición Adicional Decimoquinta de la Ley 14/2013:

"Como dice la STJUE de 31 de mayo de 2018, C-483/2016: «34. [...] la declaración del carácter abusivo de la cláusula debe permitir que se restablezca la situación de hecho y de Derecho en la que se encontraría el consumidor de no haber existido tal cláusula abusiva, concretamente mediante la constitución de un derecho a la restitución de las ventajas obtenidas indebidamente por el profesional en detrimento del consumidor en virtud de la cláusula abusiva». Hemos dicho en la sentencia de pleno 725/2018, de 19 de diciembre, que aunque en nuestro Derecho nacional no existe una previsión específica que se ajuste a esta obligación

de restablecimiento de la situación jurídica y económica del consumidor, se trataría de una situación asimilable a la del enriquecimiento injusto, en tanto que el banco se habría lucrado indebidamente al ahorrarse unos costes que legalmente le hubiera correspondido asumir y que, mediante la cláusula abusiva, desplazó al consumidor. Y también tiene similitudes analógicas con el pago de lo indebido, en cuanto que el consumidor hizo un pago indebido y la entidad prestamista, aunque no hubiera recibido directamente dicho pago, se habría beneficiado del mismo, puesto que, al haberlo asumido indebidamente el prestatario, se ahorró el pago de todo o parte de lo que le correspondía. En resumen, declarada la nulidad del índice, del sustitutivo, y diferencial aplicables por ser condiciones generales de la contratación, el índice legal que debe y debió ser aplicado desde el principio en lugar del mismo, será el Euribor por ser el mayormente utilizado en el mercado europeo. A este se le sumará el diferencial calculado conforme señala la Disposición Adicional Decimoquinta de la Ley 14/2013, si bien a este no se le podrá sumar el diferencial que las partes tuvieran en el contrato. Todo ello deberá adecuarse a los efectos de las cantidades pagadas de más desde el principio del contrato en cuanto a las diferencias entre uno y otro y conllevaran los intereses aplicables conforme al artículo 1303 del Código Civil, desde que efectivamente se abonó por haberlo establecido así el Tribunal Supremo, sin perjuicio de lo previsto en el artículo 576 de la L.E.C. Ello, no obstante, en el bien entendido, como dice el TJUE en la Sentencia analizada, de que lo será, en defecto de acuerdo entre las partes, lo que obliga necesariamente a considerar esa posibilidad, y, solo en el caso de que las partes no alcancen acuerdo alguno en otro sentido, será aplicable, el índice que hemos señalado en la forma expresada, porque expresamente así lo contempla el TJUE, al expresar en la Declaración 4: «Los artículos 6, apartado 1, y 7, apartado 1, de la Directiva 93/13 deben interpretarse en el sentido de que no se oponen a que, en caso de declaración de nulidad de una cláusula contractual abusiva que fija un índice de referencia para el cálculo de los intereses variables de un préstamo, el juez nacional lo sustituya por un índice legal aplicable a falta de acuerdo en contrario de las partes del contrato, siempre que el contrato de préstamo hipotecario no pudiera subsistir tras la supresión de la cláusula abusiva y que la anulación del contrato en su totalidad dejara al consumidor expuesto a consecuencias especialmente perjudiciales».

Y, finalmente, aún cabe aventurar otra opción más que sería la de sustituir el IRPH por Euribor hasta la fecha de activación del índice sustitutivo de Entidades el 1 de noviembre de 2013, y a partir de ahí, aplicar aquel como índice sustitutivo.

En todos los casos, huelga reiterar, procedería como consecuencia inherente a la nulidad postulada, el reintegro de las cantidades indebidamente percibidas por la entidad como consecuencia de la aplicación del índice IRPH objeto de nulidad.

7. Desarrollo procesal para lograr la nulidad del IRPH

7.1. Jurisdicción y competencia

Corresponde conocer del proceso, a los órganos jurisdiccionales ordinarios españoles, por cuanto se dilucida en el mismo una reclamación entre españoles, para cuyo enjuiciamiento y fallo son competentes los citados órganos, de conformidad con cuanto se dispone entre otros, en los arts. 117.3 de la Constitución Española; 2, 9.2, 21.1 de la Ley Orgánica 6/1985 de 1 de julio, del Poder Judicial (LOPJ en adelante); arts. 5 y 36 de la Ley de Enjuiciamiento Civil (LEC a continuación).

La cuestión de la competencia objetiva para el conocimiento de la acción fue fuente discusión doctrinal hasta tiempos recientes. Como apunta FERNÁNDEZ GIL[119], la polémica ha surgido con relación a las acciones individuales. Pese a la aparente claridad de la norma, por algunos Magistrados como VELA TORRES[120] se ha sostenido que cuando se trata de acciones individuales la competencia es la del Juzgado de 1.ª Instancia y cuando se trata de acciones colectivas tipificadas como tales en la LCGC al Juzgado Mercantil. Este criterio fue adoptado por el Juzgado de lo Mercantil n.º 3 de Barcelona en auto de 17 de febrero de 2005 o de la Sección 5.ª de la AP de Zaragoza, manifestada a través de sus Autos de 30 de enero y 14 de junio de 2013 (cuestión de competencia 252/13). Sin embargo, ya en su momento compartimos con FERNÁNDEZ SEIJO[121] o HERRERA CUEVAS[122] la competencia del Juzgado de lo Mercantil ya sea para el ejercicio de acciones individuales o colectivas, siempre que deriven de la LCGC. Así ha sido también entendido en el AAP de Madrid, Sección 28.ª, de 12 de febrero de 2010 al señalar que tanto la acción individual de nulidad como la de no incorporación son acciones relativas a condiciones generales de la contratación previstas en la legislación sobre la materia por lo que no existe fundamento legal para excluirlas de la competencia de los Juzgados de lo Mercantil. Y también en este mismo sentido se pronuncia el AAP de Huelva, Sección 3.ª, de 20 de abril de 2012.

---

[119] FERNÁNDEZ GIL, C. *Cuestiones prácticas de competencia entre los juzgados mercantiles y de primera instancia*, Madrid, 2013.

[120] VELA TORRES, P. J. en "Conclusiones del curso «Encuentro de la Jurisdicción Civil»" Sevilla, 10 y 11 de mayo de 2010.

[121] FERNÁNDEZ SEIJO, J. M.ª *Delimitación y competencia de los Juzgados de 1.ª Instancia frente a los Juzgados de lo Mercantil (Especial problemática que genera la aplicación de la Ley Concursal en este ámbito)*, Estudios de Derecho Judicial n.º 123, Madrid, 2007.

[122] HERRERAS CUEVAS, E. J. "De la competencia objetiva de los Juzgados de lo Mercantil" en Revista La Ley n.º 1/2005, Madrid, pp. 1809-1829.

Hoy en día este debate está resuelto. Resulta competente, tras la modificación operada por la LO 7/2015, de 21 de julio, el Juzgado de 1.ª Instancia correspondiente al domicilio del demandante, conforme a lo dispuesto en los arts. 52.1.14.º LEC, en concordancia con los arts. 85.1 LOPJ y 3.1, 19 bis de la Ley 38/1988, de Demarcación y Planta Judicial.

A su vez, en el Boletín Oficial del Estado n.º 126, de 27 de mayo de 2017 se procedió a la publicación del Acuerdo de 25 de mayo de 2017, de la Comisión Permanente del Consejo General del Poder Judicial, por el que se atribuye a determinados juzgados, con competencia territorial indicada para cada uno de los casos, para que de manera exclusiva y no excluyente conozcan de la materia relativa a las condiciones generales incluidas en contratos de financiación con garantías reales inmobiliarias cuyo prestatario sea una persona física. Ello ha supuesto la atribución de la competencia a los nuevos juzgados especializados, detrayendo el conocimiento de las demandas de los usuarios a los juzgados de 1.ª Instancia que venían conociéndolas, lo que sin duda generará un importante colapso y nuevas dilaciones en su resolución. Con posterioridad, se procedió a la prórroga del Acuerdo de 25 de mayo de 2017, con la aprobación de nuevos Acuerdos de la Comisión Permanente del CGPJ de 28 de diciembre de 2017, 27 de junio de 2018, 19 de diciembre de 2018 y 18 de diciembre de 2019.

Estos han sido los Juzgados especializados designados "en suerte" tras los acuerdos adoptados:

Andalucía

Provincia de Almería

– Juzgado de 1.ª Instancia n.º 9 de Almería, de manera exclusiva y excluyente, para la anualidad 2020.

Provincia de Cádiz

– Juzgado de 1.ª Instancia n.º 2 de Cádiz, de manera exclusiva y excluyente, para la anualidad 2020.

Provincia de Córdoba

– Juzgado de 1.ª Instancia n.º 11 de Córdoba, de manera exclusiva y excluyente, para la anualidad 2020.

Provincia de Granada

– Juzgado de 1.ª Instancia n.º 9 de Granada, de manera exclusiva y excluyente, para la anualidad 2020.

Provincia de Huelva

– Juzgado de 1.ª Instancia n.º 8 de Huelva, de manera exclusiva y excluyente, para la anualidad 2020.

Provincia de Jaén

– Juzgado de 1.ª Instancia n.º 2 de Jaén, de manera exclusiva y excluyente, para la anualidad 2020.

Provincia de Málaga

– Juzgado de 1.ª Instancia n.º 20 de Málaga, de manera exclusiva y excluyente, para la anualidad 2020.

Provincia de Sevilla

– Juzgado de 1.ª Instancia n.º 29 de Sevilla, de manera exclusiva y excluyente, para la anualidad 2020.

Aragón

Provincia de Huesca

– Juzgado de 1.ª Instancia e instrucción n.º 5 de Huesca, de manera exclusiva y no excluyente, en la manera que determine la Sala de Gobierno, para el período de 1 de enero a 30 de junio de 2020.

Provincia de Teruel

– Juzgado de 1.ª Instancia e instrucción n.º 3 de Teruel, de manera exclusiva y no excluyente, en la manera que determine la Sala de Gobierno, para el período de 1 de enero a 30 de junio de 2020.

Provincia de Zaragoza

– Juzgado de 1.ª Instancia n.º 12 de Zaragoza, de manera exclusiva y excluyente, para la anualidad 2020.

Islas Baleares

Mallorca

– Juzgado de 1.ª Instancia n.º 17 de Palma Mallorca, de manera exclusiva y excluyente, para la anualidad 2020.

Ibiza

– Juzgado de 1.ª Instancia n.º 2 de Ibiza, de manera exclusiva y no excluyente, en la manera que determine la Sala de Gobierno, para el período de 1 de enero a 30 de junio de 2020.

Menorca

– Juzgado de 1.ª Instancia e Instrucción n.º 3 de Mahón, de manera exclusiva y no excluyente, en la manera que determine la Sala de Gobierno, para el período de 1 de enero a 30 de junio de 2020.

– Juzgado de 1.ª Instancia e Instrucción n.º 1 de Ciutadella, de manera exclusiva y no excluyente, en la manera que determine la Sala de Gobierno, para el período de 1 de enero a 30 de junio de 2020.

Canarias

Provincia de Las Palmas

Gran Canaria

– Juzgado de 1.ª Instancia n.º 6 de Las Palmas de Gran Canaria, de manera exclusiva y excluyente, para la anualidad 2020.

Lanzarote

– Juzgado de 1.ª Instancia n.º 1 de Arrecife, de manera exclusiva y no excluyente, en la manera que determine la Sala de Gobierno, para el período de 1 de enero a 30 de junio de 2020.

Fuerteventura

– Juzgado de 1.ª Instancia e Instrucción n.º 3 de Puerto del Rosario, de manera exclusiva y no excluyente, en la manera que determine la Sala de Gobierno, para el período de 1 de enero a 30 de junio de 2020.

Provincia Santa Cruz de Tenerife

– Juzgado de 1.ª Instancia n.º 1 de San Cristóbal de la Laguna, de manera exclusiva y excluyente, para la anualidad 2020.

Cantabria

Provincia de Santander

– Juzgado de 1.ª Instancia n.º 2 de Santander, de manera exclusiva y excluyente, para la anualidad 2020.

Castilla-La Mancha

Provincia de Albacete

– Juzgado de 1.ª Instancia n.º 4 y Mercantil de Albacete, de manera exclusiva y excluyente, en materia civil, para el período de 1 de enero a 30 de junio de 2020.

Provincia de Ciudad Real

– Juzgado de 1.ª Instancia e instrucción n.º 3 de Ciudad Real, de manera exclusiva y excluyente, en materia civil, para la anualidad 2020.

Provincia de Cuenca

– Juzgado de 1.ª Instancia e Instrucción n.º 4 de Cuenca, de manera exclusiva y excluyente, en materia civil, para el período de 1 de enero a 30 de junio de 2020.

Provincia de Guadalajara

– Juzgado de 1.ª Instancia y Mercantil n.º 4 de Guadalajara, de manera exclusiva y excluyente, en materia civil, para la anualidad 2020.

Provincia de Toledo

– Juzgado de 1.ª Instancia e Instrucción n.º 1 y Mercantil de Toledo, de manera exclusiva y excluyente, en materia civil, hasta la entrada en funcionamiento del Juzgado de 1.ª Instancia e Instrucción n.º 8 prevista por Orden JUS/767/2019, de 11 de julio, para el 31 de mayo de 2020.

– Juzgado de 1.ª Instancia e Instrucción n.º 8 de Toledo, de manera exclusiva y excluyente, en materia civil, a partir del 31 de mayo de 2020 y hasta el 31 de diciembre de 2020.

Castilla y León

Provincia de Ávila

– Juzgado de 1.ª Instancia e Instrucción n.º 2 de Ávila, de manera exclusiva y no excluyente, en la manera que determine la Sala de Gobierno, para el período de 1 de enero a 30 de junio de 2020.

Provincia de Burgos

– Juzgado de 1.ª Instancia n.º 4 de Burgos, de manera exclusiva y excluyente, para la anualidad 2020.

Provincia de Palencia

– Juzgado de 1.ª Instancia e Instrucción n.º 2 de Palencia, de manera exclusiva y excluyente, en materia civil, para la anualidad 2020.

Provincia de León

– Juzgado de 1.ª Instancia n.º 7 de León, de manera exclusiva y excluyente, para la anualidad 2020.

Provincia de Salamanca

– Juzgado de 1.ª Instancia n.º 9 de Salamanca, de manera exclusiva y excluyente, para la anualidad 2020.

Provincia de Segovia

– Juzgado de 1.ª Instancia e Instrucción n.º 1 de Segovia, de manera exclusiva y no excluyente, en la manera que determine la Sala de Gobierno, para el período de 1 de enero a 30 de junio de 2020.

Provincia de Soria

– Juzgado de 1.ª Instancia e Instrucción n.º 4 de Soria, de manera exclusiva y no excluyente, en la manera que determine la Sala de Gobierno, para el período de 1 de enero a 30 de junio de 2020.

Provincia de Valladolid

– Juzgado de 1.ª Instancia n.º 4 de Valladolid, de manera exclusiva y excluyente, para la anualidad 2020.

Provincia de Zamora

– Juzgado de 1.ª Instancia e Instrucción n.º 6 de Zamora, de manera exclusiva y excluyente, en materia civil, para la anualidad 2020.

Cataluña

Provincia de Barcelona

– Juzgado de 1.ª Instancia n.º 50 de Barcelona, de manera exclusiva y excluyente, en materia civil, manteniendo el conocimiento de los asuntos de concursos de personas físicas, para la anualidad 2020.

Provincia de Girona

– Juzgado de 1.ª Instancia n.º 3 de Girona, de manera exclusiva y excluyente, para el período de 1 de enero a 30 de junio de 2020.

Provincia de Lleida

– Juzgado de 1.ª Instancia n.º 6 y Mercantil de Lleida, de manera exclusiva y excluyente, en materia civil, para el período de 1 de enero a 30 de junio de 2020.

Provincia de Tarragona

– Juzgado de 1.ª Instancia n.º 8 de Tarragona, de manera exclusiva y excluyente, para la anualidad 2020.

Comunidad Valenciana

Provincia de Alicante

– Juzgado de 1.ª Instancia n.º 5 de Alicante, de manera exclusiva y excluyente, para la anualidad 2020.

Provincia de Castellón

– Juzgado de 1.ª Instancia n.º 6 de Castellón, de manera exclusiva y excluyente, para la anualidad 2020.

Provincia de Valencia

– Juzgado de 1.ª Instancia n.º 25 de Valencia, de manera exclusiva y excluyente, para la anualidad 2020.

Comunidad de Madrid

Provincia de Madrid

– Juzgado de 1.ª Instancia n.º 101 de Madrid, de manera exclusiva y excluyente, para la anualidad 2020.

Extremadura

Provincia de Badajoz

– Juzgado de 1.ª Instancia e Instrucción n.º 2 de Mérida, de manera exclusiva y excluyente, en materia civil, para la anualidad 2020.

Provincia de Cáceres

– Juzgado de 1.ª Instancia e Instrucción n.º 5 de Cáceres, de manera exclusiva y excluyente, en materia civil, para la anualidad 2020.

Galicia

Provincia de A Coruña

– Juzgado de 1.ª Instancia n.º 7 de A Coruña, de manera exclusiva y excluyente, para la anualidad 2020.

Provincia de Lugo

– Juzgado de 1.ª Instancia n.º 2 y Mercantil de Lugo, de manera exclusiva y no excluyente, en la manera que determine la Sala de Gobierno, para el período de 1 de enero a 30 de junio de 2020.

Provincia de Ourense

– Juzgado de 1.ª Instancia n.º 7 de Ourense, de manera exclusiva y no excluyente, en la manera que determina la Sala de Gobierno, para el período de 1 de enero a 30 de junio de 2020.

Provincia de Pontevedra

– Juzgado de 1.ª Instancia n.º 14 de Vigo, de manera exclusiva y excluyente, para la anualidad 2020.

La Rioja

Provincia de La Rioja

– Juzgado de 1.ª Instancia n.º 7 de Logroño, de manera exclusiva y no excluyente, en la manera que determine la Sala de Gobierno, para el período de 1 de enero a 30 de junio de 2020.

Navarra

Provincia de Navarra

– Juzgado de 1.ª Instancia n.º 7 de Pamplona, de manera exclusiva y excluyente, para la anualidad 2020.

País Vasco

Provincia de Araba/Álava

– Juzgado de 1.ª Instancia n.º 5 de Vitoria-Gasteiz, de manera exclusiva y excluyente, para el período de 1 de enero a 30 de junio de 2020.

Provincia de Gipuzkoa/Guipúzcoa

– Juzgado de 1.ª Instancia n.º 8 de Donostia-San Sebastián, de manera exclusiva y excluyente, para la anualidad 2020.

Provincia de Bizkaia/Vizcaya

– Juzgado de 1.ª Instancia n.º 15 de Bilbao, de manera exclusiva y excluyente, para la anualidad 2020.

Principado de Asturias

Provincia de Asturias

– Juzgado de 1.ª Instancia n.º 6 de Oviedo, de manera exclusiva y excluyente, para el período de 1 de enero a 30 de junio de 2020.

Región de Murcia

Provincia de Murcia

– Juzgado de 1.ª Instancia n.º 16 de Murcia, de manera exclusiva y excluyente, para la anualidad 2020.

Finalmente debe tenerse en consideración, que en las Conclusiones de las XVIII Jornadas de Presidentes de Audiencias Provinciales de España, celebradas en Córdoba, se acordó que la competencia para conocer de la acción declarativa ejercitada por una entidad financiera frente a un consumidor en reclamación de cuotas hipotecarias corresponde al Juzgado de 1.ª Instancia que sea territorialmente competente y no al Juzgado de 1.ª Instancia especializado en condiciones generales. La competencia se extiende a las pretensiones de nulidad que pueda plantear el demandado, vía excepción o mediante una demanda reconvencional, por el carácter abusivo de alguna cláusula.

7.2. Capacidad y legitimación

Habrá de fundamentarse, en términos generales en el caso de las personas físicas, la capacidad la actora, según lo establecido en el art. 6.1.1.º de la ley rituaria civil y de la demandada atendiendo al ordinal 3.º del mismo precepto. Así mismo, siendo los adquirentes consumidores, estarán legitimados activamente la parte actora y pasivamente la demandada, conforme a lo dispuesto en el art. 10 de la Ley de Enjuiciamiento Civil, en concordancia con los arts. 3 y 4 del Real Decreto Legislativo 1/2007, de 16 de noviembre, por el que se aprueba el Texto Refundido de la Ley General para la Defensa de los Consumidores y Usuarios y otras normas complementarias.

En el caso de que hubiera fallecido el titular del préstamo hipotecario o falleciera durante la tramitación de la causa, y aquel se hubiera transmitido junto con los demás bienes, derechos y obligaciones del causante, le sucederán sus herederos tal y como prevé el art. 16 LEC.

7.2.1. Principio de actuación en beneficio de la comunidad. Ausencia de necesidad de intervención como demandantes de todos los prestatarios, deudores no hipotecantes o fiadores

Ha de señalarse en primer lugar que la ausencia de intervención como litigantes de los fiadores ligada a la supuesta falta de legitimación que pueda aducirse por las entidades financieras no es una objeción procesal a resolver en la audiencia previa, sino cuestión de fondo, como recuerda la SAP de Barcelona, Sección 13.ª, de 14 de enero de 2015. No obstante lo señalado, la relación jurídica, aun sin la intervención de los fiadores, estaría correctamente establecida al estar perfectamente legitimados los prestatarios para promover la acción al ser los usuarios adherentes y obligados al pago del préstamo hipotecario en el que se inserta la condición discutida, sin que sea exigible, de acuerdo con la asentada doctrina de la comunidad de bienes recogida en la STS de 9 de febrero de 1991, el ejercicio de la misma por todos los eventuales beneficiados. Y ello, sin obviar que el efecto que tuviera para los fiadores es un efecto reflejo en tanto queda supeditado a la falta de cumplimiento de los actores como deudores hipotecantes.

Ya señalaba la STS de 11 de abril de 2003, con relación con la posible legitimación activa incompleta en los supuestos de ejercicio de acciones por uno solo de los cónyuges en defensa del patrimonio ganancial que *"no se habría vulnerado por el tribunal sentenciador el art. 1.375 CC, pues a los efectos que aquí interesan la salvaguarda final de este precepto (sin perjuicio de lo que se determina en los artículos siguientes) impone su relación con el art. 1.385 del mismo cuerpo legal, cuyo párrafo segundo bien claramente autoriza a cualquiera de los cónyuges para ejercitar la defensa de los bienes y derechos comunes por vía de acción, como es el caso, habiendo declarado la jurisprudencia que tal facultad para demandar se atribuye por la Ley con plenitud de consecuencias y sin perjuicio de la responsabilidad del cónyuge demandante frente al otro prevista en el art. 1.390 CC"*. En el mismo sentido la STS de 21 de noviembre de 2017 ha recordado que cuando se pretende la declaración de nulidad, radical e insubsanable, puede cualquiera de los intervinientes por si solo instar la declaración de nulidad.

La praxis de nuestros Tribunales ha rechazado la alegación de falta de legitimación activa cuando no concurre a la litis alguno de los prestatarios. Tal y como señalara al resolver esta misma cuestión la Sentencia del Juzgado de lo Mercantil n.º 2 de Málaga de 19 de mayo de 2014:

"Tanto en los supuestos de comunidad (artículos 392 a 406 del Código Civil), como de sociedad de gananciales (artículo 1385 del Código Civil), puede accionar solo uno de los comuneros si lo hace en beneficio de la comunidad (STS 11/04/2003 y SAP Madrid, Sección 14.ª, de 28 de junio de 2013), no siendo, en consecuencia, necesaria la intervención como demandantes de todos los que suscribieron, en una u otra medida, el préstamo con garantía hipotecaria o su novación, si la acción entablada por uno solo puede redundar en beneficio de los demás".

Así SAP de Barcelona Sección, 19.ª de 19 de enero de 2016: *"conforme disponen los arts. 1.137 y ss. del Código Civil, cualquiera de los deudores podrá ejercitar las acciones en relación al contrato de préstamo que sean perjudiciales en beneficio de todos los prestatarios; conforme resulta del art. 1.143 CC en relación con el art. 1.141 CC. Y ello con absoluta independencia, como dice la apelada, de la titularidad que ostentan sobre la vivienda gravada, lo cual carece de transcendencia, pues la cuestión discutida versa sobre el contrato de préstamo con pacto multidivisa"*.

En el mismo sentido la SAP de Oviedo, Sección 5.ª, de 17 de febrero de 2017 sostiene:

"(...) siendo lo fundamental la titularidad de la relación jurídica de la que arranca el litigio, que es desde luego el contrato cuyas cláusulas se ponen en entredicho, y siendo así que en el mismo intervino el actor, su legitimación está clara conforme al art. 10 de la LEC, no pudiendo olvidarse que cualquier comunero puede ejercitar acciones en beneficio de la comunidad, salvo oposición, que no consta en modo alguno, y en este caso el demandante ostenta tal condición como aparece del contrato.

(...), parece clara la legitimación, en cuanto resulta ser el actor uno de los condueños, no dudándose que actúa en beneficio de los demás comuneros, sin que conste oposición de ninguno de ellos al ejercicio de la acción".

Y así es entendido también al resolverse un caso de multidivisa por la Sentencia del Juzgado de 1.ª Instancia n.º 1 de Aranjuez de 7 de enero de 2015:

"Entiende la parte demandada que la acción ejercitada no va a beneficiar a la sociedad conyugal, y por ende la demanda debería haberse ejercitado conjuntamente por ambos cónyuges, que dejaron de serlo en fecha posterior a la interposición de la demanda. Entiende esta juzgadora que ninguna relación guarda la causa fundamental de nulidad invocada, como es el consentimiento viciado de los entonces cónyuges firmantes del contrato litigioso, con la adecuada integración de la relación jurídico procesal. La ausencia del entonces esposo en la parte activa de la relación procesal en nada afecta al correcto planteamiento de la acción, sin perjuicio de que para esclarecer la concurrencia de esa causa de nulidad, y tanto por vía de alegaciones como de prueba, pueda indagarse con toda la amplitud necesaria cual fue el proceso de formación de la voluntad y prestación del consentimiento de ambos firmantes, tanto de la demandante, como de su esposo, por más que este no haya intervenido como parte procesal".

La SAP de Alicante, Sección 8.ª, de 18 de mayo de 2017, revoca la dictada por el Juzgado de lo Mercantil n.º 3 de Alicante con sede en Elche, que apreciaba indebidamente litisconsorcio activo necesario para instar la nulidad de una condición general predispuesta por el Banco Popular Español, con el siguiente razonamiento:

"La sentencia dictada en primera instancia ha desestimado la demanda (en que se ejercitaba una acción tendente a obtener la declaración de nulidad de varias cláusulas, insertas en un contrato de préstamo hipotecario) al considerar que se da un caso de «litisconsorcio activo necesario», pues aquella ha sido presentada por uno solo de los cónyuges, que ha pretendido, de manera unilateral y para sí mismo, una condena a la devolución de ciertas cantidades, cuando esta debiera corresponder de manera conjunta a los dos.

La recurrente se alza contra este pronunciamiento, manteniendo que posee legitimación activa para el ejercicio de la acción.

No podemos compartir la decisión del juzgador de instancia.

La STS 27.5.1997 ya razonó que «la figura del litisconsorcio activo necesario no está reconocida jurisprudencialmente, pues no se puede obligar a varios actores a litigar unidos contra otros. Esta cuestión ya ha sido pacíficamente resuelta por la doctrina de esta Sala, y así como es conocido el origen jurisprudencial del litisconsorcio pasivo necesario, también lo es el rechazo a la figura del litisconsorcio activo, pudiendo citarse en este sentido entre otras, y como más recientes, las sentencias de 10 de noviembre de 1992, 3 de junio de 1993, 10 de noviembre de 1994, y especialmente la de 20 de junio de 1994, que en su fundamento de derecho segundo afirmaba: '[e]n este sentido la jurisprudencia de esta Sala tiene declarado que la figura doctrinal del litisconsorcio activo necesario no está prevista en la Ley, y no puede equipararse al litisconsorcio pasivo necesario, impuesto en su acogimiento jurisprudencial incluso de oficio, en defensa del principio de que nadie puede ser condenado sin ser oído. Pero a este efecto, como quiera que nadie puede ser obligado a litigar, ni solo, ni unido con otro, la consideración de que la disponibilidad del sujeto demandante sobre el objeto de la demanda, no puede ejercitarse sino en forma conjunta o mancomunada con otro sujeto, se traducirá en una falta de legitimación activa, que como tal carecería de un presupuesto preliminar a la consideración del fondo, pero basado en razones jurídico-materiales, lo que debe conducir a una sentencia desestimatoria, pero nunca a una apreciación de la inexistente, legal y jurisprudencial excepción de litisconsorcio activo necesario'.

Pero es que, además, en el caso que nos ocupa, el préstamo fue celebrado por ambos cónyuges con carácter solidario, por lo que, conforme al art. 1.143 del Código Civil, cualquiera de los deudores podría ejercitar la acción que persigue la nulidad de una cláusula del contrato que resulta perjudicial para todos los prestatarios y, obviamente, las consecuencias anudadas a la misma (entre las que se encuentra la devolución del exceso de intereses cobrados), sin perjuicio de las relaciones internas entre aquellos».

En definitiva, no resulta necesaria la presencia en la parte activa del proceso del otro deudor, ni a la demandante se le puede obligar a que demande con su cónyuge, ni a este le perjudica su ausencia del proceso pues, caso de estimarse la demanda, ello lo beneficiaría, dada le eficacia expansiva de la solidaridad, pues se anularía la cláusula suelo, con la consiguiente reducción del crédito que ostenta la entidad bancaria".

También la Sentencia del Juzgado de 1.ª Instancia n.º 1 Bis de Toledo de 16 de agosto de 2018 desestima la alegada excepción de falta de legitimación activa por el hecho de que la demanda no hubiera sido formulada por todos los prestatarios —a la sazón en este caso concurriendo una subrogación tras el divorcio de aquellos—:

"Antes de continuar hay que advertir que se plantea por la parte demandada la excepción material relativa a la falta de legitimación activa entendiendo que no cabe el ejercicio de la acción solamente por E. M., ya que tal y como consta en la escritura existen dos prestatarios. Sin embargo, esta alegación no puede ser acogida, debido a que el contrato de préstamo ha sido firmado por dos personas, que son propietarias de la vivienda objeto del mismo, rigiendo, por tanto, la comunidad de bienes, por lo que en base al art. 392 y siguientes CC, es válido todo acto beneficioso para la comunidad realizado por uno de los comuneros, sin perjuicio de las acciones que estos puedan ejercitar entre sí. No puede ser opuesto, por tanto, como un defecto formal algo que no afecta a los intereses de la entidad demandada, siendo un tema exclusivamente entre los propietarios de la vivienda hipotecada y suscriptores del préstamo, objeto del procedimiento, por lo que se desestima dicha excepción previa...".

Según razona la Sentencia del Juzgado de lo Mercantil n.º 1 de Madrid de 7 de noviembre de 2016, la alegación de falta de legitimación activa de los demandantes en caso de que no hayan accionado los fiadores debe ser desestimada sin resquicio de duda alguna. El reciente Auto del TJUE, Sala 6.ª, de 19 de noviembre de 2015 ha establecido que "*si bien tal contrato de garantía o de fianza puede calificarse, en cuanto a su objeto, de contrato accesorio con respecto al contrato principal del que emana la deuda que garantiza [véase, en el contexto de la Directiva 85/577/CEE del Consejo, de 20 de diciembre de 1985, referente a la protección de los consumidores en el caso de contratos negociados fuera de los establecimientos comerciales (DO L 372, p. 31), la sentencia Dietzinger, C-45/96, EU:C:1998:111, apartado 18], se presenta como un contrato distinto desde el punto de vista de las partes contratantes, ya que se celebra entre personas distintas de las partes en el contrato principal"*. Esa diferenciación entre préstamo hipotecario y fianza ya sería suficiente para repeler la alegación.

Y en otro sentido, por similares razones, tampoco puede denegarse la legitimación del prestatario para invocar la nulidad de la cláusula de renuncia de los avalistas a los beneficios que por ley les corresponderían. Así ha sido resuelto también por la Sentencia del Juzgado de 1.ª Instancia n.º 2 de Estella de 28 de febrero de 2018:

"El tercer motivo de oposición formulado por Caja Rural de Navarra, es la falta de legitimación activa del actor D. Arturo para reclamar la nulidad de la cláusula vigésimo segunda de la fianza de renuncia de los avalistas a los beneficios que por ley les corresponderían. Sostiene la parte demandada que la acción de nulidad por vicios del consentimiento únicamente compete a quien ha sido afectado por tal vicio.

En relación a la cláusula vigésimo segunda del contrato de fianza, la acción que se está ejercitando es la acción de nulidad de la mencionada cláusula, por considerarla abusiva. La parte demandada funda la falta de legitimación en lo dispuesto en el artículo 1.302 del Código Civil, «Pueden ejercitar la acción de nulidad de los contratos los obligados principal o subsidiariamente en virtud de ellos. Las personas capaces no podrán, sin embargo, alegar la incapacidad de aquellos con quienes contrataron; ni los que causaron la intimidación o violencia, o emplearon el dolo o produjeron el error, podrán fundar su acción en estos vicios del contrato». Sin embargo, este precepto hace referencia, entre otras, a la acción de nulidad por error vicio del consentimiento, acción que en este caso no se está ejercitando. Si se hubiera solicitado la anulabilidad de la cláusula por vicio del consentimiento, sí que el actor carecería de legitimación, dado que debería accionar quien se hubiera visto afectado por el error vicio del consentimiento.

En este caso, como se ha dicho, no se está ejercitando la acción de anulabilidad, sino que se está ejercitando la acción de nulidad por abusividad. Según la SAP de Barcelona, Sección 13, número 627/2017, de fecha 23 de noviembre de 2017, «Para la nulidad del contrato, en principio, solo estaría legitimada la deudora principal (la nulidad, en sentido estricto, implica la falta de producción de efectos por la violación de una norma imperativa prevista en el ordenamiento jurídico); sin embargo, por razón de (pactando con los términos) los efectos, no, la legitimación activa corresponde a cualquier persona que ostente un interés legítimo (por tanto, no solo las partes, sino también los posibles terceros interesados). Además, la nulidad puede ser declarada de oficio por el juez, aunque nadie la haya instado.

También estaría legitimado para la anulabilidad, atendido el art. 1.302 CC según el cual: 'Pueden ejercitar la acción de nulidad de los contratos los obligados principal o subsidiariamente en virtud de ellos. ...'. La legitimación activa corresponde, exclusivamente, a la persona que es titular del específico interés que se protege, así: la persona que haya sufrido el vicio del consentimiento, el incapaz de obrar (o su representante legal), o el cónyuge de cuyo consentimiento se ha prescindido. También ostentan la legitimación activa, en su caso, los herederos de los anteriores y los obligados subsidiariamente (ejemplo, fiador)».

Como puede comprobarse, para la reclamación de la nulidad de un contrato estarían legitimados las partes contratantes, los que tuvieran interés legítimo en él y, de oficio y cumpliendo los requisitos establecidos jurisprudencialmente el Juez. En este caso, D. Arturo estaría legitimado para reclamar la nulidad de una de las cláusulas contractuales junto con los dos avalistas. No se considera potestad exclusiva de los avalistas reclamar la declaración de nulidad de la cláusula vigésimo segunda de la fianza, puesto que se trata de una cláusula contractual, incluida dentro del contrato de préstamo hipotecario y que, por tanto, puede ser reclamada por el propio Sr. Sebastián como parte contratante, aunque en este caso, los beneficiados por la declaración de nulidad sean los avalistas.

En consecuencia, se desestima la excepción de falta de legitimación activa interpuesta por Caja Rural de Navarra en relación a la declaración de nulidad de la cláusula vigésimo segunda de la fianza".

7.2.2. ¿Existen "*consumidores cualificados*" que no merezcan la especial protección del TRLGDCU?

A partir del concepto del denominado "*consumidor medio*" se ha invocado en ocasiones por parte de las entidades financieras la existencia de determinado tipo de formación del usuario adherente para sostener una suerte de menor reproche al empresario predisponente. Paradigmático resultan los supuestos referidos a licenciados en derecho, asesores, abogados o magistrados. En nuestra opinión, no es aceptable dicha tesis en cuanto que de una parte pretende trasladar al adherente lo que es un ejercicio desleal del empresario que establece sus modelos de contratación generando un desequilibrio entre las partes que precisamente por su carácter adhesivo no puede evitarse por el usuario. De otra, porque el art. 3 TRLGDCU no distingue entre distintas tipologías de consumidores para rebajar la protección que estos merecen, que recordemos resulta irrenunciable merced a lo dispuesto en el art. 10 TRGDCU. Y en el mismo sentido, el art. 3 de la Ley 5/2019, de 15 de marzo, reguladora de los contratos de crédito inmobiliario E incluso, el hecho de haber cursado estudios generales de derecho –con la amplísima extensión de disciplinas que encierra– en nada capacita de un modo extraordinario al adherente que sigue manteniendo la condición de consumidor y nulo margen de actuación ante condiciones impuestas.

Ya hemos apuntado al analizar el concepto de consumidor que la profesión ejercida por una persona física no tiene incidencia para apreciar si una persona puede ser considerada como un consumidor, en el sentido del art. 2, letra b), de la Directiva 93/13/CEE. Sobre este particular, resulta ilustrativa la reciente STJUE de 3 de septiembre de 2015, que viene a arrojar nuevamente luz sobre la interpretación del art. 2, letra b) de la Directiva 93/13/CEE. En ella se analiza el pleito seguido contra Volksbank por un abogado que contrato un crédito cuya devolución garantizó mediante hipoteca constituida sobre inmueble de su bufete, no arrojando dudas sobre su condición de "consumidor".

La Guía publicada por la Comisión Europea sobre la interpretación y aplicación de la Directiva 93/13/CEE del Consejo, de 5 de abril de 1993, sobre las cláusulas abusivas en los contratos celebrados con consumidores, insiste en este principio cuando señala: "*la noción de «consumidor» es objetiva y refleja una posición típicamente más débil como contraparte del profesional, entendiendo que el conocimiento y la experiencia superiores de un determinado consumidor no impiden a dicha persona considerarla un «consumidor» a los efectos de la Directiva 93/13*".

En efecto, el elemento central de la noción de consumidor tal y como queda definida en esta norma se refiere a un elemento claramente delimitable: la posición que ocupa el contratante en el negocio jurídico en cuestión. En este sentido, tal y como ha sido puesto de relieve en la sentencia del Tribunal de Justicia en el asunto (C-488/11) *"Asbeek Brusse y de Man Garabito"*, es preciso tomar en consideración el hecho de que la Directiva 93/13/CEE *"define los contratos a los que se aplica por referencia a la condición de los contratantes, según actúen o no en el marco de su actividad profesional"*.

El énfasis en el ámbito de actividad en el cual se enmarca la operación en cuestión como elemento determinante de la cualidad de consumidor encuentra, además, confirmación en la jurisprudencia del Tribunal de Justicia en relación con otros instrumentos en materia de protección de consumidores que contienen definiciones de la noción de consumidor semejantes a la del art. 2, letra b), de la Directiva. Así, en la sentencia *"Di Pinto"*, (asunto C-361/89) al interpretar el concepto de consumidor en el marco de la Directiva 85/577/CEE, (actualmente derogada por la Directiva 2011/83/UE) el Tribunal de Justicia enfatizó que el criterio de aplicación de la protección residía precisamente en el vínculo que unía las transacciones que eran objeto de las visitas a domicilio —que tenían el objeto de instar a la celebración de un contrato de publicidad relativo a la venta de los fondos de comercio— recibidas por los comerciantes, a la actividad profesional del comerciante, de manera que este solo podía pretender que se aplicase la Directiva si la operación por la cual había sido visitado rebasaba el marco de sus actividades profesionales.

Así, el tenor literal de la Directiva y la jurisprudencia que interpreta tanto este instrumento como la Directiva 85/577/CEE, parecen decantarse por una noción a la vez objetiva y funcional del consumidor: no se trata, por lo tanto, respecto de una determinada persona, de una categoría consustancial e inmutable, sino, por el contrario, de una cualidad apreciable en función de la condición en la que se sitúa una persona en relación con un negocio jurídico u operación particular, entre los muchos que puede desarrollar en su vida diaria.

Tal y como puso de relieve el Abogado general Mischo en el asunto Di Pinto (C-361/89) refiriéndose a la noción de consumidor en el ámbito del art. 2 de la Directiva 85/577/CEE, las personas contempladas en esta disposición *"no se definen in abstracto, sino según lo que hacen in concreto"*, de tal forma que una misma persona en diferentes situaciones, puede ostentar unas veces la condición de consumidor y otras, la de profesional.

Esta concepción del consumidor en tanto que actor en un determinado negocio jurídico, que reúne a la vez y según los casos tanto elementos objetivos como funcionales, se confirma también en el ámbito del Reglamento n.º 44/2001, ámbito este en el cual la noción de consumidor ha sido también objeto de interpretación por parte del Tribunal de Justicia, si bien, la analogía habría de matizarse al interpretar la Directiva 93/13/CEE, teniendo en cuenta los distintos objetos de las dos normas. Así, en la sentencia del Tribunal de Justicia "Benincasa" (asunto C-269/95), declaró que, para determinar si una persona actúa en calidad de consumidor, *"hay que referirse a la posición de esta persona en un contrato determinado, en relación con la naturaleza y la finalidad de este, y no a la situación subjetiva de dicha persona. [...] Una misma persona puede ser considerada consumidor respecto a ciertas operaciones y operador económico respecto a otras"*.

Sobre este particular, resulta ilustrativa la SAP de Vizcaya, Sección 4.ª, de 2 de septiembre de 2014 que rechaza el argumento esgrimido por la entidad por el hecho de que la prestataria fuera una letrada, concluyendo que "*en nada alteran la doctrina que viene manteniendo la Sala en línea con el TS porque dicha condición de Letrada no le confiere una especial capacitación en el ámbito económico*".

En esta misma línea se pronuncia la Sentencia del Juzgado de lo Mercantil n.º 1 de Bilbao de 3 de noviembre de 2014, cuando apunta: "*En el presente caso, en el que no es discutida la condición de la parte actora (el resto de circunstancias personales son irrelevantes puesto que se trata de examinar la inserción de forma transparente de la cláusula en el contrato y no el vicio del consentimiento)*".

E idéntico razonamiento es compartido por la SAP de Cáceres, Sección 1.ª, de 7 de julio de 2014: "*el hecho de que el hoy actor apelado, sea licenciado en Derecho y abogado en ejercicio no empeña en absoluto la estimación de la acción ejercitada en la demanda por dos motivos; de un lado, porque suscribió el contrato en su condición de consumidor, no de abogado; y de otro, porque la condición profesional que pudiera tener el consumidor no excluye los estándares de transparencia e información que deben presidir este tipo de cláusulas ni el que puedan entenderse viciadas de abusividad determinadas estipulaciones de los referidos negocios jurídicos*".

Y así también es concluido por la SAP de Cáceres, Sección 1.ª, de 8 de abril de 2014 al examinar el caso de una cláusula suelo impuesta a un economista ejerciente: "*No hay constancia de simulación previa con relación a la evolución del EURIBOR. La mera lectura notarial no suponía efectivo conocimiento por el consumidor respecto de este tipo de cláusulas que exige un notable control. La cláusula aparece entre otras sin destacar. Y se concluye, que el nivel formativo del demandante (Licenciado ejerciente en económicas), nada impide su carácter de consumidor, y por tanto está amparado por las leyes de protección al respecto; añadiendo el juzgador a quo que no basta que una persona tenga estudios o desarrolle una profesión intelectual y por muy culta que sea puede ser completamente desconocedora de las evoluciones del EURIBOR y que en un futuro le perjudiquen las cláusulas*".

En el caso resuelto por la Sentencia del Juzgado de lo Mercantil n.º 1 de Cádiz de 20 de diciembre de 2018, se decreta la nulidad de la cláusula suelo de un registrador y oficial del registro, bajo idénticos parámetros que lógicamente concluyen la plena aplicabilidad de los principios tuitivos de consumidores a los prestatarios adherentes en el marco de un contrato con condiciones generales de la contratación cuya finalidad es el consumo propio: "*habiéndose significado por la demandada la falta de legitimación activa sobre la base del carácter cualificado de ambos prestatarios al alegar que la Sra. es Registradora de la Propiedad y el Sr. oficial de Registro, debe concluirse que el hecho de que los prestatarios sean juristas o Licenciados en Derecho no impide el ejercicio de la acción judicial entablada ni exonera a la demandada de cumplir con su deber de explicar e informar sobre las concretas condiciones financieras del préstamo a sus clientes, toda vez que los accionantes no intervinieron en la contratación del préstamo en el marco de su actividad profesional, sino como particulares*".

La Sentencia n.º 336 dictada por la Audiencia Provincial de Pontevedra, el 14 de octubre de 2014 en el recurso de apelación n.º 377/14 que traía su causa en la demanda presentada por 4 personas físicas, adquirentes por título de compraventa de un bajo comercial, habiéndose financiado la adquisición por un préstamo hipotecario del que pretenden la declaración de nulidad de varias cláusulas, quedando centrado el debate en las consideración de los actores como consumidores y en las consecuencias que dicha cualidad habría de suponer para la validez o nulidad de la cláusula impugnada. En dicha Sentencia, en sus Fundamentos Jurídicos, se hace la consideración siguiente:

"Así, la adquisición de un inmueble para introducirlo en el mercado, ya sea para revenderlo, ya para obtener un lucro mediante cualquier forma y explotación realizada por un particular, al margen de su «actividad empresarial o profesional» (la norma comunitaria es más genérica, cuando el lugar del pronombre utiliza el indeterminado «una actividad»), resultaría incluida en el concepto comunitario de consumidor, mientras que, en la medida en que ese bien se adquiere para una finalidad diversa del destino o consumo puramente privado, excluiría la aplicación de la normativa de consumo si se exigiera que el consumidor ostentaría la condición de destinatario final".

Continúa dicha resolución considerando que el arrendamiento de un bien a terceros, si esta actividad no forma parte del conjunto de actividades comerciales o empresariales de quien lo realiza, este podrá seguir siendo considerado como consumidores con arreglo a la normativa vigente. Es decir, considera que si una persona física, al margen de su actividad empresarial o profesional, adquiere un bien para arrendarlo, y esta actividad no se realiza de forma habitual, formando parte de su profesión u oficio, tal actuación puede entenderse incluida en el ámbito de aplicación de la normativa de protección de los consumidores.

E idénticas conclusiones son alcanzadas de modo reiterado para el supuesto de otros contratos financieros refiriéndose a todo tipo de profesionales del derecho, licenciados en económicas, gestores administrativos o graduados sociales, como evidencian la SAP de Granada, Sección 4.ª, de 21 de marzo de 2014; SAP de Madrid, Sección 19.ª de 13 de diciembre de 2013; SAP de Oviedo, Sección 4.ª, de 13 de noviembre de 2013; SAP de Salamanca, Sección 1.ª, de 24 de septiembre de 2013; SAP de Bizkaia, Sección 3.ª, de 16 de julio de 2013; SAP de Huelva, Sección 1.ª, de 26 de diciembre de 2012.

7.2.3. Subrogaciones, modificaciones o ampliaciones

Por lo que respecta a la concreta legitimación de la entidad demandada en supuestos de compraventa con subrogación aun cuando la entidad financiera no concurriera en el acto del otorgamiento de la escritura, ha de señalarse que evidentemente el hecho de hallarnos ante una subrogación no resta responsabilidad a la misma, pues resulta obvia tanto su anuencia a la subrogación como la predisposición de las condiciones generales impuestas, así como su condición de beneficiaria en calidad de prestamista. Este particular ha sido ya analizado con detalle y minuciosidad por distintas audiencias, mereciendo destacarse el razonamiento seguido por la SAP de Jaén, Sección 1.ª, de 14 de mayo de 2014:

"Abordaremos en primer lugar la cuestión de quién tiene la obligación de informar al cliente de las condiciones financieras en caso de subrogación de aquel en el préstamo hipotecario concedido en su día al promotor.

Sostiene el Banco que la obligación de informar al adquirente es del promotor vendedor de la vivienda, pues así lo dispone el RD 515/1989, de 21 de abril y ha sido resuelto por el Servicio de Reclamaciones del Banco de España en un supuesto similar por Resolución de 20 de febrero de 2013.

El RD 515/1989, de 21 de abril, sobre protección de los consumidores en cuanto a la información a suministrar en la compra-venta y arrendamiento de viviendas, en su art. 6 enumera los datos esenciales acerca de los que el promotor está obligado a informar mediante nota explicativa que debe tener a disposición del público y de las autoridades competentes, así, el precio de venta, forma de pago, medios de pago, y específicamente en el n.º 4 que «Si se prevé la subrogación del consumidor en alguna operación de crédito no concertada por él, con garantía real sobre la propia vivienda se indicará con claridad el Notario autorizante de la correspondiente escritura, fecha de esta, datos de su inscripción en el Registro de la Propiedad y la responsabilidad hipotecaria que corresponde a cada vivienda, con expresión de vencimientos y cantidades».

En base a tal normativa informa el Servicio de Reclamaciones del Banco de España en un caso similar de subrogación del adquirente en el préstamo a promotor, que contenía una cláusula suelo, sin intervención expresa de la entidad, que la obligación de informar de las condiciones financieras del mismo es del vendedor y deudor original, razón por la cual concluía que la entidad (también Banco Mare Nostrum) no se había apartado de las buenas prácticas financieras.

Sin embargo, el referido informe se cuida mucho de precisar al inicio que no analiza si la cláusula suelo es o no abusiva conforme la normativa de protección del consumidor, limitándose a verificar la normativa de transparencia o buenas prácticas y usos financieros, y es sabido que el deber de información de la entidad bancaria es mucho más exigente cuando se trata de consumidores y de préstamos sobre viviendas.

Esta normativa de transparencia de las condiciones financieras de los préstamos hipotecarios concertados por personas físicas recoge expresamente que con independencia de las reglas establecidas en el RD de 21 de abril de 1989 en los préstamos otorgados a constructores o promotores inmobiliarios en los que se prevea una posterior sustitución por los adquirentes de las viviendas deben incluirse cláusulas financieras con contenido similar al que se exige para los préstamos regulados por la Orden Ministerial de 5 de mayo de 1994.

La OM de 5 de mayo de 1994 sobre Transparencia de las condiciones financieras de los préstamos hipotecarios regula la información que debían incorporar los préstamos sobre viviendas, que en lo que aquí interesa y de forma sintética, comienza por la entrega por la entidad bancaria al solicitante de un folleto informativo, sigue con una oferta vinculante que incluya las condiciones financieras (entre ellas, en su caso, tipo de interés variable y límites a la variación del tipo de interés), posible examen de la escritura pública por el prestatario durante los tres días anteriores al otorgamiento y, por último, se formaliza el préstamo en escritura pública, estando obligado el notario a informar a las partes y a advertir sobre las circunstancias del interés variable, y especialmente si las limitaciones a la variación del tipo de interés no son semejantes al alza y a la baja.

Dicha Orden Ministerial ha sido sustituida por la Orden EHA/2899/2011, de 28 de octubre, de transparencia y protección del cliente de servicios bancarios, que aún no aplicable al caso, por entrar en vigor el 29 de julio de 2012, ha aumentado los deberes y garantías de información al estandarizar toda la información previa que debe darse al cliente, de manera que debe entregársele una ficha de información precontractual con toda la información sobre los préstamos ofertados, y tras facilitar el cliente su información respecto a sus necesidades de financiación, situación financiera y preferencias, debe entregarle una ficha de información personalizada con el formato contenido en el Anexo, con la debida antelación para que pueda comparar los préstamos disponibles en el mercado, y así lo solicita el cliente también deberá entregársele una oferta vinculante. Además, en caso de préstamos hipotecarios en que se establezcan límites a la variación del tipo de interés, como cláusulas suelo o techo, se recogerá en un Anexo a la ficha de información personalizada el tipo de interés mínimo y máximo a aplicar y la cuota de amortización máxima y mínima.

De manera que concluye el informe en el sentido de considerar que la cláusula suelo techo es aplicable siempre que resulte de un acuerdo expreso de las partes y haya sido debidamente recogida en el contrato, extremando la entidad las cautelas para asegurar el conocimiento de su existencia y consecuencias de su aplicación por el cliente con anterioridad a la firma del contrato, en definitiva, este conocimiento previo se incardina en los principios de transparencia y claridad que deben presidir las relaciones de la entidad bancaria con sus clientes, criterio que para eliminar los problemas derivados de la negociación verbal al que se refería la OM se exige la incorporación de tales cláusulas en la oferta vinculante que debe entregarse al cliente.

A la vista de la referida normativa y de lo informado por el Servicio de Reclamaciones del Banco de España no compartimos la conclusión del banco demandado de estar exento de informar en una operación de subrogación del adquirente de la vivienda en el préstamo hipotecario otorgado al promotor, pues el hecho de estar obligado el vendedor a dar al comprador los datos relativos a la escritura de hipoteca, no elimina la obligación informativa del banco que la otorgó y que debe aceptar la subrogación del nuevo deudor, y ello aunque no intervenga en la escritura que finalmente se firme, pues la subrogación lleva consigo un trámite previo a realizar en la oficina bancaria, en el que el cliente debe ser informado por los empleados del banco de las condiciones financieras de un préstamo hipotecario que en su día se concedió al promotor para construir la urbanización, información comprensiva como mínimo del saldo pendiente de hipoteca, duración e intereses y en este caso especialmente si hay cláusula suelo techo, y el cliente tras comprender, negociar tales condiciones y manifestar su conformidad, deberá facilitar los datos que le pidan para valorar su solvencia, y una vez se acepte la operación por el banco se le abrirá una cuenta donde cargarán las cuotas de amortización y se pasarán los datos a Notaría para otorgamiento de escritura. Sostener por tanto que la entidad carece de obligación informativa alguna es tan absurdo como sostener que la entidad bancaria es ajena a toda esta tramitación del expediente de subrogación".

En el mismo sentido se pronuncia la Sentencia dictada por el Juzgado de lo Mercantil de Toledo de 30 de julio de 2014 al analizar el supuesto de la subrogación del usuario, aun cuando no compareciera la entidad financiera:

"(...) la información sobre las implicaciones de la cláusula impugnada (...) le correspondía a dicho prestamista, con independencia de la información facilitada o no por el vendedor del inmueble.

(...) Aun cuando la demandada afirma que los deberes de información relevantes en caso de subrogación en préstamo hipotecario corresponden al promotor vendedor, por exigirlo así la normativa administrativa que invoca, no debe confundirse la imposición de un deber especial de información a un sujeto con la liberación al prestamista del cumplimiento de sus propios deberes en cuanto tal, frente al consumidor o usuario que es su deudor.

En primer lugar, debe tenerse en cuenta que tal y como ha quedado definido el objeto del presente proceso (objeto que, por lo demás, determina la competencia objetiva de este Juzgado de lo Mercantil, con preferencia sobre el Juzgado de Primera Instancia), el petitum *se contrae a la declaración de nulidad de una condición general de la contratación, en el contrato de préstamo que liga al demandante con la demandada. Siendo esta última la única que tiene derechos frente a la demandante, en tanto que es acreedora suya, y además se lucra con su actividad de crédito.*

Dicho de otro modo, no es posible en ningún caso que la estimación de la pretensión de la actora pudiera afectar directamente al promotor vendedor, esto es, nunca se podría condenar a dicho promotor a eliminar una cláusula o condición del préstamo del que no es parte. En rigor, las únicas partes legitimadas para este proceso son la demandante en cuanto prestataria, y la demandada en cuanto prestamista.

Ello conduce incluso a apreciar que ni la eventual llamada como demandado o codemandado del promotor, en caso de haberse intentado por la demandada, ni el interrogatorio del promotor en calidad de testigo, vendrían en definitiva a ser pertinentes ni útiles en el proceso, pues es objeto del mismo la impugnación de una cláusula sobre cuya pervivencia dicho promotor no tiene absolutamente ningún poder, además de no existir indicios de que la hubiera impuesto aquel.

De manera que al promotor que incumple su obligación de informar podría en su caso exigírsele una reparación del daño que con tal omisión hubiera podido causar, pero nunca podría atribuirse a su conducta el efecto de hacer intocable o indiscutible una cláusula llamada a regir las obligaciones económicas entre otros sujetos.

En consecuencia, solo debe examinarse en el presente proceso la conducta de las partes en el contrato en vigor, y más específicamente, la conducta del empresario predisponente frente al consumidor con el que se contrata.

Y al respecto, es evidente, en primer término, que el contrato objeto de autos genera unas obligaciones en el demandante, en beneficio correlativo de la demandada, que consintió la subrogación y gira mensualmente liquidaciones por los intereses devengados por el crédito, calculados según la cláusula impugnada, siendo tales intereses la remuneración por el servicio consistente en el préstamo que el demandante debe devolver".

Este es el criterio que defienden asimismo la Sección Tercera de la Audiencia Provincial de Granada en su Sentencia de 13 de enero de 2014, y la Audiencia Provincial de Cáceres, cuando establece en su sentencia de 7 de julio de 2014 que *"esta Audiencia Provincial ha venido señalando con reiteración que las exigencias de la información que suministra la transparencia de la cláusula suelo son predicables también de las cláusulas financieras incluidas en las Escrituras Públicas de Subrogación de Hipoteca del Promotor y de Novación y Ampliación de Préstamos Hipotecarios (así, Sentencias de 5 de noviembre de 2013, 28 de octubre de 2013, 25 de septiembre de 2013 o 22 de mayo de 2013, entre otras) encontrándonos en supuestos absolutamente similares a los que ya ha examinado este Tribunal, dables de ser incluidos en los supuestos de hecho que contempla la Sentencia del Tribunal Supremo de 9 de mayo de 2013. Ciertamente, el primer deber de información de las cláusulas del préstamo hipotecario cuando el cliente se subroga en un préstamo al promotor, le corresponde a este, pero como bien dice el Juez de la instancia, ello no exime a la entidad financiera de advertir o de comprobar que el cliente que se subroga conoce el contenido del préstamo. Por otro lado, es evidente que la entidad financiera que concede un préstamo al promotor de viviendas sabe que el destino final será sin duda la enajenación de las mismas a particulares, consumidores y usuarios y en tal sentido, sabe también desde el inicio que las condiciones generales en que se subroga el consumidor son las establecidas por la entidad bancaria. No podemos olvidar que la subrogación en el préstamo a promotor es una solicitud de financiación en toda regla, ya que siempre debe ser expresamente autorizada o consentida por la entidad financiera conforme al artículo 1.205 del Código Civil. No es de recibo que la entidad bancaria se desentienda por completo de una cláusula cuyo destinatario final, es sin duda alguna, el consumidor adquirente de las viviendas de la promoción inmobiliaria".*

También, así se pronunciaba la SAP de Pontevedra, Sección 1.ª, de 5 de febrero de 2015, confirmando la obligación de información que pesa sobre el prestamista y desgranando de modo detallado la cuestión controvertida con certeros fundamentos:

"Como se acaba de exponer, el debate en esta alzada se circunscribe a dilucidar si la línea jurisprudencial sobre el doble control de transparencia en materia de cláusulas abusivas es aplicable, y en su caso cómo y en qué medida, en los casos en que un consumidor se subroga en el contrato de préstamo celebrado entre una entidad de crédito y el promotor del que aquel trae causa a título de compra de una vivienda o local; dicho de otra manera, se trata de determinar cuál es la extensión y alcance del deber de información de las entidades financieras en los casos de préstamos destinados a financiar la construcción y promoción de inmuebles y en los que el adquirente y prestatario final puede ser un consumidor.

(...)

2.º La entidad financiera no interviene en el acto de otorgamiento de la escritura pública de compraventa con subrogación hipotecaria, que se desarrolla exclusivamente entre el promotor/vendedor y el comprador/subrogado: aquí es cuando surge la discusión, puesto que, por una parte, pudiera parecer que si la entidad bancaria no comparece, ni como parte ni en cualquier otro concepto, en el negocio jurídico que se celebra a presencia notarial, no puede exigírsele una información previa ni es responsable del contenido del documento público, es decir, de que la escritura refleje con la suficiente claridad y transparencia las cláusulas que regirán la vida del préstamo, mientras que, por otro lado, si dicha responsabilidad se traslada al promotor/vendedor del inmueble, es muy probable que se ponga en peligro el objetivo de que el destinatario tenga conocimiento cabal del contenido del contrato, toda vez que el vendedor ni tiene formación y elementos para garantizar dicho resultado, ni mayor interés en alcanzarlo, de forma que, en el mejor de los casos, se limitará a entregar el documento con las condiciones del préstamo que haya recibido de la entidad prestataria, convirtiendo el deber de información es una obligación meramente formal.

A pesar de que es un supuesto muy frecuente en la práctica, la Ley no lo aborda expresamente ni concreta si la obligación persiste y, en caso afirmativo, sobre quien recae, la entidad prestataria, el promotor/vendedor o, incluso, el notario autorizante.

Desde el punto de vista reglamentario, el Real Decreto 515/1989, de 21 de abril, sobre protección de los consumidores en cuanto a la información a suministrar en la compraventa y arrendamiento de viviendas, establece en el art. 4 que «quienes realicen las actividades sujetas a este Real Decreto deberán tener a disposición del público, y en su caso, de las autoridades competentes, la información siguiente: ... 7. Precio total o renta de la vivienda y servicios accesorios y forma de pago».

La Orden Ministerial de 5 de mayo de 1994, sobre transparencia de las condiciones financieras de los préstamos hipotecarios, se limitaba a regular la información mínima que, cualitativa (el modo y tiempo) y cuantitativamente (aspectos a los que se extiende), la entidad tiene la obligación de proporcionar al prestatario en aquellos préstamos que, por su finalidad e importe, se consideran merecedores de una mayor protección (cuando se trate de un préstamo hipotecario y la hipoteca recaiga sobre una vivienda, el prestatario sea persona física y el importe del préstamo solicitado sea igual o inferior a 25.000.000 ptas.), pero no abordaba el problema de la información en el caso de subrogación de un tercero en el préstamo al promotor.

Más recientemente, a título orientativo (recordemos que la escritura de compraventa con subrogación es de fecha 1 de agosto de 2007), la Orden EHA/2899/2011, de 28 de octubre, de transparencia y protección del cliente de servicios bancarios (que deroga la anterior), establece un conjunto de medidas de transparencia en la prestación de servicios financieros bancarios, entre los que se recoge la concesión de créditos y préstamos, a los que dedica el Título III, cuyo Capítulo II, arts. 19 a 32, recoge las medidas para garantizar la transparencia en los créditos y préstamos hipotecarios, incluyendo dentro de su ámbito de aplicación todos los celebrados con un cliente, persona física, en los que la hipoteca recaiga sobre una vivienda o cuya finalidad sea adquirir o conservar derechos de propiedad sobre terrenos o edificios construidos o por construir.

A tal fin, la Orden prevé una serie de exigencias de información tanto de carácter precontractual (la ficha de información precontractual –que contendrá una información clara y suficiente sobre los préstamos que oferte la entidad, art. 21–, la ficha de información personalizada –una vez que el cliente haya facilitado la información que se precise sobre sus necesidades de financiación, su situación financiera y sus preferencias, proporcionarán a este la información personalizada que resulte necesaria para dar respuesta a su demanda de crédito, de forma que le permita comparar los préstamos disponibles en el mercado, valorar sus implicaciones y adoptar una decisión fundada sobre si debe o no suscribir el contrato, art. 22–, la entrega de una oferta vinculante –art. 23–, la información adicional sobre instrumentos de cobertura del riesgo de tipo de interés que se comercialice vinculado a un préstamo concedido por la propia entidad –art. 24–, la información adicional sobre cláusulas suelo y techo –art. 25– o la información adicional en caso de interés variable –con una referencia especial a las cuotas periódicas a satisfacer por el cliente en diferentes escenarios de evolución de los tipos de interés, art. 26–), como en el propio documento contractual o en el acto de otorgamiento, en cuyo caso, sin perjuicio del derecho (renunciable) del cliente a examinar el proyecto de escritura pública de formalización del préstamo hipotecario en el despacho del notario al menos durante los tres días hábiles anteriores a su otorgamiento (art. 30.2), se impone al notario interviniente la obligación, no solo de velar por el cumplimiento de la legalidad vigente y de lo dispuesto en la mencionada Orden, sino de informar al cliente del valor y alcance de las obligaciones que asume y de los concretos extremos que se relacionan en el art. 30.3 y entre los que se encuentra, en el caso de préstamos a tipo de interés variable, además de comprobar si el cliente ha recibido la información prevista en los artículos 24, 25 y 26, el advertirle expresamente de que se han establecido límites a la variación del tipo de interés, como cláusulas suelo o techo, en cuyo caso el notario consignará en la escritura esa circunstancia, advirtiendo expresamente de ello al cliente e informándole, en todo caso, sobre:

– Los efectos de estos límites ante la variación del tipo de interés de referencia.

– Las diferencias entre los límites al alza y a la baja y, de manera especial, si se ha establecido únicamente un límite máximo a la bajada del tipo de interés.

Pues bien, a diferencia de la OM de 5 de mayo de 1994, la OM de 28 de octubre de 2011 sí que aclara en el art. 19.3 que «las entidades de crédito que concedan préstamos a constructores o promotores inmobiliarios, cuando el constructor o promotor prevea una posterior subrogación de los adquirentes de las viviendas en el préstamo, deberán incluir entre los términos de su relación contractual, la obligación de los constructores o promotores de entregar a los clientes la información personalizada relativa al servicio ofrecido por las entidades en los términos previstos en esta orden».

Aunque el precepto parece referirse a la información personalizada prevista en el art. 22, lo cierto es que, como quiera que no ha habido posibilidad de que la entidad financiera haya valorado la demanda de crédito de los potenciales clientes a subrogar, y, por ende, proporcionado una información individualizada que permita al destinatario adoptar una decisión fundada, o bien se entiende que el art. 19.3 alude en realidad a la información precontractual (art. 21) o se convierte la ficha de información personalizada en una ficha estereotipada que, en el fondo, viene a coincidir con aquella.

En cualquier caso, la norma no distingue en función de la intervención o no de la entidad de crédito en el acto de otorgamiento, ni precisa si introduce una obligación a mayores, extendiendo el ámbito de responsabilidad al constructor o promotor, pero sin librarse del propio, o, por el contrario, supone una especie de derivación de responsabilidad de la entidad de crédito al constructor o promotor, que trasladaría a este último no solo la carga de informar sobre las condiciones del préstamo de manera que se garantice la debida transparencia de las cláusulas, sino la responsabilidad en caso de incumplimiento (tesis sostenida por el Banco de España, en su Memoria de 2012, y asumida por la sentencia objeto de recurso).

En esta tesitura, la Sala se inclina por la primera línea interpretativa por los siguientes motivos:

1.º La subrogación del tercero en la posición del promotor prestatario implica una novación que requiere el consentimiento del deudor.

Lógicamente, al acreedor no le resulta indiferente quien sea el deudor. De ahí que el art. 1.205 del Código Civil exija el consentimiento del acreedor para que tenga lugar la sustitución de un deudor por otro con efectos liberatorios para el primero.

Dicho consentimiento puede prestarse en cualquier momento y forma, es decir, puede ser coincidente con el negocio jurídico celebrado entre el deudor primitivo o el nuevo o puede ser anterior o posterior, aunque ha de ser inequívoco, claro, preciso y contundente (STS de 21 de marzo de 2002), sin que pueda presumirse, ni deducirse del mero conocimiento por parte del acreedor (STS de 25 de noviembre de 1996); algunas resoluciones exigen una declaración de voluntad expresa del acreedor (SSTS de 14 de noviembre de 1990 y 23 de diciembre de 1992), si bien, en general, la jurisprudencia admite el consentimiento tácito del acreedor derivado de una conducta que implique inequívocamente una ratificación adhesiva del negocio subyacente, como es la aceptación sin oposición del pago hecho por el nuevo deudor (STS de 16 de marzo de 1995).

Si la novación subjetiva pasiva exige el consentimiento del acreedor, previo, simultáneo o posterior, expreso o tácito, es claro que su voluntad condiciona la validez y eficacia de la subrogación y, por tanto, en absoluto puede afirmarse que no interviene o que está al margen del mismo, sino que es una parte que, en tal condición, puede y debe respetar las prescripciones legales, entre las que se encuentra el deber de información.

El problema puede plantearse cuando, como aquí sucede (según reconoció la entidad demandada en el escrito de contestación al recurso de apelación), el acreedor introduce en el contrato original una cláusula expresando su consentimiento genérico a las subrogaciones derivadas de las ventas que pudiera hacer el promotor a terceros. Pero esta posibilidad, justificada en el hecho de que, hasta hace poco tiempo, la garantía hipotecaria era suficiente para asegurar el cobro de la deuda (el estallido de la burbuja inmobiliaria, y consecuente bajada del precio de la vivienda, ha provocado que en muchas ocasiones la carga hipotecaria sea superior al valor de mercado del inmueble), en absoluto exime al acreedor de sus obligaciones legales: una cosa es que pueda servir para agilizar la contratación en masa, en beneficio del acreedor, y otra muy distinta que, al socaire de una autorización indeterminada, pueda eludirse la norma.

En suma, si el acreedor debe prestar su consentimiento a la subrogación en el préstamo, no puede alegar que es ajeno a la celebración del negocio jurídico ni, obviamente, a las prescripciones legales que lo disciplinan, máxime tratándose de un marco jurídico tan regulado como es la concesión de préstamos hipotecarios para la adquisición de vivienda, por lo que habrá de articular la forma por medio de la cual cumplir las obligaciones impuestas.

El primitivo deudor (promotor) no queda liberado frente al banco hasta que este no consiente en la subrogación (suelen reservarse esta facultad, como es normal) con lo que nos encontramos con que puede elegir entre aceptar o no y, si ha aceptado la subrogación, debería llevar a cabo las actuaciones necesarias para asegurarse de que el adquirente recibe la información adecuada.

2.º La entidad prestamista es la que diseñó, redactó e introdujo en el contrato primitivo el elenco de cláusulas que estimó pertinente y, entre ellas, la cláusula limitativa de variación a la baja de los tipos de interés.

Las escrituras de préstamo hipotecario se redactan según la minuta proporcionada por la respectiva entidad bancaria, de manera que, tanto si en la escritura de subrogación hipotecaria se transcriben las cláusulas de la escritura del préstamo matriz, como si el texto se limita a recoger una referencia genérica a las cláusulas de esta última (supuesto más frecuente), ha de asegurarse que la estipulación no solo es comprensible desde un plano puramente formal o gramatical, sino que el documento contiene las explicaciones necesarias y expone de manera transparente el motivo y las consecuencias del mecanismo de limitación a la baja de las fluctuaciones del tipo de interés, de forma que un consumidor medio, normalmente informado y razonablemente atento, pueda prever, sobre la base de criterios precisos y comprensibles, las consecuencias económicas derivadas a su cargo, sin que la ausencia de la entidad prestataria en la firma del segundo contrato pueda enervar el derecho del deudor a recibir la información necesaria para decidir su aceptación con el suficiente conocimiento de causa.

3.º La entidad prestamista es la que se beneficia por la inclusión de la cláusula suelo en el contrato de préstamo.

La limitación del aumento del tipo de interés a partir de ciertos niveles puede representar un beneficio para el prestatario, al impedir que se incrementen sus costes financieros, pero siendo la operación de financiación el lucro de la entidad de crédito, por lo demás lícito y necesario en la sociedad para el desarrollo económico, el beneficio del techo para el cliente puede desincentivar la actividad financiera, por lo que se establece un límite a la reducción del tipo de interés, como compensación para la entidad bancaria. Lo que se exige es que entre los denominados techo y suelo exista un equilibrio.

La denominada cláusula suelo protege a la entidad financiera contra el riesgo de que el tipo de interés disminuya por debajo de cierto nivel mínimo, garantizando así que la operación reporta un beneficio económico, por lo que, si la prestamista es la única favorecida por la incorporación de esta cláusula, primero en el contrato de préstamo matriz y después, por la subrogación, en el segundo contrato de compraventa con subrogación hipotecaria, deberá asumir como contrapartida la carga de asegurar que el prestatario ha recibido toda la información necesaria para evaluar las consecuencias económicas derivadas a su cargo.

Piénsese que, en un mercado de libre competencia, la estipulación no reporta ninguna ventaja significativa al promotor que vende y subroga al tercero en su posición.

4.º La entidad financiera debe responder por el promotor/vendedor que no cumple con el deber legal de informar sobre las condiciones del préstamo, sea por responsabilidad propia ex art. 1.902 CC, sea por responsabilidad por hecho ajeno ex art. 1.903 CC.

La entidad prestamista no está obligada a contratar con cualquier persona física o jurídica, sino que, antes de que se celebre cualquier contrato de crédito o préstamo, ha de analizar y ponderar sus condiciones de solvencia no solo económica, sino también, sobre todo, profesional o empresarial, debiendo sopesar la capacidad del cliente para cumplir las obligaciones derivadas del mismo, de manera que, si finalmente no ocurre así, habrá de asumir las consecuencias que se derivan frente a terceros.

En efecto, la responsabilidad de la entidad de crédito puede fundarse en dos títulos distintos: bien en el art. 1.903 párrafo 4.º CC, si se entiende que, de algún modo, se reserva una cierta facultad de control o vigilancia del cumplimiento de los deberes de información que recaen sobre el promotor, en cuyo caso responde por culpa o negligencia de quien en realidad no deja de ser un dependiente suyo (a estos efectos), por mucho que cuente con una organización empresarial autónoma; bien en el art. 1.902 CC en el caso de que, aun considerando que el promotor obra de forma independiente, se aprecia en el comitente (entidad de crédito contratante) una negligencia en su elección (SSTS de 26 de septiembre de 2007, 17 de septiembre de 2008 y 1 de octubre de 2008), o en la vigilancia y control de ciertos aspectos de la actividad del promotor que debía haber supervisado (STS de 13 de junio de 2007), esto es, el comitente tiene que responder por culpa propia y con base en el art. 1.902 CC cuando recaiga sobre él un deber de cuidado, como es la obligación de información legal y reglamentariamente impuesta.

5.º La actividad de concesión de créditos o préstamos requiere de una formación especializada que solo están en condiciones de ofrecer las entidades de crédito.

La exigencia de transparencia como instrumento para hacer frente la asimetría de información incluye una serie de evaluaciones y requerimientos de información unificada tanto de carácter precontractual como contractual, cuya materialización necesita personal debidamente formado.

Recuérdese que la Directiva 2014/17/UE del Parlamento Europeo y del Consejo, de 4 de febrero de 2014, sobre los contratos de crédito celebrados con los consumidores para bienes inmuebles de uso residencial y por la que se modifican las Directivas 2008/48/CE y 2013/36/UE y el Reglamento (UE) n.º 1093/2010, impone a los Estados miembros el deber de velar «porque los prestamistas, los intermediarios de crédito y los representantes designados exijan a su personal poseer y mantener actualizado un nivel adecuado de conocimientos y de competencia en relación con la elaboración, la oferta o la concesión de contratos de crédito...» (art. 9.1).

Si la norma exige que el personal de la entidad prestamista posea los conocimientos y la competencia adecuados para alcanzar un alto nivel de profesionalidad (considerando 32) competencia en relación con el servicio que se preste, ello obedece a la importancia que se concede a la información como presupuesto para alcanzar el grado de protección del consumidor al que aspira la Directiva y que no puede ofrecer otro interviniente como pudiera ser el promotor/vendedor de la vivienda.

El promotor/vendedor no tiene ni formación, ni experiencia suficientes para garantizar el nivel adecuado de información al prestatario subrogado, ni interés alguno en lograr dicho objetivo. La transmisión al promotor de la obligación de informar supondría circunscribir dicha obligación a la mera entrega del documento que contenga las condiciones del préstamo, lo que no puede considerarse suficiente a los efectos pretendidos.

6.º La transmisión del deber de informar desde la entidad de crédito al promotor permitiría a aquella eludir el cumplimiento de las obligaciones impuestas para la protección de los consumidores.

Si se admite con carácter general que la subrogación de un tercero en la posición del promotor implica la asunción por este de las obligaciones, y consecuente responsabilidad, inherentes al prestamista, se abre la puerta a posibles fraudes de ley y, en todo caso, a fórmulas que facilitan la elusión por parte de quien continua siendo prestamista, y beneficiada por el contrato y por la cláusula, del riguroso sistema de cargas legal y jurisprudencialmente impuesto para paliar la situación de desequilibrio entre ambas partes.

7.º La derivación de las obligaciones de información al promotor compromete la consecución de los objetivos de protección del consumidor que persigue la Directiva 1993/13/CEE del Consejo, de 5 de abril de 1993, sobre las cláusulas abusivas en los contratos celebrados con consumidores, en relación la Ley General para la Defensa de los Consumidores y Usuarios y la Ley sobre Condiciones Generales de la Contratación.

El sistema de protección que establecen las citadas normas se basa en la idea de que el consumidor se halla en situación de inferioridad respecto al profesional, en lo referido tanto a la capacidad de negociación como al nivel de información, situación que le lleva a adherirse a las condiciones redactadas de antemano por el profesional sin poder influir en el contenido de estas.

Por eso, entre otras medidas dirigidas a reemplazar el equilibrio formal que el contrato establece entre los derechos y obligaciones de las partes por un equilibrio real que pueda restablecer la igualdad entre estas, se dispone la necesidad de que se ofrezca información y que sea clara, oportuna, suficiente y objetiva, no engañosa, así como de que las cláusulas estén redactadas siempre de forma clara y comprensible (art. 5 de la Directiva, art. 80.1 LGDCU y arts. 5.5 y 7 LCGC).

El traslado de la responsabilidad del cumplimiento del deber de transparencia (en su enfoque bifronte de respeto a las normas reguladoras del modo de inclusión o incorporación al contrato y a las disposiciones orientadas a garantizar la comprensibilidad real del contenido y de las consecuencias, de manera que el prestatario pueda adoptar una decisión informada y fundada), desde la entidad de crédito, destinataria primigenia de la disposición legal, a un tercero, como puede ser el promotor/vendedor de las viviendas, inicial prestatario, pone en serio peligro la efectividad del sistema de protección que las normas persiguen en lo que respecta a los contratos de crédito para bienes inmuebles, así como el objeto pretendido de que los consumidores que busquen celebrar tales contratos puedan hacerlo con la confianza de que las entidades con las que entablen relación se comportan de manera profesional y responsable, por lo que debe rechazarse de plano.

La conclusión que resulta de las consideraciones expuestas es que la obligación de informar al prestatario, inicial o subrogado, incumbe a la entidad de crédito prestamista, con independencia de las que, además, puedan imponerse al promotor/vendedor en el desenvolvimiento de su actividad empresarial y que en modo alguno empecen o desdibujan la que corresponde a aquella.

La referida conclusión suscita inmediatamente dos interrogantes: ¿Cómo cumplir el deber de información si la prestamista no interviene en el contrato de compraventa y subrogación hipotecaria? ¿Qué normativa en materia de transparencia cabe aplicar, la prevista para el prestatario inicial –promotor inmobiliario, o la establecida para el prestatario subrogado –generalmente, un consumidor–?

La primera pregunta encuentra su respuesta en el art. 1.205 del Código Civil. Si el consentimiento del acreedor es requisito sine qua non *de la novación subjetiva pasiva y, por ende, de la válida subrogación hipotecaria, el negocio no se perfeccionará en tanto la entidad crediticia no preste su aquiescencia, por lo que, con carácter previo, habrá de cumplir las exigencias de información precontractual (ficha de información precontractual, ficha de información personalizada y oferta vinculante, con la información adicional necesaria sobre los instrumentos de cobertura del riesgo de variación del tipo de interés o sobre las cláusulas suelo o techo) y contractual (cfr. art. 29 de la OM de 28 de octubre de 2011), sin perjuicio de las obligaciones que la legislación notarial y el art. 30 de la OM de 28 de octubre de 2011 señalan al Notario autorizante.*

La entidad prestamista podrá autorizar genéricamente la subrogación, estar presente o no, intervenir en el acto de otorgamiento de la escritura de compraventa con subrogación hipotecaria o decidir no hacerlo, pero en ningún caso el ejercicio de esta facultad le libera de las obligaciones que derivan del desarrollo de su actividad en materia de concesión de créditos y préstamos.

Y esta solución es la que nos permite a su vez dar respuesta a la segunda de las cuestiones, puesto que, al vincular el consentimiento a la necesidad de información clara y suficiente, la exigencia de transparencia y las posibilidades de controlarla dependerán de las partes intervinientes, de manera que, respecto del contrato de préstamo matriz, en la medida en que se celebre entre la entidad de crédito y un empresario, quedará sujeto a los requisitos previstos en la Ley 7/1998, de 13 de abril, de Condiciones Generales de la Contratación (arts. 5 y 7) y, tratándose de personas físicas, a los recogidos en la Orden de 28 de octubre de 2011 (cfr. el art. 2 apartados 1 y 4, conforme a los cuales, cuando el cliente actúe en el ámbito de su actividad profesional o empresarial, las partes podrán acordar que no se aplique total o parcialmente lo previsto en esta Orden, con la excepción de lo establecido en los arts. 19 a 32). Por el contrario, respecto del segundo contrato (compraventa con subrogación hipotecaria), desplegarán toda su eficacia la Directiva 1993/13/CEE, la Ley General para la Defensa de Consumidores y Usuarios, y la normativa reglamentaria apuntada".

Idéntico parecer ha sido también admitido recientemente por la SAP de León, de 28 de octubre de 2014; SAP de Granada de 13 de enero de 2014; SAP de Vizcaya de 14 de abril de 2014; SAP de Cáceres de 3 de junio de 2014; SAP de Girona, Sección 1.ª, de 2 de octubre de 2014 o SAP de Almería, Sección 1.ª, de 21 de enero de 2016, con frontal oposición a la exoneración a la entidad prestamista de la obligación de informar de la existencia, significado y transcendencia de la cláusula suelo, destacando que la obligación impuesta al promotor vendedor en virtud del art. 515/1989, en absoluto dispensa a la entidad de su deber.

No se pretende en suma con el RD 515/89 reducir la protección del consumidor adquirente de vivienda, sino reforzarla, razón por la cual, en suma, la obligación de información del empresario promotor –con frecuencia a la sazón efímero y con el que no mantendrá vínculo contractual el usuario en lo atinente a la financiación obtenida para la adquisición del inmueble– no exonera en absoluto del deber que mantiene la entidad financiera en cuanto a sus obligaciones de información y transparencia, siendo de este modo concurrentes. Es más, el art. 6.1.4.º de RD 515/89, se limita a imponer al promotor que indique el Notario autorizante de la correspondiente escritura, fecha de esta, datos de su inscripción en el Registro de la Propiedad y la responsabilidad hipotecaria que corresponde a cada vivienda, con expresión de vencimientos y cantidades, siendo por tanto los restantes elementos del préstamo hipotecario obligación informativa de la entidad financiera, que es en definitiva no solo la que ha predispuesto las condiciones de financiación, sino la que va a mantener con el usuario el vínculo contractual del préstamo hipotecario y quien mes a mes se va a beneficiar de los intereses que perciba por el capital prestado. Y a quien, por supuesto, no le resulta indiferente la solvencia de uno u otro usuario y es partícipe, como resulta hecho notorio, en el análisis de riesgo desarrollado sobre el usuario que desemboca en la aceptación de la subrogación.

El sentir pues mayoritario de las Audiencias ha considerado que si la parte demandante, al comprar su vivienda, se ha subrogado en el préstamo concertado por la entidad vendedora debe recibir el mismo tratamiento y la misma protección legal que si hubiera concertado el préstamo inicial. Posición que es también la propia del Tribunal Supremo, y así en el apartado 239 de la STS de 13 de mayo de 2013, cuando expresamente se señala: "*Tampoco incide en nuestra valoración el hecho de que, en ocasiones, el consumidor se subrogue en la posición que antes ocupaba un profesional, ni el hecho de que no sea aplicable en todos los supuestos la OM de 1994*".

Finalmente, la STS de 24 de noviembre de 2017 ha confirmado expresamente que la abusividad de la cláusula suelo se extiende igualmente a los casos de subrogación. Así casa y anula el TS la resolución de la AP de Sevilla:

"*La Audiencia Provincial convierte la obligación de información precontractual del predisponente (información que la jurisprudencia del TJUE ha considerado determinante para que las cláusulas puedan superar el control de transparencia) en una obligación del adherente de procurarse tal información. Esta tesis es contraria a la jurisprudencia de esta sala y del propio TJUE y, de aceptarse, le privaría de toda eficacia, puesto que a la falta de información clara y precisa por parte del predisponente sobre las cláusulas que definen el objeto principal del contrato, determinante de la falta de transparencia, siempre podría oponerse que el adherente pudo conseguir por su cuenta tal información.*

La sentencia del Juzgado Mercantil declaró (y la Audiencia Provincial no ha modificado esa conclusión) que el banco no suministró información alguna al prestatario sobre la existencia y trascendencia de la cláusula suelo antes de la firma de las escrituras, la de subrogación y la de novación, por lo que cuando el prestatario adoptó su decisión, no tenía la información que le permitiera valorar la trascendencia de tal cláusula en la economía del contrato, pues la existencia del suelo limitaba significativamente la posibilidad de variación a la baja del tipo de interés, hasta el punto de que en la primera de las escrituras, estando pactado que el tipo de interés durante el primer período sería del 4,015 % anual, se establecía un suelo del 4 %, por lo que en la práctica el tipo de interés solo podía variar al alza.

(...)

Por tanto, que la redacción de las cláusulas suelo, aisladamente consideradas, fuera clara y comprensible, que la primera escritura fuera de subrogación en un préstamo hipotecario anterior, no de concesión ex novo del préstamo, y que se ampliaran el capital prestado o el plazo de devolución, o que el prestatario pidiera una novación ante su dificultad para afrontar el préstamo y se ampliara el plazo de devolución (de treinta a cuarenta años) y se estableciera un período de cuatro años de carencia en la amortización de capital ante las dificultades económicas por las que pasaba el prestatario, no permite afirmar que las cláusulas suelo fueran transparentes y que se hubiera suministrado al prestatario información adecuada para que el mismo conociera la trascendencia que la cláusula suelo tenía en la economía de un contrato de préstamo que iba a vincularle durante un período muy largo de tiempo. 13.- Como resultado de todo lo expuesto, el recurso de casación deber ser estimado y revocarse la sentencia recurrida y, al asumir la instancia, confirmarse la sentencia de primera instancia, que es plenamente conforme con la jurisprudencia de esta sala".

Esta doctrina ha sido ratificada por las posteriores SSTS de 17 y 26 de enero de 2018; 11 y 24 de abril de 2018; 24 de mayo de 2018; 6 de junio de 2018 o 20 de septiembre de 2018.

7.2.4. Grupos de Empresas y sucesión universal por absorción

No resulta extraña en nuestra práctica judicial la alegación por parte de la entidad LIBERBANK de la pretensión de eludir su responsabilidad cobijándose en una supuesta falta de legitimación pasiva, cuando el afectado ha dirigido su acción contra esta y el préstamo originario se halla vinculado a la entidad BANCO CASTILLA LA MANCHA. Con frecuencia, la génesis del error radica en que, compartiendo ambas entidades del mismo grupo un único Servicio de Atención al Cliente —cuestión amparada por el Banco de España[123]—, el usuario que hubiera presentado una reclamación previa recibirá la respuesta firmada por LIBERBANK, lo que hace que canalice su posterior acción judicial frente a esta.

En primer lugar, ha de señalarse que caso de apreciarse la existencia de un error, este ha sido generado por la propia demandada, que, en respuesta a la reclamación formulada por el actor, firma como LIBERBANK, con indicación de su propio CIF y domicilio social, en un complejo proceso de reestructuraciones bancarias. No obstante lo apuntado, lo cierto es que ambas son sociedades del mismo grupo, siendo la matriz o dominante la demandada, por lo que conforme a lo establecido en el Anexo I Reglamento n.º 809/2004, de 29 de abril, sería correcta la relación jurídico procesal establecida, de tal modo que, a pesar de tratarse de dos sociedades con personalidades jurídicas distintas, ello no impide considerar a la dominante como la verdadera titular de las relaciones jurídicas.

En cualquier caso, esta cuestión ha sido ya resuelta por la SAP de Madrid, Sección 25.ª, de 21 de julio de 2014 y la SAP de Madrid, Sección 11.ª, de 2 de febrero de 2015, en la que se realiza un análisis detallado de esta cuestión desestimando la falta de legitimación

---

[123] Art. 4 Orden ECO 734/2004, de 11 de marzo, sobre los departamentos y servicios de atención al cliente y el defensor del cliente de las entidades financieras.

pasiva argüida por LIBERBANK cuando trataba de imputársela en idénticas condiciones a BANCO CASTILLA LA MANCHA:

"Conforman un holding empresarial, que impide considerar que tengan personalidades jurídicas independientes a todos los efectos, como pretende la parte apelante, al existir una unidad de decisión y de objetivos, porque se cumple en este caso el art. 42 del Código de Comercio: Existe un grupo cuando una sociedad ostente o pueda ostentar, directa o indirectamente, el control de otra u otras para la existencia de un grupo empresarial consolidable, por lo que ha de presumirse que existe una unidad de decisión y que es la sociedad matriz ... la titular del poder de dirección del grupo y la que gestiona dicha unidad de decisión, según el criterio mantenido en la sentencia de la Audiencia Provincial de Madrid, sec. 28.ª, de 30-6-2006, n.º 99/2006, rec. 174/2006, en un supuesto de hecho semejante al actual, en función del llamado criterio interpretativo de la totalidad («canon hermenéutico de la totalidad del área contractual», según la STS de 26 de octubre de 1998), reflejado en el artículo 1.285 CC, interpretada en relación con el conjunto de las cláusulas, conforme a la doctrina de las sentencias del Tribunal Supremo Sala 1.ª, 13-2-2007, n.º 96/2007, rec. 5390/1999 y Audiencia Provincial de Cuenca, sec. 1.ª, 25-6-2013, n.º 195/2013, rec. 166/2012. Según precisa la jurisprudencia de la Sala 1.ª, en sentencia de 18-3-2009, n.º 197/2009, rec. 1431/2005, la situación propia de la sociedad matriz respecto de la sociedad filial es algo distinto de la posición de accionista mayoritario, e incluso, en Sentencia de 13 de febrero de 2007, se matiza tal requisito, entendiéndolo concurrente en un supuesto en que «no se trata de una garantía otorgada por una sociedad matriz respecto de la sociedad filial», sino que «existe un compromiso en función de la posición de dominio en la sociedad (matriz) derivada de la posesión por su parte y por el grupo de sociedades de la que es titular de la mayoría absoluta de las acciones de aquella (filial)».

Por lo tanto, debe ser rechazado el argumento de la supuesta independencia entre sociedad matriz y filial, porque se formula sin que se ajuste a las reglas de la buena fe contractual, y tal vulneración se da al formularse por la sociedad apelante con base a la existencia de una pretendida personalidad jurídica distinta cuando existe un perfecto engranaje societario ente sociedad matriz y filial de un mismo Grupo. Manifestándose por la sociedad apelada, que se ha realizado la alegación expuesta por la apelante de la supuesta independencia entre sociedad matriz y filial con el fin de intentar beneficiarse en perjuicio de los legítimos intereses de la parte acreedora de buena fe, según se puede inferir en un caso semejante, de la doctrina de la sentencia de la Audiencia Provincial de Madrid, sec. 21.ª, de 21-2-2012, n.º 83/2012, rec. 792/2009, dictada en un supuesto fáctico similar."

En otros casos, nos enfrentamos a la alegación de falta de legitimación pasiva, cuando en realidad nos encontramos ante sucesiones universales, que no impiden la correcta legitimación de la sociedad absorbente. Es el supuesto analizado por la STS de 13 de julio de 2017, cuando analiza el recurso formulado por el BANCO DE SABADELL, S. A., tras la absorción de BANCO CAM, S. A. U., al resolver un caso de adquisición de cuotas participativas. Esta misma fundamentación puede trasladarse a otros tantos supuestos que hemos contemplado en nuestro panorama bancario:

"QUINTO. Recurso de casación del Banco de Sabadell: legitimación pasiva de dicha entidad.

(...)

También ha quedado ya expuesto que Banco CAM, S. A. U., adquirió en bloque y a título de sucesión universal el patrimonio segregado de CAM consistente en su negocio financiero, es decir, todo el patrimonio de la Caja excluidos los elementos afectos a la obra social. Además, correlativamente a la segregación, Banco CAM, S. A. U., asumió el compromiso irrevocable de hacerse cargo internamente de las obligaciones de reembolso que pudieran derivarse de las cuotas participativas. En consecuencia, desde un punto de vista activo, el banco adquirió todos los bienes, derechos y acciones integrados en el patrimonio de la caja que constituía su negocio financiero; desde un punto de vista pasivo, asumió todas las obligaciones dimanantes y quedó subrogada en todas las responsabilidades legales y contractuales que procedieran. Desde esta perspectiva, las cuotas participativas fueron, como el resto de los fondos propios, fuente de financiación del negocio financiero, como corresponde a su naturaleza antes expuesta y consta en el activo anterior a la segregación (...). El art. 71 de la Ley 3/2009, de 3 de abril, de Modificaciones Estructurales de las Sociedades Mercantiles (en adelante, LME), al que se remite expresamente la escritura de segregación de la CAM y constitución del Banco CAM, establece que por medio de la figura de la segregación se transmitirán por sucesión universal la totalidad de los activos y pasivos que constituyan una unidad económica o rama de actividad de una sociedad (la sociedad segregada) a favor de otra sociedad (la sociedad beneficiaria o varias de ellas, si fuera el caso). Con ello, serán transmitidos en bloque dichos activos y pasivos a favor de la beneficiaria sin que sea necesario recabar el consentimiento de los acreedores de la referida unidad económica objeto de cesión. La Sentencia 796/2012, de 3 de enero de 2013, en un supuesto de escisión parcial de una unidad de negocio, califica esta modalidad de transmisión como un acto de sucesión universal donde las relaciones jurídicas se transmiten en bloque y, el hecho de que una determinada deuda no se incluyera en el proyecto de escisión, no significa necesariamente que quedara fuera del referido efecto de la sucesión universal. (...) Por lo tanto, Banco Sabadell, en cuanto que sucesor universal del Banco CAM tras la fusión por absorción, deviene responsable de las obligaciones que tuviera el Banco CAM frente a terceros, puesto que las transformaciones estructurales de las sociedades, a través de las operaciones de fusión, escisión total o parcial o cesión global de activos, producen, en sus respectivos ámbitos, una sucesión universal en un patrimonio, o en partes de patrimonio, de una sociedad por otra (arts. 22, 68, 69, 71, 80 y 81 LME). En todos estos supuestos la eficacia de la transformación respectiva se produce con la inscripción en el Registro Mercantil (arts. 47, 73 y 89.2 de la reseñada Ley), y con ello el efecto legal de la transmisión en bloque de todos los bienes, derechos y obligaciones de las sociedades absorbidas, extinguidas, y también de las segregadas a favor de las sociedades beneficiarias. (...) 4. Al afirmar la legitimación pasiva de Banco Sabadell como sucesor de Banco CAM, la sentencia recurrida no hace ningún uso de la doctrina de la solidaridad impropia, sino que afirma la legitimación pasiva de dicha entidad, en cuanto que sucesora de Banco CAM. Y no infringe el art. 1.257 CC porque, por las razones ya expuestas, las obligaciones de la caja de ahorros procedentes del contrato de adquisición de cuotas participativas fueron transmitidas al banco recurrente. Por lo que este recurso de casación debe ser desestimado".

Desestima también el Tribunal Supremo en su Sentencia de 11 de enero de 2019, la falta de legitimación alegada por CAIXABANK tras la adquisición del negocio bancario de BANKPYME:

"5. Al haberse producido, en virtud del negocio jurídico celebrado entre Caixabank y Bankpime, la cesión global de los contratos celebrados por Bankpime con sus clientes como elemento integrante de la transmisión del negocio bancario, como unidad económica, de una a otra entidad, la transmisión de la posición jurídica que el cedente tenía en los contratos celebrados con los clientes en el desenvolvimiento del negocio bancario transmitido ha de considerarse plena.

6. No es admisible que la subrogación del cesionario en lugar del cedente se realice en un modo que permita al cesionario disfrutar de las ventajas que tales contratos le suponen, pero le libere de las responsabilidades contraídas por el cedente en la celebración de tales contratos, que es lo que supone en la práctica la pretensión de Caixabank al amparo de dicha cláusula, porque tal pretensión implica la defraudación de los legítimos derechos de los clientes bancarios, al privarles de las acciones que pueden ejercitar con base en los contratos celebrados con el banco del que han pasado a ser clientes en virtud de la transmisión del negocio bancario realizado y que ha asumido la posición contractual del banco cedente.

7. De aceptarse la tesis de Caixabank se llegaría al absurdo de que, aun cuando la transmisión del negocio bancario fue global, algunas relaciones jurídicas con algunos clientes que pasaron a ser de Caixabank retornarían a Bankpime por el solo hecho de resultar conflictivas o inconvenientes para Caixabank, y ello en virtud de una cláusula oculta para esos mismos clientes y pese a haber dejado de operar Bankpime en el negocio bancario".

Otro tanto similar nos encontramos ante los supuestos de BANCO POPULAR ESPAÑOL, S. A., y BANCO SANTANDER, S. A., resuelto por la Sentencia del Juzgado de 1.ª Instancia n.º 1 de Los Llanos de Aridane de 16 de julio de 2018:

"SEGUNDO. Debe resolverse por tanto la excepción planteada por la parte demandada y único motivo de oposición formulado por la misma; esto es, la falta de legitimación pasiva de Banco Santander, S. A.

Es conocido que en nuestro Derecho existen dos tipos de legitimación:

A) En primer lugar, la llamada «ad procesum» o procesal que se reconoce a todo aquel que tiene las condiciones y aptitudes necesarias para poder ser parte, en abstracto, en un proceso civil y que equivale a la capacidad para ser parte regulada en los arts. 6 a 9 de la Ley de Enjuiciamiento Civil. La falta de este tipo de legitimación procesal se configura como una auténtica excepción procesal que debe concurrir al inicio del proceso y cuya estimación impide conocer del fondo del asunto, debiendo de ser resuelta no en la sentencia sino en un momento anterior por medio de Auto.

B) En segundo lugar, está la legitimación «ad cuasam» o causal, en la que se requiere que el sujeto actúe y comparezca en el proceso como titular de la relación jurídica cuya tutela judicial se pretenda en el proceso. A la misma se refiere el artículo 10 de la Ley de Enjuiciamiento Civil al señalar que «serán considerados como partes legítimas quienes comparezcan y actúen en juicio como titulares de la relación jurídica u objeto litigioso».

En el presente caso la legitimación que se discute por la parte demandada es la denominada legitimación «ad causam» y por ello afecta a la titularidad de la propia relación jurídica de la que deriva el derecho reclamado.

En palabras de la STS de 13 de julio de 2012: «La sentencia núm. 713/2007, de 27 junio, señala que la legitimación 'ad causam' 'consiste en una posición o condición objetiva en conexión con la relación material objeto del pleito que determina una aptitud para actuar en el mismo como parte; se trata de una cualidad de la persona para hallarse en la posición que fundamenta jurídicamente el reconocimiento de la pretensión que trata de ejercitar y exige una adecuación entre la titularidad jurídica afirmada (activa o pasiva) y el objeto jurídico pretendido, según las SSTS 31-3-97 y 28-12-01'; de modo que, por su propia naturaleza y efectos, su falta puede ser apreciada de oficio (SSTS, 30 abril 2012, 13 diciembre 2006, 7 y 20 julio 2004, 20 octubre 2003, 16 mayo 2003, 10 octubre 2002 y 4 julio 2001) en cualquier momento del proceso».

En virtud de la doctrina anteriormente expuesta, se considera que Banco Santander, S. A. tiene plena legitimación pasiva en el presente caso, pues si bien el préstamo originario fue celebrado con Banco Popular Español, S. A., tras la posterior compra de sus acciones Banco Santander S. A. es la sucesora del negocio bancario de Banco Popular. Resulta acreditado, y es además público y notorio que, mediante resolución de 7 de junio de 2017, la junta única de Resolución del FROB resolvió transmitir la totalidad de las acciones de Banco Popular Español, S. A. a Banco Santander. Junto a la contestación a la demanda se adjunta copia de la comunicación a la Comisión Nacional del Mercado de Valores de la resolución de la Comisión Rectora del FROB, por la que se adoptan las medidas necesarias para la ejecución de la decisión de la Junta Única de Resolución de dicho organismo (documento n.º 1), así como nota de prensa que se publicó el 7 de junio de 2017 por el FROB acerca de la anterior operación (documento n.º 2).

Manifiesta la parte demandada que, si bien Banco Santander ha adquirido la totalidad de las acciones de Banco Popular, este último conserva su personalidad jurídica, ya que no ha desaparecido ni ha sido absorbido por la entidad demandada, de manera que ambas sociedades siguen actuando en el tráfico mercantil de forma perfectamente diferenciada, con sus propias marcas comerciales.

Efectivamente, Banco Popular sigue existiendo y tiene personalidad jurídica propia (aunque por breve tiempo, parece, dado que según nuevo documento aportado en la Audiencia Previa, el 24 de abril de 2018 se ha comunicado un acuerdo de fusión por absorción de esta última por Banco Santander), pero ello no quita que la totalidad del negocio de esta entidad se haya transmitido a Banco Santander, S. A. tras la compra de sus acciones, de modo que ahora este último es el titular de los derechos y obligaciones de Banco Popular Español, S. A.

Y si bien no se ha pronunciado aún la jurisprudencia al respecto de estas dos entidades, sí que existen sentencias de Audiencias Provinciales en torno a otras entidades bancarias que fueron compradas por otras tantas. Como el caso de la Sentencia de la Audiencia Provincial de Valencia no 578/2017, de 6 de noviembre, que analiza la nulidad de una cláusula suelo inserta en un contrato de préstamo hipotecario firmado entre el actor y la entidad prestataria Banco Espirito Santo, S. A., Sucursal en España, siendo que la demanda se dirige contra la entidad Novo Banco, S. A., Sucursal en España, como sucesora del negocio bancario de la entidad prestataria, y, en particular, del préstamo hipotecario indicado, oponiéndose por la entidad aquí demandada la falta de litisconsorcio pasivo necesario por tal motivo.

En palabras de la meritada Sentencia: «Punto de partida ha de ser la revocación del único argumento desplegado en la misma, que lleva a desestimar la demanda, apreciando, de oficio, una falta de legitimación pasiva que ni siquiera alegó la parte demandada. De hecho, lo que se esgrimió fue la falta de litisconsorcio pasivo necesario que, además de no ser objeto de tratamiento alguno, debe ser rechazado, en este caso, con un argumento esencial, cual es que el préstamo hipotecario ha sido transmitido a la entidad demandada, que sucede al prestamista inicial en todos sus derechos y obligaciones. Cuestión distinta —y ajena a los demandantes— es el 'reparto' de responsabilidades entre ambas entidades, conforme a sus pactos o las normas que rijan su constitución y la transmisión del negocio bancario correspondiente, lo que, evidentemente, no comporta la llamada a estas actuaciones de la entidad transmitente del negocio bancario —en parte— a la demandada, puesto que los elementos transmitidos, como se admite, lo son en su integridad, y este es, precisamente, la situación aquí concurrente, que excluye la falta de litisconsorcio pasivo alegada».

Por otra parte, en relación a la CAM (Caja Mediterráneo), la Sentencia del Tribunal Supremo no 439/2017, de 13 de julio, establece la responsabilidad de la Fundación CAM como sucesora universal de la CAM, señalando lo siguiente: «En cuanto a la Fundación CAM, su responsabilidad se mantiene como sucesora universal de la CAM, —en la parte no segregada en su día a favor del Banco CAM—. Después de la primera segregación, la CAM siguió subsistiendo, de forma que mantuvo responsabilidad por la totalidad de las obligaciones en aplicación del artículo 80 LME. Las obligaciones de la CAM como entidad comercializadora, derivadas del artículo 79 LMV, fueron también transmitidas a la Fundación, que debe seguir respondiendo por la totalidad, si bien de acuerdo con la interpretación del citado artículo 80 LME contenida en la sentencia 8/2015, de 3 de febrero, que en el presente caso determina que: '[...] la obligación de restitución que deriva de la nulidad del contrato de adquisición de las cuotas participativas deberá ser asumida por la Fundación de manera subsidiaria a Banco de Sabadell, sin perjuicio de que, verificado el incumplimiento, su responsabilidad sea solidaria'».

También hay que tener en cuenta que según el art. 91 de la Ley 3/2009, de 3 de abril, sobre modificaciones estructurales de las sociedades mercantiles: «1. De las obligaciones asumidas por un cesionario que resulten incumplidas responderán solidariamente los demás cesionarios, hasta el límite del activo neto atribuido a cada uno de ellos en la cesión; y, según los casos, los socios hasta el límite de lo que hubieran recibido como contraprestación por la cesión, o la propia sociedad que no se hubiera extinguido, por la totalidad de la obligación.

2. La responsabilidad solidaria de los cesionarios y los socios prescribirá a los cinco años».

Por tanto, aun cuando Banco Popular Español, S. A., haya mantenido la personalidad jurídica diferenciada de Banco Santander S.A., este último se encuentra legitimado en el presente caso al haber adquirido la totalidad del negocio de Banco Popular, lo que incluye tanto el activo como el pasivo del mismo, de suerte que ambas entidades resultan solidariamente responsables frente al actor en este caso, habiendo elegido el actor dirigir su acción únicamente frente a Banco Santander, lo cual es lícito.

Se desestima por tanto la falta de legitimación pasiva invocada".

Los procesos de fusión, absorción y escisión producidos en el escenario bancario nacional son con frecuencia de difícil percepción para el usuario, lo que ha conducido en ocasión a emplazamientos confusos en cuanto a la legitimación pasiva de la entidad demandada. En estos casos, ha de valorarse que estas circunstancias opacas por lo común para el afectado, no pueden redundar en la imposición de costas para el usuario cuando así es advertido tras el proceso de concentración bancaria. Así es apreciado por la SAP de Pontevedra, Sección 6.ª, de 16 de noviembre de 2017:

"Así las cosas, y sin que ello signifique prejuzgar la legitimación, consideramos que tiene razón el apelante, estamos ante un flagrante caso de inseguridad jurídica, bastante frecuente en el derecho bancario y que tiene como principal víctima al particular consumidor que contratando un producto con una determinada entidad bancaria, por mor de fusiones, absorciones, cambios de nombre y demás, se enfrenta frecuentemente a un problema de legitimación pasiva, que deja en una evidente indefensión y debilidad al consumidor minorista; ante esta realidad, considera la Sala que no cabe sin más imponerle las costas generadas a la parte demandante, de ahí que, considerando que las dudas generadas en orden a la legitimación las ha provocado la entidad demandada, lo procedente es revocar la resolución apelada dictando una nueva resolución sin hacer declaración en orden a las costas procesales".

7.3. Postulación y representación

Conforme a lo prevenido en el art. 7 LEC, en relación con el 31.1 de la misma norma procesal, deberán comparecer las partes defendidas por abogado en ejercicio, según lo dispuesto en los arts. 6 y 9 del Real Decreto 658/2001, de 22 de junio, por el que se aprueba el Estatuto General de la Abogacía Española y 542 y 545.1 de la Ley Orgánica 6/1985, de 1 de julio, del Poder Judicial. E igualmente, habrán de personarse con la debida representación procesal a través de procurador legalmente habilitado para actuar ante el tribunal que ha de conocer del juicio según lo dispuesto en el invocado art. 23.1 LEC, 3 del Real Decreto 1281/2002, de 5 de diciembre, por el que se aprueba el Estatuto General de los Procuradores de los Tribunales de España y 543 y 545.1 LOPJ.

7.4. Procedimiento

De conformidad con lo dispuesto en los arts. 248.2.1.º y 249.1.5.º LEC, las demandas en que se ejerciten acciones relativas a condiciones generales de la contratación, siempre y cuando no supongan acciones de cesación en defensa de los intereses colectivos y difusos de los consumidores, habrá de tramitarse, por las reglas del juicio ordinario, regulado en los arts. 399 y ss. LEC.

El art. 71.2 LEC dispone a tal efecto que *"el actor podrá acumular en la demanda cuantas acciones le competan contra el demandado, aunque provengan de diferentes títulos, siempre que aquellas no resulten incompatibles entre sí"*. También será posible según autoriza el art. 71.4 LEC el planteamiento de dos acciones que, aunque resulten incompatibles entre sí, las pretenda hacer valer el actor con carácter subsidiario para el supuesto de no resultar exitosa la pretensión principal. Así lo refrenda también la STS de 10 de abril de 2003: "*No se puede afirmar que las acciones formuladas por la actora son incompatibles o alternativas, ya que la jurisprudencia de la Sala Primera tiene claramente establecido que, para la acumulación objetiva de acciones, ya sea simultánea o sucesiva, no cabe exigir compatibilidad material si una se formula con carácter eventual o subsidiario. En este supuesto el fundamento o causa de pedir de las acciones articuladas en la demanda y en la réplica, con carácter principal y subsidiario, es el mismo: el impago de la deuda principal y la exigencia de pago a cargo de la entidad fiadora*". En el mismo sentido se pronuncia, la STS de 16 de octubre de 2006 al resolver sobre una compraventa litigiosa en los siguientes términos: "*las acciones, si bien son inconfundibles, no son incompatibles siempre que se presenten una como principal y la otra como subsidiaria, que es lo que ha ocurrido en el caso, en el que es lógica una pretensión de que se tenga por nula la compraventa pero que, en el supuesta de que hubiera de considerarse válida, se declare ineficaz por fraude de los derechos del acreedor que reclama*".

Como sintetiza la SAP de Barcelona, Sección 4.ª, de 11 de junio de 2019, son presupuestos para la acumulación objetiva de acciones, los siguientes:

a) Compatibilidad de pretensiones. Las acciones no pueden excluirse ni ser contrarias entre sí (salvo en la acumulación subsidiaria o alternativa)

b) Conexión subjetiva. No se requiere que las acciones dimanen de un único título. Solo es preciso que se dirijan contra un mismo demandado.

c) Competencia objetiva. El tribunal la debe reunir tanto por razón de la materia como de la cuantía, si bien, en este caso, el que puede lo más puede lo menos.

d) Competencia territorial. Se atribuye al tribunal que conozca de la acción fundamento de la demás. Subsidiariamente, al que conozca de un mayor número de acciones acumuladas. Y, en último término, a quien conozca de la pretensión de mayor cuantía.

e) Procedimiento adecuado. Las acciones no deben tramitarse por juicios distintos (ordinario y especial o dos especiales distintos).

7.5. Cuantía

Ejercitándose una acción declarativa de nulidad, la cuantía ha de fijarse como indeterminada, conforme a lo establecido en el art. 253.3 LEC, siendo en todo caso la eventual devolución de cantidades consecuencia inherente de la nulidad impetrada. De modo idéntico es indeterminada si a la acción de nulidad se acumulara la de cesación, toda vez que la acción rectora de las diferentes acumuladas es la merodeclarativa, constituida como un *prius lógico* para el análisis de la ulterior. Cuestión distinta sería si por el actor se acumulara de modo expresa a la acción de nulidad o cesación una de reclamación de cantidad, en cuyo caso concurriendo una acción de cuantía indeterminada con otra de cuantía determinada, habrá de tomarse como cuantía la correspondiente a esta última.

En consecuencia, como es corroborado por la SAP Álava, Sección 1.ª, de 22 de diciembre de 2017, ejercitándose una acción de nulidad de condiciones generales de la contratación, deberá entenderse esta de cuantía indeterminada.:

"(...) hemos de comenzar indicando, y empezando por la impugnación de la cuantía, que, según el artículo 255.1 de la LEC: el demandado podrá impugnar la cuantía de la demandada cuando entienda que, de haberse determinado de forma correcta, el procedimiento a seguir sería otro, o resultaría procedente el recurso de casación, y, no sucede ello en el presente caso, pues, según el artículo 249.1.5.º de la misma Ley Procesal, se decidirán en el juicio ordinario, cualquiera que sea su cuantía: las demandas en que se ejerciten acciones relativas a condiciones generales de la contratación en los casos previstos en la legislación sobre esta materia, salvo lo dispuesto en el punto 12.º del apartado 1 del artículo 250, excepción que no resulta de aplicación al presente caso.

Es decir, que la cuantía no afecta ni al procedimiento a seguir, en todo caso el juicio ordinario, ni al recurso de casación porque nos e ha tramitado como juicio ordinario por la cuantía sino por razón de la materia".

Aborda también la cuestión de la determinación de la cuantía la SAP de A Coruña, Sección 6.ª, de 2 de mayo de 2017, ratificando su carácter indeterminado:

"Debe recordarse que el artículo 255 LEC establece que el demandado podrá impugnar la cuantía de la demanda cuando entienda que, de haberse determinado de forma correcta, el procedimiento a seguir sería otro, o resultaría procedente el recurso de casación y que en el juicio ordinario se impugnará la adecuación del procedimiento por razón de la cuantía en la contestación a la demanda y la cuestión será resuelta en la audiencia previa al juicio. Pues bien, a la vista de lo establecido en dicho artículo es evidente que la alegación efectuada por los recurrentes es improcedente y extemporánea por las razones que seguidamente se expondrán. Los demandados impugnaron la cuantía del procedimiento en la contestación a la demanda, pero al mismo tiempo reconocían en su escrito de alegaciones que dicha impugnación no influiría no obstante en el tipo de procedimiento, y esto por cuanto como se indica de contrario y conforme a lo establecido en el artículo 249.1.8.ª de la LEC este siempre seguiría las reglas del procedimiento ordinario. Tampoco influye dicha cuantía en la procedencia del recurso de casación. En consecuencia, dicha impugnación es improcedente".

Y también la SAP de Soria, Sección 1.ª, de 8 de septiembre de 2017 señala:

"La fijación de la cuantía como indeterminada es correcta, puesto que realmente lo que se está ejercitando es la declaración de nulidad de la cláusula suelo abusiva, y la devolución de las cantidades indebidamente pagadas, en aplicación de dicha cláusula suelo. Por lo que, es evidente que dichas cantidades no se pueden cuantificar en el momento de presentación de la demanda, sino que, como es fijado en la sentencia, se determinan en la fase de ejecución de la misma. Por lo que nos encontraríamos ante una demanda de cuantía indeterminada. Añadiendo correctamente la juez, que no nos encontramos, como así es, en dos acciones acumuladas, sino una única, que es la declaración de nulidad de una cláusula, la del suelo, con los efectos de devolución de las cantidades indebidamente percibidas por la entidad bancaria, en aplicación de dicha cláusula. Por lo que la cuantía del procedimiento sería indeterminada".

La SAP de Vizcaya, Sección 4.ª, de 26 de marzo de 2018, realiza un minucioso análisis con motivo de la impugnación de la cuantía del procedimiento, exponiendo de modo pormenorizado la necesaria conclusión del carácter indeterminado de la cuantía:

"SÉPTIMO. Sobre la cuantía del procedimiento

45. En el cuarto motivo del recurso se sostiene que conforme al art. 252.2.º LEC el procedimiento tiene por cuantía la reclamación de cantidad, 623,03 €. Considera inaplicable el art. 253.3 LEC, como hace la sentencia recurrida que deja aclarada esta cuestión en evitación de futuras controversias en sede de ejecución. Añade que la regla de aplicación es el art. 252.2.º porque cuando se acumulan acciones y «el importe de cualquiera de ellas no fuera cierto y líquido, solo se tomarán en cuenta el valor de las acciones cuyo importe sí lo fuera», como el caso de autos.

46. Lo primero que hay que precisar es que el procedimiento a tramitar no se determinó por la cuantía, sino por la materia. Se aplicó la regla del art. 249.1.5.º LEC, por ejercitarse «acciones relativas a condiciones generales de la contratación en los casos previstos en la legislación sobre esta materia», sin que opere la excepción del art. 250.1.12.º LEC porque no se ejercita una acción de cesación en defensa de intereses colectivos y difusos de los consumidores y usuarios. El cauce procesal se determina por la materia, siendo irrelevante la cuantía, aunque sea preceptiva designarla conforme al art. 253.1 LEC, a efectos de acceso a casación, postulación y costas.

47. Para cumplir con la exigencia de determinar la cuantía, el art. 253.1 LEC remite a los preceptos que le preceden, los arts. 251 y 252 LEC. Debe determinarse la cuantía con claridad y precisión según el art. 253.2, sin que sea posible «hacer recaer sobre el demandado la carga de determinar la cuantía». Si no fuera posible hacerlo, el art. 253.3 LEC dispone el remedio, que es entender de cuantía indeterminada según el art. 253.3 LEC.

48. La demanda pretendía en el apartado I del "suplico" (rectius petición como la denomina el art. 399.5 LEC) la declaración de nulidad de la cláusula quinta del préstamo con garantía hipotecaria suscrito entre las partes. En el apartado II se reclamaba que, en consecuencia, se condenara a la entidad demandada a estar y pasar por tal declaración y abonar las cantidades que se pagaron como consecuencia de la aplicación de la cláusula previamente declarada nula. Para fundamentarlo no distingue entre ambas peticiones, sino que justifica la abusividad de la cláusula quinta del préstamo, y entiende que la consecuencia que acarrea la nulidad es el pago de las cantidades que hubieron de atenderse en aplicación de esa cláusula abusiva, y, por tanto, nula. Si no hay nulidad no hay condena a cantidad, de modo que no se trata de dos acciones acumuladas, ni siquiera de forma subsidiaria. La reclamación de cantidad es tan solo la consecuencia de la nulidad pretendida, que es el objeto esencial del litigio.

49. Hay que insistir que siendo esos los términos de la causa petendi y petitum del consumidor demandante, no hay dos acciones, sino una sola. Lo que pretende el demandante es la declaración de nulidad, por abusiva, de una cláusula que contiene el préstamo con garantía hipotecaria. Ello supone, como consecuencia incluso apreciable de oficio (STS 26 julio 2000, rec. 2925/1995 y 12 julio 2006, rec. 3639/1999), que se han de pagar las cantidades que tuvo que satisfacer el consumidor en aplicación de esa previsión. Por tanto, no es aplicable el art. 252.2 LEC, que regula la pluralidad de objetos, porque no hay acciones acumuladas (la segunda petición no puede plantearse sin que previamente se estime la primera), sino una sola, la petición de nulidad por abusiva de la cláusula que acarrea la consecuencia dineraria que se expone en la petición.

50. Desde tal premisa, la reclamación esencial que persigue la declaración de abusividad de la cláusula, no tiene regla específica de cuantificación en el art. 25 I LEC, porque se trata de una cuestión estrictamente jurídica. Lo que se discute es si la cláusula cumple o no el estándar que exigen las normas de protección de los consumidores, es decir, si superan un control de abusividad que es cuestión jurídica, porque lo que se dilucida es la validez de una cláusula. En situaciones semejantes, en las que se dilucida es la validez de un acto jurídico, como aquí la validez de una cláusula contractual, los tribunales han entendido que la cuantía del procedimiento es indeterminada. Así, la impugnación de la validez de la Junta General de una sociedad capitalista (SAP Valencia, Secc. 9.ª, 9 noviembre 2011, rec. 592/2011), la impugnación de acuerdos de comunidades de propietarios (STS 24 julio 1997, rec. 2366/1993, 3 marzo 1998, rec. 448/1994), o la nulidad de actuaciones STS 20 febrero 2003, rec. 2037/1997).

51. Explica al respecto la STS 24 julio 1997, rec. 2366/1993 que "Es cierto que la impugnación de un acuerdo que debió reunir la unanimidad de los copropietarios, según exige la norma 1.ª del artículo 16 de la Ley de Propiedad Horizontal, al no existir un especial pronunciamiento en este caso sobre el proceso a tramitar, ha de seguirse el juicio declarativo que por la cuantía corresponda y así lo tiene declarado la jurisprudencia, pero nunca ha dicho que la cuantía se determine por el importe de las obras que, si se obtuviere el acuerdo, se podrían realizar [...] lo realmente querido en la demanda es manifestar la discrepancia e impedir quedar vinculados por el acuerdo tomado por el resto de los comuneros, impedir la caducidad y con ello que el acuerdo se tenga por unánime y alcance validez jurídica, con lo que ciertamente se imposibilita la construcción del aparcamiento, pero sin que a la pretensión, de cuantía inestimable por solicitarse del órgano jurisdiccional un pronunciamiento estrictamente jurídico, sin valor económico en sí mismo considerado, pueda asignársele, tal como con pleno acierto afirma la Audiencia, la cuantía del costo de la construcción del tan meritado aparcamiento".

52. El art. 253.3 LEC se aplica si "el actor no puede determinar la cuantía ni siquiera de forma relativa, por carecer el objeto de interés económico". No es posible identificar el objeto del pleito, que es la nulidad de la cláusula, con sus consecuencias, que sí revisten interés económico determinable. De hecho, es posible presentar un primer procedimiento solo para reclamar la nulidad de la cláusula, sin reclamar las consecuencias económicas que deriven del mismo que se reservan para otro posterior (SAP León, Secc. 1.ª, 26 mayo 2017, rec. 226/2016). Ese proceso que solo persigue la nulidad debe también concretar la cuantía, por exigencia del art. 253.1 LEC, siendo lo más coherente con la jurisprudencia señalada antes que, al versar sobre una cuestión jurídica, se considere indeterminada. Obtenida la declaración de nulidad, si no hay satisfacción porque el banco no la ofrece, es posible formular nueva demanda, esta de exclusivo objeto económico, y por tanto de la cuantía que dispone el art. 251.1 O LEC, lo que puede afectar incluso a la competencia objetiva, como ha explicado el AAP Bizkaia, Secc. 3.ª, 10 enero 2018, rec. 453/2017.

53. No siendo aplicables las reglas de los arts. 251 y 252 LEC, el procedimiento que versa sobre una cuestión jurídica, la nulidad por abusiva de una condición general de la contratación, debe considerarse de cuantía indeterminada conforme al art. 253.3 LEC, lo que es relevante para aplicar por el Letrado de la Administración de Justicia la regla del art. 394.3

LEC en el momento en que se tasen las costas, razones por las que se desestimará este motivo del recurso".

El mismo parecer, decretando el carácter indeterminado de la cuantía se expresa en la SAP de Segovia, Sección 1.ª, de 27 de marzo de 2018:

Por su parte, la entidad demandada impugnó la sentencia cuestionando, en primer lugar, la cuantía del procedimiento. En este orden de cosas, la Sala considera que la cuantía no puede identificarse con la cantidad pagada en aplicación de la cláusula que se declare nula, y cuyo reintegro se pretende en la demanda porque no es de aplicación la regla de los arts. 249.2 y 250.2 LEC, pues en todo caso el procedimiento debe tramitarse como Juicio Ordinario en aplicación del art. 249.2.5.º LEC . Sin embargo, el hecho de que el procedimiento deba encauzarse a través del Juicio Ordinario por razón de la materia no exime de la obligación de concretar la cuantía, como ordena el art. 253.1 LEC, con la relevancia que ello tiene a efecto de costas y acceso a los recursos extraordinarios. La cuantía se determina, según el citado art. 253 LEC, conforme a lo previsto en los preceptos que le preceden.

Las del art. 251 LEC no son aplicables, pues ninguna se refiere a la nulidad de condiciones generales, y las del art. 252 LEC se emplearán si hay acumulación subjetiva de acciones, teniendo en cuenta el valor de cada una de las acumuladas. En consecuencia, la cuantía del litigio podría considerarse indeterminada conforme al art. 253.3 LEC, máxime cuando en los casos en que se pretende la nulidad de cláusulas abusivas, los efectos de la declaración de dicha nulidad se producirían ex lege, siendo que en estos casos lo que se dilucida es la validez o nulidad de una determinada cláusula (en este concreto caso, de dos), sin que haya norma específica en los arts. 251 y 252 LEC que permitan concretarla, por lo que, en definitiva, consideramos que la cuantía propuesta en la demanda, como indeterminada, es correcta, procediendo en consecuencia rechazar el primer motivo de impugnación (que no sería propiamente de la sentencia) formulado por BANKIA, S. A.

Con base a los criterios sentados por la Sección Cuarta de la Audiencia Provincial de Murcia, en el fundamento quinto de la Sentencia de 28 de marzo de 2018, la Junta Sectorial de Jueces de 1.ª Instancia de Murcia especializados en procedimientos de nulidad de condiciones generales de la contratación en préstamos con garantía inmobiliaria cuyo prestatario sea persona física, acordó en fecha de 12 de julio de 2018, acordó que no se considerará que la cuestión referida a la cuantía de la demanda afecte o suponga un defecto legal en el modo de proponer la demanda.

También la SAP de Baleares, Sección 5.ª, de 26 de abril de 2018, ha dado respuesta a esta cuestión concluyendo el carácter indeterminado de la cuantía, incidiendo una vez más en que la acción ejercitada es la de nulidad individual de condiciones generales de la contratación:

"En cuanto al fondo, convenimos con la parte apelante que, precisamente porque la acción que de manera principal que se ejercita con la demanda, es la nulidad de una de las cláusulas del contrato de préstamo, la fijación que se efectúa en la demanda, como de cuantía indeterminada, es plenamente conforme a derecho, con independencia del alcance y efectos que produzca la nulidad para el caso de que prosperase dicha acción, lo que sería una

consecuencia de la nulidad y no una acción propia o independiente de la acción principal. Consideramos que no nos encontramos en ningún supuesto de acciones acumuladas del artículo 252.2 LEC, con una acción principal de nulidad con su efecto de eliminación de la misma del contrato, y una restitutoria de la devolución de prestaciones derivada de la cláusula, sino ante el ejercicio de una acción de nulidad, con relación a la cual se solicita la restitución de las prestaciones, como consecuencia ex lege de dicha nulidad, y por así disponerlo el artículo 1.303 del Código Civil. Se aprecia una notable dificultad de cuantificar, pues alguno de los gastos de dicha cláusula anulada es posible que pudieren producirse en el futuro. En consecuencia, se estima dicho motivo del recurso, y se declara que la cuantía del procedimiento es indeterminada".

En Aragón, la SAP de Zaragoza, Sección 5.ª, de 4 de mayo de 2018, despacha igualmente esta cuestión corroborando el carácter indeterminado de la cuantía:

"Estima la recurrente que conforme a los arts. 251 y ss. de la LEC la cantidad del litigio pudo ser fijada, por lo que la sentencia es incongruente en este extremo. Estima la sala que la pretensión principal de la que derivan los efectos reclamados, la nulidad de una condición general de un contrato de financiación de bienes inmuebles con garantía hipotecaria, es de cuantía indeterminada, es la acción principal y es de la que se derivan las demás; de ahí que la cuantía del litigio ha de ser indeterminada con arreglo al art. 253.3 de la LEC. Los artículos precedentes regulan la determinación de las cuantías económicamente cuantificables y no son de aplicación al caso, en el que la pretensión principal es, precisamente, de cuantía indeterminada".

Y en el mismo mes de mayo, al igual que ya se había pronunciado con anterioridad la Audiencia de Vizcaya, la SAP de Vitoria, Sección 1.ª, de 18 de mayo de 2018, confirma igualmente la cuantía indeterminada desestimando la impugnación de la entidad bancaria:

"Cuantía del procedimiento. En la demanda inicial del proceso se consideró indeterminada la cuantía del procedimiento. La demandada, en la contestación, se opuso en este particular al considerar que la reclamación de cantidad concreta por el importe de los gastos determinaba la cuantía del procedimiento. Por auto de 30 de noviembre de 2017, la Juzgadora de instancia fijó la cuantía como determinada en el importe reclamado: 1.539,01 euros. La cuantía del procedimiento, como resulta del art. 251 LEC, se fijará según el interés económico de la demanda.

Si bien el artículo 252 LEC, citado por la recurrente, refiere el importe de la cuantía en el supuesto de acumulación de acciones, también lo es que distingue entre la acumulación de acciones principales y de acciones que provienen del mismo título o son accesorias de una principal. En el supuesto de acumulación de acciones principales, la cuantía viene concretada por la de mayor valor.

Si las acciones provienen del mismo título o son accesorias de una principal, por la suma de todas ellas. Pero solo se tomará en cuenta el importe de las acciones cuyo valor «no fuera cierto y líquido». Expresión, «no fuera cierto y líquido», que no puede equipararse con que el interés económico sea «inestimable o no determinable, ni aun de forma relativa», art. 253.2 LEC, como puede deducirse de la declaración de nulidad por abusivas de una o más cláusulas de un contrato, cuya cuantificación no es determinable ni aun de forma relativa, cual es el caso de autos donde, además de los concretos gastos cuyo reintegro se valora económicamente, la cláusula de gastos se refiere genéricamente a unos hipotéticos gastos por impuestos, costas procesales u otros, cuya valor, en su caso, además de inestimable, no es consecuencia del contenido obligacional del contrato. La reclamación económica no es accesoria, es consecuencia de la nulidad.

En cualquier caso, la acumulación de una acción de nulidad en relación con otra cláusula del contrato, vencimiento anticipado, sin reclamación de cantidad alguna, pone de relieve lo naturaleza inestimable o no determinable del valor de la acción, cuya única finalidad es la anulación y con ello su no aplicación. Por todo ello se debe estimar el motivo de la impugnación, y en consecuencia fijar que la cuantía del procedimiento es indeterminada".

Y en Salamanca, también es resuelto por la SAP de Salamanca, Sección 1.ª, de 21 de junio de 2018:

"Cuantía del Procedimiento. La parte impugnante considera que no debe fijarse como indeterminada la cuantía del procedimiento ya que no hay imposibilidad de concretar el interés económico del pleito, ya que atendiendo a lo pedido), tan solo de la nulidad de cláusula quinta (gastos) del préstamo objeto de litis, se derivan consecuencias económicas de reintegro por su mandante, pues de la nulidad de la cláusula sexta (intereses de demora) tan solo se interesa la nulidad y la propia parte actora establece la cuantía sobre la que versa el pleito, siendo 1.418,05 euros el importe reclamado. Sin embargo, esta Sala no comparte dicha argumentación porque la acción que de manera principal que se ejercita con la demanda, es la nulidad de varias de las cláusulas del contrato de préstamo. La fijación que se efectúa en la demanda, como de cuantía indeterminada es correcta, con independencia del alcance y efectos que produzca la nulidad para el caso de que prosperase dicha acción, lo que sería una consecuencia de la nulidad. Lo que pretende el demandante es la declaración de nulidad por abusiva, de una cláusula que contiene el préstamo con garantía hipotecaria. Ello supone, como consecuencia que se han de pagar las cantidades que tuvo que satisfacer el consumidor en aplicación de esa previsión. Por tanto, no es aplicable el art. 252.2 LEC, que regula la pluralidad de objetos, la segunda petición no puede plantearse sin que previamente se estime la primera, nulidad que acarrea la consecuencia dineraria. Desde tal perspectiva, la reclamación esencial que persigue la declaración de abusividad de la cláusula, no tiene regla específica de cuantificación, porque se trata de una cuestión estrictamente jurídica. Lo que se discute es si la cláusula cumple o no el estándar que exigen las normas de protección de los consumidores, es decir, si superan un control de abusividad que es cuestión jurídica, porque lo que se dilucida es la validez de una cláusula. En consecuencia, no se estima dicho motivo del recurso, y se declara que la cuantía del procedimiento es indeterminada".

Y la misma conclusión es alcanzada por la Sentencia del Juzgado de 1.ª Instancia n.º 8 de Donostia de 3 de octubre de 2018, al resolver la impugnación de la cuantía por la entidad demandad en un caso en que se propugnaba la nulidad de la cláusula de gastos hipotecarios, intereses de demora y vencimiento anticipado:

"Entrando en la resolución de la cuestión de fondo, puede anticiparse ya la decisión de la misma. La cuantía del procedimiento de una demanda de nulidad de una cláusula contractual

como la que nos ocupa, debe considerarse de cuantía indeterminada al perseguirse la nulidad por abusiva de una condición general de la contratación.

La controversia entre partes se expone de la siguiente manera. Se presenta una demanda de nulidad de una cláusula de la hipoteca, solicitando que se declare nula por abusiva la citada cláusula del préstamo hipotecario y en su consecuencia se solicita también la devolución o reintegro de las cantidades que indebidamente se hubieran abonado en aplicación de esa cláusula que se considera nula. El consumidor (demandante de este pleito) señala en la demanda «cuantía indeterminada», al considerar que es aplicable lo dispuesto en el artículo 253.3 LEC: «Cuando el actor no pueda determinar la cuantía ni siquiera en forma relativa, por carecer el objeto de interés económico, por no poderse calcular dicho interés conforme a ninguna de las reglas legales de determinación de la cuantía, o porque, aun existiendo regla de cálculo aplicable, no se pudiera determinar aquella al momento de interponer la demanda, esta se sustanciará conforme a los cauces del juicio ordinario».

El Banco (parte demandada), sostiene que la cuantía del procedimiento (sobre todo a efectos de costas) es determinada y no cuantía indeterminada, representada por la cantidad solicitada en devolución, toda vez que el precepto aplicable es el artículo 252.2 a de la LEC: «Cuando en el proceso exista pluralidad de objetos o de partes, la cuantía de la demanda se calculará de acuerdo con las reglas siguientes:

2.ª. Si las acciones acumuladas provienen del mismo título o con la acción principal se piden accesoriamente intereses, frutos, rentas o daños y perjuicios, la cuantía vendrá determinada por la suma del valor de todas las acciones acumuladas. Pero si el importe de cualquiera de las acciones no fuera cierto y líquido, solo se tomará en cuenta el valor de las acciones cuyo importe sí lo fuera».

En este sentido debe concluirse la controversia considerando la cuantía del procedimiento como indeterminada, por lo que no son aplicables las reglas de los artículos 251 y 252 LEC, en base a los siguientes razonamientos. Lo primero que hay que precisar es que el procedimiento a tramitar no se determinó por la cuantía, sino por la materia. Se ha aplicado la regla del art. 249.1.5.º LEC, por ejercitarse «acciones relativas a condiciones generales de la contratación en los casos previstos en la legislación sobre esta materia». El cauce procesal, por tanto, se ha determinado por la materia, siendo irrelevante la cuantía, aunque sea preceptiva designarla conforme al art. 253.1 LEC, a efectos de acceso a casación, postulación y costas. Para cumplir con la exigencia de determinar la cuantía, el art. 253.1 LEC remite a los preceptos que le preceden, los arts. 251 y 252 LEC. Debe determinarse la cuantía con claridad y precisión según el art. 253.2, sin que sea posible «hacer recaer sobre el demandado la carga de determinar la cuantía». Si no fuera posible hacerlo, el art. 253.3 LEC dispone el remedio, que es entender de cuantía indeterminada según el art. 253.3 LEC.

La demanda pretende de un lado la declaración de nulidad de la cláusula del préstamo hipotecario, y de otro, se reclama que, en consecuencia, se condenara al Banco a abonar las cantidades que se pagaron como consecuencia de la aplicación de la cláusula previamente declarada nula. Por tanto, si no hay nulidad no hay condena a cantidad, de modo que no se trata de dos acciones acumuladas, ni siquiera de forma subsidiaria, ni pueden tener la consideración accesoria de frutos, rentas o intereses, a que se refiere el artículo 252 LEC.

La reclamación de cantidad es tan solo la consecuencia directa e ineludible, en el caso d estimación de la nulidad pretendida, que es el objeto esencial del litigio.

No existen, por tanto, dos acciones acumuladas ni una con petición accesoria de frutos, rentas o intereses, sino una sola que tiene por su estimación unas consecuencias que incluyen la reclamación dineraria. Lo que pretende el demandante es la declaración de nulidad, por abusiva, de una cláusula que contiene el préstamo con garantía hipotecaria. Ello supone, como consecuencia incluso apreciable de oficio, que se han de pagar las cantidades que tuvo que satisfacer el consumidor en aplicación de esa previsión. Por tanto, no es aplicable el art. 252.2 LEC, que regula la pluralidad de objetos, porque no hay acciones acumuladas (la segunda petición no puede plantearse sin que previamente se estime la primera), sino una sola, la petición de nulidad por abusiva de la cláusula que acarrea la consecuencia dineraria que se expone en la demanda.

Aclarado lo anterior, resulta de aplicación el art. 253.3 LEC se aplica si «el actor no puede determinar la cuantía ni siquiera de forma relativa, por carecer el objeto de interés económico». No es posible identificar el objeto del pleito, que es la nulidad de la cláusula, con sus consecuencias, que sí revisten interés económico determinable. Ese proceso que solo persigue la nulidad debe también concretar la cuantía, por exigencia del art. 253.1 LEC, siendo lo más coherente que, al versar sobre una cuestión jurídica, se considere indeterminada.

Razonamientos como los expuestos son recogidos entre otras por la SAP de Vizcaya (Sección 4.ª), de fecha 26.03.2018, o la SJPI 11 bis Bilbao 6 septiembre 2017, cuyo FJ 6.º responde a esta controvertida cuestión argumentando; «En cuanto a la cuantía del procedimiento, que ha sido cuestionada por la demandada, la misma debe considerarse indeterminada por quedar comprendida en los supuestos del artículo 253.3 de la Ley de Enjuiciamiento Civil. Ello es así en tanto que se ejercitan acciones declarativas de nulidad de cláusulas abusivas, de las que derivan, como 'efecto ex lege', determinadas 'consecuencias ineludibles de la validez' (STS 102/2015 de 10 de marzo) y donde la valoración de las mismas corresponde llevarla a cabo de oficio al juzgador. El ejercicio de estas acciones dota al proceso de un objeto que no se limita un mero interés económico propio de una reclamación de cantidad, que no puede calcularse conforme a las reglas legales de determinación de la cuantía y que no puede confundirse con aquellos supuestos en los que, con la acción principal se piden accesoriamente intereses, frutos, rentas o daños y perjuicios como sostiene la demandada. En los casos de nulidad de cláusulas abusivas, los efectos de la declaración de dicha nulidad, como señala el Tribunal Supremo, se producen ex lege, sin que para la restitución de las cantidades que correspondan sea necesaria una petición accesoria relativa a una cuantía determinada impuesta por el principio dispositivo».

Por todo lo expuesto, se fija la cuantía del procedimiento como indeterminada".

La Junta Sectorial de Jueces de 1.ª Instancia y de lo Mercantil de Santander, siguiendo el criterio establecido por el AAP de Cantabria, Sección 4.ª, de 10 de julio de 2018, en su reunión celebrada el pasado 4 de octubre de 2018, adoptaba con nitidez el criterio de la cuantía indeterminada —en este caso refiriéndose a la nulidad de la cláusula de gastos hipotecarios— con siguiente acuerdo:

"En los procesos sobre impugnación de cláusulas de gastos hipotecarios, con fundamento en la LCGC y las normas de protección de consumo, se entiende ejercitada una única acción de cuantía indeterminada con independencia de que a la impugnación de la cláusula de gastos se le sume o no la pretensión del cliente bancario de restituirse por los gatos que pagó. En ambos casos será de cuantía indeterminada.

Este mismo criterio regirá también cuando se reclame la restitución de los gastos ex novo sin antes haber impugnado la cláusula (porque se entiende que en este caso se pide implícitamente su nulidad) pero no cuando se reclamen gastos tras una sentencia previa que anula la cláusula de gastos, supuesto este en que se entiende que la cuantía del proceso viene determinada por la cuantía de los gastos".

En Zamora, es la Sentencia de su AP de 12 de diciembre de 2018, la que incide también en el carácter indeterminado de la cuantía, desestimando la impugnación de la entidad financiera según se expresa:

"Séptimo. Cuantía del procedimiento.

Esta cuestión es planteada por la parte actora y deber resolverse atendiendo a la tesis que en el mismo se expone, es decir, que la cuantía del procedimiento debe ser indeterminada.

En este sentido seguiremos lo expuesto en la Sentencia de Comentario a la Sentencia de la Audiencia de Vizcaya (Sección 4.ª) de fecha 26.03.2018, cuyos argumentos hacemos propios, puesto que estamos ante la tramitación de un Procedimiento Ordinario por razón de la materia, en atención a lo dispuesto en el artículo 253.1 LEC, por ejercitarse «acciones relativas a condiciones generales de la contratación en los casos previstos en la legislación sobre esta materia».

El cauce procesal se determina por la materia, siendo irrelevante la cuantía, aunque sea preceptiva designarla conforme al art. 253.1 LEC, a efectos de acceso a casación, postulación y costas.

Para cumplir con la exigencia de determinar la cuantía, el art. 253.1 LEC remite a los preceptos que le preceden, los arts. 251 y 252 LEC.

Debe determinarse la cuantía con claridad y precisión según el art. 253.2, sin que sea posible «hacer recaer sobre el demandado la carga de determinar la cuantía». Si no fuera posible hacerlo, el art. 253.3 LEC dispone el remedio que es entender de cuantía indeterminada según el art. 253.3 LEC.

En la demanda se pretende, de un lado la declaración de nulidad de la cláusula de gastos del préstamo hipotecario, y de otro, se reclamaba que, en consecuencia, se condenara al Banco a abonar las cantidades que se pagaron como consecuencia de la aplicación de la cláusula previamente declarada nula, de tal manera que si no hay nulidad no hay condena a cantidad, de modo que no se trata de dos acciones acumuladas, ni siquiera de forma subsidiaria. La reclamación de cantidad es tan solo la consecuencia de la nulidad pretendida, que es el objeto esencial del litigio.

Siendo esos los términos de la causa «petendi» y «petitum» del consumidor demandante, no hay dos acciones sino una sola. Lo que pretende el demandante es la declaración de nulidad, por abusiva de una cláusula que contiene el préstamo con garantía hipotecaria. Ello supone, como consecuencia incluso apreciable de oficio, que se han de pagar las cantidades que tuvo que satisfacer el consumidor en aplicación de esta previsión.

Esto implica que no es aplicable el art. 252.2 LEC, que regula la pluralidad de objetos, porque no hay acciones acumuladas (la segunda petición no puede plantearse sin que previamente se estime la primera) sino una sola, la petición de nulidad por abusiva de la cláusula que acarrea la consecuencia dineraria que se expone en la petición.

El art. 253.3 LEC se aplica si «el actor no puede determinar la cuantía ni siquiera de forma relativa, por carecer el objeto de interés económico». No es posible identificar el objeto del pleito, que es la nulidad de la cláusula, con sus consecuencias, que si revisten interés económico determinable.

En definitiva, no siendo aplicables las reglas de los artículos 251 y 252 LEC, el procedimiento que versa sobre una cuestión jurídica, la nulidad por abusiva de una condición general de la contratación, debe considerarse de cuantía indeterminada conforme al art. 253.3 LEC, lo que es relevante para aplicar por el Letrado de la Administración de Justicia la regla del art. 394.3 LEC en el momento en que se tasen las costas, razones por las que desestimará este motivo del recurso".

En Cádiz, la también la SAP de Cádiz, Sección 5.ª, de 20 de junio de 2019, defiende el carácter indeterminado de la cuantía:

"En relación a la cuantía del procedimiento, tal cuestión no puede resolverse en la sentencia, pues excede del contenido de la misma, ya que el examen de la cuantía del procedimiento, lo prevé la Ley de Enjuiciamiento Civil a efectos de determinar la clase de proceso y la procedencia o no de recurso de casación, y así, el art. 254 establece que «1. Al juicio se le dará inicialmente la tramitación que haya indicado el actor en su demanda. No obstante, si a la vista de las alegaciones de la demanda el Letrado de la Administración de Justicia advirtiere que el juicio elegido por el actor no corresponde al valor señalado o a la materia a que se refiere la demanda, acordará por diligencia de ordenación que se dé al asunto la tramitación que corresponda. Contra esta diligencia cabrá recurso directo de revisión ante el Tribunal, que no producirá efectos suspensivos» (...). Una vez calculada adecuadamente la cuantía, se dará al proceso el curso que corresponda. 4. En ningún caso podrá el Tribunal inadmitir la demanda porque entienda inadecuado el procedimiento por razón de la cuantía. Pero si la demanda se limitare a indicar sin más la clase de juicio que corresponde, o si, tras apreciarse de oficio por el Secretario que la cuantía fijada es incorrecta, no existieren en aquella elementos suficientes para calcularla correctamente, no se dará curso a los autos hasta que el actor no subsane el defecto de que se trate", indicando también el Artículo 255. Impugnación de la cuantía y de la clase de juicio por razón de la cuantía. «1. El demandado podrá impugnar la cuantía de la demanda cuando entienda que, de haberse determinado de forma correcta, el procedimiento a seguir sería otro, o resultaría procedente el recurso de casación». En el presente supuesto nada de ello sucede existiendo acuerdo en cuanto al procedimiento, por lo cual y sin perjuicio de entender que lo procedente es la cuantía indeterminada ya que se solicita a declaración de nulidad de dos cláusulas y que la reclamación de cantidad no es sino consecuencia de una de tales

declaraciones, es procedente excluir del fallo de la resolución recurrida la determinación de la cuantía del procedimiento que tampoco fue objeto de pretensión especial ni en la demanda ni contestación".

En la SAP Ávila, de 16 de enero de 2020, se vuelve a revocar la Sentencia favorable de instancia dictada por el Juzgado n.º 2 de Ávila, corrigiendo la cuantificación impuesta por el juzgador y recordando el carácter indeterminado de la acción acogiendo también nuestra tesis sobre la trascendencia que ello proyecta sobre la imposición de costas. Así se expresaba la Audiencia abulense:

"En relación a la cuantía del procedimiento, esta Audiencia Provincial ya se ha pronunciado sobre este extremo, entre otras muchas, Sentencia de 12 de septiembre de 2018, rollo de apelación 192/2018, y auto de la misma fecha, rollo de apelación 168/2018, que indican: "no se puede desconocer que la determinación de la cuantía o valor del bien litigioso ha de reflejarse en la demanda y justificarse documentalmente (art. 264.3 LEC), toda vez que de su concreción puede depender la determinación del procedimiento aplicable (art. 249.2 y 250.2 LEC), o el cumplimiento de la suma de gravamen en la casación (arts. 477.2.2.º y 255.1 LEC), determinación que, además, queda fijada definitivamente en la demanda (arts. 253.1.2.º de la citada Ley) si no es impugnada.

La Sala, previa la oportuna deliberación, considera que la cuantía del procedimiento debe ser indeterminada, y ello por dos razones:

a) Porque como acción principal se estudió la validez o nulidad de una cláusula contractual en un contrato de préstamo con garantía hipotecaria, lo cual supone una acción relativa a condiciones generales de contratación, en los casos previstos en la legislación sobre esta materia (art. 249.1.5.º LEC y Ley de 13 de abril de 1998) que determina que el procedimiento debe sustanciarse en juicio ordinario, no siendo determinable la cuantía por razón del objeto.

b) Porque de no aplicarse la regla anterior, y determinarse la cuantía por la petición accesoria (reintegro de cantidades pagadas indebidamente) el juicio procedente en este caso hubiera sido el juicio verbal (art. 250.2 LEC)".

En Asturias, la fijación de la cuantía es una cuestión controvertida. Así mientras el Juzgado de 1.ª Instancia n.º 6 de Oviedo, se manifiesta favorable a la fijación de la cuantía, su Audiencia Provincial, ha advertido reiteradamente que el control sobre este particular solo procede en los supuestos del art. 255 LEC (inadecuación de procedimiento o acceso a la casación). Así lo expresa en las SSAP de Asturias, Sección 1.ª, de 18 de noviembre de 2019 o 10 de diciembre de 2019, en la que se reitera el criterio ya expresado el 17 de mayo de 2019:

"Al hilo de esta cuestión, debe recordarse la Sentencia de esta sección de 17 de mayo de 2019 en la que se afirma el que cabe admitir primeramente que la fijación de la cuantía por decisión judicial cobra sentido en los casos expresamente contemplados en el art. 255 LEC, ninguno de los cuales concurre en el caso ahora examinado. Pero hemos de añadir también la procedencia de señalar la cuantía de la demanda como elemento determinante para una ulterior y eventual tasación de las costas del proceso, ocurriendo que, en el asunto enjuiciado, y según se dirá en el fundamento siguiente, no se hace expresa imposición de ellas, por lo que su fijación deviene innecesaria".

Y así también era concluido, desde otra Sección, por la SAP de Asturias, Sección 7.ª, de 11 de julio de 2019:

"Como ya nos hemos pronunciado en la reciente sentencia de fecha 17 de mayo de 2019 (Rec. 147/2019), la impugnación sobre la cuantía es improcedente en los términos del artículo 255.1.º LEC en la medida que ambas partes se hallan de acuerdo con el procedimiento seguido y la decisión sobre la cuantía no afecta a la posibilidad de interponer recurso de casación, puesto que en uno y otro supuesto (cuantía indeterminada o la que propugna la parte) ambas podrían acceder solo mediante el interés casaciones, de ahí que se trate de un supuesto de impugnación de cuantía no permitido por el precepto citado e inadmisible, como así se ha señala también en la SAP De Cádiz de 18 de octubre de 2016…".

Pero los asturianos, no lo tienen tan sencillo. Si la fijación de la cuantía ha de resolverse por la Sección 6.ª, en este caso, como expresa la Sentencia de 8 de junio de 2018, en este caso, sí que va a considerarse la cuantía como determinable. Ello nos sumerge una vez más en un estado de incertidumbre jurídica donde la respuesta judicial dependerá del azar al que resulte turnado el caso. Así se expresa:

"Debemos recordar que es constante y reiterada la jurisprudencia sentada por el TC como por el TS, de que la cuantía ha de fijarse en el momento de iniciarse el proceso, y que dicha obligación corresponde al actor conforme previene el art. 253.1 LEC.

Tanto el artículo 255 como el 422 de la LEC solo contemplan la hipótesis de una disidencia que cuestione el procedimiento a seguir, o si sería procedente el recurso de casación; ese acotamiento legal se explica por la intención del legislador de que todas aquellas excepciones procesales que puedan obstaculizar un pronunciamiento sobre el fondo del asunto sean abordadas y, en su caso, subsanadas tan pronto como sea posible evitando el fracaso que representa un pronunciamiento absolutorio en la instancia y consiguiente repetición del juicio.

Ello, no obstante, lo que antecede no puede significar que, fuera de esas hipótesis, el demandado tenga que pasar por la cuantía fijada en la demanda, con la trascendencia que ello puede tener a la hora de liquidar los honorarios de los profesionales que intervienen en el pleito.

En el presente caso, en la demanda se señaló el procedimiento como de cuantía indeterminada toda vez que se ejercita como principal una acción puramente declarativa de nulidad de cláusulas abusivas cuyo impacto económico es inestimable e indeterminable en este momento y cuyas consecuencias no se agotan con la recuperación de unas cantidades determinadas. Cuantía con la que mostró disconformidad la parte demandada al entender que la cuantía debe determinarse en la suma de los conceptos reclamados. Aspecto que fue resuelto en la Audiencia Previa cuantificando la magistrada la cuantía del procedimiento en la cantidad cuya restitución se pide, es decir, 3.437,52 euros.

Criterio con el que la sala muestra su conformidad, consideramos que la cuantía de la demanda es perfectamente estimada y determinable pues la nulidad postulada en la demanda comportaría una obligación de reintegro del total facturado por el notario, registrador y, en su caso, gestor que hubieran intervenido en el otorgamiento de la escritura e inscripción de la misma en el Registro de la Propiedad, previa liquidación del impuesto correspondiente, todo lo cual importa la cantidad fijada por la magistrada en la audiencia previa".

7.6. Objeciones procesales habituales y argumentos para superarlas

7.6.1. Préstamos cancelados. Subsistencia del interés legítimo para la declaración de nulidad de condiciones que pueden conllevar el reintegro de cantidades al usuario.

La cancelación, o con mayor propiedad extinción del préstamo hipotecario, no ha de ser nunca un obstáculo para el ejercicio de la acción de nulidad y reclamación de cantidades indebidamente percibidas como consecuencia de la aplicación de una cláusula abusiva. Al instarse la nulidad (no anulabilidad), los efectos de esta operan con radicalidad y sin posibilidad de subsanación. La nulidad se produce *ipso iure* y por ello de modo imprescriptible. Se alega en suma la nulidad absoluta y radical de la cláusula suelo litigiosa, que como ha declarado la Sentencia del Juzgado. Mercantil n.º 1 de Coruña de 20 de enero de 2015 en procedimiento de nulidad individual de condiciones generales de la contratación, es insubsanable e imprescriptible.

Los afectados mantienen el interés legítimo en la subsistencia del litigio en tanto que junto a la acción merodeclarativa deriva como consecuencia necesaria la devolución de cantidades que hubiera podido ser percibidas de modo indebido como consecuencia de la aplicación de la cláusula controvertida. No puede incurrir en pérdida de derechos quien cumple con sus obligaciones. No se puede hacer de mejor condición legal al cumplidor que al incumplidor o moroso, sería absurdo. El atender y cancelar el préstamo y, después, exigir la nulidad de una cláusula y el reintegro de lo abonado indebidamente no son comportamientos incompatibles y el ejercicio de tal derecho tampoco contraviene la buena fe. Los derechos se conservan y la facultad de ejercer acciones es posible en tanto no caducan o prescriben.

Este mismo supuesto ha sido resuelto ya por la Sentencia del Juzgado de lo Mercantil n.º 1 de Almería de diciembre de 2015 concluyendo sin la menor duda la subsistencia del interés legítimo del actor y la inexistencia de carencia sobrevenida del objeto:

"(...) la cancelación, no es un hecho controvertido pues no ha sido negado por ninguna de las partes, pero entender que tal extremo puede conllevar la carencia sobrevenida del objeto va contra la propia esencia y espíritu de la norma pues es evidente que el contrato de préstamo ahora cancelado desplegó durante su vigencia los efectos que ahora pretende la parte sean corregidos, entre ellos la devolución de cantidades que según los mismos fueron indebidamente cobrados, efectos que no desaparecen por el hecho de que el referido contrato ya no exista, ciñéndose la controversia, por ende, al período de vigencia del mismo, esto es, hasta marzo de 2015".

Idéntica solución es acogida por la Sentencia del Juzgado de lo Mercantil n.º 1 de San Sebastián de 2 de marzo de 2015:

"(...) centrada la cuestión en la pretendida carencia de objeto, mal puede sostenerse que la actora no tenga interés o que el litigo carezca de objeto, porque si se pretende la nulidad de una cláusula cuyas consecuencias son la devolución de importes, y mantenido como se ha sostenido en la audiencia previa que se sigue teniendo interés, el objeto de la controversia sigue plenamente vigente. El actor no pide una sentencia meramente declarativa, que sería irrelevante por estar devuelto el préstamo, sino la condena la restitución de intereses que entiende no debía, lo que es factible si se declara la nulidad del contrato ya cumplido.

Que aclarado, entonces, que sí hay interés. Y no cabe acoger, como se pretende, que la terminación de la eficacia del contrato impida analizar si la aplicación de una cláusula fue correcta o incorrecta, atendidos los parámetros de abusividad que derivan del art. 8 de la Ley 7/1998, de 13 de abril, de Condiciones Generales de la Contratación (LCGC), y por remisión, de su apartado 2, de las previsiones de la Ley 26/1984, de 19 de julio, General para la Defensa de los Consumidores y Usuarios (LGDCU), vigente al tiempo de suscribirse el primer contrato con la demandada.

Al contrario, si la aplicación de una cláusula pretendidamente abusiva o incorporada de modo no transparente, comporta unas consecuencias relevantes, como es el caso, no hay impedimento legal para analizar tales alegaciones. Desde luego la demandada no ha mencionado que precepto impida cuestionar pagos indebidos. El préstamo se habrá cancelado, pero si la aplicación de una cláusula abusiva supuso el abono de cantidades que en realidad nunca se debieron, tesis de la actora, es procedente analizarla, sin que haya justificación legal para que no se verifique. Es cierto que tal declaración no producirá efectos a futuro, porque el contrato ha finalizado. Pero no se ha negado que los ha generado antes de la cancelación del préstamo, de modo que no hay razón para no resolver sobre la cuestión planteada".

Particularmente ilustrativa resulta la Sentencia del Juzgado de lo Mercantil n.º 1 de San Sebastián de 16 de abril de 2015, que analiza con detalle la cuestión debatida:

"Con carácter previo a entrar a analizar la validez de la cláusula suelo-techo incorporada a los contratos, ha de ser resuelto si cabe llevar a cabo dicho control en un contrato de préstamo que a la fecha de interposición de la demanda estaba cancelado.

El contrato fue suscrito el 12 de mayo de 2004 y la parte demandada puso de manifiesto en su contestación a la demanda, y expuso en el acto de la audiencia previa al juicio, que en el mes de marzo del 2013 fue extinguido como consecuencia de su total pago por los demandantes. La defensa de estos, reconoció que, en efecto, se había procedido a su pago, mas defendió que la acción de nulidad que ejercita con base en la LCGC es de naturaleza imprescriptible (artículo 19.4) por lo que entiende viable su pretensión.

Así, la discusión se centra en si cabe entrar a examinar la posible nulidad de una cláusula incorporada a un contrato cuyas prestaciones han sido ya cumplidas y se ha extinguido. Adelanto que la respuesta es afirmativa por los motivos que se exponen a continuación.

En primer lugar, ha de tenerse en cuenta que los actores pretenden la declaración de nulidad de dos cláusulas concretas por razón de abusividad, que, en caso de prosperar, darían lugar a su ineficacia con la subsistencia del contrato (en caso del suscrito en el 2005) siempre que ello sea posible. La base de dicha declaración, se encontraría en la LCGC y en la normativa de protección de los consumidores y usuarios que ha sido invocada.

En segundo lugar, conviene aclarar, que si bien la LCGC remite al CC para la determinación de los efectos de la nulidad (artículos 9 y 10) la acción declarativa de nulidad no estaría sometida al plazo de cuatro años de prescripción del artículo 1.303 del CC por cuanto la acción no se basa en vicios del consentimiento sino en la referida abusividad.

Ello, no obstante, teniendo en cuenta que Caja Rural presenta la cuestión como un problema de imposibilidad de pronunciamiento sobre un contrato extinguido, resulta interesante aclarar que no lo es, utilizando como argumento que la consumación del contrato es, precisamente, el momento a partir del cual comenzaría a correr el citado plazo de cuatro años si fuera aplicable. La consumación, diferente de la perfección, se produciría en el momento de cumplimiento de todas las prestaciones del contrato, lo que generaría su extinción. De ahí que la cancelación del préstamo por su completo pago no sea óbice para el pronunciamiento sobre la validez de la discutida cláusula.

Por lo expuesto, considero que cabe llevar a cabo el control de validez de las cláusulas suelo-techo de ambos contratos, aunque uno de ellos en la actualidad esté cancelado".

Esta línea es igualmente apuntada por la SAP de Ciudad Real, Sección 1.ª, de 16 de noviembre de 2015 al declarar:

"Antes que nada, hay que decir, contestando a una concreta alegación del recurrente, que nada impide el poder abordar tal cuestión aunque el préstamo se cancelara anticipadamente y, por tanto, se resolviera el contrato (...). El ejercicio de las acciones solo tiene como limite el plazo que legalmente se establece para las mismas, si ese plazo se invoca por la contraparte a través de la alegación de prescripción, y evidente a la pretensión del demandante no le alcanzan tales limites, ni se han invocado de contrario".

Y así se ha manifestado, por ejemplo, en torno a este tipo de acciones, al analizar otro préstamo cancelado la Sentencia de la Audiencia Provincial de Burgos, Sección 3.ª, de 6 de julio de 2015, en cuanto a su posible caducidad señalando lo siguiente:

"La excepción se desestima. La acción individual de nulidad de una condición general, que es la que se ha ejercitado en este procedimiento, no está sujeta a un plazo de prescripción, y de hecho el artículo 19 LCGC señala que las acciones de cesación y retractación son, con carácter general, imprescriptibles. Esta ausencia de plazo de caducidad es coherente con el sistema instaurado por la Ley de Condiciones Generales de Contratación, ya que la declaración de nulidad, según los arts. 9 y 10 de la LCGC es la de pleno derecho o absoluta, y no la relativa o anulabilidad sujeta a plazo de caducidad, lo que determina que no esté sujeta al plazo de caducidad del artículo 1.301 del Código Civil. En esta dirección, si se tiene en cuenta que la acción ejercitada es la de nulidad de pleno derecho de dicha cláusula, el que el préstamo hipotecario estuviese ya cancelado dos años antes de presentarse la demanda no puede ser obstáculo de clase alguna para ejercitar dicha acción y sus consecuencias patrimoniales, es decir el reintegro de las cantidades indebidamente exigidas y cobradas por la entidad demandada. Como ejemplo, puede señalarse la sentencia del TS de 29 de abril de 1997".

Por su meridiana claridad, merece citarse la SAP Soria, Sección 1.ª, de 10 de marzo de 2016, que razona motivadamente la subsistencia del interés legítimo del actor, tal y como se transcribe:

"A diferencia de lo alegado por la apelante, sí hay interés en el objeto, y este se mantiene a pesar de haberse cancelado, por amortización anticipada, el contrato de préstamo.

Mantiene la demandada que se ha producido la cancelación del contrato de préstamo en 31 octubre de 2014, seis días antes de la presentación de la demanda (6 noviembre 2014), por lo que en su opinión se produce carencia de objeto del litigio, ya que entiende que no se puede declararse abusiva una cláusula que no existe, por lo que consecuentemente no cabe reclamación alguna. Argumenta que con la cancelación el «derecho real» se ha extinguido de manera que el procedimiento carece de objeto. Habiendo mencionado, en vía de recurso, que procedería la desestimación de la demanda, por inexistencia de objeto litigioso, o por pérdida de interés sobrevenido.

Dice el art. 405.3 LEC que «También habrá de aducir el demandado, en la contestación a la demanda, las excepciones procesales y demás alegaciones que pongan de relieve cuanto obste a la válida prosecución y término del proceso mediante sentencia sobre el fondo». Sin embargo, la carencia de objeto donde se regula es en el art. 22 LEC, para solventar que se produzca de forma sobrevenida, durante el litigio.

Así el art. 22.1 LEC dispone «Cuando, por circunstancias sobrevenidas a la demanda y a la reconvención, dejare de haber interés legítimo en obtener la tutela judicial pretendida, porque se hayan satisfecho, fuera del proceso, las pretensiones del actor y, en su caso, del demandado reconviniente o por cualquier otra causa, se pondrá de manifiesto esta circunstancia y, si hubiere acuerdo de las partes, se decretará por el Secretario judicial la terminación del proceso, sin que proceda condena en costas». La norma regula un acontecimiento sobrevenido («circunstancias sobrevenidas a la demanda y a la reconvención»), que provoca deje de haber interés legítimo en obtener la tutela judicial pretendida. Y esta falta de interés sobrevenida se produce por haberse satisfecho fuera del proceso las pretensiones del actor, o «por cualquier otra causa».

No hay tal carácter sobrevenido, porque la cancelación del préstamo acontece el 31 de octubre de 2014 y la demanda se formula el 6 de noviembre de ese año. Es decir, cuando se presenta la demanda ya consta el dato que se esgrime como causante de la sobrevenida falta de causa, de modo que en realidad no hay tal, sino, en su caso, imposibilidad de ejercicio de la acción que es lo que la argumentación de la parte demandada sugiere. Pero como no se opone en la contestación a la demanda prescripción o caducidad, que tampoco hay razones para apreciar, en realidad no podría apreciarse la pretendida carencia sobrevenida de objeto.

Apartada la posibilidad de apreciar la institución que regula expresamente la LEC, por no ser sobrevenida a la demanda o reconvención, parece que se esgrime como impedimento procesal que impide la válida prosecución del proceso, como previenen los arts. 405.3 y 416.1 LEC, que no disponen un elenco cerrado de excepciones procesales. La tesis del demandado es que la terminación del contrato impide que se declare abusiva la cláusula que surtía efectos durante el mismo.

El actor, en cambio, no solo reclama la nulidad, bien por abusividad, bien por incorporación no transparente al contrato, sino que pretende la devolución de las cantidades que si se apreciara la nulidad acarrearía la aplicación del art. 1303 del Código Civil (CCv). El apartado 3 de la solicitud de la demanda contiene tal petición de modo expreso, petición a la que también objeta el demandado que la entiende inadmisible. Es más, alega inclusive la irretroactividad de la aplicación de la nulidad de la citada cláusula. Pero centrada la cuestión en la pretendida carencia de objeto, mal puede sostenerse que la actora no tenga interés o que el litigo carezca de objeto, porque si se pretende la nulidad de una cláusula cuyas consecuencias son la devolución de importes, y mantenido como se ha sostenido en la audiencia previa que se sigue teniendo interés, el objeto de la controversia sigue plenamente vigente. El actor no pide una sentencia meramente declarativa, que sería irrelevante por estar devuelto el préstamo, sino la condena la restitución de intereses que entiende no debía, lo que es factible si se declara la nulidad del contrato ya cumplido.

Que aclarado, entonces, que sí hay interés. Y no cabe acoger, como se pretende, que la terminación de la eficacia del contrato impida analizar si la aplicación de una cláusula fue correcta o incorrecta, atendidos los parámetros de abusividad que derivan del art. 8 de la Ley 7/1998, de 13 de abril, de Condiciones Generales de la Contratación (LCGC), y por remisión, de su apartado 2, de las previsiones de la Ley 26/1984, de 19 de julio, General para la Defensa de los Consumidores y Usuarios (LGDCU), vigente al tiempo de suscribirse el contrato con la demandada (2006, antes de la entrada en vigor del RDL de 2007).

Al contrario, si la aplicación de una cláusula pretendidamente abusiva o incorporada de modo no transparente, comporta unas consecuencias relevantes, como es el caso, no hay impedimento legal para analizar tales alegaciones. Desde luego la demandada no ha mencionado que precepto impida cuestionar pagos indebidos. El préstamo se habrá cancelado, pero si la aplicación de una cláusula abusiva supuso el abono de cantidades que en realidad nunca se debieron, tesis de la actora, es procedente analizarla, sin que haya justificación legal para que no se verifique. Es cierto que tal declaración no producirá efectos a futuro, porque el contrato ha finalizado. Pero no se ha negado que los ha generado antes de la cancelación del préstamo, de modo que no hay razón para no resolver sobre la cuestión planteada.

Esto supone la desestimación del impedimento procesal de carencia de objeto, que cabe apartar en sentencia, como ha dicho la STS 19 noviembre 2014, rec. 2452/2013, cuando como es el caso".

La SAP de Asturias, Sección 6.ª, de 21 de julio de 2017, deniega la pérdida sobrevenida de objeto conforme al art. 22 refiriendo:

"(...) no cabe soslayar que lo alegado por aquellos es la nulidad de la cláusula referida, que la acción de nulidad es imprescriptible, que el agotamiento del contrato no puede enmascarare la existencia de una cláusula nula que como tal de declararse así ningún efecto podría producir. Debiendo asimismo tener en cuenta la Sentencia del Tribunal de Justicia de la UE de 21 de diciembre de 2016, de cuya lectura se infiere que el único límite al principio de no vinculación sería la existencia de cosa juzgada, lo que no es el caso".

En tierras alavesas, la SAP Álava, Sección 1.ª, de 22 de diciembre de 2017, confirma también el carácter imprescriptible de la acción de nulidad que pretende la recuperación de las cantidades indebidamente abonadas por un usuario en aplicación de la cláusula suelo:

CUARTO. Y es que no compartimos con la parte demandante, la extinción previa de las obligaciones pedidas en la demanda.

El artículo 8 de la Ley de Condiciones Generales de la Contratación dispone que son nulas de pleno derecho las condiciones generales que contradigan en perjuicio del adherente lo dispuesto en esta Ley o en cualquier otra norma imperativa o prohibitiva, salvo que en ellas se establezca un efecto distinto para el caso de contravención. En particular, serán nulas las condiciones generales que sean abusivas, cuando el contrato se haya celebrado con un consumidor.

Y, según el artículo 83 del Real Decreto Legislativo 1/2007, de 16 de noviembre, por el que se aprueba el texto refundido de la Ley General para la Defensa de los Consumidores y Usuarios y otras leyes complementarias: las cláusulas abusivas serán nulas de pleno derecho y se tendrán por no puestas.

Esta nulidad absoluta es proclamada en la sentencia del Tribunal Supremo de 9 de mayo de 2013 recurso 485/2012, y es reiterada en otras posteriores, como la de 25 de marzo de 2015, recurso 2351/2012.

Al respecto, la sentencia del Tribunal Supremo de 18 de octubre de 2005, recuerda con cita de la sentencia de 4 de noviembre de 1996, que «la nulidad es perpetua e insubsanable, el contrato viciado de nulidad absoluta en ningún caso podrá ser objeto de confirmación ni de prescripción» (en el mismo sentido la sentencia de 14 de marzo de 2000, entre muchas otras).

En el mismo sentido la sentencia núm. 654/2015 de 19 de noviembre proclama que: «tratándose de nulidad radical (inexistencia) no cabe la confirmación o convalidación posterior del contrato. Siendo doctrina reiterada de esta Sala que la inexistencia o nulidad radical no puede ser objeto de confirmación, o convalidable por los actos propios (Sentencias de 11 de diciembre de 1986, 7 de enero de 1993, 3 de mayo de 1995, 21 de enero y 26 de julio de 2000, 1 de febrero y 21 de diciembre de 2002 y 16 de febrero de 2012, entre otras muchas). Como recuerda la Sentencia 187/2015, de 7 de abril 'la jurisprudencia en torno a la doctrina de los actos propios, cuya base legal se encuentra en el artículo 7 CC, con carácter general, exige la concurrencia de las siguientes circunstancias: i) que el acto que se pretenda combatir haya sido adoptado y realizado libremente; ii) que exista un nexo causal entre el acto realizado y la incompatibilidad posterior; iii) que el acto sea concluyente e indubitado, constitutivo de la expresión de un consentimiento dirigido a crear, modificar y extinguir algún derecho generando una situación desacorde con la posterior conducta del sujeto. Pero como presupuesto esencial para su aplicación, resulta imprescindible que el acto sea susceptible de ser confirmado... la jurisprudencia de esta Sala establece que solo son susceptibles de ser confirmados los contratos que reúnan los requisitos del artículo 1.261, a saber, los elementos esenciales, consentimiento, objeto y causa, en definitiva, la doctrina de los actos propios, no es aplicable en materia de nulidad'».

Y, es apreciable interés legítimo de la parte actora, ahora apelada, aunque hubiera cumplido las obligaciones de pago y se hubiera conferido con fecha 10 de julio de 2015 (es decir, que con anterioridad a la interposición de la demanda rectora del presente procedimiento), y a su expresa instancia, carta de pago total por las cantidades adeudadas y cancelación de la hipoteca constituida en garantía (procediendo recordar que es doctrina reiterada del Tribunal Supremo que la inexistencia o nulidad radical no puede ser objeto de confirmación, o convalidable por los actos propios), para que se declare la nulidad de la cláusula en cuestión, y ello, ya que la misma ha producido, pues no se cuestiona, unos efectos que no consta que hayan sido corregidos, y que deben ser eliminados en base a la nulidad de la cláusula".

Y el mismo día 22 de diciembre de 2017, es la SAP de Cáceres, Sección 1.ª, la que confirmando la línea ya apuntada en sus anteriores resoluciones de 12 y 14 de diciembre vuelve a rechazar la pérdida de objeto y la pervivencia de la acción:

"(...) procede partir del hecho cierto, de que la acción declarativa de nulidad de una cláusula abusiva es imprescriptible, de modo, que el interesado podrá ejercitar dicha acción cuando lo tenga por conveniente; siendo ello así, debemos convenir que, con independencia de que el contrato de préstamo haya sido objeto de cancelación por su amortización o por cualquier otra circunstancia, nada impide que se pueda instar la nulidad de la cláusula suelo que en él se contiene".

Y también así es confirmado el interés legítimo del prestatario que ha cancelado su préstamo una vez más por la SAP de Bizkaia, Sección 4.ª, de 26 de abril de 2018:

"Sobre este particular hemos descartado que, satisfecha la totalidad del préstamo con garantía hipotecaria, la acción para declarar la nulidad de alguna de sus cláusulas por abusiva haya desaparecido por caducidad o prescripción de la acción en la SAP de Bizkaia, Sección 4.ª, de 22 de marzo de 2018 rec. 796/2017, donde decíamos que «encontrándonos ante un supuesto de nulidad absoluta, las relaciones afectadas por la misma, al resultar inexistentes en derecho, no pueden convalidarse con el transcurso del tiempo, al ser imprescriptible la acción de nulidad». Otro tanto se aprecia en la SAP Bizkaia, Secc. 4.ª, 26 abril 2018, rec. 847/2017, al explicar «sobre este respecto se ha pronunciado reiteradamente nuestro Tribunal Supremo, en el siguiente sentido: 'Los vicios de inexistencia y nulidad radical de los actos o negocios jurídicos no son susceptibles de sanación por el transcurso del tiempo, de conformidad con el principio 'quod ad initium vitiosum est non potest tractu temporis convalescere', por lo que las acciones correspondientes son imprescriptibles' (STS 14 de marzo 2002, entre tantísimas otras). Y también: 'las relaciones afectadas de nulidad absoluta, al resultar inexistentes en derecho, no pueden convalidarse con el transcurso del tiempo, al ser imprescriptible la acción de nulidad' (STS 21 de enero de 2000). Tanto la imprescriptibilidad de la acción para destruir los efectos del contrato nulo como como la prohibición de confirmación, están basadas en la norma de que lo que inicialmente es inexistente no puede convalidarse a lo largo del tiempo, por lo que el contrato que nació nulo seguirá siendo siempre nulo y, en consecuencia, nunca tendría fundamento protegible el mantenimiento de una situación jurídica o producida por ese contrato vicioso».

En general la jurisprudencia no ha dudado considerar imprescriptible la acción si concurre nulidad (STS 21 enero 2003, rec. 1381/1997, 24 abril 2013, rec. 2108/2010, 6 octubre 2016, rec. 2304/2014). Explica la STS 19 noviembre 2015, rec. 1329/2014, que «La nulidad se define como una ineficacia que es estructural, radical y automática. Estructural, porque deriva de una irregularidad en la formación del contrato; y radical y automática, porque se produce 'ipso iure' y sin necesidad de que sea ejercitada ninguna acción por parte de los interesados, sin perjuicio de que por razones de orden práctico pueda pretenderse un pronunciamiento de los tribunales al respecto. En consecuencia, ante la absoluta falta de consentimiento por parte del cliente, debe declararse radicalmente nulo el contrato de comercialización o adquisición de obligaciones subordinadas. Sin que tampoco sea atendible el argumento de la parte demandada relativo a la caducidad de la acción, puesto que, tratándose de nulidad absoluta, la acción es imprescriptible»".

Por estas mismas razones, en los casos en que aun permaneciendo vivo el préstamo hipotecario, se alegara por la entidad la carencia sobrevenida de objeto por el hecho de haber procedido a la supresión o suspensión de la aplicación de la cláusula suelo, ello no obstaría la subsistencia del interés legítimo del afectado y el pleno mantenimiento de la acción. Así ha sido razonado por la Sentencia del Juzgado de 1.ª Instancia n.º 19 de Zaragoza de 30 de mayo de 2017, con cita de la SAP de Cáceres, Sección 1.ª, de 14 de noviembre de 2013:

"En cuanto se refiere a la pretendida carencia de objeto del presente procedimiento, aducida por la demandada, por haberse procedido a la eliminación de la de la cláusula suelo con efectos desde el mes de enero de 2016, aun cuando ciertamente desde tal momento y según el documento n.º 1 aportado con la contestación se dejase de aplicar la cláusula litigiosa hace algo más de un año, de dicha supresión (o suspensión, en la calificación del actor) «de facto» no puede deducirse, en absoluto, que en virtud de la teoría de los actos propios no exista acción para la pretensión que se ejercita o carezca de objeto el presente proceso, y así lo afirma la SAP Cáceres, Sección 1.ª, de 14 de noviembre de 2013, pues lo cierto es que la cláusula suelo tuvo validez y efectos desde 2007 hasta que la demandada dejó de aplicarla en enero de 2016, por eso, la pretensión de declaración de su nulidad es sostenible, al igual que la petición de pronunciamiento retroactivo que, obviamente, no se extiende más allá del momento en que se inaplicó la referida cláusula".

Señala en la misma línea la SAP Albacete, Sección 1.ª, de 1 de junio de 2018:

"(...) una cosa es que la relación jurídica se haya extinguido y otra muy distinta es que sus efectos no deban revertirse, si se derivan de cláusulas nulas (...) el carácter retroactivo de la declaración de nulidad de las cláusulas abusivas, establecido definitivamente por la jurisprudencia del Tribunal de Justicia de la Unión Europea, evidencia que los demandantes tienen interés legítimo en la declaración de nulidad que interesaron (...) el interés jurídicamente defendible de los demandantes y la pervivencia del objeto del procesa, derivan, obviamente, de su pretensión de que se les devuelvan los intereses pagados indebidamente, pretensión que pasa necesariamente por la previa declaración de nulidad de la cláusula suelo".

En sentido similar se pronuncia la Sentencia del Juzgado de 1.ª Instancia n.º 18 de Valencia de 1 de junio de 2017, con cita de la SAP de A Coruña, Sección 4.ª de 15 de marzo de 2017:

"Alega la parte demandada que el procedimiento carece de objeto, puesto que de mutuo acuerdo, ambas partes procedieron a anular la cláusula suelo contenida en el contrato de

préstamo suscrito, dejándola sin efecto con fecha 30 de septiembre de 2015, aportando como documento n.º 1 contrato de modificación de condiciones financieras referido a este préstamo.

Efectivamente en el pacto PRIMERO del referido documento, las partes acuerdan suprimir con fecha de efectos del día de la última liquidación de intereses practicada hasta el vencimiento del préstamo el tipo de interés mínimo o cláusula suelo ... aplicables al préstamo. Pero no se especifica en el contrato la anulación de la referida cláusula, y tampoco los efectos de dicha nulidad sobre las cuotas ya cobradas con aplicación de la misma.

En el presente procedimiento se pretende la declaración de la nulidad de dicha cláusula, cuestión distinta a la pactada por las partes, y resulta inadmisible, como pretende el demandado, que se declare que la cláusula denominada suelo se deje sin efecto al amparo de lo establecido en el art. 1.303 del C.C. y que no tenga ningún efecto dicha declaración, cuando a los demandados se les ha cobrado el importe de unos intereses cuantificados conforme a dicha cláusula cuya nulidad se pretende. En este procedimiento precisamente lo que se reclama es, además de la declaración de nulidad, el importe del principal más los intereses moratorios calculados conforme a la cláusula denominada «suelo».

Con lo que en absoluto puede determinarse que el presente procedimiento carezca de objeto, siendo por el contrario que no se encuentra afectado, salvo lo que pudiera establecerse sobre determinación de cantidades, por el contenido del pacto alcanzado por las partes.

En el mismo sentido y en un supuesto similar al planteado en autos se pronuncia la SAP A Coruña, sec. 4.ª, S 15-3-2017, n.º 92/2017, rec. 86/2017, Pte: Seoane Spiegelberg, J. L.

2.2. Terminación del proceso por satisfacción extraprocesal o carencia sobrevenida de objeto art. 22 LEC.

Tampoco, por las mismas razones, es de aplicación lo normado en el art. 22 LEC para decretar la terminación del proceso, al señalar el numeral primero de tal precepto, que ello es así «cuando, por circunstancias sobrevenidas a la demanda y a la reconvención, dejare de haber interés legítimo en obtener la tutela judicial pretendida, porque se hayan satisfecho, fuera del proceso, las pretensiones del actor y, en su caso, del demandado reconviniente o por cualquier otra causa».

Sin embargo, en el supuesto que nos ocupa, ni antes de la formulación del presente proceso, ni durante la sustanciación del mismo, el actor ha visto satisfechas sus pretensiones relativas a que la nulidad de la cláusula suelo desencadenase sus efectos desde la fecha de suscripción del contrato; toda vez que la entidad demandada aplicó las devoluciones procedentes desde la data indicada en la STS 241/2013 —9 de mayo de 2013— en cumplimiento de la mentada resolución, que considera vinculante para el actor, lo que este niega, ostentando por consiguiente un interés jurídico no satisfecho sobre la obtención de un pronunciamiento judicial, que decida sobre tal cuestión controvertida sobre la cual ambas partes litigantes sostienen antagónicas posiciones, siendo obvio, por lo tanto, que no nos encontramos ante el caso contemplado en el mentado art. 22 de la LEC) (...).

Se rechaza la excepción".

Con base a los criterios sentados por la Sección Cuarta de la Audiencia Provincial de Murcia, en el fundamento quinto de la Sentencia de 28 de marzo de 2018, la Junta Sectorial de Jueces de Primera Instancia de Murcia especializados en procedimientos de nulidad de condiciones generales de la contratación en préstamos con garantía inmobiliaria cuyo prestatario sea persona física, acordó en fecha de 12 de julio de 2018 se entiende que, en relación con préstamos cancelados, la acción ejercitada mantiene su objeto si las cláusulas objeto de la demanda han producido efectos que haya que revertir (cantidades ya abonadas en concepto de gastos o comisiones; cantidades cobradas por aplicación de cláusula suelo...).

También apunta la subsistencia de interés legítimo y ausencia de carencia de objeto la SAP de Ávila, Sección 1.ª, de 17 de julio de 2019:

"Por tanto y como consecuencia de lo anterior el hecho de que el contrato de préstamo litigioso hubiera venido amortizado o extinguido por pago del capital pendiente en la fecha de interposición de la demanda, esto es, cumplido de forma voluntaria, no estaría eliminando el interés legítimo de la parte actora en obtener la devolución de las cantidades abonadas en exceso por razón de las cláusulas que se puedan considerar abusivas de dicho préstamo, y que se dice extinguido o cancelado, ya que tal pretensión no se ha visto satisfecha fuera del proceso, sin que la amortización del préstamo constituya un acontecimiento sobrevenido que provoque la carencia de objeto respecto a dicho interés legítimo y que provoque, consiguientemente, una supuesta falta de acción.

No puede argüirse una especie de carencia sobrevenida de objeto cuando resulte que las cláusulas abusivas incorporadas al contrato de préstamo produjeron un perjuicio al cliente y se cobraron cantidades indebidas, pues estos son efectos que no desaparecen por el hecho de que el contrato ya se haya extinguido.

Y ello porque no cabe olvidar que la acción de nulidad de unas cláusulas supuestamente abusivas es lo que legitima y justifica, cuando ello se pide, la restitución de las cantidades indebidamente percibidas por el banco prestamista en base a la misma, y la acción se entabla, en efecto, con base a unos efectos anteriores en el tiempo a su ejercicio, pero desplegados durante la vida del contrato, por lo que la circunstancia de que el contrato se haya extinguido por el cumplimiento de las prestaciones no puede constituir obstáculo para poder reclamar lo que en su día pudo percibirse indebidamente por aplicación de las cláusulas ahora declaradas, en su caso, abusivas".

Y en Ciudad Real, su Sección 2.ª, tiene reiterado en sus Sentencias de 17 de junio de 2019 y 21 de octubre de 2019 que *"la posible extinción del préstamo no priva a las partes de la posibilidad sustentada sobre interés legítimo de declarar la nulidad de las cláusulas insertas en tal contrato. Dicha cancelación no priva a la parte actora de un interés legítimo en la obtención de la declaración de la cláusula suelo. Es evidente que tal declaración carecerá de efectos a futuro, pero no puede obviarse que la cláusula litigiosa ha desplegado su eficacia durante toda la vida del contrato, provocando el abono indebido de cantidades cuyo reintegro se solicitad igualmente en la demanda; reintegro que exige precisamente esa previa declaración de nulidad de la cláusula, por lo que el interés del demandante persiste pese a la extinción del préstamo".*

La línea opuesta, aun con limitado esfuerzo argumentativo es mantenida por la AP de Badajoz, Sección 2.ª, que a través de sus Sentencias de 6 de abril de 2017; 1 de marzo de 2018 y 5 de septiembre de 2018, se ha manifestado en contra de la posibilidad de declarar la nulidad de una cláusula suelo en un préstamo cancelado. Esta tesis, a nuestro juicio profundamente desafortunada no hace sino permitir la purificación por el transcurso del tiempo lo que radicalmente nulo e insubsanable. Así es fundamentado por la AP de Badajoz:

"El recurso próspera por cuanto, como ya hemos dicho en nuestra Sentencia de 6 de abril de 2017, se pretende declarar la nulidad y una cláusula suelo relativa a un contrato de préstamo hipotecario inexistente; que ya agotó su vida jurídica, por cumplimiento íntegro y cabal de las pretensiones que ambas partes contratantes asumieron con la firma de ese contrato; y, en concreto, el prestatario alcanzó plenamente y obtuvo plena satisfacción de la finalidad económico-jurídica que perseguía al contratar aquel préstamo, como lo demuestra que obtuvo, plena satisfacción, el capital objeto del préstamo, lo destinó al fin por el querido y previsto y cumplió escrupulosa y puntalmente todas las cuotas de amortización, hasta su extinción.

Los principios de seguridad jurídica y de orden público jurídico y económico, que se reconocen constitucionalmente, en cuanto inspiradores de nuestro ordenamiento jurídico, se verían gravemente conculcados, a juicio de esta Sala, si se accediera a la pretensión actora".

En la SAP de Badajoz, de 24 de mayo de 2018, se desarrolla con mayor detalle esta tesis adversa al adherente, que en nuestra opinión no resulta acertada:

"Estando acreditado documentalmente y reconocido por las partes que el préstamo concertado está cancelado o amortizado y que esa cancelación se produjo antes de la presentación de la demanda y de su admisión a trámite, se trataría de un contrato ya cumplido e inexistente, por lo que no procedería decretar la nulidad de la llamada cláusula suelo.

De este modo, amortizado o cancelado un contrato de préstamo hipotecario, el ejercicio de una acción judicial de nulidad parcial o anulabilidad de una o varias de sus cláusulas, ex *art. 1.301 CC, o bien el ejercicio de una acción de nulidad radical o de pleno derecho, deben venir frustrados por carencia de objeto del litigio o procedimiento, por pérdida sobrevenida de interés, en definitiva, por falta de acción, etc., de acuerdo con el tenor del art. 22 de la LEC, agotada la finalidad económica-jurídica (en el mismo sentido, véanse las sentencias de esta Sala 114/17, de 6 de abril de 2017, y la núm. 184/17, de 25 de mayo de 2017).*

Cancelado el préstamo hipotecario a virtud de escritura pública de fecha 24 de marzo de 2014 e interpuesta demanda en fecha 12 de julio de 2017, es lo cierto que en esta fecha el contrato había agotado todos sus efectos ya que las obligaciones se extinguen por su cumplimiento (art. 1.156 Código Civil).

La imposibilidad de un pronunciamiento en relación a la concurrencia de la alegada nulidad viene impuesta en base a principios de seguridad jurídica y de orden público económico, ambos inspiradores de nuestro ordenamiento jurídico, que se verían ciertamente conculcados en caso de acceder a la declaración de nulidad de cláusulas que con el conjunto de cualquier contrato suscrito han desplegado ya toda la eficacia hasta el punto de que la relación negocial entre las partes contratantes se encuentra plenamente extinguida y consumada.

Observemos que un contrato está consumado, cuando todas las prestaciones derivadas del contrato están cumplidas. Entonces el contrato está consumado por haber sido terminado. Así lo establecen sentencias de la AP de Oviedo 4.ª, 10 febrero 2014; SAP Ciudad Real, secc. 1.ª, 3 marzo 2016 y SAP Valencia, secc. 9.ª, 27 octubre 2014. Agotados los efectos, aparte del quebranto económico que aparejaría la revisión de las cláusulas, se generaría una inseguridad jurídica mayúscula en cualquier relación que, aunque finalizada por cumplimiento ordinario o a través del procedimiento pertinente, pudiera no obstante ser revisada, y ejemplo de ello lo hallamos en la propia D.T. 4.ª de la Ley 1/2013, según la cual, las modificaciones introducidas en el seno del procedimiento de ejecución ya iniciado, únicamente serán de aplicación respecto a aquellas actuaciones ejecutivas pendientes de realizar.

En el mismo sentido, SAP Jaén, de 17 de febrero de 2015 o la SAP Las Palmas de 17 de noviembre de 2003, que tacha la pretensión de inviable por haber desaparecido el contrato —el supuesto de hecho— sobre el que poder remover, anulándola, alguna cláusula vigente en el mimo".

Por fortuna, el Tribunal Supremo, a través de su Sentencia de Pleno 662/2019, de 12 de diciembre de 2019, ha casado las resoluciones de la Audiencia Provincial de Badajoz que ponían el límite de la extinción del contrato para el ejercicio de la acción de nulidad de condiciones generales de la contratación. En el camino, una vez más quedaron otros tantos extremeños que vieron como la justicia les negó la devolución de las cantidades indebidamente abonadas a las entidades financieras. Reproducimos el razonamiento del Tribunal Supremo, en la línea que venían manteniendo de modo prácticamente unánime el resto de Audiencias Provinciales:

"1. No existe fundamento legal para afirmar que la consumación de un contrato impide el ejercicio de la acción de nulidad. Es más, el art. 1.301 del Código Civil fija la consumación del contrato como término inicial del plazo para ejercitar la acción de nulidad por error, dolo o falsedad de la causa.

2. Otro tanto ocurre con la extinción del contrato. Si la acción ejercitada por los recurrentes hubiera ido dirigida exclusivamente a que se declarara la nulidad del contrato o de una cláusula, sin formularse una petición restitutoria, podría cuestionarse que exista un interés legítimo en obtener un pronunciamiento meramente declarativo en un contrato ya extinguido. Pero en el caso objeto del recurso, la finalidad de la demanda interpuesta por los hoy recurrentes fue obtener la restitución de lo indebidamente cobrado por la entidad financiera en la aplicación de la cláusula suelo. La solicitud en la demanda de un pronunciamiento judicial que declarara la nulidad de dicha cláusula ha de entenderse como un antecedente necesario para lograr el pronunciamiento que condena a la restitución de lo indebidamente cobrado en aplicación de la cláusula nula. Los prestatarios tienen un interés legítimo en obtener la restitución de lo que pagaron en aplicación de una cláusula que consideran nula de pleno derecho por ser abusiva.

3. En los contratos de tracto sucesivo, cuando la consumación del contrato coincide con el agotamiento o extinción del contrato, el término inicial de ejercicio de la acción de nulidad previsto en el art. 1.301 del Código Civil para los casos de error, dolo o falsedad de la causa, coincide con el momento de extinción del contrato. Así lo hemos declarado en la sentencia 89/2018, de 19 de febrero.

4. Esto muestra que la extinción del contrato no es por sí misma un obstáculo para el ejercicio de la acción de nulidad del propio contrato o de alguna de sus cláusulas.

5. Como recuerda la sentencia de este tribunal 546/2019, de 16 de octubre, la jurisprudencia del Tribunal de Justicia (sentencias de 30 de mayo de 2013, Dir Frederick Asbeek Brusse, C-488/11, apartado 44, con cita de resoluciones anteriores; de 6 de octubre de 2009, Asturcom Telecomunicaciones, C-40/08, apartado 42; de 21 de diciembre de 2016, Gutiérrez Naranjo, asuntos acumulados C-154/15, C-307/15 y C-308/15; de 26 de enero de 2017, Banco Primas, C-421/14; y auto de 16 de noviembre de 2010, Pohotovost, C-76-10, apartado 50) afirma que el art. 6.1 de la Directiva 93/13/CEE del Consejo, de 5 de abril de 1993, sobre cláusulas abusivas en los contratos celebrados con consumidores (que establece la no vinculación del consumidor a las cláusulas abusivas) debe ser considerado como una norma equivalente a las disposiciones nacionales que en el ordenamiento jurídico interno tienen rango de normas de orden público; consideración que extiende a todas las disposiciones de la Directiva que sean indispensables para la realización del objetivo pretendido por el precepto.

6. Por tanto, en el presente caso no existen obstáculos al ejercicio de tal acción derivados del transcurso del plazo de ejercicio de la acción o las exigencias de la buena fe".

7.6.2. Inexistencia de preclusión por la formulación de otra demanda previa de nulidad de condiciones generales de la contratación respecto de otra cláusula del mismo préstamo hipotecario

Al aflorar nuevas demandas ligadas a la consolidación de la nulidad de otras cláusulas abusivas, tales como la de reclamación de los gastos hipotecarios o esta de IRPH de clientes que reclamaron con anterioridad la nulidad de otras cláusulas del mismo préstamo hipotecario, se pretende en ocasiones por parte de las entidades financieras intentar la declaración de preclusión sosteniendo que ambas nulidades debieron formularse de modo conjunto habiendo decaído pues la oportunidad del afectado. Este es el criterio admitido en la SAP de Cádiz, Sección 8.ª, de 26 de septiembre de 2016:

"(...) sostenida y pretendida por el demandante, tanto en la presente demanda como en las anteriores formuladas, la nulidad de cláusulas del mismo contrato por abusivas conforme a la legislación protectora de consumidores y usuarios es obvio que la pretensión es la misma, en relación al mismo contrato y contra la misma entidad por lo que el actor pudo y debió invocar en el primer proceso declarativo promovido aquellas causas de pedir (con sus fundamentos jurídicos idóneos) que afectasen a la abusividad de las cláusulas, esto es, todos los aspectos de ineficacia por razones de abusividad afectantes a las distintas cláusulas del contrato, no siendo admisible la reserva de causas de pedir para un ulterior proceso con el consiguiente uso abusivo de las distintas instancias y órganos judiciales para los indicados fines".

No compartimos en absoluto dicha tesis, pues con independencia de que puedan surgir ambas acciones de la misma escritura, es obvio que obedecen a pretensiones distintas, por más que sea cierto que no existe inconveniente en que se hubieran formulado ambas pretensiones en un solo procedimiento. La posterior Sentencia dictada por el Juzgado de 1.ª Instancia n.º 10 de Bilbao de 5 de abril de 2017, aborda esta cuestión y toma en consideración la anterior resolución de la SAP de Cádiz, Sección 8.ª, para llegar, sin embargo, a otra conclusión distinta, ponderando especialmente la posterior jurisprudencia del TJUE:

"Sin embargo, tenemos que tener en cuenta que, con posterioridad a estas resoluciones, se ha dictado por el TJUE la sentencia de 26 de enero de 2017, en la que se afirma: La Directiva 93/13 debe interpretarse en el sentido de que no se opone a una norma nacional, como la que resulta del artículo 207 de la LEC, que impide al juez nacional realizar de oficio un nuevo examen del carácter abusivo de las cláusulas de un contrato cuando ya existe un pronunciamiento sobre la legalidad del conjunto de las cláusulas de ese contrato a la luz de la citada Directiva mediante una resolución con fuerza de cosa juzgada. Por el contrario, en caso de que existan una o varias cláusulas contractuales cuyo eventual carácter abusivo no ha sido aún examinado en un anterior control judicial del contrato controvertido concluido con la adopción de una resolución con fuerza de cosa juzgada, la Directiva 93/13 debe interpretarse en el sentido de que el juez nacional, ante el cual el consumidor ha formulado, cumpliendo lo exigido por la norma, un incidente de oposición, está obligado a apreciar, a instancia de las partes o de oficio, cuando disponga de los elementos de hecho y de Derecho necesarios para ello, el eventual carácter abusivo de esas cláusulas.

Teniendo en cuenta esta doctrina del TJUE, y dado que en el anterior procedimiento judicial no se examinó el eventual carácter abusivo de la cláusula de repercusión de gastos e intereses moratorios, no cabe apreciar ahora cosa juzgada ni preclusión del artículo 400 de la LEC. Y máxime teniendo en cuenta que la pretensión que ahora se ejercita, si bien pudo plantearse en el procedimiento previo, es distinta de la que fue objeto del anterior proceso".

Y también la propia Audiencia Provincial de Cádiz, esta vez a través de su Sección 5.ª, en Sentencia de 3 de octubre de 2017, sostiene la inexistencia de preclusión en contra del criterio en su día aducido por la Sección 8.ª con sede en Jerez de la Frontera:

"En el presente procedimiento se insta la nulidad de la cláusula sobre imposición de gastos judiciales o extrajudiciales por morosidad en el pago, incluida dicha cláusula en el mismo contrato de préstamo hipotecario suscrito entre las mismas partes a que se refieren los otros procedimientos ordinarios citados, pero en el Juzgado de lo Mercantil, el procedimiento se sigue en demanda de nulidad de la cláusula de intereses moratorios, autos 2291/2015 y en el Juzgado de Primera Instancia núm. 2 de Jerez, autos 1812/14, se formula demanda de nulidad de la cláusula de vencimiento anticipado.

Es obvio que los tres procedimientos tienen un objeto distinto, por lo que en modo alguno pueden existir sentencias o resoluciones contradictorias. Ni existe objeto idéntico ni de seguir con separación la sustanciación del segundo proceso se divide la continencia de la causa o puedan producirse sentencias contradictorias de imposible ejecución simultánea.

El Tribunal Supremo (así SSTS de 25 de junio de 2009, 10 de marzo y 30 de marzo de 2011, 9 de enero y 5 de diciembre de 2013, 8 de octubre y 19 de noviembre de 2014, 2 de diciembre de 2015 y 21 de julio de 2016) considera que el art. 400 LEC no impide al demandante formular una nueva demanda si en ella se ejercita una acción distinta aunque se hubiera podido acumular en el primer pleito, por lo que relega la aplicación de la cosa juzgada a aquellos procesos en que se deduzca igual pretensión en ambas demandas. Por lo tanto, no cabe iniciar un segundo proceso para solicitar lo mismo con apoyo en distintos hechos o diferentes fundamentos jurídicos, pues en tal caso la LEC obliga a estimar la excepción de litispendencia (si el primer proceso se halla pendiente) o la de cosa juzgada (si en el mismo ha recaído sentencia firme). Concretamente la STS Sala 1.ª, de 21 de julio de 2016 afirma «que efectivamente no puede apreciarse la existencia de cosa juzgada sobre la pretensión ahora formulada que no lo fue en el anterior proceso ni tenía el demandante la obligación de hacerlo, como se desprende de lo dispuesto por la propia norma invocada: el artículo 400 LEC», precisando que «la ley establece una verdadera preclusión en la alegación de hechos y fundamentos jurídicos que apoyan la acción, pero en forma alguna determina el objeto de la pretensión sobre la que ha de decidir exclusivamente el demandante. Extiende por ello la cosa juzgada material a todas las posibles 'causas de pedir' con que pudiera contar el demandante en el momento de formular su demanda, pero únicamente respecto de la concreta pretensión que formula. Si no fuera así, carecería de sentido la norma del artículo 219.3 LEC que permite al demandante formular exclusivamente una pretensión de condena al pago de cantidad de dinero, frutos, rentas, utilidades o productos, dejando para un proceso posterior los problemas de liquidación concreta de las cantidades».

De conformidad con dicho razonamiento e interpretación del artículo 400 de la Lec, señala la AP Barcelona en Sentencia de 29 de junio de 2017 que una cosa es que deban entenderse implícitamente juzgados todos aquellos hechos y fundamentos jurídicos que sirvan de base a la pretensión ejercitada, o a su refutación, y otra bien distinta que el citado precepto obligue además a reunir en el proceso original otras pretensiones diferentes, por mucho que pudieran haberse acumulado todas ellas en el mismo. No cabe interpretar aisladamente el párrafo segundo del art. 400 de la LEC desconectándolo del primero porque tal proceder sería contrario a su propia literalidad conforme a la cual el segundo párrafo complementa al primero; así, uno establece la obligación de hacer valer cuanto pueda conducir al éxito de la pretensión o de la oposición, y el otro determina la consecuencia jurídica del incumplimiento de ese deber, pero no por ello debe entenderse que cierra la posibilidad a ejercitar posteriormente pretensiones autónomas de la anterior (...). Aplicando a este supuesto la doctrina precedente, no puede compartirse la estimación que hace la sentencia de instancia de esta excepción de cosa juzgada, pues una interpretación del principio de preclusión, establecido en el art. 400 de la LEC, desde la óptica del principio pro actione *y el derecho a la tutela judicial efectiva obliga a distinguir entre hechos y fundamentos jurídicos y pretensiones, entendiendo que la prohibición de reiteración alcanza a los primeros y no a estas últimas en supuestos, como el de autos, en que las pretensiones deducidas en procedimiento ulterior no son prejudiciales, accesorias o complementarias de las resueltas en el precedente, sino autónomas e independientes.*

Así, pese a que las pretensiones surjan de los mismos hechos con relevancia jurídica, si bien ciertamente habría sido posible e incluso aconsejable por puras razones de economía procesal que se hubieran ejercitado conjuntamente, tal acumulación no se llevó a cabo y ello es además potestativo de la parte actora ya que no hay obligación de ejercitar en un primer procedimiento todas las acciones o pretensiones de que se disponga contra quien se dirige la demanda, sin perjuicio, como se ha dicho, de que se interese una acumulación tanto objetiva como subjetiva de acciones (arts. 71 y 72 LEC).

Lo expuesto es de aplicación al supuesto que examinamos, si bien desde la perspectiva ex ante *(litispendencia) y no es post (cosa juzgada). En efecto, a las mismas partes les liga el mismo contrato de préstamo hipotecario. Y es obvio que en la libertad que tiene la actora, ha formulado la pretensión de nulidad de la cláusula de vencimiento anticipado en un procedimiento, pretensión de nulidad de la cláusula de imputación de gastos en otro y la correspondiente dirigida a obtener la nulidad de la cláusula de los intereses de demora en otro. Obviamente podía haber acumulado dichas tres pretensiones que se han formulado separadamente en un solo proceso, pero es obvio nadie puede obligarle a hacerlo a menos que se acuerde la acumulación. No cabe alegar ni estimar la litispendencia pues son tres pretensiones distintas, aunque derivadas de un mismo contrato de préstamo. Además de conformidad con la sentencia de 26 de enero de 2017 del Tribunal de Justicia Europeo viene a avalar esta postura cuando señala que «en caso de que existan una o varias cláusulas contractuales cuyo eventual carácter abusivo no ha sido aún examinado en un anterior control judicial del contrato controvertido concluido con la adopción de una resolución con fuerza de cosa juzgada, la directiva 93/13 debe interpretarse en el sentido de que el juez nacional, ante el cual el consumidor ha formulado cumpliendo lo exigido por la norma, un incidente de oposición, está obligado a apreciar, a instancia de las partes o de oficio, cuando disponga de los elementos de hecho y de derecho necesarios para ello, el eventual carácter abusivo de esas cláusulas»".*

Este caso ha sido abordado también, de modo igualmente favorable al consumidor, con desestimación de la alegada preclusión, por la SAP de Asturias, Sección 6.ª, de Oviedo, de 27 de enero de 2017 —confirmada por la STS de 16 de octubre de 2019—:

"SEGUNDO. Así centrados los términos de la impugnación la cuestión que se plantea la decisión de la Sala no es otra que la de determinar si los preceptos invocados como infringidos, prohíben, como se concluye en la recurrida, la formulación de pretensiones distintas, como indudablemente lo es la articulada en la demanda rectora, en relación a la precedente, al postularse la nulidad de cláusula distinta aunque lo sea de la misma Escritura de Préstamo Hipotecario, en base a unos hechos sustancialmente coincidentes, debido al hecho de que tal pretensión pudo haber sido deducida en el proceso previo seguido entre las partes.

Pues bien en relación al alcance de la cosa juzgada desde el citado principio de preclusión, esta Sala entre otras en su sentencia núm. 376/ 2007, de 8 de octubre ya ha tenido ocasión de señalar que «En principio el artículo 222 dice que la cosa juzgada alcanza a las pretensiones de la demanda y de la reconvención, así como a los puntos a que se refieren los apartados 1 y 2 del artículo 408 de la Ley, esto es a la compensación de deudas o nulidad de los contratos que hayan sido invocadas como excepción; a su vez el artículo 400 obliga a la parte a invocar cuantos hechos, fundamentos o títulos puedan sustentar la pretensión ejercitada, sin que pueda reservarse la alegación de alguno o alguno de ellos para un proceso posterior, pues también a ellos se extenderá el efecto de cosa juzgada, como inequívocamente se consigna en el apartado segundo de ese mismo precepto; así pues la literalidad del precepto reconduce en principio el efecto preclusión a los supuestos de identidad de pretensiones».

En base a ello y a la doctrina jurisprudencial precedente sobre la extensión de la cosa juzgada a las llamadas cuestiones lógicas o prejudiciales y/o complementarias ya concluimos en anteriores resoluciones, entre otras en la sentencia de fecha 19 de mayo de 2008, que «una cosa es que deban entenderse implícitamente juzgados todos aquellos hechos y fundamentos jurídicos que sirvan de base a la pretensión ejercitada, o a su refutación, y otra bien distinta que el artículo 400 de la LEC obligue además a reunir en el proceso original otras pretensiones diferentes, por mucho que pudieran haberse acumulado todas ellas en el mismo; en efecto, no cabe interpretar aisladamente el párrafo segundo del art. 400 de la LEC desconectándolo del primero porque tal proceder sería contrario a su propia literalidad conforme a la cual el segundo párrafo complementa al primero; así uno establece la obligación de hacer valer cuanto pueda conducir al éxito de la pretensión o de la oposición, y el otro determina la consecuencia jurídica del incumplimiento de ese deber, pero no por ello debe entenderse que cierra la posibilidad a ejercitar posteriormente pretensiones autónomas de la anterior».

Este criterio es, además, como se argumenta en el recurso, el que viene siendo mantenido por la jurisprudencia actual del TS. Así la reciente STS de 21 de julio 2016, razona que «... no puede apreciarse la existencia de cosa juzgada sobre la pretensión ahora formulada que no lo fue en el anterior proceso ni tenía el demandante la obligación de hacerlo, como se desprende de lo dispuesto por la propia norma invocada: el artículo 400 LEC. En cuanto, tras transcribir el citado artículo se concluye por el Alto Tribunal que ... la ley establece una verdadera preclusión en la alegación de hechos y fundamentos jurídicos que apoyan la acción, pero en forma alguna determina el objeto de la pretensión sobre la que ha de decidir exclusivamente el demandante. Extiende por ello la cosa juzgada material a todas las posibles 'causas de pedir' con que pudiera contar el demandante en el momento de formular su demanda, pero únicamente respecto de la concreta pretensión que formula». En ese mismo sentido de que «El art. 400 LEC no supone que el litigante tenga obligación de formular en una misma demanda todas las pretensiones que en relación a unos mismos hechos tenga contra el demandado» ya se había pronunciado el propio TS con cita de precedentes, en su sentencia de fecha 19 de noviembre de 2014.

TERCERO. Aplicando a este supuesto la doctrina precedente, no puede compartirse el acogimiento que hace la recurrida de esta excepción de cosa juzgada, pues una interpretación del principio de preclusión, establecido en el art. 400 de la LEC, desde la óptica del principio pro actione *y el derecho a la tutela judicial efectiva obliga a distinguir entre hechos y fundamento jurídicos y pretensiones, entendiendo que la prohibición de reiteración alcanza a los primeros y no a estas últimas en supuestos, como el de autos, en que las pretensiones deducidas en procedimiento ulterior no son prejudiciales, accesorias o complementarias de las resueltas en el precedente, sino autónomas e independientes, tan principales como aquella, de modo que aun naciendo de los mismos hechos con relevancia jurídica, si bien ciertamente habría sido posible e incluso aconsejable por puras razones de economía procesal, que la parte las hubiera articulado en el proceso anterior, lo cierto es que no lo hizo y estaba en su derecho de no hacerlo, pues no existe, de acuerdo con la doctrina precitada, obligación de ejercitar en un primer procedimiento todas las acciones o pretensiones de que se disponga contra quien se dirige la demanda, dado que la posibilidad de acumulación tanto objetiva como subjetiva de acciones, regulada en los artículos 71 y 72 de la L.E.Civil, es meramente facultativa y no obligatoria".*

Afianza esta línea la SAP Asturias, Sección 6.ª, de 1 de diciembre de 2017:

"La pretensión en diferente proceso de devolución de cantidades indebidamente cobradas en virtud de cláusula contractual declarada nula, ya se considere como una acción diferente e independiente a la previa acción de nulidad, ya como pretensión complementaria ligada a la anterior por ser un efecto de la misma, no queda comprendida bajo las previsiones del art. 400 LEC, cuando esta reclamación no se ha ejercitado previamente.

Cuando la demanda anterior se acomodó a la doctrina establecida por el TS y se suplicó la restitución de las cantidades satisfechas por los consumidores como consecuencia de aquel pacto desde el 9 mayo de 2013, no puede invocarse la doctrina de la cuestión deducible o la preclusión sancionadora del art. 400 LEC, antes bien, debe entenderse que el objeto estricto del pleito no fue sometido a debate en el anterior proceso ni sometido a enjuiciamiento y, por tanto, no ha recibido respuesta judicial la pretensión de restitución de las cantidades satisfechas por los consumidores como consecuencia de aquel pacto desde el inicio del contrato.

Y en el presente supuesto, la cantidad que ahora se reclama abonada en exceso no fue reclamada ni concedida en el proceso anterior por cuanto se acomodó a la doctrina del TS y, por tanto, debe accederse a la restitución de las cantidades indebidamente satisfechas por el consumidor desde el inicio del préstamo con garantía hipotecaria hasta el 8 de mayo de 2013.

CUARTO. La STJUE queda claro que cualquier limitación temporal de los efectos restitutorios tras la declaración de Dicha jurisprudencia nacional solo permite garantizar una protección limitada a los consumidores que hayan abusividad de la cláusula litigiosa infringe el art. 6.1 de la Directiva 93/13/CEE y que la consecuente obligación de devolución de las cantidades indebidamente cobradas no permite matiz alguno, so pena de no garantizar los derechos del consumidor afectado e infringir el art. 7.1 de la misma Directiva.

En base a ello la Sentencia de Pleno del TS de 24 de febrero de 2017, procede a modificar la jurisprudencia de esa Sala sobre los efectos retroactivos de la declaración de nulidad de la denominada cláusula suelo, adaptándolos a los pronunciamientos del TJUE en materia de devolución de las cantidades cobradas en aplicación de la cláusula suelo y ha considerado: «La limitación en el tiempo de los efectos jurídicos derivados de la declaración de nulidad de las cláusulas suelo, que el Tribunal Supremo acordó en la sentencia en la sentencia de 9 de mayo de 2013, se opone al art. 6.1 de la Directiva 93/13/CEE y equivale a privar con carácter general, a todo consumidor que haya celebrado antes de aquella fecha un contrato de préstamo hipotecario que contenga una cláusula de ese tipo, del derecho a obtener la restitución íntegra de las cantidades que haya abonado indebidamente a la entidad bancaria en virtud de la cláusula suelo durante el período anterior al 9 de mayo de 2013».

Dicha Jurisprudencia nacional solo permite garantizar una protección limitada a los consumidores que hayan celebrado un contrato de préstamo que contenga una cláusula suelo con anterioridad a la fecha de pronunciamiento de la resolución judicial mediante la que se declaró dicho carácter abusivoÐ y tal protección resulta incompleta e insuficiente y no constituye un medio adecuado y eficaz para que cese el uso de dicha cláusula, en contra de lo que establece el artículo 7.1 de la Directiva 93/13/CEE.

Lo que procede es la asunción de lo resuelto por el TJUE, con el consiguiente cambio de jurisprudencia y, en consecuencia, la aplicación de la nulidad de la cláusula suelo desde la firma del contrato hasta el 8 de mayo de 2013, con la consiguiente devolución de las cantidades cobradas indebidamente en aplicación de dicha cláusula".

En Vizcaya, la Sección 4.ª de su Audiencia Provincial, también ha resuelto esta cuestión en su Sentencia de 7 de diciembre de 2017, desestimando la apreciación de la preclusión invocada por la entidad financiera con el siguiente razonamiento:

"Se sostiene por la entidad bancaria recurrente, que la acción que se está ejercitando en este proceso ha precluido, como consecuencia de la tramitación de un procedimiento declarativo anterior, que fue tramitado en relación con el mismo préstamo, señalándose como infringidos los arts. 400 y 222 de la LEC, por cuanto que en el proceso anterior se interesó la nulidad de la cláusula de interés mínimo, pretensión que concluyó con sentencia desestimatoria de carácter firme, por lo que una vez terminado el anterior procedimiento judicial, no puede ahora la actora instar la nulidad de otra estipulación del mismo préstamo, que pudo y debió solicitar en dicho proceso, debiendo soportar las consecuencias de su inactividad.

Dispone el art. 400 de la LEC, bajo el título «Preclusión de la alegación de hechos y fundamentos jurídicos» que: «1. Cuando lo que se pida pueda fundarse en diferentes hechos o en distintos fundamentos o títulos jurídicos habrán de aducirse en ella cuantos resulten conocidos o puedan invocarse al tiempo de interponerla, sin que sea admisible reservar su alegación para un proceso ulterior. La carga de la alegación a que se refiere el párrafo anterior se entenderá sin perjuicio de las alegaciones complementarias o de hechos nuevos o de nueva noticia permitidas en esta Ley en momentos posteriores a la demanda y a la contestación. 2. De conformidad con lo dispuesto en al apartado anterior, a efectos de litispendencia y de cosa juzgada, los hechos y los fundamentos jurídicos aducidos en un litigio se considerarán los mismos que los alegados en otro juicio anterior si hubiesen podido alegarse en este».

El Tribunal Supremo ha dictado múltiples sentencias en interpretación de este precepto. La sentencia de fecha 9 de enero de 2013 resume la doctrina del Alto Tribunal al establecer la Sala que «el artículo 400.2 LEC está en relación de subordinación respecto a la norma contenida en el artículo 400.1 LEC, de forma que solo se justifica su aplicación para apreciar litispendencia o los efectos de la cosa juzgada material cuando entre los dos procesos –atendiendo a las demandas de uno y otro– se hayan formulado las mismas pretensiones. Es en tal caso cuando no cabe iniciar válidamente un segundo proceso para solicitar lo mismo que en el proceso anterior con apoyo en distintos hechos o diferentes fundamentos jurídicos, pues la LEC obliga a estimar la excepción de litispendencia –si el primer proceso se halla pendiente– o la de cosa juzgada –si en el primer proceso ha recaído sentencia dotada de efectos de cosa juzgada material (SSTS 25 de 25 de junio de 2009, 10 de marzo de 2011)–».

Y la reciente STS de 21 de julio de 2016, establece que el actor tiene plena discrecionalidad para ejercitar las acciones que estime convenientes en el momento que considere oportuno, así como reservarse otras para otros procedimientos, estableciendo expresamente que la preclusión no alcanza al objeto de las pretensiones, sobre lo que ha de decidir exclusivamente el demandante, y así tras transcribir el texto del art. 400 de la LEC, se dice: «Así la ley establece una verdadera preclusión en la alegación de hechos y fundamentos jurídicos que apoyan la acción, pero en forma alguna determina el objeto de la pretensión sobre la que ha de decidir exclusivamente el demandante. Extiende por ello la cosa juzgada material a todas las posibles 'causas de pedir' con que pudiera contar el demandante en el momento de formular su demanda, pero únicamente respecto de la concreta pretensión que formula. Si no fuera así, carecería de sentido la norma del artículo 219.3 LEC que permite al demandante formular exclusivamente una pretensión de condena al pago de cantidad de dinero, frutos, rentas, utilidades o productos, dejando para un proceso posterior los problemas de liquidación concreta de las cantidades».

Siendo conocedores, que la interpretación del artículo 400 de la Ley de Enjuiciamiento Civil no es pacífica, existiendo claras discrepancias –y diferentes posicionamientos– en las distintas Resoluciones dictadas por las Audiencias Provinciales que han abordado esta problemática de naturaleza estrictamente jurídica; entendemos que la interpretación del referido precepto, debe de ser restrictiva, al objeto de preservar el Derecho de acceso a la Jurisdicción, que se conforma como una de las vertientes esenciales del Derecho Fundamental a la Tutela Judicial Efectiva que consagra y reconoce el artículo 24 de la Constitución Española.

En tal sentido, la reciente sentencia del Tribunal Constitucional de 6 de mayo de 2013, que otorga el amparo ante dos decisiones, de la primera y de la segunda instancia que, en aplicación de lo dispuesto en art. 400 de la LEC, entendieron que el demandado en el primer proceso no debió haberse allanado, sino plantear las oportunas excepciones materiales o, en su caso, ejercitar la reconvención, formulando todas las acciones relativas al negocio jurídico que había celebrado con el demandante, sin que pudiera plantear aquellas en un procedimiento posterior. Pues bien, el Tribunal Constitucional advierte que la interpretación dada en ambas instancias contraviene el carácter voluntario que la ley procesal otorga al ejercicio de la reconvención, que se pone de manifiesto a partir del término «podrá» utilizado en el art. 406 de la LEC, y entenderlo de otro modo, lesiona el derecho la tutela judicial efectiva en su vertiente de acceso a la justicia, por cuanto restringe desproporcionadamente el derecho del demandado que optó por no reconvenir, produciendo unos efectos perjudiciales en su esfera jurídica. Insiste el Tribunal en que no cabe exigir, bajo amenaza de preclusión, la oposición de excepciones materiales oportunas, puesto que el allanamiento implica, precisamente, la aceptación de la pretensión planteada de contrario. Y esto lo dice el Tribunal Constitucional, a pesar de la evidente relación entre los dos procesos judiciales, por lo que, con reiteración de lo afirmado en la STC 71/2010, de 18 de octubre, concluye que «los arts. 222.2 y 400.2 de la LEC se refieren a hechos y alegaciones que pudieron ser aducidos en un procedimiento anterior, pero no a la formulación de pretensiones que permanezcan imprejuzgadas y respecto de las cuales no hubiese prescrito o caducado la acción procesal».

Igualmente respecto del efecto de la cosa juzgada es de especial interés la STJUE de 26 de enero de 2017, cuando dice: «[...] en caso de que existan una o varias cláusulas contractuales cuyo eventual carácter abusivo no ha sido aún examinado en un anterior control judicial del contrato controvertido concluido con la adopción de una con fuerza de cosa juzgada, la Directiva 93/13 debe interpretarse en el sentido de que el juez nacional, ante el cual el consumidor ha formulado, cumpliendo lo exigido por la norma, un incidente de oposición, está obligado a apreciar, a instancia de las partes o de oficio, cuando disponga de los elementos de hecho y de Derecho necesarios para ello, el eventual carácter abusivo de esas cláusulas».

Pues bien, esa interpretación flexible a la que hemos hecho referencia y la defensa del derecho a la tutela judicial efectiva, hace que entendamos que la nulidad por abusiva de otras cláusulas puede plantearse en este proceso, sin que esté impedido tal planteamiento desde la perspectiva de la cosa Juzgada, al tratarse de pretensiones imprejuzgadas, respecto de las que no había ninguna obligación de ser planteadas en el proceso previo, que tuvo un objeto nítidamente distinto".

También la Sentencia del Juzgado de 1.ª Instancia n.º 1 de Ávila de 8 de noviembre de 2016 da respuesta a esta cuestión de modo favorable al ejercicio de la acción y con desestimación de la preclusión alegada por la entidad:

"Ciertamente el artículo 400 persigue que el actor haga valer en el proceso todas las causas de pedir de la pretensión deducida. Se configura así la demanda como el momento preclusivo para alegación de hechos y fundamentos en que se sustenta la pretensión que se articula a través de ella. Ahora bien, en el presente supuesto, las pretensiones deducidas son otras distintas a las que dieron lugar a la incoación del proceso seguido para conocer de la nulidad de la llamada cláusula suelo. Lo que nada impide que pueda ejercitarse otro proceso para conocer de ella(s). Motivo por el que debe desestimarse la excepción invocada".

La Junta Sectorial de Jueces de 1.ª Instancia y de lo Mercantil de Santander, siguiendo el criterio establecido por el AAP de Cantabria, Sección 4.ª, de 10 de julio de 2018, en su reunión celebrada el pasado 4 de octubre de 2018, adoptaba la posición de rechazar la existencia de preclusión por la previa resolución de la nulidad de otra condición distinta del mismo préstamo con siguiente acuerdo:

"En los procesos sobre impugnación de cláusulas de gastos hipotecarios, con fundamento en la LCGC y las normas de protección de consumo, se entiende ejercitada una única acción de cuantía indeterminada con independencia de que a la impugnación de la cláusula de gastos se le sume o no la pretensión del cliente bancario de restituirse por los gatos que pagó. En ambos casos será de cuantía indeterminada.

Este mismo criterio regirá también cuando se reclame la restitución de los gastos ex novo sin antes haber impugnado la cláusula (porque se entiende que en este caso se pide implícitamente su nulidad) pero no cuando se reclamen gastos tras una sentencia previa que anula la cláusula de gastos, supuesto este en que se entiende que la cuantía del proceso viene determinada por la cuantía de los gastos".

Pese a estos pronunciamientos, debemos prestar también atención al desarrollo de la interpretación que pueda darse a esta cuestión en nuestro Tribunal Supremo, que ya en la STS de 13 de noviembre de 2018 —con el voto particular de SALAS CARCELLER—, como advierte PÉREZ DE PRADA[124], ha virado de algún modo en su criterio. En ella se especifica que la cosa juzgada material se extiende a las posibles *causas petendi* con que pudiera contar el demandante en el momento de interponer la demanda, pero resulta imprescindible señalar que afecta, únicamente, respecto de la concreta pretensión que se formula. No obstante, el Tribunal Supremo aclara que, en ningún caso, el art. 400 LEC exige al justiciable formular en una misma demanda todas las posibles pretensiones ejercitables con base en unos mismos hechos, es decir, *"la preclusión alcanza solamente a las causas de pedir deducibles, pero no deducidas, no a las pretensiones deducibles, pero no deducidas"*. De este modo, en la referida Sentencia, el Tribunal Supremo considera que, para que entre en juego la regla del art. 400.2 LEC, es necesario que exista identidad o, en su caso, homogeneidad entre las pretensiones formuladas en una y otra demanda, lo que es desechado en ese caso en particular al tratarse de dos demandas en las que se ejercitaban pretensiones diferentes. En esta misma línea, en su Sentencia 664/2017, de 13 de diciembre, el Tribunal Supremo descartó la existencia de la excepción de cosa juzgada al considerar, precisamente, que la solicitud de declaración de nulidad en un primer procedimiento y el posterior inicio de otro pleito en el que se pedía la resolución contractual eran pretensiones radicalmente distintas y que, por tanto, el demandante no estaba obligado a acumularlas· así se pronunciaba el TS en la STS de 13 de diciembre de 2017:

"Como consecuencia, no pueden ejercitarse acciones posteriores basadas en distintos hechos, fundamentos o títulos jurídicos cuando lo que se pide es lo mismo y cuando tales fundamentos, fácticos y jurídicos, pudieron ser alegados en la primera demanda. Pero basta examinar las pretensiones deducidas en uno y otro proceso para comprobar que son distintas, ya que en el primero se instaba la nulidad del contrato y, desestimada dicha pretensión, en el segundo se solicita por la misma parte la resolución del contrato por incumplimiento. No procede la aplicación de lo dispuesto en el LEC por la circunstancia de que en tal momento ya hubiera podido pretenderse la resolución contractual por incumplimiento —aunque hubiera sido con carácter subsidiario— ya que, tratándose de una pretensión distinta, el demandante no estaba obligado a hacerlo".

7.6.3. Inexistencia de cosa juzgada por sentencias firmes anteriores que siguen la doctrina de la STS 669/2017, de 14 de diciembre. Falta de pronunciamiento sobre el carácter abusivo de la cláusula IRPH

PÉREZ DAUDÍ[125] llama la atención, con la certera puntería jurídica que le caracteriza, sobre un colectivo nada desdeñable, que es el de aquellos afectados por la predisposición de la

[124] PÉREZ DE PRADA, M.ª. M. "La proyección de los efectos de la cosa juzgada material: ¿una nueva perspectiva en el criterio del Tribunal Supremo?" en Revista Aranzadi Doctrinal n.º 4/19.

[125] PÉREZ DAUDÍ, V. "Los efectos de la STJUE de 3 de marzo de 2020, sobre IRPH en las sentencias firmes dictadas por los jueces nacionales" en Diario La Ley n.º 95951, de 11 de marzo de 2020.

cláusula IRPH que vieron frustradas sus expectativas, con desestimación de sus demandas, por haber seguido los tribunales de instancia la doctrina establecida por la STS 669/2017, de 14 de diciembre, que consideraba que la cláusula IRPH estaba fuera del ámbito de control de la Directiva 93/13.

No le falta razón a GUERRA PÉREZ[126] cuando alude al carácter complejo del análisis de la cosa juzgada y la preclusión, quien, tras largos años de estudio del Derecho Procesal, advierte del carácter casi místico de esta institución. Preclusión y cosa juzgada son diferentes caras de una misma moneda con dificultosas aristas y un amplio abanico de posibilidades en el caso que nos ocupa, cuyo análisis por separado parece más aconsejable.

Sin embargo, en este caso, pese a las dificultades que nos apunta nuestro ilustre amigo gaditano GUERRA, ha de coincidirse plenamente con el Catedrático de Derecho Procesal de la Universidad de Barcelona, que en estos casos al haber declarado la STJUE de 3 de marzo de 2020, que la interpretación ofrecida por el TS no se adecúa al Derecho de la Unión y que no procede la aplicación de la exclusión prevista en el art. 1.2 de la Directiva 93/13, no se ha descendido al control de transparencia debido. Y, por tanto, no cabe hablar de cosa juzgada formal al no haberse llegado a examinar la cláusula cuya abusividad se pretendía.

Como recuerda PÉREZ DAUDÍ, el Tribunal de Justicia de la Unión Europea se ha pronunciado sobre el alcance de la cosa juzgada en un proceso de ejecución hipotecaria en que han alegado distintas causas de oposición en el que el Tribunal no se ha pronunciado sobre alguna de ellas al haber estimado una y archivado la ejecución. La Sentencia de 26 de enero de 2017, asunto Banco Primus, C-421/14, párrafo 54, afirma:

"La Directiva 93/13 debe interpretarse en el sentido de que no se opone a una norma nacional, como la que resulta del artículo 207 de la LEC que impide al juez nacional realizar de oficio un nuevo examen del carácter abusivo de las cláusulas de un contrato cuando ya existe un pronunciamiento sobre la legalidad del conjunto de las cláusulas de ese contrato a la luz de la citada Directiva mediante una resolución con fuerza de cosa juzgada.

Por el contrario, en caso de que existan una o varias cláusulas contractuales cuyo eventual carácter abusivo no ha sido aún examinado en un anterior control judicial del contrato controvertido concluido con la adopción de una resolución con fuerza de cosa juzgada, la Directiva 93/13 debe interpretarse en el sentido de que el juez nacional, ante el cual el consumidor ha formulado, cumpliendo lo exigido por la norma, un incidente de oposición, está obligado a apreciar, a instancia de las partes o de oficio, cuando disponga de los elementos de hecho y de Derecho necesarios para ello, el eventual carácter abusivo de esas cláusulas".

La santidad de la cosa juzgada no deja de ser la aplicación de una norma procesal, el art. 222 LEC. Es decir, una norma nacional. Recordemos que la STJUE de 3 de octubre de 2013 (caso Duarte Herreros) indicó en §39 a los tribunales españoles que en ciertas circunstancias el art. 400 LEC podía menoscabar la eficacia de la protección de los

[126] GUERRA PÉREZ, M. "La preclusión de alegaciones y peticiones o el problema del art. 400 LEC", disponible en la base de datos de sepín (www.sepin.es) con la referencia SP/DOCT/18176, Opinión, febrero 2014.

consumidores que persigue el legislador de la Unión. La jurisprudencia europea antes citada impide que una interpretación judicial vulnere el derecho de la Unión Europea. Todo ello puede conducir, para evitar que una interpretación judicial interna sobre la cosa juzgada impida la efectiva protección del consumidor que dispone la Directiva 93/13, conculcando el principio de primacía, a que se haga una interpretación favorable a que prosperen estas reclamaciones de consumidores que aún no han recibido una respuesta judicial a la cuestión planteada de fondo: la eventual nulidad de la cláusula IRPH por falta de transparencia.

Una interpretación rigurosa de la excepción de cosa juzgada o preclusión contenido en el art. 400 LEC se opone también, tal y como advirtiera la STC 106/2013, de 6 de mayo, al principio *pro actione*. Según razona la STC 71/2010, de 18 de octubre, "*al tratarse en este caso del derecho de acceso a la jurisdicción y operar, en consecuencia, en toda su intensidad el principio pro actione, nuestro canon de control no se limita a la verificación de si la resolución de inadmisión o desestimación incurre en arbitrariedad, irrazonabilidad o error patente, sino que también comprende el análisis de si resulta o no desproporcionada por su rigorismo o formalismo excesivos, debiendo ponderarse en ese juicio de proporcionalidad, de una parte, los fines que ha de preservar la resolución cuestionada, y, de otra, los intereses que con ella se sacrifican*".

El propio TS, en su Sentencia de 23 de diciembre de 2015, ya señalaba que "*las peculiaridades que en esta materia de protección de consumidores impone el Derecho de la Unión Europea, huyendo de indeseables formalismos y rigideces procesales, que lo único que harían sería desproteger a los consumidores y dificultar los principios de vinculación y efectividad propios de dicha normativa comunitaria*". Y continuaba el TS sosteniendo: "*La jurisprudencia del TJUE es tan clara y contundente que puede afirmarse que la tutela del consumidor prevalece sobre cualesquiera cuestiones relativas a procedimiento o plazos, con la única limitación de salvaguardar los principios de audiencia y contradicción*".

La STS 669/17, de 14 de diciembre, ha de recordarse además que es una Sentencia dictada por el Pleno de la Sala. Como es sabido, siendo esta Sentencia dictada en Pleno por la Sala Primera que, conforme al Acuerdo de la Sala de Gobierno del Tribunal Supremo de 19 de noviembre de 2014, es convocada por el Presidente, cuando se considere necesario que la deliberación de un asunto se lleve a cabo por todos los magistrados, atendiendo a la función unificadora y de creación jurisprudencial que incumbe al Tribunal, es apta ya para complementar el ordenamiento jurídico en los términos del art. 1.6 CC. Así, nos recuerda la STS de 11 de julio de 2011 que *una sola sentencia de la Sala 1.ª del Tribunal Supremo, puede tener valor vinculante como doctrina jurisprudencial para el propio Tribunal y para los demás tribunales civiles, como sucede cuando con la motivación adecuada se modifica la jurisprudencia anterior (por muy reiterada que sea esta) y fija la nueva doctrina.*

En consecuencia, bajo nuestro criterio, no puede hablarse de cosa juzgada formal hasta que la cláusula cuya abusividad se combate haya sido verdaderamente analizada, debiendo rechazarse esta objeción cuando en aplicación de la doctrina jurisprudencial del TS, corregida por el TJUE, no se ha descendido al estudio de su eventual falta de transparencia.

7.7. Valoración de la prueba

7.7.1. Predisposición de la estipulación

Tal y como ha advertido el Tribunal Supremo, a través de su Sentencia de 22 de abril de 2015: *"Es un hecho notorio que, en determinados sectores de la contratación con los consumidores, en especial los de bienes y servicios de uso común a que hace referencia el art. 9 TRLCU, entre los que se encuentran los servicios bancarios, los profesionales o empresarios utilizan contratos integrados por condiciones generales de la contratación. De ahí que tanto la Directiva (art. 3.2) como la norma nacional que la desarrolla (art. 82.2 del Texto Refundido de la Ley General para la Defensa de los Consumidores y Usuarios) prevean que el profesional o empresario que afirme que una determinada cláusula ha sido negociada individualmente, asumirá la carga de la prueba de esa negociación. Así lo recuerda la STJUE de 16 de enero de 2014 (TJCE 2014, 7), asunto C-226/12, caso Constructora Principado, en su párrafo 19"*.

Por elemental que parezca, es obvio que al escrito de demanda habrá de incorporarse por la parte actora, la escritura de préstamo hipotecario en que conste la cláusula litigiosa. Normalmente en la propia escritura notarial se hace constar que aquella ha sido redactada conforme a condiciones generales de la contratación y que estas han sido facilitadas por la entidad financiera, resultando por ello su existencia un hecho pacífico que por aplicación de lo dispuesto en el art. 281.3 LEC, tal y como recuerda la Sentencia del Juzgado de 1.ª Instancia de Orense n.º 4 (con competencia mercantil), de 13 de mayo de 2013, dispensará de prueba. A pesar de ello, no está de más recordar que para el supuesto de que fuera cuestionada por la entidad financiera que el clausulado ha sido impuesto y planteara que deviene de una negociación específica e individual y aceptada por las partes, le incumbirá la carga de la prueba sobre este extremo según prevé el art. 82.2 TRLGDCU. Esta última posibilidad lo cierto es que queda notoriamente decaída tras el razonamiento que desarrolla la STS de 9 de mayo de 2013 en la que manifiesta:

"(...) aunque la LCGC no contiene regla alguna sobre la carga de la prueba del carácter negociado de las cláusulas predispuestas incorporadas a los contratos, a diferencia de lo que acontece en el supuesto de las cláusulas abusivas, en relación con las que el segundo párrafo del artículo 82.2 TRLGDCU dispone que «[e]l empresario que afirme que una determinada cláusula ha sido negociada individualmente, asumirá la carga de la prueba» –a tenor del artículo 3.2 de la Directiva 93/13/CEE «[e]l profesional que afirme que una cláusula tipo se ha negociado individualmente asumirá plenamente la carga de la prueba»– en el caso de condiciones generales en contratos con consumidores es aplicable la expresada regla.

Así lo evidencia la génesis de la norma. El apartado 3 del artículo 1 del Proyecto de LCGC coincidía literalmente con la previsión transcrita. El apartado fue suprimido del texto aprobado por la Comisión de Justicia e Interior con Competencia Legislativa Plena y por el procedimiento de urgencia, al asumir el informe emitido por la Ponencia que propuso la incorporación de las enmiendas 17 del Grupo Parlamentario Vasco (EAJ-PNV) y 77 del Grupo Parlamentario Catalán (CiU), ambas de supresión, que, en términos prácticamente idénticos, justificaron la supresión en que tal regla, según la cual la empresa que afirme que una cláusula ha sido objeto de negociación individual asume la carga de la prueba. Ya aparecía en el propio Proyecto como parte del nuevo artículo 10 bis de la Ley 26/1984, lo que constituía «una regla aceptable en la relación empresa-consumidor, supuesto que quedaría cubierto con este artículo 10 bis, pero que no se justifica en el caso de contratación entre empresas o profesionales», ya que la regla derivaba de la Directiva 93/13/CEE y el ámbito de esta se circunscribía a los contratos con consumidores.

En consecuencia, si bien cuando se trata de la acción de cesación no es posible la aplicación directa del artículo 82.2 TRLCU –ya que no existe un consumidor concreto con el que se haya negociado o al que se haya impuesto la condición general–, demostrado que determinadas cláusulas se han redactado por un empresario para ser incluidas en una pluralidad de contratos a celebrar con consumidores, teniendo en cuenta la inutilidad de predisponer cláusulas que después pueden ser negociadas de forma individualizada, se permite tener por acreditado que las cláusulas impugnadas tienen la consideración de cláusulas destinadas a ser impuestas, de tal forma que, en el enjuiciamiento de su carácter negociado o impuesto, la carga de la prueba de que no se destinan a ser impuestas y de que se trata de simples propuestas a negociar, recae sobre el empresario. Máxime cuando la acción de cesación tiene por objeto cláusulas ya utilizadas y podría haberse probado que, cuando menos, en un número significativo de contratos se había negociado individualmente.

Esta regla, en contra de lo sostenido por una de las recurridas, se reitera en el artículo 32 de la Propuesta de Directiva del Parlamento Europeo y del Consejo de 8 de octubre de 2008 sobre derechos de los consumidores dispone que «[s]i el comerciante afirma que una cláusula contractual se ha negociado individualmente, asumirá la carga de la prueba».

Más aún, de hecho aunque no existiese norma específica sobre la carga de la prueba de la existencia de negociación individual, otra tesis abocaría al consumidor a la imposible demostración de un hecho negativo –la ausencia de negociación–, lo que configura una prueba imposible o diabólica que, como precisa la sentencia STS 44/2012, de 15 de febrero de 2012, reproduciendo la doctrina constitucional, vulneraría el derecho a la tutela efectiva".

Trasladando esta doctrina al caso de los contratos de préstamo hipotecario suscritos por consumidores y usuarios, la precitada Sentencia del Juzgado de 1.ª Instancia de Orense n.º 4 (con competencia mercantil), de 13 de mayo de 2013, concluye:

"En el presente caso y de conformidad con la carga de la prueba que cada parte ha de soportar al amparo de lo establecido en el artículo 217 LEC, no se ha acreditado que la cláusula objeto del litigio fuese el resultado de una negociación, sino todo lo contrario. Y ello solo puede entenderse así, porque la parte actora, si bien reconoce que firmó el contrato de préstamo hipotecario, alega no haber tenido la oportunidad de discutir las condiciones del préstamo de forma individualizada, y particularmente la relativa al límite mínimo aplicable al tipo de interés variable (...).

Además de ello y siendo la entidad bancaria la que alega haber informado debidamente a los actores y debiendo esta de conformidad con la carga de la prueba que cada uno ha de soportar, acreditar que efectivamente informó debidamente a los hoy actores de la existencia expresa de esa excepción al tipo pactado. Y ello porque tal es la interpretación que dimana de la Sentencia del Tribunal Supremo de fecha de 14 de octubre de 1999, citada en la Sentencia de la AP de Madrid de 2002, con cita a su vez de numerosas sentencias del TS y que estima que quien afirme que una cláusula se ha negociado individualmente le corresponde la asunción plena de la carga de la prueba, doctrina recogida en el apartado segundo del art. 82.2 que dispone, siguiendo la Directiva 93/13 sobre cláusulas abusivas (con la interpretación que hace el Tribunal de Justicia en la sentencia de 3 de junio de 2010) que el empresario que afirme que una cláusulas ha sido negociada individualmente, sumirá la carga de la prueba".

Descendiendo al análisis de la valoración de la cláusula IRPH y su hipotética selección por el consumidor frente al Euribor, se pronuncia la Sentencia del Juzgado de 1.ª Instancia n.º 6 de Lleida de 9 de marzo de 2020 (posterior a la STJUE del caso C-125/2018), rechazando la ausencia de predisposición por la entidad pese a las alegaciones manifestadas por su empleada:

"La testigo Sra. Costa –empleada de la entidad bancaria– depuso en Sala que conoce a los actores y recuerda que explicó la diferencia entre Euribor e IRPH, siendo decisión de los demandantes escoger uno u otro índice. Explica que en el momento de la firma ante notario s eles volvió a explicar, y además, que se les entregó la oferta vinculante.

De la prueba practicada, no se ha probado si se explicó o no el método de cálculo y las consecuencias jurídicas de escoger como índice de referencia el IRPH. Si bien es cierto que la testigo manifestó que se explicó el producto, no aporta más detalle sobre la información facilitada. Por otro lado, no se solicitó por la demanda el interrogatorio de la actora, para poder valorar si la información facilitada permitió comprender la carga económica y jurídica del IRPH.

La demandada arma su defensa a la legalidad del IRPH por tratarse de un índice de referencia oficial, recogido en legislación nacional y controlado por el Banco de España. Sin embargo, y a pesar de lo anterior, como ha señalado el TJUE, debe de superar un control de transparencia material, el cual en el caso presente no se ha probado por el empresario.

Lo anteriormente expuesto, conduce a declarar la nulidad del pacto tercero bis de la escritura de préstamo litigiosa, en el cual se pactó que el índice de referencia aplicado para el cálculo de los intereses fuera el IRPH".

7.7.2. Existencia de oferta vinculante previa, FIPER o lectura del notario

La presentación de una oferta vinculante por la entidad, o incluso la referencia que pueda realizar el fedatario público a la concordancia de esta con la cláusula de limitación establecida en el préstamo, no suple por si sola la falta de transparencia que deviene ante la ausencia de escenarios de simulación presentados al usuario adherente, como ya advirtiera la STS de 8 de septiembre de 2014. Tal y como recuerda la Sentencia del Juzgado de 1.ª Instancia n.º 19 de Zaragoza, de 30 de mayo de 2017, aun cuando se haga referencia en la escritura pública, a que el Notario recibiese junto con la minuta copia de la oferta vinculante y a que comprobase la inexistencia de discrepancias sustanciales entre las condiciones financieras que figuraban en tal oferta y las integradas en la escritura pública, ello no permite, más allá de la información suministrada con el tenor literal de la escritura, dar como acreditado que se explicó por este o por el personal de la entidad bancaria el contenido de la escritura y, en especial, la cláusula en litigio, pues como exponen múltiples sentencias de la Sección 5.ª de la Audiencia Provincial de Zaragoza –con cita de la STS n.º 464/2014, de 8 de septiembre– se trata de declaraciones reiteradas o rutinarias propias de todas las escrituras que no consta en el caso concreto se explicasen de forma detallada con la verdadera trascendencia jurídica que las mismas tenían. También la SAP de Córdoba, Sección 1.ª de 27 de enero de 2015 es contraria a aceptar que la intervención del notario puede suplir la falta de transparencia cuando expresa *"no cabe pensar que la intervención del notario autorizante e incluso las advertencias que el mismo hizo en la misma pueda suplir ese deber de información cumplida del real significado de esta estipulación que corresponde a la entidad financiera"*. La Sentencia del Juzgado de 1.ª Instancia n.º 5 de Pamplona de 16 de enero de 2016 también advierte: *"La dación de fe por parte del Notario haber leído la escritura en el momento del otorgamiento no garantiza el conocimiento de la cláusula suelo por parte de la actora, dada la considerable extensión de la escritura (21 folios) y la obligación de la prestamista de informar a su cliente con antelación suficiente al acto del otorgamiento, a fin de que este pueda estudiar con tranquilidad y tiempo todas las condiciones del préstamo a firmar"*. La Sentencia del Juzgado de lo Mercantil n.º 1 de Badajoz, de 10 de marzo de 2015 reseña: *"El fedatario público tan solo hace constar que el documento en cuestión relativo a la oferta pública, existe, y con la comparación que valora en cuanto a las condiciones financieras del préstamo; pero no puede tomarse su dación de fe, como ejemplo o prueba de la actitud íntima y subjetiva de la demandada de cumplir diligentemente con su deber de explicar, informar y advertir a su cliente y demandante cuál es el efecto y resonancia futura de la cláusula impugnada"*.

De este modo, como sostiene la Sentencia del Juzgado de lo Mercantil n.º 7 de Barcelona de 16 de marzo de 2015, *"la intervención notarial en la STS y en la doctrina, se ubican dentro del requisito del control de inclusión, no del de transparencia"*.

En la STS de 17 de julio de 2019, que casa la dictada por la Sección 3.ª de la Audiencia Provincial de Navarra se insiste en la apreciación de la falta de transparencia en la imposición de una cláusula suelo por más que el notario efectuara una lectura extensiva de la escritura, se hubieran celebrado tres reuniones con los prestatarios, se anotaran por escrito las condiciones económicas por parte de los usuarios o se manifestara haberse realizado simulaciones sobre el interés variable si no abarcan las consecuencias económicas que sufriría el prestatario en el supuesto específico de que el Euribor bajara considerablemente sobre el suelo pactado. Así lo advierte:

"Pues bien, a sentencia recurrida, tras señalar que el actor manifestó no haber recibido información sobre la cláusula suelo, no explicita en qué consistió la información precontractual facilitada por el Banco, que considera o reputa suficiente para considerar superado el control material de transparencia.

Desde luego, no podemos obtener tal conclusión por la circunstancia de haberse celebrado tres reuniones con el actor, si desconocemos su contenido; ni por el hecho de que el recurrente anotaba por escrito las condiciones económicas, cuando no se dicen cuáles. Se hace referencia a la realización de simulaciones sobre el interés variable, pero no se dice tampoco que abarcasen las consecuencias económicas que sufriría en el supuesto específico de que el Euribor bajara considerablemente sobre el suelo pactado. No cabe dividir la declaración de parte, cuando el recurrente manifestó también que no se le informó sobre la cláusula litigiosa. Se hace referencia al primer préstamo concertado, cuando en el mismo no se incluía una estipulación de tal clase. En la oferta vinculante, en lo que ahora nos interesa, únicamente expresa, tipo mínimo 1,75 %.

Se argumenta que el Notario efectuó una lectura extensiva de la escritura pública, pero también hemos advertido en las sentencias 464/2014, de 8 de septiembre; 367/2017, de 8 de junio; 36/2018, de 24 de enero y 357/2018, de 13 de junio, entre otras, que la lectura de la escritura pública y, en su caso, el contraste de las condiciones financieras de la oferta vinculante con la del respectivo préstamo hipotecario, no suplen, por sí, la finalidad o razón de ser de ser la exigencia de transparencia. Del mismo modo que la intervención del notario no es suficiente para superar dicho control ante la ausencia de una información precontractual (SSTS 36/2018, de 24 de enero, 9/2019, de 11 de enero, 188/2019, de 27 de marzo entre otras).

El fedatario público interviene en el momento final del iter contractual, cuando las voluntades ya están conformadas, y cuando la posibilidad del prestatario de dar marcha atrás deviene excepcional. Así lo explica la STS 483/2018, al indicar: «De tal forma que, aunque en ese momento la consumidora pudiera ser consciente, merced a cómo se redactó la cláusula, en este caso el anexo I, de que el interés variable estaba afectado por una cláusula suelo, no tenía margen de maniobra para negociar otro tipo de financiación con otra entidad sin frustrar la compra concertada para ese día».

Tampoco el deber de poner a disposición del cliente la información precontractual necesaria y suficiente puede quedar reducido a que el prestatario tenga la posibilidad de acceder a la minuta de la escritura en que se instrumenta el contrato, dentro de los tres días previos a su firma (STS 614/2017, de 16 de noviembre)".

Ligado sin embargo a esta cuestión de la oferta vinculante, conviene también detenerse en la STS de 22 de enero de 2020, en la que se concluye la transparencia de la oferta vinculante, ligada eso sí, a la entrega de la Ficha de Información Personalizada (FIPER), con una simulación, un cuadro de amortización y la expresa advertencia sobre la imposibilidad de descenso del tipo de interés por debajo del 4 %.

"2. La sentencia recurrida parte de este criterio, por cuanto en su argumentación da especial relevancia a que se entregara anticipadamente a los prestatarios la ficha FIPER, que en la oferta vinculante constara el tipo mínimo o suelo, que también se les entregara una simulación y que en el cuadro de amortización se reflejara expresamente la aplicación del suelo.

(...)

4. Respecto a la relación entre la FIPER y la oferta vinculante, el art. 23 de la Orden EHA antes citada establecía:

«Artículo 23. Oferta vinculante.

1. Una vez el cliente y la entidad hayan mostrado su voluntad de contratar un determinado servicio bancario de préstamo hipotecario, se disponga de la tasación correspondiente del inmueble y se hayan efectuado las oportunas comprobaciones sobre su situación registral y sobre la capacidad financiera del cliente conforme a lo dispuesto en el artículo 18, este podrá solicitar a la entidad la entrega de una oferta vinculante.

2. La oferta vinculante se facilitará mediante una Ficha de Información Personalizada como la que figura en el Anexo II en la que, adicionalmente, se especificará lo siguiente: a) Que se trata de una oferta vinculante. b) El plazo de vigencia de dicha oferta.

3. Toda información adicional que la entidad facilite al cliente en la oferta vinculante figurará en un documento separado, que deberá adjuntarse a la Ficha de Información Personalizada.

4. Si la oferta vinculante se hace al mismo tiempo que se entrega la Ficha de Información Personalizada y coincide íntegramente en cuanto a su contenido, podrá facilitarse al cliente en un único documento.

En consecuencia, aunque la oferta vinculante coincidía básicamente con el contenido de la FIPER, iba más allá, porque obligaba a la entidad durante un tiempo de vigencia determinado.

5. Sobre tales bases, la Audiencia Provincial considera probado que tanto la FIPER como la oferta vinculante fueron entregadas a los clientes tres días antes de la firma de la escritura (presume su conocimiento, porque respecto de otro de los extremos contenidos en tales documentos, la comisión de apertura, los clientes mostraron su disconformidad y hubo que renegociarla). Y en esa documentación precontractual constaba de manera clara e incluso repetida que el préstamo podía tener un interés mínimo que, llegado el caso, podría mantenerse durante toda su vigencia. Y en un apartado específico, denominado 'Riesgos y advertencias', se advertía expresamente, en un recuadro, lo siguiente:

'A pesar de ser variable nunca se beneficiará de descensos del tipo de interés de referencia por debajo del 4 %'»".

7.7.3. Caracteres tipográficos de la cláusula o letra negrita

La Sentencia del Juzgado Mercantil n.º 10 de Barcelona de 7 de junio de 2013, rechaza también sin fisura el intento de la entidad financiera de defender la legalidad de la cláusula por haberse destacado en "negrita", al no ser ello por sí mismo suficiente para la efectiva información al usuario en cuanto a su conocimiento final y, sobre todo, consecuencias. Así es razonado:

"Cierto que en la oferta vinculante del préstamo hipotecario se recogió la cláusula techo (documento n.º 3 de la contestación). Cierto es que en la escritura de préstamo hipotecario dicha cláusula suelo sin techo se destacó en letra negrita en cuanto al tipo (documento n.º 1 de la demanda). Cierto es también que el Sr. m declaró en el juicio que informó de forma global a los actores sobre todas las condiciones del préstamo hipotecario, entre ellas la cláusula suelo sin techo.

Pero también es cierto y ha sido igualmente acreditado, que los actores pueden considerarse ciudadanos medios, con un escaso o incluso nulo nivel de conocimientos financieros, y que el Sr. M reconoció que no se hizo una explicación concreta, específica y detallada de las consecuencias de la aplicación de la cláusula suelo sin techo y que dicha cláusula no podría suprimirse del contrato. La entidad financiera debería haber realizado un plus de explicación de dicha cláusula y no lo hizo, por lo que ese plus debe identificarse con una falta de la información necesaria y suficiente para que los atores tuvieran un pleno conocimiento de la misma y sus consecuencias".

En el mismo sentido se pronuncia la Sentencia del Juzgado de 1.ª Instancia n.º 2 de Soria de 30 de diciembre de 2015, al señalar:

"(...) únicamente consta en negrita el número, pero como otros cantidades o porcentajes de la propia escritura, por lo que se considera que la parte actora no tuvo un conocimiento puntual, claro y sencillo de la existencia y consecuencias de la cláusula, por lo que se estima se trata de un interés predispuesto de forma general".

Y así también es razonado por la Sentencia del Juzgado de lo Mercantil n.º 1 de Almería de 28 de marzo de 2017:

"La configuración de la cláusula suelo en el contrato, en mayúsculas y destacada en negrita: en un párrafo numerado y separado dentro de la cláusula de BONIFICACIÓN DE INTERESES con iguales caracteres y configuración que los utilizados en otros elementos referentes al interés, y, si bien esta destacado en negrita, la objeción es que no ha quedado demostrado que el prestatario hubiera sido suficientemente informado de las consecuencias de la aplicación antes de la firma del contrato".

Apunta en la misma línea la SAP de Gijón, Sección 7.ª, de 15 de marzo de 2017:

"Esta Sala entiende que la referid cláusula no supera el control de transparencia, primero que la cláusula o subcláusula, aunque se destaca en negrilla, aparece insertada dentro de la relativa al interés variable, sin aclarar que es una limitación a la baja sino «a la variabilidad»; segundo, que el resalte en negrilla se extiende más allá y alcanza al título del siguiente apartado, relativo a «LÍMITE DE VARIABILIDAD DEL TIPO DE INTERÉS NOMINAL ANUAL PARA EL CÁLCULO DE LA RESPONSABILIDAD HIPOTECARIA», todo en mayúscula y en negrilla, lo que lleva desviar el foco de atención; tercero, que inmediatamente antes y después se recogen otras tantas estipulaciones sobre cuestiones variopintas y de escaso o nulo interés; y, cuarto, que no consta que se realizaran simulaciones de escenarios diversos en relación al comportamiento del tipo de interés, (ya que las dos simulaciones aportadas se refiere como tipo de interés variable y tras un primer período se calculan el resto de cuotas a un 3,69 % contantes durante toda la duración del préstamo, pero sin que se utilice el suelo fijado en la misma, ni que se ofreciese previamente información sobre el coste comparativo de asegurar la variación del tipo de interés en relación con la evolución posible del índice para el período al que pudiera contratarse la cobertura, fácilmente podemos deducir que, sin perjuicio de que la cláusula, aisladamente considerada, pueda ser clara, lo cierto es que, en el maremágnum de datos, normas y cifras que se enumeran en la escritura, no solo pasa desapercibida sino que queda oscurecida por el resto de estipulaciones, impidiendo que pueda ser percibida por el consumidor como relevante y, merecedora de la atención necesaria al tratarse de un elemento que afecta al objeto principal del contrato".

Esta tesis contraria a la validez de la cláusula por el mero hecho de que se incluyera en mayúscula o negrita es corroborada finalmente por las SSTS de 8 de junio de 2017, 1 de febrero de 2018 o 11 de abril de 2018, en las que el Alto Tribunal concluye:

"(...) tampoco es suficiente a estos efectos la utilización de negrilla en algunos pasajes de la cláusula documentada en la escritura pública, que además es un recurso tipográfico que en la escritura se utiliza con carácter general en la generalidad de las cláusulas y apartados de las mismas, que aparecen encabezados en negrilla y también se usa la negrilla en algunas partes de su contenido".

7.7.4. Diligencia del *bonus argentarius*. Carga de la prueba de la correcta información y del asesoramiento

Tal y como se manifiesta en la Sentencia del Tribunal Supremo de 14 de noviembre de 2005, sopesando que la diligencia en este tipo de productos, la diligencia en el asesoramiento no es la genérica de un buen padre de familia, sino la específica del ordenado empresario y representante leal de los intereses de sus clientes, incumbe a la entidad financiera la carga probatoria acerca del cumplimiento del deber de correcta información y asesoramiento debe pesar sobre el profesional financiero. Este es el criterio que la jurisprudencia mantiene con carácter general respecto de los hechos negativos (SSTS de 17 de octubre de 1983; 8 de octubre de 1984; 23 de septiembre de 1986; 8 de julio de 1988; 8 de marzo y 30 de abril de 1991; 4 de febrero de 1992; 9 de febrero de 1993; o 8 de febrero y 22 de diciembre de 1991, entre otras), en línea acorde con el principio de disponibilidad y facilidad probatoria que establece el art. 217.7 de la Ley de Enjuiciamiento Civil.

Aunque realmente van a ser minoritarios, conviene prestar atención a supuestos en los que sí haya existido una negociación previa entre las partes en relación con la imposición de la cláusula, en tanto que aquella vendría a extinguir la falta de transparencia. En este sentido habrá que atender a la posible existencia de correos electrónicos o cualquier otra comunicación en la que el actor pudiera haber negociado su existencia

La abundante doctrina emanada a raíz de las participaciones preferentes y otros productos financieros respecto de la carga de la prueba, resulta perfectamente trasladable, pudiendo citarse, a título ilustrativo, la SAP de Palma de Mallorca de 21 de marzo de 2011; la SAP de Murcia, de 1 de abril de 2011; la SAP de Pontevedra de 25 de abril de 2012; SAP de Barcelona, Sección 15.ª, de 5 de marzo de 2013 o la Sentencia de la Sección 7.ª de la Audiencia Provincial de Asturias, de 26 de septiembre de 2011, que mantiene en su fundamento de derecho segundo el siguiente pronunciamiento:

"(...) es la entidad financiera la que, en principio, está obligada, conforme a las normas de distribución del «onus probandi», a acreditar que suministró al cliente la información necesaria para que este se formase un conocimiento cabal de las características del producto ofertado, y pudiese prestar un consentimiento válido a la operación, sin que pueda, desde luego, exigirse al cliente la prueba de un hecho negativo, cuál sería la falta de información".

7.7.5. Carga de la prueba de la condición de consumidor

En lo atinente a la carga de la prueba de la condición de consumidor, según recapitula GONZÁLEZ GARCÍA[127], pueden sostenerse hasta cuatro interpretaciones:

a) Recae sobre el consumidor al tratarse de un hecho del que depende un efecto jurídico que sirve a su pretensión (art. 217.2 LEC).

b) Recae sobre el consumidor por estar en mejor situación para a que ha destinado el bien o servicio (art. 217.7 en relación con el 217.2 LEC).

c) Recae sobre el empresario al tratarse de un hecho que enerva la eficacia jurídica de la pretensión del actor (art. 217.3 LEC).

d) Recae sobre el empresario por tratarse de un hecho negativo dada la formulación de la definición de consumidor contenida en el art. 3 TRLGDCU (art. 217.7 en relación con el 217.3 LEC y 24 CE).

Sobre la carga de la prueba de la negación de la condición de consumidor, según razonaba el Prof. BERCOVITZ[128] constituyendo la protección de los intereses de los consumidores y usuarios un principio general de nuestro ordenamiento jurídico, tal y como resulta del art. 51 y el propio TRLGDCU, ha de ser la parte empresarial la que deba cargar con la prueba de que la otra parte no tenga que beneficiarse del tratamiento dispensado como consumidor, demostrando con nitidez y sin género de duda a tal efecto que ha actuado en el marco de una actividad empresarial o profesional. Para CÁMARA LAPUENTE[129] resulta obvio que debe recaer sobre el empresario la carga de la prueba de que el contratante adverso actuó en el ámbito propio de una actividad empresarial o profesional, pues constituiría una difícil prueba de hecho negativo que el consumidor hubiese de demostrar que actuó con fines de consumo privado. FERNÁNDEZ SEIJO[130] advierte que trasladar la prueba de la condición de consumidor al adherente no encaja en los claros y estrictos mandatos de la jurisprudencia del TJUE, señalando que ello puede llevar a desequilibrios no solo en el momento de la contratación sino en el proceso. Y también LAFUENTE TORRALBA[131], se ha inclinado favorablemente a favor de atribuir a la entidad financiera en estos casos la prueba la carga de la prueba si cuestiona la condición de consumidor de la contraparte, con base al art. 217.7 LE, por entender que debiera disponer de mayor facilidad probatoria al debido incorporar numerosa documentación relativa al destino de la operación para

---

[127] GONZÁLEZ GARCÍA, S. "La carga de la prueba de la condición de consumidor: una cuestión controvertida en la jurisprudencia menor" en Diario La Ley n.º 9118, de 15 de enero de 2018.

[128] BERCOVITZ, A. *Comentarios a la Ley General para la Defensa de los Consumidores y Usuarios,* Madrid, 1992, pp. 17-25.

[129] CÁMARA LAPUENTE, S. "El concepto legal de consumidor en el derecho privado europeo y el derecho español: aspectos controvertidos o no resueltos" en Cuadernos de Derecho Trasnacional, Marzo 2011, p.117.

[130] FERNÁNDEZ SEIJO, J. M.ª. "Lo que se sabe y lo que no se sabe: la prueba en los procedimientos que afectan a los consumidores" en Diario La Ley n.º 9236 de 24 de mayo de 2018.

[131] LAFUENTE TORRALBA, A. J. "Los obstáculos para el examen de cláusulas abusivas en el proceso de ejecución: puntos ciegos y zonas de desprotección en el régimen vigente" en Revista de Derecho Civil, abril y junio de 2015, pp. 181-215.

evaluar la concesión o no de la financiación. GONZÁLEZ GARCÍA[132] también concluye que, en España, con una población activa de 18 millones de personas de los que solo 2 millones son trabajadores autónomos, cabe presumir que, en la mayoría de contratos en los que intervienen personas físicas, estas lo hacen a título particular. Por dicho motivo, dado que lo más normal es que, cuando intervenga un consumidor lo haga a título particular se le pueda presumir dicha condición. De tal manera que, cuando por el empresario se sostenga que la finalidad de la operación en la que interviene una persona física es empresarial así lo justifique de conformidad con lo prevenido en el art. 217.3 LEC.

Así se han pronunciado favorables a la atribución de la carga de la prueba al empresario que rechaza la condición de consumidor del demandante la SAP de Córdoba, de 18 de diciembre de 2002; AAAP de Barcelona, Sección 15.ª, de 15 y 19 de enero de 2009 o la SAP de Tarragona, Sección 1.ª de 25 de junio de 2012 en la que se explica: "*Corresponde en primer lugar valorar el alegato de la actora sobre la condición o no de consumidor del demandado, para concluir que alegada tal condición, y en concreto que recibió el préstamo como destinatario final del mismo, debería ser la parte actora la que probase, de negar tal condición, que actuó como profesional de la actividad de que se trate. Ello porque en principio lo común es considerar que un préstamo concedido a una persona física, sin especificar la finalidad de dicho préstamo, es un préstamo de consumo, y por tanto el prestatario es su destinatario final. Deberá ser quien alegue que el préstamo tenía una finalidad no generalista, esto es, que se destinaba a actividades profesionales o comerciales, quien pruebe tal condición. No habiendo en el presente caso tal prueba, no cabe admitir el alegato de la actora sobre la supuesta condición profesional del demandado*". La SAP de Badajoz, Sección 3.ª, de 16 de febrero de 2017, advierte: "*Debemos señalar que la condición de consumidor se presume a toda persona física (e, incluso, se otorga en nuestro derecho a algunas personas jurídicas) y quien pretenda demostrar lo contrario tiene que acreditar que el contrato se realizó con propósito empresarial o relativo a la actividad profesional o que el adherente no era destinatario final del producto*". También es clara, en otro caso de préstamo hipotecario y cláusula suelo, la SAP de Alicante, Sección 8.ª, de 31 de marzo de 2017, al atribuir la carga de la prueba a la entidad que cuestiona la condición de consumidor del actor: "*puesto que de dicha documental no se deriva el más mínimo indicio de vinculación del local adquirido a una actividad empresarial, consideramos que correspondía a la parte demandada, ex art. 217 LEC, la carga de probar tal extremo, en tanto alegó en la contestación la no condición de consumidor de la contraparte. Y dicha prueba no se ha conseguido. Más bien, al contrario, y como dijimos, esa actividad profesional se llevaba a efecto en otro local comercial*". Y así también es concluido por la SAP de Zamora, Sección 1.ª, de 30 de marzo de 2017, en otro nuevo caso de cláusula suelo: "*del examen de las pruebas practicadas no puede concluirse, al no existir prueba al efecto, cuya carga probatoria recae sobre la demandada que es quien alega el hecho negativo, que los demandantes hayan destinado el importe total del préstamo concedido a la actividad empresarial o profesional*". En Girona, la Sección 2.ª de su Audiencia Provincial, en Sentencia de 22 de mayo de 2017 señala: "*La doctrina indica que, en el caso de la persona física atiende al fin contractualmente perseguido en la celebración del contrato. Si ese fin es ajeno a su actividad comercial, empresarial, oficio o profesión se considera*

132 GONZÁLEZ GARCÍA, S. "La carga de la prueba..." Ob. cit. p. 9.

consumidor, y la carga de la prueba en ese punto corresponderá al empresario que niega esa condición de consumidor al adherente". La SAP de Las Palmas de Gran Canaria, Sección 3.ª, de 29 de mayo de 2017 aborda la cuestión procesal de la carga de la prueba con el siguiente razonamiento: "*Se pueden suscitar dudas procesales sobre a quien corresponde la carga de la prueba de la condición de consumidor en un proceso civil conforme al art. 217 LEC, ya que por un lado esa condición es presupuesto de la aplicación de la normativa sobre abusividad de la Ley 1/2007 de protección del consumidor, y por tanto puede entenderse que es un hecho que fundamenta la pretensión anulatoria y por tanto de carga del actor. Pero por otro lado, es la parte demandada quien niega la aplicación de esa normativa y de la condición de consumidor del actor, por lo que, siendo además el actor una persona física, puede entenderse que corresponde a la parte demandada la prueba, y además, desde el punto de vista del principio de facilidad probatoria del art. 217-7.º de la LEC, la entidad crediticia, que es quien redacta el contrato de adhesión no negociado individualmente está en disposición de procurarse con sencillez la prueba de si se trata de un contrato concedido a consumidores o sujeto a los requisitos de los préstamos a la actividad comercial y empresarial. Dado que, a fin de cuentas, puesto que una persona física puede actuar a la vez como consumidor y como empresario, lo relevante es la finalidad para la que se solicita el préstamo*". La SAP de Guadalajara, Sección 1.ª, de 13 de junio de 2017 afirma: "*debemos concluir que no se puede presumir en perjuicio de los prestatarios condición distinta de ser consumidor, cuando además en la escritura de préstamo hipotecario actuaron en su propio nombre y derecho, no haciéndolo como administrador de ninguna sociedad. Es por ello que la alegación debe ser desestimada*".

En sentido adverso –que no compartimos sin perjuicio de asumir que cuando surgen dudas razonables cada parte ha de desplegar la prueba necesaria en virtud del principio de facilidad y disponibilidad probatoria–, atribuyen la carga de la prueba de la condición de consumidor a quien la alega la SAP de A Coruña, Sección 4.ª de 20 de enero de 2017 cuando señala "*las reglas sobre distribución de la carga probatoria (art. 217 LEC), deben operar plenamente, de modo que si no queda finalmente demostrado que el demandante intervino en el contrato con un propósito ajeno a su actividad comercial, empresarial, oficio o profesión, el tribunal no podrá examinar la validez de la cláusula desde la perspectiva de las normas represoras de la abusividad de contenido de las condiciones generales o cláusulas predispuestas, ni del más específico control de transparencia de tales cláusulas en cuanto referidas a elementos esenciales del contrato*". Este parecer también es compartido por la SAP Málaga, Sección 5.ª, en Auto de 18 de septiembre de 2017: "*En cualquier caso es que la cualidad de consumidor en el ejecutado, es una cuestión de hecho, presupuesto de aplicación de la normativa sectorial de tutela en su favor, que no solo debe ser alegada o sostenida por el mismo, sino que además le incumbe la carga de la prueba sobre ella, como hecho positivo que le beneficia y en virtud del principio de facilidad probatoria*".

En sentido contrario a la presunción de la condición de consumidor, suele citarse también en ocasiones la Sentencia del Tribunal de Justicia de la Unión Europea de 3 de septiembre de 2015 (Asunto C-110/14) que determina al respecto que "*a la parte que alega la abusividad de la cláusula y la aplicación de la normativa de consumidores le incumbe la carga de la prueba de acreditar su condición de consumidor*". Esta tesis ha sido seguida por la SAP de

Alicante, Sección 9.ª, de 24 de marzo de 2017) coincidente al aseverar que "*corresponde la prueba de la condición de consumidor a quien sostiene su condición de tal, como recoge la Sentencia de la audiencia Provincial de Córdoba de 16 de marzo de 2016, siendo una cuestión de hecho, presupuesto de aplicación de la normativa sectorial de tutela en su favor, que no solo debe ser alegada o sostenida por el mismo, sino que además le incumbe la carga de la prueba sobre ella, como hecho positivo que le beneficia y en virtud del principio de facilidad probatoria*". Y así también fue apreciado por la SAP de Guipúzcoa, Sección 2.ª, de 5 de mayo de 2015 y SAP de Granada, Sección 3.ª, 19 de octubre de 2017.

Sin embargo, acudiendo a la jurisprudencia comunitaria también puede citarse la reflexión del TJUE, cuando apunta en el posterior Auto de 19 de noviembre de 2015, que en caso de duda sobre el destino de la operación habrá de considerarse no empresarial. En este sentido podemos traer a colación el Asunto Tarcău, cuyo apdo. 27, señalaba lo siguiente: "*cuando no resulte acreditado claramente que un contrato se ha llevado a cabo de manera exclusiva con un propósito ya sea personal, ya sea profesional, el contratante en cuestión deberá ser considerado como consumidor si el objeto profesional no predomina en el contexto general del contrato, en atención a la globalidad de las circunstancias y a la apreciación de la prueba*". Ello es coherente con la STS de 5 de abril de 2017 sostiene que cuando no resulte acreditado claramente que un contrato se ha llevado a cabo de manera exclusiva con un propósito profesional, el contratante en cuestión deberá ser considerado como consumidor si el objeto profesional no predomina en el contexto general del contrato, en atención a la globalidad de las circunstancias y a la apreciación de la prueba.

Nos inclinamos pues por establecer la presunción general de consumidor y solo cuando existen datos que indican lo contrario exigir al usuario una mayor actividad probatoria si la facilidad para ello está de su parte, tal y como puede sugerir la SAP Zaragoza, Sección 5.ª, de 26 de septiembre de 2017.

Como ha razonado MORENO GARCÍA[133], en la materia de nuestro estudio, hemos de partir de que el art. 3 TRLGDCU define al consumidor empleando un parámetro negativo: actuar con un propósito ajeno a una actividad profesional o empresarial. Por ello, siendo conscientes de que se prueba en sentido positivo, no en negativo, al pretendido consumidor, no se le podrá exigir la prueba de que no ha actuado con una finalidad empresarial.

Tal y como ha puesto de manifiesto AVENTIN PUJOL[134], *para la prueba de los hechos negativos debemos tener en cuenta en cuenta el criterio establecido en el artículo 217, en el que se indica que debemos atender a los criterios de facilidad y disponibilidad probatoria, debiendo por consiguiente ser la parte a la que es más fácil, menos gravoso o se halla en posición prevalente de aportar la prueba al proceso, sobre la que pesa su obligación y sobre todo las consecuencias de no hacerlo.*

Ello es así porque conforme a lo anteriormente expuesto, no se puede exigir la prueba de hechos negativos de forma directa pudiendo caer en estar exigiendo una prueba diabólica o inquisitoria, so pena de causar la consiguiente indefensión a la parte vulnerando el

---

133 MORENO GARCÍA, L. *Las cláusulas abusivas, Tratamiento sustantivo y procesal.* Valencia, 2019, p. 93.

134 AVENTIN PUJOL, M. "La prueba a consulta" en Diario La Ley n.º 8445, de 19 de diciembre de 2014.

art. 24 CE, y más cuando el propio art. 118 CE establece que cuando las fuentes de prueba se encuentre en poder de una de las partes del litigio, el deber de colaborar con los Tribunales conlleva que dicha parte es la que ha de aportar prueba requerida a fin de que el órgano judicial disponga de suficientes elementos para su enjuiciamiento. Ligada a la prueba de un hecho negativo, la SAP de Santa Cruz de Tenerife, de 14 de enero de 2015: *"Esta cuestión suscita, a su vez, el tema de la carga de la prueba de esa condición, que no se encuentra resuelta del todo en la normativa especial; en esta (Texto Refundido ya mencionado) existe normas específicas sobre determinados aspectos que atribuye tal obligación al consumidor (así, la prueba del ejercicio del derecho de desistimiento –art. 72–, o la del defecto, el daño y la relación de causalidad entre ambos en el art. 139 (en el caso de responsabilidad por productos defectuosas) o en la mayoría de los casos al empresario (arts. 69.2 –obligación de información del derecho de desistimiento–, 76 –cumplimiento del plazo de devolución de sumas percibidas–, 82.2 –negociación individual de una determinada cláusula–, etc.); sin embargo, tales preceptos presuponen ya una relación de consumo, mientras que aquí de lo que se trata es de establecer si existe o no tal relación precisamente por ser consumidor uno de los sujetos de la misma. Sobre este aspecto no existe ninguna norma en concreto, si bien se ha mantenido en la doctrina que la carga de la prueba recae sobre el empresario "quien debe probar el hecho positivo generador de la protección o impeditivo de una reclamación de modo que, en este entendimiento debe mantenerse que es el empresario quien, para evitar la aplicación de la especial tutela que dispensa la TR-LGDCU habrá de probar el hecho positivo de que su contra parte actuó dentro del ámbito propio de una actividad empresarial o profesional, pues constituiría una difícil prueba de hecho negativo que el consumidor hubiese de demostrar que no actuó en ese contexto; podría probar que obró con fines de consumo privado, pero no que además no empleó el bien o servicios en el contexto de sus actividades profesionales".*

La obligación de flexibilización en la aplicación de las reglas formales de distribución de la carga de la prueba, no solo tienen su origen en la realidad de existencia de situaciones atendibles que la imponen, sino en exigencias constitucionales derivadas de la interdicción consagrada en el art. 24.1 de la Constitución. Ciertamente, y como establece el Tribunal Constitucional en su Sentencia de 9 de mayo de 1994, tal prohibición de la indefensión se produce cuando se priva o minora el derecho de defensa y se menoscaban los principios de igualdad y de contradicción, siendo así que este último derecho comporta el reconocimiento de la posibilidad de que cada parte alegue y acredite sus pretensiones o resistencias en la misma posición que la contraria. Por tal razón, se veda cualquier exigencia de pruebas a una parte que pueda considerarse «diabólica» o imposible por causa de determinada circunstancia, especialmente por poseer la prueba la otra parte.

En definitiva, como señalan las sentencias 17 de enero y 2 de diciembre de 2008, de la Sección 25.ª de esta Audiencia Provincial, cada parte está obligada a demostrar en el proceso aquellos hechos cuya prueba tenga a su alcance o le resulte próxima o de fácil obtención (Sentencias del Tribunal Supremo de 25 de junio y 29 de octubre de 1987, 18 de noviembre y 12 de diciembre de 1988, 17 de junio de 1989, 18 de abril de 1990, 23 de octubre y 15 de noviembre de 1991 y 13 de diciembre de 1992, entre otras), criterio que más tarde recibió sanción positiva a través del art. 217.6 de la Ley de Enjuiciamiento Civil.

Ante esta discrepancia en la cuestión de la carga de la prueba somos partidarios de presumir la condición de consumidor. Y en caso de abierta discrepancia entre las partes acudir al principio consagrado en el art. 217.7 LEC en función de la facilidad y disponibilidad probatoria de cada parte, siendo siempre flexibles a una interpretación *pro consummatore* y ponderando de modo individualizado las circunstancias concurrentes en el concreto negocio jurídico establecido. A modo ilustrativo, podrán surgir mayores dudas si estamos hablando de una adquisición de 5 móviles en lugar de una única unidad, pese a que pueda sostenerse por el adquirente que fueron comprados con la finalidad de realizar unos regalos a la familia para lo cual se podrán valorar también otras circunstancias como la proximidad a las fechas navideñas, la solicitud de envoltorio de regalo en el momento de la adquisición, la ausencia de actividad empresarial o profesional por el adquirente según se deduzca de sus declaraciones fiscales, etc. En el caso de los préstamos hipotecarios en que se vinculen a la adquisición de más de una vivienda, hemos comprobado en no pocas ocasiones como se adquirían diversos inmuebles para el futuro de los hijos de los prestatarios con objeto de mantener a la familia próxima el día de mañana. Y en el mismo sentido, por supuesto, serán relevantes los actos propios de la entidad que, si en la escritura refiere su concesión para la rehabilitación de la vivienda actual, no resulta admisible que un futuro sostenga que el verdadero propósito fue financiar deudas empresariales. En este último sentido, resulta ilustrativa la lectura del AAP de Madrid, Sección 9.ª, de 2 de octubre de 2014, que, ante la aportación del contrato al proceso, cuando en el mismo consta su finalidad, es obvio que la carga de la prueba de un uso o destino diferente corresponderá a la parte que pretenda hacerlo valer. En la misma línea se pronuncia la SAP de León, Sección 1.ª, de 30 de octubre de 2017, al analizar el caso de una nulidad de condiciones generales de la contratación en un préstamo en el que constaba como finalidad la inversión en un negocio. Es lógico en este caso, que corresponda la carga de la prueba al consumidor cuando se pretende hacer valer una condición distinta de la reseñada en el documento contractual. La SAP de Madrid, Sección 28.ª, de 26 de septiembre de 2017, ha manifestado: "*En las particulares circunstancias señaladas y dado que no consta cumplidamente acreditado el destino del préstamo y, en consecuencia, la condición de consumidores o usuarios de los demandantes, las consecuencias de la falta de prueba de esa condición deben recaer sobre la parte actora porque ha quedado desvirtuada la tesis mantenida en la demanda (que el destino del préstamo era la adquisición de la vivienda habitual o familiar de los prestatarios) y porque tratándose de un hecho constitutivo de la pretensión de la demanda, los demandantes no tenían dificultad alguna para acreditar el destino del préstamo tanto si se trataba de la adquisición de una vivienda, que es lo que se indicaba en la demanda, como si lo era la reforma de una vivienda entre otros gastos de consumo, como se apuntó en el acto del juicio (artículo 217.1.2.3 y 7 de la Ley de Enjuiciamiento Civil)*".

Corolario de lo expuesto es que uno de los problemas que se plantean con mayor frecuencia en la práctica, al analizar las reclamaciones presentadas, es la invocación del carácter de usuario por quien no goza de tal condición. Existe una notable confusión en cuanto al alcance de la noción de consumidor o usuario, que como advierten ISABEL SEGURA[135] o

---

[135] SEGURA RODA, I. *Nosotros, los consumidores*, Barcelona 2001, p. 19.

RODRÍGUEZ ACHÚTEGUI[136], conviene aclarar antes de adentrarnos en cualquier análisis posterior.

7.7.6. Pertinencia, utilidad y valor de la testifical del empleado de la entidad financiera

Con la proliferación de los pleitos por cláusulas abusivas y atendiendo a la experiencia cosechada, no es extraño que cada vez con más frecuencia se considere por muchos juzgadores que la única prueba relevante viene a ser la documental aportada, desechando la necesidad de traer a los empleados de la propia entidad financiera a prestar declaración, máxime cuando nos encontramos ante contratos suscritos hace años en los que resulta poco verosímil, salvo circunstancias extraordinarias, que el testigo empleado pueda aportar algún dato relevante para el proceso. Tal y como se ha manifestado el TC (STC 147/2002) la pertinencia de la prueba no implica un hipotético derecho a llevar a cabo una actividad probatoria ilimitada, resultando procedente su inadmisión cuando no mantiene una relación directa con el *thema decidendi.*

En el mismo sentido sostiene la SAP Madrid, de 2 de junio de 2009, que no solo no constituye una infracción la denegación de prueba, sino que los términos empleados en el art. 283 LEC obligan incluso (*"no deberá admitir"; "tampoco deben admitirse" y "nunca se admitirá"*) pruebas que por inútiles no puedan contribuir a esclarecer los hechos controvertidos.

El TS ha señalado en Sentencia de 12 de enero de 2015 que no es correcto que la prueba tomada en consideración con carácter principal para considerar probado que se cumplió con su obligación de información por parte de la entidad prestataria sea la testifical de sus propios empleados, obligados a facilitar tal información y, por tanto, responsables de la omisión en caso de no haberla facilitado.

No es relevante la declaración testifical de las empleadas de la entidad por su evidente conflicto de intereses con su empleador. Conforme a la *STS de 4 de diciembre de 2015 "los testigos eran los empleados del Banco demandado responsables de la sucursal en la que se ofreció a la demandante la celebración del contrato de swap y que por tanto estaban obligados a suministrarle la información que la demandante afirma que no le fue facilitada. En tales circunstancias, considerar insuficiente la declaración de estos testigos para acreditar que se facilitó a la demandante una información adecuada de la naturaleza y riesgos del producto que se le ofertaba no solo no es irracional y arbitraria, sino que es perfectamente lógica".*

Item más, tal y como razona la SAP de Zamora, de 20 de enero de 2014, la declaración de los empleados de la entidad está necesariamente condicionada toda vez que el testimonio adverso a los intereses de aquella podría tener consecuencias en su situación estatutaria y laboral, así como que en todo caso el reconocimiento de los hechos supondría el incumplimiento de sus obligaciones y vulneración de la normativa. Ello lo convierte en un testimonio ciertamente cuestionable. En el mismo sentido se pronuncia la SAP de Málaga, Sección 6.ª, de 27 de diciembre de 2012

---

136 RODRÍGUEZ ACHÚTEGUI, E. "La posición de los tribunales españoles respecto al concepto de consumidor amparado frente a cláusulas abusivas" en Revista Aranzadi Doctrinal n.º 5/2016.

Por su parte, la SAP de Pontevedra, Sección 1.ª, de 14 de noviembre de 2016 incide nuevamente en la falta de credibilidad de la prueba testifical del propio empleado de la entidad cuando manifiesta: "*La prueba sobre la información suficiente y necesaria y la realización de simulaciones de diversos escenarios no resulta creíble cuando se trata de empleados de la propia apelante y se pretenda la prueba de elementos de hecho que, de existir, tendrían su adecuado soporte documental*".

Idéntico parecer es compartido, entre otras tantas, por la Sentencia del Juzgado de 1.ª Instancia n.º 2 de Calahorra de 27 de enero de 2017, que reputa inútiles el interrogatorio del demandante y la testifical de los empelados al amparo del art. 283.2 LEC por ser la cuestión a resolver de naturaleza esencialmente jurídica.

Como apunta el Auto de la AP de Navarra, Sección 3.ª, de 23 de marzo de 2017, en otro caso más de denegación de la testifical del empleado de la entidad financiera, no se da el requisito del carácter indebido de la denegación de prueba, justificándose por el juzgador en virtud de las concretas circunstancias examinadas su inadmisión. En aquel caso nuevamente refiriéndose a un préstamo suscrito hace largos años, también resulta harto complejo llegar a la convicción de un recuerdo nítido de cada caso si no existe un elemento harto singular que lo distinga o bien porque ello obedezca a la instrucción de la entidad previa a la comparecencia en juicio.

7.7.7. Viviendas o locales alquilados y financiación de "lofts" de uso industrial

No quisiéramos dejar de hacer referencia a aquellos casos en que se discute la condición de consumidor por el hecho de que el prestatario tuviera alquilada la vivienda, alzándose frente a ello la entidad financiera negando la condición del consumidor. Por lo que respecta al alquiler de viviendas, y en particular de segundas residencias, para pretender así negar la condición de consumidor, también ha sido unánime nuestra jurisprudencia, como recopila la Sentencia del Juzgado de lo Mercantil de Almería, de 18 de septiembre de 2014, con cita de la SAP de Murcia, Sección 1.ª, de 14 de enero de 2013; SAP de Baleares, Sección 5.ª, de 27 de marzo de 2014; SAP León, Sección 1.ª, de 20 de julio de 2015 y SAP de Pontevedra, Sección 1.ª, de 26 de noviembre de 2013. Así es expuesto:

"*Aun, admitiendo que estuviera alquilada la vivienda, y que la residencia principal estuviera ubicada en la localidad de Lorca, tampoco podemos afirmar que por el hecho de que la vivienda constituya una segunda residencia o que la misma esté alquilada, esto suponga que el demandante no es consumidor. El alquiler de la vivienda por parte del demandante puede no responder a ninguna actividad empresarial o profesional de este, sino al ánimo de facilitar la financiación necesaria para la adquisición de la vivienda. Es decir, no puede afirmarse que el demandante actúe en función empresarial, sino que lo hace a título particular con el ánimo de facilitar la adquisición de una vivienda que no es descabellado que en el futuro sea la residencia principal o de temporada, (...) cuando el adquirente, si bien no con intención de entrar a vivir en un momento inmediato, pero sí en el futuro, adquiere la vivienda con la intención de ir a vivir a ella, entonces sí que podrá considerarse consumidor, aun cuando durante un tiempo la tenga alquilada, como medio para facilitar la financiación de su adquisición*".

La SAP de Madrid, Sección 28.ª, de 10 de julio de 2018, rechaza igualmente el recurso de apelación interpuesto por el BANCO POPULAR al pretender negar la condición de consumidor a quien adquirió unos apartamentos y financió su compra con la intención de arrendarlos, cuando esta actuación no forma parte del ejercicio de una actividad comercial o empresarial:

"Lo relevante en este caso no es tanto que el Sr. Carlos Alberto tuviera un ánimo lucrativo al comprar la vivienda, no para habitarla, sino para arrendarla a terceros, como que esa actividad supusiera una actuación empresarial o profesional.

Es evidente que la adquisición de un inmueble para su arrendamiento a terceros implica la intención de obtener un beneficio económico, pero si esa actuación no forma parte del conjunto de las actividades comerciales o empresariales de quien lo realiza, no deja de ser un acto de consumo.

Pues bien aun contando con que efectivamente la finalidad del préstamo fuera la adquisición de unos apartamentos en la localidad de Ocaña con destino a su posterior alquiler, sin embargo no consta que la demandante ni sea una empresaria, ni se dedique profesionalmente al ámbito de la intermediación de inmuebles, ni consta que se dedique profesionalmente al alquiler de los mismos con fines lucrativos, por lo que debe mantenerse la sentencia y, en tanto la misma tiene la condición de consumidora, es procedente el mantenimiento del pronunciamiento que declara la nulidad de la cláusula de limitación de variabilidad de los tipos de interés por abusiva".

También la SAP de Álava, Sección 1.ª, de 9 de diciembre de 2015 o la SAP Murcia, Sección 4.ª, de 27 de abril de 2017, otorga el amparo de la normativa consumerista, a quien toma un préstamo para disfrutar de una vivienda de vacaciones que ocasionalmente arrienda, puesto que no la destina a una actividad empresarial o profesional, propia o ajena.

Puede resultar también de interés abordar los supuestos referidos a la financiación de los denominados "lofts" que, si bien han sido vendidos con la calificación urbanística de "local comercial", como es sabido se destinaban en una inmensa mayoría de los casos a vivienda. Un caso interesante al respecto lo hallamos en la Sentencia del Juzgado de lo Mercantil n.º 2 de Madrid de 25 de septiembre de 2015, confirmada por la SAP de Madrid, Sección 28.ª, de 9 de marzo de 2018. En este caso, pese a la oposición de la consideración de consumidor del banco, se logró la convicción del juzgador de su real condición de vivienda al aportar los recibos de suministro con tarifa doméstica o un seguro de hogar que paradójicamente le había impuesto la propia entidad demandada concluyendo el juzgador: "*el supuesto local adquirido es en realidad un loft por lo que consideramos que los demandantes gozan de la condición de consumidores, y en consecuencia el sistema protector de las cláusulas contenidas en su contrato*".

En suma, no adquiere la condición de profesional o empresario, y correlativamente a ello, no pierde la protección de la normativa de consumo, quien rentabiliza su propiedad mediante el arrendamiento, quien compra un inmueble como inversión (SAP de Pontevedra, Secc. 1.ª, 14 octubre 2014), o para rehabilitarlo (SAP de León, Sección. 1.ª, de 20 julio de 2015), para irse de vacaciones y arrendarlo en verano (SAP de Álava, Sección 1.ª, de 9 diciembre 2015), o lo arrienda para obtener un complemento a su salario como funcionario público (SAP Albacete, Sección 1.ª, de 20 junio de 2014).

Con relación a la financiación para la compra de una vivienda destinada a alquiler, ya lo hemos señalado al examinar la condición de consumidor, tal y como resolvió la STS de 13 de junio de 2018, en la que con revocación de la dictada por la AP de Vizcaya, Sección 4.ª, se confirma que mantiene la condición de consumidor quien sin dedicarse a una actividad profesional o empresarial concierta el préstamo con el objetivo de obtener un lucro en su esfera particular.

"8. *En consecuencia, lo relevante en este caso no es tanto que el Sr. Carlos Alberto tuviera un ánimo lucrativo al comprar la vivienda, no para habitarla, sino para arrendarla a terceros, como que esa actividad supusiera una actuación empresarial o profesional.*

Es evidente que la adquisición de un inmueble para su arrendamiento a terceros implica la intención de obtener un beneficio económico, pero si esa actuación no forma parte del conjunto de las actividades comerciales o empresariales de quien lo realiza, no deja de ser un acto de consumo.

9. *La Audiencia Provincial no afirma que el préstamo se solicitara para la satisfacción de actividades empresariales o profesionales. Al contrario, asume expresamente que el demandante no se dedica a la actividad de arrendamiento de inmuebles. Pese a lo cual, le niega la cualidad de consumidor, porque tiene «perfil inversor en tanto en cuanto está destinando la vivienda adquirida al alquiler y obteniendo unos rendimientos económicos por su actividad arrendaticia».*

Al pronunciarse así, se opone a la jurisprudencia comunitaria y nacional expuesta, por lo que estimamos el recurso de casación, anulamos la sentencia recurrida y asumimos la instancia para resolver el recurso de apelación interpuesto por la entidad prestamista".

7.7.8. Finalidades ambiguas del préstamo hipotecario: "refinanciación", "desfases de liquidez" o "cancelación de operaciones anteriores"

Al abordar la condición de valoración de consumidor nos hemos referido también a las dudas que pueden surgir en el supuesto de que en la escritura se describa la finalidad del préstamo con expresiones equívocas o ambiguas como "compra de bienes", "refinanciación", "desfases de liquidez" o "cancelación de operaciones anteriores" sin mayor precisión. En este caso debemos atender nuevamente al destino del préstamo para valorar la condición o no de consumidor del prestatario. La clave pues, residirá en si dicho préstamo es otorgado para una finalidad ajena a la actividad profesional o empresarial que ejerce el prestatario.

La SAP de Álava, Sección 1.ª, de 9 de noviembre de 2016, otorga el carácter de consumidor al deudor en un supuesto en que había solicitado el préstamo para realizar la reforma de un local y al tiempo refinanciar sus deudas, pues considera que ese dato no altera la circunstancia de que es una persona física y que actúa con un propósito ajeno a su profesión. La SAP de Ciudad Real, Sección. 1.ª, de 2 de febrero de 2017, también reconoce la condición de consumidor a una persona física que obtiene un préstamo hipotecario destinado a refinanciar sus deudas personales, apuntando: "*la refinanciación de deudas no implica de por sí el ánimo de lucro en la operación, cuando siquiera se insiste o alude a la naturaleza de las deudas*". Y en parecidos términos, se pronuncia la SAP de Cáceres, Sección. 1.ª, de 16 de junio de 2017, que entiende que el hecho de que el deudor regentara un bar no afecta a su condición de consumidor, ya que solicitó el préstamo como persona física, no como empresario. La SAP de Baleares, Sección 5.ª, de 27 de diciembre de 2017 apunta "*Para finalizar decir, que igualmente discrepamos del pronunciamiento de instancia en orden a que no puede ser considerado que el actor ostente la condición de consumidor, por el simple hecho de que el destino de la operación fue la refinanciación y reestructuración de sus deudas (...)*". Y en el caso de la SAP de Tenerife Sección 4.ª, de 28 de septiembre de 2015, se razona: "*Hay que advertir, ante todo, que el hecho de que el préstamo se otorgue para refinanciación de deudas anteriores no implica per se que el prestatario carezca de la condición de consumidor, sino que este carácter dependerá de que esas deudas anteriores dimanen de una relación de consumo en el que el demandado ha actuado con tal carácter*".

Criterio distinto es el adoptado cuando esa refinanciación de deudas obedece a sanear la situación financiera derivada del ejercicio de la actividad profesional o empresarial desarrollada por el prestatario, y ello con independencia de que hubiera constituido la hipoteca sobre su propia vivienda. Así es contemplado por la SAP de Alicante, Sección 8.ª, de 2 de marzo de 2016, en la que se razona: "*si hay refinanciación de capital empresarial por destino, el capital refinanciante no puede calificarse de modo distinto al financiado y consecuentemente, no habiéndose demostrado una finalidad distinta a la que resulta de la prueba analizada, no cabe sino confirmar la condición empresarial atribuida al demandante en la operación de préstamo hipotecario litigiosa*". O el caso resuelto por la SAP de Barcelona, Sección 15.ª de 7 de marzo de 2018: "*lo relevante es que debemos partir del hecho de que el destino del préstamo no fue un uso personal sino la refinanciación de una sociedad en la que los demandantes tienen intereses. Por tanto, nos parece indudable que no estamos ante un propósito ajeno a una actividad profesional o empresarial sino en el ámbito escrito de una actividad de tal tipo, lo que excluye que les podamos atribuir la condición de consumidores*".

7.7.9. Préstamos hipotecarios celebrados en el marco de convenios con colectivos específicos

Otra cuestión final que conviene abordar es la referida a contratos de préstamo hipotecario suscritos en el marco de convenios específicos con distintos colectivos (médicos, funcionarios, empleados...) o promovidos en cierto modo por entidades públicas y dirigidos a segmentos poblacionales específicos (ej. Hipoteca Joven Canaria comercializada por entidades financieras dentro del convenio suscrito con la administración autonómica a fin de promover y facilitar el acceso de los jóvenes a la vivienda). En estos casos, es habitual que la entidad trate de justificar la transparencia de la cláusula en la negociación previa con el colectivo o la ausencia de oposición de la entidad pública colaboradora. Ninguna de estas razones puede atenderse, pues lo determinante es la información concreta suministrada al usuario adherente por la entidad, de tal suerte que en ausencia de la realización de los consabidos escenarios de simulación o un plus explicativo sobre el significado y trascendencia jurídica y económica de la cláusula suelo, la respuesta judicial ha de ser de igual modo la declaración de nulidad de la estipulación. Así puede observarse en el caso de la Hipoteca Joven con la SAP de Tenerife, Sección 4.ª, de 8 de marzo de 2016:

"(...) pese a lo alegado por la parte apelante en relación con los documentos suscritos por los demandantes al acogerse a la fórmula «hipoteca joven» (solicitud de operación de activo, oferta vinculante y escritura pública de constitución del préstamo con garantía hipotecaria), lo cierto es que si bien puede afirmarse que la escritura es clara y supera el control de inclusión, no puede afirmarse lo mismo en cuanto al control de transparencia, pues no consta acreditado que los clientes recibieran información suficiente sobre las consecuencias económicas que aceptación de la misma suponía en orden a tener a las consecuencias negativas que les acarrearía la evolución del tipo de interés de referencia por debajo del suelo pactado".

Hueca acogida también recibe esta misma cuestión en la Sección 3.ª de la AP de Tenerife, que, en Sentencia de 18 de septiembre de 2015, rechaza igualmente el argumento exculpatorio de la entidad financiera:

"Entrando así en el fondo de la cuestión debatida, el primer fundamento de la sentencia yerra para la resolución de la causa, pues, al margen de que el contrato de préstamo hipotecario suscrito por el actor fuera dentro del convenio suscrito por esta con la administración autonómica a fin de promover y facilitar el acceso de los jóvenes a la vivienda, lo cierto es que tal pacto, que vincula a sus contratantes, no es directamente oponible a terceros, y, en ningún caso, aun cuando las condiciones pactadas en el mismo deban ser cumplidas por la entidad bancaria al ofrecer tal tipo de hipotecas, las libera de sus obligaciones en la contratación con sus clientes, ni limitan ni restringen los derechos reconocidos por la legislación comunitaria y nacional a los usuarios de los productos bancarios".

El mismo debate se suscitó en Extremadura con ocasión del Convenio Administrativo en su momento suscrito con distintas entidades para la promoción del Plan Autonómico de Viviendas. La SAP de Cáceres, Sección 1.ª, de 2 de septiembre de 2015, resume la doctrina al respecto:

"En orden al primer motivo del Recurso (que acusa —como ya se ha señalado— error en la valoración de la prueba en cuanto a que no se está ante condiciones generales, ni hay predisposición del clausulado, ni imposición de cláusulas suelo en los términos del artículo 1 de la Ley de Condiciones Generales de la Contratación, porque la aplicación del suelo deriva de un Convenio Administrativo formalizado por la Junta de Extremadura con un conjunto de Bancos para financiar la construcción de las múltiples viviendas que integraban el Plan Autonómico de Viviendas, supuesto excluido de la Ley de Condiciones Generales de la Contratación de acuerdo con el artículo 4.2), este Tribunal ya se ha pronunciado —como también se ha adelantado— en un supuesto diríamos que idéntico al presente (si se excluye la identidad de los entonces demandantes). Nos referimos a la Sentencia 13/2015, de 15 de Enero, dictada por este Tribunal en el Rollo de Apelación número 495/2014, dimanante de los autos de Juicio Ordinario que se siguieron ante el Juzgado de Primera Instancia Número Uno y de lo Mercantil de Cáceres con el número 751/2013, y donde fue parte demandada apelante, asimismo, la entidad Catalunya Banco, S. A.; por lo que, ahora, no podemos sino reproducir las consideraciones jurídicas entonces expuestas.

De esta manera, decíamos entonces –y reiteramos ahora–, en primer término, que «Como antecedentes de hecho previos necesarios para estudiar la apelación debe significarse que: (...) son compradores de viviendas unifamiliares edificadas por la mercantil PROYECTOS Y OBRAS EXTREMEÑAS, S. A. (PROEXSA), en la parcela M6, del Polígono MEJOSTILLA, en la DEHESA DE CÁCERES EL VIEJO, en las calles actualmente denominadas avenida de los cuatro lugares y calle de los lirios, subrogándose tales compradores en el préstamo hipotecario pactado entre el promotor y la entidad financiera CAIXA CAJA DE AHORROS DE BARCELONA (CATALUÑA BANC, S.A.), préstamo en el que se contenía una cláusula suelo-techo, con un tipo mínimo de un 3 % y máximo de un 8 %. La operación financiera referida, se enmarca en el Convenio de colaboración para la financiación de las viviendas acogidas al Plan especial de la vivienda de Extremadura, de acuerdo con lo previsto en los artículos 14 a) D y 19 a) 2 del Decreto 33 33/2006, concertado el 12 de diciembre de 2006, con la Agencia Extremeña de la Vivienda Urbanismo y Territorio de la Junta de Extremadura, en el que se pactaron, para las viviendas acogidas al Plan Especial de la Vivienda de Extremadura entre otras cosas, las cláusulas básicas de los préstamos que financian las actuaciones sujetas al convenio y, en concreto, la correspondiente a las limitaciones a la variabilidad de los tipos de interés ante referidas».

En segundo lugar, que: «Se denuncia en el primer motivo de apelación error en la valoración de la prueba, por entender que la operación financiera en la que se enmarcara la nulidad de la cláusula decretada en la Sentencia de la primera instancia –préstamo hipotecario promotor entre la entidad apelante y la entidad PROEXSA–, deriva del Convenio de Colaboración para la Financiación de las Viviendas acogidas al Plan Especial de la Vivienda de Extremadura, de acuerdo con lo previsto en los artículos 14 a) D y 19 a) 2 del Decreto 33 33/2006, concertado el 12 de diciembre de 2006, con la Agencia Extremeña de la Vivienda Urbanismo y Territorio de la Junta de Extremadura, en el que se pactaron, para las viviendas acogidas al Plan Especial de la Vivienda de Extremadura, entre otras cosas, las cláusulas básicas de los préstamos que financian las actuaciones sujetas al convenio y, en concreto, que los tipos de interés variables de los préstamos estarían limitados a la baja por un 3 % y al alza por un 8 %, condición que es de carácter imperativo, al haber sido impuestas por la Administración Pública y no por la entidad financiera apelante y por tanto no tiene carácter de condición general de la contratación firmando los actores (...) sus escrituras de compraventa y subrogación en el préstamo hipotecario referido, ajustándose a aquellas condiciones».

En tercer lugar, que: «Entrando en la cuestión que plantea la apelante con un carácter previo al análisis del cumplimiento de los requisitos de transparencia de las cláusulas suelo litigiosas, debe ser la misma rechazada por cuanto, como certeramente ha apuntado el juzgador de la primera instancia, no puede sostenerse, en modo alguno, que no estemos ante una condición general de la contratación por el hecho de que la operación financiera se enmarque en un convenio de colaboración estipulado entre la entidad bancaria demandada y una Administración Pública, ya que, más allá de tal origen remoto, son la entidad bancaria y la entidad promotora las que estipulan un préstamo hipotecario en el que luego se subrogaran los actores y es la entidad bancaria la que impone a los consumidores, sin aparente negociación individual, las concretas condiciones pactadas y, en particular, la referente a la limitación a la variabilidad de los tipos de interés. Por otro lado, es evidente que la relación que refiere la apelante es ajena a los demandantes, por la simple razón de que no intervinieron en la misma y para que aquellos pactos vincularan a los consumidores hubiera sido precisa una expresa aceptación de los mismos. (...) Desde luego, no puede aceptarse el pretendido carácter normativo-imperativo de aquel convenio para los consumidores, ni que él mismo, desde luego, suponga un cheque en blanco para que la entidad financiera no cumpla sus obligaciones de información derivadas de la legislación protectora de los consumidores y usuarios y reguladora de las condiciones generales de la contratación. Por otro lado, resulta evidente que el concreto pacto referido a la limitación a la variabilidad de los tipos de interés pudo ser modificado por la entidad financiera en la operación hipotecaria en beneficio de los consumidores, sin que eso suponga incumplimiento del convenio alguno. Es evidente que la Administración Pública no se opone a esa modificación, pues su interés en el convenio de colaboración es el de favorecer la financiación de las promociones de viviendas tuteladas para la que, la cláusula suelo, más que un mecanismo favorecedor de tal financiación, es un obstáculo evidente y claro para los consumidores que, en caso de que los tipos de interés descendieran por debajo del umbral mínimo pactado, no verían repercutir dicha disminución en sus hipotecas por mor del tipo mínimo acordado. De otro modo resultaría una suerte de tratamiento paradójicamente desigual a las personas beneficiadas por las ayudas públicas en materia de vivienda frente a las personas que no están sujetas a dichas ayudas».

Y, finalmente, que: «Por último, la Sentencia de la Sala de lo Social de la Audiencia Nacional de 25 de Febrero de 2014 que cita el apelante no obsta a esta decisión pues entonces se desestimó una demanda relativa a la eliminación de la cláusula suelo incluida en un convenio colectivo entre la entidad demandada y sus trabajadores, que son parte en dicho convenio a través de su representación sindical, lo que no sucede, desde luego, en cuanto al convenio de colaboración suscrito entre la Junta de Extremadura y la entidad apelante, en el que los consumidores han estado absolutamente al margen. (...) Por tanto, es evidente que el convenio administrativo no puede suponer en absoluto un obstáculo para el estudio en vía civil por parte del juez de primera instancia y de esta Sala del cumplimiento de los deberes de información y transparencia, en aplicación de la normativa reguladora de las condiciones generales de la contratación y protección del consumidor, por lo que este primer motivo de apelación debe ser evidentemente rechazado (...)".

Resulta pues intrascendente la implicación que pretende la entidad del Gobierno de Canarias o el de Extremadura, pues es ella la prestataria y predisponente. Y en cualquier caso es una intervención ajena al prestatario que actúa como consumidor y usuario adherente. Ni el Gobierno de Canarias ni el de Extremadura ni ninguna otra Administración, es parte del contrato sino la demandada, y tampoco ninguna Administración predispuso las condiciones sino la demandada, ni el Gobierno de Canarias es quien se beneficia mes a mes de la remuneración pagada por el usuario, sino que lo es la demandada.

Y si resulta indiferente que el prestatario, cuando contrata en su condición de consumidor, fuera o hubiera sido trabajador de la propia entidad, con mayor razón cuando simplemente se acoge a cualquier supuesta tarifa o condición preferencial por ser trabajador de otra empresa. Es el caso que también solventa la SAP de Tenerife, Sección 3.ª de 17 de marzo de 2017, al decretar la nulidad de la cláusula suelo suscrita por el gerente (segundo encargado de tienda) de Mercadona, acogido a la "Tarifa VIP colectivo Mercadona".

7.7.10. Empleados de banca y familiares

Por lo que respecta a los empleados de entidades financieras o sus familiares, compartimos completamente la conclusión expresada por ACHÓN BRUÑÉN[137] cuando razona que no puede entenderse que por el hecho de insertarse como prestación propia del contrato de trabajo la legislación de protección de consumidores deje de ser aplicable, dado que el Real Decreto Legislativo 1/2007, de 16 de noviembre, no permite excluir en todo caso estos supuestos siempre y cuando se cumplan las siguientes condiciones:

a) Que el empleador que entrega el bien o presta el servicio a su trabajador actúe en condición de empresario.

b) Que el trabajador que recibe el bien o servicio destine el mismo de modo ajeno a su actividad profesional o empresarial, si es que ejercitara alguna al margen de su condición de empleado.

Pese a todo, si ha de tenerse en cuenta que, para los nuevos contratos de préstamo hipotecario suscritos tras la entrada en vigor de la LCCI, el art. 2.4 a) LCCI excluye de su ámbito de aplicación a los contratos de préstamo concedidos por un empleador a sus empleados, a título accesorio y sin intereses o cuya Tasa Anual Equivalente sea inferior a la del mercado, y que no se ofrezcan al público en general. No obstante, esta exclusión, que compartimos en i tanto que no dejan de ser consumidores igualmente no impide tampoco la aplicación de los principios contenidos en la Orden EHA 2899/2011, de 28 de octubre, de transparencia y protección del cliente de servicios bancarios, por lo que estarán sometidos al régimen de evaluación de solvencia y demás obligaciones de transparencia.

Un supuesto de nulidad de cláusula suelo predispuesta en el contrato de un empleado de banca es el resuelto por la SAP de Zamora, Sección 1.ª, de 28 de octubre de 2016, concluyendo la idéntica falta de transparencia que en cualquier otro supuesto. Es más, apunta si cabe, la especial confianza que pudo tener el trabajador en su Entidad:

"No obstante lo anterior y aun prescindiendo de la falta de información como causa determinante de la nulidad, lo que aquí concurre es la nulidad como consecuencia de la abusividad inherente a la propia cláusula. Y es que pasa de soslayo el banco el desequilibrio cláusula suelo que se fija en un tipo muy alejado al existente en esos momentos en el mercado y también a la evolución previsible del mismo, muy distante del tipo mínimo establecido, pues dada la evolución de los tipos de interés no era previsible alcanzar dicha cota, de lo que era conocedora la entidad, no así los actores que se enteraron de su inclusión en su póliza de préstamo en el mismo momento de la suscripción del contrato en la notaria, no pudiendo en esos momentos echarse atrás; por lo que el verdadero reparto de riesgos que deriva de la inclusión de la cláusula de acotación mínima a la variabilidad del tipo de interés no supera la transparencia real exigida. Asimismo el hecho de no fijar ningún techo (en otro casos suele fijar entre el 11 y el 12,5 %) claramente está convirtiendo el préstamo a interés variable, en un préstamo a interés «fijo» y variable solo al alza, de modo que el consumidor prestatario siempre sale perdiendo;

[137] ACHÓN BRUÑÉN, M. J. *Las reclamaciones por cláusula suelo y otras muchas cláusulas abusivas en las escrituras de hipoteca*, Madrid, 2017, p. 54.

si el Euribor evolucionaba a la baja porque en todo caso debe satisfacer el tipo de interés mínimo (suelo), y si lo era al alza, porque el interés podría elevarse sin limitación ninguna .

Por otra parte, la condición de empleado del banco del demandante le hizo suponer, al solicitar el préstamo hipotecario en su propia entidad bancaria, aun cuando el expediente se tramitó en sucursal distinta a aquella en la que prestaba sus servicios, que las condiciones del préstamo iban a ser las ofertadas a los empleados; condiciones estas, que aun cuando no se ha acreditado cuáles, eran más ventajosas que las ofrecidas al resto de consumidores, confiando el actor en el compañero que se lo tramitó y en que dichas condiciones iban a ser las más ventajosas. Sin embargo, el resultado de la prueba practicada permite concluir que ello no fue así y que el demandante no conoció, antes de la conclusión del contrato, la información necesaria para poder tomar su decisión con pleno conocimiento de causa".

También la SAP de Granada, Sección 3.ª, de 7 de abril de 2016, desatiende el argumento de la entidad demandada construido sobre la condición de trabajador del actor de la propia entidad durante años: "Por *otra parte, el hecho de haber sido uno de los actores trabajador durante un cierto tiempo de la entidad demandada no le excluye de su protección como consumidor ni significa que conociera el alcance real y consecuencias de la cláusula suelo".* Y también la SAP de Cáceres, Sección 1.ª, de 13 de septiembre de 2017, rechaza el argumento de la entidad financiera demandada sustentada en el hecho de que el prestatario fuera Director Técnico de Caja Extremadura en el momento de la firma del préstamo hipotecario afirmando: "*siendo irrelevante a estos efectos, que uno de los prestatarios fuera empleado de la propia entidad financiera o licenciado en Derecho, porque en la contratación del préstamo hipotecario para la adquisición de la vivienda habitual, ambos prestatarios intervinieron como meros consumidores*".

Y por supuesto, ello ha de extenderse igualmente a los familiares de los empleados. La SAP de Madrid, Sección 28.ª, de 2 de junio de 2017, confirma la nulidad de la cláusula suelo concertada por quien fue trabajador de la entidad durante más de 30 años hasta su prejubilación. La SAP de Zamora, Sección 1.ª, de 16 de enero de 2017, confirma la nulidad de la cláusula suelo con independencia de que la madre del prestatario trabajara en la entidad prestamista. En el curioso caso resuelto por la SAP de Valencia, Sección 9.ª, de 28 de diciembre de 2016, se confirma la nulidad de la cláusula suelo inserta en el contrato de préstamo suscrita por la hija del Director General de Entidad demandada, que no empañan el deber de transparencia que pesa sobre el banco:

"No se opone a tal conclusión de nulidad, la cualificación profesional y las tareas representativas de la entidad demandada que ostentaba, a la sazón, del padre de la demandante, pues sin negar que pudo conocer, previamente, el contenido del contrato, ello no convierte en expertos a los auténticos contratantes, que son los demandantes, ni puede penalizarles hacia el futuro, de modo que seguiría aplicándose a los mismos una cláusula que, en este momento, es casi de general inaplicación, incluso en caso de personas con conocimientos económicos o financieros específicos, puesto que el elemento esencial a valorar, consideramos, es tanto la generalidad de su inclusión (acreditada) cuanto la falta de información de otras posibilidades (que no consta) y de la previsible carga o gravamen que una u otra evolución (teóricamente posible) pudiera comportar".

Con motivo de la cuestión prejudicial C-590/17 elevada por la Court de Cassation de Francia, el Abogado General Michael Bobek, en sus conclusiones publicadas el 15 de noviembre de 2018, ha razonado que, cuando se concede a un empleado y a su cónyuge un préstamo hipotecario en el marco de un plan de ayuda para la adquisición de una vivienda al cual solo pueden acogerse los miembros del personal de esa sociedad, si bien la sociedad otorgante del préstamo tiene la consideración de profesional, el art. 2, letra b), de la Directiva 93/13 debe interpretarse en el sentido de que el empleado de una sociedad y el cónyuge de este que han celebrado con dicha sociedad un contrato de préstamo con el fin de adquirir una vivienda actúan como "consumidores". Esta tesis ha sido confirmada por la STJUE de 21 de marzo de 2019 concluyendo:

"*El artículo 2, letra b) de la Directiva 93/13/CEE del Consejo, de 5 de abril de 1993, sobre las cláusulas abusivas en los contratos con consumidores, debe interpretarse en el sentido de que el empleado de una empresa y su cónyuge, que celebran con dicha empresa un contrato de préstamo reservado principalmente a los miembros del personal de la referida empresa y destinado a financiar la adquisición de un inmueble para fines privado, deben considerarse consumidores, en el sentido de tal disposición.*

El artículo 2, letra c) de la Directiva 93/13 debe interpretarse en el sentido de que procede considerar que la referida empresa es un profesional en el sentido de dicha disposición, si celebra el contrato de préstamo en el marco de su actividad profesional, aunque la concesión de préstamos no constituya su actividad principal".

En suma, es evidente que la clave de la nulidad radica en la falta de transparencia, no en las *relaciones laborales, de consanguinidad o parentesco.*

No obstante, lo expuesto, los casos de los préstamos o créditos concedidos por los empresarios o empleadores a sus empleados, que se otorguen con una Tasa Anual Equivalente inferior a la del mercado, y que no se ofrezcan al público en general, concertados a partir de su entrada en vigor, quedan excluidos de la protección de la Ley 5/2019, de 15 de marzo, reguladora de los contratos de crédito inmobiliario, a tenor de lo establecido en su art. 2.4 a). Esta exclusión, supone una notable desprotección para estos empleados que mantienen su condición de consumidores y que pueden ver mermados sus derechos con una tímida rebaja del interés.

7.8. Costas procesales

Resulta interesante aportar algunas reflexiones en torno a la imposición de costas, que con frecuencia tratan de evitar las entidades financieras, como si hubieran quedado sorprendidas por la formulación del litigio. Con frecuencia se obvia que la demanda es el último paso que da el usuario afectado tras haber padecido un calvario de reclamaciones previas, incluso en casos de allanamiento antes de contestar la demanda. Finalmente es también relevante por la tónica que están adoptando las entidades financieras detenerse en las impugnaciones de las tasaciones de costas.

Tal y como dispone el art. 242.5 LEC "*los abogados, peritos y demás profesionales que no estén sujetos a arancel fijarán sus honorarios con sujeción en su caso a las normas reguladoras de su estatuto profesional*". Tal exigencia, como ha puesto de manifiesto nuestra mejor doctrina[138] supone traer a colación el Estatuto General de la Abogacía. Por lo que respecta a los abogados, el art. 44.1 del Estatuto General de la Abogacía Española (EGAE) aprobado por RD 65872001, de 22 de julio, establece que "*El abogado tiene derecho a una compensación económica adecuada por los servicios prestados, así como al reintegro de los gastos que se le hayan causado. La cuantía de los honorarios será libremente convenida entre el cliente y el abogado, con respeto a las normas deontológicas y sobre competencia desleal. A falta de pacto expreso en contrario, para la fijación de los honorarios se podrán tener en cuenta, como referencia, los baremos orientadores del Colegio en cuyo ámbito actúe, aplicados conforme a las reglas, usos y costumbres del mismo, normas que, en todo caso, tendrán carácter supletorio de lo convenido y que se aplicarán en los casos de condena en costas a la parte contraria*".

7.8.1. Del vencimiento objetivo

El art. 394 LEC establece con carácter general en nuestro ordenamiento procesal civil el principio objetivo del vencimiento. Se mantiene así el principio del vencimiento introducido en el art. 523 LEC 1881 sustituyendo la redacción de la excepción prevista en el citado *artículo "salvo que el Tribunal aprecie la concurrencia de circunstancias excepcionales que justifiquen su no imposición"*, por "*salvo que el tribunal aprecie, y así lo razone, que el caso presentaba serias dudas de hecho o de derecho*". El propio legislador a partir de la reforma de la Ley de Enjuiciamiento Civil por la Ley 24/84, de 6 de agosto, modificó el régimen sobre las costas procesales existente en nuestro ordenamiento procesal civil, sustituyendo el principio de temeridad por el de vencimiento objetivo y desplazando así el punto de mira desde la posición de la parte a la del Tribunal, lo que ratificó la nueva Ley de Enjuiciamiento Civil. Siendo pues admitida la estimación sustancial de la demanda, procede la imposición de las costas causadas en esta instancia al recurrente conforme al principio rector en nuestro derecho procesal civil consagrado en el brocardo "*victus victoris*" (cfr. SSTS 19 de octubre de 1992; 15 de marzo de 1997 o 28 de febrero de 2002, entre otras), fundamentado, como recuerda la SAP de Madrid, Sección 20.ª, de 3 de octubre de 2007, en la regla chiovendana que determina la imposición de las costas procesales.

Partiendo del criterio objetivo del vencimiento, se pretende que a través de la condena en costas será resarcida la parte a cuyo favor se falla, de los gastos realizados para la llevanza del proceso, de tal suerte que no sufra perjuicio patrimonial quien haya tenido la necesidad de acudir a los tribunales en defensa de los derechos que le han sido reconocidos (SSTS de 11 de febrero y 25 de marzo de 1997). Y, *a sensu contrario*, por el principio de indemnidad al reconocer a la parte que ha sido absuelta de los pedimentos del actor, el derecho a repercutir contra ella los gastos provocados por su llamada al proceso (STS de 22 de abril de 2009).

La jurisprudencia ha venido clarificando progresivamente la ineludible imposición de costas en esta clase de asuntos. Tal y como advierte la STS de 4 de julio de 2017, no solo procede por la justa aplicación del principio de vencimiento objetivo, sino porque lo contrario produciría un *efecto disuasorio inverso* a los consumidores que reclamen frente a cláusulas o prácticas abusivas.

---

[138] Cfr. TORRES LÓPEZ y DÍEZ BARBERO, *Las costas en el proceso civil*, Madrid, 2008, p. 111.

7.8.2. De la mala fe o temeridad

Olvidan las entidades financieras que ya la STS de 25 de marzo de 2015, advirtió el Alto Tribunal debe haber abierto *"los ojos y las mentes"* a los círculos interesados, permitiendo el reconocimiento del carácter abusivo de la estipulación litigiosa con los parámetros interpretativos ofrecidos. Tal y como afirma la STS de 29 de abril de 2015, si tras la doctrina jurisprudencial establecida se ha forzado al consumidor a la presentación de la demanda o interpuesta esta la entidad ha permanecido contumazmente en la aplicación de la cláusula suelo, ya no es posible sostener su buena fe y ha de merecer con ello de modo inexcusable la imposición de costas:

"Cualquier entidad bancaria que haya utilizado cláusulas suelo en las condiciones generales de los contratos de préstamo concertados con consumidores puede, a partir de la referida sentencia núm. 241/2013, y con base en los detallados criterios que en ella se expresan, valorar si la cláusula suelo que ha utilizado en los contratos que ha celebrado con consumidores supera el control de transparencia. Y si no lo supera, debe dejar de aplicarla por ser abusiva.

La concreción de los criterios determinantes de la abusividad por falta de transparencia de las cláusulas suelo y la fijación de una fecha clara a la que deben referirse los efectos restitutorios de la nulidad permite, asimismo, que en los litigios en curso en los que se pretende la declaración de nulidad de estas cláusulas suelo, las partes puedan llegar a soluciones transaccionales con base en tales parámetros.

Si no sucede así y el consumidor tiene que interponer una demanda para que se declare la abusividad y consiguiente nulidad, por falta de transparencia, de la cláusula suelo, o si el litigio ya entablado tiene que continuar por no acceder la entidad financiera demandada a alcanzar una solución transaccional con base en tales criterios, esta no puede pretender que los efectos de la declaración de abusividad, por falta de transparencia, de la cláusula suelo, solo se produzcan desde que se dicte la sentencia en dicho litigio. Como afirmábamos en la sentencia núm. 139/2015, de 25 de marzo, a partir de la sentencia núm. 241/2013, de 9 de mayo, ya no puede afirmarse la buena fe, en sentido subjetivo, de las entidades financieras predisponentes, y por ello la obligación de devolver lo cobrado de más por la aplicación de esta cláusula suelo ha de producir sus efectos a partir del 9 de mayo de 2013".

En lo atinente a la temeridad o mala fe de la entidad, ha de destacarse que el art. 395 LEC no permite que en casos en los que exista requerimiento previo, el demandado que en contra de la buena fe ha ignorado las reclamaciones del demandante forzándole a acudir al procedimiento judicial, incoado aquel, se sustraiga de la imposición de costas trasladando al actor la obligación de soportar los gastos del procedimiento que ha sido forzado a asumir ante la desidia deliberada del demandado. Ello ha de tenerse presente para los casos de allanamiento tras la recepción de la demanda que ha venido precedida de reclamaciones del usuario desatendidas.

Según ha razonado la SAP de Barcelona, Sección 13.ª, de 7 de noviembre de 2007, al referirse al allanamiento del demandado con relación a la imposición de costas previstas en el art. 395 LEC *"«la expresión en todo caso» supone existencia de «mala fe», sin necesidad de apreciación ni razonamiento por parte del Tribunal"*. En idéntico sentido resulta ilustrativa la SAP de Pontevedra, Sección 1.ª, de 28 de marzo de 2007 al señalar: *"Efectivamente han mantenido los demandados una injustificada conducta de inhibición y pasividad ante la pretensión de la actora, forzando con ello a la actora a promover un pleito como único remedio para lograr el reconocimiento y efectividad de su derecho, para luego e iniciado, aquietarse a sus pretensiones, conducta que sin duda constituye la mala fe de que hace gala el artículo 395.1 LEC y que justifica la condena en costas causadas a la actora"*.

La mala fe, es en definitiva un comportamiento malicioso de injustificada negativa a una pretensión que se sabe justa haciendo caso omiso a las reclamaciones que de la misma se le formulen, obligando así al titular del derecho a ejercitar finalmente su acción en proceso judicial para exigir la conducta que sabiendo el deudor que es debido no ha querido maliciosamente cumplir. Así se viene señalando, según explicitan la SAP de La Rioja de 27 de septiembre de 2001 o la SAP de Castellón de 3 de julio de 2002, que concurre siempre que previamente hubiera sido requerido por la parte actora para que realizara alguna actividad o abonara una determinada cantidad a fin de evitar una posterior reclamación judicial ante la conducta pasiva del requerido.

Y sobre este mismo particular en casos concretos de allanamiento de la entidad financiera tras la presentación previa de una reclamación por el usuario solicitando la supresión de la cláusula suelo, resulta ilustrativa la reciente Sentencia del Juzgado de 1.ª Instancia n.º 19 de Zaragoza de 2 de febrero de 2016:

"Conforme al artículo 395.1 de la Ley de Enjuiciamiento Civil, si el demandado se allanare a la demanda antes de contestarla, no procederá la imposición de costas salvo que el tribunal, razonándolo debidamente, aprecie mala fe en el demandado.

Se entenderá que, en todo caso, existe mala fe, si antes de presentada la demanda se hubiese formulado al demandado requerimiento fehaciente y justificado de pago, o si se hubiera iniciado procedimiento de mediación o dirigido contra él solicitud de conciliación.

En el presente caso, procede, habiéndose producido el allanamiento total a la demanda por parte de la demandada dentro del plazo para contestar a la demanda, de acuerdo con lo dispuesto en el artículo 395. 1 LEC, la imposición de costas a la demandada, pues formulada reclamación al Banco, que se acompaña como documento 5 a la demanda, dirigido al Servicio de atención al cliente, la misma no fue contestada, obligando a los demandantes a interponer la demanda objeto de autos".

Así también es razonado por el Magistrado de la Audiencia Provincial de Palencia CARRERAS MARAÑA[139] cuando afirma que existiendo reclamación previa a la demanda: burofax, carta con forma de recibí, acto de conciliación, carta que se admite como recibida por la entidad demandada, debe apreciarse mala fe a la hora de imponer las costas en situaciones de allanamiento de la entidad, conforme a lo que indica el art. 395 LC. Incluso, como apunta con acierto CARRERAS MARAÑA, si en la demanda se afirman las reclamaciones verbales previas y estas son admitidas por la parte demandada o alega que no se atendieron por

---

[139] CARRERAS MARAÑA, J. M. "Los procesos en materia de cláusula suelo y el pronunciamiento sobre las costas. Opiniones personales sin apriorismos y desde el fiel de la balanza", de marzo de 2017. Disponible en la base de datos de **sepín** (www.sepin.es) con la referencia SP/DOCT/22551.

su improcedencia y luego se allana, es claro que concurriría mala fe, pero no por aplicación del párrafo segundo del art. 395 LEC, sino por aplicación del párrafo primero. Esta misma conclusión es alcanzada por ACHÓN BRUÑÉN[140] cuando refiere que se debe entender que no solo el requerimiento puede haberse articulado conforme a lo previsto en el Real Decreto-Ley 1/2017, pues si se ha realizado de otra forma, siempre que haya sido fehaciente, también debe presumirse la mala fe a efectos de costas.

La SAP de Valencia, Sección 9.ª, analiza el caso del requerimiento previo realizado a la entidad por el usuario, aun cuando contenga partidas distintas a las finalmente concedidas judicialmente. Si tras este requerimiento la entidad, ha mantenido la plena licitud de la condición, su allanamiento posterior no la exonera de la mala fe:

"*Consta respuesta por parte de la entidad bancaria con fecha 31 de ese mismo mes (documento 8), en la que se alega la inaplicación a la misma de la STS número 705/2015, y el carácter no abusivo de la cláusula de gastos controvertida, que habría sido debidamente informada al reclamante, y redactada de manera clara y comprensible, hasta el punto de que fue plena y conscientemente asumida por el cliente.*

– La demanda tiene sello de presentación de 30 de julio de 2018.

– El escrito de allanamiento se presentó el 13 de noviembre de 2018.

Aun no siendo de aplicación el RDL 1/2017, al no versar el procedimiento sobre cláusula suelo sino sobre la cláusula de imputación de gastos, lo cierto es que el artículo 395 LEC habla de requerimiento fehaciente y justificado de pago, y no lo circunscribe exclusivamente al que se lleve a cabo en los términos del mencionado RDL 1/2017.

En esta situación, el allanamiento de la entidad bancaria, en este caso concreto, evidencia claramente una mala fe por su parte, pues se esperó a noviembre de 2018 para llevar a cabo lo que le estaban solicitando desde octubre de 2017.

Es cierto que en dicho requerimiento previo se solicitaba igualmente la devolución del IAJD, pero no lo es menos que dicha solicitud derivaba de una previa consideración de la cláusula en cuestión como abusiva, y esta circunstancia fue expresamente negada por la entidad bancara en su contestación, abocando con ello necesariamente al solicitante a una demanda judicial, a la que luego, con evidente mala fe, se allanó la entidad bancaria. Para evitar dicha imposición de costas, hubiera bastado con que realizara algún tipo de ofrecimiento previo, pero esa negativa a considerar la cláusula como abusiva determinaba necesariamente la iniciación de un pleito que, posteriormente, se reveló innecesario.

Por ello, procede la confirmación de este pronunciamiento de la sentencia de primera instancia, de manera que se impongan a la entidad bancaria las costas de la primera instancia".

Finalmente en el Vademécum sobre condiciones generales de la contratación[141] elaborado por el Consejo General del Poder Judicial, se aborda explícitamente la cuestión de si cualquier

---

[140] ACHÓN BRUÑÉN, M. J. *Las reclamaciones por cláusula suelo y otras muchas cláusulas abusivas en las escrituras de hipoteca*, Madrid, 2017, p. 25.

[141] GALGO PECO, A., y GARNICA MARTÍN, J. F. –Dirs– *Vademécum sobre condiciones generales de la contratación, Cuadernos de Formación Digitales n.º 4*, 2018, p. 20.

requerimiento extrajudicial dirigido al banco le impone las obligaciones de actuación que resultan del RD Ley 1/2017, concluyendo la siguiente solución: "*Cualquier forma de requerimiento extrajudicial es hábil para que se considere realizado el de devolución de las cantidades derivadas de la incorrecta aplicación de la cláusula suelo. Por lo tanto, cualquier requerimiento extrajudicial se entenderá que se ajusta al requisito de reclamación del RDL 1/2017*".

Por idénticas razones, tampoco debería permitir eludir la condena en costas el hecho de que una vez presentada la demanda, tras la existencia de una reclamación previa, la entidad financiera procediera a hacer efectiva la devolución de las cantidades indebidamente percibidas al usuario. Tal y como han puesto de manifiesto TORRES LÓPEZ y DÍAZ BARBERO[142] "*son muchas las ocasiones en las que dicha satisfacción extraprocesal encubre un allanamiento, precisamente con la única finalidad de evitar aquella imposición [de costas]*". Así es apreciado a título ilustrativo en supuestos similares al presente por el AAP de Barcelona, Sección 4.ª, de 14 de marzo de 2007 o la SAP de Valencia, Sección 8.ª, de 14 de abril de 2005.

No es infrecuente el supuesto en que la entidades, proceden a la consignación de las cantidades debidas pretendiendo con ello forzar la terminación del pleito y aceptación del consumidor obviando los gastos que ha tenido que soportar el usuario. Advertida esta circunstancia por el Tribunal Supremo, se da respuesta a ello en su Sentencia de 10 de enero de 2018:

"El recurso de casación se estima por las siguientes consideraciones:

1.ª) BBVA, la demandada ahora recurrida, manifiesta expresamente que no se opone al recurso de casación, de manera coherente con la sentencia del TJUE de 21 de diciembre de 2016 y con la necesaria acomodación a la misma que, de acuerdo con lo dispuesto en el art. 4 bis.1 LOPJ, ha realizado esta Sala a partir de la sentencia del Pleno 123/2017, de 24 de febrero. Procede, por tanto, aplicando el art. 1.303 CC con normalidad y sin restricciones, declarar que BBVA debe restituir a los demandantes todas las cantidades abonadas como consecuencia de la aplicación de la cláusula suelo.

Sucede que BBVA alega en su escrito de alegaciones que «ante la imposibilidad de cerrar extrajudicialmente el procedimiento», ha procedido a consignar las cantidades reclamadas, por lo que entiende que el recurso carece de objeto. BBVA acompaña a su escrito de alegaciones un resguardo de consignación del que resultaría que, con valor 26 de octubre de 2017, ha ingresado en la cuenta del Juzgado de lo Mercantil n.º 1 de Valladolid la suma de 12.056,18 euros, en concepto de principal e intereses, con referencia a los presentes autos («4662/0000, 04/00, 57/14 PRINC/INT»).

Es cierto que el deudor tiene derecho a liberarse de su obligación y que, si el acreedor se niega sin razón a admitir el pago que se le ofrece, el deudor queda libre mediante la consignación (art. 1.176 CC). Pero, conforme al art. 1.180 CC, para que se extinga la obligación es precisa la aceptación de la consignación por el acreedor o que exista una declaración judicial de que está bien hecha (art. 99.2.II, 3, 4 y 5 de la Ley 15/2015, de 2 de julio, de la jurisdicción voluntaria [LJV]). Por tanto, la consignación no se entiende producida por la puesta

[142] TORRES LÓPEZ, A., y DÍAZ BARBERO, A. *Las costas en el proceso civil*, Madrid, 2008, p. 42.

de la cosa a disposición de la autoridad judicial (ni, si es notarial, por la puesta a disposición del notario, caso en el que la consignación solo producirá efecto con la aceptación del acreedor, pues no cabe que el notario la declare bien hecha, cfr. arts. 1.180 CC y 69.4 de la Ley del Notariado).

En el presente caso solo consta un certificado de la transferencia realizada por BBVA a la cuenta del Juzgado. No consta un decreto del letrado de la Administración de Justicia teniendo por aceptada la consignación (art. 99.3 LJV) ni, en defecto de aceptación por los demandantes ahora recurrentes, un auto judicial que tenga por bien hecha la consignación (art. 99.5 LJV). En definitiva, no puede afirmarse que se haya extinguido la obligación de BBVA de restituir a los demandantes las cantidades derivadas de la aplicación de la cláusula nula ni, en consecuencia, que el presente recurso carezca de objeto.

2.ª) Sin duda, la postura de las partes encuentra explicación por el tema de las costas procesales.

En sentencia de Pleno n.º 419/2017, de 4 de julio, esta Sala ha declarado que en los casos de estimación del recurso de casación por aplicación por el Tribunal Supremo de un criterio acorde con la doctrina del TJUE sobre los efectos de la nulidad de las cláusulas suelo, procede la imposición de costas de las instancias, dada la concurrencia de los principios de vencimiento, no vinculación del consumidor a las cláusulas abusivas y efectividad del derecho comunitario.

La atención a estos mismos principios mueve a considerar que no le es reprochable al consumidor que no acepte en este momento procesal un ofrecimiento de pago que no cubra los gastos derivados de su defensa y representación, a pesar de contar con una norma procesal que le eximiría de tales gastos, porque no se restablecería la situación en la que se encontraría de no haber mediado la cláusula nula. Subsiste por tanto el interés legítimo de los demandantes recurrentes en que exista un pronunciamiento sobre su recurso de casación y no puede entenderse, por lo ya explicado, que se haya producido la terminación del proceso por satisfacción extraprocesal o carencia sobrevenida de objeto.

La estimación del recurso de casación determina que deba desestimarse íntegramente el recurso de apelación interpuesto por la entidad financiera demandada, a fin de confirmar la sentencia de primera instancia y estimar la demanda".

E incluso, en otras ocasiones, como desbroza la Sentencia del Juzgado de 1.ª Instancia n.º 4 Bis de Vigo de 15 de julio de 2019, la técnica empelada por la entidad para tratar de eludir la imposición de costras es un peculiar "allanamiento" en el que si bien reconoce la nulidad de la cláusula abusiva —en este caso cláusula suelo— refiere admitir únicamente las cantidades que en su momento manifestaría en fase de ejecución sin consignar importe alguno. La resolución dictada, no vacila en imponer igualmente las costas.

El manifiesto abuso de las entidades financieras forzando a sus clientes a acudir a los órganos judiciales a solicitar la legítima restitución de las cantidades indebidamente abonadas cuando existe ya una consolidada jurisprudencia que determina la nulidad de algunas cláusulas, ha dado finalmente lugar a que la Audiencia Provincial de Salamanca, en Sentencia de 10 de febrero de 2020, determine además de la habitual imposición de costas por temeridad, la apertura de pieza separada para la imposición de multa por transgresión de la buena fe procesal:

"19. En conclusión, advertida por la juez de instancia la entidad financiera de su mala fe, de su actitud infundada, indebida o incluso fraudulenta, que había forzado a un litigio caprichoso, puesto que había existido una reclamación previa que no había sido atendida, no es en modo alguno admisible que se interponga un recurso de apelación alegando la indebida condena en costas por infracción del artículo 395.1 LEC.

20. El comportamiento observado por la representación y defensa de la entidad es manifiestamente contrario a lo establecido en el artículo 11 LOPJ que establece que «en todo tipo de procedimiento se respetarán las reglas de la buena fe».

21. El artículo 247 LEC desarrolla el anterior precepto y en su apartado 3 establece que los tribunales al estimar que alguna de las partes ha actuado conculcando la regla de la buena fe procesal, podrá imponerle, en pieza separada, mediante acuerdo motivado, y respetando el principio de proporcionalidad, una multa que podrá oscilar de 180 a 6000 €, sin que ningún en caso pueda superar la tercera parte de la cuantía del litigio. Para determinar la cuantía de la multa el tribunal deberá tener en cuenta las circunstancias del hecho de que se trate, así como los perjuicios que al procedimiento cual otra parte se hubieran podido causar".

En el otro extremo de la cuerda, rayano bajo nuestro criterio con el absurdo y opuesto al más elemental sentido tuitivo de los consumidores y el derecho a la tutela judicial encontramos algunas resoluciones dictadas por el Juzgado de 1.ª Instancia n.º 50 de Barcelona, como es la Sentencia de 24 de abril de 2019, en la que tras estimar parcialmente una demanda de nulidad de gastos hipotecarios y vencimiento anticipado, impone las costas a la parte actora tras el allanamiento parcial del banco por no haberse doblegado el usuario demandante a la doctrina de la STS de 23 de enero de 2019. Tal proceder, que parece estar más asentado en el la búsqueda de una vía impropia para acabar con colapso que padece el órgano judicial, además de denotar la menor sensibilidad hacia los consumidores premiando de facto a la entidad que de modo opuesto a la buena fe predispuso y aplicó las cláusulas abusivas durante años, olvida que de una parte existen tres cuestiones prejudiciales elevadas al TJUE por los Juzgados de Ceuta, Palma de Mallorca y Badajoz, que ponen en duda la doctrina del TS sobre esta materia —por lo que no es una cuestión pacífica ni consolidada como señala— y de otra, que precisamente la acción del TJUE sobre la aplicación de la Directiva de Condiciones Generales de la Contratación en España ha puesto de manifiesto el reducido nivel de protección que se está otorgando a los consumidores, siendo reiterados los fallos que han forzado al TS a modificar su doctrina en esta materia. Por ello, en tanto que subsisten estas cuestiones prejudiciales, un fallo con imposición de costas a la actora apreciando su temeridad, no solo es contrario a la razón, sino estando sometidos los usuarios a un fuero imperativo y las demandas de Barcelona canalizadas a través del Juzgado de 1.ª Instancia n.º 50, al principio de tutela judicial pues en última instancia está persuadiendo a los consumidores para evitar que presenten demandas en legítimo ejercicio de la defensa de sus derechos, suponiendo una suerte de cuasi-coacción para aceptar el posicionamiento de la entidad financiera. Así es razonado por el Juzgado:

"El artículo 394.2 LEC que: Si fuere parcial la estimación o desestimación de las pretensiones, cada parte abonará las costas causadas a su instancia y las comunes por mitad, a no ser que hubiere méritos para imponerlas a una de ellas por haber litigado con temeridad.

En el presente caso se advierte temeridad en el comportamiento procesal de la parte actora por lo que procede aplicar lo dispuesto en el segundo apartado del citado precepto e imponerle las costas.

Tal como ha quedado reflejado en el fundamento jurídico primero de esta resolución, en el acto de la audiencia previa la parte demandada admitió la nulidad de la cláusula de gastos y modificó su posicionamiento procesal, adaptándose en cuanto a los gastos a lo establecido en la STS de 23 de enero de 2019. También admitió la nulidad de la cláusula de vencimiento anticipado e intereses moratorios, asumiendo jurisprudencia consolidada en la materia.

Aunque se estima parcialmente la demanda en relación con los gastos y el resto de cláusulas impugnadas, la sentencia habría sido de allanamiento si se hubiera hecho lo propio por la parte actora acomodándose a jurisprudencia consolidada sobre la materia. El mantenimiento de dicha pretensión pretendiéndose por la actora la condena al 100 % de los gastos reclamados, ignora la jurisprudencia consolidada, ya que conoce la demandante que le falta la razón sobre una cuestión de carácter jurídico sobradamente resuelta. Con esta posición contumaz ha sostenido una pretensión con desatención de pronunciamientos jurisprudenciales claros que le hacen merecedor de dicha condena y siendo su actuación desencadenante de la imposibilidad de solucionar el conflicto por vías autocompositivas (SAP Ciudad Real, de 5 de noviembre de 1996).

Por tanto se ha mantenido una pretensión por la demandada con mala fe procesal, supuesto incluido en el referido artículo y aunque habitualmente se relaciona dicha condena con actuaciones extraprocesales previas al proceso, es decir mala fe en el momento de formular la demanda o la contestación, también hay motivos para aplicarlo al caso de que se sostenga la acción con mala fe, supuesto incluido expresamente en el artículo 139 LJCA y que también tiene cabida en el artículo 394.2 a la vista de su redacción.

Así se deriva también de lo dispuesto en el artículo 247 LEC que exige a las partes intervinientes que se ajusten en sus actuaciones a las reglas de la buena fe, rechazándose las peticiones que se formulen con manifiesto abuso de derecho".

Con más tino y prudencia, la Juzgadora de 1.ª Instancia n.º 17 de Palma de Mallorca, eleva cuestión prejudicial al TJUE por Auto de 12 de marzo de 2019 en el que cuestiona "*si, a la vista del artículo 6.1 en relación con el artículo 7.1, de la Directiva 93/13, la condena en costas al profesional, derivada de un procedimiento en el que se ejercitan por un consumir acciones de nulidad de cláusulas abusivas insertas en un contrato celebrado con este, y se obtiene dicha declaración de nulidad por abusividad por parte de los Tribunales, debe ir aparejada al principio de no vinculación y al principio de efecto disuasorio al profesional, cuando estas acciones de nulidad sean estimadas por el juez nacional, con independencia de la restitución concreta de cantidades a que la sentencia condene, al entender además, que la pretensión principal es la declaración de nulidad de la cláusula y que la restitución de cantidades es solo una pretensión accesoria inherente a la anterior*". Es tramitada ya bajo el Número de asunto C-224/19.

7.8.3. Existencia de serias dudas de hecho o de derecho

Finalmente, por lo que se refiere a las supuestas dudas que pone de manifiesto alguna reciente resolución para eximir de la procedente imposición de costas a la entidad financiera, ha de recordarse que conforme advierte la SAP de Sevilla, Sección 6.ª, de 20 de junio de 2013, para apreciar, a los efectos de condena en costas, que el caso era jurídicamente dudoso, se habrá de tener en cuenta la jurisprudencia recaída en casos similares. Asimismo, según pone de relieve la SAP de Baleares, Sección 3.ª, de 8 de octubre de 2014, la regla de no imposición de costas por la existencia de serias dudas de hecho o de derecho, ha de ser interpretada con carácter restrictivo, en la medida que supone una excepción al principio general del vencimiento objetivo.

En este mismo sentido, resulta ilustrativa traer a colación la SAP e Madrid, Sección 14.ª, de 13 de noviembre de 2007, en la que se razona que la excepción de la imposición de costas a la parte vencida por la existencia de serias dudas de hecho o de derecho, *"está supeditada a que aquellas sean de cierta entidad o intensidad y objetivas, y en multitud de supuestos sometidos a litigio en que se estiman o rechazan las pretensiones de una y otra parte (...)"*.

También la SAP de Salamanca, Sección 1.ª, de 15 de mayo de 2007, nos recuerda que la *incertidumbre ha de ser objetiva.* Y es claro que en el momento de la celebración del juicio no se albergaba duda alguna ya de modo generalizado del carácter abusivo de las cláusulas impugnadas.

Trasladando la anterior doctrina al caso que nos ocupa, si bien pudiera defenderse la existencia de dudas de derecho por aquella entidad que hubiera procedido a la eliminación de la cláusula suelo y la devolución de las cantidades por ella percibidas desde mayo de 2013, quedando ceñido el litigio al alcance de la retroactividad, es obvio, que las que nunca devolvieron un solo céntimo al afectado, no pueden acogerse a los beneficios de esta exoneración, pues nunca abrieron sus ojos y sus mentes a las pautas jurisprudenciales dictadas con excelsa claridad por el Tribunal Supremo.

Finalmente ha de recordarse que según ha resuelto la STS de 4 de julio de 2017, la imposición de costas a la entidad financiera en casos como el presente de acciones de nulidad de cláusula suelo deber ser la pauta a seguir pues como afirma la misma *"esta sala considera que el criterio más ajustado al principio de no vinculación del consumidor a las cláusulas abusivas y al principio de efectividad del Derecho de la Unión es que las costas de las instancias en casos similares al presente se impongan al banco demandado"*.

7.8.4. Impugnación de tasación de costas por la entidad financiera

Frente a las astronómicas tasaciones de costas que han padecido durante lustros los usuarios en los procesos de ejecución a que se han visto sometidos, la derrota de las entidades financieras en los procesos de cláusula suelo han hecho que estas clamen alegando una moderación de los honorarios de los letrados de los consumidores, tratando de minimizar su esfuerzo con base a huecas argumentaciones de menor complejidad y carácter repetitivo cuando ellas han sido justamente el paradigma de tal proceder.

En muchos casos comienzan las entidades cuestionando los honorarios con base a la cantidad que han de reintegrar al prestatario. Sin embargo, en el presente caso, el actor no ejercita una acción de reclamación de cantidad, sino una acción de nulidad individual de condiciones generales de la contratación –y por ello de cuantía indeterminada– sobre una cláusula predispuesta en contra de la buena fe, crucial para el usuario, y que con frecuencia asfixia su modesta economía. Y ello a mayor abundamiento sin olvidar que de no accionar contra la misma, aquella podría proyectar durante décadas sus efectos de no lograrse su eliminación.

De aceptarse la pretensión de la entidad financiera ello obstaculizaría notablemente la defensa de afectados en otros supuestos de características similares, pues es evidente también que el atender a un número superior de afectados requiere mayor inversión económica, material y de recursos humanos por los profesionales de la abogacía y procura que les prestan servicio, que han de redimensionar sus estructuras a las necesidades de mercado. Amputar su legítima retribución implicaría mermar las posibilidades reales de defensa de los afectados, pues con la minoración pretendida se reducirían de modo drástico las posibilidades de atención al afectado. La gestión de un incremento del número de expedientes, requiere un mayor esfuerzo de atención al cliente, de recabación de documentación, de actualización constante en la evolución jurídica, de personal, de inversión, de medios de toda índole. Detrás de la minuta de un abogado, no hay únicamente un beneficio del profesional que la suscribe, sino el sustento de otras tantas familias que forman parte del equipo que forma el despacho y otros muchos gastos que conlleva el libre ejercicio. Con los honorarios devengados no se retribuye solo al letrado, sino que ello posibilita el pago de otros tantos costes invisibles a priori que han de soportarse, desde pago de arrendamiento por el local, personal de administración (multiplicado precisamente por estas demandas), de contabilidad, de atención al cliente (también multiplicado por estas demandas), de limpieza, cotizaciones de seguridad social, mutualidad, consumo energético, teléfono, fotocopiadoras, bases de datos jurídicas... no es beneficio en suma la cuantía que se vislumbra en la minuta del profesional que ha de enfrentarse cada comienzo de mes a un déficit económico extraordinario y que a través de sus legítimos honorarios ha de superar para poder mantener su actividad económica y el sustento de las familias que forman un despacho.

Si la entidad tenía interés en minorar sus gastos procesales, tuvo reiteradas oportunidades para ello. En primer lugar, cuando se le requirió con carácter previo a la interposición de la demanda y despreció la reclamación de los usuarios demandantes, rechazándola expresamente. En segundo término, cuando tuvo la oportunidad de allanarse simple y puramente y limitar el devengo de honorarios a la fase de alegaciones y sin embargo contestó a la misma, manteniendo su reticencia a la nulidad impetrada pese a la contundencia de las resoluciones emitidas por el TS e infinidad de resoluciones de instancia, formulando todo tipo de excepciones. Y en ocasiones, más allá cuando pese a la Sentencia dictada insta un nuevo recurso de apelación forzando a la usuaria a comparecer ante la Audiencia y oponerse, viendo con ello aún más prolongado la solución de su conflicto y generando nuevos gastos del proceso. Ahora que ve agotadas sus posibilidades de defensa es cuando invoca una minoración de honorarios de modo opuesto a sus propios actos y la buena fe procesal.

Sobre este mismo particular, colmado de tino y certero en sus argumentos resulta el Decreto de la AP de Badajoz, Sección 3.ª, de 27 de marzo de 2017, cuando señala:

"Cierto es que la aplicación automática de los baremos, en aquellos supuestos directamente relacionados con la cuantía del pleito, puede dar lugar a injusticias palmarias. Y el ejemplo más claro –hay algunos más–. Lo tenemos en las tasaciones de costas practicadas con ocasión de las ejecuciones hipotecarias en las que, en la inmensa mayoría de los casos, los ejecutantes hipotecarios son entidades bancarias que impulsan la ejecución con textos normalizados que llegan a ser idénticos cuando se trata de la misma entidad crediticia, con procedimientos que se desarrollan de manera fluida, mecánica y con escasa complejidad para el Abogado compa para justificar el reintegro en concepto de costas de decenas de miles de euros. Y ello sin olvidar que, en estos pleitos, el ejecutado no solo pierde la vivienda, sino que, en la mayoría de los casos, continúa debiendo a la entidad bancaria ejecutante parte de las cantidades que no han sido compensadas tras la celebración de la subasta.

Sin embargo, a juicio de quien suscribe y exceptuando casos como el anteriormente citado de la ejecución hipotecaria, supone una tarea muy compleja efectuar la valoración del trabajo realizado por el Abogado minutante –dentro del terreno de la impugnación de la tasación de costas– en la forma pretendida por el Tribunal Supremo, tarea que, por más que quiera acertar, no está en absoluto exenta de desviaciones subjetivas, arbitrariedades, desigualdades u otros muchos inconvenientes, hasta llegar a determinar cuáles son las costas resarcibles. Es por ello que, para facilitar la tarea de valorar económicamente un trabajo intelectual como el del abogado se acude a criterios, no siempre justos como la cuantía del procedimiento, pero que son en cualquier caso objetivos y conocidos de antemano por ambas partes contendientes. Y que para apartarse de tal criterio amparándose en la existencia de una desproporción evidente entre la minuta presentada y el trabajo realizado tiene que acreditarse cumplidamente dicha desproporción, más allá de las meras apreciaciones subjetivas vertidas en su escrito por la parte impugnante.

Si tan sencillo y repetitivo le parece a la entidad impugnante este procedimiento, así como los centenares o miles de procedimientos en que se halla inmersa y en los que resulta sistemáticamente condenada, tanto en primera como en segunda instancia, quizá la solución no sea la de impugnar la tasación de costas a la parte vencedora (que únicamente trata de resarcir a los consumidores de los gastos que se han visto obligados a afrontar) sino replantearse su estrategia litigiosa.

Por todo lo anterior, no pudiendo calificar la minuta presentada de desproporcionada, en atención a las circunstancias del caso, y siendo ajustadas a los criterios orientadores del Colegio de Badajoz, se desestima dicho motivo, y con la impugnación de costas.

Cuarto. Finalmente, en cuanto a las costas de este incidente, el artículo 246.3 párrafo segundo de la LEC establece que si la impugnación fuere totalmente desestimada (como ocurre en el presente caso), se impondrán las costas del incidente al impugnante".

Es criterio dominante el opuesto al sostener la procedencia de la tasación de costas con rotunda desestimación de la impugnación promovida por la entidad financiera. Cabe destacar de modo más reciente, al margen de los cientos de Decretos dictados en 1.ª Instancia a lo largo y ancho de la península, y entre otras muchas, en sentido adverso la resolución dictada por AP de Madrid, Sección 8.ª, de 19 de enero de 2017, el AAP de Madrid, Sección 9.ª, de 16 de diciembre de 2016, la de la AP de Madrid, Sección 25.ª, de 20 y 27 de enero de 2017 o la de la AP de Madrid, Sección 13.ª, de 14 de junio de 2017, desestimatoria de la impugnación de costas formuladas por BANKIA, S. A., bajo los mismos postulados. Y en la misma línea es acordado por el Decreto de la AP de Segovia, Sección 1.ª, de 24 de enero de 2017 o la AP de Ciudad Real, Sección 2.ª de 2 de junio de 2017.

Expone la AP de Madrid, Sección 13.ª, en su resolución de 14 de junio de 2017:

"Propone la parte impugnante la reducción de la minuta presentada por el letrado de la parte apelada, en base al Auto de la Sección 14.ª de la Audiencia Provincial de Madrid, que modera la cuantía de los honorarios del letrado en procedimientos repetitivo o pleitos masa y la no complejidad del trabajo desempeñado, argumento con el que se ha de disentir por diversos motivos:

a) Porque cada procedimiento de los dirigidos contra Bankia, aunque la causa de pedir sea única en todas las demandas, los hechos en que se fundan cada una de las acciones ejercitadas son distintas, con distintos perfiles entre los compradores, personas físicas, sociedades mercantiles, etc.; cada título que sirve de soporte es distinto a los otros, así como la diversidad de cuantías, desprendiéndose de todo ello que en atención a los aspectos singulares que sin duda presenta cada demanda, aunque versen sobre un mismo asunto, que cada una requiere un estudio individualizado y pormenorizado a fin de articular cada demanda. Y es que la proximidad entre los temas planteados no los convierte en idénticos o pleitos masa, ni puede servir de excusa para minorar a priori la labor del Letrado interviniente porque, además, habrán de tenerse en cuenta otras circunstancias acaecidas en el pleito, la labor realizada por el Letrado, la cuantía y el interés económico debatido.

En este sentido el Auto de 1-12-2016 de la Sección 11.ª de la Audiencia Provincial de Madrid señala que "la proximidad de relatos facticos y subsunción jurídica de los temas planteados no convierte en idénticos los procesos, ni puede servir de excusa para minusvalorar a priori *la labor desempleada por el Letrado director del asunto", así como los Autos de 29-12-2016 y 3-02-2017 de la Sección 19.ª de la A.P. de Madrid.*

b) Porque, aunque la materia sea un criterio determinante del procedimiento en numerosos casos, la cuantía del procedimiento tiene carácter esencial y no meramente accesorio, por cuanto tal indicación, es de influencia decisiva, entre otros aspectos, no solo para determinar el cauce procesal pertinente para sustanciar la acción o acciones acumuladas en la demanda y en la reconvención, sino para exigir el requisito de postulación o defensa y calcular los honorarios y derechos de Abogado y Procurador cuando hubiese condena en costas, y además para dar la medida del interés de las partes en el litigio y de la correlativa responsabilidad profesional asumida por el Letrado en su defensa.

c) El Criterio de Honorarios Profesionales correspondiente por la intervención del Letrado en los procedimientos de recurso de apelación señala que por toda la tramitación se atenderá a un valor de referencia de 1.200 €, o lo que pudiera resultar de aplicar el 50 % de la escala, sobre la cuantía del recurso y es criterio general del Colegio que con carácter general, para todos aquellos criterios en los que, además de la remisión a la escala o a un porcentaje de la misma, figure una cantidad referencial, se podrá minutar esta si, al aplicar la escala o el porcentaje que se indique, diera una cantidad inferior a dicha cantidad actualizada con el IPC, por lo que a la vista de cuantía del procedimiento, ningún exceso es de apreciar en el importe de la minuta presentada, ya que la misma se ajusta a la cantidad referencial del Criterio 7".

Tal y como ha razonado también el AAP de Madrid, Sección 10.ª, de 29 de noviembre de 2016:

"El mero manejo de conocimientos jurídicos relacionados con la materia enjuiciada, el estudio de la sentencia de instancia y del recurso de apelación –por exiguo que sea–, la confrontación de datos y el enfoque y la redacción de un escrito de oposición individualizado –aunque pueda resultar en su mayor parte de modelo–, unido a la continua comunicación con los clientes, y a los propios medios materiales y técnicos empleados, integran referencias suficientes para justificar el montante antedicho, que, además, en sí mismo considerado, no es significativo. Criterio este que se acomoda a la jurisprudencia del Tribunal Supremo (por todos, los AATS 8289/2016, de 14 de septiembre, y 10293/2016, de 26 de octubre), aunque pueda discrepar del seguido por otros Juzgados y Audiencias, carente de fuerza vinculante alguna (artículo 1.6 del CC). No se puede pretender que los letrados trabajen sin percibir una prestación digna, y la rebaja que solicita la recurrente traspasa a juicio de este Tribunal la línea roja que delimita esa dignidad profesional. Precisamente el dictamen del Ilustre Colegio de Abogados de Madrid incorporado a los autos confirma la adecuación de la minuta presentada a las particulares circunstancias del proceso y al trabajo efectivamente realizado, y aunque carezca de carácter vinculante, sus apreciaciones en casos como el presente, que han de ser bien conocidos por la Junta de Gobierno de dicha institución, deben ser tenidas en cuenta por la Sala, resultando ajeno al devenir de este recurso de revisión el expediente sancionador incoado a nueve colegios de abogados por los sobrecostes en los procesos contra la entidad bancaria impugnante, pues entre ellos no se encuentra el de Madrid, y, aunque lo estuviera, evidentemente no podría hablarse de sobrecoste en este asunto teniendo en cuenta el importe minutado en relación con la carga millonaria que denuncia Bankia, S. A., en dicho expediente.

Por otra parte, no puede dejar de constatarse que la estrategia formularia de la que ha sido paradigma este procedimiento, como tantos otros de su naturaleza, no es patrimonio del letrado minutante, sino también de la entidad impugnante, lo que le hace entrar en una dinámica que se contrarresta jurídicamente".

Igual suerte desestimatoria cosecha otra entidad financiera en su pretendida impugnación de costas a cargo del AAP de Madrid, Sección 9.ª, de 16 de diciembre de 2016, reprochando además a la entidad su persistencia en la impugnación:

"A la hora de resolver la cuestión que se nos ha planteado, a la hora de fijar el importe de la minuta del Letrado de la parte que reclama las costas devengadas en el procedimiento, hemos de partir en primer lugar, del criterio establecido por el Tribunal Supremo al analizar el contenido, alcance y naturaleza de estos recursos de revisión, frente a los Decretos del Secretario Judicial, al resolver la impugnación de costas. Como señala el auto de 28 de febrero de 2012, del Tribunal Supremo: «... el nuevo régimen jurídico, implantado por la Ley

13/2009, de 3 de noviembre, de reforma de la LEC que atribuye al Secretario Judicial la resolución de la impugnación del carácter excesivo de los honorarios de Letrado, supone confiar al mismo una función similar a la que tenían los Tribunales, los cuales ejercían la misma con atención a determinadas pautas ponderativas». Contra la resolución judicial –auto– que decidida el incidente no cabía recurso alguno (art. 246.3 LEC). En cambio, en el régimen actual, contra la resolución procesal del Secretario, cabe el recurso de revisión (art. 246.3 LEC en su nueva redacción). Pues bien, aunque el recurso de revisión es un recurso ordinario, y devolutivo, que coloca al órgano que resuelve en segundo lugar en la misma posición procesal del que lo hace en primero, sin embargo, habida cuenta el carácter y circunstancias de la función ponderativa que significa el cálculo de los honorarios, no cabe entender que es posible utilizar el recurso para sustituir la realizada por el Secretario mediante un nuevo juicio de mejor criterio por el Tribunal, porque ello, además de no ajustarse a la propia naturaleza de la actividad procesal realizada, desvirtuaría la «ratio» de la reforma legal, pues, en lugar de simplificar la materia, se produciría el efecto contrario de multiplicar el trabajo de la oficina judicial, y probablemente, sin descargar de forma efectiva la carga del titular del órgano jurisdiccional".

Razona el Decreto de 4 de septiembre de 2017 del Juzgado de 1.ª Instancia n.º 6 de Alcorcón:

"Al respecto hay que señalar que la alegación de procesos «repetitivos» que menciona la parte impugnante en su escrito, todos ellos con el mismo resultado adverso para la demandada, pudieron llevarle a desistir de mantener tan amplia litigiosidad y ofrecer una solución extrajudicial a los compradores a fin de evitar las costas procesales, de modo que si pese a conocer tales antecedentes opto por no acceder a las reclamaciones extrajudiciales recibidas, obligando al perjudicado a acudir a los Tribunales, deberá asumir ahora las consecuencias negativas que de ello se derivan sin minusvalorar el trabajo profesional llevado a cabo por el letrado de la parte demandante".

Colmado de tino y riguroso en sus razonamientos resulta también el Auto del Juzgado de 1.ª Instancia n.º 74 de Madrid de 9 de mayo de 2017, que rechaza la reducción de honorarios pretendida del modo siguiente:

"Con arreglo a los criterios fijados por el Alto Tribunal, entiendo que, en el caso presente, no procede la estimación del recurso, en atención, en primer lugar, a que, si bien es cierto que los criterios orientadores del Colegio de Abogados no son vinculantes, no lo es menos que el dictamen ofrece un asidero a la corrección de los honorarios minutados con arreglo a la cuantía del procedimiento. Con independencia de que la temática sea la misma, es evidente que la cuantía resulta relevante en orden a decidir la complejidad y envergadura del pleito. Por otro lado, no puede compartirse que la materia carezca de complejidad jurídica puesto que han sido varias las sentencias que desestimaban la acción de anulabilidad por error por entender que no cabía la anulación por aplicación de la Ley de Sociedades de Capital, ejercitándose además de manera subsidiaria acciones al amparo de la Ley del Mercado de Valores y de la responsabilidad contractual.

En segundo lugar, la moderación del 50 % que se propone, no atiende a las circunstancias concretas concurrentes en el pleito, el cual se siguió hasta el acto de la audiencia previa, habida cuenta de que pese a haber consignado la demandada una determinada suma, no se allanó expresamente a la demanda. Frente a la seguridad que ofrece la corrección de los honorarios y su ajuste a las normas orientativas del colegio de abogados, por más que no sean vinculantes, la reducción en un 50 % se presenta como arbitraria puesto que no atiende a la concreta actuación. En suma, cabe plantearse por qué un 50 % y por qué no un 10 o un 90 %. Si, lo que, en definitiva, se trata de enjuiciar, es que la minuta se revele como excesiva a lo actuado por el letrado minutante en el pleito, con arreglo al trabajo desarrollado, la cuantía minutada en modo alguno se revela como desproporcionada.

En otro orden de consideraciones, la recurrente se remite a los argumentos contenidos en una resolución de la Audiencia Provincial que tiene como fundamento la consideración del litigio repetitivo o «pleito masa», cuyos argumentos no pueden compartirse en atención a que la propia demandada se ha opuesto o no selectivamente a los diversos procedimientos, manteniendo una posición procesal diversa en ellos, lo que permite entender que obedece a una lógica individual y no masiva. El argumento de la actuación repetitiva que se predica para el recurso de apelación, no resulta exactamente trasladable a la instancia en la que la demanda ciertamente ejercita las mismas acciones, pero la pretensión está individualizada a la situación de cada litigante. Por otro lado, no puede obviarse el hecho de que, si bien las demandas pueden obedecer a la misma «plantilla» igual que la propia contestación de la demandada, es evidente que no puede ignorarse el trabajo de preparación de la demanda que contiene las pretensiones ejercitadas. De seguir ese criterio en todas se corre el riesgo de no valorar en ninguna de ellas el esfuerzo intelectual dirigido a la prosperabilidad de todas y cada una de las acciones ejercitadas. Por otro lado, la consideración de pleito masa a los efectos de entender excesiva la minuta no puede venir dada porque la demandada haya tenido 100.000 pleitos sino por el trabajo realizado por el letrado minutante quien es notorio que no ha interpuesto todas ellas.

Finalmente, si bien es cierto que con arreglo a la jurisprudencia del Tribunal Supremo no puede confundirse la carga que corresponde al condenado en costas con lo que corresponde abonar al propio cliente a su abogado por virtud del arrendamiento de servicios, no lo es menos que el criterio del vencimiento objetivo obedece precisamente a dejar indemne al litigante vencedor, y que caso de entrar a moderarse de manera arbitraria, se correría el riesgo de poner en entredicho precisamente dicho criterio. En este sentido, no puede obviarse la circunstancia de que a partir del momento en que el Tribunal Supremo sentó criterio Bankia pudo haber evitado la totalidad de los litigios allanándose abiertamente a la demanda con anterioridad a la contestación, caso de no haber precluido dicho trámite, habiendo sido su equívoca posición procesal la que ha dado lugar a la prolongación de los litigios con celebración de la totalidad de los actos procesales".

Este sentir es igualmente expresado por el Auto del Jugado de 1.ª Instancia n.º 37 de Madrid, de 19 de junio de 2017, en el que, tras analizar detenidamente las diversas resoluciones dictadas sobre esta materia, añade:

"Pretende la demandante la ausencia de complejidad en el caso a consecuencia de la existencia de pleitos en masa, pero tal argumento olvida la grandísima complejidad de la materia aplicada y la gran innovación que la misma ha supuesto en la realidad jurídica española,

por cuanto nunca antes se habían dado situaciones de comercialización irregular de productos financieros con consumidores o inversores minoristas de la entidad de la presente, lo que ha exigido un largo, delicado y profundo estudio no solo de una legislación relativamente novedosa y recientemente reformada por las directivas de la Unión Europea, sino también el pormenorizado estudio de un sinfín de resoluciones judiciales, no solamente del Tribunal Supremo sino también de las instancias, por cuanto fueron estas, por razones obvias, las primeras en dictar las resoluciones de los casos a favor o en contra del inversor, por lo que, en contra de lo alegado por la recurrente, estos casos han sido presididos por una compleja materia y un arduo estudio de ley y resoluciones judiciales hasta que pudo consolidarse una jurisprudencia, existiendo además múltiples motivos de oposición sobre aspectos accesorios evidenciados en las contestaciones, como atacar la legitimación activa o pasiva, la caducidad, etc., de los que la demanda debe hacer un estudio preventivo en cada caso.

¿Y cuándo un caso arduo y complejo pasa a convertirse en un caso relativamente sencillo a consecuencia de la repetición de casos similares? Ciertamente la ambigüedad y arbitrariedad de la respuesta impide que este sea un criterio válido para la fijación de los honorarios de la abogada o abogado defensor que han estudiado los casos. En consecuencia y en aplicación del argumento restrictivo en la interpretación del criterio de la complejidad, ha de prevalecer el criterio objetivo establecido en la ley de la cuantía del procedimiento".

En otro orden, como apunta la SAP de Granada, Sección 5.ª, de 7 de abril de 2006, ha de insistirse en que la cuantía quedó firme y consentida en el procedimiento judicial, resultando contrario a los actos propios y buena fe procesal, la pretensión de su mutación cuando el resultado le ha sido adverso a la entidad financiera. Transcribimos el razonamiento ofrecido por la precitada SAP de Granada:

"la cuantía por la que giran las minutas el Letrado y Procuradores toma en consideración el verdadero interés económico del litigio, pero este, a los efectos de exigir su pago a la parte vencida, y para su inclusión en la tasación de costas, debe corresponder a la cuantía establecida en el momento procesal oportuno, esto es, la que ha quedado firme y consentido en el período de alegaciones, respondiendo así a verdaderas exigencias de tutela judicial efectiva; en otro caso, ha de considerarse indeterminada, aunque el actor difiera su fijación a la fase de prueba o al trámite de la ejecución de sentencia. En definitiva, ha de seguirse un criterio de interpretación restrictivo, que evite la vulneración del principio de seguridad jurídica con el que deben contar ambas partes, en el sentido de que estas sepan durante el proceso cuál es el riesgo que asumen con la prosecución del mismo, en orden a las costas. Las reglas de juego deben conocerse por las partes antes de recibir la sentencia que imponga las costas a una de ellas, pues al fin y al cabo el artículo 490 de la Ley de Enjuiciamiento Civil establece como obligación del actor el fijar la cuantía, no debiendo permitirse que a posteriori alguna de las partes intente beneficiarse de tal omisión, una vez que conoce el resultado del pleito".

Con frecuencia esta impugnación de costas acontece además tras la pasividad de la entidad en lo referido a la tempestiva impugnación de la cuantía propuesta por el actor, según prevé el art. 255.2 LEC, deviniendo con ello firme la fijada por la demandante y admitida por el juzgador. Resulta así inaceptable la revisión que pretende ahora la entidad financiera en fase de tasación.

De este modo, sin obviar la posible concurrencia de otras circunstancias, es innegable que como ha puesto de manifiesto nuestra mejor doctrina[143], el primer elemento clave a tener en cuenta a la hora de fijar el montante de la minuta del letrado o perito ha de ser la cuantía de la pretensión que dilucidó en el pleito del que dimana la tasación de costas. Razones de seguridad jurídica obligan a las partes a determinar con claridad la cuantía del procedimiento desde su inicio, de modo que esa cuantía servirá también de base para la legítima expectativa de la tasación de costas.

Sobre la impugnación de costas, resulta ilustrativa la STS de 16 de febrero de 2001, cuando señala:

"Realmente es este mismo recurrente quien, pese a imputar al Tribunal de apelación una ausencia total de juicio crítico, y al propio dictamen una carencia de lógica o racionalidad, prescinde por completo en su motivo de algo tan evidente como la muy prolongada dedicación del Letrado a sus asuntos, el importante número de estos, la complejidad de las cuestiones debatidas en bastantes de ellos, el resultado favorable obtenido en no pocas ocasiones y, en fin, el grado o margen de discrecionalidad que necesariamente ha de reconocerse al Abogado en la valoración de sus servicios al cliente propio, de suerte que no es en la sentencia recurrida ni en el dictamen del Colegio de Abogados donde cabe detectar alguna carencia de lógica o de juicio crítico, sino, si acaso, en el planteamiento del propio motivo que ahora se desestima".

Desaparecidos los honorarios recomendados de los colegios profesionales merced a la intervención de las autoridades de competencia y siendo en consecuencia de libre fijación, ello no es obstáculo para que las minutas del profesional se ajusten a los parámetros establecidos y los usos profesionales. Tal y como dispone el art. 242.5 LEC *los abogados, peritos y demás profesionales que no estén sujetos a arancel fijarán sus honorarios con sujeción en su caso a las normas reguladoras de su estatuto profesional*. Tal exigencia, como han puesto de manifiesto TORRES LÓPEZ y DÍEZ BARBERO[144], supone traer a colación el Estatuto General de la Abogacía y los de los distintos Colegios, donde se recoge la publicación de normas orientadoras de honorarios profesionales como una de las funciones que les viene encomendada por la Ley de Colegios Profesionales.

Por lo que respecta a los abogados, el art. 44.1 del Estatuto General de la Abogacía Española (EGAE) aprobado por RD 658/2001, de 22 de julio establece que: *"El abogado tiene derecho a una compensación económica adecuada por los servicios prestados, así como al reintegro de los gastos que se le hayan causado. La cuantía de los honorarios será libremente convenida entre el cliente y el abogado, con respeto a las normas deontológicas y sobre competencia desleal. A falta de pacto expreso en contrario, para la fijación de los honorarios se podrán tener en cuenta, como referencia, los baremos orientadores del Colegio en cuyo ámbito actúe, aplicados conforme a las reglas, usos y costumbres del mismo,*

---

143 Vid. MARTÍN CONTRERAS, L. *La tasación de costas*, Granada, 2001, p. 176.

144 TORRES LÓPEZ y DÍEZ BARBERO, *Las costas en el proceso civil*, Madrid, 2008, p. 111.

normas que, en todo caso, tendrán carácter supletorio de lo convenido y que se aplicarán en los casos de condena en costas a la parte contraria".

La reducción de honorarios pretendida una vez que ha visto la entidad financiera desestimadas sus pretensiones implica una alteración de los principios que barajan inicialmente los litigantes antes de iniciar el pleito, resultando profundamente injusta con el justiciable que ha asumido el riesgo de entablar la acción pactando unas condiciones económicas con los profesionales contratados. Tal y como señalara la SAP de Girona, Sección 2.ª, de 8 de noviembre de 1999:

"La tradicionalmente denominada «condena en costas» tiene como finalidad que la parte que ha vencido en, un litigio se vea resarcida de los gastos que se le han ocasionado por razón de haber tenido que acudir ante los. Tribunales para reclamar la protección y tutela de su derecho, imponiéndose a la parte vencida la obligación de pagarlos. Consecuentemente con lo anterior, el titular del derecho reconocido por la condena en costas y materializado en la tasación de estas, es la parte, y no su letrado defensor o el procurador que le representa. La relación que une a aquel con estos es la de un, arrendamiento de servicios, en cuya virtud estos se comprometen a poner sus conocimientos jurídicos a disposición de aquel en defensa de sus pretensiones, recibiendo a cambio la remuneración que hayan pactado".

Según tiene establecido la Junta de Gobierno del Ilustre Colegio de Abogados de Madrid en su Dictámenes sobre impugnación de costas, como ilustra el emitido en fecha de 8 de noviembre de 2012, bajo el número de expediente 3316/12, cuando se pretenda la nulidad o resolución de un contrato, ha de tomarse en consideración el importe del mismo, toda vez, que, de no lograrse la nulidad pretendida, quien promueve la acción permanecería sujeto al mismo. Así lo razonaba el ICAM en el Dictamen precitado:

"La acción principal ejercitada por la parte demandante era la resolución de un contrato de compraventa, cuyo precio fue acordado por las partes en 354.170 euros, IVA incluido, de modo que, de no haberse estimado la demanda, la consecuencia hubiera sido que el actor hubiera tenido que cumplir dicho contrato, valorado en tal cifra, siendo la reclamación de 89.700 euros una petición subsidiaria de la previa rescisión contractual instada, de ahí que no resulte inadecuado considerar como referencia el precio del contrato cuya resolución fue solicitada por la actora, al corresponderse con la cuestión en liza debatida durante el proceso, pues es de ver que las partes han debatido sobre si existían o no razones para considerar o no incumplidas las obligaciones contractuales por parte de la mercantil ... y, por tanto, si procedía o no la rescisión del contrato con la consiguiente devolución de las cantidades entregadas por el comprador.

Por cuanto antecede, y teniendo en cuenta la ausencia de carácter arancelario de los Criterios de Honorarios, esta Junta de Gobierno es del parecer que la minuta impugnada resulta proporcionada al interés y trascendencia real de la cuestión debatida en el proceso, en cuanto definidora de la responsabilidad asumida en la defensa por el Letrado minutante...".

Sin entrar a valorar que, no deja de ser curioso que, este tipo de alegaciones venga hoy vertida por entidades que precisamente han girado durante décadas y continúan girando monumentales tasaciones de costas en procedimientos ejecutivos seriados, o estereotipados monitorios, que a modo de formulario introducen en los campos predefinidos los datos personales del usuario a ejecutar, lo cierto es que la afirmación expresada por nuestro colega no se ajusta a la realidad de lo acontecido. En absoluto puede sostenerse que el caso sometido a exégesis judicial sea de menor complejidad.

Desde el punto de vista meramente procesal son múltiples las cuestiones que obligan a un estudio detallado e individualizado del caso, adicionándose en el presente caso dos circunstancias particulares.

Por lo que respecta al estudio procesal del caso, comenzando con competencia objetiva para el conocimiento de la acción fue fuente discusión doctrinal hasta tiempos recientes. Ni siquiera la cuantía suele pacífica entre las partes, pues con frecuencia se halla sometida a nuevas discusiones y recursos en cuanto a su fijación por pretender la entidad la actora que nos hallamos ante un procedimiento de cuantía indeterminada y sostenerse por las entidades su necesidad de cuantificación con arreglo a lo establecido en el art. 219 LEC.

Ha de analizarse igualmente al formular la acción la posible acumulación de acciones. El art. 71.2 LEC dispone a tal efecto que *el actor podrá acumular en la demanda cuantas acciones le competan contra el demandado, aunque provengan de diferentes títulos, siempre que aquellas no resulten incompatibles entre sí*. En el caso de que la suscripción del contrato de préstamo haya sido realizada por un matrimonio o por padre e hijo de modo simultáneo o se inste la acción por herederos de los suscriptores procede también, habida cuenta de la identidad de hechos y causa de pedir, a la acumulación subjetiva de acciones conforme a lo dispuesto en el art. 72 LEC y doctrina del TS sustentada sobre la STS de 10 de julio de 2007, disponiendo el meritado precepto que "*Podrán acumularse, ejercitándose simultáneamente, las acciones que uno tenga contra varios sujetos o varios contra uno, siempre que entre esas acciones exista un nexo por razón del título o causa de pedir. Se entenderá que el título o causa de pedir es idéntico o conexo cuando las acciones se funden en los mismos hechos*".

Alcanzado el punto de la legitimación ha de examinarse si nos hallamos ante un préstamo concedido *ex novo*, una modificación y novación de otro pre-existente o una subrogación toda vez que en este punto se ha vuelto a mantener una posición divergente entre el propio Banco de España y distintas corrientes jurisprudenciales. Cuestión también conocida por todos es el desarrollo de una acción de cesación por otras asociaciones de consumidores que con frecuencia deviene en la discusión procesal sobre la posible existencia de litispendencia o prejudicialidad civil. La propia configuración tipográfica da lugar a nuevas controversias que han de ser dirimidas en el pleito como evidencia las alegaciones de las entidades al referir el carácter destacado de la estipulación litigiosa por el hecho de presentarse en letra negrita. También se discute sobre la carga de la prueba de la condición de consumidor.

Las cuestiones apuntadas evidencian pues que es absolutamente incierto hablar de procedimiento de escasa complejidad menospreciando el análisis previo y estudio individualizado de cada caso. Y ello al margen de que la demandada por su propia actuación coseche hoy miles de demandas y de la técnica de contestación que quiera emplear.

No deja de resultar curioso que quien presenta abultados informes periciales en la causa argumentando la complejidad de la misma, solicita el libramiento de oficios al Banco de España y otras entidades regulatorias e interesa con frecuencia el interrogatorio de parte para el esclarecimiento de los hechos, cuando recibe la condena trate de simplificar el proceso en contra de sus propios actos. La propia impugnante de la minuta se esfuerza también en aportar al proceso numerosas sentencias de diversos órganos judiciales que han desestimado otros supuestos de reclamaciones de afectados lo que evidencia —pese a que por fortuna sea un criterio minoritario— la existencia de un innegable riesgo en el planteamiento de la acción.

No se habrá escatimado en tiempo ni esfuerzo en realizar una demanda extensa prolija en su fundamentación jurídica. En suma, resulta inaceptable trivializar de este modo a un laborioso trabajo como el realizado.

Finalmente, a diferencia de lo que puede acontecer con otros procedimientos seriados que pueda llevar la entidad financiera impugnante, las demandas exigen un estudio absolutamente individualizado del caso que comprende tanto la atención personal reiterada de los demandantes como la obtención de la prueba que habían de solicitar para el planteamiento de la acción —ignota para unos los actores, cambiante con harta frecuencia en cada caso (ej. intercambio de comunicaciones, solicitudes de activos, ofertas vinculantes, recibos, extractos de cuenta, documentos de utilidad fiscal, consultas telemáticas a la entidad, escrituras de aceptación de herencia, contratos de compraventa de la vivienda, subrogación de escrituras, novaciones...) y mostrándose reticente la entidad a su facilitación—. La atención, el esfuerzo y la dedicación que requieren nuestros clientes que, sin haber pisado en muchas ocasiones un juzgado acuden desesperanzados a un abogado, en búsqueda de auxilio, precisa de una proximidad y empatía que hace inenarrable el número de horas profesionales dedicadas a su defensa. Nunca son para el abogado artesano un expediente, ni un número. Es la diferencia entre una entidad que opera a través de condiciones generales de la contratación y modelos seriados y el letrado artesanal que hace de cada cliente algo único y especial, generador de una relación de confianza sobre la que se asienta las bases de nuestra profesión.

Formularios orientadores

Nota del autor: Se facilitan a continuación algunos formularios orientadores para el desarrollo de la acción individual de nulidad de la cláusula IRPH y algunas de las posibles incidencias procesales que puedan presentarse. No obstante, ha de tenerse bien presente que estos modelos no son más que pautas y que, además, por el carácter reciente de la STJUE de 3 de marzo de 2020, no existen criterios judiciales uniformes, por lo que se plantean como ayuda o sugerencia al jurista con la mejor voluntad. Cualquier caso que llegue a nuestro despacho es singular, requiere un estudio pormenorizado, una atención directa con el cliente y un examen particularizado de los antecedentes.

Nota editorial: Estos documentos se ofrecen con una finalidad exclusivamente informativa. Si bien velamos por su vigencia, exactitud y veracidad, hay que recordar que son modelos generales que deberán adaptarse a cada supuesto, situación y momento concretos, por lo que se declina toda responsabilidad por los daños que pudieren causarse debido a inexactitudes o incorrecciones en los mismos.

1. Reclamación previa a la entidad financiera

SP/FORM/8494

Entidad: ____

En ____________________, a ___ de ____________ de ___

Como titular/es del préstamo hipotecario suscrito con su entidad, en fecha de ___ de ______________ de _____, y en atención al carácter abusivo, por falta de transparencia, de la cláusula que predispone como índice de referencia el denominado IRPH, vengo por medio del presente escrito a requerirles formalmente su eliminación con la correspondiente devolución de las cantidades derivadas de su indebida aplicación, instándoles a la búsqueda de una solución conciliatoria de carácter extrajudicial, a cuyo efecto designo expresamente como mi interlocutor al letrado ____________________, con despacho profesional sito en __________, C/ _________________________, y correo electrónico ______________________, con quien les ruego contacten directamente para este particular.

Sin perjuicio del ejercicio de las acciones que hubiera lugar en derecho de no ser atendida la presente comunicación, este escrito tiene el carácter de reclamación extrajudicial expresa y requerimiento fehaciente y justificado de pago, conforme a lo previsto en el art. 395 LEC.

Atentamente,

Fdo: ______________________ Fdo: ______________________

Nombre y apellidos del usuario 1: ______________________

Dirección: ______________________

____

DNI: ______________________

Nombre y apellidos del usuario 2: ______________________

Dirección: ______________________

____

DNI: ______________________

2. Modelo de conciliación judicial

SP/FORM/8495

AL JUZGADO DE 1.ª INSTANCIA N.º __ DE ______

(Juzgado especializado según Acuerdo de la Comisión Permanente del CGPJ)

D.º/D.ª ____________________, procurador/a de los Tribunales, **colegiada/o ____ ICP _____,** y de ______________, bajo la dirección letrada de ________________, colegiado/a ____ ICA _, según *escritura de poder* que se adjunta como *documento n.º 1*, ante el Juzgado comparezco, y como mejor proceda en Derecho, **DIGO:**

Que por medio del presente escrito, y de conformidad con lo dispuesto en el art. 139 y concordantes de la Ley 15/2015, de 2 de julio de la Jurisdicción Voluntaria, venimos a formular **SOLICITUD DE ACTO DE CONCILIACIÓN JUDICIAL** con **BANCO__________, S. A.,** titular de NIF ___________, con domicilio social en la Calle ____________________ __________ de _____________, CP __________ y **domicilio a efectos de emplazamiento en su Oficina sita en ____________________________ de ____________**.

Y ello a los siguientes **EFECTOS:**

Primero.- Para que el BANCO ______________, S. A., se avenga a reconocer que en fecha de __ de _________ de ____, suscribió con mi patrocinado una escritura de préstamo hipotecario.

Se aporta como documento n.º 2 documento acreditativo de la contratación.

Segundo.- Para que el BANCO ______________, S. A., se avenga a reconocer que en dicho préstamo hipotecario predispuso al actor, sin la debida transparencia, la aplicación del índice o tipo de referencia "IRPH _____".

Tercero.- Para que el BANCO ______________, S. A., se avenga a reconocer que, en el proceso previo, y de suscripción, del citado préstamo hipotecario, no informó a mi patrocinado con la debida claridad de los elementos básicos que conforman la composición del índice IRPH, ni se facilitó al consumidor comparativa o gráficas de evolución de los escenarios pasados, último valor disponible, ni tampoco comparativa u opción de otros índices legales alternativos.

Tercero.- Para que el BANCO _______________, S. A., se avenga a eliminar la cláusula IRPH del contrato de préstamo hipotecario suscrito por mi mandante, suprimiendo el índice del tipo de referencia predispuesto indicado, y en su caso su sustitutivo IRPH de igual clase, quedando el interés fijado en el diferencial establecido en el contrato, con la consecuencia inherente de devolución de las cantidades percibidas por razón de su aplicación. Y, subsidiariamente, se avenga a su reemplazo por el índice sustitutivo legal del Euribor a un año, procediendo igualmente en este supuesto el reintegro de la diferencia resultante entre las cantidades percibidas como consecuencia de la aplicación del índice IRPH y las que hubieran correspondido como consecuencia del índice sustitutivo referido.

Cuarto.- Para que el BANCO _______________, S. A., se avenga a reconocer que por parte de mi representada se ha reclamado la eliminación de la cláusula IRPH no habiendo recibido respuesta satisfactoria hasta la fecha.

Se aporta como bloque documental n.º 3 reclamación del usuario y respuesta de la entidad.

Quinto. Para que BANCO _______________, S. A., se dé por notificada de que, en caso de no avenirse a lo solicitado, esta parte iniciará las acciones judiciales procedentes, para la defensa de los intereses del promotor de la presente conciliación, siendo en ese caso a cuenta de la demandada los gastos y costas que se ocasionen.

En virtud de lo expuesto,

SUPLICO AL JUZGADO: Que teniendo por presentada esta solicitud, se sirva admitirla en nombre de quien comparezco, por solicitada la celebración de acto de conciliación ante el LAJ con BANCO _______________, S. A., para que, en su virtud, la acuerde con señalamiento de día y hora, y citación de las partes, a quienes se efectuarán los apercibimientos legales oportunos, y, una vez celebrado, con avenencia o sin ella, o intentado sin efecto, se expida certificación literal del acta para su entrega a esta parte, con cuanto además proceda en Derecho.

Es justicia que se pide en _____________, a __, de __________ de ___

Letrado/a ICA ___ Procurador/a ICP ___

3. Modelo simplificado de demanda de nulidad de IRPH

SP/FORM/8496

AL JUZGADO DE 1.ª INSTANCIA N.º __ DE ______

(Juzgado especializado según Acuerdo de la Comisión Permanente del CGPJ)

D.º/D.ª ____________________, procurador/a de los Tribunales, **colegiada/o ____ ICP____,** y de ______________, bajo la dirección letrada de _________________, colegiado/a _____ ICA ____, según *escritura de poder* que se adjunta como *documento n.º 1*, ante el Juzgado comparezco, y como mejor proceda en Derecho, **DIGO:**

Que mediante el presente escrito, formulo **DEMANDA DE JUICIO DECLARATIVO ORDINARIO EN EJERCICIO DE ACCIÓN INDIVIDUAL DE NULIDAD DE CONDICIONES GENERALES**, contra la mercantil ___________**, S. A.,** titular de NIF ________, con domicilio en __________________, e inscrita en el Registro Mercantil de _______, Tomo ____, folio __, hoja ______, inscripción _____ **y con domicilio a efectos de notificaciones en la _____________ de _______, CP** _______, con base en los siguientes:

HECHOS

Primero.- Mi mandante, ________, es un consumidor y usuario, que suscribió con la demandada, para su exclusivo uso como vivienda, en un ámbito ajeno a cualquier actividad empresarial o profesional, en fecha de __ de _____ de ___, escritura de PRÉSTAMO HIPOTECARIO.

Según dispone la condición ______ de la escritura, el expresado préstamo devenga un interés nominal anual referenciado a IRPH ________. Dicho contrato, es apodíctico, fue presentado por la entidad financiera a la actora redactado de modo unilateral por aquella conforme a su modelo de contratación y sin posibilidad alguna de negociación o modificación por la parte actora, bajo un modelo propio estandarizado en el que únicamente se introdujeron los datos personales del adherente. Tampoco la parte actora fue quien realizó la selección inicial del índice de referencia IRPH, igualmente predispuesto. No se le presentaron otras alternativas de distintos índices ni su comparación, como tampoco se le expuso con claridad la conformación, significado y trascendencia del índice IRPH, ni le fue expuesta en momento alguno la evolución del citado índice durante los dos años anteriores y el último valor disponible.

Se adjunta como documento n.º 2 copia de la escritura de préstamo hipotecario suscrito entre las partes, en fecha de __ de ____ de ____.

Segundo.- La parte actora, debe ser considerada como un consumidor y usuario, sin especiales conocimientos financieros, ni habituado a la contratación del préstamo hipotecario sometido a examen.

La parte actora confió en la entidad financiera, aceptando sin el menor recelo las instrucciones y recomendaciones que le facilitaban, quien le indicaba los productos que entendían más adecuados a sus intereses. Al precisar financiación para la compra de su vivienda, la actora acudió a la entidad, quien le ofertó la modalidad de préstamo hipotecario sometida a exégesis judicial, destacando que se trataba de un producto que le permitiría obtener la financiación deseada. De este modo, a mi mandante se le expusieron las bondades del producto, silenciando cualquier evolución de los índices u otras alterativas.

Tercero.- El clausulado del contrato suscrito, no negociado individualmente como se ha reseñado, presenta, en contra de las exigencias de la buena fe y en perjuicio de mi representada, una honda falta de transparencia, resultando *per se* muy difícilmente inteligible para el usuario.

La parte actora, según se ha expuesto, nunca fue informada del significado, teleología y transcendencia real de la aludida cláusula *IRPH* ni se le ofertó en la práctica distintos productos para la cobertura de tipos de interés, ni optó por ello por uno en concreto, así como TAMPOCO EN DEFINITIVA LE FUE PLANTEADO ESCENARIO DE SIMULACIÓN ALGUNO DE SUS CONSECUENCIAS NI DE LA EVOLUCIÓN DEL ÍNDICE EN LOS ÚLTIMOS DOS AÑOS NI DE SU ÚLTIMO VALOR. En suma, en el contrato de préstamo hipotecario suscrito, se aprecia:

a) Falta de información suficientemente clara de que se trata de un elemento definitorio del objeto principal del contrato.

b) No existen simulaciones de escenarios diversos, ni información alguna sobre la evolución anterior del índice, ni sobre el último valor.

c) No hay información previa, clara y comprensible.

De este modo, si bien el actor prestó su consentimiento a la suscripción de tal contrato, lo hizo con base a la escasa o nula información que, sobre el producto ofertado, presuponiendo que esta actuaba con profesionalidad y absoluta buena fe, siendo que, a la vista de cómo ha evolucionado la deuda, ha llegado a ser consciente de que la información ofrecida por la demandada fue incompleta y oscura, por lo que se incurrió en palmaria falta de transparencia. Lo cierto es que la parte actora contrató sin haber recibido una información clara y comprensible acerca de la cláusula IRPH prevista en el contrato. No fue por tanto correctamente informada de los riegos que se asumía al haber omitido información sustancial la demandada sobre la modalidad de contratación que le proponía. Desde luego, hay una obviedad incuestionable y es que ningún consumidor bien informado, entre los distintos índices aplicables, hubiera optado por un índice que le va a encarecer su préstamo hipotecario durante los próximos treinta años de su vida.

Cuarto.- Por parte de mi representada se ha intentado reiteradamente lograr la eliminación de la estipulación referida a la cláusula IRPH y buscar una solución conciliatoria con la predisponente, recibiendo en primer lugar respuestas evasivas y finalmente la negativa de la entidad de acceder a la pretensión de mi mandante. Ante tan contumaz posicionamiento de la entidad, no cabe otra opción a los usuarios que impetrar el auxilio judicial.

Se adjunta como documento n.º 3 reclamación formulada por la actora a la entidad.

A los anteriores hechos, resultan de aplicación los siguientes

FUNDAMENTOS DE DERECHO

Preliminar.- En orden a facilitar la lectura y célere localización de un Fundamento concreto, se desglosa con carácter preliminar los expuestos en la presente demanda.

Primero.- Jurisdicción.

Segundo.- Competencia.

Tercero.- Capacidad y legitimación.

Cuarto.- Postulación y representación.

Quinto.- Procedimiento. Cuantía. Copias de escritos y documentos para su traslado.

Sexto.- Acumulación de acciones.

Séptimo.- Fondo.

A) Del principio *pro consumatore*.

B) De la reforzada protección de los intereses económicos de los usuarios.

C) Del contrato de adhesión y de las condiciones generales de la contratación.

D) Del carácter abusivo del clausulado predispuesto.

E) Del contrato de préstamo hipotecario y la cláusula IRPH.

F) Fundamentos sustantivos para la declaración del carácter abusivo de la "cláusula IRPH".

G) Inoponible confirmación del adherente.

H) Consecuencias jurídicas.

Octavo.- Valoración de la prueba.

Noveno.- Costas.

Décimo.- *Iura novit curia.*

Primero.- *Jurisdicción.* Corresponde conocer del proceso, a los órganos jurisdiccionales ordinarios españoles, por cuanto se dilucida en el mismo una reclamación entre españoles, para cuyo enjuiciamiento y fallo son competentes los citados órganos, de conformidad con cuanto se dispone entre otros, en los arts. 117.3 de la Constitución Española; 2, 9.2, 21.1 de la Ley Orgánica 6/1985 de 1 de julio, del Poder Judicial (LOPJ, en adelante); arts. 5 y 36 de la Ley de Enjuiciamiento Civil (LEC, a continuación).

Segundo.- *Competencia.* Resulta competente, por razón de la materia, tras la modificación operada por los Acuerdos de 25 de mayo de 2017 y sucesivas prórrogas, de la Comisión Permanente del Consejo General del Poder Judicial el Juzgado de 1.ª Instancia ante el que comparecemos, y por ser, además, el correspondiente al domicilio del demandante, conforme al anexo 1 de dicho acuerdo y a lo dispuesto en los arts. 52.1.14.º LEC, en concordancia con el art. 85.1 LOPJ y art. 3.1, 19 bis de la Ley 38/1988 de Demarcación y Planta Judicial.

Tercero.- *Postulación y representación.* Conforme a lo prevenido en el art. 7 LEC, en relación con el 31.1 de la misma norma procesal, esta parte comparece siendo defendida por abogado en ejercicio, según lo dispuesto en los arts. 6 y 9 del Real Decreto 658/2001, de 22 de junio, por el que se aprueba el Estatuto General de la Abogacía Española y 542 y 545.1 de la Ley Orgánica 6/1985, de 1 de julio, del Poder Judicial. Comparece la demandada igualmente con la debida representación procesal a través de procurador legalmente habilitado para actuar ante el tribunal que ha de conocer del juicio según lo dispuesto en el invocado art. 23.1 LEC, 3 del Real Decreto 1281/2002, de 5 de diciembre, por el que se aprueba el Estatuto General de los Procuradores de los Tribunales de España y 543 y 545.1 LOPJ.

Cuarto.- *Capacidad y legitimación.* Dispone de la necesaria capacidad la actora según lo establecido en el art. 6.1.3.º de la ley rituaria civil y la demandada atendiendo al ordinal 1.º del mismo precepto. Así mismo, está legitimada activamente la parte actora y pasivamente la demandada, conforme a lo dispuesto en el art. 10 de la Ley de Enjuiciamiento Civil, en concordancia con los arts. 3 y 4 del Real Decreto Legislativo 1/2007, de 16 de noviembre, por el que se aprueba el Texto Refundido de la Ley General para la Defensa de los Consumidores y Usuarios y otras normas complementarias (TRLGDCU en lo sucesivo) y el art. 9 de la Ley 7/1998, de 13 de abril, de Condiciones Generales de la Contratación (LCGC en adelante).

Quinto.- *Procedimiento. Cuantía. Copias de escritos y documentos y su traslado*. De conformidad con lo dispuesto en los arts. 248.2.1.º y 249.1.5.º LEC, las demandas en que se ejerciten acciones relativas a condiciones generales de la contratación –siendo esta la acción principal ejercitada–, siempre y cuando no supongan acciones de cesación en defensa de los intereses colectivos y difusos de los consumidores, habrá de tramitarse, por las reglas del juicio ordinario, regulado en los arts. 399 y ss. LEC

La cuantía del presente procedimiento es indeterminada conforme a lo dispuesto en el art. 253.3 LEC, toda vez que la acción ejercitada es la de nulidad de condiciones generales de la contratación, sin perjuicio de la consecuencia inherente de restitución de cantidades indebidamente percibidas como consecuencia de su aplicación.

Se presentan así mismo los escritos y documentos debidamente firmados, respondiendo de su exactitud con acatamiento de lo imperado por el art. 274 LEC. Expresa el actor su voluntad de cumplir los requisitos exigidos por la Ley, interesando a tenor de lo establecido en el art. 231 LEC la subsanación de cualquier defecto en el que hubiera podido incurrirse.

Sexto.- *Acumulación de acciones.* Tal y como dispone el art. 71.2 LEC *el actor podrá acumular en la demanda cuantas acciones le competan contra el demandado, aunque provengan de diferentes títulos, siempre que aquellas no resulten incompatibles entre sí.* Se reconoce así, de modo armónico al principio de economía procesal, la denominada acumulación objetiva otorgando al demandante la posibilidad de aunar en su demanda tantas acciones contra el demandado como entienda resulten procedentes y compatibles, sin necesidad de multiplicar sus pretensiones de modo individualizado. Es reiterada y uniforme doctrina de nuestro TS (SSTS de 12 de junio de 1985, 4 de junio de 1990, 14 de octubre de 1993, 8 de noviembre de 1995, 7 de febrero de 1997 y 9 de julio de 1999, 26 de diciembre de 2002) la defensa de un criterio flexible que ha de presidir el tratamiento y aplicación de la acumulación de acciones.

Así pues, por economía procesal, se aúnan en el presente procedimiento la acción mero-declarativa que pretende la declaración de nulidad de la denominada cláusula IRPH, así como la pretensión de continuidad de esa aplicación, que se convertirá en una conducta de *non facere*, esto es de abstenerse en el futuro de su utilización. Con ello, tal y como destacara la doctrina italiana (vid. TULLIO, A. *Il contratto per adesione*, Milán, 1997, p. 194), se obtiene una suerte de prevención, con el fin de evitar que vuelvan a ser utilizadas en lo sucesivo, subsumiéndose por ello en la *pretensión de cesación* la denominada *pretensión de prohibición*. Se pretende evitar en suma que la condición impugnada pueda llegar a ser exigida en perjuicio del adherente, ya fuere por el actual titular del crédito o por cualquier titular futuro ante una eventual cesión o trasmisión del mismo como ha sido frecuente en la práctica bancaria. Y ello, con la consecuencia inherente a la nulidad de la restitución de cantidades indebidamente percibidas como consecuencia de la aplicación del índice cuya nulidad se postula.

Séptimo.- *Fondo.*

A) Del principio *pro consumatore*

Apuntada la condición de consumidor y usuario del actor y la de empresario de la demandada conforme a lo dispuesto en los arts. 3 y 4 TRLGDCU, el derecho en liza ha de ser examinado en clave consumerista. Consagran el principio *pro consumatore* lo establecido en los arts. 153 del Tratado Constitutivo de la Unión Europea, 51.1 y 53.3 CE. Nos hallamos ante reglas impuestas a los poderes públicos, que en consecuencia habrán de informar la legislación positiva, la práctica judicial y la actuación de los poderes públicos, vinculando en suma al legislador (STC 71/1982, de 30 de noviembre) y al juez y poderes públicos (SSTC 19/1982, de 5 de mayo y 14/1992, de 10 de febrero).

B) De la reforzada protección de los intereses económicos de los usuarios

Merecen especial tutela los intereses económicos de los consumidores según reconocen los arts. 8 b), 19, 82 y ss. del Real Decreto Legislativo 1/2007, de 16 de noviembre. *A fortiori,* los servicios bancarios y financieros, son calificados como *servicios de uso o consumo común, ordinario y generalizado*, conforme a lo dispuesto por el Anexo I, letra C, ap. 13 del Real Decreto 1507/2000, de 1 de septiembre, lo que se traduce en el imperativo de una aplicación reforzada de los principios consumeristas que afectan a este servicio.

C) Del contrato de adhesión y de las condiciones generales de la contratación

El documento contractual acompañado a la demanda ha de reputarse con toda nitidez como contratos de adhesión impuestos por los predisponentes demandados frente a los usuarios adherentes. En efecto, dispone el art. 1 de la Ley 7/1998, de 13 de abril, sobre Condiciones Generales de la Contratación (LCGC) que "*son condiciones generales de la contratación las cláusulas predispuestas cuya incorporación al contrato sea impuesta por una de las partes, con independencia de la autoría material de las mismas, de su apariencia externa, de su extensión y de cualesquiera otras circunstancias, habiendo sido redactadas con la finalidad de ser incorporadas a una pluralidad de contratos*". Asimismo, y no obstante la evidencia del carácter seriado o en masa de los contratos sometidos a exégesis judicial, cabe recordar en todo caso que según lo previsto en el art. 82.2 *in fine* TRLGDCU, el empresario que afirme que una determinada cláusula ha sido negociada individualmente, asumirá la carga de la prueba.

Tal y como ha advertido el Tribunal Supremo, a través de su Sentencia de 22 de abril de 2015: "*Es un hecho notorio que, en determinados sectores de la contratación con los consumidores, en especial los de bienes y servicios de uso común a que hace referencia el art. 9 TRLCU, entre los que se encuentran los servicios bancarios, los profesionales o empresarios utilizan contratos integrados por condiciones generales de la contratación. De ahí que tanto la Directiva (art. 3.2) como la norma nacional que la desarrolla (art. 82.2 del Texto Refundido de la Ley General para la Defensa de los Consumidores y Usuarios) prevean que el profesional o empresario que afirme que una determinada cláusula ha sido negociada individualmente, asumirá la carga de la prueba de esa negociación. Así lo recuerda la STJUE de 16 de enero de 2014 (TJCE 2014, 7), asunto C-226/12, caso Constructora Principado, en su párrafo 19*".

D) Del carácter abusivo y falta de transparencia del clausulado contractual predispuesto

Se considerarán cláusulas abusivas, según lo dispuesto en el art. 82.1 TRLGDCU, "*todas aquellas estipulaciones no negociadas individualmente y todas aquellas prácticas no consentidas expresamente que, en contra de las exigencias de la buena fe causen, en perjuicio del consumidor y usuario, un desequilibrio importante de los derechos y obligaciones de las partes que se deriven del contrato*". Asimismo, de acuerdo a los principios consagrados en los arts. 80.1 a) TRLGDCU en concordancia con el art. 5.5. LCGC, en los contratos con consumidores y usuarios que utilicen cláusulas no negociadas individualmente, deberán cumplirse los principios concreción, claridad y sencillez.

Para la ponderación de la abusividad de la estipulación, a su vez habrá de tenerse en cuenta según reza el art. 82.3 TRLGDCU la naturaleza del bien o servicio objeto de contrato. Y en este sentido, ha de tenerse presente, como se ha expuesto, que los servicios bancarios y financieros, son calificados como *servicios de uso o consumo común, ordinario y generalizado*, conforme a lo dispuesto por el Anexo I, letra C, ap. 13 del Real Decreto 1507/2000, de 1 de septiembre, lo que se traduce en el imperativo de una aplicación reforzada de los principios consumeristas que afectan a este servicio.

Finalmente, ha de recordarse, que tal y como dispusiera el art. 1.288 CC: "*La interpretación de las cláusulas oscuras de un contrato no deberá favorecer a la parte que hubiese ocasionado la oscuridad*".

E) Del contrato de préstamo hipotecario y la cláusula IRPH

El contrato de préstamo hipotecario de vivienda, es un contrato bancario, perteneciente a la categoría de la contratación en masa, al ser redactado con base en las condiciones generales de la contratación predispuestas por la entidad de crédito disponente o prestamista, caracterizado por la constitución de una garantía real sobre un bien inmueble (la hipoteca) en aseguramiento del mismo, de tal suerte que permite el reconocimiento al acreedor de un derecho de realización de valor sobre un perteneciente al deudor o a un tercero *(ius distrahendi)*. Este contrato supone la entrega de dinero, u otra cosa fungible, quedando el prestatario obligado a restituir el equivalente, y al abono de intereses si así se hubiera pactado expresamente, pues recordemos que a diferencia de lo establecido en los códigos italianos o portugués en España no se presume su devengo.

El crédito inmobiliario se encuentra regulado en una gran pluralidad de normas con diferente ámbito de aplicación y distinto rango jerárquico, muchas de ellas objeto de sucesivas reformas con diferente grado de retroactividad, lo que dificulta enormemente determinar cuál es la concreta regulación aplicable a un supuesto de hecho dado. Este crisol desordenado, mixtura, en su base esencial, la aplicación de la Ley Hipotecaria y su Reglamento de desarrollo, el Código Civil y de Comercio, la Ley de Condiciones Generales de la Contratación, el Texto Refundido de la Ley General para la Defensa de los Consumidores y Usuarios y la más reciente Ley 5/2019, de 15 de marzo, reguladora de los contratos de crédito inmobiliario.

Al referirnos a los denominados índices IRPH, conviene distinguir en un principio los tres tipos que han sido aplicados en los préstamos hipotecarios:

a) IRPH-Cajas, consistente en el valor porcentual que se obtiene del cálculo de la media de los tipos de interés ponderados aplicados por las Cajas de Ahorro a los préstamos hipotecarios para la adquisición de vivienda libre, a un plazo superior a los tres años, durante el mes.

b) IRPH-Bancos, referido al valor porcentual que se obtiene calculando la media de los tipos de interés ponderados aplicados por los bancos a los préstamos hipotecarios para la adquisición de vivienda libre, a un plazo superior a los tres años, durante el mes.

c) IRPH-Entidades, expresivo del valor porcentual que se obtiene calculando la media de los tipos de interés ponderados aplicados por las Cajas de Ahorros y los Bancos a los préstamos hipotecarios para la adquisición de vivienda libre, a un plazo superior a los tres años, durante el mes, significando en suma una media de los dos índices anteriores (IRPH-Cajas e IRPH Bancos).

El IRPH, en sus tres variedades, es un índice oficial introducido en la Norma Sexta Bis de la Circular 8/1990, de 7 de septiembre, modificada por la Circular 5/1994, de 22 de julio, del Banco de España. El Anexo VIII de la Circular 8/1990 define el IRPH como la media simple de los tipos de interés medios ponderados por los principales de las operaciones de préstamo con garantía hipotecaria de plazo igual o superior a tres años para la adquisición de vivienda libre que hayan sido iniciadas o renovadas en el mes a que se refiere el índice por los bancos, las cajas de ahorro y las sociedades de crédito hipotecario. La norma segunda de la misma circular determina la información que ha de ser remitida al Banco de España para que este confeccione y publique los índices o tipos de referencia del Mercado Hipotecario.

Tanto el IRPH-Cajas como el IRPH-Bancos son dos índices en desuso actualmente, siendo el único subsistente el denominado IRPH-Entidades que sustituyó a los dos precitados tras la aprobación de la Ley 14/2013, de 27 de septiembre, de Apoyo a los Emprendedores, en virtud de cuya Disposición Adicional 15.ª, dejaron de aplicarse con efectos de 1 de noviembre de 2013.

El problema esencial de los préstamos vinculados al índice IRPH, radica tanto en los recelos que ha suscitado su posible manipulación por las entidades, como sobre todo en la falta de transparencia en su comercialización, habiendo quedado sometidos los prestatarios a un valor superior al que puede presentar el EURIBOR.

En realidad, el tipo de IRPH no era un tipo medio de intereses, sino un indicador de costes medios, pues en realidad comprendía la media los costes totales de las operaciones que habían suscrito los prestatarios, lo que no solo comprendía los intereses como pudiera pensarse inicialmente, sino también las comisiones y gastos, esto es, eran tipos anuales equivalentes. Y efectivamente, la cuestión no es baladí, pues en absoluto es lo mismo referir un préstamo a un índice simple, como acontece con el EURIBOR, al que se adiciona un diferencial para conformar el tipo de interés de la operación, que referir el préstamo a un indicador de costes medios totales. Por esta razón, necesariamente, el Tipo IRPH siempre operó irremediablemente por encima del Euribor, ya que el este constituía un simple índice de referencia y al computar los demás costes añadidos al préstamo ineludiblemente el resultado final sería superior. Y, a mayor desgracia para los prestatarios de este tipo, al haberse tomado en consideración para la conformación del IRPH la totalidad de los costes (comisiones y gastos incluidos), ello supondría una nueva duplicidad de aquellos cuando nuevamente se le vuelvan a aplicar estas comisiones y gastos, como si fuera algo consustancial y no tenido en cuenta a la hora de ofrecerle el interés al prestatario bajo la fórmula de IRPH.

F) Fundamentos sustantivos para la declaración del carácter abusivo de la "cláusula IRPH"

Como cuestión previa no está demás, aclarar, que aun siendo los índices IRPH manifiestamente mejorables desde el punto de vista de su método de cálculo, no se cuestiona su nulidad intrínseca, sino el modo en que fueron incorporados al contrato de préstamo hipotecario que se somete a consideración judicial desde el punto de vista del control de transparencia. El objeto de dicho control, no es por tanto el índice como tal, esto es, como reflejo de una disposición legal o administrativa que lo oficializa, sino su empleo o utilización en una contratación bajo condiciones generales a tenor de los especiales deberes de información que incumben al profesional o predisponente.

F1) Falta de transparencia

Según se ha anticipado de acuerdo a los principios consagrados en los arts. 80.1 a) TRLGDCU en concordancia con el art. 5.5. LCGC, en los contratos con consumidores y usuarios que utilicen cláusulas no negociadas individualmente, deberán cumplirse los principios concreción, claridad y sencillez. De estos principios, embrionarios de la denominada falta de transparencia, es referencia paradigmática la archiconocida STS de 9 de mayo de 2013. De hecho, tal y como ya apuntara GONZÁLEZ POCANOWSKA (GONZÁLEZ POCANOWSKA, I. en RODRIGO BERCOVITZ RODRÍGUEZ CANO, –Coord.–, *Comentarios a la Ley de Condiciones Generales de la Contratación*, Navarra, 1999, p. 186.), los conceptos de «claridad, concreción y sencillez» no son sino manifestaciones del principio de transparencia

La STS de 9 de mayo de 2013 resulta sin duda meritoria rompiendo así con la línea imaginaria que mantenía una parte significativa de la doctrina más positivista que cuasi equiparaba transparencia a incorporación al contrato desde un punto de vista meramente formal. Uno de los aspectos más relevantes de la STS de 9 de mayo de 2013 es la consideración de que la obligación de transparencia con relación con la cláusula litigiosa no se agota en el cumplimiento de las obligaciones formales contenidas en la Orden Ministerial de 5 de mayo de 1994. No se reprocha únicamente a las entidades financieras que la cláusula no pueda ser comprensible en su redacción, sino que se incorpora al contrato sin informar con la suficiente claridad al usuario y por lo tanto sin que su efecto se haya percibido por este.

El concepto de transparencia se encuentra estrechamente vinculado así al de información y presupone una situación contractual en la que existe una asimetría informativa entre las partes, cual sucede típicamente en los contratos de adhesión. El control de transparencia se proyecta sobre la comprensión real de la carga jurídica y económica que asume el adherente tomando en consideración todo el curso negocial de la contratación seriada, es decir, desde la publicidad de la oferta del producto o servicio hasta la reglamentación predispuesta, propiamente dicha, todo ello como un fenómeno unitario sujeto a la valoración de este control. Esto implica que el control de transparencia real ni queda limitado a la mera comprobación de la transparencia documental que desarrolle la normativa sectorial aplicable ni reconducido a un mero contraste de la inteligencia gramatical de la cláusula en cuestión.

Tal y como recuerda la STJUE de 30 de abril de 2014, asunto C-26/13, la exigencia de transparencia (claridad y comprensibilidad, en términos del art. 4.2) de las cláusulas contractuales no puede reducirse solo al carácter comprensible de estas en un plano formal y gramatical (apdo. 71), porque el sistema de protección establecido por la Directiva 93/13 se basa en la idea de que el consumidor se halla en situación de inferioridad respecto al profesional en lo referido, en particular, al nivel de información y, en consecuencia, esa exigencia de transparencia debe entenderse de manera extensiva.

Sobre el control de transparencia, la STS de 24 de marzo de 2015 apunta:

"Esta Sala ha declarado en varias sentencias la procedencia de realizar un control de transparencia de las condiciones generales de los contratos concertados con consumidores, y en especial de aquellas que regulan los elementos esenciales del contrato, esto es, la definición del objeto principal del contrato y la adecuación entre precio y retribución. Esta línea jurisprudencial se inicia en sentencias como las núm. 834/2009, de 22 de diciembre,

375/2010, de 17 de junio, 401/2010, de 1 de julio, y 842/2011, de 25 de noviembre, y se perfila con mayor claridad en las núm. 406/2012, de 18 de junio, 827/2012, de 15 de enero de 2013, 820/2012, de 17 de enero de 2013, 822/2012, de 18 de enero de 2013, 221/2013, de 11 de abril, 638/2013, de 18 de noviembre y 333/2014, de 30 de junio. Y, en relación a las condiciones generales que contienen la denominada".

Los escenarios evolutivos del índice resultan esenciales, y en mayor medida en el caso del IRPH, más inusual en su utilización que otros, y dada su especial configuración, de la que el consumidor debió ser advertido, a través de la información sobre el contenido de las disposiciones que lo regulaban, cual es el caso de la Circular 5/1994, de 22 de julio, a Entidades de Crédito, sobre Modificación de la Circular 8/1990, Sobre Transparencia de Las Operaciones y Protección de la Clientela. La citada Circular, tras señalar que la Orden de 5 de mayo de 1994 delegaba en el Banco de España la definición y difusión de los tipos de referencia oficiales aplicables a los préstamos hipotecarios concertados a tipo variable, añadía, "*Los tipos de referencia escogidos son, en último análisis, tasas anuales equivalentes. Los tipos medios de préstamos hipotecarios para adquisición de vivienda libre de los bancos y del conjunto de entidades, lo son de forma rigurosa, pues incorporan además el efecto de las comisiones. Por tanto, su simple utilización directa como tipos contractuales implicaría situar la tasa anual equivalente de la operación hipotecaria por encima del tipo practicado por el mercado. Para igualar la TAE de esta última con la del mercado sería necesario aplicar un diferencial negativo, cuyo valor variaría según las comisiones de la operación y la frecuencia de las cuotas. A título orientativo, la Circular adjunta (Anexo IX) una tabla de diferenciales para los tipos, comisiones y frecuencia de las cuotas, más usuales en la actualidad. En rigor, esta tabla no es útil para decodificar el tipo activo de las cajas de ahorros, por las peculiaridades de su confección*". Sin embargo, la práctica habitual ha sido que los diferenciales utilizados por las entidades bancarias que referenciaban los préstamos a IRRH fueran positivos, aislando al consumidor de cualquier clase de información sobre las disposiciones que lo regulaban, pese a que jurisprudencia reiterada del Tribunal de Justicia señala que reviste una importancia fundamental para el consumidor disponer, antes de la celebración de un contrato, de información sobre las condiciones contractuales y las consecuencias de dicha celebración.

La falta de transparencia concurre también por la ausencia de facilitación de información útil al consumidor que le permita comparar la oferta del préstamo presentado con el índice de referencia IRPH respecto de otros, al menos con el mayoritario Euribor. El control de transparencia viene ligado a la idea de información al consumidor, de tal suerte que la oscuridad generada por la omisión informativa ya le ha impedido per se tomar una decisión libre y formada en el contrato. En este mismo sentido, se explicita por el legislador al asumir la doctrina del TJUE en la reforma operada en el artículo 83 TRLGDCU operada por la Ley 5/2019, de 15 de marzo, en la que se plasma la nulidad de pleno derecho como *consecuencia directa* de la cláusula no transparente.

Cabe recordar que ya el propio TS en anteriores resoluciones había hecho precisamente referencia a la importancia de los elementos informativos que permitieran al usuario esa comparación de la oferta del préstamo hipotecario. Así en el caso de la hipoteca multidivisa —que recordemos también que tuvo que ser sometida al reexamen del TJUE— la STS de 15 de noviembre de 2017 y 31 de octubre de 2018, señalaban:

"la falta de transparencia de las cláusulas relativas a la denominación en divisa del préstamo y la equivalencia en euros de las cuotas de reembolso y del capital pendiente de amortizar, no es inocua para el consumidor sino que provoca un grave desequilibrio, en contra de las exigencias de la buena fe, puesto que, al ignorar los graves riesgos que entrañaba la contratación del préstamo, ***no pudo comparar la oferta del préstamo hipotecario*** *multidivisa con las de otros préstamos (...)".*

Esta misma idea, pese a que el TS trata de romper o negar las ideas de falta de transparencia con abusividad, subyace en la STS de 4 de febrero de 2000, en la que finalmente acaba admitiendo que ese déficit de transparencia por no permitir al consumidor hacerse una representación fiel del impacto económico, le previa de la posibilidad de comparar entre las diferentes ofertas existentes en el mercado:

"En cuando a las consecuencias de la falta de transparencia, hemos dicho en diversas resoluciones que es posible que una condición general inserta en un contrato celebrado con un consumidor, pese a no ser transparente, no sea abusiva, pues la falta de transparencia no supone necesariamente que las condiciones generales sean desequilibradas. Pero como también hemos afirmado, no es el caso de las llamadas cláusulas suelo, cuya falta de transparencia provoca un desequilibrio sustancial en perjuicio del consumidor, objetivamente incompatible con las exigencias de la buena fe, consistente en la imposibilidad de hacerse una representación fiel del impacto económico que le supondrá obtener el préstamo con cláusula suelo en el caso de bajada del índice de referencia, ***lo que priva también al consumidor de la posibilidad de comparar correctamente entre las diferentes ofertas existentes en el mercado*** *(por todas, sentencia 367/2017, de 8 de junio, y las que en ella se citan)".*

En el voto particular expresado por el Magistrado DE VICENTE BOBADILLA, en la SAP de Madrid, Sección 28.ª, de 22 de mayo de 2020, trae con acierto a colación estas resoluciones y las refuerza con el razonamiento expresado en la STJUE de 3 de marzo de 2020 que alude a la importancia del "*elemento útil de comparación*".

"*Tal información* (evolución pasada del IRPH-CAJAS) *también puede dar al consumidor una indicación objetiva sobre las consecuencias económicas que se derivan de la aplicación de dicho* ***índice y constituyen un término útil de comparación*** *entre el cálculo del tipo de interés variable basado en el IRPH-CAJAS de las cajas de ahorros y otras fórmulas de cálculo del tipo de interés".*

Como reflexiona DE VICENTE BOBADILLA, no debemos buscar el desequilibrio en acontecimientos futuros que no podían conocerse en el momento de suscribir la operación, sino en informaciones que debieron facilitarse al consumidor al tiempo de contratar para que pudiera evaluar las ofertas, y en particular, la evolución pasada del IRPH-Cajas.

Por tanto, con tal déficit informativo por parte del prestamista en el contexto de la negociación del contrato, un consumidor medio, no podía conocer por la mera lectura de la cláusula y la sola publicación del índice de referencia elegido por el prestamista, al que se adicionaba un margen positivo, las consecuencias económicas potencialmente importantes para él de la aplicación de la cláusula controvertida para el cálculo de las cuotas de devolución a cuyo pago estaría obligado en definitiva, y por tanto el coste total de su préstamo, ni estaba tampoco en condiciones de comparar ofertas y adoptar la decisión de contratar; pues como advierte la sentencia del STS de 7 de noviembre de 2017, *"No se puede realizar una comparación fundada entre las distintas ofertas si al tiempo de realizar la comparación el consumidor no puede tener un conocimiento real de la trascendencia económica y jurídica de alguno de los contratos objeto de comparación porque no ha podido llegar a comprender lo que significa en él una concreta cláusula, que afecta a un elemento esencial del contrato, en relación con las demás, y las repercusiones que tal cláusula puede conllevar en el desarrollo del contrato"*.

Esta cláusula IRPH, ha de recordarse, ya había sido declarada nula por abusiva en una Sentencia dictada por el Juzgado de lo Mercantil n.º 1 de Vitoria-Gasteiz de 11 de marzo de 2016, confirmada por la SAP Vitoria-Gasteiz, de 19 de octubre de 2016 y firme por ATS de 10 de mayo de 2017, que determinaba el carácter gratuito del préstamo por la imposibilidad de integrar la cláusula en beneficio del predisponente con el EURIBOR o ningún otro índice.

El Tribunal Supremo, en su conocida Sentencia de 14 de diciembre de 2017, como es sabido, concluyó inicialmente la validez de la aplicación de un índice IRPH Entidades más un diferencial del 0,5 % predispuesto por KUTXABANK, al entender excluida esta condición del control de transparencia en aplicación del art. 1.2 de la Directiva 93/13/CEE, concordante con el art. 4.2 LCGC. Esta Sentencia, ya contó como también es notorio con la existencia de dos votos particulares —ORDUÑA MORENO y ARROYO FIESTAS—, pese a lo cual, no se elevó por el TS cuestión prejudicial.

Tras esta Sentencia de 14 de diciembre de 2017, disconformes con el razonamiento del Alto Tribunal se han elevado distintas cuestiones prejudiciales al TJUE, como las planteadas por el Juzgado de 1.ª Instancia n.º 38 de Barcelona por Auto de 16 de febrero de 2018, el Juzgado de 1.ª Instancia n.º 6 de Reus por Auto de 15 de mayo de 2018 o la AP de Almería, Sección 1.ª, por Auto de 20 de marzo de 2018.

La Comisión Europea, en fecha de 31 de mayo de 2019, emitió sus conclusiones en el Asunto C-125/18 de modo proclive a la nulidad por falta de transparencia. Y en la misma línea, el Abogado General Sr. Maciej Szpunar, hacía lo propio el 10 de septiembre de 2019, manifestándose en contra del criterio del TS tanto en lo atinente al sometimiento a la Directiva 93/13 de la cuestión litigiosa como en lo referido a la falta de transparencia, considerando que la fórmula matemática de cálculo resulta compleja y poco transparente para el consumidor medio.

El Tribunal de Justicia de la Unión Europea, en la Sentencia dictada en fecha de 3 de marzo de 2020, ha fallado esencialmente en la línea ya apuntada por el Abogado General, acordando las siguientes declaraciones:

"1) El artículo 1, apartado 2, de la Directiva 93/13/CEE del Consejo, de 5 de abril de 1993, sobre las cláusulas abusivas en los contratos celebrados con consumidores, debe interpretarse en el sentido de que sí está comprendida en el ámbito de aplicación de esa misma Directiva la cláusula de un contrato de préstamo hipotecario celebrado entre un consumidor y un profesional que estipule que el tipo de interés aplicable al préstamo se base en uno de los índices de referencia oficiales establecidos por la normativa nacional y que las entidades de crédito pueden aplicar a los préstamos hipotecarios, cuando esa normativa no establezca ni la aplicación imperativa del índice en cuestión con independencia de la

elección de las partes en el contrato ni su aplicación supletoria en el supuesto de que las partes no hayan pactado otra cosa.

2) La Directiva 93/13, y en particular sus artículos 4, apartado 2, y 8, debe interpretarse en el sentido de que los tribunales de un Estado miembro están obligados a examinar el carácter claro y comprensible de una cláusula contractual que se refiere al objeto principal del contrato, con independencia de la transposición del artículo 4, apartado 2, de dicha Directiva al ordenamiento jurídico de ese Estado miembro.

3) La Directiva 93/13, y en particular sus artículos 4, apartado 2, y 5, debe interpretarse en el sentido de que, para cumplir con la exigencia de transparencia de una cláusula contractual que fija un tipo de interés variable en un contrato de préstamo hipotecario, dicha cláusula no solo debe ser comprensible en un plano formal y gramatical, sino también permitir que el consumidor medio, normalmente informado y razonablemente atento y perspicaz, esté en condiciones de comprender el funcionamiento concreto del modo de cálculo del referido tipo de interés y de valorar así, basándose en criterios precisos y comprensibles, las consecuencias económicas, potencialmente significativas, de dicha cláusula sobre sus obligaciones financieras. Constituyen elementos especialmente pertinentes para la valoración que el juez nacional debe efectuar a este respecto, por un lado, la circunstancia de que los elementos principales relativos al cálculo del mencionado tipo de interés resulten fácilmente asequibles a cualquier persona que tenga intención de contratar un préstamo hipotecario, dada la publicación del modo de cálculo de dicho tipo de interés, y, por otro lado, el suministro de información sobre la evolución en el pasado del índice en que se basa el cálculo de ese mismo tipo de interés.

4) Los artículos 6, apartado 1, y 7, apartado 1, de la Directiva 93/13 deben interpretarse en el sentido de que no se oponen a que, en caso de declaración de nulidad de una cláusula contractual abusiva que fija un índice de referencia para el cálculo de los intereses variables de un préstamo, el juez nacional lo sustituya por un índice legal aplicable a falta de acuerdo en contrario de las partes del contrato, siempre que el contrato de préstamo hipotecario no pudiera subsistir tras la supresión de la cláusula abusiva y que la anulación del contrato en su totalidad dejara al consumidor expuesto a consecuencias especialmente perjudiciales".

De las declaraciones expuestas cabe concluir en primer lugar que, en contra de lo sostenido por las entidades bancarias españolas que defendían la ausencia de posible control de abusividad del IRPH por estar previsto en una norma administrativa, el TJUE determina que la imposición del IRPH no es el resultado de una disposición legal imperativa, por lo que no existe óbice al análisis de su eventual abusividad, eliminándose por tanto esa traba inicial. Esta tesis de las entidades financieras pretendía la activación del principio de exclusión del art. 1, apartado 2 de la Directiva 93/13, que es de interpretación estricta (vid. STJUE de 20 de septiembre de 2017, Andriciuc y otros, C-186/16).

Para entender correctamente esta primera conclusión conviene partir de la lectura norma sexta bis de la Circular 8/1990, de 7 de septiembre, sobre transparencia de las operaciones y protección con la clientela. En su apartado tercero, se enuncian los índices o tipos de referencia que se consideran oficiales, cuya definición y forma de cálculo se recoge en el anexo VIII. Estos índices, tras las modificaciones introducidas por la Circular 7/1999, de 29 de junio y la Circular 1/2000, de 28 de enero son los siguientes:

a) Tipo medio de los préstamos hipotecarios a más de tres años, para adquisición de vivienda libre concedidos por los bancos.

b) Tipo medio de los préstamos hipotecarios a más de tres años para adquisición de vivienda libre concedidos por las cajas de ahorro.

c) Tipo medio de los préstamos hipotecarios a más de tres años para adquisición de vivienda libre concedidos por el conjunto de entidades de crédito.

d) Tipo activo de referencia de las cajas de ahorro.

e) Tipo de rendimiento interno en el mercado secundario de la deuda pública de plazo entre 2 y 6 años.

f) Tipo interbancario a un año (MIBOR), exclusivamente para los préstamos hipotecarios formalizados con anterioridad al 1 de enero del año 2000.

g) Referencia interbancaria a un año.

El TJUE recuerda que la normativa nacional no imponía la obligación de establecer uno índices oficiales establecidos en la Circular 8/1990. Por ello, no puede sostenerse, como pretendían hacer creer las entidades financieras, que la referencia al IRPH fuera el resultado de una disposición legal o reglamentaria de carácter imperativo. Y ello es lo que determina su sometimiento al ámbito de la aplicación de la Directiva 93/13. De este modo, en los apartados 36 y 37 de la STJUE de 3 de marzo, razona:

"36. En consecuencia, la referencia al IRPH de las cajas de ahorros en la cláusula controvertida para el cálculo de los intereses adeudados en el marco del contrato sobre el que versa el litigio principal no es el resultado de una disposición legal o reglamentaria imperativa, en el sentido de la jurisprudencia que se ha recordado en los apartados 31 y 32 de la presente sentencia. Por ello, sin perjuicio de que el juzgado remitente compruebe este extremo, la cláusula sí está comprendida en el ámbito de aplicación de la Directiva 93/13.

37. De ello se deduce que procede responder a la primera cuestión prejudicial que el artículo 1, apartado 2, de la Directiva 93/13 debe interpretarse en el sentido de que sí está comprendida en el ámbito de aplicación de esa misma Directiva la cláusula de un contrato de préstamo hipotecario celebrado entre un consumidor y un profesional que estipule que el tipo de interés aplicable al préstamo se base en uno de los índices de referencia oficiales establecidos por la normativa nacional y que las entidades de crédito pueden aplicar a los préstamos hipotecarios, cuando esa normativa no establezca ni la aplicación imperativa del índice en cuestión con independencia de la elección de las partes en el contrato ni su aplicación supletoria en el supuesto de que las partes no hayan pactado otra cosa".

En segundo término, el TJUE determina la obligación de los tribunales españoles de examinar la claridad y comprensibilidad la cláusula, por más que la cláusula contractual se refiera incluso al objeto principal del contrato. Y ello, con independencia de que el Estado miembro no hubiera transpuesto el art. 4.2 de la Directiva a su ordenamiento interno.

La tercera de las declaraciones de la STJUE de 3 de marzo de 2020 desciende a introducir el control de transparencia, advirtiendo que la cláusula IRPH no solo ha de satisfacer la comprensibilidad formal y gramatical, sino que ha de permitir a un consumidor medio, normalmente informado y razonablemente atento y perspicaz poder comprender el funcionamiento del modo de cálculo y valorar sus consecuencias económicas. El juzgador proponente de la cuestión prejudicial demandaba al TJUE su respuesta sobre si la entidad financiera debía informar al consumidor sobre el método de cálculo del índice, sobre su evolución en el pasado y su posible evolución futura. A esta cuestión el TJUE recuerda su doctrina relativa a la exigencia de transparencia, destacando que tiene una importancia fundamental para el consumidor disponer, antes de la celebración de un contrato, de información sobre las condiciones contractuales y las consecuencias de la celebración del contrato. En función, principalmente, de esa información el consumidor decide si desea quedar vinculado contractualmente adhiriéndose a las condiciones redactadas de antemano por el profesional (sentencias de 21 de marzo de 2013, RWE Vertrieb, C-92/11, EU:C:2013:180, apdo. 44; de 30 de abril de 2014, Kásler y Káslerné Rábai, C-26/13, EU:C:2014:282, apdo. 70; de 21 de diciembre de 2016, Gutiérrez Naranjo y otros, C-154/15, C-307/15 y C-308/15, EU:C:2016:980, apdo. 50, y de 20 de septiembre de 2017, Andriciuc y otros, C-186/16, EU:C:2017:703, apdo. 48).

Y aquí, en esta tercera cuestión, está una de las claves para abordar el carácter abusivo de la cláusula IRPH. De una parte, de acuerdo con la STJUE de 3 de marzo de 2020, el juez nacional deberá considerar si los elementos principales para el cálculo del tipo de interés son fácilmente asequibles a cualquier persona y si se proporcionó información sobre la evolución en el pasado en el pasado del índice en que se basa el cálculo de ese mismo tipo de interés.

Basta transcribir el contenido del Anexo VIII, para que el juzgador —de formación jurídica y por tanto más cualificado que el consumidor medio para enfrentarse a la norma— perciba su dificultad interpretativa para un consumidor medio. Lo transcribimos a continuación.

----

1. Tipo medio de los préstamos hipotecarios a más de tres años de bancos:

Se define como la media simple de los tipos de interés medios ponderados por los principales de las operaciones de préstamo con garantía hipotecaria de plazo igual o superior a tres años para adquisición de vivienda libre que hayan sido iniciadas o renovadas en el mes al que se refiere el índice por el conjunto de bancos.

Dichos tipos de interés medios ponderados serán los tipos anuales equivalentes declarados al Banco de España para esos plazos por el colectivo de bancos, de acuerdo con la norma segunda.

La fórmula de cálculo de dicho tipo será:

$$I_b = \frac{\sum i_b}{n_b}$$

Siendo:

I_b = La media de tipos de interés medios ponderados del conjunto de bancos.

i_b = El tipo medio ponderado de los préstamos de cada banco.

n_b = El número de bancos declarantes.

2. Tipo medio de los préstamos hipotecarios a más de tres años de cajas de ahorro:

Se define como la media simple de los tipos de interés medios ponderados por los principales de las operaciones de préstamo con garantía hipotecaria de plazo igual o superior a tres años para adquisición de vivienda libre que hayan sido iniciadas o renovadas en el mes al que se refiere el índice por el conjunto de cajas de ahorro.

Dichos tipos de interés medios ponderados serán los tipos anuales equivalentes declarados al Banco de España para esos plazos por el colectivo de cajas, de acuerdo con la norma segunda.

La fórmula de cálculo de dicho tipo será:

$$I_{ca} = \frac{\sum i_{ca}}{n_{ca}}$$

Siendo:

I_{ca} = La media de tipos de interés medios ponderados del conjunto de cajas de ahorro.

i_{ca} = El tipo medio ponderado de los préstamos de cada caja.

n_{ca} = El número de cajas declarantes.

3. Tipo medio de los préstamos hipotecarios a más de tres años del conjunto de entidades

Se define como la media simple de los tipos de interés medios ponderados por los principales de las operaciones de préstamo con garantía hipotecaria de plazo igual o superior a tres años para adquisición de vivienda libre, que hayan sido iniciadas o renovadas en el mes a que se refiere el índice por los bancos, las cajas de ahorros y las sociedades de crédito hipotecario.

Dichos tipos de interés medios ponderados serán los tipos anuales equivalentes declarados al Banco de España para esos plazos por el colectivo de bancos y cajas de ahorro, de acuerdo con la norma segunda.

La fórmula de cálculo de dicho tipo será:

$$I_c = \frac{\sum i_b + \sum i_{ca}}{n_b + n_{ca}}$$

Siendo:

I_c = La media de los tipos de interés del conjunto de entidades.

i_b e i_{ca} = Los tipos de interés medios ponderados de cada banco y caja de ahorros, respectivamente.

n_b y n_{ca} = El número de bancos y cajas de ahorros declarantes.

4. Tipo activo de referencia de las cajas de ahorro

(También conocido como "Indicador CECA, tipo activo".) Se define como el noventa por ciento, redondeado a octavos de punto, de la media simple correspondiente a la media aritmética eliminando los valores extremos de los préstamos personales formalizados mensualmente por plazos de un año a menos de tres años y a la media aritmética eliminando los valores extremos de los préstamos con garantía hipotecaria para adquisición de vivienda libre formalizados mensualmente por plazos de tres años o más.

Los tipos utilizados en el cálculo de las medias serán los tipos anuales equivalentes, ponderados por sus respectivos principales, comunicados por las cajas de ahorro confederadas al Banco de España, para cada una de esas modalidades de préstamo y esos plazos, en virtud de lo previsto en la norma segunda.

De no recibirse las comunicaciones de alguna caja confederada antes del día 20 de cada mes, respecto de las operaciones efectuadas en el mes anterior, se tomarán los datos del mes precedente de los que se disponga en relación con la misma, pero si no se contara con información dos meses consecutivos dicha caja se eliminará a efectos de los cálculos que deban realizarse, si bien será necesario para determinar el índice que exista información de un mínimo de cuarenta cajas de las que se haya recibido puntualmente información, o bien de un número de ellas que suponga, al menos, el cincuenta por ciento del sector en función del volumen de la rúbrica de débitos a clientes.

Las series de datos obtenidas se depurarán eliminando los valores extremos que se aparten de la media aritmética de la serie completa dos o más veces su desviación estándar (SD).

La fórmula de cálculo será:

$$X = \frac{\sum_{i=1}^{i=n} X_i}{n}$$

Siendo:

X = La media aritmética.

X_i = El dato correspondiente a cada entidad.

n = Número de cajas de la muestra.

$$SD = \sqrt{\frac{\sum_{i=1}^{i=n} (X_i - \overline{X})^2}{n}}$$

Para el cálculo de la media aritmética depurada se excluirán aquellos datos para los que se verifique cualquiera de las dos condiciones siguientes:

$$X_i > \overline{X} + 2SD$$

$$X_i < \overline{X} - 2SD$$

Tras la lo observación de algunas de esta fórmulas no está de más recordar que la STJUE de 30 de abril de 2014, asunto Kásler, C-26/17, señala que la exigencia de transparencia también alcanza a la formulación aritmética de la cláusula en cuestión, esto es, que el profesional articule los criterios precisos y comprensibles que sean necesarios para que el consumidor medio pueda comprender los mecanismos aritméticos de la determinación de su tipo de interés y valorar sus consecuencias económicas sobre el contrato ofertado.

La mera inserción de la referencia a la Circular 8/1990 o la facilitación de la fórmula del índice, tal y como recoge el Abogado General en el apartado 129 de sus conclusiones no es suficiente en absoluto para superar el principio de transparencia.

No obstante, más allá de la referencia o no a la Circular 8/1990, la cuestión nuclear para evaluar la transparencia versará sobre si se informó o no a los usuarios de cual había sido la evolución del IPRH durante los dos años anteriores a la celebración del contrato y el último valor disponible. Así se destaca tanto en el referido apdo. 129 de las Conclusiones del Abogado General como en el apdo. 54 STJUE de 3 de marzo de 2020 y en el propio apartado tercero del fallo. Trasladando estas exigencias a nuestro derecho interno, ha de recordarse que el art. 3 de la Orden Ministerial de 5 de mayo de 1994 sobre transparencia de las condiciones financieras de los préstamos hipotecarios al establecer el contenido mínimo del folleto informativo desarrollado en el Anexo I de la misma Orden exigía facilitar al consumidor la "*identificación del índice o tipo, indicándose su evolución durante, al menos, los dos últimos años naturales, así como el último valor disponible*". Y trasladando esta doctrina al supuesto de autos analizado, es palmario, que esa información no se ofreció al usuario.

Y ahondando en estos parámetros de valoración de la trasparencia, a ello, cabría añadir, que en ningún momento se ofreció su comparación con el Euribor, y solo así el consumidor podría haber conocido lo que supone elegir uno u otro índice. Desde luego, hay una obviedad incuestionable y es que ningún consumidor bien informado entre los distintos índices aplicables hubiera optado por un índice que le va a encarecer su préstamo hipotecario durante los próximos treinta años de su vida. Esta idea subyace igualmente en el apdo. 54 STJUE de 3 de marzo de 2020, cuando apunta:

"*También resulta pertinente para evaluar la transparencia de la cláusula controvertida la circunstancia de que, según la normativa nacional vigente en la fecha de celebración del contrato sobre el que versa el litigio principal, las entidades de crédito estuvieran obligadas a informar a los consumidores de cuál había sido la evolución del IRPH de las cajas de ahorros durante los dos años naturales anteriores a la celebración de los contratos de préstamo y del último valor disponible. Tal información también puede dar al consumidor una indicación objetiva sobre las consecuencias económicas que se derivan de la aplicación de dicho índice y constituyen un término útil de comparación entre el cálculo del tipo de interés variable basado en el IRPH de las cajas de ahorros y otras fórmulas de cálculo del tipo de interés".*

La introducción de elementos de comparación con otros índices, evoca sin lugar a dudas los razonamientos ya contenidos en la STS de 9 de mayo de 2013, cuando en su apdo. 296 f) apuntaba la "*inexistencia de advertencia previa clara y comprensible sobre el coste comparativo con otros productos de la propia entidad*".

Este criterio ligado a los escenarios de simulación del índice IRPH con relación con el Euribor, ya era esbozado por la SAP de Salamanca, Sección 3.ª, de 31 de marzo de 2017:

"(...) este punto razona bien el Juzgador a quo cuando al referirse a la falta de información suficientemente clara de que se trataba de un elemento definitorio del objeto principal del contrato, hace alusión a que no hubo simulaciones de escenarios diversos relacionados con el comportamiento razonablemente previsible del tipo de interés IRPH en el momento de contratar, ni por ello información previa clara y comprensible sobre el coste comparativo con otras modalidades de préstamo de la propia entidad –caso de existir– o advertencia de que al concreto perfil de clientes no se les ofertaban las mismas.

Si, por ejemplo, Banco Popular Español, S. A., hubiese explicado a Marcelino y Luisa la diferencia entre varios índices, y hubiese mostrado gráficos sobre la forma de comportamiento del IRPH y del Euribor, pudiendo elegir aquellos entre uno y otro con las explicaciones oportunas, acaso habrían optado por el Euribor más un diferencial. Y, no se olvide, corresponde al Banco apelante acreditar que explicó a los clientes la cláusula que contiene el interés variable en tales condiciones y que les ofreció otras alternativas, o sea, que el índice IRPH no fue la única propuesta y que dentro del posible abanico pudieron elegir (...)".

El que la cláusula venga redactada de manera clara y comprensible no implica solamente que deba posibilitar el conocimiento de su contenido mediante la utilización de caracteres tipográficos legibles y una redacción comprensible, objeto del control de inclusión o incorporación (arts. 5.5 y 7 b de la LCGC), supone, además, que no pueden utilizarse cláusulas que, pese a que gramaticalmente sean comprensibles y estén redactadas en caracteres legibles, impliquen subrepticiamente una alteración del objeto del contrato o del equilibrio económico sobre el precio y la prestación, que pueda pasar inadvertida al adherente medio".

Como se razonaba en el voto particular de la STS de 14 de diciembre de 2017, posteriormente corroborado por la STJUE de 3 de marzo de 2020, el consumidor medio puede conocer que, al igual que el interés variable, los índices de referencia pueden fluctuar. Pero no necesariamente puede conocer, sin la información adecuada, que no todos los índices fluctúan de igual forma a tenor de su configuración, ni tampoco su previsible comportamiento sin los escenarios de variación que se hayan producido. Información, junto a otra posible, que el profesional no suministró al consumidor pese a disponer de la misma. En particular, que, desde su aplicación, el IRPH se ha mantenido en valores superiores a otros índices más usuales y conocidos por el consumidor medio, caso del Euribor. No puede obviarse, en suma, que el IRPH de modo histórico ha venido presentando unos valores muy superiores al Euribor, como índice mayoritariamente empleado en los préstamos hipotecarios. Por tanto, esa superior retribución de intereses, requiere una especial acreditación por parte de las entidades financieras de cuáles fueron las razones que justificaron su predisposición.

Así las cosas, cabe colegir que el TJUE, sin bien concluye que la cláusula IRPH, no es abusiva per se, tal y como sucediera con la cláusula suelo, sí que puede llegar a serlo por falta de transparencia. Y esa falta de transparencia, acontecerá cuando la entidad financiera —a quien recordemos incumbe la carga de la prueba— no pueda probar que aportó los elementos básicos que conforman la composición del índice y que también facilitó al consumidor esa comparativa o gráficas de evolución de los escenarios pasados. Si no se han cumplido ambas exigencias, la cláusula deberá devenir nula por falta de transparencia.

Trasladando la doctrina de la STJUE de 3 de marzo de 2020, el Juzgado especializado de 1.ª Instancia n.º 4 de Buros, se pronunciaba a través de su Sentencia de 4 de marzo, de modo favorable a la estimación de la nulidad de la cláusula IRPH, aplicando a nuestro entender, con plena coherencia, los parámetros de transparencia expuestos por el TJUE y determinando la sustitución de dicho índice por el Euribor más el diferencial pactado. Tras la transcripción parcial de la STJUE de 3 de marzo, trasladando la doctrina del Tribunal Europeo al caso analizado, el juzgador concluye:

"En el caso de autos, la cláusula 3 bis 3 de la Escritura de Préstamo Hipotecario evidencia ausencia de información detallada y pormenorizada, que no permite que un consumidor pueda llegar a comprender la forma de cálculo del índice de referencia adoptado ni del sustitutivo, aunque tales tipos de referencia estén legalmente permitidos; pues de la prueba practicada, no se acredita, correspondiendo la carga de la prueba a la entidad demandada, que esta suministrara a la parte actora información específica relativa al alcance o funcionamiento de este tipo de referencia en virtud de la cual la actora pudiera valorar si le interesaba el préstamo con este tipo de referencia o un préstamo referenciado a Euribor, que era lo habitual en el momento de la constitución del préstamo con garantía hipotecaria, ni tampoco figura información sobre la evolución histórica del tipo de referencia, en comparación con el Euribor. En consecuencia, la entidad bancaria demandada no suministró información suficiente a los actores para que estos pudieran comprender el alcance económico y jurídico de la cláusula. No se cuenta con la declaración de la actora, habiendo declarado el testigo que no recuerda la operación, ni si el IRPH en el momento de la formalización del préstamo era superior o inferior al Euribor. Y en la propia Oferta Vinculante, que no ha sido firmada por los demandantes, figura el índice de referencia IRPH enmarañado en la cláusula tercera.

Por ello, procede declarar la nulidad por falta de transparencia de la cláusula pacto 3.º bis de la Escritura de Préstamo Hipotecario de fecha de 2 de agosto de 2005".

También contrarias a la validez de la cláusula IRPH se pronuncian las Sentencias del Juzgado de 1.ª Instancia n.º 6 de Lleida, de 9 de marzo de 2020 (Sentencias números 214 y 227 dictadas por la Magistrada Laura Bueso Hernández). Con expresa invocación de la STJUE de 3 de marzo de 2020, aplica los parámetros de transparencia enunciados por el TJUE, concluyendo en su exégesis la necesaria nulidad de la estipulación. A ello, añade, como efecto de la nulidad, la sustitución por Euribor. Así es razonado:

"La Jurisprudencia europea, como ya se ha indicado, exige que para dar cumplimiento a las exigencias de buena fe y equilibrio amparadas en la Directiva 93/13/CEE en los contratos celebrados entre consumidor y profesional, el Bando o entidad financiera correspondiente debe facilitar información que facilite a un consumidor medio la comprensión de las consecuencias jurídicas y económicas que supone referenciar el interés variable de su préstamo hipotecario al índice de referencia IRPH. Y esta información, específicamente, alude a una explicación completa sobre el método de cálculo empleada para obtener tal índice de referencia, así como un estudio de la evolución que tal índice había tenido con anterioridad a la firma del contrato.

La testigo Sra. Costa -empleada de la entidad bancaria- depuso en Sala que conoce a los actores y recuerda que explicó la diferencia entre Euribor e IRPH, siendo decisión de los demandantes escoger uno u otro índice. Explica que en el momento de la firma ante notario se les volvió a explicar, y además, que se les entregó la oferta vinculante.

De la prueba practicada, no se ha probado si se explicó o no el método de cálculo y las consecuencias jurídicas de escoger como índice de referencia el IRPH. Si bien es cierto que la testigo manifestó que se explicó el producto, no aporta más detalle sobre la información facilitada. Por otro lado, no se solicitó por la demanda el interrogatorio de la actora, para poder valorar si la información facilitada permitió comprender la carga económica y jurídica del IRPH.

La demandada arma su defensa a la legalidad del IRPH por tratarse de un índice de referencia oficial, recogido en legislación nacional y controlado por el Banco de España. Sin embargo, y a pesar de lo anterior, como ha señalado el TJUE, debe de superar un control de transparencia material, el cual en el caso presente no se ha probado por el empresario.

Lo anteriormente expuesto, conduce a declarar la nulidad del pacto tercero bis de la escritura de préstamo litigiosa, en el cual se pactó que el índice de referencia aplicado para el cálculo de los intereses fuera el IRPH".

En Jaén, el Juzgado de 1.ª Instancia n.º 2 Bis, en Sentencia de 13 de marzo, tras un exhaustivo análisis de la cláusula IRPH, su forma de incorporación al contrato y el devenir de su periplo jurisprudencial hasta el TJUE determina su nulidad por la falta de información adecuada al prestatario. En este caso particular no solo se achaca la falta de transparencia en el sentido de no haber ofrecido información que permitiera un conocimiento de las consecuencias económicas de la imposición de la cláusula, sino que también se declara su nulidad por falta de incorporación al no haber acreditado la entidad la puesta a disposición previa de la documentación elemental —oferta vinculante—:

"Así, si le hubiera proporcionado la entidad bancaria dicha información al prestatario este hubiera podido concluir que el índice IRPH Entidades e IRPH Cajas se trataba de un índice que siempre se había encontrado por encima del Euribor.

SEXTO. En el presente caso, partiendo de los requisitos antes expuestos, no ha quedado acreditado que la entidad bancaria entregara al cliente un folleto informativo, estando el certificado de concesión protocolizado en la escritura, sin embargo no hay acreditación alguna de que la parte demandada entregara al cliente con tres días de antelación una oferta vinculante

No se puede tener cumplido el deber de información por la entidad bancaria al no existir prueba alguna del tipo de información que se le facilitó, por qué empleado de la entidad bancaria, en cuantas visitas se materializó el acuerdo y los términos del contrato, si hubo algún tipo de negociación de alguna de sus cláusulas, si se le realizaron ejercicios de simulación comparativos con distintos índices de referencia de tipos de interés, de tal manera que los clientes pudieran conocer las consecuencias económicas que iba a tener.

Sin que la intervención notarial en el otorgamiento de la escritura pública suple la falta de negociación individual, siendo un hecho notorio que las escrituras de préstamos se redactan conforme a las minutas que facilitan las entidades de crédito, haciéndolo así constar expresamente en la escritura.

De la prueba practicada, no ha quedado acreditado que la parte actora, previamente a la celebración del contrato de préstamo hipotecario hubiera podido tener un cumplido conocimiento de las cláusulas incorporadas al préstamo hipotecario por lo que no superan el control de incorporación siendo el comportamiento de la entidad financiera contrario a lo previsto en los artículos 1.256 y 1.258 CC y 57 CCom., lo que ha provocado error en el consentimiento siendo evidente que su actuación contraria a las reglas de buena fe y lealtad contractual que deben inspirar y presidir la negociación contractual, por lo que procede la declaración de nulidad de las cláusula tercera bis, en cuanto al tipo de interés de referencia.

En resumen, debe concluirse que no se le suministró al prestatario toda información que le permitiera conocer de forma objetiva las consecuencias económicas que se derivaban de la aplicación de dicho índice y que constituían un término útil de comparación entre el cálculo del tipo de interés variable basado en el IRPH entidades y otras fórmulas de cálculo del tipo de interés. Por lo expuesto, procede declarar que la cláusula impugnada no supera el doble control exigido por la jurisprudencia".

Con motivo de la ejecución hipotecaria instada por BBVA y la reconvención formulada por el demandado, el Juzgado de 1.ª Instancia n.º 2 de Cornellá de Llobregat, a través de su Sentencia de 16 de marzo de 2020, resuelve sobre el carácter abusivo de media docena de condiciones entre las que se encontraba la cláusula IRPH, siguiendo los dictados de la STJUE de 3 de marzo de 2020:

"No parece que haya sido una cláusula negociada individualmente y por tanto, debe considerarse que tiene tal cualidad de condición general, en tanto que reúne todos y cada uno de los requisitos necesarios para su calificación como tal.

Cabe destacar asimismo, la especial complejidad y dificultad que presenta este índice IRPH tanto al tenor de su fórmula matemática de cálculo, como por su peculiar configuración (incluye comisiones y además gasto del cliente, y se calcula por una media no ponderada) presenta una complejidad de compresión para el consumidor medio que lo hace idóneo como elemento o componente susceptible del control de transparencia y, por tanto, de las exigencias derivadas para el profesional de facilitar, activamente, una información adecuada y comprensible de su aplicación y funcionamiento en el contrato de préstamo ofertado.

El profesional que configura condiciones generales que inciden sobre elementos esenciales se le exige un plus de información, o de exigencia de transparencia, que permita al consumidor adoptar su decisión de contratar con pleno conocimiento de la carga jurídica y económica que les supondrá concertar el contrato, sin necesidad, desde la asimetría de información existente, de realizar por el mismo un análisis minucioso y pormenorizado del contrato. De ahí que esta exigencia comporte que el elemento que presenta cierta complejidad sea objeto de una información principal y comprensible en la formación y perfección del contrato.

En el caso de autos no se considera acreditado que la entidad financiera demandada facilitara información específica o adicional al consumidor relativa al alcance y funcionamiento concreto de este índice de referencia en el marco del contrato de préstamo ofertado, tanto en la fase precontractual, como en las fases de perfección y ejecución del contrato.

(...)

Tal y como considera razonable la STJUE de 3 de marzo de 2020, en el supuesto que nos ocupa, de la documental aportada a las actuaciones no se desprende que la entidad financiera demandada haya informado a los consumidores de cuál había sido la evolución del IRPH durante los dos años naturales anteriores a la celebración de los contratos de préstamo y del último valor disponible. Tal información hubiera podido dar al consumidor una indicación objetiva sobre las consecuencias económicas que se derivan de la aplicación de dicho índice y constituye un término útil de comparación entre el cálculo del tipo de interés variable basado en el IRPH y otras fórmulas de cálculo del tipo de interés.

Así pues, y en el caso de autos, no se considera que para cumplir con la exigencia de transparencia de una cláusula contractual que fija un tipo de interés variable en un contrato de préstamo hipotecario, dicha cláusula no solo debe ser comprensible en un plano formal y gramatical, sino también permitir que el consumidor medio, normalmente informado y razonablemente atento y perspicaz, esté en condiciones de comprender el funcionamiento concreto del modo de cálculo del referido tipo de interés y de valorar así, basándose en criterios precisos y comprensibles, las consecuencias económicas, potencialmente significativas, de dicha cláusula sobre sus obligaciones financieras.

En atención a lo expuesto procede declarar la nulidad de la cláusula de IRPH adoptado en el préstamo de litis y de su sustitutivo, por incumplimiento de la normativa comunitaria sobre transparencia en los términos expuestos, de conformidad con la STUJE de 3 de marzo de 2020".

Asume igualmente la doctrina del TJUE la Sentencia del Juzgado de 1.ª Instancia n.º 4 de Sanlúcar La Mayor de 14 de abril de 2020, con declaración de la nulidad de la cláusula IRPH:

"Esta cuestión ha resultado muy discutida en los últimos años, dadas las particularidades de la Clausula IRPH. Sin embargo, la STJUE de 3 de marzo de 2.020, dictada en el caso Gómez del Moral Guasch (C-125/18), ha venido a zanjar esta discusión. El TJUE declara en dicha Sentencia que la cláusula de un contrato de préstamo hipotecario celebrado entre un consumidor y un profesional, en virtud de la que el tipo de interés que pagará el consumidor varía en función del índice de referencia basado en los préstamos hipotecarios de las cajas

de ahorros, índice que está previsto en la normativa nacional, está comprendido en el ámbito de aplicación de la Directiva 93/13/CEE, «cuando esa normativa no establezca ni la aplicación imperativa del índice en cuestión con independencia de la elección de las partes en el contrato ni su aplicación supletoria en el supuesto de que las partes no hayan pactado otra cosa».

Esto se explica porque esa cláusula no refleja disposiciones legales o reglamentarias de carácter imperativo, a efectos del artículo 1, apartado 2, de la Directiva 93/13/CEE.

Procede, por tanto, efectuar los controles de transparencia. La Sentencia del TS de 9 de mayo de 2013, desarrolla una serie de parámetros orientativos. Se trata de unos indicios que, de concurrir, pueden permitir apreciar esa compresión real del consumidor de que la cláusula controvertida forma parte del precio (elemento esencial del contrato) y su trascendencia económica. Y es que en definitiva, debe verificarse si el consumidor comprende la cláusula incluida en el contrato en cuestión.

Los criterios que señala el TS pueden resumirse, entre otros, en aspectos tales como que 1) La transparencia material en contratos de consumo se refiere al control de la existencia de un información suficientemente clara que permita la comprensibilidad real de la importancia de la cláusula en el desarrollo razonable del contrato; que el adherente conozca o pueda conocer con sencillez tanto la «carga económica» que realmente supone para él el contrato celebrado, esto es, la onerosidad o sacrificio patrimonial realizado a cambio de la prestación económica que se quiere obtener. 2) Que la información suministrada permita al consumidor percibir que se trata de una cláusula que define el objeto principal del contrato, que incide o puede incidir en el contenido de su obligación de pago y tener un conocimiento real y razonablemente completo de cómo juega o puede jugar en la economía del contrato. 3) Que no esté enmascarada entre informaciones abrumadoramente exhaustivas que, en definitiva, dificultan su identificación y proyectan sombras sobre lo que considerado aisladamente sería claro. 4) Si existen simulaciones de escenarios diversos relacionados con el comportamiento razonablemente previsible del tipo de interés en el momento de contratar. 5) Si hay información previa clara y comprensible sobre el coste comparativo con otras modalidades de préstamo de la propia entidad —caso de existir— o advertencia de que al concreto perfil de cliente no se le ofertan las mismas. 6) Que se haya informado perfectamente del comportamiento previsible del índice de referencia cuando menos a corto plazo. 7) Si, pese a tratarse de una cláusula definitoria del objeto principal del contrato, se le da un tratamiento impropiamente secundario, en el sentido de no llegar a afectar de manera directa a las preocupaciones inmediatas del prestatario, lo que incide en falta de claridad de la cláusula, al no ser percibida por el consumidor como relevante al objeto principal del contrato.

En la Sentencia de 3 de marzo de 2.020, el TJUE aborda de nuevo la cuestión de las facultades de los jueces nacionales a la hora de comprobar la transparencia de una cláusula que se refiera al objeto principal del contrato. El artículo 4, apartado 2, de la Directiva 93/13/CEE establece que la apreciación del carácter abusivo de las cláusulas no se referirá, entre otros, a la definición del objeto principal del contrato, siempre que dichas cláusulas se redacten de manera clara y comprensible. El TJUE ha destacado a ese respecto que las cláusulas contractuales deben siempre cumplir el requisito de la redacción clara y comprensible, insitiendo en que «la referida exigencia se ha de entender como la obligación no solo de que la cláusula considerada sea comprensible para el consumidor en un plano formal y gramatical, sino también de que posibilite que el consumidor medio, normalmente informado y razonablemente atento y perspicaz, esté en condiciones de comprender el funcionamiento concreto del modo de cálculo de dicho tipo de interés y de valorar así, basándose en criterios precisos y comprensibles, las consecuencias económicas, potencialmente significativas, de tal cláusula sobre sus obligaciones financieras».

Es preciso, en definitiva, realizar el ya clásico doble control de transparencia, formal, y material.

En el presente caso, la simple lectura de la Cláusula IRPH permite concluir que su redacción es concreta, sencilla y comprensible. Se da, por tanto, transparencia formal en su incorporación.

A la hora de analizar si se da transparencia material, es preciso analizar los aspectos controvertidos planteados por la entidad demandada.

(...)

Dicho lo cual, analizando específicamente si se da transparencia material en la cláusula controvertida, se llega a la conclusión de que concurren algunos de los parámetros fijados por el TS para determinar la falta de transparencia. Así:

A) La Cláusula se sitúa junto a otras informaciones o condiciones contractuales que dificultan su identificación y la conciencia de su trascendencia;

2) Ello conduce a afirmar que la parte demandante puede tener dificultades para percibir que se trataba de una cláusula que define el objeto principal del contrato y que incide directamente en la obligación de pago;

3) La documentación que consta en autos no permite acreditar que la entidad demandada informara de forma bastante y clara al consumidor al suscribirse el contrato sobre el contenido y finalidad de la cláusula IRPH;

4) Tampoco consta en la escritura mención al hecho de que se llevara a cabo la práctica de simulaciones de escenarios diversos, relacionados con el comportamiento razonablemente previsible del tipo de interés en fase precontractual, ni la práctica de advertencias claras, precisas y comprensibles sobre el coste comparativo con otros productos de la propia entidad.

Tal y como considera razonable la STJUE de 3 de marzo de 2020, de la documental aportada a las actuaciones no se desprende que la entidad financiera demandada haya informado a los consumidores de cuál había sido la evolución del IRPH durante los dos años naturales anteriores a la celebración de los contratos de préstamo y del último valor disponible.

Tal información hubiera podido dar al consumidor una indicación objetiva sobre las consecuencias económicas que se derivan de la aplicación de dicho índice y constituye un término útil de comparación entre el cálculo del tipo de interés variable basado en el IRPH y otras fórmulas de cálculo del tipo de interés.

5) No se utiliza la expresión abreviada IRPH, siglas que más allá de su reciente popularidad, distaban de ser conocidas para el ciudadano medio en este país;

6) Tampoco se define con precisión dicho índice de referencia, sino que nos encontramos ante una cláusula que establece que la definición de ese índice está en una Circular, es decir, es una cláusula con remisión normativa. La remisión normativa no es considerada válida como información precontractual o contractual por la jurisprudencia, puesto que el contrato ha de contener perfectamente definidos los elementos del mismo y las fórmulas de cálculo, especialmente los elementos esenciales;

7) Además, no consta prueba que acredite que la entidad demandada cumplió debida y suficientemente con su obligación de información sobre la cláusula en cuestión a la parte demandante. Así resultó de la prueba practicada, en particular, de las manifestaciones de Armando, el profesional que trabajaba en la entidad bancaria, y que asistió a la parte demandante para la suscripción del préstamo. El testigo reconoció no haber explicado a los clientes cómo funcionaba la referida clausula, y afirmó no recordar si explicó o no las características del IRPH.

Así pues, no se considera que la Cláusula IRPH supere en el presente caso el doble control de transparencia. Ello conlleva que los demandantes, como consumidor medios, «normalmente informado y razonablemente atento y perspicaz», no estaban en condiciones de comprender el funcionamiento concreto del modo de cálculo del referido tipo de interés y de valorar así, basándose en criterios precisos y comprensibles, las consecuencias económicas, potencialmente significativas, de dicha cláusula sobre sus obligaciones financieras.

En conclusión, la valoración conjunta de todas las circunstancias expuestas impone apreciar la falta de transparencia y consecuente nulidad la Cláusula IRPH contenida en el contrato. Ello de conformidad con lo dispuesto en los artículos 5, 7 y 8 de la Ley de Condiciones Generales de la Contratación".

A favor de la tesis de la nulidad de la cláusula IRPH por falta de transparencia, se decanta también el Juzgado de 1.ª Instancia n.º 17 de Palma de Mallorca, en Sentencia de 20 de abril de 2020. La juzgadora de instancia, realiza un examen profundo y detallado de la evolución del conflicto del IRPH desde su inicio en Álava hasta la resolución del TJUE —llama positivamente una vez más la atención el estudio y motivación de los juzgadores de instancia frente a la mayor *ligereza* de algunas resoluciones de Audiencias—. Tras esa completa exposición, concluye:

"No se utilizó la expresión abreviada IRPH, siglas que más allá de su reciente popularidad a través de la difusión en los medios de comunicación de la cuestión prejudicial elevada ante el TJUE, distaban de ser conocidas para el ciudadano medio en este país, no obstante tampoco se define con precisión dicho índice de referencia, sino que nos hallamos ante una cláusula que establece que la definición de ese índice está en una Circular, es decir, es una cláusula con remisión normativa, no considerada válida como información precontractual o contractual por pacífica jurisprudencia, ya que se obliga a que el contrato contenga perfectamente definidos los elementos del mismo y las fórmulas de cálculo, especialmente los elementos esenciales y las cláusulas complejas u oscuras, sin que sea válida la remisión

normativa para que sea el consumidor el que se informe del funcionamiento de dicha cláusula mediante su propia búsqueda de información, fuera del contrato.

Cabe destacar asimismo, la especial complejidad y dificultad que presenta este índice IRPH tanto al tenor de su fórmula matemática de cálculo, como por su peculiar configuración (incluye comisiones y además gasto del cliente, y se calcula por una media no ponderada) presenta una complejidad de compresión para el consumidor medio que lo hace idóneo como elemento o componente susceptible del control de transparencia y, por tanto, de las exigencias derivadas para el profesional de facilitar, activamente, una información adecuada y comprensible de su aplicación y funcionamiento en el contrato de préstamo ofertado.

El profesional que configura condiciones generales que inciden sobre elementos esenciales se le exige un plus de información, o de exigencia de transparencia, que permita al consumidor adoptar su decisión de contratar con pleno conocimiento de la carga jurídica y económica que les supondrá concertar el contrato, sin necesidad, desde la asimetría de información existente, de realizar por el mismo un análisis minucioso y pormenorizado del contrato. De ahí que esta exigencia comporte que el elemento que presenta cierta complejidad sea objeto de una información principal y comprensible en la formación y perfección del contrato.

Para cumplir con esta exigencia de información el profesional puede recurrir a diversos parámetros de compresibilidad del elemento en cuestión, sin que, en principio, haya un listado taxativo o jerárquico de los mismos. Sin embargo la STJUE de 20 de septiembre de 2017 (en un supuesto de hipoteca multidivisa), con relación a la compresión de estos mecanismos que versan sobre una operativa financiera, caso de la variación en el tipo de cambio de una divisa, pero también de la aplicación de un índice de referencia, resalta el deber del profesional de proporcionar los posibles escenarios que comporte la aplicación de dichos mecanismos.

En el caso de autos no se considera acreditado que la entidad financiera demandada facilitara información específica o adicional al consumidor relativa al alcance y funcionamiento concreto de este índice de referencia en el marco del contrato de préstamo ofertado, tanto en la fase precontractual, como en las fases de perfección y ejecución del contrato.

Este parámetro resulta relevante en el presente caso, en donde el profesional, sin duda, conocía la peculiar configuración de este índice, así como el carácter residual de su utilización, pues más del 80 % de los préstamos hipotecarios ya venían en el año en el que se concertó el préstamo, referenciados al Euríbor como índice aplicable. Con lo que el plus o exigencia de transparencia era mayor en estos casos, pues debe recordarse que las variaciones del Euríbor, desde el año 2000, fueron objeto de difusión periódica por los canales televisivos y la prensa en general, por lo que el consumidor medio tenía mejor acceso y estaba más familiarizado con el alcance de este índice de referencia que con el IRPH.

El consumidor medio puede conocer que, al igual que el interés variable, los índices de referencia pueden fluctuar. Pero no necesariamente puede conocer, sin la información adecuada, que no todos los índices fluctúan de igual forma a tenor de su configuración, ni tampoco su previsible comportamiento sin los escenarios de variación que se hayan producido. Información, junto a otra posible, que el profesional no suministró al consumidor pese a disponer de la misma. En particular, cabe destacar que desde su aplicación, el IRPH se ha mantenido en valores superiores a otros índices más usuales y conocidos por el consumidor medio, como el EURIBOR.

Además se constata que en el caso de litis no se considera acreditado que se informara al consumidor de las circunstancias concretas del modo de cálculo y de la posibilidad que tenían las Cajas o entidades financieras de influir sobre dicho cálculo. En concreto la documental aportada a autos no arroja información de que el IRPH se calculaba a partir de los datos facilitados por las mismas entidades financieras cada mes; de que el IRPH se calcula como media simple, con el mismo peso de todas las entidades (IRPH sectorial), con independencia del volumen de préstamos concedidos. Por ello, si una entidad por haber incrementado un mes los tipos de interés o comisiones, perdía cuota de mercado, no variaba su representatividad en el IRPH. Por lo tanto, a menos entidades financieras, más influencia en el IRPH de las que quedan y, por consiguiente, cualquiera podía influir en el resultado del IRPH incrementado los intereses o las comisiones que aplicaba en el mes en cuestión. Tampoco se considera acreditado que informara al consumidor que el dato que proporcionaba la entidad bancaria o caja de ahorros para obtener la media aritmética del IRPH lo era con el TAE con comisiones y gastos.

Asimismo, y desde el punto de vista de la publicidad que solía acompañar la utilización de este índice de referencia, cabe destacar que era habitual publicitar el IRPH al cliente como un índice menos volátil, más seguro y más estable que el euríbor, por lo que también parece razonable, en opinión de esta Juzgadora que debe exigirse a la entidad financiera, haber facilitado con carácter precontractual la exhibición de las diferentes gráficas, extraídas con datos del Banco de España y conocidas entonces por la entidad profesional, a las efectos de dar a conocer la evolución de uno (IRPH) y otro tipo (EURÍBOR) al consumidor, así como la realización de simulaciones en diferentes contextos alcistas y bajistas de cada uno de los índices de referencia, a los efectos de que el consumidor pudiera tener una exacta información del coste jurídico y económico que conllevaba acogerse a uno u otro índice de referencia.

Todos estos datos, además de su fórmula de cálculo matemático, que también es parte de su comprensibilidad, abocan a que pudiera tratarse de un índice complejo en su conjunto, lo que debería determinar por parte de la entidad financiera un plus de información y publicidad, justamente por afectar a un elemento esencial del contrato.

Añadiéndose un plus en la transparencia para nuestro derecho al no transponer el art. 4.2 de la Directiva. Es decir, el nivel de protección debe ser más elevado que el de la propia Directiva 93/13/ CEE.

No comparte este Juzgadora la opinión del TS en su mencionada sentencia de 14 de diciembre de 2017 de que esta información del coste comparativo en una evolución de tiempo razonable (dos años antes de la celebración del contrato, tal y como señala la STJUE de 3 de marzo de 2020), mediante exhibición de gráficos y realización de simulaciones que evidenciaran y cuantificaran que si el IRPH evolucionaba más desfavorablemente que el EURIBOR, tal circunstancia perjudicaría y en qué medida concreta al prestatario, si pese a los distintos márgenes, el resultado era superior, sea «una obviedad», «ya que resulta evidente que siempre que existen varios índices oficiales, los prestatarios cuyos préstamos estén referenciados al índice que en el futuro se comporte mejor (en el sentido de que baje más o suba menos) saldrán ganando, y los que lo estén al índice que evolucione peor, saldrán perdiendo. Como ocurre con los préstamos fijos: si el índice al que está referenciado el préstamo a interés variable más el diferencial baja por debajo del tipo fijo, los prestatarios que hayan optado por éste saldrán perdiendo; si ocurre lo contrario, saldrán ganando».

No parece que esta simplista comparación realizada por el TS en la citada sentencia sea acertada ni afortunada, ya que resulta evidente que no nos encontramos ante supuestos de similar complejidad y facilidad de entendimiento para el «consumidor medio, normalmente informado y razonablemente atento y perspicaz». Máxime si tenemos en cuenta que era habitual que el diferencial del IRPH fuera inferior al del EURIBOR, elemento que, en opinión de esta Juzgadora, contribuía más a generar en el consumidor la expectativa de que el IRPH no sólo era un índice de referencia más «seguro y estable» sino más «barato» por tanto con menor coste económico en su préstamo hipotecario.

Tal y como considera razonable la STJUE de 3 de marzo de 2020, en el supuesto de litis, de la documental aportada a las actuaciones no se desprende que la entidad financiera demandada haya informado a los consumidores de cuál había sido la evolución del IRPH durante los dos años naturales anteriores a la celebración de los contratos de préstamo y del último valor disponible. Tal información hubiera podido dar al consumidor una indicación objetiva sobre las consecuencias económicas que se derivan de la aplicación de dicho índice y constituye un término útil de comparación entre el cálculo del tipo de interés variable basado en el IRPH y otras fórmulas de cálculo del tipo de interés.

Así pues, y en el caso de autos, no se considera que para cumplir con la exigencia de transparencia de una cláusula contractual que fija un tipo de interés variable en un contrato de préstamo hipotecario, dicha cláusula no solo debe ser comprensible en un plano formal y gramatical, sino también permitir que el consumidor medio, normalmente informado y razonablemente atento y perspicaz, esté en condiciones de comprender el funcionamiento concreto del modo de cálculo del referido tipo de interés y de valorar así, basándose en criterios precisos y comprensibles, las consecuencias económicas, potencialmente significativas, de dicha cláusula sobre sus obligaciones financieras.

En atención a lo expuesto procede declarar la nulidad de la cláusula de IRPH adoptado en el préstamo de litis y de su sustitutivo, por incumplimiento de la normativa comunitaria sobre transparencia en los términos expuestos, de conformidad con la STUJE de 3 de marzo de 2020".

La Sentencia del Juzgado de 1.ª Instancia n.º 1 de San Cristóbal de la Laguna de 20 de mayo de 2020, reprocha la ausencia de explicaciones previas a la entidad y sanciona con ello por falta de transparencia con la nulidad de la cláusula IRPH:

"En el presente caso, no se ha probado por la demandada, que la parte actora hubiera realizado negociaciones previas con el banco, ni que se le explicara la diferencia entre el índice de referencia Euribor ni IROH, así como la evolución anterior de este. Si tenemos en

cuenta la inversión de la carga de la prueba del artículo 82.2 del texto refundido de la Ley General para la Defensa de los Consumidores y Usuarios, por la que se impone la carga de la prueba sobre una posible negociación e información al empresario, nada se ha aprobado sobre la información previa facilitada al prestatario.

La jurisprudencia europea, como ya se ha indicado, exige que para dar cumplimiento a las exigencias de buena fe y equilibrio amparadas en la Directiva 93/13 en los contratos celebrados entre consumidor y profesional, el Banco o entidad financiera correspondiente debe facilitar información que facilite a un consumidor medio la comprensión de las consecuencias jurídicas y económicas que supone referenciar el interés variable de su préstamo hipotecario al índice de referencia IRPH. Y esta información, específicamente, alude a una explicación completa sobre el método de cálculo empleado para obtener tal índice de referencia, así como un estudio o evolución que tal índice había tenido con anterioridad a la firma del contrato.

La demandada arma su defensa a la legalidad del IRPH por tratarse de un índice de referencia oficial, recogido en la legislación nacional y controlado por el Banco de España. Sin embargo, y a pesar de lo anterior, como ha señalado el TJUE, debe superar un control de transparencia material, el cual en el presente caso no se ha probado por la entidad bancaria.

Lo anteriormente expuesto, conduce a declarar la nulidad del pacto tercero bis de la escritura litigiosa, en el cual se pactó que el índice de referencia aplicado para el cálculo de los intereses fuera el IRPH en conjunción con el redondeo".

Y en suma, así se han ido sucediendo los pronunciamientos de los juzgados de instancia tras la STJUE de 3 de marzo de 2020, como también expresan las Sentencias dictadas por el Juzgado de 1.ª Instancia n.º 4 de Guadalajara de 8 abril de 2020; Juzgado de 1.ª Instancia n.º 4 de Orense de 16 de abril de 2020; Sentencia del Juzgado de 1.ª Instancia n.º 4 de Vigo de 27 de abril de 2020 o la Sentencia del Juzgado de 1.ª Instancia n.º 5 de Zamora de 19 de mayo de 2020, entre tantas otras.

A nivel de Audiencias Provinciales, hasta el momento, se han manifestado proclives a la nulidad de la cláusula IRPH, las Audiencias Provinciales de Barcelona, Sección 4.ª; Tarragona, Sección 1.ª; Málaga, Sección 6.ª; y Álava, Sección 1.ª.

La Audiencia Provincial de Barcelona, a través de su Sección 4.ª, en Auto datado el 5 de marzo de 2020, en el proceso de ejecución hipotecaria instado por BBVA, atendiendo también a los parámetros apuntados por el Abogado General que se vieron posteriormente plasmados en la STUE, declara la nulidad de la cláusula IRPH, ordenando su sustitución por Euribor más el diferencial de 1 punto pactado en el contrato, por falta de transparencia. Así se expresaba la Sala:

"(...) no hemos de perder de vista que el índice IRPH es de utilización absolutamente minoritaria (en comparación con el Euribor), según se pone de relieve en la propia sentencia del Tribunal Supremo y, además, es notorio. Pues bien, siendo así, una mínima exigencia de lealtad obligaba al Banco a exponer al cliente en qué consistía el índice de implantación abrumadoramente mayoritaria y el que proponía para el contrato (sin perjuicio de que no ofreciera el Euribor, si no quería) y cuál era la evolución de los mismos en los últimos años (especialmente cuando es tan notorio que sus caminos han sido muy diversos).

El no actuar en esa forma ha permitido al Banco disimular la imposición de un interés mucho más elevado (por lo menos a tiempo presente, pues a largo plazo se desconoce la evolución de ambos índices) bajo la apariencia de un primer interés nominal fijo para el primer período del préstamo.

Es posible que el diferencial compense la diferente evolución de los índices, pero, como decimos, en este momento no estamos efectuando un análisis del contenido de la cláusula, sino de la forma en que se introdujo en el contrato, con ocultación de las características más importantes que interesaban al cliente.

4. Por todo ello, entendemos que la cláusula resulta nula por la omisión de la necesaria y mínima información a facilitar por el Banco para que el cliente se formara, sin necesidad de un análisis pormenorizado y profundo del contrato, una imagen fidedigna de la carga económica que asumía.

Como cláusula nula, debe excluirse del contrato, y en su lugar debe aplicarse el índice del Euribor con el diferencial pactado en el contrato".

La Audiencia Provincial de Tarragona, a través de su Sección 1.ª, en su referida Sentencia de 11 de marzo de 2020, toma nota de las directrices apuntadas por el TJUE y vira en su doctrina anterior, apartándose del anterior criterio del TS para adecuar su fallo a las pautas del TJUE. El esfuerzo motivador es indudablemente muy superior:

"Esta Sala venía manteniendo de manera reiterada, en sintonía con la STS 669/2017, de 14 de diciembre, la validez de los intereses variables de los préstamos y créditos hipotecarios referenciados al IRPH, pero a la vista de la respuesta que ha ofrecido el TJUE a la cuestión prejudicial que le fue planteada por un Juzgado de 1.ª Instancia de Barcelona en su sentencia de 3 marzo 2020, Marc Gómez y Bankia (Asunto C-125/18), debemos replantearnos la cuestión para verificar, de acuerdo con los criterios de transparencia extensiva a que se refiere el Punto 50, si se hubieren comunicado, en el caso de utilización de estos índices, al consumidor todos los elementos esenciales que pueden incidir en el alcance de su compromiso, permitiéndole evaluar, en particular el coste total de su préstamo.

A tal fin, de manera expresa señala esta resolución como circunstancias pertinentes que el juez nacional debe tener en cuenta (55) para evaluar la transparencia de la cláusula controvertida, en el momento de la celebración del contrato, aparte de su comprensibilidad en un plano formal y gramatical (incorporación), que posibilite a un consumidor medio, normalmente informado y razonablemente atento y perspicaz (51), comprender el funcionamiento concreto del modo de cálculo de dicho tipo de interés y de valorar así, basándose en criterios precisos y comprensibles, las consecuencias económicas, potencialmente significativas, de tal cláusula sobre sus obligaciones financieras, además de constituir un término útil de comparación entre ese índice y otras formas de cálculo del tipo de interés (transparencia), para añadir como obligación concreta de la entidad financiera: la de informar a los consumidores de cual había sido la evolución del IRPH de las cajas de ahorros durante los dos años naturales anteriores a la celebración de los contratos de préstamo con ese índice y del último valor disponible (54), lo que viene recogido de manera expresa por la Orden 5 mayo 1994 (Anexo I, Punto 3), sea cual sea la cuantía del préstamo o crédito, y con mayor amplitud en la posterior Orden EHA/2899/2011, de 28 de octubre.

A la vista de que en nuestro caso no se acredita el cumplimiento de este presupuesto concreto y esencial procede declarar la nulidad de la cláusula que contiene los índices de referencia principal (IRPH Cajas) y sustitutorio (IRPH CECA), con lo que debemos entrar en el examen del segundo tipo sustitutivo.

3. Cláusula de interés sustitutivo del IRPH (Tipo Fijo).

Hemos declarado (por ejemplo en la SAP 365/2018, de 13 septiembre, entre otras) que lo crucial en estos casos, en que se establece como índice de referencia el ultimo vigente, al suprimir el principal y primer sustitutivo, llamado a operar durante el resto de la vida del contrato, es que a través de este segundo índice sustitutorio, se convierte un préstamo a interés variable, que es el realmente querido por los contratantes y sobre el que han prestado su consentimiento dando su voto en el mercado (art. 1.261 CC), en uno fijo: el ultimo tipo de interés nominal vigente en el momento de la supresión que operaria como interés fijo, incidiendo de manera patente en las consecuencias económicas y jurídicas de su posición contractual (art. 8-2 LCCG).

El efecto no puede ser otro —decíamos— que la nulidad de la cláusula en este punto relativo al segundo índice sustitutivo (art. 10-1 LCGC), con la aplicación de la disposición legal que suprime los índices (Ley 14/2013), en la alternativa que prevé para los casos en que el contrato no tuviere tipo o índice sustitutivo de referencia acordado o fuera alguno de los que desaparecen, es decir, la sustitución se realizará por el tipo de interés oficial denominado "tipo medio de los préstamos hipotecarios a más de tres años, para adquisición de vivienda libre, concedidos por las entidades de crédito en España"(IRPH Entidades), aplicándole un diferencial equivalente a la media aritmética de las diferencias entre el tipo que desaparece y el citado anteriormente, calculadas con los datos disponibles entre la fecha de otorgamiento del contrato y la fecha en la que efectivamente se produce la sustitución del tipo, con condena a la entidad financiera demandada a la devolución del exceso de lo pagado por la prestataria desde la fecha en que se comenzó a aplicar el índice sustitutivo que se declara nulo, lo que se determinara en ejecución de sentencia.

Con la nueva STJUE 3 marzo 2020 (C-125/18) procede realizar un reexamen de la cuestión a la luz de la respuesta que ha dado a la cuestión prejudicial planteada.

4. Nueva doctrina establecida en la STJUE 3 marzo 2020 (C-125/18). Aplicación a nuestro caso.

El punto de partida de la sentencia —primera cuestión prejudicial— es que una cláusula contractual que estipule como tipo de interés aplicable a un préstamo hipotecario uno de los índices de referencia oficiales establecidos por la normativa nacional, en el caso el IRPH Cajas, es susceptible de declaración de abusividad, porque el mismo no es el resultado de una disposición legal o reglamentaria imperativa en el sentido de la jurisprudencia del TJUE ni su aplicación supletoria se ha establecido por una norma de esa naturaleza en el supuesto de que las partes no hayan pactado otra cosa (Sentencia de 21 marzo 2013, RWE Vertrieb, C92/11; de 10 septiembre de 2014, Kusionova, C34/13; y de 20 septiembre 2017, Andriciuc y otros, C186/16).

Una vez constatado el carácter abusivo de la cláusula, conforme hemos explicado en apartado 2, en base a los criterios que el propio TJUE señala como cardinales para su apreciación

–segunda cuestión prejudicial–, el juez nacional debe dilucidar si el contrato de préstamo hipotecario no podría sobrevivir sin tal cláusula por las consecuencias eventualmente perjudiciales para el consumidor derivadas de su anulación, y por último su posible integración por una disposición nacional o contractual -tercera cuestión prejudicial-.

Se ha sostenido que el contrato de préstamo puede subsistir sin interés, en el sentido previsto por el art. 1755 CC y art. 314 C. comercio que contemplan ese interés remuneratorio como un elemento natural del contrato, requiriendo de pacto expreso para su exigencia. Sin embargo, no podemos dejar de constatar que el préstamo o crédito bancario es mercantil por razón del sujeto financiador que interviene en el mismo y porque se inserta y con él se desarrolla la actividad típica y especifica de intermediación crediticia, esencialmente onerosa, siendo poco probable que el prestamista lo hubiere aceptado sin retribución alguna del capital por lo que el consumidor puede exponerse al riesgo y eventual perjuicio de que la entidad financiera solicite y obtenga su nulidad por faltar un elemento que altera radicalmente el equilibrio de prestaciones y se vea obligado a la restitución integra del capital pendiente (art. 1261 y 1258 CC).

En consecuencia, es posible la integración reconstructiva del contrato, tras la supresión de la cláusula abusiva, conforme al art. 10.2 LCGC, pues resulta necesaria para que el contrato subsista, en beneficio del consumidor, conforme a reiterada jurisprudencia, abriéndose diversas posibilidades y como más significativas: la aplicación del índice sustitutivo de la Ley 14/2013 y el Euribor.

El propio TJUE en la respuesta a la cuestión prejudicial nos da pistas sobre la forma y manera en que debe producirse esa integración, pues admite que constatadas estas circunstancias el juez nacional podría reemplazar la cláusula controvertida por el índice sustitutivo contemplado en la Ley 14/2013, siempre que pueda considerarse que con arreglo al Derecho nacional el referido índice tiene carácter supletorio (65 y 66), en defecto de otro acuerdo diferente (65 a 70). En suma, como regla la previsión contractual que puede referirse a cualquier índice legal y, a falta de esta, el IRPH Entidades previsto en la Ley 14/2013 y su Disposición Adicional 15.ª.

Veamos cómo se desarrollan estas opciones. Una primera, es la aplicación del índice sustitutivo previsto en el propio contrato –IRPH Entidades, Euribor, etc.--. En el supuesto de que se hubiere convenido el Euribor, como sucede en algunos casos, no parece que plantee mayores problemas porque es el índice más extendido y ha sido recientemente modificado para implementar una nueva metodología y garantizar su máxima transparencia, con entrada en vigor en 2020. Tampoco en el caso de que se hubiere convenido el IRPH Entidades, aunque este índice tendría el problema de que eventualmente sometido, en el momento de la celebración del contrato, al control de transparencia en los términos señalados en la propia STJUE 3 marzo 2020, es decir, por comparación entre el cálculo del tipo de interés variable basado en el IRPH entidades y otras fórmulas de cálculo del tipo de interés (54), desconocemos cual sería la opción del consumidor de habérsele ofrecido todos los elementos para decidir, aunque puede presumirse un juicio negativo. En todo caso el Euribor fue creado por la Circular Banco España 7/1999, de 29 junio, mientras el IRPH Entidades lo fue por la Circular 8/1990, de 7 septiembre, con lo que la aplicación del Euribor dejaría fuera los préstamos hipotecarios referenciados al IRPH anteriores a aquella fecha (1999), lo que representa un importante inconveniente para ofrecer una solución uniforme.

En cuanto a la segunda, el IRPH previsto en la Ley 14/2013 plantea como primera cuestión su naturaleza supletoria. Según el RAE Jurídico (CGPJ) «supletorio» es aquel Derecho cuya aplicación este previsto para los casos en que el ordenamiento jurídico no regule el supuesto contemplado. Y no cabe duda que ese índice tiene esa naturaleza a partir de la Ley 14/2013, de 27 septiembre, que expresamente lo prevé como de aplicación sustitutiva de los índices IRPH Bancos, IRPH Cajas e IRPH CECA que suprime, a falta de otro previsto contractualmente, disponiendo el punto 4.º que las partes carecerán de acción para reclamar la modificación, alteración unilateral o extinción del préstamo o crédito como contrapartida de la aplicación de lo dispuesto en esta Disposición, lo que da idea de su taxatividad. Y a la misma conclusión podemos llegar cuando el índice sustitutivo contractualmente pactado sea nulo por falta de transparencia o sea uno de los que desaparecen, pues ambos casos tienen identidad de razón.

En lo demás, hay quienes defienden la supresión del índice pero manteniendo el diferencial establecido en el préstamo. De este modo, dicen, el préstamo no quedaría sin remuneración, sino que se convertiría de facto en un préstamo a interés fijo, siendo el interés el diferencial subsistente. Así permanecería incólume la naturaleza onerosa del contrato, a la vez que se prescinde solo de aquella parte de la cláusula que, referida al índice IRPH, se considera abusiva.

Y también las que postulan de plano la aplicabilidad del Euribor con fundamento en la integración favorable al consumidor por el efecto disuasorio para el profesional del art. 83 TRCU, la interpretación contra proferentem *(art. 6.2 LCGC y 1.288 CC) y un argumento de autoridad: el voto particular de la sentencia TS 669/2017, de 14 diciembre.*

No creemos aceptable ninguna de ambas posturas y ello por las siguientes razones:

a) La primera porque el diferencial va asociado indisolublemente al índice, de hecho suelen variar en función del que se elija, y suprimido el índice debe claudicar el diferencial, y además por una razón principal: convertiríamos un préstamo a interés variable en uno fijo, que no es lo querido por ninguna de las partes.

b) La segunda, por bien que admitamos el argumento del efecto disuasorio y la interpretación contra proferentem, *nos encontramos con el obstáculo insalvable de una norma supletoria e imperativa, esta vez sí, la Ley 13/2014, que integra el contrato y, además, el argumento del Euribor solo tiene apoyo en la idea de su generalizada utilización porque el voto particular citado no razona otra cosa en su favor, se remite a la STS 608/2017, de 15 diciembre, referida a la nulidad de un préstamo multidivisa, que contiene una cláusula contractual para el caso de que el prestatario opte por la divisa Euro que conlleva la referencia al índice Euribor; por tanto, existe un previsión contractual.*

En definitiva, y por todo lo expuesto, la Sala estima que el sistema a partir de la sentencia que resuelve la cuestión prejudicial sería el siguiente:

a) Aplicación supletoria del índice pactado por las partes en el contrato, incluso el Euribor si así se hubiere convenido.

b) A falta de pacto o si este hubiere sido declarado nulo, la aplicación de la Disp. Adicional 3.ª de la Ley 14/2013, es decir, el IRPH Entidades.

En el caso enjuiciado, declarada legalmente la nulidad del índice principal y primer sustitutivo, y la judicial del segundo por ser abusivo, procede optar por la segunda de estas opciones".

Las SAP de Málaga, Sección 6.ª, de 18 de marzo y 21 de abril de 2020, confirmando las resoluciones dictadas por el Juzgado de 1.ª Instancia n.º 3 de Marbella, se suman a las declaratorias de la nulidad de la cláusula IRPH. Las resoluciones bien pertrechadas jurídicamente y con extenso desarrollo argumental. En este caso, se desestima el recurso de la entidad financiera en un supuesto en que pretendía cimentar la validez de la cláusula IRPH en la circunstancia de tratarse de una escritura novatoria, de contar con una hoja a modo de anexo en el que se sintetizaban las condiciones, en las advertencias del notario y en la condición de abogado en ejercicio y administrador de una sociedad dedicada a la promoción inmobiliaria del prestatario —que adelantamos nosotros, como recoge el Fundamento Tercero de la SAP, actuó no obstante en su condición de consumidor—. La resolución, de abigarrada redacción, expresa así su parecer:

"Pues bien, aplicadas al concreto caso que nos ocupa las anteriores consideraciones, y una vez examinada la actividad probatoria desplegada en la litis, en función propia de esta alzada, hemos de convenir que la cláusula controvertida no supera los umbrales de transparencia en los términos expresados, y por tanto, resulta procedente la declaración de nulidad de la misma pretendida por el demandante, ahora apelado, y estimada en la Sentencia recurrida, nulidad que si bien no puede ser declarada por el mero hecho de la diferente evolución que experimentó el IRPH en relación con el Euribor, no obstante, sí ha de serlo por adolecer de la necesaria transparencia en la contratación, tanto en la inicial subrogación-novación, como en la novación que trae causa de aquella, recordemos, limitada a un período de carencia de capital de dos años, y a la ampliación de duración del préstamo. En efecto, las cláusulas litigiosas son perfectamente comprensibles en un plano formal y gramatical, pues, están ubicadas allí donde la lógica impone, CLÁUSULA CUARTA. INTERESES ORDINARIOS. (...). B 2) ÍNDICE DE REFERENCIA ADOPTADO (Tipo medio de Cajas de Ahorros de los préstamos hipotecarios a más de tres años para adquisición de vivienda libre, IRPH CAJAS), y CLÁUSULA CUARTA.- INTERESES ORDINARIOS (...) B. 3) ÍNDICE DE REFERENCIA SUSTITUTIVO (Tipo Activo de referencia de las Cajas de Ahorro, elaborado por la Confederación Española de Cajas de Ahorro, TAR), y son de redacción gramaticalmente clara, dado que vienen a concretar que una vez transcurrido el período inicial a tipo fijo, Cláusula Cuarta A, el tipo de interés se convertirá en variable, como también concretan cuál es el tipo de interés nominal que se tomará como referencia, Tipo medio de Cajas de Ahorros de los préstamos hipotecarios a más de tres años para adquisición de vivienda libre, IRPH CAJAS, y el sustitutivo, Tipo Activo de referencia de las Cajas de Ahorro, elaborado por la Confederación Española de Cajas de Ahorro, TAR, índices oficiales, que se publican en el BOE, por lo que estaban a disposición del cliente si quería consultarlos, lo que implica que los elementos principales para el cálculo del mencionado tipo de interés era asequibles para la parte demandante que tenía intención de contratar el préstamo hipotecario; por lo que, a nuestro juicio, las cláusulas litigiosas, superarían, a priori, el primer

nivel de transparencia, comprensibilidad en plano formal y gramatical, en los términos a que se refiere el TJUE en la Sentencia de 20 de marzo de 2020, y del artículo 80.1 TRLGDCU, conforme al cual «En los contratos con consumidores y usuarios que utilicen cláusulas no negociadas individualmente [...], aquellas deberán cumplir los siguientes requisitos: a) Concreción, claridad y sencillez en la redacción, con posibilidad de comprensión directa [...]; b) Accesibilidad y legibilidad, de forma que permita al consumidor y usuario el conocimiento previo a la celebración del contrato sobre su existencia y contenido», lo que no implica que no lleguen a superarlo en la práctica en el siguiente parámetro, ya que, como seguidamente expondremos, dada la ausencia de información alguna por parte de la entidad, tanto en la inicial subrogación-novación, como en la posterior novación, por mucho que el prestatario consumidor, fuese abogado de profesión, estuviera interesado en la modificación del préstamo que venía concertado con anterioridad, por mucho que las cláusulas sean comprensibles en un plano formal y gramatical, por mucho que la parte prestataria consumidora estuviera atenta y fuese perspicaz, y por mucho que los índices fuesen objeto de publicación, y por tanto de asequible consulta para el consumidor, carecía la parte prestataria de la información necesaria sobre los elementos que podían incidir en el alcance del compromiso, para permitirle evaluar, en particular, el coste de su préstamo. Ello así, seguidamente se hace exigible, en orden al examen de la transparencia, analizar, como dice el TJUE, «el conjunto de circunstancias que rodearon la celebración el contrato», «verificar que, en el asunto de que se trate, se hubieren comunicado al consumidor todos los elementos que pueden incidir en el alcance del compromiso, permitiéndole evaluar, en particular, el coste de su préstamo»; en definitiva, como ya hemos expresado anteriormente, comprobar si en el contexto de la celebración del contrato, la entidad prestamista cumplió efectivamente con todas las obligaciones de información establecidas por la normativa nacional. Y en el caso que nos ocupa, esta Sala, de la actividad probatoria desplegada colige que, ciertamente, la entidad crediticia demandada, no cumplió con la diligencia que legalmente le era exigible, ni en la inicial subrogación en la cual no estaba eximida del cumplimiento del deber de informar al prestatario de las condiciones financieras del préstamo en el que se subrogaba, particularmente de las que tendrían incidencia en la comprensión por parte del mismo, de las consecuencias económicas potencialmente significativas de las cláusulas litigiosas sobre sus obligaciones financieras, respecto de lo cual nada se acredita, como tampoco en la posterior novación que trae causa de aquella, es decir, ni en una ni en otra, la entidad crediticia, en el contexto de la celebración del contrato cumplió con las obligaciones informativas que le venía legalmente impuestas; nada se prueba al respecto más la existencia de un mero Anexo que se limita a hacer referencia al IRPH, pero sin mayor especificación e información concreta sobre la evolución del índice en los dos años anteriores a la inicial subrogación y posterior novación, y menos aún que ese deber informativo se cumpliese con la antelación exigible, para que el prestatario pudiese suscribir, con pleno conocimiento, la contratación a la que quedó vinculado, no obrando prueba alguna al respecto; no consta entrega de oferta vinculante, con la debida antelación, sí habría constituido un indicio relevante para poder inferir la existencia de información a la parte prestataria; tampoco se ha acreditado, reiteramos, que la parte prestataria fuese informada de cuál había sido la evolución del IRPH Cajas (tampoco del TAR-CECA), en los dos años naturales anteriores a la celebración del contrato, ni al tiempo de la inicial subrogación, ni en la posterior novación, como tampoco del último valor disponible, particularmente no se ha probado que le fue suministrada información sobre la evolución en el pasado no solo del IRPH Cajas (tampoco del TAR-CECA), tampoco del Euríbor, ni de otros índices oficiales que la entidades crediticias podían ofertar, entre los cuales estaba el citado Euríbor, por lo que no existe constancia probatoria alguna de información sobre los datos necesarios para que un consumidor medio, atento y perspicaz, como dice el TJUE, contase con la información necesaria para que estuviese en condiciones de conocer su forma de cálculo, y fuese consciente así, y valorase, las consecuencias económicas, potencialmente significativas de dichas cláusulas, sobre sus obligaciones financieras. No se ha probado la existencia de información clara y comprensible sobre el coste comparativo con otras modalidades de préstamo de la propia entidad, todo lo cual fue negado por el prestatario en su interrogatorio, y la entidad demanda excusa la no acreditación de haber suministrado al cliente la información que afirma prestada, en la alegación de que una vez tramitado el expediente, no se guardaba para no acumular archivos, argumento este que se nos antoja pueril, vana escusa, y contrario a toda lógica y a una buena praxis bancaria, y ello evidencia que la entidad prestamista, realmente no íosos al prestatario del verdadero alcance de las cláusulas, no habiendo aportado la entidad demandada prueba alguna al respecto, y teniendo en cuenta que el prestatario es una persona física que tiene la condición de consumidor, la entidad bancaria debió cumplir con su obligación legal de información, de modo tal que éste, consumidor atento y perspicaz, pudiera tener conocimiento real y posibilidad de evaluar las consecuencias económicas del préstamo; falta de transparencia que sitúa al consumidor, en cuanto su compresibilidad real, en una situación de perjuicio comparativo, y de desequilibrio respecto de la posición mantenida por la prestamista, debiéndose concluir así que las cláusulas IRPH Cajas y TAR-CECA no superan los umbrales de transparencia. No consta que se proporcionase al prestatario información alguna sobre la posibilidad de referenciar el préstamo a otros índices, ni consta prestada información alguna sobre las comisiones aplicables, con las tarifas de comisiones, condiciones de valoración y gastos repercutibles a clientes según OM de 12 de diciembre de 1989 y Circular del Banco de España 8/1990, de 7 de septiembre, ni simulación informativa del cuadro de amortización teórico del préstamo hipotecario, con la debida antelación a la firma de escritura pública, todo lo cual permite inferir que la parte demandante no fue informado debidamente por la entidad, y con la antelación exigible, de las características del préstamo, en particular de que tratándose de un préstamo a interés variable, la determinación del importe de las cuotas mensuales se haría, de conformidad con lo pactado en la escritura, en función del tipo de interés de referencia, IRHP Cajas, vigente en cada período, todo lo cual determina la falta de transparencia exigible en la contratación, que finalmente culminó con el otorgamiento de las escrituras públicas, que se suscribieron sin haber recibido la parte prestataria la información necesaria como para conocer realmente lo que estaba contratando. En definitiva, en atención a los razonamientos expuestos, insistimos, aun a fuer de resultar reiterativos, no podemos sino concluir que, en el caso concreto que enjuiciamos, la cláusula relativa IRPH Cajas, y la referida al sustitutivo y TAR-CECA, controvertidas, son cláusulas abusivas por fata de la transparencia exigible, y como tales nulas; insistimos, en el caso concreto examinado, y en atención a las circunstancias expuestas sobre la ausencia de información por parte de la entidad a la parte prestataria en el marco de la concertación del préstamo hipotecario. Procede, a la postre, y sin necesidad de mayores consideraciones, desestimar esta primera cuestión litigiosa planteada en el recurso de apelación y, consecuentemente, confirmar la Sentencia en cuanto a la estimación de la pretensión de declaración de nulidad de las cláusulas litigiosas, por las razones expuestas en la presente Resolución".

La SAP de Álava, Sección 1.ª, de 14 de mayo de 2020, es otra más de las que ha se posicionado de modo favorable al consumidor. La Sala expone un razonamiento bien hilado, anudando su resolución en los principios comunitarios que conforman la transparencia:

"El IRPH se forma a partir de la TAE y este no es un valor cuya composición sea de fácil y general conocimiento. Consideramos que esta afirmación queda plenamente justificada si acudimos al anexo V de la Circular 8/1990 del Banco de España o el anexo V de la Orden EHA/2899/2011, de 28 de octubre. Todo ello nos lleva a la conclusión de que el IRPH es un índice de referencia complejo y ello debe tener implicaciones en materia de control de transparencia.

También debemos traer a colación un hecho que consideramos notorio: en el mercado hipotecario español, la inmensa mayoría de préstamos hipotecarios se viene concertando en referencia Euribor. La STS 669/2017, cifraba que el 15 % de préstamos se referenciaba al IRPH. Por lo tanto, los supuestos de préstamos en los que la indexación se ha efectuado al IRPH han tenido carácter excepcional, de lo que se infiere que el consumidor medio no estaba familiarizado con este índice. Por esta excepcionalidad, entendemos que el plus de información exigible para la transparencia de esta cláusula debía ser incisivo en las características que lo diferencia de otro índice con el que el público en general, el consumidor normalmente informado, atento y perspicaz, está acostumbrado. En este sentido, recordamos que la jurisprudencia comunitaria ha declarado que el nivel de información y transparencia en as cláusulas que se refieren al objeto del contrato debe interpretarse de manera extensiva (STJUE de 3 de marzo de 2020 citando las SSTJUE de 30 de abril de 2014, Kásler y Kálerné Rabai, C-26/13, EU:C:2014:282, apartados 71 y 72; y de 20 de septiembre de 2017, Andriciuc y otros, C-186-16, EU:C:2017:703, apartado 44). Entendemos que esta exigencia es plenamente aplicable en supuestos de cláusulas que acuden a índices que son minoritarios dentro del mercado concurrencial.

(...)

Todo lo anteriormente expuesto nos lleva a concluir que el IRPH constituye un índice excepcional. Su formulación por media aritmética no es simple, porque las variables que concurren a su formación son complejas. Sus implicaciones económicas, en cuanto a índice más elevado que el mayoritariamente empleado en el mercado y su afectación limitada en escenarios de bajada de tipos de interés, no puede advertirse por mera lectura de la cláusula, ni siquiera, del método de cálculo contenido en la normativa sectorial, sino que precisa de un estudio más profundo de varios conceptos de carácter financiero. Implicaciones que, concluimos, no se encuentran al alcance del consumidor normalmente informado, atento y perspicaz.

En virtud de la sentencia del TJUE de 3 de marzo de 2020 ya no cabe apreciar la existencia de dos controles diferenciados, sino que el control de transparencia es único, pero en el caso de las cláusulas que se refieren al objeto del contrato debe abarcar dos dimensiones: el aspecto formal y material. Esta doble dimensión del control de transparencia explica, a nuestro juicio, que el TJUE incluyese a su resolución dos supuestos en los que la cláusula IRPH debe ser considerada transparente: la publicación oficial del índice, como medio de transparencia foral, de mera comprensión gramatical; y la información sobre la evolución de los dos años anteriores del índice de referencia, como medio para alcanzar una comprensión de las consecuencias económicas de dicho índice, siendo este último el que cumple más claramente con el pus de información propio del aspecto material del control de transparencia de cláusulas que se refieren al objeto del contrato.

Debemos precisar que el control de transparencia como presupuesto del examen del carácter abusivo de una cláusula se limita a aquellas que se refieran al objeto del contrato, por las particularidades que concurren en ellas en cuanto a la prestación del consentimiento contractual. Pero en los supuestos de cláusulas que ni definan ni delimiten el objeto del contrato, como la de interés de demora o gastos de formalización del contrato de préstamo hipotecario a la que nos hemos referido en esta resolución, aun siendo claras y transparentes, son susceptibles de ser controladas en cuanto a su carácter abusivo. Ello justifica que el artículo 4.2 de la Directiva precisará el control de contenido de la cláusula como subordinado a su claridad y transparencia solo en los casos de aquellas que se refieran al objeto del contrato.

En relación a la dualidad que representa el aspecto formal y material del control de transparencia, consideramos de especial transcendencia el párrafo 51 de la STJUE de 3 de marzo de 2020:

"Así pues, por lo que se refiere a una cláusula que, en el marco de un contrato de préstamo hipotecario, estipule la retribución del correspondiente préstamo mediante intereses que se calculan según un tipo variable, la referida exigencia se ha de entender como la obligación no solo de que la cláusula considerada sea comprensible para el consumidor en un plano formal y gramatical, sino también de que posibilite que el consumidor medio, normalmente informado y razonablemente atento y perspicaz, esté en condiciones de comprender el funcionamiento concreto del modo de cálculo de dicho tipo de interés y de valorar así, basándose en criterios precisos y comprensibles, las consecuencias económicas, potencialmente significativas, de tal cláusula sobre sus obligaciones financieras (véanse en este sentido, por analogía, las sentencias de 30 de abril de 2014, Kásler y Káslerné Rábai, C-26/13, EU:C:2014:282, apartado 75, y de 20 de septiembre de 2017, Andriciuc y otros, C-186/16, EU:C:2017:703, apartado 51)".

Nivel de información y transparencia que, en el párrafo 50 y con cita de abundante jurisprudencia del TJUE, se considera que debe interpretarse de forma excesiva.

Por lo tanto, el control de transparencia exigido a este tipo de cláusulas no es solamente gramatical, sino que debe alcanzar a las consecuencias económicas de la misma; exige que se proporcionen al consumidor criterios precisos y se impone un nivel de transparencia que debe interpretarse de forma extensiva. La conjunción de todas estas características del control de transparencia de las cláusulas IRPH revela que este debe aplicarse de forma rigurosa, exigente y extensiva hasta alcanzar un resultado concreto: que el consumidor medio esté en condiciones de tener un conocimiento completo de las características económicas de este índice de referencia.

No podemos considerar que existe un conocimiento completo cuando un consumidor solamente comprende que el índice de referencia se calcula por una media aritmética si no se le proporciona información suficiente para que advierta que será más elevado que otros índices y no quedará afectado por la bajada de otros índices de referencia en el mismo modo que estos.

Cánones de control de transparencia de la cláusulas de IRPH.

La disociación de los aspectos formal y material de control de transparencia, lleva al TJUE a diferencia dos supuestos en los que se supera el control de transparencia: la publicidad y oficialidad del IRPH; y, además, el deber que imponía la normativa entonces vigente a las entidades financieras de informar al consumidor sobre cuál había sido la evolución del IRPH durante los dos años anteriores a la celebración del contrato de préstamo y del último valor disponible.

La referencia a la publicación de la norma en el BOE se hace en dicha sentencia como ejemplo de superación del aspecto formal del control de transparencia, pues así se desprende del hecho de que el párrafo 53 se refiera exclusivamente a los aspectos de comprensión del método de cálculo del tipo de interés remuneratorio.

Por el contrario, el párrafo 54 pone en conexión la información sobre la evolución del IRPH con la comprensión de las consecuencias económicas que se derivan de la aplicación de este índice, lo que en definitiva constituye el aspecto material del control de transparencia. Debe notarse la identidad entre este modo de configurar el aspecto material del control de transparencia con el concepto establecido por el Tribunal Supremo, STS 654/2017, 1 de diciembre.

Consideramos que este conocimiento no tiene por qué obtenerse exclusivamente mediante la evolución del índice en los dos anteriores, sino que también será admisible cualquier otro tipo de información que permita que el consumidor alcance un grado equivalente de conocimiento sobre la naturaleza del IRPH. Creemos que cuando el TJUE se refiere a esta evolución bianual, no lo hace tanto por ser un aspecto exigido por la normativa sectorial; sino más bien por su valor como información eficaz para la comprensión de las consecuencias que se derivan de un determinado índice.

La interacción de la STS 669/2017 y la STJUE de 3 de marzo de 2020 sitúa la problemática de las cláusulas IRPH en torno a la cuestión del nivel de transparencia exigible. Desde esta perspectiva, valoramos que el TJUE ha determinado que dicha transparencia debe ir más allá de conocer que el interés remuneratorio del préstamo se forma por la adición del IRPH más el diferencial pactado y saber que el IRPH es un índice oficial cuya formación es objeto de control en sede administrativa.

Es cierto que la orden ministerial de 5 de mayo de 1994 establecía el deber de informar de la evolución del índice en los dos años anteriores, si bien ello se aplicaba solo a los contratos de préstamo por un capital inferior a 150.253 €; la posterior orden EHA/2899/2011, de 28 de octubre y la actual Ley 5/2019, de 15 de marzo, reguladora de los contratos de crédito inmobiliario, ya no recogen esta obligación. Pero la desaparición de esta exigencia de la normativa sectorial no debe llevar a la conclusión de que el aspecto material del control de transparencia se supere si no se proporciona dicha información, o cualquier otra que tenga el mismo valor cualitativo, pues ello supondría eliminar el aspecto material del control de transparencia en la cláusula IRPH. Lo relevante es que, por medio de informaciones de esta naturaleza, el consumidor debe comprender las consecuencias económicas que implica el uso del IRPH, cuestión que, en cualquier caso va más allá de saber que el interés remuneratorio es el resultado de del valor del índice de referencia más el diferencial".

G) Inoponible confirmación del adherente

En legítimo agotamiento del derecho de defensa ha de recordar esta parte que en modo alguno puede sostenerse tampoco la existencia de confirmación o aquiescencia alguna del adherente por las cuotas ya abonadas.

De una parte, porque con carácter principal ha de recordarse se ejercita una acción de nulidad individual de condiciones generales de la contratación. La declaración de nulidad de la cláusula litigiosa se funda en su falta de claridad y transparencia, por lo que a tenor del art. 8 LCGC sería nula de pleno derecho.

De otra, porque la confirmación de un contrato es una declaración de voluntad por la cual se opta por otra al contrato viciado de una eficacia definitiva, haciendo que cese la situación de incertidumbre propia de la anulabilidad. Por tanto, para valorar si un acto realizado por el legitimado para ello tiene carácter confirmatorio hay que entender como apunta el art. 1.311 CC, a la voluntad del legitimado de querer confirmar el negocio anulable, inferida de manera necesaria de dicho acto. No cualquier acto posterior confirma un negocio que adolece de alguna causa de anulabilidad, sino solo aquel que se haya realizado por el legitimado con ánimo de querer purificarlo. Así ha sido apreciado por la SAP de Valencia de 19 de septiembre de 2014, SAP de Burgos, Sección 3.ª, de 5 de abril de 2016, SAP de Baleares, Sección 3.ª, de 20 de julio de 2016 o la más reciente SAP de Madrid, Sección 13.ª, de 12 de septiembre de 2016, cuando apunta: *"la percepción de liquidaciones en el pasado, bajo la persistencia del error, no constituye un supuesto de confirmación, sino de extensión temporal de tal vicio de voluntad; comportamiento que desde luego no ratificad, sanando los contratos anulables objeto de este proceso".*

Como ha manifestado la STS de 12 de enero de 2015:

"La alegación de confirmación del contrato no puede ser estimada porque no concurren los requisitos exigidos en el art. 1.311 del Código Civil para que pueda considerarse tácitamente confirmado el negocio anulable.

La confirmación del contrato anulable es la manifestación de voluntad de la parte a quien compete el derecho a impugnar, hecha expresa o tácitamente después de cesada la causa que motiva la impugnabilidad y con conocimiento de esta, por la cual se extingue aquel derecho purificándose el negocio anulable de los vicios de que adoleciera desde el momento de su celebración (...). La falta de queja sobre la suficiencia de la información es irrelevante desde el momento en que, además de ser anterior al conocimiento de la causa que basaba la petición de anulación, era la empresa de servicios de inversión la que tenía obligación legal de suministrar determinada información al inversor no profesional, de modo que este no tenía por qué saber que la información que se le dio era insuficiente o inadecuada, y de ahí que se haya apreciado la existencia de error.

(...) La renuncia a un derecho, como es el de impugnar el contrato por error vicio en el consentimiento, no puede deducirse de actos que no sean concluyentes, y no lo es la petición de restitución de la cantidad invertida respecto de la renuncia a la acción de anulación del contrato.

Y ligada a esta cuestión desde luego, tampoco cabría admitir la eventual alegación de adverso de retraso desleal. El Tribunal Supremo, Sala 1.ª, en la Sentencia de fecha 13 de septiembre de 2016, reitera la doctrina siguiente "*El retraso desleal, que opera necesariamente antes del término del plazo prescriptivo de la acción, encuentra su específico fundamento de aplicación como una de las formas típicas de los actos de ejercicio extralimitado de los derechos que suponen una contravención del principio de la buena fe (artículo 7.1 del CC), de forma que para su aplicación se requiere, aparte de la natural omisión del ejercicio del derecho y un transcurso dilatado de un período de tiempo, de una objetiva deslealtad respecto de la razonable confianza suscitada en el deudor acerca de la no reclamación del crédito. Confianza que debe surgir, necesariamente, de actos propios del acreedor al efecto*". Y analizando esta doctrina, a la luz de la reclamación de las cláusulas abusivas por parte de consumidores, ha dictaminado la Sentencia del Juzgado de 1.ª Instancia n.º 9 de Salamanca, de 26 de junio de 2019: "*Las pretensiones aquí ejercitadas no implican un retraso desleal, pues no hay un hecho exteriorizado al margen del amera pasividad para inducir la creencia de la renuncia del acreedor a su reclamación. Lo sucedido es que, a raíz de una jurisprudencia novedosa, los consumidores han tomado consciencia de haber sido sometidos a una situación injusta, sin que la falta de ejercicio de la acción pueda interpretarse como un acto propio revelador del conocimiento y asunción de la validez de la cláusula. Téngase en cuenta que nos encontramos ante un caso de nulidad radical, no susceptible de convalidación ni de renuncia, por lo que en ningún caso resulta de aplicación el artículo 1.309 del CC relativo a la confirmación*".

Con relación a la aplicación del IRPH durante un extenso período sin que el prestatario hubiera manifestado su disconformidad, se pronuncia la Sentencia del Juzgado de 1.ª Instancia n.º 4 de Sanlúcar La Mayor de 14 de abril, negando con rotundidad cualquier interpretación que pudiera interpretarse como una posible conformidad del mismos:

"Por una parte, ha de analizarse si el hecho de que la parte demandante haya cumplido durante un largo período con su obligación de pago supone un reconocimiento de la validez y eficacia de las cláusulas en cuestión.

Nada más lejos de la realidad. Es cierto que la parte demandante ha ido pagando las cuotas hipotecarias. Sin embargo ha de recordarse que el TS en Sentencia de fecha 23 de noviembre de 2004 estableció que «Para aplicar el efecto vinculante, de modo que no sea admisible una conducta posterior contraria a la que se le atribuye a aquel, es preciso que los actos considerados, además de válidos, probados, producto de una determinación espontánea y libre de la voluntad, exteriorizados de forma expresa o tácita, pero de modo indubitado y concluyente, además de todo ello, es preciso que tengan una significación jurídica inequívoca, de tal modo que entre dicha conducta y la pretensión ejercitada exista una incompatibilidad o contradicción. Por ello, la jurisprudencia exige una significación y eficacia jurídica contraria a la acción ejercitada (SS., entre otras, de 9 de mayo, 13 de junio y 31 de octubre de 2000, 26 de julio de 2002, 13 de marzo de 2003), es decir, una eficacia jurídica bastante para producir una situación de derecho contraria a la sostenida por quien lo realiza; y ello implica, como reiteran infinidad de sentencias, la finalidad o conciencia de crear, modificar o extinguir algún derecho causando estado y definiendo o esclareciendo de modo inalterable la situación jurídica de que se trata. Y como consecuencia, el principio general del derecho -fundado en la confianza y la buena fe que debe presidir las relaciones privadas- no es aplicable cuando los actos tomados en consideración tienen carácter ambiguo o inconcreto (Sentencias 9 mayo 2000, 23 julio y 21 diciembre 2001, 25 enero y 26 julio 2002, 23 mayo 2003), o carecen de la trascendencia que se pretende para producir el cambio jurídico (SS. 9 mayo 2000, 15 marzo y 26 julio 2002, 23 mayo 2003)».

En el presente caso, no puede concluirse en modo alguno que el pago de las cuotas hipotecarias, que son automáticamente cargadas por la entidad demandada, revele de manera inequívoca la conformidad de la parte demandante con la validez de la Cláusula IRPH, y mucho menos la comprensión de su alcance. Ninguna prueba adicional, más allá de la documental, se aporta sobre este extremo".

H) Consecuencias jurídicas

La declaración del carácter abusivo de una cláusula contractual, y por tanto su nulidad, exige, siempre y cuando sea posible la subsistencia del contrato y ello no perjudique al consumidor, expulsar del marco contractual impuesto aquella condición cuya lesividad para el adherente se ha concluido. Con esta declaración de nulidad, se han de eliminar también, de acuerdo con la máxima clásica *quod nullum est nullum effectum producit*, por tanto, todos los efectos derivados de su aplicación. Este principio es el que rige en materia de condiciones generales de la contratación que son declaradas abusivas, tal y como recuerda la STJUE de 21 de marzo de 2013.

El principio de efectividad comunitario impone la obligación de que la práctica o normativa interna de carácter nacional, no haga imposible o excesivamente difícil el ejercicio de los derechos conferidos por el ordenamiento jurídico de la Unión (SSTJUE de 8 de marzo 2017, asunto C-14/16; 26 de enero de 2017, asunto C-421/14; 26 de octubre de 2016, asuntos acumulados C-568/14 a 570/14; 9 de noviembre de 2016, asunto C-212/15; 15 de octubre de 2015, asunto C-310/14 y 14 de junio de 2012, C-618/10, entre otras muchas), permitiendo la plena consecución de los objetivos tuitivos de los consumidores perseguidos por la Directiva 93/13.

Trasladado este principio a nuestro caso, ello implica que la eventual nulidad de la cláusula IRPH debe conllevar la ausencia de efectos adversos para los consumidores, eliminando la vinculación negativa que su aplicación pudiera haber conllevado. La cuestión pues, será determinar una vez apreciada esa abusividad por falta de transparencia de qué modo se aplica el principio de efectividad. Y en su caso, si cabe la aplicación supletoria en defecto del IRPH.

En la STJUE de 3 de marzo de 2020, por la que se resuelve la cuestión prejudicial elevada por el Juzgado de 1.ª Instancia n.º 38 de Barcelona, sobre el IRPH, tal y como recopila

DEL OLMO[1], se vuelve a advertir de que, a pesar de la prohibición general de integración de los contratos, cuando un contrato entre profesional y consumidor no puede subsistir, el art. 6, apdo. 1, de la Directiva 93/13 no se opone a que el juez nacional, suprima la cláusula abusiva sustituyéndola por una disposición supletoria de Derecho nacional cuando la declaración de nulidad obligue al juez a anular el contrato en su totalidad y deje expuesto al consumidor a consecuencias especialmente perjudiciales.

Tanto el IRPH-Cajas como el IRPH-Bancos son dos índices en desuso actualmente, siendo el único subsistente el denominado IRPH-Entidades que sustituyó a los dos precitados tras la aprobación de la Ley 14/2013, de 27 de septiembre, de Apoyo a los Emprendedores, en virtud de cuya Disposición Adicional 15.ª, dejaron de aplicarse con efectos de 1 de noviembre de 2013.

Existen pues varias posibilidades, que la doctrina y desarrollo de la denominada *jurisprudencia menor*, han venido esbozando y pueden resumirse en cinco posiciones:

a) Supresión de la cláusula índice IRPH. Préstamo sin interés.

b) Supresión de la cláusula índice IRPH, manteniendo el diferencial.

c) Supresión de la cláusula índice IRPH aplicando el sustitutivo previsto en el contrato, previa valoración en su caso de la contaminación de nulidad de aquel por idéntica falta de transparencia.

d) Supresión de la cláusula índice IRPH aplicando el sustitutivo legal IRPH-Entidades.

e) Supresión de la cláusula índice IRPH y aplicación por el juzgador del EURIBOR como índice sustitutivo legal.

f) Sustitución del IRPH por Euribor hasta la fecha de activación del índice sustitutivo de Entidades el 1 de noviembre de 2013. Y, a partir de entonces, aplicar aquel como índice sustitutivo.

Una primera es considerar que el contrato de préstamo puede subsistir sin interés, en el sentido previsto por el art. 1.755 CC o 314 CCom. Esta opción ha sido la aplicada, a título ilustrativo, por la Sentencia del Juzgado de lo Mercantil n.º 7 de Madrid de 16 de marzo 2015, cuando determina la nulidad del índice IRPH, ordenando su eliminación y con ello dejando el préstamo sin interés, al tiempo que ordena el reintegro de los intereses abonados por el prestatario:

"En cuanto a los efectos que supone tal declaración, dispone el art. 9.2 LCGC que la sentencia que declare la nulidad debe aclarar su eficacia conforme al artículo siguiente. Dicho art. 10 LCGC establece que la nulidad no determina la ineficacia total del contrato. Procede, exclusivamente la nulidad de la cláusula que merezca tal sanción, lo que visto el art. 1.303 CC, obliga a la restitución recíproca de las prestaciones.

El art. 1.303 establece, para el caso de nulidad, la obligación de que las partes recíprocamente se restituyan el precio con sus intereses, salvo lo dispuesto en los preceptos sucesivos

[1] DEL OLMO, A. "La Sentencia del Tribunal de Justicia de 3 de marzo de 2020 sobre la cláusula IRPH" en Jurisprudencia comentada de marzo de 2020. Disponible en la base de datos de **sepín** (www.sepin.es) con la referencia SP/DOCT/98076.

que no son de aplicación. Eso supone que al no poder aplicar el índice IRPH entidades y siendo el préstamo contrato naturalmente gratuito conforme el art. 1.755 CC, habrá de reintegrarse a los demandantes la totalidad de lo percibido por interés desde la firma del contrato, junto con su interés legal desde la fecha de presentación de la demanda vistos los arts. 1.100 y 1.007 CC, y la cifra que resulte de lo anterior, interés legal elevado en dos puntos desde hoy hasta la completa satisfacción de los demandantes conforme al art. 576.1 LEC".

Este mismo criterio es el aplicado por la Sentencia del Juzgado de 1.ª Instancia n.º 5 de Torremolinos de 24 de junio de 2016:

"En cuanto a los efectos que supone tal declaración de nulidad, dispone el art. 9.2 LCGC que la sentencia que declare nulidad debe aclarar su eficacia conforme al artículo siguiente. Dicho art. 10 LCGC establece que la nulidad no determina la ineficacia total del contrato. Procede, por tanto, exclusivamente la nulidad de la cláusula que merezca tal sanción. Por su parte, el art. 1.303 establece, para el caso de nulidad, la obligación de que las partes recíprocamente se restituyan el precio con sus intereses. Eso supone que, al no poderse aplicar el índice supletorio IRPH Entidades, y siendo el préstamo contrato naturalmente gratuito conforme al art. 1.755 CC., habrá de reintegrarse a los demandantes la totalidad de lo percibido por interés desde la firma del contrato, junto con el interés legal desde la fecha de sus respectivos abonos, interés legal elevado en dos puntos desde el dictado de la presente sentencia hasta la completa satisfacción de los demandantes conforme al art. 576.1 LEC".

Una segunda opción, puede ser la supresión del índice manteniendo el diferencial establecido en el préstamo. Lo cierto es que, de este modo, el préstamo no quedaría sin remuneración, sino que se convertiría de facto en un préstamo a interés fijo, siendo el interés el diferencial subsistente. Con ello se permite que permanezca incólume la naturaleza onerosa del contrato, a la vez que se prescinde solo de aquella parte de la cláusula, referida al índice IRPH, que se considera abusiva.

Otra tercera, es la aplicación del índice sustitutivo previsto en el propio contrato –vgr. IRPH Entidades, Euribor...–. El problema en este caso es que entramos con frecuencia en un bucle al prever índices extintos –ej. IRPH Bancos– y abocados en ese supuesto a la aplicación supletoria del IRPH Entidades. Algunas entidades como es el caso de KUTXABANK preveían como índice sustitutivo el Euribor, resolviendo los juzgadores en tal sentido su aplicación (Vid. Sentencia del Juzgado de 1.ª Instancia n.º 4 de Guadalajara de 2 de diciembre de 2014; Sentencia J. 1.ª Instancia n.º 5 de Valladolid de 18 de febrero de 2015; SAP de Guipúzcoa, Sección 2.ª, de 31 de marzo de 2015). Esta opción se manifiesta en la motivación ofrecida por la SAP de Tarragona, Sección 1.ª, de 11 de marzo de 2020, que considera así adaptada su doctrina a los postulados marcados por la STJUE de 3 de marzo de 2020.

La SAP Álava, Sección 1.ª, de 14 de mayo de 2020, establece la aplicación supletoria del Euribor como índice previsto en el contrato y que, además, coincide con la petición del afectado, recordando al mismo tiempo como efecto *ex lege* para la consecución del pleno objetivo de no vinculación del consumidor la devolución de la diferencia existente entre los intereses pagados por la parte prestataria como consecuencia de la cláusula relativa al IRPH y los que hubiera debido pagar en caso de referenciarse el préstamo, desde su inicio, al Euribor incrementado por un diferencial del 1 %:

"Siguiendo con las pautas previstas en las STS 608/2017, de 15 de noviembre, la nulidad del tipo de interés principal debe conducir a la aplicación del tipo de interés supletorio pactado en el contrato, Euribor +1 %, para el caso de imposible determinación del tipo de interés de referencia principal. También se responde de modo analógico a la regulación que estableció la DA 15.ª Ley 14/2013, de 27 de septiembre, para el caso de la eliminación de los índices de referencia contenidos en la norma, aunque somos conscientes que dicho precepto no es aplicable al IRPH entidades. La aplicación de esta norma se contempla en la STJUE de 3 de marzo de 2020. Es, además, el índice de referencia que solicita la parte consumidora.

En realidad, la integración del objeto del contrato con una cláusula supletoria constituye un estadio previo a la doctrina del TJUE sobre la integración del contrato con una norma supletoria de derecho nacional, pues la existencia de tal previsión contractual supletoria hace que no legue a existir la eventualidad de la desaparición del objeto del contrato y, por tanto, su inexistencia, siendo este el presupuesto necesario para aplicar dicha doctrina comunitaria.

Dado que el efecto de la declaración de nulidad de una cláusula abusiva es la nulidad de pleno derecho, además de la eliminación de la cláusula, debe acordarse su efecto restitutorio. Este efecto es propio de la acción de nulidad de pleno derecho, cuyo éxito determina la aplicación del artículo 1.303 CC según la jurisprudencia (STS 424/2011, de 21 de junio). Este efecto restitutorio se produce ex lege, sin necesidad de expresa petición de parte, STS 934/2005 de 22 de noviembre. En el mismo sentido se pronuncia la jurisprudencia del TJUE, en relación con el principio de no vinculación contenido en el artículo 6.1 de la Directiva 93/13/CEE y cuya interpretación jurisprudencial se recopila en la STJUE de 3 de marzo de 2020. También el principio de no vinculación requiere que la parte consumidora no quede afectada por el uso de la cláusula abusiva en el pasado.

Por todo ello, procede la condena de la entidad demandada a la devolución de la diferencia existente entre los intereses pagados por la parte prestataria como consecuencia de la cláusula relativa al IRPH y los que hubiera debido pagar en caso de referenciarse el préstamo, desde su inicio, al Euribor incrementado por un diferencial del 1 %".

En cuarto lugar, como opción menos gravosa para la banca por ser un valor similar, de no existir dicho índice supletorio, resultaría de aplicación el índice sustitutivo introducido por la Disposición Adicional 15.ª. Sin embargo, en el caso de la apreciación de la nulidad del IRPH (Banco o Caja) por falta de transparencia, es obvio que idéntica falta de transparencia se proyectaría sobre el sustitutorio de IRPH Entidades, por lo que no parece una opción muy razonable.

Como quinta posibilidad, cabe sopesar la aplicación del Euribor. Esta es una de las tesis sobre las que parece manifestarse de modo proclive la STJUE de 3 de marzo de 2020, cuando en el apartado 68 permite que "*el juez nacional lo sustituya por un índice legal aplicable a falta de acuerdo en contrario de las partes del contrato*". Esto es, en el apartado 68 se facultaría al juzgador a elegir el índice aplicable entre los oficiales, entre los que mayoritariamente se encuentra el Euribor. Esta opción –obviando la de préstamo sin interés o el mero diferencial– además de ser más tuitiva para el consumidor, parece que casaría mejor con el principio de efectividad comunitario. En este mismo sentido, también ORDUÑA MORENO (ORDUÑA MORENO, J. en "Dossier Francisco Javier Orduña analiza la sentencia del TJUE sobre el IRPH" por Thomnson Reuters, en Marzo de 2020, p. 11) apunta la posibilidad de la integración favorable al consumidor con relación al índice de referencia Euribor.

Desde luego, no cabe sostener que el índice acordado por las partes es el sustitutivo de otro IRPH, si precisamente la nulidad de la cláusula deviene por la falta de transparencia de aquel, ya fuera en cualquiera de sus modalidades, de tal suerte que de haberse expuesto al usuario la opción del Euribor de un modo comparado, poca duda existe que hubiera optado por este último. En consecuencia, siendo predispuesto el índice principal y el índice de referencia, no cabe apelar a "pacto" alguno a efectos sustitutorios sino igualmente a índice sustitutorio predispuesto. El Euribor, por el contrario, reúne la condición de índice oficial exigido en el apartado 68 de la STJUE de 3 de marzo de 2020, es el extendido con carácter generalizado y el que permite un mejor conocimiento de sus efectos al consumidor. Además, el Euribor tiene la ventaja añadida de su longevidad al encontrar su origen en la Circular del Banco de España 7/1999, de 29 de junio.

A favor de la aplicación del índice Euribor como índice sustitutivo ya se manifestó desde tiempos tempranos de este conflicto la Sentencia del Juzgado de 1.ª Instancia n.º 1 de Donostia de 29 de abril de 2014 o la Sentencia del Juzgado de 1.ª Instancia n.º 3 de Castellón de 23 de mayo de 2016 o la Sentencia del Juzgado de 1.ª Instancia n.º 71 de Madrid, de 24 de junio de 2016.

Atendiendo a los principios ofrecidos por la STJUE de 3 de marzo de 2020, la Sentencia dictada por el Juzgado de 1.ª Instancia n.º 4 de Burgos de 4 de marzo de 2020, tras la declaración de nulidad de la cláusula IRPH impone su sustitución por Euribor:

"(...) las consecuencias de la declaración de nulidad del tipo de referencia IRPH-entidades y el tipo de referencia sustitutivo IRPH-Bancos, la declaración de nulidad de la cláusula 3 bis de la escritura de préstamo hipotecario de 2 de agosto de 2005 conlleva la eliminación de esta cláusula, y siguiendo el criterio del voto particular contenido en la Sentencia del Tribunal Supremo de 14 de diciembre de 2017, el índice de referencia que resultaría aplicable sería el Euribor más el diferencial del 0,50 % que se indica en la cláusula 3 bis D. El Euribor más 0,50 % se aplicará con efectos retroactivos durante toda la vida del préstamo en que se haya aplicado el tipo de referencia IRPH Entidades y en consecuencia la entidad bancaria deberá devolver a la parte actora la diferencia que resulte de la sustitución del tipo de referencia IRPH Entidades por el tipo de referencia Euribor más 0,50 % junto con los intereses, lo que será calculado en ejecución de sentencia. Igualmente, desde el dictado de la presente resolución será de aplicación el artículo 576 LEC".

La Sentencia del Juzgado de 1.ª Instancia n.º 6 de Lleida de 9 de marzo de 2020, siguiendo las pautas ofrecidas por la STJUE de 3 de marzo, opta también por la aplicación supletoria del Euribor:

"Cuarto. Efectos de la nulidad del IRPH

Sobre esta cuestión, la sentencia C-125/2018 del TJUE establece que:

«67. Por consiguiente, procede responder a la tercera cuestión prejudicial que los artículos 6, apartado 1, y 7, apartado 1, de la Directiva 93/13 deben interpretarse en el sentido de que no se oponen a que, en caso de declaración de nulidad de una cláusula contractual abusiva que fija un índice de referencia para el cálculo de los intereses variables de un préstamo, el juez nacional lo sustituya por un índice legal aplicable a falta de acuerdo en contrario de las partes del contrato, siempre que el contrato de préstamo hipotecario no pudiera subsistir tras la supresión de la cláusula abusiva y que la anulación del contrato en su totalidad dejara al consumidor expuesto a consecuencias especialmente perjudiciales».

En este orden de cosas, será procedente, en consecuencia, que las partes se restituyan recíprocamente cuantas obligaciones hayan satisfecho como consecuencia de la escritura pública litigiosa, y en tanto aquélla no supone la desaparición de la obligación inicial, lo procedente será la sustitución del índice IRPH por el índice de referencia EURIBOR, con la restitución de los intereses indebidamente cobrados por la entidad bancaria al no haberse aplicado el índice Euribor, más los intereses devengados desde cada uno de los cobros indebidos, que se determinará en ejecución de sentencia".

Atendiendo también las pautas ofrecidas por la STJUE de 3 de marzo de 2020, el Juzgado de 1.ª Instancia n.º 2 de Cornellá de Llobregat en Sentencia de 16 de marzo, impone el Euribor como índice sustitutivo:

"En lo referente a las consecuencias de esa declaración de nulidad cabe indicar que, con base en la citada resolución del TJUE, la opción de que el préstamo siga desplegando su eficacia, suprimiendo el citado índice de referencia y dejando el préstamo sin intereses no es una opción viable en nuestro ordenamiento jurídico ya que desnaturaliza el contrato de préstamo mercantil que por definición debe ser oneroso. Por lo que, en atención a lo expuesto procede declarar aplicable al préstamo hipotecario de litis el EURIBOR, condenando a la entidad financiera demandada al recálculo de todos los intereses devengados durante toda la vida del préstamo hipotecario, utilizando como índice de referencia el EURIBOR, más sus intereses legales desde la fecha de cada uno de los pagos, debiendo proceder a su deducción del importe total reclamado en la demanda principal por la entidad bancaria".

La sustitución del IRPH por Euribor es también la opción alcanzada por la Sentencia del Juzgado de 1.ª Instancia n.º 4 de Sanlúcar La Mayor de 14 de abril de 2020:

"Sobre las consecuencias de la declaración de nulidad de la Cláusula IRPH, el TJUE recuerda en la Sentencia de 3 de marzo de 2020 que la Directiva 93/13/CEE no se opone «a que, en caso de declaración de nulidad de una cláusula contractual abusiva que fija un índice de referencia para el cálculo de los intereses variables de un préstamo, el juez nacional lo sustituya por un índice legal aplicable a falta de acuerdo en contrario de las partes del contrato, siempre que el contrato de préstamo hipotecario no pudiera subsistir tras la supresión de la cláusula abusiva y que la anulación del contrato en su totalidad dejara al consumidor expuesto a consecuencias especialmente perjudiciales». Ello puesto que tal anulación del contrato

podría en principio tener el efecto de hacer inmediatamente exigible el pago del importe del préstamo pendiente de devolución, en una cuantía que llegue incluso a exceder de la capacidad económica del consumidor en cuestión, y, por esa razón, penalizaría a este más que al prestamista, a quien, como consecuencia, no se disuadiría de insertar cláusulas de ese tipo en los contratos que ofrezca.

En base en la citada resolución del TJUE, han de tenerse en cuenta dos premisas fundamentales. Por una parte, la opción de que el préstamo siga desplegando su eficacia, suprimiendo el IRPH, y dejando el préstamo sin intereses no es una opción viable en nuestro ordenamiento jurídico ya que desnaturaliza el contrato de préstamo mercantil que por definición debe ser oneroso. Por otra parte, la nulidad total del contrato de préstamo, declarando su vencimiento anticipado, sería gravemente perjudicial para el consumidor, en los términos desarrollados en el Sentencia del TJUE.

En atención a lo expuesto procede declarar aplicable al préstamo hipotecario de 24 de diciembre de 2004, el EURIBOR. Y procede condenar a la entidad financiera demandada al recálculo de todos los intereses devengados durante toda la vida del préstamo hipotecario, utilizando como índice de referencia el EURIBOR y a restituir a la parte actora la diferencia resultante en relación a las cantidades percibidas utilizando el IRPH cuya nulidad se ha declarado.

Por tanto, la cantidad a reintegrar se calculará determinando la diferencia que resulte entre estos dos concepto: los intereses remuneratorios abonados desde el inicio del contrato y hasta la última que efectivamente se abone hasta sentencia con aplicación del tipo remuneratorio impuesto; los intereses que hubiera correspondido abonar en tal período, si se hubiera aplicado el EURIBOR a un año más el diferencial previsto de 0,15 puntos".

La misma conclusión de la aplicación sustitutiva del Euríbor es abrazada por la Sentencia del Juzgado de 1.ª Instancia n.º 17 de Palma de Mallorca de 20 de abril de 2020, al asumir en sus razonamientos la doctrina expuesta por la STJUE de 3 de marzo de 2020:

"En lo referente a las consecuencias de esa declaración de nulidad cebe indicar que, en opinión de esta Juzgadora, y con base en la citada resolución del TJUE, por un lado, la opción de que el préstamo siga desplegando su eficacia, suprimiendo el citado índice de referencia y dejando el préstamo sin intereses no es una opción viable en nuestro ordenamiento jurídico ya que desnaturaliza el contrato de préstamo mercantil que por definición debe ser oneroso. Por otra parte, la nulidad total del contrato de préstamo, declarando su vencimiento anticipado, sería gravemente perjudicial para el consumidor en los términos antes analizados.

En atención a lo expuesto procede declarar aplicable al préstamo hipotecario de litis el EURIBOR, condenando a la entidad financiera demandada al recalculo de todos los intereses devengados durante toda la vida del préstamo hipotecario, utilizando como índice de referencia el EURIBOR y a restituir a la parte actora la diferencia resultante en relación a las cantidades percibidas utilizando el IRPH cuya nulidad se ha declarado. Cantidad a la que habrá que añadir los intereses legales desde la fecha de cada uno de los pagos y hasta su efectiva satisfacción".

Y, finalmente aún cabe aventurar otra opción más que sería la de sustituir el IRPH por Euribor hasta la fecha de activación del índice sustitutivo de Entidades el 1 de noviembre de 2013, y a partir de ahí, aplicar aquel como índice sustitutivo.

En todos los casos, huelga reiterar, procedería como consecuencia inherente a la nulidad postulada, el reintegro de las cantidades indebidamente percibidas por la entidad como consecuencia de la aplicación del índice IRPH objeto de nulidad.

Octavo.- Valoración de la prueba. Ha de recordarse, para el supuesto de que fuera cuestionada por la entidad financiera que la cláusula litigiosa ha sido impuesta y planteara que deviene de una negociación específica e individual y aceptada por las partes, le incumbirá la carga de la prueba sobre este extremo según prevé el art. 82.2 TRLGDCU.

Tal y como ha advertido el Tribunal Supremo, a través de su Sentencia de 22 de abril de 2015:

"Es un hecho notorio que, en determinados sectores de la contratación con los consumidores, en especial los de bienes y servicios de uso común a que hace referencia el art. 9 TRLCU, entre los que se encuentran los servicios bancarios, los profesionales o empresarios utilizan contratos integrados por condiciones generales de la contratación. De ahí que tanto la Directiva (art. 3.2) como la norma nacional que la desarrolla (art. 82.2 del Texto Refundido de la Ley General para la Defensa de los Consumidores y Usuarios) prevean que el profesional o empresario que afirme que una determinada cláusula ha sido negociada individualmente, asumirá la carga de la prueba de esa negociación. Así lo recuerda la STJUE de 16 de enero de 2014 (TJCE 2014, 7), asunto C-226/12, caso Constructora Principado, en su párrafo 19.

(...) En definitiva, el sector bancario se caracteriza porque la contratación con consumidores se realiza mediante cláusulas predispuestas e impuestas por la entidad bancaria, y por tanto, no negociadas individualmente con el consumidor, lo que determina la procedencia del control de abusividad previsto en la Directiva 1993/13/CEE y en el Texto Refundido de la Ley General para la Defensa de los Consumidores y Usuarios, salvo que se pruebe el supuesto excepcional de que el contrato ha sido negociado y el consumidor ha obtenido contrapartidas apreciables a la inserción de cláusulas beneficiosas para el predisponente".

Por lo tanto, no obstante, la evidencia del carácter seriado o en masa de los contratos bancarios sometidos a exégesis judicial, cabe recordar en todo caso que al margen del criterio jurisprudencial que ya apuntaba también la STS de 13 de octubre de 1999, según lo previsto en el art. 82.2 *in fine* TRLGDCU, el empresario que afirme que una determinada cláusula ha sido negociada individualmente, asumirá la carga de la prueba. Tal y como advirtiera VATTIER FUENZALIDA (VATTIER, FUENZALIDA, C. "Las cláusulas abusivas en los contratos de adhesión" en RCDI n.º 630, Madrid, 1995) o recopila MUÑOZ SABATÉ (MUÑOZ SABATÉ, L. *Summa de probática civil*. Madrid, 2008, p. 239) dada la práctica, se presume que la negociación no ha existido, mientras el profesional, mientras el profesional, al que corresponde la carga de la prueba, no demuestre lo contrario.

Tal y como se manifiesta en la Sentencia del Tribunal Supremo de 14 de noviembre de 2005, sopesando que la diligencia en este tipo de productos, la diligencia en el asesoramiento no es la genérica de un buen padre de familia, sino la específica del ordenado empresario y representante leal de los intereses de sus clientes, incumbe a la entidad financiera la carga probatoria acerca del cumplimiento del deber de correcta información y asesoramiento debe pesar sobre el profesional financiero. Este es el criterio que la jurisprudencia mantiene con carácter general respecto de los hechos negativos (SSTS de 17 de octubre de 1983; 8 de octubre de 1984; 23 de septiembre de 1986; 8 de julio de 1988; 8 de marzo y 30 de abril de 1991; 4 de febrero de 1992; 9 de febrero de 1993; o 8 de febrero y 22 de diciembre de 1991, entre otras), en línea acorde con el principio de disponibilidad y facilidad probatoria que establece el art. 217.7 de la Ley de Enjuiciamiento Civil.

La presentación de una oferta vinculante por la entidad, o incluso la referencia que pueda realizar el fedatario público a la concordancia de esta con la cláusula de limitación establecida en el préstamo, no suple por si sola la falta de transparencia que deviene ante la ausencia de escenarios de simulación presentados al usuario adherente, como ya advirtiera la STS de 8 de septiembre de 2014.

En la STS de 17 de julio de 2019, que casa la dictada por la Sección 3.ª de la Audiencia Provincial de Navarra se insiste en la apreciación de la falta de transparencia por más que el notario efectuara una lectura extensiva de la escritura, se hubieran celebrado tres reuniones con los prestatarios, se anotaran por escrito las condiciones económicas por parte de los usuarios o se manifestara haberse realizado simulaciones sobre el interés variable si no abarcan las consecuencias económicas y ello queda realmente acreditado, siendo obvio que de haber existido la acreditación debe tener esencialmente carácter documental.

Con relación a la valoración de la prueba en el análisis de la posible nulidad de la cláusula IRPH, la SAP de Álava, Sección 1.ª, de 14 de mayo de 2020, ofrece los siguientes razonamientos:

"NOVENO. Aplicación del control de transparencia al caso objeto de enjuiciamiento. Aspecto material del control de transparencia.

En el caso examinado, no disponemos de ningún tipo de prueba sobre la información precontractual que dispensó la entidad a la parte consumidora. No constan realizadas simulaciones ni aportada información sobre el comportamiento de este índice de referencia en el pasado ni ninguna otra prueba sobre las características económicas del IRPH.

Dado que los deberes de información corresponden al empresario o profesional, por causa de la relación asimétrica que existe entre estos y los consumidores, correspondía a la entidad prestamista la carga de la prueba de acreditar qué información precontractual dispensó a los prestatarios para que tuvieran conocimiento de las consecuencias económicas de la indexación de su préstamo al IRPH.

En atención a esta falta de prueba, artículo 217 LEC, debemos concluir que los prestatarios no recibieron una información que permitiera a un consumidor normalmente informado, atento y perspicaz, conocer las consecuencias económicas de fijar el IRPH como índice de referencia para el cálculo de los intereses remuneratorios y, por tanto, la cláusula no supera el control de transparencia.

(...)

Según los parámetros de enjuiciamiento que proporciona la STJUE de 26 de enero de 2017, C-421/14, asunto Banco Primus, para verificar si la cláusula es contraria a las exigencias de buena fe debemos representarnos si la entidad prestamista podía estimar que, tratando de manera leal y equitativa con el consumidor, este aceptaría una cláusula de indexación al IRPH en el marco de una negociación individual. Entendemos que la respuesta habría sido negativa. Creemos que el consumidor no habría aceptado un índice más elevado que el normal y con limitada afectación a la bajada de los tipos de interés; por el contrario estamos seguros de que habría solicitado el índice mayoritariamente aplicado a los préstamos hipotecarios y, entonces, el análisis de la oferta contractual se habría centrado en el importe del diferencial; o, al menos, habría estado en condiciones de decidir no formalizar la contratación".

Noveno.- *Costas.* Conforme a lo dispuesto en el art. 394 LEC, en los procesos declarativos se impondrán las costas a la parte que haya visto rechazadas todas sus pretensiones, salvo que el tribunal aprecie, y así lo razone, que el caso presentaba serias dudas de hecho o de derecho. Consta así mismo realizado requerimiento fehaciente y justificado previo a la presentación de la demanda, por lo que ha de apreciarse en todo caso la mala fe de la demandada según lo establecido en el art. 395 LEC.

Tal y como ha razonado la SAP de Barcelona, Sección 13.ª, de 7 de noviembre de 2007, al referirse al allanamiento del demandado con relación a la imposición de costas previstas en el art. 395 LEC "*«la expresión en todo caso» supone existencia de «mala fe», sin necesidad de apreciación ni razonamiento por parte del Tribunal*". En idéntico sentido resulta ilustrativa la SAP de Pontevedra, Sección 1.ª, de 28 de marzo de 2007 al señalar: "*Efectivamente han mantenido los demandados una injustificada conducta de inhibición y pasividad ante la pretensión de la actora, forzando con ello a la actora a promover un pleito como único remedio para lograr el reconocimiento y efectividad de su derecho, para luego e iniciado, aquietarse a sus pretensiones, conducta que sin duda constituye la mala fe de que hace gala el artículo 395.1 LEC y que justifica la condena en costas causadas a la actora*".

La jurisprudencia ha venido clarificando progresivamente la ineludible imposición de costas en esta clase de asuntos. Tal y como advierte la STS de 4 de julio de 2017, no solo procede por la justa aplicación del principio de vencimiento objetivo, sino porque lo contrario produciría un *efecto disuasorio inverso* a los consumidores que reclamen frente a cláusulas o prácticas abusivas.

Décimo.- Y en todo lo no invocado resulta de aplicación los principios *iura novit curia* y *da mihi factum, dabo tibi ius*, plasmados en el art. 218.1 LEC, que según recuerda la Sentencia del Tribunal Supremo de 24 de julio de 1990 "*autoriza al órgano jurisdiccional a aplicar las normas jurídicas que estima procedentes así como a modificar el fundamento jurídico en que se basan las pretensiones de las partes, con la simple exigencia de concordar el derecho con las cuestiones de hecho que los litigantes sometan a conocimiento, sin alterar la causa de pedir*".

En virtud de lo expuesto,

SUPLICO AL JUZGADO: Se tenga por presentado este escrito con los documentos y copias que se acompañan, se sirva admitirlo y, en mérito al mismo, de conformidad con las manifestaciones que contiene, tenga por interpuesta DEMANDA DE JUICIO DECLARATIVO ORDINARIO DE ACCIÓN INDIVIDUAL DE NULIDAD DE CONDICIONES GENERALES, contra ________, S. A., se me tenga por parte demandante en la representación acreditada, mandando se entiendan conmigo las sucesivas diligencias y previo cumplimiento de los trámites procesales de rigor, se dicte sentencia por la que, con relación a la escritura de préstamo hipotecario suscrita por la parte actora en su relación con la demandada:

Se declare la nulidad por falta de transparencia de la cláusula IRPH del contrato de préstamo hipotecario aportado suscrito por mi mandante con la entidad financiera demandada, suprimiendo el índice del tipo de referencia predispuesto indicado, y en su caso su sustitutivo IRPH de igual clase, quedando el interés fijado en el diferencial establecido en el contrato, con la consecuencia inherente de devolución de las cantidades indebidamente percibidas por razón de su aplicación. Y, subsidiariamente, con declaración en todos los casos de la nulidad de la cláusula IRPH, se acuerde su reemplazo por el índice sustitutivo legal del Euribor a un año, o en su defecto, de modo último y subsidiario, por el que fuere designado por el juzgador entre los índices o tipos de referencia oficiales, por resultar la anulación del contrato especialmente perjudicial para la parte actora adherente, procediendo igualmente en estos supuestos el reintegro de la diferencia resultante entre las cantidades indebidamente percibidas por la entidad como consecuencia de la aplicación del índice IRPH y las que hubieran correspondido como consecuencia del índice sustitutivo acordado. Y ello con imposición de las costas devengadas.

Es justicia que se espera alcanzar en ________, a __ de ________ de __

OTROSÍ DIGO: Siendo la actora persona física, se hallan exenta del abono de tasa por el ejercicio de la potestad jurisdiccional, conforme a la redacción vigente del art. 4.2 a) de Ley 10/2012, de 20 de noviembre, por la que se regulan determinadas tasas en el ámbito de la Administración de Justicia y del Instituto Nacional de Toxicología y Ciencias Forenses, dada por el Real Decreto-ley 1/2015, de 27 de febrero y exenta de la presentación de su autoliquidación según establece el art. 8.1, párrafo 2.º de la misma norma.

SUPLICO: Tenga por realizada la anterior manifestación referida a la exención subjetiva del abono de tasa para el ejercicio de la potestad jurisdiccional por los actores y exención de la presentación de su autoliquidación.

SEGUNDO OTROSÍ DIGO: Que según se colige de la documental aportada, y en particular de la escritura de otorgamiento de poder y correspondencia mantenida entre las partes, la actora tiene su domicilio en el territorio correspondiente a la competencia atribuida al Juzgado ante el que comparecemos, conforme a lo establecido en el art. 52.1.14.ª LEC.

SUPLICO: Se tenga por realizada la anterior manifestación y por acreditado el domicilio de la actora a los efectos del art. 52.1.14.ª LEC

Reitero justicia impetrada *ut supra*.

Letrado/a ICA ___ Procurador/a ICP ___

4. Solicitud de declaración de rebeldía de la entidad demandada

SP/FORM/8497

AL JUZGADO DE 1.ª INSTANCIA N .º _ DE _______

Procedimiento Ordinario ___/___

D.º/D.ª ____________________, procurador/a de los Tribunales, colegiado/a n.º ____ ICP__, y de ____________________, bajo la dirección letrada de ____________________, colegiado ____ ICA ___, según consta acreditado en autos, ante el Juzgado comparezco, y como mejor proceda en Derecho, **DIGO:**

Que habiéndosenos dado traslado de la Diligencia de Ordenación de __ de _______ de ___ ha de colegirse la presentación extemporánea de la contestación de la demanda con la consecuente declaración de rebeldía conforme a lo establecido en el art. 438 LEC en concordancia con el 496 del mismo cuerpo legal. Conforme consolidada doctrina y pacífica jurisprudencia la declaración de rebeldía no equivale ni a un allanamiento ni a admisión de los hechos, si bien la ausencia de contestación en plazo impide la aceptación tanto de la misma oposición suscitada a la demanda como de los documentos que se acompañen. Esta posición respecto a lo que supone la declaración de rebeldía es la tradicional de la jurisprudencia pudiéndose citar a título de ejemplo las SSTS de 26 de junio de 1946; 25 de junio de 1960; 16 de octubre de 1970; 16 de junio de 1978; 26 de marzo de 1980; 22 de septiembre de 1990 o 16 de marzo de 1993, entre tantas otras.

La declaración de rebeldía, como es sabido, no impide al demandado una comparecencia posterior *ex* art. 499 LEC, incorporándose al proceso en la fase que se encuentre y sin que pueda hacer alegaciones para las que le ha precluido el momento en que debió hacerlas tal y como ha declarado una reiterada jurisprudencia (vid. SSTS de 3 de febrero 1973; 16 de julio de 1978; 25 de febrero de 1995).

En virtud de lo expuesto,

SUPLICO: Se tenga por presentado este escrito con las copias que se acompañan y por realizadas las manifestaciones contenidas en su cuerpo, debiendo reputarse extemporánea la contestación formulada y con ello la declaración de rebeldía del demandado, acordándose la nulidad de actuaciones según lo expuesto.

Es justicia que se espera alcanzar en ________, a _ de ________ de __

Letrado/a   Procurador/a

5. Escrito de alegaciones en contra de la exoneración de costas en caso de allanamiento de la entidad tras requerimiento previo

SP/FORM/8498

AL JUZGADO DE 1.ª INSTANCIA N .º _ DE _______

Procedimiento Ordinario ___/___

D.º/D.ª ____________________, procurador/a de los Tribunales, colegiado/a n.º ____ ICP __, y de ____________________, bajo la dirección letrada de ____________________, colegiado _____ ICA ___, según consta acreditado en autos, ante el Juzgado comparezco, y como mejor proceda en Derecho, **DIGO:**

Que habiéndosenos dado traslado en fecha de __ de __________ de _____ de las manifestaciones realizadas por la demandada con expresión de su **allanamiento** a la nulidad y consecuente devolución íntegra de cantidades percibidas como consecuencia de la aplicación de la cláusula suelo litigiosa conforme a la doctrina imperante derivada de la STJUE, esta parte viene a manifestar su conformidad en lo atinente a la precitada nulidad y devolución de cantidades, sin perjuicio del interés subsistente **en cuanto a la procedente imposición de costas**, de acuerdo con la siguiente

CONSIDERACIÓN

ÚNICA.- Imposición de costas, constando reclamación fehaciente por la parte actora previa a la interposición de la demanda.

Aceptando como es lógico la eliminación de la cláusula controvertida y devolución de cantidades conforme a la doctrina jurisprudencial establecida, resulta procedente igualmente la imposición de costas. Esto es, **la demandada se ha mostrado pertinaz en la aplicación de la cláusula controvertida, forzando a los usuarios a agotar la vía**

judicial, tras denegar de modo expreso con carácter previo en el intento de evitación del proceso la reclamación del actor (vid. doc. X de la demanda). No hay pues vano alguno que permita a la entidad financiera en las circunstancias reseñadas argüir su buena fe y pretender la exención de la imposición de costas.

Ha de destacarse que el art. 395 LEC no permite que, en casos como el presente, el demandado que en contra de la buena fe ha ignorado las reclamaciones del demandante forzándole a acudir al procedimiento judicial, incoado aquel, se sustraiga de la imposición de costas trasladando al actor la obligación de soportar los gastos del procedimiento que ha sido forzado a asumir ante la desidia deliberada del demandado.

Tal y como ha razonado la SAP de Barcelona, Sección 13.ª, de 7 de noviembre de 2007, al referirse al allanamiento del demandado con relación a la imposición de costas previstas en el art. 395 LEC "*«la expresión en todo caso» supone existencia de «mala fe», sin necesidad de apreciación ni razonamiento por parte del Tribunal*". En idéntico sentido resulta ilustrativa la SAP de Pontevedra, Sección 1.ª, de 28 de marzo de 2007 al señalar: "*Efectivamente han mantenido los demandados una injustificada conducta de inhibición y pasividad ante la pretensión de la actora, forzando con ello a la actora a promover un pleito como único remedio para lograr el reconocimiento y efectividad de su derecho, para luego e iniciado, aquietarse a sus pretensiones, conducta que sin duda constituye la mala fe de que hace gala el artículo 395.1 LEC y que justifica la condena en costas causadas a la actora*".

La mala fe, es en definitiva un comportamiento malicioso de injustificada negativa a una pretensión que se sabe justa haciendo caso omiso a las reclamaciones que de la misma se le formulen, obligando así al titular del derecho a ejercitar finalmente su acción en proceso judicial para exigir la conducta que sabiendo el deudor que es debido no ha querido maliciosamente cumplir. Así se viene señalando, según explicitan la SAP de La Rioja de 27 de septiembre de 2001 o la SAP de Castellón de 3 de julio de 2002, que concurre siempre que previamente hubiera sido requerido por la parte actora para que realizara alguna actividad o abonara una determinada cantidad a fin de evitar una posterior reclamación judicial ante la conducta pasiva del requerido.

Y sobre este mismo particular en casos concretos de allanamiento de la entidad financiera tras la presentación previa de una reclamación por el usuario solicitando la supresión de la cláusula suelo, resulta ilustrativa la reciente Sentencia del Juzgado de 1.ª Instancia n.º 19 de Zaragoza de 2 de febrero de 2016:

"*Conforme al artículo 395 1. de la Ley de Enjuiciamiento Civil, si el demandado se allanare a la demanda antes de contestarla, no procederá la imposición de costas salvo que el tribunal, razonándolo debidamente, aprecie mala fe en el demandado.*

Se entenderá que, en todo caso, existe mala fe, si antes de presentada la demanda se hubiese formulado al demandado requerimiento fehaciente y justificado de pago, o si se hubiera iniciado procedimiento de mediación o dirigido contra él solicitud de conciliación.

En el presente caso, procede, habiéndose producido el allanamiento total a la demanda por parte de la demandada dentro del plazo para contestar a la demanda, de acuerdo con lo dispuesto en el artículo 395. 1 LEC, la imposición de costas a la demandada, pues formulada reclamación al Banco, que se acompaña como documento 5 a la demanda, dirigido al Servicio de atención al cliente, la misma no fue contestada, obligando a los demandantes a interponer la demanda objeto de autos".

Ya advirtió el Tribunal Supremo que la STS de 25 de marzo de 2015, debe haber abierto *"los ojos y las mentes"* a los círculos interesados, permitiendo el reconocimiento del carácter abusivo de la estipulación litigiosa con los parámetros interpretativos ofrecidos. Tal y como afirma la STS de 29 de abril de 2015, si tras la doctrina jurisprudencial establecida se ha forzado al consumidor a la presentación de la demanda o interpuesta esta la entidad ha permanecido contumazmente en la aplicación de la cláusula suelo, ya no es posible sostener su buena fe y ha de merecer con ello de modo inexcusable la imposición de costas:

"Cualquier entidad bancaria que haya utilizado cláusulas suelo en las condiciones generales de los contratos de préstamo concertados con consumidores puede, a partir de la referida sentencia núm. 241/2013, y con base en los detallados criterios que en ella se expresan, valorar si la cláusula suelo que ha utilizado en los contratos que ha celebrado con consumidores supera el control de transparencia. Y si no lo supera, debe dejar de aplicarla por ser abusiva.

La concreción de los criterios determinantes de la abusividad por falta de transparencia de las cláusulas suelo y la fijación de una fecha clara a la que deben referirse los efectos restitutorios de la nulidad permite, asimismo, que en los litigios en curso en los que se pretende la declaración de nulidad de estas cláusulas suelo, las partes puedan llegar a soluciones transaccionales con base en tales parámetros.

Si no sucede así y el consumidor tiene que interponer una demanda para que se declare la abusividad y consiguiente nulidad, por falta de transparencia, de la cláusula suelo, o si el litigio ya entablado tiene que continuar por no acceder la entidad financiera demandada a alcanzar una solución transaccional con base en tales criterios, esta no puede pretender que los efectos de la declaración de abusividad, por falta de transparencia, de la cláusula suelo, solo se produzcan desde que se dicte la sentencia en dicho litigio. Como afirmábamos en la sentencia núm. 139/2015, de 25 de marzo, a partir de la sentencia núm. 241/2013, de 9 de mayo, ya no puede afirmarse la buena fe, en sentido subjetivo, de las entidades financieras predisponentes, y por ello la obligación de devolver lo cobrado de más por la aplicación de esta cláusula suelo ha de producir sus efectos a partir del 9 de mayo de 2013".

Así también es razonado por el Magistrado de la Audiencia Provincial de Palencia CARRERAS MARAÑA [CARRERAS MARAÑA, J. M. "Los procesos en materia de cláusula suelo y el pronunciamiento sobre las costas. Opiniones personales sin apriorismos y desde el fiel de la balanza", Artículo Monográfico, de marzo 2017. Disponible en la base de datos de **sepín** (www.sepin.es) con la referencia SP/DOCT/22551] cuando afirma que existiendo reclamación previa a la demanda: burofax, carta con forma de recibí, acto de conciliación, carta que se admite como recibida por la entidad demandada, debe apreciarse mala fe a la hora de imponer las costas en situaciones de allanamiento de la entidad, conforme a lo que indica el art. 395 LEC. Incluso, como apunta con acierto CARRERAS MARAÑA, si en la demanda se afirman las reclamaciones verbales previas y estas son admitidas por la parte demandada o alega que no se atendieron por su improcedencia y luego se allana, es claro que concurriría mala fe, pero no por aplicación del párrafo segundo del art. 395 LEC, sino por aplicación del párrafo primero.

Finalmente ha de recordarse que según ha resuelto la STS de 4 de julio de 2017, la imposición de costas a la entidad financiera en casos como el presente de acciones de nulidad de cláusula suelo deber ser la pauta a seguir pues como afirma la misma "*esta sala considera que el criterio más ajustado al principio de no vinculación del consumidor a las cláusulas abusivas y al principio de efectividad del Derecho de la Unión es que las costas de las instancias en casos similares al presente se impongan al banco demandado*".

Se pretende legítimamente que a través de la condena en costas será resarcida la parte a cuyo favor se falla, de los gastos realizados para la llevanza del proceso, de tal suerte que no sufra perjuicio patrimonial quien haya tenido la necesidad de acudir a los tribunales en defensa de los derechos que le han sido reconocidos (SSTS de 11 de febrero y 25 de marzo de 1997).

En virtud de lo expuesto,

SUPLICO AL JUZGADO: Se tenga por presentado este escrito y en mérito al mismo por realizadas las alegaciones contenidas en su cuerpo, acogiéndose el allanamiento en los términos expresados, resultando procedente la imposición de imposición de costas *ex* art. 395 LEC.

Es justicia que se espera alcanzar en ________, a ___ de ________ de __

Letrado/a   Procurador/a

6. Escrito de oposición a suspensión de vista por alegación de la entidad de coincidencia de otros señalamientos

SP/FORM/8499

AL JUZGADO DE 1.ª INSTANCIA N .º _ DE _______

Procedimiento Ordinario ___/___

D.º/D.ª ____________________, procurador/a de los Tribunales, colegiado/a n.º ____ ICP__, y de ____________________, bajo la dirección letrada de ____________________, colegiado _____ ICA ___, según consta acreditado en autos, ante el Juzgado comparezco, y como mejor proceda en Derecho, **DIGO:**

Que habiéndosenos dado traslado del escrito presentado por la representación procesal de la entidad financiera demandada por la que solicita nueva suspensión del señalamiento acordado, y suponiendo ello una dilación indebida del procedimiento por parte de una entidad que tanto cuanta con distintos letrados apoderados según consta en las actuaciones, como alberga el deber de una adecuada dotación de sus servicios jurídicos para responder a la litigiosidad que su propia conducta ha generado y que puede conocer suficientemente, vengo por el presente escrito a expresar nuestra **OPOSICIÓN A LA SUSPENSIÓN DEL SEÑALAMIENTO** acordado, con base en las siguientes

CONSIDERACIONES

PRIMERA.- La entidad financiera demandada cuenta con distintos letrados apoderados para su defensa. No ha lugar a la suspensión conforme a la doctrina jurisprudencial imperante

En primer lugar, ha de destacarse el carácter de gran empresa de la demandada con una amplia cartera de letrados habilitados para su defensa según consta acreditado en el poder obrante en las actuaciones. No nos encontramos en suma ante una modesta sociedad ni un particular con medios limitados sino ante una de las principales entidades financieras del país.

Sobre este particular en situaciones idénticas ha tenido ocasión ya de pronunciarse nuestro Tribunal Constitucional congruente con el propósito del legislador, que no es otro que el de restringir en lo posible las suspensiones inmotivadas o solapadamente dilatorias (STC 3/1993) de tal modo que el pretendido derecho de defensa no puede amparar actitudes carentes de la diligencia debida por parte del interesado, lesivas del derecho a la tutela judicial efectiva de la contraparte, de la garantía a un proceso sin dilaciones indebidas o a la regularidad, buen funcionamiento y, en definitiva, integridad objetiva del proceso (SSTC 373/1993; 86/1994; 196/1994).

Así, en cuanto a la causa de incomparecencia, se ha precisado que la mera alegación de una causa o motivo justificado no basta, ni conlleva *ipso iure* la suspensión del juicio (STC 373/1993; 196/1994) y, en todo caso, es al órgano judicial a quien corresponde apreciar la concurrencia de las circunstancias imposibilitantes de la comparecencia del actor para acordar la suspensión del juicio.

Muy recientemente esta cuestión de la pretendida suspensión de señalamientos por parte de poderosas entidades que cuentan o han de contar con unos adecuados recursos para su asistencia jurídica ha sido abordada por la STS, Sala 4.ª, de 9 de diciembre de 2015, razonado sobre este particular:

"*Tal y como resulta de la regulación normativa, para la suspensión del acto del juicio, es preciso que concurran «motivos justificados» y que los mismos se acrediten ante el Secretario Judicial. Un motivo justificado es la coincidencia con otro señalamiento, sin embargo, únicamente se entiende que tal coincidencia justifica la suspensión si no es posible la sustitución dentro de la misma representación o defensa. En el asunto examinado en el poder presentado por el letrado D.L.T.R figuraban otros dos letrados designados por la empresa SEGURIBER, S. L. U. para que, en nombre y representación de SEGURIBER, S. A., ejerciten, entre otras, las facultades de promover, seguir y terminar juicios laborales, presentando para ellos los escritos y pruebas que crea convenientes, haciendo comparecencias personales, confesión en juicio y conciliaciones, por lo que en principio la coincidencia de señalamientos no justifica la suspensión del juicio, ya que podían acudir cualquiera de los otros dos letrados.*

Para admitir, como causa justa de suspensión del juicio, que no cabía la sustitución, el letrado D. L.T.R. tenía que haber acreditado, en el momento de solicitar la suspensión, que dichos letrados no prestan servicios como letrados para la demandada Seguriber, S. L. U., lo que no efectuó.

No procede la acreditación «a posteriori» de tal dato, ya que no se trata de una circunstancia sobrevenida o imposible de acreditar en el momento de pedir la suspensión, como puede ser el supuesto de una enfermedad, sino que tal circunstancia ya concurría en el momento de la solicitud".

SEGUNDA.- Al argumento expuesto ha de adicionarse otras dos consideraciones finales para concluir la ausencia de procedencia de la suspensión interesada de adverso.

De una parte, ponderando que los presentes autos no revisten una singularidad especial que permita inferir la necesidad de que la defensa de los intereses de la entidad financiera deba de ser asumidos por un profesional particular de los ya designados, de suerte que no cabe hablar de una *intuitu personae* ineludible para la eficaz salvaguarda de la demandada.

Finalmente, como postrera consideración no puede obviarse tampoco la ponderación de los intereses en liza, resultando que en tanto para la entidad es una cuestión de mera organización interna y adecuada redistribución de recursos, para los usuarios demandantes supone una losa económica que ahoga su modesta economía familiar.

En virtud de lo expuesto,

SUPLICO: Se tenga por presentado este escrito, por realizadas las consideraciones contenidas en su cuerpo y en mérito al mismo se acuerde el mantenimiento del señalamiento previsto sin haber lugar a la suspensión del procedimiento.

Es justicia que se espera alcanzar en ________, a _ de ________ de __

Letrado/a Procurador/a

7. Solicitud de homologación judicial de acuerdo

SP/FORM/8500

AL JUZGADO DE 1.ª INSTANCIA N .º _ DE _______

Procedimiento Ordinario ___/___

D.º/D.ª ________________, procurador/a de los Tribunales, **colegiado/a n.º** ____ **ICP** __, y de ___________________, bajo la dirección letrada de __________________, colegiado____ ICA:, y __________________ Procurador/a de los Tribunales, **colegiado/a n.º** ___ **ICP** __, y de ______BANCO __________, bajo la dirección letrada de _______________, colegiado ___ ICA_, según consta acreditado en autos, ante el Juzgado comparecen, y como mejor proceda en Derecho, **DICEN:**

Que, habiéndose alcanzado entre las partes, un acuerdo extrajudicial que pone fin al litigio, y estando facultados los litigantes para disponer del objeto del juicio, venimos, de conformidad con lo dispuesto en el art. 19.2 LEC, a comunicar al juzgador la **TRANSACCIÓN** alcanzada e interesar la **HOMOLOGACIÓN JUDICIAL DEL CONVENIO** suscrito, con base en las siguientes:

CONSIDERACIONES

Primera.- Con fecha de 29 de mayo de 2014, los litigantes han alcanzado un acuerdo para resolver la controversia suscitada en los presentes autos, dándose ambas partes por satisfechas con el convenio suscrito. *Se adjunta como documento n.º 1, copia del acuerdo alcanzado.*

Segunda.- No existe prohibición legal alguna, ni limitación por razón de interés general o en beneficio de tercero que impida la disposición del objeto del juicio en los términos acordados por las partes.

Tercera.- Ostentan los procuradores poder especial, habilitador para la transacción pretendida, de modo armónico a lo previsto en el art. 25.2.1.º LEC, según consta acreditado en autos.

Cuarta.- Según reza el art. 19.2 LEC, *si las partes pretendieran una transacción judicial y el acuerdo o convenio que alcanzaren fuere conforme a lo previsto en el apartado anterior, será homologado por el tribunal que esté conociendo el litigio al que se pretenda poner fin.*

En virtud de lo expuesto,

SUPLICO: Se tenga por presentado este escrito, con las copias y documentos que se acompañan, y en mérito al mismo, se proceda a la homologación judicial del acuerdo transaccional alcanzado entre las partes, dictándose Auto finalizador del procedimiento, sin imposición de costas para los litigantes.

Es justicia que se espera alcanzar, tal y como se pide, en_________, a __ de ________ de __

OTROSÍ DIGO: Que, habiéndose alcanzado el acuerdo precitado entre las partes litigantes, estando prevista la celebración de audiencia previa el día __ de _______ de __, se interesa la suspensión la referida audiencia previa.

SUPLICO: Se tenga por realizada la anterior manifestación, interesándose la suspensión de la audiencia previa prevista para el __ de ____________ de __, a la luz del acuerdo alcanzado entre las partes.

Letrado/a Procurador/a

8. Demanda de ejecución de sentencia por IRPH

SP/FORM/8501

AL JUZGADO DE 1.ª INSTANCIA N .º _ DE ________

Procedimiento Ordinario ___/___

D.º/D.ª ____________________, procurador/a de los Tribunales, **colegiado/a n.º ____ ICP__,** y de ____________________, bajo la dirección letrada de ____________________, colegiado ____ ICA___, según consta acreditado en autos, ante el Juzgado comparezco, y como mejor proceda en Derecho, **DIGO:**

Que siendo firme la sentencia dictada en el procedimiento referenciado y no habiéndose cumplido por la parte condenada, formulo **DEMANDA DE EJECUCIÓN**, con base en el título ejecutivo consistente en la sentencia de condena firme dictada contra la entidad **BANCO _______, S. A., a través del PROCURADOR** _________________ que ostenta su representación, con base en los siguientes con base en los siguientes:

HECHOS

Primero.- Interpuesta demanda de Procedimiento Ordinario contra la mercantil demandada fue resuelta mediante sentencia datada el __ de ______ de __ dictada por el Juzgado ante el que tenemos a bien comparecer, por la que estimándose la demanda formulada se efectuaban los siguientes pronunciamientos:

____

____

____

____

____

____.

Se adjunta como bloque documental n.º 1, copia de la precitada sentencia sin perjuicio de la designación de los archivos judiciales a los efectos del art. 550.1.1.º LEC.

La sentencia dictada ha adquirido firmeza al no haber sido interpuesto recurso alguno contra la misma.

Segundo.- La demandada no ha cumplido lo ordenado en la Sentencia, permaneciendo contumaz en la aplicación de la cláusula IRPH y sin que se haya reintegrado cantidad alguna, siendo esta firme y habiendo transcurrido un plazo superior a los veinte días desde aquella, pese a las peticiones reiteradas realizadas por el usuario afectado ante su sucursal. De esta suerte persiste la entidad en la aplicación de la cláusula suelo declarada nula.

Como consecuencia de la aplicación de la cláusula impugnada, se ha percibido indebidamente por la demandada la suma de ______________________________ EUROS (____ €).

Se adjunta como bloque documental n.º 2 copia de los recibos de ____ de __ al mes de ______ de __, emitidos por la entidad demandada en el que se aprecia la persistencia de la cláusula litigiosa. Se adjunta como documento n.º 3 cuadro expresivo de las operaciones liquidatorias practicadas.

A los anteriores hechos, resultan de aplicación los siguientes

FUNDAMENTOS DE DERECHO

Primero.- ***Jurisdicción y competencia.*** Son de aplicación al caso los arts. 117.3 de la Constitución Española, 2.1, 9.1, 9.2, 21, 22.2.º y 4.º y 86 ter 3 de la Ley Orgánica 6/1985, de 1 de julio, del Poder Judicial y 5, 36, 45, 61 y 545.1 de la Ley de Enjuiciamiento Civil, que determinan la jurisdicción ordinaria como la única competente para conocer de la ejecución respecto de los negocios o demandas civiles que se susciten en territorio español entre españoles, entre extranjeros y entre españoles y extranjeros con arreglo a lo establecido en la Ley Orgánica del Poder Judicial y en los tratados y convenios internacionales en los que España sea parte, dirigiéndonos al Juzgado que conoció del asunto en primera instancia y dictó la sentencia de condena firme.

Segundo.- ***Procedimiento.*** Tratándose de una ejecución forzosa el procedimiento a seguir será el contemplado en los arts. 538 y siguientes de la Ley de Enjuiciamiento Civil, al ejercitarse una acción ejecutiva fundada en un título que lleva aparejada ejecución conforme a lo establecido en el art. 517.2.1.º LEC. Se pretende, de acuerdo con lo establecido en el art. 699 LEC y siguientes el cumplimiento de la resolución dictada en sus propios términos, consistente en la eliminación de por la demandada del contrato de préstamo hipotecario de la cláusula suelo (obligación de hacer), requiriéndose al obligado para que acate la resolución dictada.

Tercero.- ***Capacidad.*** La tienen demandante y demandada a tenor de lo dispuesto en los arts. 6 y siguientes de la Ley de Enjuiciamiento Civil.

Cuarto.- ***Legitimación Activa y Pasiva.*** Concurren en la actora y la demanda los requisitos establecidos en los arts. 10, 538, 549 y concordantes de la tan citada Ley Rituaria, en cuanto a la capacidad para ser sujetos de la ejecución forzosa que se insta.

Quinto.- ***Postulación y representación.*** Conforme a lo prevenido en el art. 7 LEC, en relación con el 31.1 de la misma norma procesal, esta parte comparece siendo defendida por abogado en ejercicio, según lo dispuesto en los arts. 6 y 9 del Real Decreto 658/2001, de 22 de junio, por el que se aprueba el Estatuto General de la Abogacía Española y 542 y 545.1 de la Ley Orgánica 6/1985, de 1 de julio, del Poder Judicial. Comparece la demandante igualmente con la debida representación procesal a través de procurador legalmente habilitado para actuar ante el tribunal que ha de conocer del juicio según lo dispuesto en el invocado art. 23.1 LEC, 3 del Real Decreto 1281/2002, de 5 de diciembre, por el que se aprueba el Estatuto General de los Procuradores de los Tribunales de España y 543 y 545.1 LOPJ.

Sexto.- *Título ejecutivo.* La acción ejercitada es la acción personal y ejecutiva dimanante de una sentencia de condena firme, fundada en un título que tiene aparejada ejecución, a tenor de lo dispuesto en el art. 517.2.1.º de la Ley de Enjuiciamiento Civil y cumplirse los requisitos exigidos por dicho precepto legal. La demanda se presenta trascurridos los veinte días desde aquel en que la resolución de condena ha sido notificada al ejecutado, y sin exceder de los cinco años siguientes a la firmeza de la sentencia, de conformidad con lo prevenido en los arts. 548 y 518 de la Ley de Enjuiciamiento Civil.

Séptimo. *Requisitos formales.* Se inicia el presente procedimiento por medio de demanda que reúne todos los requisitos exigidos en el art. 549 de la Ley de Enjuiciamiento Civil.

Octavo.- *Expresión de la cuantía.* Conforme a lo dispuesto en el art. 253 LEC, asciende la cuantía reclamada a la suma de ______ EUROS (______ €) que son reclamados en concepto de principal, a los que se adicionan otros ____ EUROS (___ €), que se calculan por el momento para intereses y costas sin perjuicio de ulterior liquidación de acuerdo con la previsión del art. 575.1 LEC. Siendo pues determinada la cantidad reclamada, conforme a lo establecido en el art. 572 LEC, procede despachar ejecución por el importe solicitado, sin perjuicio de las posteriores liquidaciones que pudieran corresponder.

Noveno.- *Costas.* Conforme al art. 583 de la Ley de Enjuiciamiento Civil las costas habrán de imponerse a la parte ejecutada, así como pare el caso de que se opusiere a la ejecución interesada, conforme a los arts. 394, 561, y con las salvedades prevenidas en el 539 de la Ley de Enjuiciamiento Civil.

Décimo.- *Iura Novit Curia.* Y en todo lo no invocado resulta de aplicación los principios *iura novit curia* y *da mihi factum, dabo tibi ius*, plasmados en el art. 218.1 LEC.

En virtud de lo expuesto,

SUPLICO: Que teniendo por presentado este escrito de demanda ejecutiva, se sirva a admitirlo a trámite, formándose los oportunos autos, se me tenga por comparecido y parte en el proceso, teniendo por promovido el correspondiente **PROCEDIMIENTO JUDICIAL DE EJECUCIÓN** contra **BANCO _____, S. A.**, cuyos datos y demás circunstancias obran en el procedimiento de referencia y encabezado del presente escrito, en reclamación de _______ EUROS (____ €) que son reclamados en concepto de principal, a los que se adicionan otros _______ EUROS (___ €) que se calculan por el momento para intereses y costas sin perjuicio de ulterior liquidación, y en su virtud, siendo firme la Sentencia dictada en el Procedimiento Ordinario referenciado *ut supra*, se proceda a su ejecución forzosa, se acuerde despachar ejecución contra los bienes y rentas de la parte ejecutada en la forma ordenada por la Ley en cuantía suficiente para cubrir la cantidad de _______ EUROS (____ €) y sin necesidad de requerimiento previo de pago al deudor, se proceda al embargo de bienes de su propiedad en cantidad suficiente para cubrir las responsabilidades económicas aludidas, seguir adelante la ejecución, y con los bienes embargados o su producto hacer cumplido pago, con la imposición en costas que procedieren.

OTROSÍ DIGO: Se acuerde notificar a la parte demandada el auto que se dicte despachado ejecución, con la copia de la demanda ejecutiva, para que, si interesa en derecho, en cualquier momento pueda personarse en la ejecución, entendiéndose con él, en tal caso, las ulteriores actuaciones, pudiéndose oponer a la ejecución despachada, en legal forma, dentro del plazo de diez días establecido en la Ley.

AL JUZGADO SUPLICO: Que, teniendo por hechas las anteriores manifestaciones, proceda acordar conforme a derecho.

Es justicia que se espera alcanzar en ________, a _ de ________ de __

Letrado/a   Procurador/a

9. Recurso de apelación por ausencia de imposición de costas a la entidad

SP/FORM/8502

AL JUZGADO DE 1.ª INSTANCIA N.º __ DE __________

PARA ANTE LA AUDIENCIA PROVINCIAL

Procedimiento Ordinario ___/___

D.º/D.ª ____________________, procurador/a de los Tribunales, **colegiado/a n.º** ____ **ICP__**, y de ____________________, bajo la dirección letrada de ____________________, colegiado ____ ICA_, según consta acreditado en autos, ante el Juzgado comparezco, y como mejor proceda en Derecho, **DIGO:**

Que habiéndosenos notificado en fecha de __ de _______ de __ Sentencia datada el __ del mismo mes y año, y entendiendo la resolución dictada lesiva a los intereses de mis mandantes y respetuosamente no ajustada a derecho, vengo por medio del presente escrito, conforme a lo previsto en los arts. 458.1 y siguientes de la Ley de Enjuiciamiento Civil, a interponer **RECURSO DE APELACIÓN** con base a los siguientes

MOTIVOS

Introito.- Se interpone el presente recurso de apelación interesando en esta segunda instancia, no ya la revisión de los hechos controvertidos *(quaestio facti)*, sino de las cuestiones jurídicas *(quaestion iuris)* que se someten a su consideración.

Se pretende, en definitiva, de modo armónico a lo dispuesto en el art. 456.1 LEC, sin la introducción de cuestión novedosa alguna *(lite pendente nihil innovetur)*, que dentro de las plenas facultades atribuidas al órgano judicial *ad quem*, el Tribunal de apelación pueda revisar la ponderación efectuada por el juzgador respecto de la aplicación de la norma que entiende esta parte infringida, pues en ello consiste precisamente una de las finalidades inherentes al recurso de apelación. Así pues, la apelación, dada su condición de medio de impugnación ordinario, atribuye al Tribunal de segundo grado la potestad necesaria para valorar y tener en cuenta, sin condicionamiento alguno, todas las pruebas practicadas en primera instancia, incluso con discrepancia del criterio que al respecto hubiera podido adoptar el juez *a quo*, adquiriendo por ello el Tribunal de apelación plena jurisdicción para resolver todas las cuestiones de hecho o de derecho, puesto que cual indica la STS de 2 de febrero de 1995, la apelación traslada al órgano superior ante el que se interpone plena jurisdicción sobre el caso en idéntica situación a la del juzgado de instancia, no solo en lo que respecta a la subsunción de los hechos en las normas jurídicas, sino para la determinación de tales hechos a través de la valoración de la prueba. Y ello, sin más limitación que las apuntadas por la STC 3/1996.

Sentado pues el alcance del presente recurso, se impugnan, a tenor de lo dispuesto en el art. 458.2 LEC, la Sentencia precitada en sus Fundamentos de Derecho_______ y en el Fallo de la misma. Esto es, en suma, el motivo de impugnación es la ausencia de imposición de costas, existiendo, además, requerimiento previo fehaciente del actor a la demandada.

Único.- *Al amparo del artículo 459 LEC, por infracción de norma con relación al artículo 394 y 395 LEC y artículo 6.1. de la Directiva 93/13CE. Vencimiento objetivo.*

Se disiente de la ausencia de imposición de costas a la entidad financiera condenada. Y ello, por cuatro motivos:

a) La acción ejercitada es de nulidad individual de condiciones generales de la contratación. Y así han sido declarada nula conforme a lo interesado. *Doctrina del vencimiento objetivo.*

b) Existe un requerimiento previo de la actora expresamente desatendido. El rechazo pleno queda acreditado por la respuesta de la entidad, siendo intrascendente el medio de reclamación empleado por el actor. *Doctrina de la Temeridad.*

c) Inexistencia de dudas de hecho o de derecho.

d) Vulneración del art. 6.1 de la Directiva 93/13 por falta de indemnidad del consumidor pese a la declaración de abusividad apreciada en concordancia con los arts. 8 b) y c) y 83 TRLGDCU.

A) Del vencimiento objetivo

El art. 394 LEC establece con carácter general en nuestro ordenamiento procesal civil el principio objetivo del vencimiento. Partiendo del criterio objetivo del vencimiento, se pretende que a través de la condena en costas será resarcida la parte a cuyo favor se falla, de los gastos realizados para la llevanza del proceso, de tal suerte que no sufra perjuicio patrimonial quien haya tenido la necesidad de acudir a los tribunales en defensa de los derechos que le han sido reconocidos (SSTS de 11 de febrero y 25 de marzo de 1997). Y, a sensu contrario, por el principio de indemnidad al reconocer a la parte que ha sido absuelta de los pedimentos del actor, el derecho a repercutir contra ella los gastos provocados por su llamada al proceso (STS de 22 de abril de 2009). Siendo pues admitida la estimación íntegra de la demanda, procede la imposición de las costas causadas al demandado conforme al principio rector en nuestro derecho procesal civil consagrado en el brocardo "*victus victoris*" (cfr. SSTS 19 de octubre de 1992; 15 de marzo de 1997 o 28 de febrero de 2002, entre otras), fundamentado, como recuerda la SAP de Madrid,

Sección 20.ª, de 3 de octubre de 2007, en la regla chiovendana que determina la imposición de las costas procesales.

La jurisprudencia ha venido clarificando progresivamente la ineludible imposición de costas en esta clase de asuntos. Tal y como advierte definitivamente la STS de 4 de julio de 2017, no solo procede por la justa aplicación del principio de vencimiento objetivo, sino porque lo contrario produciría un *efecto disuasorio inverso* a los consumidores que reclamen frente a cláusulas o prácticas abusivas.

B) De la existencia de requerimiento previo expresamente rechazado por la demandada. Doctrina de la temeridad

En el supuesto analizado, tal y como se puso de manifiesto, consta expresamente en autos la respuesta denegatoria a la reclamación formulada por la actora. Esto es, la demandada se ha mostrado pertinaz en la subsistencia de la cláusula controvertida y devolución de las cantidades procedentes, forzando a la actora a agotar la vía judicial. No hay pues vano alguno que permita a la entidad financiera en las circunstancias reseñadas argüir su buena fe y pretender la exención de la imposición de costas.

Ha de destacarse que el art. 395 LEC no permite que, en casos como el presente, el demandado que en contra de la buena fe ha ignorado las reclamaciones del demandante forzándole a acudir al procedimiento judicial, incoado aquel, se sustraiga de la imposición de costas trasladando al actor la obligación de soportar los gastos del procedimiento que ha sido forzado a asumir ante la desidia deliberada del demandado. Según dispone el art. 395.1, apartado segundo LEC "*se entenderá que, en todo caso existe mala fe, si antes de presentar la demanda se hubiese formulado al demandado requerimiento fehaciente y justificado de pago, o si se hubiera dirigido contra él, demanda de conciliación*".

Según recuerda la SAP de Zamora, de 17 de febrero de 2005, con cita de la SAP de Córdoba de 28 de enero de 2003 y de la SAP de Albacete de 11 de marzo de 2002, los requerimientos previos pueden referirse al pago o al cumplimiento de cualquier obligación (de hacer, no hacer, de entregar una cosa...) o incluso requerimientos de pago, aunque no consten en documentos fehacientes. Es decir, la mala fe existirá cuando el demandado pudo conocer la existencia de la deuda y obligó al actor a acudir a los tribunales y con ello a realizar gastos para luego allanarse al inicio del proceso.

Tal y como ha razonado la SAP de Barcelona, Sección 13.ª, de 7 de noviembre de 2007, al referirse al allanamiento del demandado con relación a la imposición de costas previstas en el art. 395 LEC "*«la expresión en todo caso» supone existencia de «mala fe», sin necesidad de apreciación ni razonamiento por parte del Tribunal*". En idéntico sentido resulta ilustrativa la SAP de Pontevedra, Sección 1.ª, de 28 de marzo de 2007 al señalar: "*Efectivamente han mantenido los demandados una injustificada conducta de inhibición y pasividad ante la pretensión de la actora, forzando con ello a la actora a promover un pleito como único remedio para lograr el reconocimiento y efectividad de su derecho, para luego e iniciado, aquietarse a sus pretensiones, conducta que sin duda constituye la mala fe de que hace gala el artículo 395.1 LEC y que justifica la condena en costas causadas a la actora*". La SAP de Alicante, Sección 6.ª, de 12 de julio de 2004 razona: "*el concepto de mala fe ha de ser entendido en sentido amplio, comprendiendo tanto la actitud del demandado cuya conducta previa al procedimiento ha sido causante de la interposición de la demanda, allanándose después de interpuesta, debiendo en tal caso imponerse las costas a quien innecesariamente provocó el proceso*". También, la SAP de Zaragoza, Sección 4.ª, de 3 de mayo de 2004, apunta: "*Respecto a la existencia de mala fe en el allanamiento del artículo 395.1 de la Ley Procesal Civil en los codemandados, es de tener presente que la mala fe no consiste en la actuación procesal del allanamiento, sino con anterioridad, cuando existiendo requerimiento de pago de daños y perjuicios, los demandados, se niegan sin razón, a efectuarlo, haciendo necesaria la reclamación judicial y entonces se allanan*".

C) Inexistencia de dudas de hecho o de derecho

Tras las vacilaciones iniciales existentes y el conocido pronunciamiento de la STS de 14 de diciembre de 2017, que excluía el control de transparencia de la controvertida cláusula IRPH, en aplicación del art. 1.2 de la Directiva 93/13/CEE, concordante con el art. 4.2 LCGC, fueron elevadas distintas cuestiones prejudiciales al TJUE, como las planteadas por el Juzgado de 1.ª Instancia n.º 38 de Barcelona por Auto de 16 de febrero de 2018, el Juzgado de 1.ª Instancia n.º 6 de Reus por Auto de 15 de mayo de 2018 o la AP de Almería, Sección 1.ª, por Auto de 20 de marzo de 2018.

La Comisión Europea, en fecha de 31 de mayo de 2019, emitió sus conclusiones en el Asunto C-125/18 con relación a la cuestión prejudicial planteada por el Juzgado de 1.ª Instancia n.º 38 de Barcelona, abriendo la vía a una posible declaración de abusividad. Y en la misma línea, el Abogado General Sr. Maciej Szpunar, hacía lo propio el 10 de septiembre de 2019, manifestándose en contra del criterio del TS tanto en lo atinente al sometimiento a la Directiva 93/13 de la cuestión litigiosa como en lo referido a la falta de transparencia, considerando que la fórmula matemática de cálculo resulta compleja y poco transparente para el consumidor medio. El Tribunal de Justicia de la Unión Europea, en la Sentencia dictada en fecha de 3 de marzo de 2020, ha fallado esencialmente en la línea ya apuntada por el Abogado General, despejando toda duda sobre la posibilidad de su control de transparencia, al tiempo que ofrecía ya los parámetros suficientemente clarificadores para poder evaluar la superación de dicho principio de transparencia.

Más allá de la referencia o no a la Circular 8/1990, la cuestión nuclear para evaluar la transparencia ya se advirtió, versaba sobre si se informó o no a los usuarios de cual había sido la evolución del IPRH durante los dos años anteriores a la celebración del contrato y el último valor disponible. Así se destaca tanto en el referido apartado 129 de las Conclusiones del Abogado General como en el apartado 54 de la STJUE de 3 de marzo de 2020 y en el propio apartado tercero del fallo. Trasladando estas exigencias a nuestro derecho interno, ha de recordarse que el art. 3 de la Orden Ministerial de 5 de mayo de 1994 sobre transparencia de las condiciones financieras de los préstamos hipotecarios al establecer el contenido mínimo del folleto informativo desarrollado en el Anexo I de la misma Orden exigía facilitar al consumidor la "*identificación del índice o tipo, indicándose su evolución durante, al menos, los dos últimos años naturales, así como el último valor disponible*". Y ahondando en estos parámetros de valoración de la trasparencia, a ello, cabría añadir, si se ofreció su comparación con el Euribor, pues solo así el consumidor podrá conocer lo que supone elegir uno u otro índice. Desde luego, hay una obviedad incuestionable y es que ningún consumidor bien informado entre los distintos índices aplicables hubiera optado por un índice que le va a encarecer su préstamo hipotecario durante los próximos treinta años de su vida. Esta idea subyace igualmente en el apartado 54 de la STJUE de 3 de marzo de 2020.

La introducción de elementos de comparación con otros índices, evoca sin lugar a dudas los razonamientos ya contenidos en la STS de 9 de mayo de 2013, cuando en su apdo. 296 f) apuntaba la *"inexistencia de advertencia previa clara y comprensible sobre el coste comparativo con otros productos de la propia entidad"*.

En suma, tras la STJUE de 3 de marzo de 2020, existían ya elementos suficientes para disipar esas dudas iniciales para permitir a los círculos interesados, tal y como refería la STS de 25 de marzo de *2015*, abrir los ojos y las mentes de las partes contratantes, pudiendo estas indagar y esclarecer si la cláusula IRPH insertas en contratos de préstamo, en principio lícitas, carecen de transparencia.

Así mismo, según pone de relieve la SAP de Baleares, Sección 3.ª, de 8 de octubre de 2014, la regla de no imposición de costas por la existencia de serias dudas de hecho o de derecho, ha de ser interpretada con carácter restrictivo, en la medida que supone una excepción al principio general del vencimiento objetivo. En este mismo sentido resulta ilustrativa traer a colación la SAP e Madrid, Sección 14.ª, de 13 de noviembre de 2007, en la que se razona que la excepción de la imposición de costas a la parte vencida por la existencia de serias dudas de hecho o de derecho, *"está supeditada a que aquellas sean de cierta entidad o intensidad y objetivas, y en multitud de supuestos sometidos a litigio en que se estiman o rechazan las pretensiones de una y otra parte (...)"*. También la SAP de Salamanca, Sección 1.ª, de 15 de mayo de 2007, nos recuerda que la *incertidumbre ha de ser objetiva*. Y es claro que en el momento de la celebración del juicio no se albergaba duda alguna ya de modo generalizado del posible carácter abusivo de la cláusula impugnada.

Finalmente ha de recordarse que según ha resuelto la STS de 4 de julio de 2017, la imposición de costas a la entidad financiera en casos como el presente de acciones de nulidad de cláusula suelo deber ser la pauta a seguir pues como afirma la misma *"esta sala considera que el criterio más ajustado al principio de no vinculación del consumidor a las cláusulas abusivas y al principio de efectividad del Derecho de la Unión es que las costas de las instancias en casos similares al presente se impongan al banco demandado"*.

D) Vulneración del art. 6.1 de la Directiva 93/13 por falta de indemnidad del consumidor pese a la declaración de abusividad apreciada en concordancia con los arts. 8 b) y c) y 83 TRLGDCU

Finalmente ha de terminarse advirtiendo que la falta de imposición de costas pese a la apreciación de abusividad de la cláusula impugnada supone de facto una vulneración del principio de indemnidad y efecto disuasorio que se pretende lograr por el art. 6.1 de la Directiva 93/13.

El Tribunal de Justicia ha establecido en su jurisprudencia (comenzando por la sentencia Van Gend & Loos de 1963) el principio del efecto directo del Derecho comunitario en los Estados miembros, que permite a los ciudadanos europeos invocar directamente las normas del Derecho de la Unión ante sus tribunales nacionales.

La primacía del derecho comunitario se consagra en la Sentencia SIMMENTHAL de 9 de marzo de 1978 (asunto 106/77). En esencia en esta sentencia se reseña que, cuando una norma interna de fecha anterior a una norma de la UE resulta incompatible, la primera resulta absolutamente inaplicable, entendiéndose tácitamente derogada. En el caso de que la norma interna incompatible sea de fecha posterior, la norma interna resulta inaplicable. Consecuencia de ello, el órgano jurisdiccional nacional debe excluir la norma interna incompatible y aplicar la norma comunitaria que es prevalente.

Esta doctrina ha sido asumida abiertamente por la Declaración del Pleno del TC 1/2004, de 13 de diciembre. En el ámbito del consumo, como evidencia en el caso de las condiciones generales de la contratación el art. 6,1 de la Directiva 93/13/CEE el rango de norma imperativa y de orden público deben ser observados por los tribunales nacionales, conforme el principio de primacía del derecho comunitario (art. 4 bis de la LOPJ) y el control de convencionalidad (art. 10.2 y 96 de la CE).

La Exposición de Motivos del Real Decreto 515/2013, de 5 de julio, por el que se regulan los criterios y el procedimiento para determinar y repercutir las responsabilidades por incumplimiento del Derecho de la Unión Europea (BOE de 6 de julio de 2013), no puede resultar más ilustrativa: "*La adhesión de España a las Comunidades Europeas en 1986 produjo un cambio fundamental en el ordenamiento jurídico español, toda vez que las normas del Derecho comunitario pasan a integrarse en nuestro sistema de fuentes del Derecho. Desde momento, España, como Estado miembro, queda obligada a aplicar el Derecho de la Unión Europea, de acuerdo con los principios de primacía y efecto directo*".

Por otra parte, el principio de efectividad y equivalencia es objeto de una protección igualmente enérgica por parte del TJUE. En primer lugar, el principio de equivalencia, nos recuerda el TJUE, debe ser respetado por las leyes procesales de los Estados miembros. El Tribunal ha tratado de maximizar la operatividad de este principio. Así, cuando en el caso Asturcom Telecomunicaciones el Tribunal califica la infracción de las normas sobre cláusulas abusivas contenidas en la Directiva como un atentado al "orden público", a efectos de la ley española de arbitraje, está empleando el principio de equivalencia con importantes consecuencias. En segundo lugar, el Tribunal se muestra rotundo cuando la revisión de resoluciones firmes viene directamente impuesta por el Derecho comunitario. Aquí las leyes nacionales no son libres para decidir si cabe o no revisión, sino solo para arbitrar los procedimientos para llevarla a cabo. Pero incluso cuando son los Estados quienes, en principio, deben decidir acerca de las posibilidades de revisar resoluciones firmes, el TJUE se muestra cada vez más sensible al principio de efectividad del Derecho comunitario: no acepta que los Estados dañen este principio como consecuencia de una protección desmesurada de la seguridad jurídica (como sucede en el caso italiano, relativo a la cosa juzgada en materia tributaria: Olimpiclub). Sucede además en el supuesto presente, evocando el precedente Kühne & Heitz (C-453/00, de 13 de enero de 2004) o el caso aso Köbler (C-224/01, de 30 de septiembre de 2003), citados anteriormente, que el Tribunal Supremo que resolvió definitivamente el asunto fue un tribunal de última instancia que no planteó cuestión prejudicial al TJUE, como era su obligación

Y la más reciente STJUE de 17 de febrero de 2016 (Asunto C-49/14, caso Finnanmadrid) ha establecido en §48 que la regulación interna de la cosa juzgada en cualquier caso debe respetar los principios de equivalencia y efectividad que caracterizan el derecho de la Unión.

Y es que en el derecho comunitario los principios generales del derecho, como es el principio de efectividad, no son fuente subsidiaria e inferior al derecho originario o derivado, sino que han sido reconocidos al máximo rango, esto es, han sido equiparados a las normas de derecho ordinario. Un ejemplo de este importante papel lo encontramos en el principio comunitario de efectividad, en virtud del cual los derechos subjetivos deben ser ejercidos en condiciones que garanticen su plena realización ante los tribunales. Así, este principio ha forzado a los tribunales nacionales a inaplicar plazos procesales excesivamente breves, e incluso a crear, *ex novo,* cauces jurisdiccionales para dar sentido a los derechos de los ciudadanos, tal como sucedió en el conocido asunto Grunding Italiana, del año 2002. En dicho asunto, el Tribunal de Justicia consideró que el plazo previsto en la legislación italiana para ejercer el cobro de lo indebido era breve en exceso. Sin embargo, el Tribunal de Luxemburgo no tuvo reparo en establecer positivamente cuál era el plazo adecuado para el caso concreto, llegando a incorporar en su fallo un plazo de seis meses que sustituiría el plazo originalmente contemplado por el legislador italiano. Por ello podemos afirmar que el principio de efectividad ha sido una herramienta de construcción, cuya infracción desemboca en la declaración de incompatibilidad de una norma nacional con aquel, y, ulteriormente, en la inaplicación de dicha norma en el caso concreto.

De este modo, la naturaleza directamente aplicable de buena parte de las disposiciones del derecho comunitario constituye una de las especificidades de su función normativa, dada la coexistencia del ordenamiento jurídico europeo con los de los diversos Estados. Así, bajo los principios de primacía y efecto directo, se pretende garantizar una aplicación uniforme del derecho comunitario y garantizar su efecto útil, lo que se completa con el principio de responsabilidad patrimonial del Estado, que permite exigir a cualquier ciudadano perjudicado la indemnización de los daños y perjuicios que le pueda causar la inaplicación del derecho europeo, de los que debe responder directamente el Estado nacional del que forma parte.

Según asume la STS de Pleno de 4 de julio de 2017, refiriendo el principio de no vinculación también contemplado en la STJUE de 21 de diciembre de 2016, ello *debe interpretarse en el sentido de que procede considerar, en principio, que una cláusula contractual declarada abusiva nunca ha existido, de manera que no podrá tener efectos frente al consumidor. Por consiguiente, la declaración judicial del carácter abusivo de tal cláusula debe tener como consecuencia, en principio, el restablecimiento de la situación de hecho y de Derecho en la que se encontraría el consumidor de no haber existido dicha cláusula.* Por ello, la STS 419/17, de 4 de julio establece que el criterio más ajustado al principio de no vinculación del consumidor a las cláusulas abusivas y al principio de efectividad del Derecho de la Unión es que las costas de la segunda instancia en un caso de nulidad de una cláusula abusiva se impongan al banco demandado.

En virtud de lo expuesto,

SUPLICO: Se tenga por presentado este escrito con las copias que se acompañan y en mérito al mismo, tenga por interpuesto recurso de apelación contra la Sentencia ___/__ dictada por el Juzgado de 1.ª Instancia n.º __ de _________ en fecha de __ de _______ de __, en los autos de Juicio Ordinario _______, con la voluntad de haber intentado cumplir los requisitos legales exigibles y su voluntad de subsanar cualquier involuntario defecto en que hubiere podido incurrir, conforme a lo dispuesto en el art. 231 LEC, admitiéndolo y previo cumplimiento de los trámites procesales de rigor y remisión de las actuaciones a la Ilustrísima Audiencia Provincial, se revoque por esta la resolución recurrida, dictándose nueva sentencia ajustada a derecho estimatoria de la pretensión ejercitada por la demandante por las razones expuestas en el cuerpo de este escrito, con expresa imposición de costas a la parte contraria.

Es justicia que respetuosamente se espera alcanzar, tal y como se pide en __________, a __ de _______ de __

OTROSÍ DIGO: Siendo las cuestiones sometidas a exégesis judicial de eminente carácter jurídico, al no resultar controvertidos los hechos, que se cimientan sobre la documental aportada, se considera innecesario, salvo mejor criterio del Tribunal, a los efectos del art. 464 LEC, la celebración de vista.

SUPLICO: Se tenga por realizada la anterior manifestación, procediéndose a la resolución de la apelación conforme a lo dispuesto en el art. 465 LEC, sin necesidad de vista.

SEGUNDO OTROSÍ DIGO: Se aporta como documento n.º 1 resguardo del depósito efectuado para la presentación del presente recurso.

SUPLICO: Se tenga por aportado el resguardo del depósito efectuado para la interposición del presente recurso.

Reitero justicia impetrada *ut supra*.

Letrado/a   Procurador/a

10. Oposición a recurso de apelación cláusula IRPH por falta de transparencia

SP/FORM/8503

AL JUZGADO DE 1.ª INSTANCIA N .º _ DE _______

PARA ANTE LA AUDIENCIA PROVINCIAL

Procedimiento Ordinario ___/___

D.º/D.ª ____________________**,** procurador/a de los Tribunales, **colegiado/a n.º** ____ **ICP__,** y de ____________________**,** bajo la dirección letrada de ____________________, colegiado ____ ICA_, según consta acreditado en autos, ante el Juzgado comparezco, y como mejor proceda en Derecho, **DIGO:**

Que habiéndosenos emplazado en virtud de Diligencia de Ordenación datada el _ de __________de __, notificada el __ del mismo mes y año, con relación al Recurso de Apelación formulado por la representación procesal de _______ BANCO, S. A., vengo por el presente escrito, de conformidad con lo dispuesto en el art. 461 LEC, a manifestar nuestra **OPOSICIÓN AL RECURSO** planteado de contrario, con base en los siguientes

MOTIVOS

Previo.- Correlativo a de la apelante "Antecedentes"

Por la única razón de sistemática y adecuado sometimiento al orden imperado por el art. 461.2 LEC para la formulación de los escritos de oposición, damos respuesta a esta alegación "previa" en la que la entidad financiera recurrente realiza un alegato genérico del maltrato que a su entender padece la banca junto a un adelanto de los motivos que, según su parecer, justifican la estimación del recurso y la consiguiente revocación de la sentencia, y que en síntesis se reducen a su discrepancia entorno a la valoración de la prueba.

A pesar de lo expuesto, lo cierto es que tal y como señalara la SAP de Madrid, Sección 10.ª, de 11 de febrero de 2014 *"no se alcanza a entender la razón de incluir a modo de exordio una síntesis de los motivos en que se centra la disconformidad con la sentencia dictada en primera instancia, toda vez que los mismos se encuentra ampliamente desarrollados a continuación, lo que se traduce en una innecesidad de argumentos reiterativos"*.

De otra parte, como ha sido destacado por la SAP de Madrid, Sección 18.ª, de 28 de enero de 2015 *"la alegación segunda se destina a un «breve adelanto» de los motivos de apelación, de esta y de cualquiera otra referida a temas similares"*, teniéndonos ya acostumbrados la demandada a reiteraciones más o menos miméticas, con indiferencia del quebranto y profundo desasosiego en que sumen a los ahorradores que ajenos al funcionamiento judicial mantienen una situación de prolongada angustia.

Por esta razón, en evitación de ociosas reiteraciones abordamos directamente los motivos esgrimidos de contrario que pueden ser respondidos de modo único por cuanto resultan reiterativos.

Único. Correlativo al primero y segundo de la recurrente: "Error en la valoración de la prueba. De la falta de transparencia y la información facilitada respecto de la cláusula IRPH".

A través de los dos motivos en los que se sustancia el recurso formulado por la entidad financiera condenada se pretende combatir en suma la valoración de la prueba practicada por el juzgador de instancia, con reiteración esencial de argumentos que permiten una respuesta conjunta a ambos motivos.

Se ha de constatar si en la apreciación conjunta del material probatorio se ha comportado el juez "a quo" de forma ilógica, arbitraria, contraria a las máximas de la experiencia o a las normas de la sana crítica, siendo preciso traer a colación como en innumerables ocasiones se ha expresado que si bien es cierto que al recurso ordinario de apelación se le concibe como una simple revisión del procedimiento anterior seguido en la primera instancia, permitiendo al órgano *ad quem* conocer y resolver todas las cuestiones planteadas en el pleito –T.S. 1.ª SS. de 6 de julio de 1962 y 13 de mayo de 1992–, se presenta como impensable que el proceso valorativo de las pruebas realizado por Jueces y Tribunales de instancia pueda ser sustituido por el practicado por uno de los litigantes contendientes, habida cuenta de que la jurisprudencia viene estableciendo al respecto como a las partes les queda vetada la posibilidad de sustituir el criterio objetivo e imparcial de los Jueces por el suyo propio, debiendo prevalecer el practicado por estos al contar con mayor objetividad que el parcial y subjetivo llevado a cabo por las partes en defensa de sus particulares intereses –T.S. 1.ª SS. de 16 de junio de 1970, 14 de mayo de 1981, 22 de enero de 1986 18 de noviembre de 1987, 30 de marzo de 1988, 1 de marzo y 28 de octubre de 1994, 3 y 20 de julio de 1995, 23 de noviembre de 1996, 29 de julio de 1998, 24 de julio de 2001, 20 de noviembre de 2002 y 3 de abril de 2003–, debiendo, por tanto, ser respetada la valoración probatoria de los órganos enjuiciadores en tanto no se demuestre que el juzgador incurrió en error de hecho, o que sus valoraciones resultan ilógicas, opuestas a las máximas de la experiencia o de las reglas de la sana crítica, de ahí que sea posible que dentro de las facultades que se concedan a Jueces y Tribunales de instancia den diferente valor a los medios probatorios puestos a su alcance e, incluso, optar entre ellos por el que estimen más conveniente y ajustado a la realidad de los hechos, todo ello sin olvidar, claro está, como la revisión del valor probatorio que debe darse a los interrogatorios de parte, o de la documental aportada debe hacerse con suma cautela, teniendo en cuenta la regla máxima de la sana crítica recogida en el art. 316 de la mencionada Ley Procesal, así como en el art. 326 del citado texto legal apuntando insistentemente la doctrina jurisprudencial que la apreciación del referido medio probatorio es puramente discrecional del órgano judicial.

En el caso sometido a exégesis judicial, ha de principiarse del hecho incontrovertido de la condición de consumidor de la parte actora, y de empresario de la demandada, lo que nos sitúa en la órbita de la aplicación de los principios consumeristas. Siendo pues esta condición previa no discutida entre las partes, resulta innecesario ahondar en este aspecto de conformidad con lo establecido en el art. 281.3 LEC.

En segundo término, parece también inconcuso que el documento contractual acompañado a la demanda en el que se contiene la cláusula IRPH litigiosa ha de reputarse con toda nitidez como un contrato de adhesión impuestos por la predisponente demandada frente a los usuarios adherentes. En efecto, dispone el art. 1 de la Ley 7/1998, de 13 de abril, sobre Condiciones Generales de la Contratación (LCGC) que *"son condiciones generales de la contratación las cláusulas predispuestas cuya incorporación al contrato sea impuesta por una de las partes, con independencia de la autoría material de las mismas, de su apariencia externa, de su extensión y de cualesquiera otras circunstancias, habiendo sido redactadas con la finalidad de ser incorporadas a una pluralidad de contratos"*.

Tal y como ha advertido el Tribunal Supremo, a través de su Sentencia de 22 de abril de 2015: *"Es un hecho notorio que, en determinados sectores de la contratación con los consumidores, en especial los de bienes y servicios de uso común a que hace referencia el art. 9 TRLCU, entre los que se encuentran los servicios bancarios, los profesionales o empresarios utilizan contratos integrados por condiciones generales de la contratación. De ahí que tanto la Directiva (art. 3.2) como la norma nacional que la desarrolla (art. 82.2 del Texto Refundido de la Ley General para la Defensa de los Consumidores y Usuarios) prevean que el profesional o empresario que afirme que una determinada cláusula ha sido negociada individualmente, asumirá la carga de la prueba de esa negociación. Así lo recuerda la STJUE de 16 de enero de 2014 (TJCE 2014, 7), asunto C-226/12, caso Constructora Principado, en su párrafo 19"*.

El control de transparencia se proyecta sobre la comprensión real de la carga jurídica y económica que asume el adherente tomando en consideración todo el curso negocial de la contratación seriada, es decir, desde la publicidad de la oferta del producto o servicio hasta la reglamentación predispuesta, propiamente dicha, todo ello como un fenómeno unitario sujeto a la valoración de este control. Esto implica que el control de transparencia real ni queda limitado a la mera comprobación de la transparencia documental que desarrolle la normativa sectorial aplicable, ni reconducido a un mero contraste de la inteligencia gramatical de la cláusula en cuestión, manteniendo con ello una proyección que permite su apreciación igualmente desde la perspectiva de la buena fe a la que alude igualmente el TS en su último pronunciamiento.

Tal y como recuerda la STJUE de 30 de abril de 2014, asunto C-26/13, la exigencia de transparencia (claridad y comprensibilidad, en términos del art. 4.2) de las cláusulas contractuales no puede reducirse solo al carácter comprensible de estas en un plano formal y gramatical (apdo. 71), porque el sistema de protección establecido por la Directiva 93/13 se basa en la idea de que el consumidor se halla en situación de inferioridad respecto al profesional en lo referido, en particular, al nivel de información y, en consecuencia, esa exigencia de transparencia debe entenderse de manera extensiva.

Sobre el control de transparencia, la STS de 24 de marzo de 2015 apunta:

"Esta Sala ha declarado en varias sentencias la procedencia de realizar un control de transparencia de las condiciones generales de los contratos concertados con consumidores, y en especial de aquellas que regulan los elementos esenciales del contrato, esto es, la definición del objeto principal del contrato y la adecuación entre precio y retribución. Esta línea jurisprudencial se inicia en sentencias como las núm. 834/2009, de 22 de diciembre, 375/2010, de 17 de junio, 401/2010, de 1 de julio, y 842/2011, de 25 de noviembre, y se perfila con mayor claridad en las núm. 406/2012, de 18 de junio, 827/2012, de 15 de enero de 2013, 820/2012, de 17 de enero de 2013, 822/2012, de 18 de enero de 2013, 221/2013, de 11 de abril, 638/2013, de 18 de noviembre y 333/2014, de 30 de junio. Y, en relación a las condiciones generales que contienen la denominada".

Los escenarios evolutivos del índice resultan esenciales, y en mayor medida en el caso del IRPH, más inusual en su utilización que otros, y dada su especial configuración, de la que el consumidor debió ser advertido, a través de la información sobre el contenido de las disposiciones que lo regulaban, cual es el caso de la Circular 5/1994, de 22 de julio, a Entidades de Crédito, Sobre Modificación de la Circular 8/1990, Sobre Transparencia de Las Operaciones y Protección de la Clientela. La citada Circular, tras señalar que la Orden de 5 de mayo de 1994 delegaba en el Banco de España la definición y difusión de los tipos de referencia oficiales aplicables a los préstamos hipotecarios concertados a tipo variable, añadía, *"Los tipos de referencia escogidos son, en último análisis, tasas anuales equivalentes. Los tipos medios de préstamos hipotecarios para adquisición de vivienda libre de los bancos y del conjunto de entidades, lo son de forma rigurosa, pues incorporan además el efecto de las comisiones. Por tanto, su simple utilización directa como tipos contractuales implicaría situar la tasa anual equivalente de la operación hipotecaria por encima del tipo practicado por el mercado. Para igualar la TAE de esta última con la del mercado sería necesario aplicar un diferencial negativo, cuyo valor variaría según las comisiones de la operación y la frecuencia de las cuotas. A título orientativo, la Circular adjunta (Anexo IX) una tabla de diferenciales para los tipos, comisiones y frecuencia de las cuotas, más usuales en la actualidad. En rigor, esta tabla no es útil para decodificar el tipo activo de las cajas de ahorros, por las peculiaridades de su confección"*. Sin embargo, la práctica habitual ha sido que los diferenciales utilizados por las entidades bancarias que referenciaban los préstamos a IRRH, fueran positivos, aislando al consumidor de cualquier clase de información sobre las disposiciones que lo regulaban, pese a que jurisprudencia reiterada del Tribunal de Justicia señala que reviste una importancia fundamental para el consumidor disponer, antes de la celebración de un contrato, de información sobre las condiciones contractuales y las consecuencias de dicha celebración.

La falta de transparencia concurre también por la ausencia de facilitación de información útil al consumidor que le permita comparar la oferta del préstamo presentado con el índice de referencia IRPH respecto de otros, al menos con el mayoritario Euribor. El control de transparencia viene ligado a la idea de información al consumidor, de tal suerte que la oscuridad generada por la omisión informativa ya le ha impedido per se tomar una decisión libre y formada en el contrato. En este mismo sentido se ha pronunciado también el padre de la transparencia ORDUÑA[2], señalando como precisamente la reforma del artículo 83 TRLGDCU operada por la Ley 5/2019, de 15 de marzo, incorpora la nulidad de pleno derecho como *consecuencia directa* de la cláusula no transparente.

Cabe recordar que ya el propio TS en anteriores resoluciones había hecho precisamente referencia a la importancia de los elementos informativos que permitieran al usuario esa comparación de la oferta del préstamo hipotecario. Así en el caso de la hipoteca multidivisa —que recordemos también que tuvo que ser sometida al reexamen del TJUE— la STS de 15 de noviembre de 2017 y 31 de octubre de 2018, señalaban:

"la falta de transparencia de las cláusulas relativas a la denominación en divisa del préstamo y la equivalencia en euros de las cuotas de reembolso y del capital pendiente de amortizar, no es inocua para el consumidor sino que provoca un grave desequilibrio, en contra de las exigencias de la buena fe, puesto que, al ignorar los graves riesgos que entrañaba la contratación del préstamo, ***no pudo comparar la oferta del préstamo hipotecario*** *multidivisa con las de otros préstamos (...)".*

Esta misma idea, pese a que el TS trata de romper o negar las ideas de falta de transparencia con abusividad, subyace en la STS de 4 de febrero de 2000, en la que finalmente acaba admitiendo que ese déficit de transparencia por no permitir al consumidor hacerse una representación fiel del impacto económico, le previa de la posibilidad de comparar entre las diferentes ofertas existentes en el mercado:

"En cuando a las consecuencias de la falta de transparencia, hemos dicho en diversas resoluciones que es posible que una condición general inserta en un contrato celebrado con un consumidor, pese a no ser transparente, no sea abusiva, pues la falta de transparencia no supone necesariamente que las condiciones generales sean desequilibradas. Pero como también hemos afirmado, no es el caso de las llamadas cláusulas suelo, cuya falta de transparencia provoca un desequilibrio sustancial en perjuicio del consumidor, objetivamente incompatible con las exigencias de la buena fe, consistente en la imposibilidad de hacerse una representación fiel del impacto económico que le supondrá obtener el préstamo con cláusula suelo en el caso de bajada del índice de referencia, ***lo que priva también al consumidor de la posibilidad de comparar correctamente entre las diferentes ofertas existentes en el mercado*** *(por todas, sentencia 367/2017, de 8 de junio, y las que en ella se citan)".*

En el voto particular expresado por el Magistrado DE VICENTE BOBADILLA, en la SAP de Madrid, Sección 28.ª, de 22 de mayo de 2020, trae con acierto a colación estas resoluciones y las refuerza con el razonamiento expresado en la STJUE de 3 de marzo de 2020 que alude a la importancia del *"elemento útil de comparación"*.

"Tal información (evolución pasada del IRPH-CAJAS) *también puede dar al consumidor una indicación objetiva sobre las consecuencias económicas que se derivan de la aplicación de*

[2] ORDUÑA MORENO, J. "El IRPH entorno a la Sentencia de la Sección 15ª de la AP de Barcelona" en Revista de Derecho VLex n.º 192, mayo 2020.

dicho ***índice y constituyen un término útil de comparación*** *entre el cálculo del tipo de interés variable basado en el IRPH-CAJAS de las cajas de ahorros y otras fórmulas de cálculo del tipo de interés".*

Como reflexiona DE VICENTE BOBADILLA, no debemos buscar el desequilibrio en acontecimientos futuros que no podían conocerse en el momento de suscribir la operación, sino en informaciones que debieron facilitarse al consumidor al tiempo de contratar para que pudiera evaluar las ofertas, y en particular, la evolución pasada del IRPH-Cajas.

La STJUE de 3 de marzo de 2020 desciende a ofrecer las pautas necesarias para el adecuado control de transparencia, advirtiendo que la cláusula IRPH no solo ha de satisfacer la comprensibilidad formal y gramatical, sino que ha de permitir a un consumidor medio, normalmente informado y razonablemente atento y perspicaz poder comprender el funcionamiento del modo de cálculo y valorar sus consecuencias económicas.

De una parte, de acuerdo con la STJUE de 3 de marzo de 2020, el juez nacional deberá considerar si los elementos principales para el cálculo del tipo de interés son fácilmente asequibles a cualquier persona y si se proporcionó información sobre la evolución en el pasado en el pasado del índice en que se basa el cálculo de ese mismo tipo de interés.

Como se colige, en suma, de la lectura de la STJUE de 3 de marzo de 2020, el consumidor medio puede conocer que, al igual que el interés variable, los índices de referencia pueden fluctuar. Pero no necesariamente puede conocer, sin la información adecuada, que no todos los índices fluctúan de igual forma a tenor de su configuración, ni tampoco su previsible comportamiento sin los escenarios de variación que se hayan producido. Información, junto a otra posible, que el profesional no suministró al consumidor pese a disponer de la misma. En particular que, desde su aplicación, el IRPH se ha mantenido en valores superiores a otros índices más usuales y conocidos por el consumidor medio, caso del Euribor. No puede obviarse, en suma, que el IRPH de modo histórico ha venido presentando unos valores muy superiores al Euribor, como índice mayoritariamente empleado en los préstamos hipotecarios. Por tanto, esa superior retribución de intereses, requiere una especial acreditación por parte de las entidades financieras de cuáles fueron las razones que justificaron su predisposición.

Así las cosas, cabe colegir que el TJUE, sin bien concluye que la cláusula IRPH, no es abusiva per se, tal y como sucediera con la cláusula suelo, sí que puede llegar a serlo por falta de transparencia. Y esa falta de transparencia, acontecerá cuando la entidad financiera —a quien recordemos incumbe la carga de la prueba— no pueda probar que aportó los elementos básicos que conforman la composición del índice y que también facilitó al consumidor esa comparativa o gráficas de evolución de los escenarios pasados. Si no se han cumplido ambas exigencias, la cláusula deberá devenir nula por falta de transparencia.

Finalmente, aceptadas las anteriores premisas resulta obvio que su aplicación genera en perjuicio del consumidor un desequilibrio entre los derechos y obligaciones de las partes. La existencia de un perjuicio para una de las partes contractuales es correlativa al beneficio que obtiene la contraparte. Y es bien ilustrativo de ello no ya solo el lucro generado para la entidad por las cantidades percibidas debidas a su aplicación y el empobrecimiento que padece el usuario sino el manifiesto interés que revela su actuación judicial, que de resultar inocua no se mantendría el debate en esta alzada.

Según se manifestara ya por la AP de Álava, Sección 1.ª, en Sentencia de 9 de julio de 2013 *"en este caso ha habido un claro enriquecimiento de uno de los contratantes, el banco recurrente, frente a otro, su cliente. No ha habido una situación que ha funcionado durante tiempo sin desequilibrio económico para las partes, porque la cláusula solo ha operado en perjuicio de una y beneficio de otra, sin que nunca sucediera lo contrario"*.

Como señala la STS de 9 de mayo de 2013, *"el desequilibrio puede manifestarse en la propia oferta desequilibrada, en la fase genética o en la ejecución del contrato, o en ambos momentos. Más aún, las SSTS 663/2010, de 4 de noviembre, RC 982/2007; y 861/2010, de 29 de diciembre, RC 1074/2007, mantuvieron la posibilidad de cláusulas abusivas precisamente en contratos de préstamo"*.

Finalmente, en agotamiento del derecho de defensa, cabe recordar igualmente, que el hecho de que el notario lea la escritura –que, a la sazón, no se produjo en ningún momento dicha lectura exhaustiva–, tal y como ha proclamado la STS de 8 septiembre de 2014, *"no suple por ello solo, sin protocolo o actuación específica al respecto, el cumplimiento de este especial deber de transparencia"*.

En virtud de lo expuesto,

SUPLICO AL JUZGADO PARA ANTE LA SALA: Se tenga por presentado este escrito con los documentos y copias que se acompañan y en mérito al mismo por realizada la OPOSICIÓN al recurso de apelación formulado de contrario por la entidad demandada contra la Sentencia n.º __/____,dictada por el Juzgado de 1.ª Instancia n.º __ de ________ en el curso de los presentes Autos de Juicio Ordinario ___/__ dándose al mismo el curso procedente por los trámites procesales de rigor, confirmándose la resolución dictada y condenando a la recurrente a las correspondientes costas procesales.

Es justicia que se espera alcanzar, en ______, a ___ de _______ de __

OTROSÍ DIGO: Siendo las cuestiones sometidas a exégesis judicial de eminente carácter jurídico, al no resultar controvertidos los hechos, que se cimientan sobre la documental aportada, se considera innecesario, salvo mejor criterio del Tribunal, a los efectos del art. 464 LEC.

SUPLICO: Se tenga por realizada la anterior manifestación, procediéndose a la resolución de la apelación conforme a lo dispuesto en el art. 465 LEC, sin necesidad de vista.

SEGUNDO OTROSÍ DIGO: Que habiendo procurado esta parte el fiel cumplimiento de cuantos requisitos legales son exigibles, expresa no obstante conforme a lo dispuesto en el art. 231 LEC su voluntad de subsanar cualquier defecto en que hubiera podido incurrir.

SUPLICO: Se tenga por realizada la anterior manifestación a los efectos que resulten oportunos.

Reitero justicia impetrada *ut supra*.

Letrado/a　　　　　　　　　　　　　　　　　　　　　　Procurador/a

Bibliografía

ACHÓN BRUÑÉN, M.ª J. *Las reclamaciones por cláusula suelo y otras muchas cláusulas abusivas en las escrituras de hipoteca*, Madrid, 2017.

– "Cómo reclamar con éxito los gastos de la hipoteca tras las Sentencias del Tribunal Supremo de 23 de enero de 2019: problemas con los que se puede encontrar el prestatario" en Diario La Ley n.º 9356 de 12 de febrero de 2019.

ADÁN DOMÈNECH, F. "Ejecuciones hipotecarias por tres impagos? STJUE de 26 de marzo de 2019, sobre el vencimiento anticipado" en Diario La Ley n.º 9395, de 11 de abril de 2019.

AGÜERO ORTIZ, A. "La protección de los Fiadores-Consumidores de préstamos mercantiles" en Top Jurídico Consumidores y Usuarios **sepín**, abril 2018.

ALBALADEJO GARCÍA, M. *Curso de Derecho Civil español*, Barcelona, 1983

– *Derecho Civil II, Derecho de obligaciones*, Barcelona 2002.

ALFARO ÁGUILA-REAL, J. *Las condiciones generales de la contratación*, Madrid, 1991.

ALONSO ISA, P. "Sobre la devolución de cantidades por la declaración de la nulidad de la cláusulas IRPH" en Diario La Ley n.º 9460, Sección Doctrina, de 26 de mayo de 2002.

ÁLVAREZ, S. "Las dudas sobre la transparencia del índice IRPH y el discutible informe del Abogado General" en Diario La Ley n.º 9516, de 12 de noviembre de 2019.

AVENTIN PUJOL, M. "La prueba a consulta" en Diario La Ley n.º 8445, de 19 de diciembre de 2014.

BALLUGERA GÓMEZ, C. "Luces y sombras del IRPH: análisis de la STS de 14 de diciembre de 2017" en Vlex n.º 165, febrero 2018.

– "Registro fracasado, juzgados colapsados" en Confilegal de 30 de mayo de 2018.

– "Registro de cláusulas abusivas" en Revista de Derecho VLex n.º 176, enero 2019.

BERCOVITZ RODRÍGUEZ-CANO, A. *Comentarios a la Ley General para la Defensa de los Consumidores y Usuarios*, Madrid, 1992.

– "El concepto de consumidor" en *Hacia un Código del Consumidor*, Manuales de formación continuada del CGPJ n.º 34, Madrid, 2005

BERNITZ, U. "Consumer Protection and Standard Contracts" en Scandinavian Studies in Law, 1977.

BUSTO LAGO, J. M. "El control abstracto de las condiciones generales de los contratos" en Actualidad Jurídica Aranzadi n.º 360, Pamplona, 1998.

CABANILLAS SÁNCHEZ, A. en VV. AA. *Estudios jurídicos en homenaje a Vicente L. Montés Penadés*, Valencia, 2011.

CALAIS-AULOY, J., y STEINMETZ, F. *Droit de la consommation*, París, 2003.

CÁMARA LAPUENTE, S. "El concepto legal de consumidor en el derecho privado europeo y el derecho español: aspectos controvertidos o no resueltos" en Cuadernos de Derecho Trasnacional, marzo 2011.

CARRASCO PERERA, A. "Texto refundido de la Ley General para la defensa de los consumidores y usuarios (Real Decreto Legislativo 1/2007). Ámbito de aplicación y refundición" en Revista Aranzadi Doctrinal Aranzadi Civil-Mercantil n.º 5/2008.

CARRERAS MARAÑA, J. M. "La capacidad de actuación de las Comunidades de Propietarios en el tráfico jurídico inmobiliario", disponible en la base de datos de **sepín** (www.sepin.es) con la referencia SP/DOCT/22091, de enero de 2017.

– "Los procesos en materia de cláusula suelo y el pronunciamiento sobre las costas. Opiniones personales sin apriorismos y desde el fiel de la balanza", Artículo Monográfico, de marzo de 2017. Disponible en la base de datos de **sepín** (www.sepin.es) con la referencia SP/DOCT/22551.

CLAVERÍA GOSÁLBEZ, L. H. *La confirmación del contrato anulable*, Bolonia, 1977.

– "La predisposición del contenido contractual" en Revista de Derecho Privado, 1979.

– "La progresiva degradación de nuestro ordenamiento en materia de cláusulas abusivas contractuales" en Revista Aranzadi Doctrinal n.º 2/2014.

COLÁS ESCANDÓN, A., en RODRIGO BERCOVITZ RODRÍGUEZ-CANO (Coord.) *Comentarios al Código Civil*, Cizur Menor, 2009.

DE CASTRO Y BRAVO, F. *Las condiciones generales de los contratos y la eficacia de las leyes*, Madrid, 1975.

DE LA MAZA GAZMURI, I. "Contratos por adhesión y cláusulas abusivas ¿Por qué el Estado y no solamente el mercado?" en Revista Chilena de Derecho Privado Fernando Fueyo Laneri n.º 1, 2003.

DE LARA JIMÉNEZ, J. M. "IRPH a la luz de la sentencia europea: ¿Tocado y hundido por el C-125/18?" en Tribuna de Elderecho.com, de 6 de marzo de 2020.

– "¿Qué pasos se deberán seguir para la reclamación de la cláusula IRPH?" en Tribuna Eldereho.com, de 20 de marzo de 2020.

DEL OLMO, A. "La Sentencia del Tribunal de Justicia de 3 de marzo de 2020 sobre la cláusula IRPH" en Jurisprudencia comentada de marzo de 2020. Disponible en la base de datos de **sepín** (www.sepin.es) con la referencia SP/DOCT/98076.

DÍAZ MARTÍNEZ, A. "Algunas cuestiones de interés en la reciente doctrina de la Dirección General de Registros y Notariado en materia de propiedad horizontal" en Revista Doctrinal Aranzadi Civil-Mercantil n.º 1/2014.

DÍEZ-PICAZO PONCE DE LEÓN, L., en VV. AA., *Las Condiciones Generales de la Contratación y Cláusulas Abusivas*, Madrid, 1996.

DURÁN RIVACOBA, R., en AZPARREN LUCAS, A. (Dir). *Hacia un Código del Consumidor*, Madrid, 2006.

FERNÁNDEZ DE LA GÁNDARA y GALLEDO FERNÁNDEZ, *Fundamentos de Derecho Mercantil I*, Valencia, 1999.

FERNÁNDEZ GIL, C. *Cuestiones prácticas de competencia entre los juzgados mercantiles y de primera instancia*, Madrid, 2013.

FERNÁNDEZ SEIJO, J. M.ª *Delimitación y competencia de los Juzgados de 1.ª Instancia frente a los Juzgados de lo Mercantil (Especial problemática que genera la aplicación de la Ley Concursal en este ámbito)*, Estudios de Derecho Judicial n.º 123, Madrid, 2007.

– "Lo que se sabe y lo que no se sabe: la prueba en los procedimientos que afectan a los consumidores" en Diario La Ley n.º 9236, de 24 de mayo de 2018.

FERNÁNDEZ VEGA, P. "La aplicación al avalista persona física de una sociedad mercantil de la norma protectora de consumidores y usuarios" en Publicación Digital Asociación Profesional de la Magistratura 3.9, abril 2020, p. 4.

FERRERES COMELLA, V. "La posibilidad de revisar sentencias firmes por infracción del derecho de la Unión Europea" en Actualidad Jurídica Uría Menéndez n.º 25, 2010.

FUENTE NORIEGA, M., en LEÓN ARCE, A. *Derechos de los consumidores y usuarios, Tomo I*, Valencia, 2007.

GALGO PECO, A., y GARNICA MARTÍN, J. F. –Dirs– *Vademécum sobre condiciones generales de la contratación, Cuadernos de Formación Digitales n.º 4*, 2018

GARCÍA AMIGO, M. *Condiciones generales de los contratos*, Madrid, 1969.

GINER PARREÑO, C. "Condiciones generales de la contratación. Autonomía privada y competencia" en Estudios sobre Consumo n.º 32, 1995.

GOMÁ LANZÓN, F. "Reflexiones a propósito del órgano notarial de control de cláusulas abusivas (OCCA)" en El Notario del Siglo XXI, n.º 51, septiembre-octubre 2013.

GONZÁLEZ GARCÍA, S. "La prescripción de las acciones de nulidad de las cláusulas abusivas" en Diario La Ley n.º 9048 de 25 de septiembre de 2017.

– "La carga de la prueba de la condición de consumidor: una cuestión controvertida en la jurisprudencia menor" en Diario La Ley n.º 9118, de 15 de enero de 2018.

GUERRA PÉREZ, M. "La preclusión de alegaciones y peticiones o el problema del art. 400 LEC", disponible en la base de datos de sepín (www.sepin.es) con la referencia en SP/DOCT/18176, Opinión, de febrero de 2014.

HERNANDO SANTIAGO, F. J. "Principios generales del derecho nacionales y derecho comunitario" en curia.europa.eu/common/dpi/col_stantiago.pdf.

HERRERAS CUEVAS, E. J. "De la competencia objetiva de los Juzgados de lo Mercantil" en Revista La Ley n.º 1/2005, Madrid, pp. 1809-1829.

KESSLER, F. "Contracts of Adhesion – Some Thoughts About Freedom of Contract", 43 Columbia Law Review n.º 629, 1943.

LAFUENTE TORRALBA, A. J. "Los obstáculos para el examen de cláusulas abusivas en el proceso de ejecución: puntos ciegos y zonas de desprotección en el régimen vigente" en Revista de Derecho Civil, abril y junio de 2015.

LÓPEZ BELTRÁN DE HEREDIA, C. La Nulidad de los contratos, http://www.tirantonline.com/tol/documento/show/1642743?general=nulidad+de+pleno+derecho&searchtype=substring&index=.

LLODRÀ GRIMALT, F. *El contrato celebrado bajo condiciones generales: un estudio sobre sus controles de incorporación y contenido*, Valencia, 2002.

MARTÍN CONTRERAS, L. *La tasación de costas*, Granada, 2001.

MARTÍNEZ DE AGUIRRE Y ALDAZ, C., en VV. AA., *Curso de Derecho Civil II, Derecho de obligaciones*, Madrid, 2000.

MARTÍNEZ ESPÍN, P. "Fracasado intento del Gobierno de fijar un nuevo índice hipotecario para sustituir al IRPH de las Cajas" en www.uclm.es/centro/cesco en agosto de 2013.

– "Conclusiones del Abogado General sobre el IRPH: ¿Supondrá un cambio del criterio del TS" en www.centrodeestudiosdeconsumo.com, en septiembre de 2019.

– "La justicia europea deja en mano de los tribunales nacionales la declaración de nulidad del IRPH en aso de falta de transparencia" en http://centrodestudiosdecosumo.com, en marzo de 2020.

MARTÍN FABRA, J. "La doctrina de la extrapolación de la condición de consumidor o empresario del obligado principal al garante y el oasis gestado de la Audiencia Provincial de Pontevedra", en www.uclm.es/centro/cesco.

MATO PACÍN, M. N. *Cláusulas abusivas y empresario adherente*, Madrid, 2017.

MORENO GARCÍA, L. *Las cláusulas abusivas, Tratamiento sustantivo y procesal*. Valencia, 2019.

MUÑOZ SABATÉ, J. "La cláusula IRPH y el asno de buridán. A propósito de la Sentencia de la Audiencia Provincial de Barcelona de 24 de abril de 2020 (Sec. 15) en Revista de Derecho VLEX n.º 192, mayo 2020.

NAVARRO ROSADO, J. L. "La protección de las Comunidades de Propietarios conforme a la normativa sobre consumidores y usuarios", disponible en la base de datos de **sepín** (www.sepin.es) con la referencia SP/DOCT/22988, de septiembre de 2017.

NEUHAUS, P. H. *Die Grundbegriffe des internationalen Privatrechts*, Tubinga, 1976.

O'CALLAGHAN, X. "Condiciones generales de los contratos y las cláusulas abusivas (a la luz de la Ley 7/1998, de 13 de abril)" en Estudios sobre Consumo n.º 54, 2000.

ORDUÑA MORENO, F. J. "Derecho de la contratación y condiciones generales (I)" en Revista de Derecho Patrimonial n.º 4, 2000.

– en VV. AA., *Contratación y comercio electrónico*, Valencia, 2002.

– "Hacia un necesario nuevo Código Civil como instrumento de progreso y cambio social en el siglo XXI" en Diario La Ley n.º 9542, Sección Tribuna, de 23 de diciembre de 2019.

– en "Dossier Francisco Javier Orduña analiza la sentencia del TJUE sobre el IRPH" por Thomnson Reuters, en marzo de 2020.

– "El IRPH entorno a la Sentencia de la Sección 15.ª de la AP de Barcelona" en Revista de Derecho VLex n.º 192, mayo 2020.

OROZCO PARDO, G. "Protección de consumidores, consumidores, condiciones generales y cláusulas abusivas. Varias reflexiones y un ejemplo: el sistema francés de amortización de créditos hipotecarios" en Revista Doctrinal Aranzadi Civil-Mercantil n.º 10/2002.

ORTIZ PÉREZ, M., y ERAUSKIN VÁZQUEZ, J. M.ª. *Índice de Referencia de Préstamos Hipotecarios (IRPH)*. Cizur Menor, 2017.

OSORIO GALLARDO, A. "Crisis en la dogmática del contrato" en Anuario de Derecho Civil, 1952.

OTERO LASTRES, J. M. "La protección de los consumidores y las condiciones generales de la contratación" en Revista Jurídica de Cataluña, 1977.

PAGADOR LÓPEZ, J. *Condiciones generales y cláusulas contractuales predispuestas: la Ley de condiciones generales de la contratación de 1998*, Madrid, 1999.

PAZ-ARES, C. y ALFARO ÁGUILA REAL, J. en CASAS BAHAMONDE, M.ª. E; Rodríguez PIÑERO, M. y BRAVO FERRER –Dirs.– *Comentarios a la Constitución Española,* Madrid, 2009.

PEREA GONZÁLEZ, A. "El concepto de consumidor en el alambre: alcance y futuro de la "Doctrina Petruchová" en Diario La Ley n.º 9544, Sección Opinión, de 27 de diciembre de 2019.

PÉREZ DAUDÍ, V. "Los efectos de la STJUE de 3 de marzo de 2020, sobre IRPH en las sentencias firmes dictadas por los jueces nacionales" en Diario La Ley n.º 95951, de 11 de marzo de 2020.

PÉREZ DE PRADA, M.ª. M. "La proyección de los efectos de la cosa juzgada material: ¿una nueva perspectiva en el criterio del Tribunal Supremo? en Revista Aranzadi Doctrinal n.º 4/19.

POCH, A. "Desmontando el IRPH: una aproximación a las prácticas bancarias abusivas a partir de la Sentencia del Tribunal Supremo de 14 de diciembre de 2017" en Revista de Derecho Vlex n.º 173, de octubre de 2018.

POLO SÁNCHEZ, E. *Protección del contratante débil y condiciones generales de los contratos*, Madrid, 1990.

RADOFF TODD, D. "Contracts of adhesion: An essay in reconstruction" Harvard Law Review n.º 6, Vol. 6, 1983.

REQUERO IBÁÑEZ, J. L. "Cláusulas abusivas: potestad sancionadora y su relación con la jurisdicción civil (Comentario a la Sentencia de la Sala Tercera del TS, Sección 4.ª, de 16-9-17) en El Derecho, de 8 de junio de 2018.

RODRÍGUEZ ACHÚTEGUI, E. "La posición de los tribunales españoles respecto al concepto de consumidor amparado frente a cláusulas abusivas" en Revista Aranzadi Doctrinal n.º 5/2016.

– "Gastos de documentación, inscripción y gestión de hipoteca y obligaciones tributarias", en Revista Aranzadi Doctrinal n.º 6/2017.

ROMERO GARCÍA-MORA, G. "La condición de consumidor en los casos de actividad inversora" en Diario La Ley n.º 9528, Sección Doctrina, de 28 de noviembre de 2019.

ROPPO, E. *Contrati Standard,* Milán, 1989.

ROYO MARTÍNEZ, M. "Contratos de adhesión" en Anuario de Derecho Civil, 1949.

SABATER BAYLE, E. "Cláusulas IRPH y transparencia (STS núm. 669/2017, de 14 de diciembre)" en Revista Doctrinal Aranzadi Civil-Mercantil n.º 2/2018.

SALEILLES, R. *La déclaration de volonté*, París, 1902.

SANJUÁN Y MUÑOZ, E. "Blue pencil rule y cláusulas de vencimiento anticipado" en Diario La Ley n.º 9171, Sección Doctrina, 5 de abril de 2018.

– "La abusividad en el TJUE: Introducción principios de equivalencia y efectividad" en Artículo Monográfico de febrero de 2020. Disponible en la base de datos de **sepín** (www.sepin.es) con la referencia SP/DOCT/97917

SÁNCHEZ FREIRE, J. M. "La prueba de oficio y defensa de los consumidores: ¿quiebra del derecho del juez imparcial? En Diario La Ley n.º 9052, de 2 de octubre de 2017.

SÁNCHEZ GARCÍA, J. "El principio de efectividad en la jurisprudencia del TJUE en materia de consumidores y su repercusión sobre los efectos de la cosa juzgada regulada en la LEC" en Revista Jurídica de Cataluña, n.º 1, 2017.

SANCHO GARGALLO, I. "Control judicial de oficio de las cláusulas abusivas en contratos celebrados con consumidores" en Revista Jurídica de Cataluña n.º 4/2013.

SCHMITTHOFF, C. M. "The Unification or Harmonisation of Law by Jeans of Standard Contracts and General Conditions" en International &Comparative Law Quarterly, 1968.

SEGURA RODA, I. *Nosotros, los consumidores,* Barcelona 2001.

SUÁREZ PERTIERRA, G. en ALZAGA, O. *Comentarios a las Leyes Políticas: Constitución Española de 1978*, Tomo II. Madrid, 1985.

SUÁREZ PUGA, E. "Problemática contractual actual relativa a determinados índices financieros en contratos de financiación: el caso del IRPH" en Revista Doctrinal Aranzadi Civil-Mercantil, n.º 5/2017.

SUMARROCA HURTADO, I. "Sobre l'índex de referencia de préstecs hipotecaris o IRPH" en Món Jurídic n.º 309, Barcelona, diciembre 2016-enero 2017.

TAPIA HERMIDA, A. J. "El índice de referencia de préstamos hipotecarios (IRPH): conclusiones del abogado general del TJUE de 10 de septiembre de 2019" en La Ley Unión Europea n.º 74, de 31 de octubre de 2019.

TORRES LÓPEZ y DÍEZ BARBERO, *Las costas en el proceso civil,* Madrid, 2008.

URÍA GONZÁLEZ, R. "Reflexiones sobre el contrato mercantil en serie" en Revista de Derecho Mercantil, 1956.

VALLES PERELLÓ, A. "Apuntes sobre la integridad y fiabilidad del Euribor: propuestas de mejora ante sus vulnerabilidades" en Diario La Ley n.º 9386, Sección Doctrina, de 28 de marzo de 2019.

VATTIER FUENZALIDA, C, Introducción y noción jurídica del consumidor, en las *Jornadas sobre la problemática jurídica de consumo*, Valladolid, 1992.

VELA TORRES, P. J. en "Conclusiones del curso «Encuentro de la Jurisdicción Civil» Sevilla, 10 y 11 de mayo de 2010.

VIGURI PEREA, A. *La protección del consumidor y usuario en el marco de los contratos de adhesión*, Granada, 1995.

ZABALLOS ZURRILLA, M. "Modificación de la Directiva 93/13/CEE, por la Directiva... ¿Refuerza la potestad sancionadora y la protección de los consumidores frente a cláusulas abusivas? En Publicaciones Jurídicas http://centrodeestudiosdeconsumo.com.